中国近代史学文献丛刊

王　东　李孝迁／主编

陈恭禄史学论文集

陈恭禄／撰
裘陈江／编校

上海古籍出版社

上海市教育委员会科研创新计划重大项目
"重构中国：中国现代史学的知识谱系（1901-1949）"
（2017-01-07-00-05-E00029）

1950年欢送贝德士合影
陈恭禄（前排左二）与贝德士（前排左三）、王绳祖（前排右一）

陈恭禄在讲课

丛刊缘起

学术的发展离不开新史料、新视野和新方法，而新史料则尤为关键。就史学而言，世人尝谓无史料便无史学。王国维曾说："古来新学问之起，大都由于新发现。"无独有偶，陈寅恪亦以为"一时代之学术，必有其新材料与新问题"，取用此材料，以研求问题，则为此时代学术之新潮流；顺此潮流者，谓之预流，否则谓之未入流。王、陈二氏所言，实为至论。抚今追昔，中国史学之发达，每每与新史料的发现有着内在联系。举凡学术领域之开拓、学术热点之生成，乃至学术风气之转移、研究方法之创新，往往均缘起于新史料之发现。职是之故，丛刊之编辑，即旨在为中国近代史学史学科向纵深推进，提供丰富的史料支持。

当下的数字化技术为发掘新史料提供了捷径。晚近以来大量文献数据库的推陈出新，中西文报刊图书资料的影印和数字化，各地图书馆、档案馆开放程度的提高，近代学人文集、书信、日记不断影印整理出版，凡此种种，都注定这个时代将是一个史料大发现的时代。我们有幸处在一个图书资讯极度发达的年代，当不负时代赋予我们的绝好机遇，做出更好的研究业绩。

以往研究中国近代史学，大多关注史家生平及其著作，所用材料以正式出版的书籍和期刊文献为主，研究主题和视野均有很大的局限。如果放宽学术视野，把史学作为整个社会、政治、思潮的有机组成部分，互相联络，那么研究中国近代史学所凭借的资料将甚为丰富，且对其也有更为立体动态的观察，而不仅就史论史。令人遗憾的是，近代史学文献资料尚未有系统全面的搜集和整理，从而成为学科发展的瓶颈之一。适值数字化时代，我们有志于从事这项为人作嫁衣裳的事业，推出《中国近代史学文献丛刊》，计划陆续出版各种文献资料，以飨学界同仁。

丛刊收录文献的原则：其一"详人所略，略人所详"，丛刊以发掘新史料为主，尤其是中西文报刊以及档案资料；其二"应有尽有，应无尽无"，丛刊并非常见文献的大杂烩，在文献搜集的广度和深度上，力求涸泽而渔，为研究者提供一份全新的资料，使之具有长久的学术价值。我们立志让丛刊成为相关研究者的案头必备。

这项资料整理工作，涉及面极广，非凭一手一足之力，亦非一朝一夕之功，便可期而成，必待众缘，发挥集体作业的优势，方能集腋成裘，形成规模。华东师范大学历史学系，在史学理论与史学史研究领域有着长久深厚的学术传统，素为海内外所共识。我们有责任，也有雄心和耐心为本学科的发展贡献绵薄之力。在当下的学术评价机制中，这些努力或许不被认可，然为学术自身计，不较一时得失，同仁仍勉力为之。

欢迎学界同道的批评！

信史与经世——陈恭禄史学之研究
（代前言）

陈恭禄是现代著名历史学家，长期致力于中国近代史、中国通史和史料学的研究，近年来其主要著作不断翻印重出，学界对其关注也与日俱增，因此搜罗整理其星散文字，梳理其求学与任教经历，略述其史学思想与现实关怀，对于进一步了解陈氏的学术成就与学术特点当不无小补。

一、求学与任教

陈恭禄，生于1900年7月28日，因病卒于1966年10月8日，江苏省丹徒县高资镇人。陈氏出生于商人家庭，"辛亥革命前后，与弟恭祯同往镇江求学，曾受业于鲍心增老师门下"。[1]而鲍师同为丹徒人，光绪八年（1882）壬午科举人，十二年丙戌科进士，十五年己丑朝考，以主事分吏部考功司兼稽勋司行走。到戊戌年（1898）补军机章京，其一生最为光彩的便是在庚子年（1900）义和团事变时，一度抗颜上疏，而在帝后出逃前夕留守军机处，得以随扈西行参与机密。[2]在陈恭禄后来撰写的《中国近代史》"义和团之扰乱（续前）"一篇中，谈到光绪帝在"西狩"途中下诏罪己，其文"多责臣下之语，而于此次祸变，淡然叙述，且有自护之处"，而陈氏据《鲍心增行状录》得知"谕旨由其拟成，中多沉痛之语，亲贵将其删去"。[3]后来鲍氏作为"庚子西狩"的随从功臣，在清末颇

---

[1] 柳定生：《史学家陈恭禄先生传略》，政协丹徒县文史资料研究委员会编《丹徒文史资料》第2辑，1985年，第58页。
[2] 冯煦：《鲍蜕农传》，《清代诗文集汇编》第775册，上海古籍出版社，2010年，第552页。
[3] 陈恭禄：《中国近代史》，商务印书馆，1935年，第544页。在文中陈氏称鲍心增为"吾邑长者，时任军机章京，从驾西行，故得拟旨"。

有升迁,一度担任青州知府。武昌起义后,遁归家乡,以遗老自居,"蛰居斗室,课徒自给",①故氏求学应是在辛亥革命之后。鲍氏为人"确然自守,不为曲阿",并不以学著称,据笔者所见现存诗稿二卷、遗稿若干,当时上课"教童冠十许人,日以忠孝大节相激厉"。②柳定生在《史学家陈恭禄先生传略》称鲍心增"对学生讲解经史,指导作文,背诵诗书,要求甚严,为学生奠定深厚的基础"。③而陈氏在后来的文字中,对这位启蒙老师虽提及不多,惟在1939年1月《中国史》第一册的自序中有过一段较为详细的回忆:"余忆二十余年之前,从先师鲍心增先生读书。师命圈点《御批通鉴辑览》,并讲授历史书籍,为余读史之起始,性颇好之,乐不释卷。今则稍从事于整理旧史,而师先已病没。追思昔日课读之勤,不胜今昔之感,尝在涕下,因以此书(《中国史》)第一册纪念先师。"④因此陈氏从鲍师处所受的,除了旧学功底外,在品行气节上所受砥砺或许更大。

　　1916年,陈恭禄赴扬州入美汉中学读书,该校为美国教会所办,经此,陈氏的中、英文根底在中学时代已初步巩固。1921年,考入金陵大学,该校亦为美国教会所办,不过当时学校以农林学科见长,文科相当薄弱。据1920年左右教育部对金陵大学的视察报告称:"该校文科设立最早,虽有学制,仍照部章办理,然内容既欠充实,组织复多凌乱,故就一般而论,殊无成绩可言。所谓内容尚欠充实者……如哲学、历史、政治、经济等科,在文科中皆为重要科目,而各科教员或由他科兼任,或尚付缺……中国文学、历史等科,虽有中国教员二人,亦仅教授浅近文学,于重要文学、历史科目未能顾及。"⑤故陈氏入学之初,应是鉴于学校学科的强弱,又本着科学救国的思想,一开始"选择就读于化学系,后因兴趣不大,又考虑到中国是农业大国,以农立国……于是改学农科,最后有感于日本之发展、印度之沦亡,又认识到自己的兴趣所在是历史,于是转入历史系"。⑥当时金陵大学历史学科主持人为美籍贝德士

---

① 冯煦:《鲍蜕农传》,《清代诗文集汇编》第775册,第552页。
② 冯煦:《清故青州知府鲍君墓志铭》,《清代诗文集汇编》第775册,第549—550页。
③ 柳定生:《史学家陈恭禄先生传略》,《丹徒文史资料》第2辑,第58页。
④ 陈恭禄:《中国史》第一册自序,商务印书馆,1940年。陈氏在该书卷首的致谢辞中写道:"纪念先师鲍心增先生。"
⑤ 南京大学高教研究所校史编写组:《金陵大学史料集》,南京大学出版社,1989年,第22页。
⑥ 南京大学档案馆陈恭禄档案所附《自传》,转引自田燕《求真唯实　以史经世:历史学家陈恭禄》,张宪文主编《民国南京学术人物传》,南京大学出版社,2005年,第149页。

(Miner Searl Bates)教授,贝氏于1920年在英国牛津大学同时获得近代史专业的文学学士学位和政治学与国家关系专业的硕士学位,"治史重信实、尚渊博、明主次、戒媚夸,洵为纯朴坚实的学者"。① 同年夏天,他回到美国,被联合基督教布道会授予传教士资格,并派往金陵大学工作,此后开启在中国三十年的非凡生涯。贝氏到达该校后,便锐意经营历史学科,到1924年,原本合在一起的历史系和政治系分别独立,从此历史系在其带领下迅速壮大。② 因此陈恭禄进入金大学习,正赶上了历史系蓬勃向上的发展时期。在大学就读期间,陈氏已在贝德士的指导下,开始学习利用国外资料研究中国近代史。期间有感于日本和印度两国与中国关系密切,国内又缺乏日本史和印度史著作,故先后于1925年撰成《日本全史》、1928年撰成《印度通史大纲》,"二书概括地叙述两国从开国迄于现代的发展,读者一览,即可明了其国内情况与问题,实为介绍邻国国情必读的入门书"。③ 这两部书的写作也由贝德士指导,向陈恭禄提供了大量国外的日本和印度的研究著作。《日本全史》出版时,由贝德士为其撰写序言推荐,甚至资助其出版。因此在两本书的自序中,陈恭禄均对老师表达谢意。此后陈氏在史学上的成就,固然是由于自己的努力,但贝教授治学的笃实谨严,对他的影响也很深刻。由于贝氏主授外国史,故陈氏当时所读也几乎全是外文原版的外国史著作,因此对于国外资料和研究动态极为熟知,视野也极为开阔。

1926年夏,陈氏毕业于金陵大学历史系。当时其父经商失败,无力资助他出国深造,便在南京明德中学教课。1928年金大文学院知陈氏原有编写《中国近代史》的打算,乃聘其为历史系助教,担任中国近百年史的讲授。由于当时大学缺乏中国近百年史教本,陈氏便在原有自编讲义的基础上着手写教材。他积极地利用当地各图书馆史料,撰成《中国近代史》的初稿。全书共十九章,自大学本科肄业时起至1934年完成,历时约十年,共六十余万字,成为当时中国近代史最完善的大学用书。出版以后,行销一时,曾列为大学丛书之一。后因此书篇幅较多,又改写成简史,名为《中国近百年史》,1935年由商务印书馆出版。

---

① 柳定生:《史学家陈恭禄先生传略》,《丹徒文史资料》第2辑,第58页。
② 张生、董芙蓉:《南京不会忘记 米讷·舍尔·贝德士》,南京出版社,2016年,第3、5—6页。
③ 柳定生:《史学家陈恭禄先生传略》,《丹徒文史资料》第2辑,第59页。

1928至1933年夏,陈恭禄在金陵大学讲授中国近百年史及中国通史两门课程,由助教升为讲师。1933年至1935年秋,应武昌武汉大学之聘,讲授中国近世史、中国通史以及专史研究(日本史与印度史)课程,任课一年,晋升教授。讲课之暇,专心撰述。1936年夏,辞离武大,仍回金大任教。①而与陈氏同时的如杭立武、王绳祖等等,皆出于贝氏门下,其中大多留校任教,进一步扩充了金大历史系的教学和研究队伍。

1937年抗日战争爆发,金陵大学西迁,一部分往皖南,大部分入四川。陈恭禄沿途辗转,历经艰辛到达西南。平日除授课外,矢志埋首写作,兴趣转入研究中国古代史,撰成两册《中国史》,后均由商务印书馆发行。1942年秋,陈氏又应国立西北大学的聘请,前往城固讲学。在城固仅一学期,又写成《中国通史讲义》一册,通论自远古至三国时期的史事。翌年复返成都金陵大学任教。1943年《五年来之金陵大学文学院》的"科系简况"记载了当时陈恭禄与历史系的情况:"首都濒危,本校西迁。本系主任贝德士先生留京照管校产,教授仅陈恭禄、吴征铸两先生先后随校来蓉,系务由陈先生主持。……中国史方面,有陈恭禄先生指导。……本系同仁素重研究工作。陈恭禄先生之《中国近代史》、王绳祖先生之《现代欧洲史》,均已列为大学丛书,早已风行全国,颇得学术界之好评。近来陈、王两氏,对于著作,赓续努力。陈恭禄先生对于断代史之研究,其《中国史》第一册叙述远古至秦代,已由商务出版,第二册叙述两汉,稿件亦已交付商务,惜香港陷落,未能付印。现陈先生又着手于《中国通史》之写作,又于去秋一度赴西北大学讲学云。"②等到1945年日本投降,1946年夏陈恭禄绕道西北经西安、洛阳、开封东归故里,并于秋天迁移南京。据学生章开沅回忆,1947年贝德士的一封家信曾谈及其在中国的经历,其中对于在金陵大学历史系的工作有过一段回顾:"我试图扶植中国青年教师,让他们得以顺应自己的兴趣与长处……王(绳祖)、陈(恭禄)不仅教学出色,他们的著作已有并将

---

① 柳定生:《史学家陈恭禄先生传略》,《丹徒文史资料》第2辑,第59—60页。王应宪编校:《现代大学史学系概览(1912—1949)》上册,上海古籍出版社,2016年,第294—297、404—421页,为金陵大学历史学系1933年、武汉大学史学系1933—1935年的教学计划。
② 王应宪编校:《现代大学史学系概览(1912—1949)》下册,第726页。

继续增长广泛的影响,因为他们编写的大学教材已成范本。"①可见当时贝氏对于得意门生的欣慰之情,溢于言表。

二、史料与史法

陈恭禄一生以《中国近代史》和《中国通史》两部通史著称于世,其《中国近代史》如上节所讲,曾列入大学丛书,在民国时期风行一时,后人研究也将其视为 20 世纪三十年代中国近代史领域"近代化话语"的代表著作。②而顾颉刚在其《当代中国史学》一书中将陈恭禄的《中国史》与吕思勉的《白话本国史》、周谷城的《中国通史》、邓之诚的《中华二千年史》、缪凤林《中国通史纲要》、张荫麟的《中国史纲》、钱穆的《国史大纲》等一起并称为"较近理想的"通史著作。③不过顾颉刚感叹陈氏的《中国史》并非完成之作,其实他所见的《中国史》并非陈恭禄"中国通史"的全貌,《中国通史》的全部书稿直到 2014 年方由中国工人出版社出版。章开沅认为前二十篇乃是民国时期两册《中国史》,后四十篇为据其历年讲义所成,④实则从 1944 年《中国通史》第一册陈氏自序以及《中国通史》的全部书稿可知,前二十篇实为两册《中国史》的缩编本,不过所幸已成全帙,为其史学成就的代表之作。故本节拟结合这两部通史,及笔者搜罗的星散文字,从史料和史法两个角度,对陈恭禄史学成就作一定的阐发。

陈恭禄给史著设定的要求颇高,在《中国近代史》自序中称:"今日编著历史之方法,简单言之,首先搜集原料,及时人纪录,辨别著作人之目的,有无作用,及其与史迹之关系,比较各种纪录之内容,考证其真伪。其有证明者,始能定为事实,证以时人之议论,辨析其利害。然后综合所有之事实,将其缜密选择,先后贯通,说明史迹造成之背景,促成之各种势力,经过之始末,事后之影响,时人之观察,现时之评论,而以

---

① 章开沅:《忆贝德士》,《实斋笔记》,东方出版中心,1998 年,第 39 页。
② 欧阳军喜:《20 世纪 30 年代两种中国近代史话语之比较》,《近代史研究》2002 年第 2 期。
③ 顾颉刚:《当代中国史学》,上海古籍出版社,2002 年,第 81 页。
④ 章开沅:《怀念业师恭禄先生(代序)》,陈恭禄《中国通史》,中国工人出版社,2014 年,前言第 1 页。

深切美丽之文写成。此史学者不易养成之原因,而固吾人今日之正鹄也。著者编著此书,不过自信未入于歧途,于试验之中,不肯放弃责任而已。"①其中首先提到对于"原料"和考证的重视。又如前文所述,陈恭禄晚年在南京大学讲授的一门重要课程便是中国近代史史料学,作为该学科的重要开拓者之一,可见其对于史料学极为重视。1935年陈氏在评价简又文的《太平天国杂记》一书时,就史料之选择提出了三个标准:"一曰信。史料可别为二,一为原料,一为次料。原料则指当事人之纪录,或纪载其所见及亲身经历之事件……次料则据他人所言或其记录而作之文字。自史料价值而论,大体上自以前者为高。二曰要。史料繁多,浩如烟海,尤以近代史为甚,决无一一印行之理,倘或细大不捐,读者除专家外,固不愿一读。三曰新。新指所言之史迹不见于普通史籍,而为新知识也。"②

陈氏所言的"信",以及对于史料的分类,源自英国人克伦泊(C. G. Crump)的《历史与历史研究》*History and Historical Research*,其中便是将史料作如是分,即如今常用的所谓一手、二手史料的说法,而直到1962年在其眼中仍为最好的史料分类方法。陈氏转述的这一观点,意在强调史料的原始性和可靠性,其中"原料指最初的材料,意谓由此上不能再追求材料的来源。次料指后起的材料,意谓由现存的或可寻的原料之中变化而出的著作,即所谓次料出于原料,而原料为次料所自出"。这种分类方法其实可商榷之处颇多,尤其是史料的原始性本是相对而言的,故对于"原料""次料"的区分,陈氏指出如能"确定它写成的时期,便易于处理"。同时他也注意到"原料并不保证故事记录的真实性",因此主张历史工作者进行研究时,首先要做的便是大量搜集"原料",然后审查"原料"的真伪,一切以史料价值的高下为要。③在此书评中,主要针对近代史料而言,而这一方面在其《中国近代史资料概述》一书中有着系统的论述。在其中国古代史尤其是上古史的研究中,则明显受到疑古思潮的影响,陈氏对于史料也颇具怀疑精神。陈氏在《中国上古史史料之评论》一文中称:"我国士大夫自称本国为文化发达最早

---

① 陈恭禄:《中国近代史》,自序第3页。
② 陈恭禄:《评〈太平天国杂记〉(第一辑)》,《国立武汉大学文哲季刊》1935年第5卷第1期。
③ 陈恭禄:《论史料真实性》,《南京大学学报》1962年第4期。

之国,其根据则为典籍之记载。典籍非成立于当时,可信之价值并不甚高,而士大夫不察,以致囿于传说,缺乏正确之观念,遂不知人类进化之陈迹,而以上古为黄金时代。"而对于顾颉刚的疑古思想尤其是"层累地造成的中国史"颇为赞同,不过陈氏以后见者眼光称此种观点并非顾氏发明,且以多读西洋史和科学方法自然会产生如此结论。此外,陈氏认为既然古史的观念已变,则有必要利用新发现的史料,走入"考释"的一步,文中专门就金文、甲骨文、石器与陶器等讨论其史料价值。①

陈氏所言的"要"并不难理解,其针对的也是《太平天国杂记》选录史料而言,故不作展开。至于"新",陈氏主张广搜"原料",其中一层意思便是对于新史料的挖掘。如上一节讲到,陈氏在大学就读期间,便已在贝德士的指导下,开始学习利用国外资料研究中国近代史。其在《近代中国史史料评论》一文中也讲:"研究近代中国史者,必须打通中外隔膜,材料当博取考证,不可限于本国记录。"不过陈氏也并非盲目崇洋,其认为"就质量而言,自以本国材料为重要。"在这篇文章中,陈氏已感慨近代中国史之史料浩如烟海,但当时"其未印行,或史家无从利用参考者尚多,故宫之档案,南京国学图书馆收藏南洋大臣之交涉史料,均其例也。私人收藏及散失者,更不必论。民国成立以来,政治领袖、外交长官,发表其信件电文等者,尚不甚多。论者常谓编著民国之信史,殆不可能,实有所见"。此外,陈氏已颇为超前地提出影像资料也须重视,"摄影便利,凡政治会议、军事行动、群众游行、人民生活,皆可摄影。见者印象之深,或如亲见其人,参与其事,当能补助文字形容之不足"。②同时陈氏热衷于学术评论,在留下的大量书评和与人(尤其是萧一山)论辩的文字中,就有许多围绕近代史新史料(如评《贼情汇编》《太平天国杂记》等)和新研究(如评《外人在华投资论》《远东国际关系史》《中国史与文化》等)的辩论,引领学术前沿。同时史料学也成为其学术评论的重要武器,用以"监督"学界学术纪律。③不过陈氏虽有史料无穷之叹,但绝无"汗青无日"之感,其自道:"所当知者,现就公布之史料而

---

① 陈恭禄:《中国上古史史料之评论》,《国立武汉大学文哲季刊》1936 年第 6 卷第 1 期。
② 陈恭禄:《近代中国史史料评论》,《国立武汉大学文哲季刊》1934 年第 3 卷第 3 期。
③ 刘龙心:《寻求客观对话的空间——1930 年代中国期刊报纸中的史学类书评》,《北京大学教育评论》2010 年第 8 卷第 3 期。

言,实有读不胜读之叹,吾人可努力者甚多,决无久待新史料之理。综之,史料经过学者研究,辨别虚实,始有真确可信之史迹,然后方有满意可读近代世之著作。"①1947年吴景宏在《中国史学界人物及其代表作》中便称赞道:"陈恭禄教授金大出身,任教金大极久,其《中国近代史》一书搜罗极富,且多西人材料。"②

至于史学方法,陈恭禄虽不是留学生,但由于金陵大学的学术背景和贝德士的影响,其研究中明显受到西方史学理论和其他学科的影响。上述史料学方面,陈氏就借鉴了大量当时的西方史学理论著作,如引征法国朗格诺瓦关于直接、间接史料的分类法,美国约翰生 Johnson 的《历史学家与历史证据》Historian and Historical Evidence 关于史料的记载、遗物、传说的三分法,信奉英国克伦泊的《历史与历史研究》关于一手、二手史料的分类法等。③陈恭禄著作中还有一个很明显的倾向,便是深受马尔萨斯人口论的影响,以此来解释中国社会的兴衰起落。在《中国近代史》中,陈氏于结论部分讨论人口问题时,首先称清代中后期以来"人口增加,而生产事业未有进步,为社会不安之根本原因",因此到1930年代"人口已成中国现时严重之大问题,瞻望前途,更为危险",认为此后"中国人口问题将益严重,内则发展生产事业,殆无解决困难之希望,外则各国殖民地禁止或限制华工入境","中国人口为祸患贫穷痛苦之根本原因"。而陈氏提出的解决办法便是"节制生育",并指出若"于此现状之下,政府先未预防,有失职守,固为事实,而人口过剩,马尔萨斯人口论所述之悲惨解决方法,已实现于吾国,人民死于内乱、匪患、贫穷、饥馑、疾疫等,均其明证"。④其后在《中国通史》第一篇总论中,其解释中国历史上一治一乱的主因,便在于人口与社会生产力之间,即书中所言"治乱与户口增减"之间的密切关系,"人口增加过于生产事业之发达,为我国经济困难及人民生活情状恶劣之主因",而就事实而言,"大规模之祸乱"实为历史上解决这一问题的主要方法。⑤

---

① 陈恭禄:《近代中国史史料评论》,《国立武汉大学文哲季刊》1934年第3卷第3期。
② 李孝迁编校:《中国现代史学评论》,上海古籍出版社,2018年,第278页。
③ 陈恭禄:《论史料真实性》,《南京大学学报》1962年第4期。
④ 陈恭禄:《中国近代史》,第831—836页。
⑤ 陈恭禄:《中国通史》,第8、10页。

另外，陈氏思想颇为前卫新颖，除了之前提及的早在1934年便已提出对摄影等影像资料运用的期待外，同时还提出近代史研究中，访问（口述史）、小说和报纸杂志三种史料的重要性，尤其是前两点："一曰访问，凡亲身经历之事变，印象之深，尝不易忘，吾人苟向经历其境之老者询问，常有所得。著者家住乡间，常于暇时，访问太平天国情状，老者往往于无意之中，详言所知，或述其被掳从军之状况、军中之生活，或言其逃难避乱之情节，或道其个人对于双方之感想。其言多无好恶之成见，颇有参考之价值。试举一例，余尝闻之祖母，太平军每至一地，即有禁令曰：'不剃发，不留须，不喝流水，不食黄烟。'流水指酒而言。此类令文，从未见于书籍，不可谓非新得。吾人欲知清季宫中情状，访之太监，亦当能有所得。二曰小说，小说旧以稗史观之，清末讽刺小说尤为发达。说者常指书中人物，影射当时之大人先生、贪官污吏，吾人决不视小说为历史，倘果视为史料，直为笑谈。其描写之情状，亦间有助于历史者。《儿女英雄传》《古城返照记》均其明例。《儿女英雄传》所言之考场生活，实非他书之所能及。《古城返照记》描写清季北京政治社会状况，多亦未见于史籍。"①

三、以 史 经 世

章开沅在后来回忆对老师陈恭禄的印象时称："恭禄先生虽然外貌好像一位冬烘塾师，其实是一个颇为开明而又谨严的新型学者。"②其实综观陈氏留下的两部通史，其中蕴含了作者强烈的"以史经世"的情怀，也明显带有著作产生的时代感。对照克罗齐"一切真历史都是当代史"的命题，正如其所言"过去的事实只要和现在生活的一种兴趣打成一片，它就不是针对一种过去的兴趣而是针对一种现在的兴趣"。③

在陈恭禄的著作中，有一个极为强烈的悯世情怀，即指出中国历史上的民生之苦。正如其在《中国史》第二册评价王莽时称"后世以其篡位及其覆亡之速而诋毁之，实则篡位仅为皇帝之易姓，而与民众之利益

---

① 陈恭禄：《近代中国史史料评论》，《国立武汉大学文哲季刊》1934年第3卷第3期。
② 章开沅：《怀念业师恭禄先生（代序）》，前言第5页。
③ 克罗齐著，傅任敢译：《历史学的理论和实际》，商务印书馆，1982年，第2页。

无关。惟皇帝有无才力,始乃影响国事人民。吾人当以民众之利益为前提,而不必以篡位为立论之点"。①其对于冯道的评价也是如此,当然陈氏知其"四姓十君,后世讥之",但他注意到"时人誉之"的着眼点便是:"契丹主入晋,尝问道曰:'天下百姓如何救得?'道曰:'此时佛出救不得,唯皇帝救得。'人皆以谓契丹不夷灭中国之人,赖道一言之善也。"故认为其"有贡献于世"。②在其《中国通史》中,自周代开始,几乎每一朝代都专门讨论人民的生活情状,更多的是直接为民生疾苦发声。而且陈氏注意的并非只是战乱时期或者王朝末年的民不聊生,实则在王朝的前中期,甚至我们后世认为的治世之下,人民的生活也多极为不易。如陈氏注意到汉初虽然田税征收沿袭秦制,"十五分之一,后减为三十分之一",但"受其惠者,常为地主",同时"更赋为民之重大担负"。③唐代到中叶,"农民耕种于褊狭之地,家无余粮,一遇饥馑,即成严重之灾,为政治、社会上之重大问题。朝廷唯欲多方榨取于民,以供其奢侈用费,政治道德殊为卑下"。④北宋初年,吕蒙正已经对太宗言"都城外不数里饥寒而死者甚众",到了真宗、仁宗之世,更有"贫民或全家饿死"的记载。且宋代赋税极重,"田税沿五代旧制,亩约征谷一斗。《食货志》称其重于唐七倍"。⑤后来又如明代庄田之害民,中期人民生活已极苦等等。其始终关注的,皆是民生问题,这一定是陈氏出于现实的严重关切。尤其值得一说的是,由于已经受新文化洗礼且可能是成长于教会大学的缘故,陈恭禄对于历史上女性颇表同情,其在《中国通史》中讨论南宋理学时,反对礼教对于女性的束缚,认为其违反人道。⑥而在《中国近代史》中,对于战乱中失节的女性更是悲悯不已,他认为女性多以死求名,"殊不知处于武力情状之下,失身非其所愿,实不足羞,其强奸之兵士,则野蛮无理耳,而于女子之人格,固无所损"。⑦

又如在《中国近代史》的结论部分,陈氏鉴于当时的国家组织松散、

---

① 陈恭禄:《中国史》第二册,商务印书馆,1947年,第312页。
② 陈恭禄:《中国通史》,第379页。
③ 同上书,第133页。
④ 同上书,第345页。
⑤ 同上书,第408页。
⑥ 同上书,第454页。
⑦ 陈恭禄:《中国近代史》,第537页。

政府专制独裁的状况,他甚至提出"统一方法无论武力统一,或独裁专制,苟势力达于各省,任何代价之下,固远胜于武人割据,互相猜忌,拥兵自固,榨取于民"。①或许是一时的气愤之言,但可见其对于长期以来军阀割据的痛恨和民众乱离之苦的同情。同时陈氏作为一名历史学家,他在著作中还对中国的现状和将来提出种种建设意见,如《中国近代史》的结论部分,其名称便是"国内问题之分析及建设之途径",陈氏提出了统一国家、开放政权、政府节省、发展生产、节制生育、发展交通、改善教育、普及卫生等主张。他自知所言"偏重于指示建设之途径,要为一种意见,政治上、经济上、教育上之待改革者至为繁杂,此非讨论计划之书"。其目的则在于"根据可信之材料,略叙国内之情状、严重之问题,一般人士所当深切认识",呼吁政府努力发展生产事业,改善一般人民之生活。②而这些问题和建议,在陈氏留下的少数时论、杂论中,也都可以寻绎。

在陈氏的著作中,还有一个鲜明的特点,便是对于士大夫和言官的批评极为严厉,斥其空言误国。1934 年,陈恭禄在武汉大学为学生们讲"教育的功用",其中就批评晚清"大臣遇着非常事变,不能辨别真伪轻重,平素的时候,也是如此,每逢国际交涉,倡言战争雪耻","士大夫昏庸误国,推本穷源说,由于所受的偏狭教育,不能认识新时代的问题和环境"。③在 1935 年出版的《中国近代史》中,更是有十余处文字,历数言官和士大夫"不明事理""大言欺人""意气用事""祸国殃民""再倡高调""知识幼稚""褊狭保守"等等,因此在论及庚子事变时慨叹"自《南京条约》以来,缔结如《天津条约》《马关条约》《辛丑条约》,其一次损失过于前一次者,未始不由于(士大夫)知识之浅陋,以及执政者无适当之处置也"。④有论者指出,这种对于士大夫的严厉批判,其实受到了当时即 1930 年代学界主流评论的影响,故而也是反对在中日问题上"唱高调",主张中国应尽可能在国际社会中寻求缓解危急出路的现实

---

① 陈恭禄:《中国近代史》,第 802 页。
② 同上书,第 846 页。
③ 陈恭禄:《教育的功用》,《国立武汉大学周刊》1934 年第 214 期。
④ 陈恭禄:《中国近代史》,第 558 页。

关照。①

因此,陈恭禄怀揣如此强烈的现实关怀,而作为学生的章开沅有关"陈恭禄是一个安分守己的学者,而且是一个不大过问政治的旧式学者。……据我的记忆,无论课堂内外,他都不谈政治,更没有发表任何政治主张。说他是'自由主义知识分子的代表',可能有拔高之嫌"的说法,稍有未当之处。②其实据笔者所见,在1948年,陈氏至少两次列名或出席关于时事的讨论,第一次是3月25日的《大公报》上有一篇《南京四十七教授为当前时局告国人书》,认为"国家已面临极严重之危机,全国人民正遭遇最阴沉之恐怖……举国惶惑,民不聊生",因此批评政府"抛弃孙中山'平均地权,节制资本'之原则"、未改善部队官兵之生活、"昧于国际潮流,背乎历史倾向",批评"'党化'教育,统制思想",呼吁"大公无私之公民"和"忠于自由之全国知识分子""迅速团结,采取有效行动",促使国共双方"重建一合乎时代潮流、合乎人民需要之真正民主自由政府"。③另一次是4月7日,陈氏参加南京各大学教授时事座谈会,对于蒋介石不竞选总统事发表意见,对其不参选"表示敬佩,并希望刷新内政"。④故陈恭禄作为史家的经世之心,也不是流于纸面,而是在时局逼迫之下"切实去做"。⑤

余　　论

新中国成立后,随着国际国内形势的急遽变化,如朝鲜战争爆发,中美两国走向敌对,到1950年7月,陈恭禄的老师贝德士被迫离华,甚至一度被描画成美帝文化特务和南京大屠杀的共犯加以讨伐。作为其重要的追随者,陈氏也难免在此后的历次政治运动中遭受株连。⑥其实陈氏为适应新的时代需要,已开始学习马列著作,1951年曾在苏州华

---

① 欧阳军喜:《20世纪30年代两种中国近代史话语之比较》,《近代史研究》2002年第2期。
② 章开沅:《怀念业师恭禄先生(代序)》,前言第2—3页。章氏所言是针对建国后陈恭禄遭受陈伯达批判一事。
③ 《南京四十七教授为当前时局告国人书》,《大公报》(上海版)1948年3月25日第2版。
④ 《京教授时事座谈》,《大公报》(上海版)1948年4月7日第2版。
⑤ 陈恭禄在《教育的功用》一文中的原话,原文只就学习而言。
⑥ 王春南:《被遗忘的贝德士遭遇》,《世纪》2016年第1期。

东人民革命大学政治研究院学习,但在知识分子思想改造运动中便受到冲击,一度"意志消沉"。又经 1952 年全国院系调整,故虽一直在新成立的南京大学历史系任教,讲授中国古代史等课程,但不得再教授"中国近代史"。①据章开沅等回忆称,或许是由于陈伯达曾对陈恭禄作过点名批评等缘故,②1956 年陈氏自撰《对旧著〈中国近代史〉的自我批评》一文刊登于南京大学《教学与研究汇刊》创刊号,在文中他自称"去岁肃反运动学习时,共同工作的同志鼓励我批判旧著《中国近代史》",故批判自己作为"半封建半殖民地社会的代言人",否定自己的学习学术生涯,批判恩师贝德士和学术偶像马士(Morse)等,承认"《中国近代史》无疑的是一反动、有毒素的书籍"。③到了 5 月下旬,南京大学召开第二届科学讨论会,其中历史学分会的学术报告内容直接就是陈氏对《中国近代史》的自我批判,同时还要接受同事、同行的监督。④不过当时陈恭禄一度表态,已"改变了意志消沉的状态,恢复了勇气,决心站在无产阶级的立场努力学习马列主义,武装自己,肃清残余的资产阶级思想,尽心力为人民服务,对于《中国近代史》,自愿重行编写",⑤期间还撰写发表了《介绍中国近代史的几种基本史料》等学术文章。

但是到了 1958 年,陈恭禄遭受更为严厉的批判,当年《历史研究》上刊登蒋孟引的《从对亚罗事件的分析看陈恭禄先生的历史观点——评陈恭禄的"中国近代史"中的一页》,在文末直斥该书"最可耻的是为帝国主义侵略我国而宣传的反动立场",而理由便是在卷首"把这本书谨敬献给美帝国主义派驻中国的特务、传教士、但披上教授外衣的贝德士"。⑥而同期刊登的《南京大学历史系教学改革及科学研究的新途径》这篇综述中,详细记载了当年 10 月 16 日南京大学历史系召开全系师生批判陈恭禄《中国近代史》的"资产阶级学术思想批判大会"的实况,

---

① 陈恭禄:《对旧著〈中国近代史〉的自我批评》,《教学与研究汇刊》1956 年第 1 期。
② 王春南翻查过陈伯达的著作,发现并没有对陈恭禄的文字批判,见氏著《被遗忘的贝德士遭遇》,《世纪》2016 年第 1 期。
③ 陈恭禄:《对旧著〈中国近代史〉的自我批评》,《教学与研究汇刊》1956 年第 1 期。
④ 潘荻:《史学研究工作者必须有正确的立场、观点——南京大学第二届科学讨论会旁听记》,《新华日报》1956 年 6 月 1 日。
⑤ 陈恭禄:《对旧著〈中国近代史〉的自我批评》,《教学与研究汇刊》1956 年第 1 期。
⑥ 蒋孟引:《从对亚罗事件的分析看陈恭禄先生的历史观点——评陈恭禄的"中国近代史"中的一页》,《历史研究》1958 年第 12 期。

当时南大党委书记、校长郭影秋也到场,"在会上发言的共有青年教师和同学十一位,批判了陈恭禄先生旧著《中国近代史》中的人口论、地理环境论、'公平态度'的'客观主义'、中国落后论等二十七个反动论点",会上还一致认为该书"是一部极端反动的著作"。在此次批判过程中,南大历史系"全系教师写出了批判文章 30 多篇"。①可见此次事件之后,陈恭禄的学术声望完全被打倒在地,当时他受人民出版社之邀重写《中国近代史》,但写了一部分提交后,被批为"存在严重错误",故而搁笔作罢。因此 1959 年进入该系学习的石湾后来回忆,入学前三年的基础课,其中主课中国通史陈恭禄甚至未能上过一次,而且系领导也明确告诫学生课外也不要把陈氏的《中国通史》当作参考书,只是在四年级才选修了其主讲的"中国近代史史料概述"。②不过可以肯定的是,陈恭禄将毕生的精力献给历史教学和科研工作,讲课认真负责,治学谨严精细。陈氏即使仅能开设中国近代史史料学的课程,仍是延续其一贯风格,自拟提纲,写成文稿,以此为基础的遗著《中国近代史资料概述》一书,后来于 1982 年由中华书局出版。该书对中国近代史史料,作出分类的说明,如公文、档案、书札、日记、回忆录、笔记、诗歌、报刊等类,都一一评论它们的价值,同时兼及纪传史、地方志及典章制度等。陈氏对所介绍和评论的史料,绝大多数是亲见亲查,详实可信。到六十年代,陈恭禄又为学生开设"太平天国史专题讨论"课程,充分利用南京太平天国博物馆收藏的文物史料加以研究,其论文和讲稿以《太平天国历史论丛》之名,在 1995 年由后人整理,于广东人民出版社出版,为陈氏主要著作的最后一次结集。陈氏在人生的最后几年仍耿介率直,据学生回忆,上课时坚持对学生提倡史学研究"一分材料说一分话"的原则,驳斥戚本禹的《评李秀成自述》,认为其"既没资料又没新观点,是站不住脚的",故直到逝世前(文革已经开始)还遭受了最后一次点名批判。③

近年来,陈恭禄的著作不断被再版翻印,主要著作几乎全部重出,甚至多家出版机构争相发行,可见学界和社会对其关注逐渐升温。但是陈氏生前发表的大量学术论文、书评、演讲、时论等尚未见有整理汇

---

① 施一揆:《南京大学历史系教学改革及科学研究的新途径》,《历史研究》1958 年第 12 期。
② 石湾:《想起陈恭禄先生》,《文汇报》2012 年 10 月 18 日第 10 版。
③ 石湾:《想起陈恭禄先生》,《文汇报》2012 年 10 月 18 日第 10 版。

集,只是在1985年柳定生所撰的《史学家陈恭禄先生传略》后附有著作系年一份,收录二十二篇文章目录,远未能展现陈氏的学术成果总量。此次整理编校《陈恭禄史学论文集》,除去已经包含在此前出版的陈氏著作中的文章,尽量搜罗其生前公开发表的文字,分为论文、书评、序言、杂论、论辩五个专题,每个专题内的文章按发表时间先后排序。论文部分收录长篇学术论文十七篇,所论时代从上古史到近代史,内容还涉及史料学等。书评部分收录十二篇,所评书籍为民国时期新出的近代史研究著作或史料,其中多有海外研究著作,可见陈氏的学术视野。序言部分收录其前后自撰序言九篇。杂论(包括演讲和时论等)八篇,虽篇幅较短,但颇能反映其现实关怀。论辩部分是陈恭禄与他人学术争鸣的文字,为便于读者理解,将他人直接的回应文字也收入其中,以为对照。令人遗憾的是,此次编校过程中,个别文章如1942年在《学海》上发表的《汉代文化统一论》、1964年南京历史学会年会论文《十九世纪前半期我国的白银问题》、陈恭禄《自传》等未能找到原文。另外极个别发表于抗战时期的文章如1945年在《四川青年》上发表的《东北之重要》,由于印刷质量极差,未能辨认全文,故只能暂予舍弃,待于来日。总之,编者学识眼界有限,此次整理定有不少错漏之处,敬请读者指正。

裘陈江

目　录

丛刊缘起 / 1
信史与经世——陈恭禄史学之研究（代前言）/ 1

论文

四国《天津条约》成立之经过 / 3
甲午战后庚子乱前中国变法运动之研究(1895—1898) / 19
近代中国史史料评论 / 62
曾国藩与海军 / 78
中国上古史史料之评论 / 100
近百年来我国之军备 / 128
东汉党锢——古史新论之一 / 133
三国时蜀户口之估计 / 146
论秦疆域 / 152
秦始皇与儒家思想 / 157
史料与学者 / 163
秦代政治建设及其覆亡之主因 / 166
对旧著《中国近代史》的自我批评 / 179
介绍中国近代史的几种基本史料 / 195
从明末三饷说起兼及明清之际财政状况 / 203
论史料真实性 / 221
《弘光实录钞》的作者及其史料价值 / 238

书评

批评《中国外交史》/ 247
评《外人在华投资论》/ 252
评《远东国际关系史》/ 261
评《中国史与文化》/ 269
评《奇异印度》/ 276
评景印张德坚总纂的《贼情汇编》/ 279
评杜冰波著《中国最近八十年来的革命与外交》/ 287
评孟世杰编《中国近百年史》/ 297
评《中国学术研究》/ 304
评《太平天国杂记》(第一辑) / 311
评张忠绂著《中华民国外交史》/ 319
评《马嘉理案与〈烟台条约〉》/ 324

序言

《日本全史》自序 / 331
《印度通史大纲》自序 / 333
《中国近代史》自序 / 335
《中国近代史》四版自序 / 339
《中国近百年史》自序 / 340
《中国史》(第一册)自序 / 341
《中国史》(第二册)自叙 / 348
《中国通史》自序 / 353
《中国近代史资料概述》原序 / 355

杂论

中日文化上之关系 / 361
教育的功用 / 367
土地利用和我国前途 / 370

欧战与石油 / 375
远东之人口问题 / 384
陈恭禄教授讲汉初政治 / 389
我对于文化建设之意见 / 390
我所知道的房荒问题 / 392

论辩

陈恭禄：西洋史好教材之不可多得——评《高级中学教科书 西洋史》
　　／399
陈衡哲：奉答陈恭禄君对于《西洋史》的批评 / 407

陈恭禄：挂账式的本国史课本——评《高级中学教科书 本国史》/ 410
吕思勉：答陈君恭禄 / 416

陈恭禄：评萧一山《清代通史》下卷第一二册 / 423
吴 宓：《文学副刊》编者案语 / 428
萧一山：为《清代通史》下卷讲稿第一二册批评事致《大公报·文副》编
　　者书并答陈恭禄君 / 430
陈恭禄：为《清代通史》下卷答萧一山君 / 438
萧一山：为《清代通史》下卷讲稿第一二册批评事再致《大公报·文副》
　　编者吴宓君书并答陈恭禄君 / 445
萧一山：附函论徐广缙与文翰禁英人入城事 / 477
萧一山：补答陈恭禄君论错误十例 / 479
陈恭禄：为《清代通史》下卷再答萧一山君（附萧一山批注）/ 495
萧一山：致《大公报·图书副刊》编者函 / 509
萧一山：《〈清代通史〉下卷讲稿辩论集》序 / 511

陈恭禄：评邢鹏举《中国近百年史》/ 513
王芸生、陈恭禄：关于评邢鹏举《中国近百年史》之讨论 / 519

邢鹏举：为《中国近百年史》答陈恭禄君 / 522

陈恭禄：为《中国近百年史》答邢鹏举君 / 530

刘藜仙：陈著《中国近代史》纠谬 / 534

陈恭禄：为《中国近代史》答刘藜仙君 / 537

朱文长：关于《中国近代史》/ 539

张延举：《中国近代史》商榷 / 541

陈恭禄：《〈中国近代史〉商榷》之商榷 / 546

陈恭禄：致张希鲁书 / 550

陈恭禄：为《中国史》（第一册）答辩 / 551

论　　文

四国《天津条约》成立之经过

《南京条约》成立,开放五口,通商章程规定税率值百抽五,美、法、瑞典、那威相继遣使来华,缔订条约。其时轮船驶行海上,交通大便,英国工商业益形发达。其商人以为在华商业上之机会,仍受限制,中国海关征收之税银,根据鸦片战前之货价订成,迨货税订后,物价减低,而海关征收之税银如前,英商病之。其政府乃谋修约,其所持之理由,则《虎门条约》之最惠国条款也。初《中美望厦条约》《中法黄埔条约》《中国瑞典那威商约》,皆有十二年修约之文,而中英条约独无规定。英国谓其适用利益均沾之条款,亦得修约之权利。瑞典、那威则因商业不甚发达,虽有明文,但未尝请求。英国在华之商业,时占第一,亟欲修约,乃谓《南京条约》订于一八四二年,一八五四年,则届十二年修约之期。美、法二国之修约,虽未到期,然以利害相关,从而助之。三国之代表,希望甚奢,会商进行。但其本国政府训令不得用武,英、法方以土耳其故,力战俄国,不得兼顾远东,而美国宣战须得参院之同意,要非有爱于中国也。一八五四年春,三国代表函告钦差大臣兼两广总督叶名琛修约,叶名琛复称条约无修改之必要,代表知其与之交涉,终无进步。叶名琛之为钦差大臣也,知识浅陋,曲解事实,以不理外国使臣为尊国体。初英、美、法使新到广州,依据国际上之惯例,函请谒见。叶名琛复称公务冗繁,改日约见,法使守至十五月,未得一见,美使尝以谒见无期,不能亲递证书,轮往上海,商请两江总督转递北京,又不可得,交涉上之误会益多。英、美二使北上,八月,抵于上海,先后谒见总督怡良,要求修约,提出条件多端,声称不许其请,将往天津,怡良奏报咸丰。咸丰于一八五〇年嗣位,惩罚鸦片战时主和之大臣,方欲严驭夷酋,诏曰:

夷人诡谲性成，明知通商事宜，胥归粤东办理，辄赴各海口，妄肆要求。现已谕怡良令该夷等，前赴粤东听候查办，着叶名琛仍遵前旨，设法开导，谕以坚守成约，断不容以十二年变通之说，妄有觊觎，并谕以天津海口，现因办理防堵，兵勇云集，倘该夷贸然而来，船只或有损伤，转致自贻伊戚。至该督接见夷酋等仪文，仍当恪守旧章，无得以该夷等有相待稍优之请，稍涉迁就，以致弛其畏惮之心。

谕旨措辞坚决，交涉实难进行。会法使亦来上海，三使坚请修约，声称多开口岸，其地如有贼匪，必当随同驱逐净尽，又饬商人补缴欠税。初，上海小刀会作乱，外商不肯纳税，咸丰尝以为言，三使故言补交，其称助平内乱，亦欲见好于朝廷，终以疑忌外人，谕旨坚决而罢。十月，英、美二使北上，及抵大沽口，长芦盐道文谦见之，二使请往通州与便宜行事之钦差大臣议修约。咸丰得报，称其居心叵测，其谕文谦曰："与之接见，务须折其虚憍之气，杜其诡辩之端，万不可轻有允许。"又令直督桂良赴津，而谕其不可轻见夷酋，迁就了事。交涉仍由文谦进行，英使提出节略，文谦将其一一驳斥，发生争论。奏上，帝称其虚辞恫喝，无甚伎俩，改派崇伦办理，十一月，会议。英使提出要求十八款，其主要者，则为公使驻京，英人得住于内地，购置地产，开放天津，修改税则，准许鸦片进口，免除厘金，使用各式洋钱等，美使之主要条件，略与相同。上谕称其"所开各条，均属荒谬已极"，其愿让步者凡三：一、伸理民夷争案，二、免上海欠税，三、停广东茶捐。二使以其相去悬远，无可再议，离沽南下，报告政府，谓无兵力为助，势难成功。

咸丰闻其南下，饬怡良等告之曰："此外各款（指上三款而言），不但天津不敢入奏，即应办夷务之大臣，亦不敢轻为奏请。傥冒昧渎陈，奏事之员身获重谴，于该夷商务，仍属无益。"其意至不可解，一则政府装聋，一则疆吏乞怜，世界上岂有若此之政府耶？外交上之问题，岂装聋所能解决耶？一八五六年春，三使再请修约于粤，不得，美使北至上海，向怡良交涉，称其船坚炮利，可助中国。怡良上奏，谓其全系虚辞恫喝。叶名琛亦言坚持定约。咸丰下诏说明修约之原意，及政府之政策曰："原恐日久，情形不一，不过稍有变通，其大段断无更改，故有万年和约之称。……该督等亦只可择其事近情理无伤大体者,允其变通一二。"其言颇为得体,无如美使希望太奢,而疆吏亦不肯自我解决,得罪于清议也。美使往天津交涉,上谕桂良严防,不可派大员接见,修约归于失败。

英国政府以修约失败,谋以武力压迫。其时中国内乱方亟,而军制设备,毫无改革,力固不足以应战,然以商业上之权利,美、法享受平等之待遇,商于二国。法以西林教案尚未解决,表示同意,美于原则上表示赞同,而以出兵须得参院之同意,婉谢其请。会广州发生亚罗事件报至英国,内阁决定用兵,英王委任额尔金 Lord Elgin 为全权大臣,法皇诏委葛罗 Baron Gros 为大臣。额尔金率军舰东下,七月,抵于香港,而以印度叛乱,军力单薄,守候葛罗,十月,葛罗亦至,向叶名琛交涉,未有结果,十二月,攻陷广州。美使列威廉 William B. Reed、俄使普提雅廷 Count Putiatin 先后至粤。初美政府虽不同意出兵,而仍欲修约,委派列威廉来华。俄国谋并土地,迭请改订界约,不得,闻知英、法出兵,乃欲利用时机,遣普提雅廷入京,朝廷拒之,乃往香港。一八五八年二月,四国使臣,各致照会于大学士裕诚,要求朝廷委任全权大臣,于四月初来沪议订条约,否则将往天津。文由两江总督何桂清上奏,朝廷谕英、法、美使,略称已免叶名琛职,改任黄宗汉为总督,兼钦差大臣,办理交涉事宜,可即回粤磋商,并言朝臣不准私受外使之函件,对于俄使,告其前往黑龙江勘定疆界,公使皆不满意,决定北上。何桂清欲留英、美于上海,不得,奏请暂缓用兵。

四月,四国公使船抵大沽口,直督谭廷襄先曾奉旨设防,留于天津。二十四日,外船要求代递公文,谭氏许之,其内容则请皇帝派遣便宜行事之钦差大臣,会议于天津或北京,限其六日答复。朝廷复称可向谭廷襄磋商。帝谕谭廷襄告知外使,中国从无便宜行事之官。谭氏初欲离间英、俄,不得,二十八日,法使投文,声称如五月一日仍无钦差会议,即执行王命,意谓战争也。谭氏照会公使,未书钦差大臣全衔,英、法、美使以其款式不合,将其退还,其心以为华官轻视外人,而遂重视此等节文也。普提雅廷往见总督,说其改正,谭氏从之。英、法二使问其是否已得全权大臣之诏,知其仍须请训,五月一日,不肯往见,普提雅廷劝之,弗听,谭氏与美使相见,议商条约,英、法二使,乃宽限六日,待其得有全权证书,即行开会。谭氏后称朝廷不可,二使欲待中美交涉之结果,以作最后之决定。其时咸丰傲慢如常,初谕谭廷襄不准添开口岸,会闻俄使建议代办枪炮,谕曰"中国从不与各国海外争锋,器械亦尚可恃",及见美国国书中有"朕"字,批曰:"夜郎自大,不觉可笑。"谭廷襄初亦不知其地位之危险,而以外使不肯就范,主张战争。其与美使会议也,奏请添开口岸,上谕允于粤、闽各开一口,乃许添开口岸,改定税率,余多拒绝,对于公使驻京,长江开放,不许提出讨论。列威廉失其所望,英、法二使欲以武力,达到目的,态度愈形强硬。普提雅廷调停双方,未得要领,终乃谢绝。

五月二十日,英、法二使照会谭廷襄,称其前往北京,将与全权大臣议和,法使且引《黄埔条约》,谓其军舰得往天津,又致哀的美敦书于大沽口守将,限其于二小时内,交出炮台。守将不应,攻之即下,军舰扫除白河障碍物后,即行上驶。谭廷襄初尚奏称毁夷船七只,及炮台失守,即回天津,其地人心惊惶,纷纷迁徙。谭氏再奏俄、美二使仍愿调停,咸丰始行让步,谕称除公使驻京及内地传教外,尚可斟酌办理。会联军逼近天津,抢漕米九百余石,俨然以战胜国自居,谭氏奏帝请派职分较崇之大臣于六月一日前来津。咸丰诏大学士桂良、户部尚书沙花纳赴津。联军入天津城后,大臣纷然主战,或奏夷人畏民甚于畏兵,或请用兵,宣示逆夷罪状,或言驳斥夷人条款,君臣皆信民可御夷。及闻外兵驻于望海楼,帝深失望曰:"住房,不闻民有起而阻之者,人心若是,何胜浩叹!"兵不能战,而民可用,何竟不思之甚!民已迁徙,尚欲用之,无怪其失望也。同时,帝诏蒙古亲王僧格林沁设防于通州。六月二日,桂良等抵津,四日,接见英使于海光寺。英使欲互交证书,桂良竟无以应,乃请颁给钦差关防。交涉英由译员李泰国 Horatio Nalson Lay、威妥玛 Thomas Francis Wade 办理,二人精通华语,性情粗躁,李泰国时为上海关职员,竟不忠于中国。

初,桂良等赴津,朝臣以耆英熟悉夷务,奏请起用,耆英奉旨赴津。其时李泰国要求公使驻京,开放长江,上谕均不准许,乃谕耆英不必拘定与桂良等商。朝廷之策略,欲桂良拒绝一切,再由耆英让步,酌许一二了事也。九日,耆英谒俄、美二使,并请见英、法二使,二使复文拒之,耆英俄称上谕委为钦差大臣,二使亦不之理。李泰国向桂良交涉,后出见之,耆英请外舰先行退出白河,然后议商条件,且言前在广东亲善英国,李泰国出其在粤诋毁英夷之奏疏,以窘辱之。其心殆不可知,盖政府委任会议之代表,操有增减更换罢免之全权,即虽战败之国,亦得另派代表,未有拒而不见者也。岂以耆英在粤时久,明知外交方法,不若桂良之驯服,易于屈服让步耶?耆英遂以在津无益,回归北京,咸丰大怒,更受肃顺之谮,诏赐自尽。

方中英代表之议商条约也,额尔金除先与桂良相见,及后签字日再见而外,未尝出席会议。其提出之条件,根据于本国之训令,交与李泰国等办理。李泰国之态度,至为强硬,必欲如其所欲,毫无磋商妥协之意,惟以争战入京恫吓而已。桂良等不堪其辱,告之俄、美二使,请其转告英使,亦无效果。双方争执最烈者,一为公使驻京,一为多开口岸,一为内地游历。朝廷坚决不愿公使驻京,仅许如俄国之例,派遣学生来京,对于口岸,不肯开放长江沿岸之大城。英国提出镇江,上谕称其碍及河运,桂良请以南京代之,上谕不允,英使又请开放天津,桂良以登州、牛庄代之。内地游行,英使不肯让步,交涉久无进展。恭亲王奕訢等主战,奏请捕杀李泰国,即可无事。最后英使方面提出条约五十六款,声称不可更易一字。额尔金曰:"予欲立时签定条约,清使若再迟延,予将认为和议绝裂,径带兵进京,多多要求矣。"桂良迫而许之,一面奏报朝廷,势不能战,对于新订之条约,则曰:"将来傥欲背盟弃好,只须将奴才等治以办理不善之罪,即可作为废纸。"关于公使驻京,称其一欲夸耀外国,一欲就近奏事,且曰:"(夷人)最怕花钱,任其自备资斧,又畏风尘,驻之无益,必将自去。"关于长江及内地开放,奏称长江不逾三口,镇江外商不致阻碍河运。内地游历,既有执照,未必将到各处。其言迫而签字之情形,则谓不许其请,即带兵进京,且曰:"奴才等愿以身死,不愿目睹凶焰,扰及都城。再四思维,天时如此,人事如此,全局如此,只好姑为应允,催其速退兵船以安人心。"咸丰亦无奈何,批谕公使驻京,一切跪拜礼节,悉遵中国制度,不得携带眷属,六月二十六日,《中英天津条约》签字,明日,《中法条约》成立。方中英交涉之相持也,普提雅廷议订条约,十三日签字,其时二国界约亦成,普提雅廷表示亲善,言于桂良,中国亟宜整顿武备,俄国愿送枪万枝,炮五十尊,派员助筑炮台。咸丰初不肯收,后乃令其送交恰克图华官。十八日,《中美条约》亦成。三十日,咸丰批准条约,英、美二使以其措词含浑,要求再降谕旨。七月四日,上谕依议,遂无异言。

四国条约成立,英、法军舰离津南下,双方说明改订税则会议于上海举行。其原因则上海时为通商要港,货价贵贱均有纪录,海关税则且有成案可稽也。俄使以其本国商业,无足轻重,径回本国,三国公使则至上海。朝廷之批准条约,实非得已。及外船南下,咸丰力谋有所挽回,其主张则中国免除海关税银。外国则将公使驻京,长江通商,内地游行,赔偿兵费始还广州四项放弃也。诏派桂良会同何桂清往议,何氏以海关免税,则军饷无出,力言不可,上谕以为此乃一劳永逸之计,严词责之。九月末,桂良等至申,奏报道员薛焕之言,免税不能废约,十月,会商税则。桂良奏称额尔金以广东仇英之动作,要求撤总督黄宗汉职,及绅士之权,不理废约之说。咸丰得奏,以为四项条件,毫无把握,而又支节横生,谕曰:"朕派桂良等前往上海,又命何桂清会同商办,岂真专为税则计耶?……试思桂良等在津,滥许所求之事,据奏思日后挽回,若至今仍无补救,不独无颜对朕,其何以对天下!"桂良多方解释,关于内地游历,奏云:"游历地方者,多系传教之人,本属例所不禁,(帝于其旁朱笔批曰:'始则传教,继则叵测其心。')今有执照,转能稽核,(帝又批曰:'即使处处稽核,于事何补。')夷情最忌繁难,苦其累赘,日久或可不往。(帝又批曰:'冀其自废初心,真梦语也。')"君臣之误解,多由于知识之浅陋,而帝愤愤之气,见于文辞,其反对之理由,则外人侦探国内之情形,而贻祸于无穷也。关税会议,独英委员与桂良等议商。其时中国国际贸易三分之二,操于英人,二国经济关系,最为密切也。其具体条件,由李泰国提出,并无重要之修改。额尔金欲乘兵舰溯江上驶,商于桂良,桂良请以公使暂勿驻京为交换条件,额尔金允许再行商议,遂乘兵舰上驶,沿路调查,直达汉口。咸丰知之,颇为愤怒。十一月,关税章程签字,作为条约中之一部分,美、法条约,仿而行之。总之,四国条约,文虽不同,然以最惠国之待遇,享受之权利,莫不相同。其主要之新条款凡七：一、公使驻京，二、开放长江，三、内地传教，四、内地游历，五、公卖鸦片，六、赔偿军费，七、公文禁用夷字。前约中之领事裁判权、协定关税、最惠国条款等，均有规定。其范围与重要，殆无说明于此之必要。

《天津条约》根本上改变中西之关系，咸丰之肯让步者，迫于联军之威吓，患其前攻北京，出于一时权宜之计，而于外使驻京，开放长江，固力反对。自吾人观之，公使驻京，内地通商、游历，皆先进国家视为当然之事，其应反对者，则外船不得驶行内河，及损失主权之条款也。不幸君臣不知，仍持战议。初，联军南下，僧格林沁奏参大员，谭廷襄奉旨革职，僧王移军设防，建筑炮台，置木桩以防轮船，购牛皮以御火箭（时称子弹之名），帝命怡亲王载垣往巡。其时广州附近团练抗英，朝臣言其战胜，帝谕黄宗汉称其如能制胜，不必阻其进攻，及上海会议不能废约，帝心愤怒，明年一月，谕旨中云："前曾经迭次谕知，如果该夷北来，我兵必先开炮，条约内既未定有天津口岸，即非该夷应到之处。我若用兵，必非理曲。"又饬桂良设法使其闻知。态度可谓强硬之至。桂良奏称英人总云不怕。大将胜保等亦持战议，其扼要之语曰："堂堂天朝，无故而示弱于彼，果何谓欤？……凡有一切要求，尽拒不纳，……不然，即请皇上赫然震怒，或擒杀其酋，或缚解其众。"二月，桂良称英使卜鲁士 Frederick Bruce 将欲入京，帝饬其告之曰："倘到津船只，或受损伤，我等不能引咎，又或复开兵衅，则上年条约，必至全归罢议。"说其于上海换约，又谕僧王严防，漕船暂停于牛庄等地。识者知其不能再战，前直督庆祺密函新任直督恒福，不可启衅。三月，桂良奏称英酋不听开导，坚欲赴津换约，朝廷始疑战无把握，乃欲限定入京人数，不准逗留、带械、坐轿、摆队，入京之路，则自北塘上岸。

五月，英使卜鲁士照会桂良赴津，桂良复称兵船须停拦江沙外，俟其到津，方可商办各事，并欲与之相见。卜鲁士拒之，六月，乘船北上，法使同行，初中英、中法《天津条约》，载明于北京换约。美使华若翰 John E. Ward 以其本国条约，未曾指明换约之地，同之北上。俄使则已抵京，咸丰得知三使来京，令由北塘行走。军机处奉旨于正阳门外，查空闲房屋三所，以备三使寓住，恒福又曾奉旨往北塘迎之。各使入京，侍从限定不得逾二十名，朝廷毫无启衅之意，而卜鲁士则有成见在胸,恃其军舰,不顾广州领事馆译员赫德 Robert Hart 之报告,不理桂良之照会,兵舰十六只同之北上,兵士约一千三百人,法舰只有二只。十七日,船抵拦江沙,派人投文,要求撤大沽口之防具,限三日答复。二十日,恒福遣员告以总督将至海口,请求暂候数日。二十四日,美使得悉恒福驻于北塘,英使俄亦收得照会,请其由北塘登岸,无如舰队先已奉命扫除阻碍物等,预备作战,而竟置之不理也。二十五日,发炮轰击,兵士登岸,炮台始乃发炮应战,瞄射准确,击中兵舰,沉没者四,重伤者六,兵士死伤四百余人,英海大将亦受重伤,幸美舰救之,得免于难。奏上,帝饬恒福问其开炮之故,并言可俟桂良回津换约,俄谕其驻于北塘,请其换约。其让步之原因:一患夷人将来报复,国内尚未平定,聚兵大沽,殊非易事,而又不能撤防;一患其扰他省,外舰驶行洋面,水师无如之何,沿海诸省,均可侵扰,帝谕各省严防,但不可宣露有碍抚议。总之,大沽之战,实非朝廷之意。恒福备送食物于外使,投文请其换约。英、法二使不应,独华若翰许之,七月八日,登岸,拟乘自备之轿入京,恒福说其乘马,最后乘车进京,随员凡三十人。其在京也,住于一宅,不准与俄使相见,朝臣说其入觐,华若翰知其将行三跪九叩首之礼,谢绝其请,国书由桂良接收转递。美使俄即出京,至北塘换约,事毕南下。

六月十一日,外舰全离大沽海面,上海闻知败报,外商惊惶,将停营业。何桂清谕其安业,外商始定。帝谕何氏给予照会,说其据照《中美条约》,另立条款。法使复称须待本国训令,英使则置不理,何氏往谒,亦不肯见。朝廷仍欲言和,九月,帝谕将士曰:"不准有前番得意,遇夷即战,徒邀保举,不顾剿抚大局,如有前项情事,即由汝等查拿正法,不必请旨。"其欲和之意,尚未稍改,惜其无法通知外国政府,并未宣布启衅之责任也。英人或责额尔金未留重兵保障新约之实行,或言朝廷违约失信。斯说也,要无根据,《天津条约》未换之前,军舰不得驶入白河,毫无疑意。恒福通知英、法二使,自北塘登岸,竟置不理。其将狃于战胜,首先发炮,其指挥作战也,处置失宜,死亡之多,由于自取。所可惜者,美使入京,未能以礼相待,互换之约,朝廷不肯立即实行,必欲与英、法条约一同办理。华若翰往见何桂清于昆山,要求先行开放台湾、潮州,并照新章输纳船钞。奏上,咸丰许之,英、法商人亦得享受同等之权利。及冬，卜鲁士欲阻漕船北上，朝廷将禁茶叶出口，以为报复，乃以外商反对而罢。一八六〇年二月，华商杨芳等密与英商磋商和平办法。英商提出条件，其重要者凡四：一、津约不改一字，二、增加兵费一百万两，三、许外兵一二千人至津，四、撤大沽防兵。上海道更与法副使梅尔登商减赔款，免去撤防。何桂清奏报朝廷，而咸丰之态度忽变。其原因有二，一则朝臣多持战议。初大沽之役，兵部尚书全庆等奏请乘势进行天讨，令广东出兵，往攻香港，登州水师出截其归路。其计划所谓纸上谈兵，毫不切于实际，而大臣固以为洋务转机。一则帝以夷人别无伎俩。帝初患外舰别扰他港，乃今久无动作，商人贸易如常。卜鲁士欲阻漕运，竟因商人反对，不果于行，信如时人所谓夷人嗜利成性，未必将扰其他海口，而大沽防守甚严，天津可以无事。二月二十七日，谕曰：

> 天津和约既定，而普鲁斯（即卜鲁士）忽复称兵，是该夷先行背约，并非中国肯失信于外夷。此时兵威既振，岂能将前议之五十六款，悉行照办。至兵费一层，中国既经得胜，即应该夷赔偿，若两抵不偿，已属通融，安有中国出银之理？……至大沽设防，系海疆应办之事，并非专为嘆哺（英法），即使和约大定，亦不能遽行裁撤。果使该夷悔罪，诚心求和，前定之五十六款内，凡不可行之事，悉听何桂清裁减，于上海议定，以后或欲援照咪（美）夷成例，减从来京换约，尚属可行。

咸丰所欲裁减者，仍前四事。美使入京，自称待之如囚。英商先称断不可如美使相待，事遂不谐。英商提出之条件，先殆商于卜鲁士。初大沽之战，报于英国，值内阁更易，外相罗素 John Russell 颇主慎重，训令公使，苟得中国之请，仍可北上换约。其时法皇拿破仑第三以欧洲问题，与英不协，梅尔登迓与华官相见，谓派钦差前来调处，即可无事。奏上，咸丰不置可否，法皇后始决定与英合作。三月九日，二使致北京大学士照会，请何桂清代递，要求四事：一、中国道歉；二、公使驻京；三、赔偿兵费；四、进京换约。限于三十日内答复，措辞极为坚决。咸丰见之，称其狂悖已极，将其驳斥。四月八日，卜鲁士收到复文，称将用兵，何桂清将其上奏。帝称其"故作此虚声恫喝之言，以冀尽如其愿。……如果该夷带兵前来，惟有与之决战，所有前议条约，概作罢论"。十六日，二使再致照会，内称用兵解决，外船扣留漕船，强驻兵于舟山群岛，山东之烟台，及辽东半岛之金州。其地长官说其他去，均置不理，而亦无如之何，朝廷乃再改变政策，谕"将士不可衅自我开，是为至要"，且饬僧王亦须暗中筹划抚局，会薛焕奏称英国意原在和，美使亦欲调处，咸丰得奏，许二使各带从人一二十名入京会议，及外船抵于大沽海面，恒福送礼与美使，请其转约二使入京换约，美使复称无法。上谕许二使于城外坐轿，谕盛京将军玉明曰："不可贪功挑衅，致误抚局。"又谕恒福曰："借此转圜，此机断不可再失，总当遵奉迭次谕旨，照会该夷，不可任令委员借口风浪不顺，畏葸不前。倘再贻误事机，至令大局决裂，惟恒福是问。"帝既决心议和，竟不知进行之方法，其希望则欲二使入京会议。

七月三十日，大批外舰抵于大沽海面。额尔金、葛罗亦奉命至，仍为和议代表。其时英军来华者，共一万八千余人，法军七千人，分留小队防守占据之港。其作战者，英军一万，法军六千三百。华工为之运输者，凡二千五百人，其人助敌攻击祖国，不过表现政治之不良，以及人民生计之困难耳。其在东南，太平天国忠王李秀成方统大军，逼近上海，外兵援助，始能将其战败。北方联军则谋进攻。初舰队驶抵拦江沙，美使乘坐之船亦至，恒福送给礼物与之，得悉联军将自北塘上岸。先是，僧王于大沽设法，置北塘不问，御史陈鸿翊奏请北塘亦须设法。帝饬僧王办理，僧王复奏其地不能设防，请于北塘、芦台中间之营城地方，筑建炮台，调兵固守。帝将奏疏交亲臣阅看，亦无异言。八月一日，联军自北塘登岸。未遇抵抗，清兵扼守距北塘十余里之新河。十二日，联军前攻新河，守兵大败，退守唐儿沽，距大沽八里，薛福成称马队三千，逃出者只有七人。其言虽不尽确，而固惨败也。十四日，复战，又败，固守北河北岸炮台。十八日，联军攻陷大小梁子，请交出炮台，不得，二十一日，进攻炮台。守兵死亡相继，僧军迫而退出，南炮台兵不战而退。二十五日，联军进据天津，僧军退守通州。联军之进行也甚缓，一由运输困难，一由迭次言和。初直督恒福奉旨办理抚局，及联军登岸，致函额尔金说其入京会议，英使拒绝其请，及唐儿沽败后，再递照会，二使不复。帝命侍郎文俊、前粤海关监督恒祺伴送二使入京换约。十七日，恒福将其通知二使，明日，额尔金复文声称让出天津交通之路，允许提出之条件，始可停战。恒福称其狂悖，而战又败，乃请帝许其要求，由军机大臣照复。长芦盐政宽惠等奏请诏派职分最崇之大臣，颁给关防，许以便宜行事全权字样来津，二十一日，炮台失守，恒福照会二使，称旨派全权大臣来津，实则咸丰时未有旨，其目的则欲停战也。文俊等至津，二使拒之不见，及炮台失守之信息报至，帝授桂良、恒福为钦差大臣。

二十七日，桂良自京赴津，而津先已失守。二使均至其地，照会恒福，谓会议无可再商，只有允许所请，桂良所奉之使命，先阻公使驻京，如外使坚持，亦可许之，但不得多带从人，赔款亦许商办。顾时情状迥异于战前，额尔金鉴于前事，必欲有所保障，入京换约不肯如美使之待遇。及桂良抵津，二使各派委员与之会议，巴夏礼与焉。巴夏礼要求开放天津，驻兵于大沽，及赔款还清，方能撤兵。入京换约，须先派人观看房屋，然后使臣带兵入京，军费则坚索现款。桂良不肯开放天津，巴夏礼声称地为我有，不许即踞官署，桂良不敢坚持，余亦允许，独于现款，力持异议。桂良上奏言将罢兵，帝称其双目已盲，对于入京观看，责其怯懦无能，又谕僧王拦阻，设法以备截击。桂良言使入京，以礼相待，自可相安。朱谕则曰："拥兵换约，虽愚骏亦知其心藏叵测，别有要挟，桂良尚在梦中耶！"又称带兵换约，则"夷人续来，将内溃于心"。关于赔款，巴夏礼要求先付二百万两，咸丰以为给银，则为城下之盟，夷兵得饷，势将益形猖獗，乃称给银，断无此理。总之，帝于条款，尤不愿公使带兵换约、给与现款，密谕亲王曰："以上两条若桂良等丧心病狂，擅自应许，不惟违旨畏夷，是真举国家而奉之，朕即将该大臣等立置典刑，以饬纲纪，再与该夷决战。"其坚决之态度，多造成于误会，迄于此时，朝廷无一明知国际公法，以及英、法外交政策之人，本于旧有之思想，牵全于中国国际间之新事迹，又无辨别是非轻重之能力，妄信浮言，空倡高调。初额尔金来华，薛焕言其代替卜鲁士，主战非英王之意。联军驻于烟台，大臣言其马队三千，上骑中空木人。新河战败，怡亲王载垣奏称僧王所获俘虏，言夷与"长发贼"勾连，帝交僧王复奏，僧王言无其事。给事中薛书堂奏言，战则我有五胜，和则我有十害，请即声讨，严禁茶叶、大黄下海。朝臣之主张若是者，不知凡几。

九月六日，和议将成，而桂良迭奉严旨申斥，乃变态度，明日，二使索看全权大臣便宜行事敕书,不得,愤怒而去,投文称其前往通州。巴夏礼声称现虽签定条约,亦不能阻其前进,路上遇有华兵,即行开战。咸丰得报,谕曰:"惟有与之决战后再抚,舍此别无办法。"九日,朱谕亲征,以臣下谏阻而罢,悬赏捕杀夷人,僧王密请出幸木兰(热河),京中扣车调兵,帝谓将在京北坐镇,人心大为不安,朝臣奏请车驾不可出京,以安人心,上谕许之,一面派怡亲王载垣、尚书穆荫赴通,一面宣布巴夏礼罪状,中云:"倪执迷不悟,灭理横行,我将士惟有尽力歼除,誓弗与同天日。"十日,载垣致照会于额尔金、葛罗,略称皇帝委为全权大臣,请其回津会商条约。二使时抵杨村,仍言将至通州议和,英使派巴夏礼前往。咸丰得奏,信其挟兵要盟,谕载垣将其"羁留在通,毋令折回,以杜奸计"。如不能羁禁,亦可作罢,但无庸接见。其索现带兵入城,万不能允。其谕僧王曰:"倪越过马头,即着僧格林沁迎头截击,尽歼丑类,断不容其行至通州。"十四日,巴夏礼来至通州会议,载垣允许开放天津入京换约,外兵驻于张家湾以南五里,咸丰限制入京人数四百名,赔偿军费,先付之现银,可于二月内缴清,和议将成。十六日,巴夏礼要求英使可得入觐皇帝,亲呈国书,载垣知其不肯拜跪,奏称事关国体,万难允准,帝谕令其拜跪,否则如美、俄前例,十七日,会议未有解决。载垣称其欲逃,令僧王捕拿,时官兵备战,扼守张家湾。

十八日晨,巴夏礼等回至张家湾,其地驻有清兵,折回通州,欲见载垣,说其退兵,不得,方拟回营,适得英将紧急之书,招其即归,乃骑马驰行,清兵围而捕之,解见僧王,僧王饬其致书英将停战,巴夏礼不可,官吏送之他地,受审者再,最后囚于刑部大狱。斯变也,英人被囚者二十六名,法人十三,尤重视巴夏礼焉。巴夏礼初为广州领事,精通华语,桂良称其骄悍,甚于威妥玛万分,叶名琛尝奏英主厌兵,粤事皆巴夏礼等所为,及从额尔金北上,数与钦差议和,大臣故重视之。沈兆霖奏曰:"皇上明降谕旨,历数数年英人罪状,大伸天讨,中外臣民同声称快,……又闻英人所倚为谋主者,唯巴夏礼一人,前此掳去叶名琛,亦系此人之计,余如额尔金、葛罗等,皆不能画策。今巴夏礼就擒,敌已失其所恃,必将设法索回。据国法言之,自应即予诛磔,何烦再计,然敌之势,本利在速战,即行诛戮,恐奋兵深入,其势益锐。莫若牢固监禁。"焦祐瀛奏称："虎兕出柙，不可再制。"请将其正法。帝批奏疏曰："是极，惟尚可缓数日耳。"巴夏礼等被捕之日，联军进攻张家湾之守兵，弹落如雨，守兵死伤颇多，退守八里桥，地为自通州入京之要道，距北京八里。夜分，额尔金始知巴夏礼等被捕，力说大将督军进攻，大将许之，二十一日，进犯八里桥。胜保督禁军力战，俄即败退，胜保伤颊，说者讥其红顶黄褂，骋而督战，以致受伤，可谓谑而虐矣。僧王知不能战，不待朝命即照会二使言和，咸丰授其弟恭亲王奕訢为全权大臣。奕訢素持战议，主张捕杀李泰国，反对公使驻京，至是，致书额尔金、葛罗请先停战，以便议和。二使复称放出巴夏礼等，始可言和。奕訢不可，奏曰："幸就擒获，岂可遽令行还。"交涉未能进步。其时联军于激战之后，子弹不足，乃致照会辩论。二十二日，咸丰自京出狩热河。奕訢饬恒祺往说巴夏礼写信息兵，巴夏礼欲用英文，朝臣无识之者，遂作罢议。朱谕曰："看此光景，不如早为处死。"俄再谕奕訢："如城不守，即将巴夏礼正法。"又谕各海口闭关。北京自帝出狩后，人心惊惶，谣言四起，禁军不能再战，帝始改变态度，谕曰："现在事机紧迫，间不容发，朕亦不为遥制，即着恭亲王等相机办理，总期抚局早成。"僧王亦主议抚，而二使迭请释放巴夏礼，奕訢奏称如夷攻城，即将其正法。帝乃谕称将其送还，以示大方。巴夏礼时自狱中提出，住于德胜门高庙，三十日，二使投文声称再过三日，巴夏礼如不放出，即交大将执行。巴夏礼信请免战，而信竟未收到。十月二日，帝谕奕訢见之，奕訢言其"生性狡悍，此次既被拘执，怀恨必深"，乃不肯将其放出。

十月初，联军军火援军自天津大至，五日，开始行动，大将据报，以为咸丰驻于圆明园。园在北京城外西北十余里，为清帝避暑宫殿，内有清漪园、静明园、静宜园，中有耶稣会教士设计建筑者，列帝修治，可谓积二百年之民力经营而成者也。联军往攻北京圆明园间之海淀，防兵败溃。六日，法军首先入园，其将称其建筑之美，珍物之多，为欧洲所无，且非言语所能形容也。法兵将珍物搜去，英军亦得赃物，无赖乘机强取剩余之物。据朝臣奏疏，迄于九日，静明园、静宜园尚未抢劫，禁兵入园防守。奕訢时在万寿寺闻之，大惊，以北上之路断阻，逃至芦沟桥，奏言抚局不可再议。上谕仍饬其筹办。七日，二使致哀的美敦书于王大臣,内请释放巴夏礼等,否则攻城,待其放出之后,再议条件,互换条约,并须交出一门,人民苟皆安居,联军亦不辱之。八日,恒祺与留京王大臣议定释放巴夏礼归营。初英人被捕者二十六名,法人十三名,至是,存者英人十三,法人五名,距其被捕之时,二十日耳。方苞于清盛时,记狱中情状,言其饮食不时,污秽不堪,犯人备受虐待,狱吏至为贪狠。嗟夫! 我国良民之惨死于狱中者,不知凡几矣! 十日,二使再致书于大臣,限其于十三日午时,开放安定门,交外兵把守,逾时将即攻城。恭亲王业已逃至长新店,交涉由恒祺办理。咸丰得奏,谕曰:"傥该夷不允,复出,尚复成何事体。"留京王大臣函请奕䜣回京,恒祺以恭亲王名义,照会二使赔偿圆明园之损失,并请先议条件,再行开门。二使置之不复,大臣相顾无策,乃于规定期内,开放安定门。咸丰亦谕奕䜣回京,外兵入城未扰人民。十四日,奕䜣回至西便门外天宁寺,明日,照会二使换约。

　　初联军入京,二国大将意见不协,二使更以欧洲问题,信其难于合作,十五日,英将通知额尔金:(一)英军不能留于北京过冬;(二)十一月一日,军队开始撤回天津;(三)华官开放安定门,理应维持信义,不得毁坏公家建筑;(四)大使决焚毁海淀之行宫,以及圆明园之宫殿,将即执行。当斯时也,额尔金数与葛罗会商,以为清廷不顾白旗,施其阴谋,不顾国信,捕囚代表,死亡多人,必欲有所惩戒。二使会商之时,对于赔款,则以款已增加,如再要求,徒加无辜人民之担负;对于割地,则以问题将益复杂;对于严惩载垣、僧格林沁,则以一时难于成功,均作罢论。后始议定恤金,英国三十万两,法国二十万两,额尔金建议中国政府刻碑胪列阴谋失信之事实,葛罗谓其侮辱太甚,力持异议。最后额尔金主张焚毁圆明园,谓被捕之外人,先曾受辱于园中,必先毁之,然后议和。葛罗不可,主张和议决裂之后,火焚清宫,法将助之,英将力言焚毁皇宫,则为失信,额尔金之意遂决。十七日,二使照复恭亲王。额尔金谓中国虐待英人,须出恤金三十万两拆毁圆明园,葛罗要求恤金二十万两,交还天主堂及教士墓茔。文中约定二十一日照复,二十二日给银,二十三日签定新约,换约。十八日,英兵奉令焚毁圆明园,于是经营二百年之宫殿,竟于火光之下,化为烟灰焦土、破瓦类垣,世界美术遂少宏丽伟大建筑之一。英将之执行命令者，亦深为之叹息焉！额尔金之报复行动，出于一时之情感，其野蛮失常，殊可痛恨。其不欲火焚皇宫者，盖患恭亲王惊惧出逃，无人负责办理交涉，而非有爱于中国也。俄使伊格那提业幅 Ignatief 自称劝说二使让步，中国不可再失事机。二十二日，户部允给现银五十万两，英使增加要求，一、九龙司归英，二、许华人赴英。法使要求归还前田地房屋于天主教堂，奕䜣许之，和议始成。

额尔金改于二十四日入城，由英兵保护，至礼部衙门签定新约，是为《中英北京条约》，并互换《天津条约》，文武大臣在焉，额尔金先期约之故也。大臣多呈惶恐之色，额尔金改许先赔现银五十万两，可于四十日内交清，葛罗俄亦允许同样办法。换约礼毕，额尔金即行，英兵于安定门鸣炮庆祝，明日，法使亦至衙门订约换约，并赴宴会，态度颇为和平，后告奕䜣愿助中国剿匪，额尔金要求朝廷公布《天津条约》于各省，始肯撤兵。法兵出京较早，《中英北京条约》之要款凡五：(一)皇帝对于大沽事件，深表歉意；(二)使馆设于北京；(三)赔偿军费八百万两，由海关提出收入五分之一付交，恤金三十万两，立时付清；(四)华工得侨居或工作于英国属地；(五)中国割让九龙海岸一部分与英。《中法北京条约》，法得赔款八百万两，恤金二十万两，中国交还教产于天主教。华文条约，神父之为译员者，添入教会得置地产于内地之文。和议成后，十一月一日，法军尽离北京。十二月九日，英军亦退。其在金州、烟台、舟山之兵，亦次第撤退。明年天津、广州驻军始尽撤退。委员交还广州政权，巴夏礼报告书中，有谓英兵、粤人相处甚善，其前反英之运动，尝由官吏鼓动而成。委员管治期内，广州城外团练，受总督黄宗汉之指挥，仇杀外人，联军追杀团丁达于花县。由是官吏始知乡民不足以慑外兵。

总观清代迄于一八六〇年之外交，吾人未尝不深叹息。外人来华，初为商业，其所求者，则为商业上之机会，如其愿偿，生命财产，均能安全，则可无事。其不能者，政府则以武力助之，盖自工业革命以来，资本家谋得市场于海外，而中级社会之政府，予以保护，不惜用兵，乃合商业及政治权利二者为目的，外交武力为手段，弱国遂为鱼肉。同时，清代大臣知识陋浅，无以应变，以致重大之损失。中国对外初无交涉之可言，外商限于广州，遵守习惯，相安无事。一八三四年，形势大变，平等待遇,严禁鸦片,法律问题,相继发生,造成战祸,缔结城下之盟。不幸对外思想,依然不变,政府更无远大一定之政策,其一时成功者,则赏以官爵,迨其失败,虽有批可之朱谕,亦不免于惩罚焉。其前后矛盾,殆无理解之可能,终因昏庸之大臣,造成广州、津沽之事变。缔结丧失利权之条约。所可怪者,大臣之反对条约者,对于关系国家主权,人民生计之协定关税,及领事裁判权等,未尝要求修正,反于国际上之常事,如公使驻京,入京进觐,抵死力争。其心目之中,徒以天朝皇帝不应非礼与外使相见,而失其尊严也。其时国内扰乱,财政困难,咸丰不知时局之严重,主张不一,竟以误会,发生不幸之事件,逃往热河。奕䜣密奏迁都陕西,胜保请招南军,而事危急,无济于事,乃增加代价,始肯换约签约,俄国且索重大酬报。咸丰仍以外使将递国书,不肯回京,谋之不臧,祸至如此,尚不觉悟,国中之无人也久矣。

(《金陵学报》1931年第1卷第2期)

甲午战后庚子乱前中国变法运动之研究（1895—1898）

中国纪年，一用帝王年号，一用甲子，均不便于计算，见者多不知其距今若干年。近人效仿西人纪年，别用标准，亦未通行。吾人为便利之计，采用公元。旧历年终差于公历，多者五十余日，少者二十余日，徒用纪年，月日将不符合，不如尽用公元月日。中西历对照表，今有葛麟瑞《中西年历合考》、陈垣《中西回史日历》等书，可供检查。文中年月日，均用公历，幸读者察焉。

作者附识

国内之积弊　中国自订《南京条约》以来，迭受强国之压迫，始则给予外商特殊之权利，继则丧失外藩，后则领土不能保全，几至瓜分之祸一如非洲，其祸最盛于一八九七——一八九八年间。于此五十余年之中，士大夫尚未彻底觉悟，多持夷夏之说，严防外人，从不虚心考究西方政治制度、社会情形、经济状况，而比较其与中国异同之点，审察其利弊，以便施行改革，平日讲求八股小楷，茫然不知当时之务，仍信中国固有之政教，远非外国之所能及，胸中横有成见，自难明了国内政治上、社会上之积弊，其昏庸傲慢，妨碍新事业之进行，乃为中国贫弱、外交失败之一主因。中国自太平天国、捻、苗、回乱以来，人民于大杀、疾疫、凶年、流离之下，死亡者众，人口大减。其在户口繁密之区者，可得迁徙他乡，开垦荒土，安居耕种，衣食尚无困难，政府易于维持治安，有所建设。官制自受外人影响，稍有添设，从未考虑历史上遗留之弊政，现时之需用，而有重要之改革。各省于城邑收复之后，恢复原官，官吏人民之关系，一则维持治安,征收田税,一则安居乐业,交纳税银。人民对于国家别无义务,亦无参政权利,于是乱前政治上之痼疾,依然存在。其时属国次第丧失,朝廷尚不开放属地,设官治理,十八省内秘密社会活动甚力,长江一带哥老会时起作乱,闹毁教堂,山东曹州单县大刀会起兵,皆其明显之例。其在西北,回乱之范围尤广,回人自左宗棠平定关陇以来,生者回归乡里,汉人于大劫之后,势力单薄,汉、回杂处一地,各以褊狭之胸襟,不能谅解信仰习惯之不同,互相忌嫉。回人又自分派,易起争斗,而地方长官不善驭之,回人怀愤,尝欲乘机起抗官吏。中日战争方将结束,而甘肃之回酋举兵,其党于河州、西宁、大通等城应之,四出焚掠,声势张旺,官军畏之,不敢进剿,诈与之和,潜往袭之,回众应战,大败官军。事闻,光绪以总督杨昌濬不善处置,诏免其职,遣回将董福祥等将兵进剿,叛回于举兵之后,遣人煽惑,青海回人,有起而应之者,蔓延日广,幸而官军破之,未致大变,败回逃往青海,一八九六年冬始平。斯役也,屠杀约五十万人,亦云惨矣。属地则吉林教匪孟幅山造言惑众,推朱承修为首,乘防兵空虚,设立元帅名目,约期举兵,声势颇振,官军力剿平之。其在西南,西藏喇嘛久不服从谕旨,朝廷无如之何,西康有土司名瞻对者,在里塘、巴塘之旁,其酋恃喇嘛为援,不奉命令,其邻朱窝土司与之相结,扰及其他土司。一八九六年,川督鹿传霖遣兵剿之,取其土地,上奏改土归流,明年,金沙江上流之德尔格式土司之酋长争位,委员设计囚其父子,亦请设官治管。达赖喇嘛以地归其管理,奏言更派番官接任,川督坚持原议,驻藏大臣言其恐有后患,朝廷诏免鹿传霖职,尽归其地于达赖,其事始已。凡此事变,不过证明国内情状之不安,处于列强竞争之新时代,对内则难维持治安,对外则将丧失权利,奈朝臣之不觉悟何!

  变法之阻碍 变法久为中国之急切需要,曾国藩、左宗棠诸氏后皆惊奇外国枪炮之威力,轮船行驶之便利,以为我有轮船枪炮,即足以与列强抗衡。李鸿章久办外交,洞悉大势,主张变法。其官于直隶也,扩充机器局,购置军火兵舰,奖设轮船局,铺设电线,谋筑铁路等。其进行之计划常受阻挠,未有明显之成绩,新事业之创办,尚且不易,况变祖宗之法乎?宜朝廷多未一采行也。其原因固由于士大夫之知识幼稚,政府之财政穷困,而言官妄发议论、百方谏阻,朝中无人主持,尤其困难症结之所在也。太后每于改革大计,辄交吏议,一无所成。疆吏之欲有为者又多阻于部议,刘铭传于台湾颇多建设,竟乃迭受旨责,终遂托病乞退。李鸿章复书慰之,中云:"疆臣竭心力以为其难,文吏持刀笔而议其后,任事不易,思之慨然!"此中困难情状,固非为刘氏一人言也。郭嵩焘见解高于时人,主张改革,乃不能见容于清议,建议且为沈葆桢所笑,晚年废退家居。曾纪泽久任驻外公使,英人问其上海拆毁铁路之原因,则赧然无辞可对,回国在总署行走,原欲大有所为,不幸建议无一采行,中年病死。李鸿章述其晚境曰:"年来亦颇不得意,既为同官所排,又不得当路之助,郁郁蹙蹙,赍志以终。"一二英哲明达之士,不能稍展其才,国内之环境,原难产生有为之士,夫复何望!中日战后,李鸿章复新疆巡抚陶模书曰:"今之论者,皆知变法,但有治法,尤须有治人。……详察当路诸公仍是从前拱让委蛇之习,万不亟改,恐一蹶不能复振也。兄抚膺衰疾,蒿目艰虞,独居深思,仰屋窃叹,亦思竭囊底之智,以助局外之谈。然觊缕指陈,亦何以易群贤之所云耶!"其言极有见解,及自欧美回国,见闻益广,以为外国之强,由于积富,上下合作,无事不举,中国则政杂言庞,而生财之法不如远甚,主张以育才为先务。其言曰:

  自殿廷以至郡县之试,旁及书院之课,皆就其已成之业,而进退高下之,则有举而无教矣,而所学又非所用。论者咸知时文试帖之无用,又不敢倡言废科举,辄欲调停其间,于是艺科算学之说叠见条陈,或阁置不行,或轻(暂)行辄止。盖事无两胜,此优则彼绌,数百年积重之势,非偶然更置一二所能转移。今惟有尽罢各省提学之官,辍春秋两试,裁并天下之书院,悉改为学院,分门分年以课其功,学成即授以官,而暂停他途之入仕者。庶二十年间,风气变而人才出,但亦不过托之空言耳。

改革教育,不过变法之一端,而李鸿章失望至是,可见变法之难。顺天府尹胡燏棻尝奏请变法曰:"微臣早夜焦思,今日即孔孟复生,舍富强外,亦无治国之道,而舍仿行西法一途,更无致富强之术。"盛宣怀亦言自强大计,朝廷均未采行。其先英使欧格纳迭向恭亲王奕䜣陈说,而王事事推诿。英教士李提摩太 Timothy Richard 入京,往见翁同龢,陈说教民、养民、安民、新民四端。关于新民曰："新者，新法也。变法以兴铁路为第一义，练兵次之。中国须参用西员，并设西学科。"翁氏日记纪其所言，而附注其驳斥用西员、设西学之说。翁氏时倾向于变法，而犹如此，盖囿于环境知识也。恭亲王之推诿，一则年老多病，一则明了太后之性情，一则顾虑言官之议论。言官之害政，伊藤曾向李鸿章建议废之，欧格纳亦向恭亲王明言，王公大臣固不敢有此奏请也。枢臣疆吏莫不畏之，常为变法最大之阻碍。

教士之影响 中国政府之痼疾，既于中日战争之先后暴露于世，外交更受列强之压迫，唯有变法自强而已。国内虚心学者，始与外国之传教士接触，教会创设之广学会颇有影响于时，其刊行之文字，传入科学知识，记载世界强国信息，建议中国改革事宜，由教士李提摩太主持。李提摩太久在华北传教，救济灾民，其主张则欲输入西方科学知识，得有士大夫之信仰，然后宣传福音，易于改进中国。其工作颇有效于山西，而其他教士反对，一八九二年，不能容于山西，值广学会需才，改就编辑之职。李提摩太精通华语，富于常识，长于评论，其所写之汉文，足能发表其思想。美国教士林乐知 Young John Allen 亦有影响于时。林乐知尝就聘于上海机器局，翻译书籍，一八七五年，创行《万国公报》，中载世界之重要消息，以助华人明了国际上之大势，发行十五年后，由广学会续办。中日战后，林乐知编纂《中东战纪》，先后共成三编，风行一时。其内容则译录战争期内之公文，节录西报之纪载，余为世界列国之消息与大事。其时《万国公报》之读者骤多，李提摩太之著作，尤为时人所称，明达之士既与外人交接，渐悟华人之知识浅陋，其热心者采取外人言论及其个人感想，编著成书以飨国人，郑观应之《盛世危言》、杞忧生之《盛世危言》等书，皆其明例。郑氏之书抄录李提摩太之时事论文多篇，教士之影响大著，张之洞于其所著之《劝学篇》，亦明承认。《马关条约》成立之年，李提摩太等入京，上奏民教相安之办法，谒见王公大臣陈说改革事宜，十月，负有盛名之学者康有为谒之，赠送其所编著之书，自称深信上帝之慈爱，世界之大同，请其与之合作，复兴中国。明日，康氏南下，其偬偬求见者，先读其文，而已受其影响也。李提摩太尽读康氏上奏朝廷之疏文，函告其妻曰："余甚惊异，凡余从前所有之建议几尽,归纳晶结,若惊奇之小指南针焉。吾人之目的相同,宜其亲来访谈。其书缺少者,则大同主义也。"会李提摩太在京,需用临时书记,康氏弟子梁启超闻之,自请充任,李提摩太以其负有文名,欣然同意。文廷式等与之交游,讨论变法。翁同龢亦迭见之,工部尚书孙家鼐方奉朝旨创设京师大学堂,说其出任总教习。李提摩太不许,而孙家鼐坚请不已。朝臣张荫桓、刚毅亦先后见之。明年二月,翁同龢亲来访谈,说其赞助强学书局。李提摩太出京,翁同龢、张荫桓各赠礼物。

士大夫之思想　朝臣学者之受教士影响,有倾向于改革者,其人多英哲有为之士,国内士大夫中之先知先觉也。而多数仍以中国政教之美,世无其匹,历史上唯有用夏变夷,未有用夷变夏者也。采用夷法,则非圣人之道,而变祖宗之法,非圣则为不道,变法则为不孝。其言原无历史上之根据,士大夫讲求功名,少读史籍,乃多不识汉后文化演进之陈迹,本于偏狭之情感,利用保守之心理,而以非圣、不孝之大罪为前提,实则均为武断不合逻辑之推论。张之洞时倾向于改革,著成《劝学篇》申言其主张。其最初自序,中云:"中国学术精微,纲常名教,以及经世大法,无不毕具,但取西人制造之长,补我不逮足矣。……其礼教政俗已不免于夷狄之陋,学术义理之微,则非彼所能梦见者矣。"其言全以中国固有之标准,评论外国政教之长短,关于外国知识,张氏原极浅陋,故有此说。其言足以代表时人之议论,唐才常痛论士大夫所受八股之害曰:"其柔者戢抱兔园册子,私相授受,夜半无人,一灯如豆,引吭长鸣,悲声四壁。……或语以汉祖、唐宗不知何代人,叩以四史十三经,不知何等物。……其悍者则纂取圣经一二门面语,以文其野僿芜陋之胸,有若十六字心传,五百年道统,及纲常名教,忠孝节廉,尊中国,攘夷狄,与夫尧、舜、禹、汤、文、武、周、孔子道脉,填胸溢臆,摇笔即来,且嚚嚚然曰:'圣人之道,不外乎是。'"此就极端顽固份子而言,其自好者则如《盛世危言》曰:"今之自命正人者,动以不谈洋务为高,见有讲求西学者,则斥之曰名教罪人、士林败类。"其迂陋荒谬之思想,一则由于不愿变法,士大夫所受之教育偏于极端保守,已如前言,而又鉴于古代变法之失败,以为利不十不变法。天下古今之新法,固无有利而无弊者,信如其说,变法决不可能。一则生于夷夏之别,凡仿自外国者,无论若何制度,能否富强国家,皆痛心嫉之。对于主张变法者,全以情感用事,妄发议论,造谣诋毁,无所不用其极。其人自今观之,实为绝物,而在当时,则为清流,政治上之势力颇为强大,不易一日破除也,徐桐则其明例。徐桐以道学自命,奉倭仁为师,官至内阁大学士,疾恶外人,其住宅邻近公使馆,出门即见洋楼,心不愿见,而以住宅利于科名,不肯迁让,乃另辟新门出入,绕道而行。其亲信门生严修后奏开考经济特科,恩师闻之,即不与之往来,大臣中之轻外仇外者,固非徐桐一人,而皆痛恶变法。徐桐竟谓"宁可亡国,不可变法"矣。方李提摩太之在北京,主张变法之官绅,创设强学书局,讲求时务,御史杨崇伊上疏奏请封禁,朝旨许之,其女李鸿章之媳也。

变法者之辩护 于此环境之中,凡主变法者,必先推翻顽固者所持之理由,康有为第一次上书论之曰:

> 今论治者皆知其弊(指旧法而言),然以祖宗之法,莫之敢言变,岂不诚恭顺哉?未深思国家治败之故也。今之法例虽云承祖宗之旧,实皆六朝唐宋元明之弊政也。我之先帝抚有天下,不用满洲之法典,而制前明之遗制,不过因其俗而已。……当今世而主守旧法者,不独不通古今之治法,亦失列圣治世之意也。

其第二、三书亦以为言,及德强据胶州湾,康有为自广东北上,再论变法,其辩护之辞,较前尤为激昂。其言曰:

> 方今之病,在笃守旧法而不知变,处列国竞争之世而行一统垂裳之法。此如已夏而衣重裘,涉水而乘高车,未有不病渴而沦胥者也。《大学》言日新又新,《孟子》称新子之国,《论语》孝子毋改父道不过三年,然则三年之后,必改可知。夫物新则壮,旧则老,新则鲜,旧则腐,新则活,旧则板,新则通,旧则滞,物之理也。法既积久,弊必丛生,故无百年不变之法。况今兹之法,皆汉唐元明之弊政,何尝为祖宗之法度哉?又皆为胥吏舞文作弊之巢穴,何尝有丝毫祖宗之初意哉?今托于祖宗之法,固已诬祖宗矣!且法者所以守地者也,今祖宗之地既不守,何有于祖宗之法乎?夫使能守祖宗之法,而不能守祖宗之地,与稍变祖宗之法,而能守祖宗之地,孰得,孰失,孰轻,孰重,殆不待辨矣。

其言深切时人之痼疾,足称明透淋漓,但为辩护之计,引用之书,不免杂有牵强曲解之处,张之洞时亦主张变法,其《劝学篇》论之颇详。其言曰:

> 夫不可变者,伦纪也,非法制也;圣道也,非器械也;心术也,非工艺也。请征之于经,穷则变,变通尽利,变通趣时,损益之道,与时偕行,《易》义也。器非求旧唯新,《尚书》义也。学在四夷,《春秋传》义也。五帝不沿乐,三王不袭礼,礼时为大,《礼》义也。温故知新,三人必有我师,择善而从,《论语》义也。时措之宜,《中庸》义也。不耻不若人,何若人有,《孟子》义也。请征之于史,封建变郡县,辟举变科目,府兵变召募,车战变步骑,租庸调变两税,归余变活闰,篆籀变隶楷,竹帛变雕版,笾豆变陶器,粟布变银钱,何一是三代之旧乎?历朝变法最著者四事:赵武灵王变法习骑射,赵边以安;北魏孝文帝变法尚文明,魏国以治,此变而得者也。商鞅变法,废孝弟仁义,秦先强而后促;王安石变法,专务剥民,宋因以致乱,此变而失者也。商、王之失在残酷剥民,非不可变也,法非其法也。请征之本朝,关外用骑射,讨三藩用南怀仁大炮,乾隆中叶,科场表判改五策,岁贡以外,增优贡、拔贡。嘉庆以后,绿营之外,创募勇。咸丰军兴以后,关税之外抽厘金。同治以后,长江设水师,新疆、吉林改郡县,变者多矣。即如轮船、电线创设之始,謷议繁兴,此时欲废之,有不攘臂而争者乎?

张之洞等议论之激昂,可见守旧大臣之势力,其引用之经典,皆为偏于有利方面之证据。士大夫之倾向改革者,尚信外国政教自中国传往者,如陈炽之徒。陈炽著有《庸书》。其言曰:"中国大乱(秦时),抱器者无所容,转徙而之西域,彼罗马列国,《汉书》之所谓大秦者,乃于秦汉之际崛兴于葱岭之西,得先王之绪余,而已足纵横四海矣。"又曰:

> 摩西者,墨翟之转音也;出埃及者,避秦之事也。是知爱人如己,即《尚同》《兼爱》之心也;七日拜天,即《天志》《法仪》之论也;衣衾简略,即《节用》《节葬》之规也;壁垒精坚,即《备突》《备梯》之指也。《经说》上下,为光学、重学之宗;句读旁行,乃西语、西文之祖。

其天堂地狱一说,本于《非命》《明鬼》诸篇,乃窃释氏诸余,以震惊流俗,而充其无父之量,不惮自弃其宗亲。盖墨氏见距于圣门,转徙迁流而入西域,其抱器长往者,遂挟中国之典章文物以俱行也。

陈氏不可思议之妙论,直为痴人说梦。梁启超辩护之方法,则以十九世纪欧洲盛行之制度,牵强合于中国古代之政教。其言三代之庠序学校,近于近代之大学,太王之咨问耆老,在今则为议会。其解释由于缺乏正确之观念,精深之研究,且欲缓和反对者之言论。事实上则古今之社会不同,各国之环境殊异,往往难于比较其制度之同异,得有真确之了解。其方法虽或成功于一时,而流弊则颇繁多,况普通文人之读古书,多无批评疑问之能力耶?其不良之影响,则以儒家之理想为事实,古代为黄金时代,反足以坚其顽固复古之心理,拒绝研究西方之学术,创造牵强附会之怪论,如王闿运以耶稣教之十字架为矩,矩即墨家之巨子,断定墨子为耶稣。历史教科书之作者,以周代共和之名,遂谓共和政体先于中国之类,结果反为学术界之阻力。康有为尤敢于议论,其所著之《伪经考》则言刘歆作古文伪经,而欲破坏历代神圣不可侵犯之传统学术。其《孔子改制考》,则论孔子与周秦诸子相同,罔不托古改制,其所称尧舜之盛德,乃其理想中之人物,六经为其改制创作之书,其胪列之证据,杂引伪书,虽不免于牵强附会,而分类说明,尚有见地。康氏之见解,以为外人信奉宗教,而中国庶民不知孔子之道,其教散漫力薄,乃推崇孔子,谓其创教,比之耶稣而欲国人信奉。其说原受耶稣教之影响,自时人观之,则为奇异之至,宜其反对也。

变法之动机 少数主张改革之志士,其志可嘉,其心良苦,其动机则鉴于外势之日逼,非变法无以立国于世界也。一八九五年,《马关条约》成立,康有为第三次上书,内称:"经此创巨痛深之祸,必当为卧薪尝胆之谋,今朝野上下震动感愤。……今议成将弥月矣,进士从礼官来,窃见上下熙熙,苟幸无事,具文粉饰,复庆太平。又闻贵近之论,以为和议成后,可十数年无患,保持禄位,从容如故也。"又曰:"向者累经败创,而诸臣苟安目前,遂致战败之祸,而今民心解散,祸在旦夕,再借和款以求一时之安,则亡无日矣。"后德强据胶州湾,康有为上书,详论亡国之祸,言尤动人。其言曰:"蚁穴溃堤,衅不在天。职恐自尔之后,皇上与诸臣求为长安布衣,而不可得矣。后此数年,中智以下,逆料而知,必无解免。然其他事,职犹可先言之,若变辱非常,则不惟辍简而不忍著诸篇,抑且泣血而不能出诸口。处小朝廷而求活,则胡铨所羞;待焚京邑而忧惶,则董遇所鄙。此则职中夜屑涕,仰天痛哭,而不能已于言者也。……亚洲旧国,近数年间,岁有剪灭,近且殆尽,何不取鉴之?祸起旦夕,毕命尽丧,而谓可延年载,老人可免,此又掩耳盗铃,至愚自欺之术也。譬巨室失火,不操水呼救,而幸火未至,入室窃宝,屋烬身焚,同归于尽而已。故职窃谓诸臣即不为忠君爱国计,亦当自为身谋也。皇上远观晋宋,近考突厥(土耳其),上承宗庙,孝事皇太后,即不为天下计,独不计及宋世谢后签名降表,徽、钦移徙五国之事耶?近者诸臣泄泄,言路钳口,且默窥朝旨,一切讳言。及事一来,相与惶恐,至于主辱臣死,虽粉身灰骨,天下去矣,何补于事?不早图内治,而十数王大臣俯首于外交,岂惟束手,徒增耻辱而已!不豫修于平时,一旦临警,张皇而求请,岂能弥缝,徒增赔割而已!故胶警之来,不在今日之难于对付,而在向者之不发愤自强也。"其言杂有牵强之推论,而在当时,读之足以令人心悸。康氏在京,创立保国会,其演说辞亦多类此。张之洞总括其《劝学篇》之大意曰五知:一知耻,耻不如日本,耻不如土耳其,耻不如暹罗,耻不如古巴。二知惧,惧为越南、缅甸、朝鲜,惧为埃及,惧为波兰。三知变,不变其法,不能变器。四知要,中学考古非要,致用为要;西学亦有别,西艺非要,西政为要。五知本,在海外不忘国,见异俗不忘亲,多智巧不忘圣。就上五知而言,一二言外患之逼,三四论变法之方针,五言不可忘本,保存旧有之道德。其欲变法者,亦为对外。其传诵于时之名言曰:"中学为体,西学为用。"可见其思想之一斑。综之,主张变法之志士,皆偏于政治方面,意欲利用政法上之威权,改革一切之积弊,欲其计划之能行,则上有明君,下有贤臣,同心协力,勇猛进行,可于短促期内,大见功效。顾其根基浅薄,处于政治不安之时,偶一不慎,大祸即至。至于君主之大权,国会之召集,民权之保障,初未明白提及,其希望之政府,则开明专制也。

康有为之活动 识者倡言变法,其尤坚持不挠而欲速成者,康有为也。康有为生于一八五八年,世居广东之南海县,家为其地之名族,有弟一人，其父早世。康有为初受教于大父，天质聪明，善于属文，年长就学于粤中名儒朱次琦，一八七九年，以论学与之不合，独学于白云洞，读书颇勤。其门人梁启超称其尽读中国之书，其言浮夸失实，虽不足信，而康氏或已读尽县中能得之书。顾其读书较多，识见较广，志气激昂，议论纵横，不为八股所拘，应试不售。一八八二年，康氏入京赴顺天乡试，下第而归。其往游京师也，道出香港、上海，羡其市政之清明，建筑之宏美，街市之清洁，凡百事业，井井有条，而所谓首善之区，尚不如外国海外经营之地，乃信外人并非野蛮之国，购读广学会及上海机器局刊行之书，益知世界之大势。一八八八年，再应顺天乡试，不售，会有皇陵山谷圮坍之变，发愤上书，详论天灾示惊，国势危蹙，及时变法，建议三端曰："变成法，通下情，慎左右而已。"康氏时为生员，以诗文干谒大臣，陈说变法，大为同乡京官许应骙等所恶。其书呈于国子监，长官以其有谗言中于左右等语，恐获重罪，不肯代递，移至都察院，院亦不纳，实则书中所言者，均为老生常谈，无足称异。而国子监都察院竟不敢递。康氏初以出门，途遇杀人不吉，徘徊不定，终则决定冒死上奏，于此可见朝廷忌讳之多，朝臣不足有为矣。书未上递，康氏大失所望，愤极无聊，作《广艺舟双楫》以自娱，序中尚有"似人而非"之句。后二年，漫游南归，讲学于广州长兴学舍，教授弟子，梁启超等从而游焉。明年，著成《伪经考》，俄往广西桂林讲学，颇负时望，一八九三年，始领乡荐。梁启超先之考得举人。康氏名望日隆，而忌者益多，一八九四年，言官余联沅等劾其惑世诬民，非圣无法，同于少正卯，圣世不容，赖友营救，毁《伪经考》版始已。其年，康氏著成《孔子改制考》，明年，偕其弟子梁启超入京应试，会《马关条约》成立，闻而大愤，与梁启超等集合十八省之应试举人一千余人，拟上公呈，奏请拒和、迁都、练兵、变法，属稿已定，而和约批准，其先署名者，感受朝臣之指示，惮于生事，遂谓成事不说，书未得递。康氏取其书中言变法者，加以引申，复成一书，五月，于都察院投递，院以上闻。书言富国、养民、教士、练兵。其富国之法凡六，曰钞法、曰铁路、曰机器轮舟、曰开矿、曰铸银、曰邮政。其养民之法，一曰务农，二曰劝工，三曰惠商，四曰恤穷。其论教士，则明理广智。其论练兵，则汰冗兵，合营勇，起民兵，练旗民，募新兵，设军校。所言多切当时之需要,吾人今日考其实际,仍有讨论之余地。例如钞法不善利用,将即病民,铸银为整理币制之要政,开矿殊难预料其成功,三者均不足以富民。铁路、轮船、邮局为交通之命脉,票价不宜昂贵,政府更不应作为国库之收入。其论养民诸端,不过抽像之文句,未有切实妥善之办法,而在当时已为不可多得之书。光绪得之,意初犹豫,后诏朝臣疆吏奏复。康有为自谓前书所陈未能详举节目,再行斟酌情势,草成一书,论其缓急先后之序。其时康氏应殿试后,官授工部主事。初康有为入京应顺天乡试,而以狂言落选,及至会试,文颇慎重。徐桐时任考官,恶其非圣变法,谋欲使之下第,而康氏之文大异于前,读之引为卫道之同志,封发,乃康有为也。其所摈弃之试卷,以为康有为所作者,实梁启超之文也。及至殿试,为李文田所抑,不得入翰林院,官授主事。康氏深为失望,至是,呈其书于工部堂官,请其转奏,堂官不许,移之他署,亦不得递,遂欲返粤。其友陈炽、沈曾植阻之。陈炽尝著《庸书》,有名于时,沈曾植为浙江学者,久官于京,均主变法,表同情于康氏者也。翁同龢亦劝之留京,会徐桐党羽谋欲弹劾,乃劝之行。十月,康氏于见李提摩太之次日,即行南下。

变法之鼓吹 中日战后,明达时务之学者倡言变法,翰林院侍读学士文廷式议创强学书局,鼓吹改革,激厉士气。康有为、梁启超在京会试,加入活动,创行公报,分送贵人朝士,凡二千份,会员凡数十人,孙家鼐、袁世凯与焉。翁同龢亦表同情,英美人士有列名会员者。朝臣远鉴前代朋党之祸,近视秘密社会之扰乱,及政府严禁会党之法令,初欲避去会名,而以他字代之。梁启超则称其师康有为独持不可,意欲破除数百年之网罗,而开后世之途径,其言不免浮夸,官书固以强学书局称之。会员每十日开会一次,有人演说,据梁启超言,其拟办之事凡五:(一)译东西文书籍,(二)刊布新报,(三)开大图书馆,(四)设博物、仪器院,(五)建立政治学校。疆吏张之洞闻而善之,捐款五千两作为会费,及康有为南下,谒见张之洞,商设强学分会于上海。张氏与之论学不合,又以门户之见,竟不欲助之,康氏仍力进行,分会终能成立。自今观之,强学书局之性质,同于政治学会,原无若何政治上之重要,而御史杨崇伊奏言私立会党,将开处士横议之风,请旨查封。光绪下诏查禁,其原因固由于守旧大臣之反对,而中国政治且为极端专制之表现也。大臣对于皇帝,士庶对于官吏,唯应服从,遵守其命。其在上者向少考虑治于人者之意见,唯以威权恫吓而已。民间从无言论之自由,逐渐养成治人者之胸襟狭隘,对于批评建议,无论其性质若何,莫不为之不安,而以恶意相视。其造成者,一部分殆由于理学不良之影响,而患求全责备也。强学书局被封,其在北京距开办之时,只有四日,上海分会,仅有月余。翁同龢于其日记深表失望,会御史胡孚宸奏请解禁,朝命总署复奏。总署奏请官办书局,每月给银一千两,朝旨许之,派孙家鼐主持,其目的则欲翻译书籍也。其前会员乃别谋活动,上海分会初得张之洞捐款一千五百两,及其被封,尚余一千二百两。至是,黄遵宪以之创办时务报馆,捐款一千元,招梁启超主撰时论,进士汪康年经理。黄遵宪初为驻日使馆职员,改任领事,政府调为驻德公使,而德外部不肯接待,盖其久在外国,不易听命故也。黄氏在外深受刺激,久愿中国变法自强,又与康梁同乡,颇相接近。九月,《时务报》出版,每旬一册,凡二十余页。梁氏善于属文,其文畅达明白,自为一体,内容虽少丰富之材料、精深之思想,然其善于张皇附会,极文字铺张之技能,普通读者往往为之神动,而最适宜于宣传。康有为之弟子更办《知新报》于澳门。一八九七年黄遵宪授湖南按察使职,其巡抚陈宝箴热心于改革,创办时务学堂,召收学生一百二十人,延请梁启超为总教习。梁氏入湘讲学,倡言变法自由,湘绅大哗,而陈宝箴坚持如故,时当中国战败屈服之后,勇于进取之少年文人多有变法之倾向,又得康梁之鼓舞。政府自收办强学书局后,风气一变,四方文人组织会社,多如风起云涌,梁启超曰:"一年之间设会百数。"据其所著之《戊戌政变记》,列举三年内设立之学会、学堂、报馆凡五十一所,吾人将其分析,学会凡二十有四,学堂共有十九,报馆凡八。就其所在之地而言,湖南十六,江苏十一,广东八,北京三,广西二,陕西、湖北、浙江、福建各一;其在国外者,澳门三,新加坡三,横滨一。学堂、报馆范围殊小,学会之性质多不相同,如群学会、农学会、蒙学会、知耻会、测量会、不缠足会等,不相统一,各自为政。其盛起于江苏、广东者,理至明显,无待赘言。湖南则以贤良官长、绅士提倡,学会最多,势力较强。顾其实际亦有可议之点,如学生竟明称其无用,所讲者"天文地理为俗儒常谈,闻之者昏昏欲睡,讲者徒费唇舌"。但其功用则为开通风气,湖南之风气固异于前矣。余若四川诸省多未受其影响,中国领土广大,文人守旧,康梁宣传之力,实难及于各地,梁启超所谓设会百数者,殆非事实。

政府之筹饷练兵 识者倡言改革,朝臣疆吏中之识时务者亦论变法,而朝廷汲汲顾虑者则有二端,一曰财政,二曰军政。财政先已感受困难,中日战前,政府一年之收入凡八千余万两,较之清初二三千万两增加数倍,即比道光年间亦有进步,其原因则以关税、厘金、杂税之收入也。同时,国用大增,户部仍患拮据。关税于鸦片战前约百有余万,至是,增至二千余万,其税率受协定条款之束缚,不得提高。厘金收入约一千五百万两,病商害民,人所共知,势难增加,杂税更无论矣。政府则以赔偿日本军费,无法应付,光绪诏曰:"户部奏偿款太巨,请饬通盘筹画一折。当此时事艰难,国用匮乏,中外臣工各宜合力同心,共图匡济。着户部咨行大学士、六部、九卿,暨各直省将军、督抚各抒所见,如有可兴之利,可裁之费,能集巨款,以应急需者,即行详晰明奏,用备朝廷采择。"言者均请开源节流,广西巡抚张联桂奏称开源之策有六:曰铸银圆,曰放银圆,曰行银票,曰核税契,曰加洋税,曰兴商务。其节流之策有四:曰裁冗官,曰裁冗兵,曰省局务,曰节靡费。其所筹之办法虽切时弊,而规模远大,一时殊难实现。尤有进者,铸圆废两(即放银圆),为整理财政之要务,固非有利可图,而得视为大宗收入也,银票更不足富国矣。顺天府尹胡燏棻条陈变法,请开铁路以利转输,铸钞币以裕财源,开民厂以造机器,开矿产以资利用,折南漕以节经费,减兵额以归实际,创邮政以删驿递,创练陆兵以资控驭,重整海军以图恢复,设立学堂以储人才。其计划可称详尽。皇帝诏各省督抚将其悉心筹画,酌定办法奏复,又饬云贵、山西督抚开采境内矿产,迅速奏复筹办情形。御史陈其璋疏称镇江东南诸山皆有煤铁五金,均可采掘,实则先未调查矿产,而多本于猜度,官吏且不知开采之新方法也,其不能救穷事固明显。户部拟定筹饷办法,其主要者凡八:一曰裁减制兵,二曰考核钱粮,三曰整顿厘金,四曰核扣养廉,五曰盐斤加价,六曰茶糖加厘,七曰当商捐银,八曰土药行店捐银。其举办新税,足当苛捐恶税之名,其中办法,以裁兵、核粮、整厘、盐价为最要,而各省多未举办。官吏之俸金已少,而今又扣养廉,廉吏将何以仰事俯蓄耶？户部奏请饬催各省速办。盛宣怀俄请仿行印花税,创立银行,朝臣后请发行自强股票(公债),印花税未能推行,股票由户部议定章程,改称昭信股票,发行之后,绅商不肯购买,地方官强之,山东、四川各有扰乱,乃奉旨取消。其时国内币制紊乱,朝臣迭请鼓铸银圆,有以银价低落建议仿造金镑者,金币在今尚不易行,当时自难实行。铸造银币原为统一币制之要政,一八七七年,赫德已向总署建议,李鸿章书告友人,称其扫尽陋规,官吏将无以自立。政府不能别筹津贴,此数百年积弊不易一日更新者也。其言仍切时弊,朝廷固未切实整理财政。

政府筹款之名义曰筹饷,军队自中日战后,识者知其不能一战,各省所养兵勇八十余万,年费三千余万,长官尝以省库入不敷出,有按七八成,或五成核放者,每兵"每月仅领银数钱,平日不敷养赡,多以小买营生,巡缉俱属虚文"(胡燏棻奏语)。朝廷之政策则裁减绿营,招募新兵,新兵之器械多购自外国,饷糈优厚,非有经费不能办理。一八九五年,两江总督张之洞奏称营兵积弊深痼,非认真仿照西法,急练劲旅,不足以为御侮之资,请先练二千余人为一军,分为十三营,名曰自强军。营制仿照德国,半年以后即行推广,加练一倍,以增至万人为止。如饷巨难筹则增至五千人,全军用德武员为统带,其下营官以洋将充之,副哨官(副排长)始用武备学堂之学生。未几,张之洞奏称创建陆军学堂于省城仪凤门内,聘请德员五人为教习,慎选学生一百五十人学习,以三年为期。明年,张氏奉旨调任湖广总督,设新军二营于湖北,雇用德员操练,又创武备学堂。自强军自张之洞去后,刘坤一称其雇用德员居于城内不便,将其调往吴淞,及至三年,德员解雇,竟无重要之影响于时。其他改习洋操之队伍,直隶有提督聂士成所部之武毅军,聂士成初为淮军战将,其编制仍照旧例,袁世凯亦练新军于天津。此固国内之少数军队也。海军自北洋舰队消灭后,朝廷有兴复之意,命福州将军裕禄兼船政大臣,但无经费,未有建设。

新事业之创办 财政练兵为时要政,其他改革尚有数端,兹略言之于下。一交通。初张之洞倡言自办铁路,办开大冶铁矿,创设铁厂于汉阳大别山,糜款甚巨,未有成绩。一八九六年,张氏与直督王文韶会奏,请设铁路公司,保盛宣怀为督办,办理芦汉铁路。盛宣怀入京,往谒总理衙门大臣,请筹四千万两,半数筹自本国,半数借自美国,后向比国借款,引起英国之争论。京奉铁路先已筑成一段,至是,兴筑北京、天津间之路线,而长城以北,受俄干涉,未能进行,朝廷固知铁路之重要矣。邮局亦于此时积极扩张,初驻京外使每于冬季将其递往本国公文,交华官转递上海,后由天津税务司办理。及《烟台条约》成立,赫德请设送信官局,后二年,总署与李鸿章商定开创北京、天津、烟台、牛庄、上海五处寄信局。其办法仿自外国,交海关管理,士大夫非之,民间信局以其妨碍生计,势难发展,而列强竟于通商口岸,次第创设邮局,总署乃饬赫德推广寄信局于各口。后总署大臣闻知英国将添设邮局于中国,饬令赫德详议邮政,是否确于小民生计无碍?赫德复称无害,拟定章程。张之洞亦以为言,乃改总税务司署中之寄信局为邮政总局,各口所设之寄信局为邮政局,并将于其附近设立分局。其征收信资,明信片每张一分,封口信每件计重二钱五分,收银三分,余以类推,挂号信另行纳资。邮局兼营汇兑,寄送包裹。其创办之始,经费由海关补助,兼顾及民信局之利益。御史徐道焜奏其章程未尽妥善,两广总督谭钟麟称其琐碎烦苛,众怨沸腾,无裨饷需,徒伤政体,请将其裁撤。闽浙总督边宝泉电称邮局不准信带银洋,有妨小民生计等情。总署将其驳斥,始免于事,新政推行,殊非易事。二教育。旧教育不切于用,新教育前已失败,至是,朝臣欲有进行,政府改前强学书局为官学局,派工部尚书孙家鼐管理,孙家鼐请延教习译书,购置仪器。侍郎李端棻受其妹夫梁启超之影响,奏请自京师以及各省府州县皆设学堂,府县学堂教授中西教程,以三年为期。京师大学选贡监生入学,并设藏书楼、仪器院、译书局。朝旨交孙家鼐妥议办理,孙氏奏称设立分科大学。其思想则中学为主,西学为辅,中学为体,西学为用也。孙氏无法进行,迭次商请李提摩太出任总教习,李提摩太固辞,迟至一八九八年夏,始行开办,即景山下马神庙四公主府为校址。直省之办学堂者,天津、上海各有一所,均由盛宣怀主持,武备学堂则数较多。要之,学堂之创立,徒有空名而已。三筹民生计。朝臣时知实业之重要,御史王鹏运奏请讲求商务,其主意欲官商一气,力顾利权也。皇帝交总署议复,总署奏称各省省会设立商务局,由商人公举绅商充任局董,讲求商业,再设通商公所于各府州县之水陆通衢,整顿招商局等。更有奏请抵制洋商改造土货者,其办法则劝绅商开设纱厂、丝厂、工厂,织造呢、羽、毡、毯。盛宣怀则请创设银行,以为通商惠工之助。其于农民,许其于北方开垦。初直隶、山西边民私入内蒙古耕种,次第改设州县。东北虽有俄国之逼,中日战前尚未彻底开放,准许汉人移居,战后始改政策。朝臣奏请开放内蒙古,称其土地肥沃,河套东西尤属膏腴,民多潜往私垦,不如官为经营。朝命大臣奏复,皆称其利,遂弛禁例。

慈禧、光绪之疑忌 以上新政,除邮政而外,多无实效,又非通盘计划,彻底改革,无足深论。一二枢臣虽欲变法,究无奈何!据《翁同龢日记》,一八九六年,太后命修颐和园,将土药厘金全数提归工程处,又将三十万两提归圆明园,明年,太后万寿节日,大事庆祝。朝臣欢乐之际,而德忽以教案强据胶州湾,多所要求,其武力压迫之甚,蔑以复加,朝野上下莫不愤怒,而国中军队不足一战,舰队不能防御海岸,终乃屈服,许之。俄、英、法国相继租借军港,划定势力范围,争夺特殊权利,日本亦得利益,中国任其宰割,而无如何,固国内之奇变大辱也!年富力强之光绪皇帝,适当其冲,对于列强无理之要求,屈服许之,其心中痛苦,何似如之。光绪初受师傅翁同龢之影响,以为对日一战而胜,可得发扬国威,跻大清于强国之列,不幸归诸影泡,而外侮反亟于前,知非变法,则无以图强,变法之心意日坚。其为人也,聪明好学,博闻强记,自幼养于宫中,宫中礼节琐繁,习之既久,失其勇敢果决之气,师傅平日讲说传统之道德,自不敢以下犯上。及其年长,唯有服从后命。慈禧自信力强,专断朝政凡三十余年,尝自诩其地位,远非英国女王维多利亚之所能及,其意以为英国采行之政策,编定之预算,必待内阁之决定,国会之通过,而己一人自由任用、罢免或诛杀大臣,决定政策。所谓军机大臣,不过顾问,对于询问事件,陈述意见而已。其专横之甚,心目中固无光绪,机密大事往往独断。及光绪年长,懿旨竟谓归政后仍问朝政,中日战起,太后、皇帝意见不协,明年,和约成立。十二月,光绪诏曰:"朕敬奉皇太后,宫闱侍养,夙夜无违。仰蒙慈训殷拳,大而军国机宜,细而起居服御,凡所以裨益朕躬者,无微不至,此天下臣民所共知者也。"据此,光绪毫无自由，直为儿童耳。太后且欲使之孤立，帝于大婚之后，宠爱瑾妃、珍妃，珍妃颇有才能，偶因家庭琐事，不为太后所喜，积隙日深。中日战时，太后借端称其骄纵，肆无忌惮，降其姊妹为贵人，扑杀其亲信内监高万枝，惩罚其兄志锐，命撤汉满书房，而帝不欲辍讲，翁同龢又力争论，汉书房暂得不撤。皇后为太后侄女，据德菱女士所纪，太后于颐和园计隔皇帝皇后卧室，二人不易相近，拳匪乱后犹然。中日战争期内，御史有以太后干涉朝政，无以对祖宗天下者，侍郎汪鸣銮、长麟于召对时，奏说皇帝振作独断。一八九五年十二月三日，帝忽宣谕："二人离间两宫，厥咎难逭，着革职，永不叙用。"《翁同龢日记》曰："臣等固请所言何事，而天怒不可回，但云此系宽典，后有人敢尔，当严谴也。"枢臣拟定诏旨，措辞严峻，光绪之意如此，盖太后之影响而然。旨称二人罪状曰："上年屡次召对，信口妄言，迹近离间。"二人所说，既为妄言，何必屡次召见？谕文之重要，则在箝制臣下之口，而唯皇太后之意志是从耳。二十七日，瑾、珍二妃奉太后之命复位，无奈嫌疑已成，太后仍欲去帝亲臣。明年二月，汉书房竟奉懿旨撤去，三月，侍读学士文廷式又奉懿旨革职。文廷式尝为二妃之师，为太后所恶，托病家居，以求免祸。及强学书局成立，杨崇伊参其遇事生风，广集同类，议论时政，并交通内监文姓等情。太后得奏，命即严办，谕旨称其召见时语多狂妄，即行革职，永不叙用，驱逐回籍。太后又杀内监寇万才，其原因则不可知。六月，光绪生母醇亲王福晋（满语言妃）叶赫那拉氏病死，福晋者，慈禧之胞妹也，由是无人调停其间，而光绪之境遇愈苦。翁同龢于日记纪之曰："上戚容无语，大异十六年十一月（一八九〇年十二月）情形矣，退而感叹。"

在朝掌权之大臣，多慈禧之亲信，光绪之亲臣独其师傅翁同龢一人而已。翁氏小心谨慎，畏首畏尾，不敢有为，对于文学古董，颇有研究，但无建设改革之才能，居官深患御史之奏劾。李提摩太在京，翁氏亲至其寓所见之，请其赞助改革，其心实有变法之倾向，光绪信之极深，翁氏固欲富国强民，以报皇上也，满人嫉之，尤以太后之亲臣荣禄、刚毅等为甚。刚毅与李提摩太语，毁之甚力，朝廷上满汉大臣，既不同心合作，各立于仇视对敌之地位，而太后之性情偏于守旧，满族大臣之妻女得入宫中，太后与之亲近。皇帝则倾向于变法，知非重用汉人，终无改革之望，皇族亲王大臣皆助太后,而光绪孑然孤立,名义上虽曰亲政,总揽万机,实际上用人行政之大权,仍握于太后之手。臣下奏疏,皇帝看后,移送颐和园,由太后决定,凡内政外交上之大事,莫不须得其同意。其干预政事者,一则好揽政权,一则不信皇帝也。光绪于胶变之后,深受刺激,一八九八年一月十六日,询问枢臣变法事宜,《翁同龢日记》曰:"上颇诘问时事所宜先,并以变法为急,恭邸默然,臣颇有敷对,诸臣亦默然也。"翁氏于日记旁注明其敷对之主意曰:"谓从内政根本起。"旋许德国要求,枢臣奏请振作自强,而列强威逼愈甚,帝问翁同龢索阅黄遵宪所著之《日本国志》,欲许外使入觐,舆马直入禁门。二月,帝颇振作,明发谕旨,严责疆吏对于裁兵节饷,空言搪塞,三月,切责枢臣一事不办,恭亲王为之流汗。四月,俄使订期入觐,帝欲许其亲递国电,而枢臣谏阻,帝不谓然,又言德亲王进见,着在毓庆宫前殿赐宴,准其乘轿入东华门。翁同龢言有窒碍,其日记曰:"上皆驳之,并盛怒责刚毅,谓尔总不以为然,试问尔条陈者,能行乎?否乎?因论赫德亦可见,从前汉纳根欲见,为恭亲王所阻,并传张荫桓将前日所开体节照旧进上。……前后不能悉记,记之者知圣意焦劳,臣等因循一事不办,为可愧憾也。"及俄使入见,礼节大异于前,帝用汉语宣谕。翁同龢曰:"此皆从前所未有也。"后德亲王入觐,待遇尤为优渥。帝既大改旧制,会恭亲王病殁,王自再出,身弱多病,小心谨慎,多所顾忌,毫无补于时艰,反为变法之阻碍。其时朝臣门户之见日深,新旧两派暗斗益烈。六月十一日,光绪诏定国是,十五日,翁同龢奉朱谕免职。文曰:

> 协办大学士翁同龢近来办事多不允协,以致众论不服,屡经有人参奏,且每于召对时询咨事件,任意可否,喜怒见于词色,渐露揽权狂悖情状,断难胜枢机之任,本应察明究办,予以重惩,姑念其毓庆宫行走有年,不忍遽加严谴。翁同龢着即开缺回籍,以示保全!

翁氏罪状究为莫须有之辞。其在朝也,帝极亲信,偶有疾病,询问者三,一旦忽而命其回籍,非帝之意,亦非翁氏之所预料者也。明日,驾出,翁氏趋宫门叩首,其日记曰:"上回顾无言,臣亦黯然如梦,遂行。"其依依不舍之情状,见于言外。要之,翁氏之免职,为新旧二党暗斗之结果,帝奉懿旨无可奈何者也。翁氏友人张荫桓主张变法,亦几为旧党所陷,张氏面告翁氏,翁氏日记记之曰:"樵野(张荫桓字)来告,初六日(六月二十四)与军机同见,上以胡孚宸参折示之,折仍斥得贿二百六十万,余平分,蒙温谕竭力当差。又云,是日,军机见东朝(太后)起,极严责,以为当办,廖公(廖寿恒)力求始罢。又云先传英年将张某围拿,既而无事,皆初六日事也。"旧党陷害之计,不择手段,竟至于此,其视为奥援者,太后助之也。翁氏免职之日,诏令二品以上大臣授职者,京官谢恩升见,并诣皇太后前谢恩,外官一体奏谢,又命直督王文诏、将军裕禄入京。裕禄为荣禄之党,直督之缺,改以荣禄充任。直隶驻有三军,一董福祥之甘军,二聂士成之武毅军,三袁世凯之新建军。三军均归直督节制,军权归于荣禄,其党可得从容指挥,为所欲为,其深思远虑,计划之周到。光绪之危险,改革之失败,已定于此。而竟莫之奈何,光绪殆非慈禧之敌,抑其地位使之然耶?

康有为变法之计划 光绪决心变法,其深予以刺激指导,而力促其进行者,康有为也。康有为迭次上书,奏请变法维新,名誉大噪,嫉之者亦众,自授主事以来,回粤讲学,及德强据胶州湾,自广东北上,上书极论国势之岌危,急宜及时发愤,革旧图新,以存国祚。其言耸警人心,语多透切,末后建议三策:一曰,采法俄日以定国是,"愿皇上以俄国大彼得之心为心法,以日本明治之政为政法而已";二曰大集群才而谋变政;三曰听任疆臣各有变法。其计划自今观之,势难实现,且多危险。至谓能行其上,则可以强,能行其中,则犹可以弱,仅行其下,则不至于尽亡。其意以为不用其策,而仍因循守旧,唯有灭亡而已。其推论殆不免于武断,即使尽用其策,亦难尽如其希望也。书上,工部尚书淞溎恶其言直,不肯代递,而文传诵于时,康氏失望欲归,翁同龢留之,会得朝臣高燮曾之疏荐,光绪诏命总署大臣,问以大计,书始上达,共历二月之久,可谓难矣。其应召也,据翁同龢言,康氏高谈时局,以变法为主,立制度局、新政局,练民兵,开铁路,广借洋债数大端,此一八九八年一月二十四日事也。帝复命其具折上陈,宣取其所著《日本明治变政考》《俄大彼得变政记》二书。二十九日,康有为再行上疏,陈述效法日本维新,一曰大誓群臣以定国是,二曰立对策以征贤才,三曰开制度局以定宪法。其建议之制度局分立十二:一法律局,二度支局,三学校局,四农局,五工局,六商局,七铁路局,八邮政局,九矿务局,十游会局,十一陆军局,十二海军局。各省添设民政局,其督办准专折奏事,与督抚平等,自辟属员。其奏陈办法,均仿自日本。日本明治即位,幕府归政,内而朝臣,外而藩侯,互相争权,藩侯治理属邑,朝廷空有治理全国之名。明治乃临南殿,率公卿藩侯祭天祀神,宣读誓文,示以用人改革之方针,而欲之免除误会。中国之情状迥异于此,康氏之皇上御门誓众,殆表示其决心变法,不顾困难,势必勇猛前进,而守旧大臣不能阻挠也。顾其后变法之失败,非由于皇帝之不决心,乃其无权也。二国之环境不同,宜于日本,固不必能行于中国也。其倡设之各局,盖将中央地方政府之政事,交其办理,其原有官署将如何处置?时传其主废内阁六部,及各省巡抚藩臬司道,虽不足信,而康氏后应诏入见,据梁启超言,奏称新政责之小臣,许其奏事,旧衙门勿去。其后张元济请废翰林院、都察院,岑春萱请废卿寺,裁去局员,朝廷虽未尽采其议,而无事可办之官署固多废裁,此足以招引守旧大臣之反对矣。书上,康氏进呈《明治变政考》《俄大彼得变政记》及李提摩太译编之《泰西新史揽要》《时事新论》《列国变通兴盛记》诸书。光绪将其奏疏交总署复议,读其进呈诸书,深有所感,变法之意益坚。

康有为在京活动,其弟子梁启超时亦在京,其年为会试之期,各省举人入京应试,四月,国难日急,康有为倡设保国会,谋集朝士举人,十七日,开第一次会于粤东会馆,到者约二百人,议定章程三十条,其宗旨则以国地日割,国权月削,国民日困,而图保国、保种、保教,对内讲求变法,对外讲求外交,设总会于北京、上海,立分会于各地。斯日,康有为等数人演讲,其说辞之主意,仍为外患日深,国势日急,士大夫将无死所,唯有人人发愤而已。礼部尚书许应骙,粤人也,恶之,禁其再在会馆开会,第二次聚会于崧云草堂,第三次开会于贵州会馆,据梁启超言,赴会者尚过百人。其反对之者,称其聚众收费,同于会匪,向途人即称亡国,著书驳之,印送贵人。据康氏弟子所言,其人以怨愤私利出此也。于是展转传说,谤议大起,御史相继奏劾,会员李盛铎竟自劾会求免,刚毅因欲查究入会诸人,光绪不许,始免于祸。保国会之性质,不过集会演说,唤起时人之觉悟而已,而朝臣乃以洪水猛兽视之,其愚诚不可及。

梁启超等联合举人百余人上书请废八股,书递都察院代奏,不得,转请总署代奏,亦不可得。其他举人闻之,据梁启超语,疾之,如不共戴天之仇,遍播谣言,几被殴击。康有为之在京活动也,谒见达官,联络御史,许应骙奏称其至寓所干谒再三,概予谢绝。御史文悌称其踵门求见,多所干请,拟有底稿二件交之,一参广东督抚,一请变更制科。其弟康有溥(字广仁)致书友人亦称其兄代草奏稿,鼓言路及能上折者上言。今刊行之康氏《戊戌奏稿》,尚保留其代草奏疏之一部分。言官与之亲近者,有宋伯鲁、杨深秀等,康氏之心,固为国事,吾人唯有叹其用心之苦。其时光绪以外交应付之困难,焦劳悲愤,易受康氏文字之影响。翁同龢复密荐之,梁启超称其言曰:"康有为之才过臣百倍,请皇上举国以听。"其言不免浮夸,要亦非尽子虚,翁氏主张变法,与之常有往来。及保国会被劾,康氏欲回籍养母,翁氏留之,其日记所言,殆为免祸之计,不无可疑之点,不足尽信。

光绪诏定国是　枢臣时相水火,翁同龢迭次被劾,康有为以为皇帝宣布政策,则变法之基础成立,草定国是奏疏,交言官上之。光绪得奏,六月十一日,毅然诏定国是曰:

> 数年以来,中外臣工讲求时务,多主变法自强,迩者诏书数下,如开特科,汰冗兵,改武科制度,立大小学堂,皆经一再审定,筹之至熟,妥议施行。惟是风气尚未大开,论说莫衷一是,或狃于老成忧国,以为旧章必应墨守,新法必当摈除,众喙哓哓,空言无补。试问时局如此,国势如此,若仍以不练之兵,有限之饷,士无实学,工无良师,强弱相形,贫富悬绝,岂真能制梃以挞坚甲利兵乎?朕维国是不定,则号令不行,极其流弊,必至门户纷争,互相水火,徒蹈宋、明积习,于国政毫无补益。即以中国大经大法而论,五帝三王不相沿袭,譬之冬裘夏葛,势不两存。用特明白宣示中外大小诸臣,自王公以及士庶,各宜努力向上,发愤为雄,以圣贤义理之学,植其根本,又须博采西学之切于时务者,实力讲求,以救空疏迂谬之弊,专心致志,精益求精,毋徒袭其皮毛,毋竞腾其口说,务求化无用为有用,以成通经济变之才。京师大学堂为各行省之倡,尤应首先举办,着军机大臣总理各国事务王大臣会同妥速议奏,所有翰

林院编检,各部院司员,各门侍卫,候补、候选道,府州县以下各官,大员子弟,八旗世职,各武职后裔,其愿入学堂者,均准入学肄习,以期人才辈出,共济时艰,不得敷衍因循,徇私援引,致负朝廷谆谆诰诫之至意,将此通谕知之!

诏文昭示朝廷之坚决变法,臣下当一致进行,其在先进国家,政策未定之前,有关系之各方面,得充分发表其意见,政策决定公布之后,其见解与之相反者,亦多放弃其主见。行政官吏唯有执行政府之命令,不得论其是非,攻击其主持之敌党也。乃在中国,朝臣多所忌讳,对于国是,不愿公开讨论,而唯秘密活动,政策决定之后,中心虽极非之,而以利禄之故,一方面求固其位,一方面不择手段,阴谋破坏,无所不用其极。诏书欲去新旧门户之争,而实不易一旦改革朝臣之心理,党祸反烈。吾人不得不叹千余年来政教之积弊,文人胸襟之狭隘,不顾理智,而唯意气用事也。诏中所言之特科,指经济特科而言,其议倡自贵州学政严修。其意专为耆儒宿学不在院堂肄业者,仿博学鸿词之例,分内政、外交、理财、经武、格物、考工,由三品以上京官,及督抚学政举送所知,入京试以策论。光绪交总署及礼部议复,复奏无所驳斥,奉旨遵行。特科每届十年或二十年一举,岁举则于乡试时,由学政调取高等生监分场专考,中式者名曰经济科贡士。朝臣之觉悟者,盖知八股之害,而欲因此拔用真才也。诏书催办京师大学堂,实为进一步之办法。大学成立,其教习将以何人充任,实一问题。虽然,政府之希望,固为造就人才,不可厚非。

新党之进用 康氏初以国是诏降后,大事已成,据其弟子张伯桢言,先原定期出京,而留之者情殷,会得翰林院侍读学士徐致靖之奏荐,徐氏与康氏接近,先曾上其代草请定国是之奏稿,至是,奏举康有为、张元济、黄遵宪、谭嗣同、梁启超五人,略称日本变法,拔用下僚及草茅之才入直宪法局,以备顾问。康有为等若蒙皇上召置左右,以备论思,与讲新政,或置诸大学堂令之课士,或开译书局令之译书,必能措思裕如,成效神速。十三日,光绪诏康有为、张元济于十六日预备召见,黄遵宪、谭嗣同、梁启超着总理衙门查看具奏。十五日,翁同龢忽奉朱谕开缺回籍,大臣授职者,诣太后前或具折谢恩,授荣禄直隶总督。凡此数端,皆光绪对于太后之极大让步,太后已布置网罗矣。明日,康有为等召见于颐和园之仁寿殿,陈奏变法。张伯桢称其请废八股,梁启超言其建议增置新衙门,擢用小臣。对逾二时,康氏自称皆承嘉纳,天颜有喜,盖帝先读其书,慕之已久也。命其所著各书概行写进,随时上陈,帝欲重用康氏,而刚毅沮之,又碍于太后,诏其在总理衙门章京上行走,许其专折奏事。康氏政治主张,仍为"统筹全局以图变法,御门誓众以定国是,开局亲临以定制度三者而已"。自此而后,其精力多耗于著书,议论政事,其上奏者颇多:试士请废八股试帖楷法,改用策论;武举请停马步弓刀石,改设军校;课士大设学堂,翻译日书,广派留学;政治则君臣合治,满汉不分,定立宪法,召开国会,改定法制;军制则裁汰绿营,改设巡警,仿照外制,大练新兵;交通则以漕款广筑铁路;实业则劝励工艺,奖募创新,提倡农商;宗教则尊孔圣为国教,废去淫祀;风俗则禁妇女缠足。其进呈之书有《突厥削弱记》《波兰分灭记》等,均予光绪深切之刺激。朝臣之赞助变法者,有李端棻、徐致靖、张荫桓、孙家鼐等。李端棻受梁启超之影响,关于变法事宜,多所建议,后授礼部尚书。徐致靖奏举人才,官授侍郎。张荫桓出使美、英,久办外交,深知中国之积弊,极表同情于变法,又与康有为同乡,康氏尝馆于其家,往来甚密。孙家鼐为光绪师傅,奉旨办理译书局,及大学堂事宜,亦倾向于变法。其他康梁党人多为小臣。梁启超于七月三日奉旨赏给六品衔,办理译书局事务。九月五日,光绪进用杨锐、刘光第、林旭、谭嗣同。御史中之力赞助变法者,有宋伯鲁、杨深秀。初诏定国是,旧党先向新党挑衅,二人奏参礼部尚书许应骙守旧迂谬,阻挠新政,以为报复。上谕其明白回奏,许氏逐一陈明其无阻挠等情,反称康有为少即无行,意图幸进,联络台谏,夤缘要津,托词西学以耸观听,请将其罢斥,驱逐回籍,光绪不问。其党羽文悌时为御史,先曾诈与康氏交游,探其私事,至是,罗织其罪,称为轻浮巧猾之徒,证实许应骙回奏所言之罪状,疏文甚长,颇能动人,而上谕称其受人唆使,免去御史之职。文悌为人颇不可解,初于俄国强租旅顺、大连之时,自请赴俄辩论,将痛哭流涕,效法申包胥九日不食,倘俄固执,立即自尽,庶可感动英、日出而助我,且曰:"奴才无父母在堂,妻妾在室,以死报国,奴才蓄志已久,死得其所,可以感动地球万国。"自称其为奇策,而帝不许,否则将成外交上奇异之事。后湖南举人曾廉指摘梁启超所言之民权自由为大逆不道,上书请杀康、梁,光绪反命谭嗣同将其逐条驳斥,然后进呈太后,以保全之。康有为之进呈书也,帝令太监赏银二千两,未曾下诏,盖免太后之疑忌及旧党之诋毁也。康氏在京既为守旧大臣众矢之的,其弟有溥与梁启超谋,欲其出使日本,而光绪别用黄遵宪,孙家鼐奏请康氏督办上海官报,光绪许之,而仍留其在京,及势危急,始促其行。

方康有为之见用也,信其能有所为,电商其事于李提摩太。李提摩太闻知伊藤博文来华游历,以其在日主持变法,多所成功,称其熟悉东方情状,建议聘为顾问。日本于地理上为中国近邻,二国之关系密切,其政府于列强在华争夺权利,无可奈何,其政治家固愿中国变法自强,而二国以种族、地理、文化、经济之关系,可能互助也。梁启超等已与日人相亲,士大夫有倡联日者。会康有为电召李提摩太入京,称将聘为顾问。李提摩太应召北上,九日中,抵京,而伊藤已至,同住于一旅舍,竟有上书请留伊藤为相者。二十日,光绪见之,待之优渥。康氏变法颇得英人、日人之同情与赞助,文悌奏参康氏,内称至其卧室,案有洋字信多件,不暇收拾,视为罪状之一,吾人则深佩其虚心。朝臣之进行康氏计划者,有谭嗣同、刘光第、杨锐、林旭、杨深秀等。谭嗣同为湖南浏阳县人,游历四方,负有大志,精通哲理,著有《仁学》,及康有为等倡立强学书局,值其来游北京,谒之不遇,乃与梁启超相见。梁氏称其师说,据其所作之《谭嗣同传》,谓其自称私淑弟子,后归湖南倡办新政,刊行《湘报》,集众演说。徐致靖荐之,被召入都。刘光第蜀人,初成进士,授官刑部主事,及闻康有为创设保国会,请为会员,遂与康氏相识,在官不事显贵。杨锐亦为蜀人,先见知于张之洞,官于京师,鉴于外患日逼,慷慨谈论时务,与康有为相善。强学书局之成立也,杨锐有力焉,杨崇伊上疏弹劾,其会员上疏争之,杨锐争先署名,胶变起后,有为上书再论变法,倡立保国会,杨锐加入,与康氏益密,刘、杨二氏皆以湘抚陈宝箴之荐召见。林旭闽人,康有为之弟子,倡言变法,活动甚力,荣禄新任直督,召之入幕,会以朝臣之荐,被召。四人入觐后,奉旨赏加四品卿衔,在军机大臣章京上行走,参预新政事宜。章京云者,办理文书之职员,位在军机大臣之下。拜命之日,据梁启超言,皇上亲以黄匣缄一朱谕授之,命其竭力赞襄新政,无得瞻顾,"凡有奏折,皆经四卿阅视,凡有上谕,皆经四卿属草"。据此,则其职权出于军机大臣之上,皇帝时无大权,不能重用新进之士,又不能无故罢免守旧之大臣,岂用康有为之谋,擢用小臣办理新政耶?杨深秀山西闻喜县人,博学强记,初成进士时,授御史,主张变法,与康有溥之交颇密,迭次上奏康有为代草之疏,请废八股,诏定国是,弹劾许应骙,辩护新政等。其他力助变法者,尚有康有溥等。有溥精明锐断,勇于任事,初为小吏,后从美人学医,梁启超于春间重病在京。康有为召之调护,有溥入京治病,并助其兄整理文稿,平日主张废八股为救中国之第一事,时约友人经元善创办女学于上海,知其在京之危险,而不肯去。其人要皆富有爱国思想之志士也。其在外省尚有陈宝箴等,陈宝箴为湖南巡抚,勇于任事,锐于改革,进行新政,不顾毁誉,政绩斐然。

新政 六月十一日,光绪诏定国是,政变作于九月二十日,百有三日之中,改革之诏书迭下,兹列重要之改革于下。

六月十一日,诏军机大臣、总署王大臣会同妥速议奏筹办京师大学堂。

六月十二日,诏选宗室王公游历各国。

六月二十日,总署奉旨妥议提倡学艺农业事宜。

同日,饬盛宣怀赶办芦汉铁路,并开办粤杭沪宁各路。

六月二十三日,诏自下科为始,乡会试及生童岁科各试,一律改试策论。

六月二十六日,谕各部院于奉旨交议事件,克日议复,逾期即严惩治。

七月四日,诏地方官振兴农业,着刘坤一咨送上海农学会章程于总署,并令各省学堂广译外洋农务诸书。

同日,创设京师大学堂,派孙家鼐管理,官书局及译书局均并入大学堂。

七月五日,奖赏士民著作新书及创行新法,制成新器,准其专利售卖。

七月九日,诏八旗改习洋枪。

七月十日,谕改各地书院为兼习中学、西学之学校,省会之大书院为高等学堂,郡城之书院为中等学堂,州县之书院为小学。其地方捐办之义学社亦令中西兼习,奖励绅民兴学。中学应读之书,由官书局颁发。民间祠庙之不在祠典者,即由地方官晓谕人民,一律改为学堂。

同日,严饬地方官保护教士教民。

七月十一日,诏举经济特科,命长官各举所知,于三月内送京,然后定期举行。

七月十四日,谕官奖进商业。

七月十六日,严谕各省将军督抚切实裁兵练军,力行保甲,整顿厘金。

七月十九日,公布科举章程,乡会试仍为三场,一试历史政治,二试时务,三试四书五经。岁科亦以此例推之。

七月二十六日,改《时务报》为官办,派康有为督办其事,并着督抚咨送各地报纸于都察院及大学堂,许其实言,不必忌讳。

七月二十九日,命各部院衙门删去旧例,另定简明则例。

同日,下诏改良司法。

八月六日,谕华侨创立学堂,着出使大臣劝办。

八月九日,京师大学堂成立。

八月十日,南北洋大臣及沿海各将军督抚,奉旨妥议海军事宜。

同日,王文韶、张荫桓奉旨筹议铁路、开矿、增设学堂,并切实举办事宜。

同月,宣示决心变法,有意阻挠,不顾大局者,必当严惩。大臣当认真考察真才,参劾不职,上下力除壅蔽。

八月十六日,译书局成立。

同日,诏于京师设立农工商总局,派直隶霸昌道端方等为督理,准其随时具奏,奖进绅富之有田业者,广开农会,购买农器。

八月二十六日,准梁启超设立编译学堂于上海,并予学生出身,其编译之书籍报纸一律免税。

同日,严旨切责两江总督刘坤一、两广总督谭钟麟因循玩懈,不肯力行新法。

八月二十八日，谕告诸臣除去蒙蔽锢习，不得无故请假，议奏事件不准延搁。

同日，诏刘坤一、张之洞试办商会于上海、汉口。

八月三十日，诏裁詹事府、通政司、光禄寺、鸿胪寺、太常寺、太仆寺、大理寺等衙门。外省裁撤湖北、广东、云南三省巡抚，东河总督。其不办运务之粮道，疏销之盐道，及佐贰之无地方责者，均着裁汰。其余京外应裁文武各缺及归并事宜，大学士六部及各省将军督抚分别详议，切实办理。

九月一日，礼部尚书怀塔布、许应骙等奉旨，交部议处，嗣后堂官代递条陈，将原封呈进，毋庸拆看。

九月五日，诏用西法练军，逐渐实行征兵，裁减绿营。

同日，工部统领衙门、五城御史，及街道厅奉旨挑挖京城内外河道，修理各街巷道路。

同日，诏委裕禄、李端棻为礼部尚书，徐致靖等四人为侍郎。

同日，赏谭嗣同等四人四品卿衔，在军机大臣章京上行走。

九月七日，诏各省督抚访查通达时务、勤政爱民之能员，随时保送引见，以便录用。

九月九日，诏准孙家鼐另设医学堂，归大学堂兼辖，并着其详拟办法。

九月十一日，筹设茶丝学堂。

同日，诏准学士瑞洵于京城筹设报馆。

同日，再谕各衙门代奏事件，次日即当呈进，稍有抑格，立即严办，并将迭次朱谕谕旨录写一通，同此谕旨一并悬挂大堂，有所警触。

九月十二日，诏变武举。

九月十三日，官民一律得应诏言事，各省臬藩道府，凡有条陈均得自行专折具奏，州县等官言事者，由督抚原封呈递，士民上书由本省道府随时代奏。

九月十四日，诏许满人经商营业，并查前移民开屯成案，以便办理。

九月十六日，诏编预算。

同日，命直隶按察使袁世凯开缺，以侍郎候补，专办练兵事务，并随时具奏。

反对变法之主因 凡上改革之大政，均切中国之积弊，顾其历时远久，人民于不知不觉之中视为当然，其在社会上之势力至为强大，一旦忽而根本变更，人心往往不安。其愚蠢者原无判断之知识，比较之能力，而为风俗礼教所束缚。其读书者多囿于夷夏之别，从不肯虚心研究别国之政教，而自满自傲，尝以不可思议之思想，批评一切，其成见武断之甚，直与愚民无异，而痼病之深，不良之影响，祸害之烈，远过于愚民。其人非积极破坏变法，而即消极畏事不敢闻问。甘肃巡抚陶模尝论之曰：

> 大小臣工宜力戒自欺也，世变之奇，有先圣所不及料者，而士大夫犹以不谈洋务为高。夫不谈洋务可也，不知彼，并不知己，不可也。今我政事因循，上下粉饰，吏治营务久为邻国所窃笑，明明不如人，而论事者动发大言，自谓出于义愤，不知适以长庸臣之怠傲，蔽志士之聪明。一二有识者畏受訾謷，或曲为附和，或甘为缄默，绝无古名臣交相警戒之风，平日视危为安，视弱为强。文武骄惰莫由觉悟，一旦有事，不肯平心体察，谬托正论，务虚名而贾实祸，诚可为痛哭流泪者也。事前既莫知其不如人，事后众论仍莫肯直认不如人，甘心自画，又安望有自强之一日？

其言发于中日战后，深切士大夫之痼疾，数十年来外交上所受之祸多由于此。康梁于斯环境之中，不顾清议，倡言变法，殊为不易。陶模建议之挽救方法，则选择办理洋务档案，翻译各国政书，将其刊印，俾士大夫洞悉中外情形。其建议自理论而言，无可非议，实际上则少效力，士大夫成见太深，对于西学深闭固拒，情感用事，毫不愿虚心受教也。康梁从事于宣传，口头上、文字上均甚努力，一部分青年志士虽受其影响，而时甚暂，根基殊浅，顽固之士大夫反指摘其言为诋毁之口实。李提摩太等所编之书，所谓圣贤之徒更不之读，剧烈之改革实非其所了解，而康梁之采行者多为西法，乃斥其用夷变夏，非圣非道，而痛心疾首视之。文悌之劾康有为曰："听其谈治术，则专主西学，欲将中国数千年相承大经大法一扫刮绝，事事时时以师法日本为良策。……中国此日讲求西法，非欲将中国一切典章文物废弃摧烧，全变西法，使中国之人默化潜移尽为西洋之人，然后为强也。故其事必须修明孔孟程朱、四书五经、小学性理诸书，植为根柢，使人熟知孝弟、忠信、礼义、廉耻、纲常、伦纪、名教、气节以明体，然后再习学外国文字、言语、艺习以致用。"其言为常人说法，似有至理，而于康氏则为无的放矢，不过牵强罗织其罪。主西学不必扫绝本国之大经大法，而文悌牵合为一，更以私意推断其为康氏之意。变法期内，康梁固未摧烧典章文物，而其所改革者，要偏于政治民生，至谓以经书为根柢，康梁固已熟悉经史，推尊孔子矣。文悌之言全出于意气用事，未尝平心考察康氏之主张也。守旧大臣莫不尽然，陈宝箴初欲调停其间，奏称康氏博学多材，盛名几遍天下，誉之者不无俯首服膺，毁之者甚至痛心切齿，其召毁之由一则生平才性纵横，志气激裂，一则《孔子改制》一书，推崇孔子比之耶稣，而又主张民权平等。其嫉之者以为不知君臣父子之大防，乃为众矢之的，请销毁书板，以息纷争。陈氏所奏颇为公允，无奈视事太易，毁板息争，其何可能？况后变法于一部分人有不利之影响耶？其废八股，文人多或失其所长，改庙兴学，民众莫不痛恨，汰裁冗官，官吏大生恐惧，准许旗丁营生，旗民忧虑废其优待。夫变法者，原谋国家之富强，人民之幸福，少数人固有之特殊利益，终必摇动，而势之所趋，难于免除也。

反对者之议论 上就反对变法者之心理及当时之背景而言，兹节引时人之言论与记录，以便有所证明。吴敬恒曰："忆戊戌（一八九八年）变法之际，朝旨欲即寺观为学校，与当时之舆论不相入。曾见一卖菜男子攘臂怒目抗论于市人曰：'寺观为从古所有，乌可议废者？'"从古所有则习而安之，其果为从古所有与否？固非争论之点，卖菜男子颇能代表民众之心理。士大夫攻击变法之领袖尤力，许应骙奏曰："康有为与臣同乡，稔知其少即无行，迨通籍旋里，屡次构讼，为众论所不容，始行晋京，意图幸进。今康有为逞厥横议，广通声气，袭西报之陈说，轻中朝之典章，其建言既不可行，其居心尤不可测，若非罢斥驱逐回籍，将久居总署，必刺探机密，漏言生事，长住京邸必勾结朋党，快意排挤，摇惑人心，混淆国事，关系非浅。"许氏之奏文前多诬毁之辞，后为无中生有之推论，其称康氏抄袭西报，士大夫时无新说新书，舍外人著作而外，其将何以明了外情？学术固无国界也。许氏昏庸殆不之知。文悌奏参康有为曰："近来《时务》《知新》等报所论尊侠力、伸民权、兴党会、改制度，甚则欲去跪拜之礼仪，满汉之文字，平君臣之尊卑，改男女之外内。似只须中国一变而为外洋政教风俗，即可立致富强，而不知其势。小则群起斗争，召乱无已；大则各便私利，卖国何难？奴才曾以此言戒劝康有为，而康有为不思省改，且更私聚数百人在辇毂之下，立为保国一会。……名为保国，势必乱国而后已焉。奴才于其立保国会后，曾又与面言，恐其实为乱阶，令其将忠君爱国合为一事，幸勿徒欲保中国四万万人，而置我大清国于度外。"其望文生义，吹毛求疵，至为可笑！康氏为清室忠臣，其保国会章程，无不保大清之语，清帝统治中国，非先种族革命，固无所谓保中国不保大清也，乃竟以此罪之，后慈禧听政，果用其语。康氏自今观之，颇偏于保守，民国成立后回国，尚欲复辟，保存中国政教，文悌之言极牵强附会之技能矣。王先谦曰："康梁所用以惑世者，平权耳，平等耳，是率天下而为乱也。"甚者斥平等为无父无母之说，士民被其荼毒，陷为禽兽。张之洞尝论民权有四害而无一利，中国宜有官权。其结论曰："民权之说一倡，愚民必喜，乱民必作，纲纪不行，大乱四起。倡此议者岂得独安独活？且必将掠劫市镇，焚毁教堂，吾恐外洋各国必借保护为名，兵船陆军深入占踞，全局拱手而让之他人。"其害如此，无怪曾廉斥康氏为大逆不道，而上书请杀之也。湘人叶德辉于政变之后，辑成一书，名曰《觉迷要录》，诋毁康梁。兹引用二例以见顽固文人之意见，徐可大毁骂康氏好财贪利，挟诗文以干诸公，游平康菊部不名一钱，自称长素，僭拟素王，将夺尼山一席等语。梁启超于长沙时务学堂批论课艺，叶德辉节录其言，而各加以案语。兹节引用于下，梁批曰："今日欲求变法，必自天子降尊始，不先变去拜跪之礼，上下仍习虚文，所以动为外国所讪笑也。"叶曰："案此言竟欲易中国拜跪之礼，为西人鞠躬，居然请天子降尊，悖妄已极。"梁云："兴民权者，断无可亡之理。"叶于民权，先称"民有权上无权矣"，于此则曰："只速乱耳。"梁云："二十四朝其足当孔子至号者无人焉，间有数霸生于其间，其余皆民贼。"叶云："案二十四朝之君主谓之民贼，而独推崇一孔子，是孔子之受历代褒崇为从贼矣，狂吠可恨。"一则信笔怒骂，无异村妇之恶态，一则断章取义，附会而成案语,借以罗织其罪,学者论断方法岂如此乎？要之,凡力反对变法之文人,不知欧美强国之政教、自由、平等、民权之真谛,本于孤陋寡闻所生之成见,徒就名辞之文义,而即肆口诋毁,其昏庸有失常态,至堪痛恨。孙家鼐颇与康有为接近,尝奏称其《孔子改制考》将蛊惑民心,导乱天下,请旨将其削去,陈宝箴奏请毁版,可见反对者势力之强大矣。

新法推行之困难　于此环境之中,光绪变法诏书多如雪片,其所改革者,是否能实行乎？变法之时期短促,而其所变者多为数百年之积弊,新政又为大规模之建设,决非百日所能成功,如练新军、设学堂,非有相当之经费,领袖之人才,充分之时间,殆无实效。其奉行者多为守旧之大臣与疆吏,其人心中反对变法,或有不知如何进行者。对于国事向多掩饰敷衍,乃托辞延宕。初,康有为奏请设十二局办理新政,光绪按照故事交总署议复,延至六月初,尚未复奏,其原折则于一月进呈也。光绪怒而促其即复,奏上,对于康氏计划尽行驳斥,光绪切责张荫桓,张荫桓叩头奏称此事重大,请派枢臣会议。帝命军机大臣会同议复,竟再将其驳斥,帝朱谕责之,发令再议,议上,"不过择其细端末节准行而已,余仍驳斥"(梁启超语)。百日内,光绪迭次严谕复奏事件,不得迟延。其六月二十六日谕曰:"各部院衙门于奉旨交议事件,务当督饬司员克期议复,倘再玩忽并不依限复定,即从严惩治不贷。"八月二十八日谕旨曰:"部院官本应常川进署,不得无故请假,议奏事件,不准延搁逾限,皆经再三训诫,而犹阳奉阴违,似此朦蔽因循,国事何所倚赖？用特重加申儆。凡在廷大小臣工务当洗心革面,力任其艰,于应办各事,明定限期,不准稍涉迟玩。倘仍畏难苟且,自便身图,经朕觉察,定必严加惩处,毋谓宽典可屡邀也。"于此可见朝臣办事之怠缓,疆吏对于新政,亦多推诿。七月十六日,上谕切责之曰:"疆臣身膺重寄,具有天良,何至诰诫谆谆,仍复掩饰支吾苟且塞责耶？经此次谆谕之后,傥再有仍前敷衍,不肯实力奉行,经朕查出,或别经发觉。试问各该大臣能当此重咎否也,将此通谕知之!"其措辞之严峻若是,而疆吏仍多观望,如两江总督刘坤一、两广总督谭钟麟于奉旨筹办事件,无一字复奏。迨经电旨催问,刘坤一复称部文未到以塞责,谭钟麟且于电旨不复。八月二十六日,光绪严谕责之,并谕其他督抚曰:"该督等皆受恩深重,久膺疆寄之人,泄沓如此,朕复何望! 倘再借词宕延,定必予以惩处。直隶距京咫尺,荣禄于奉旨交办各件,尤当上紧赶办,陆续奏陈。其余各省督抚亦当振刷精神,一体从速筹办,毋得迟玩! 致干咎戾!"国内推行新政,著有成效,唯有湖南一省。

湖南初为仇外之中心,长沙刊印仇教之文字,绅士反对轮船电报。一八九七年,德人至长沙游历,书院请官拦阻,愚民投石掷之,府县奉命阻其入城,而德人不允。会湖广总督张之洞严饬准其入城,始免于事。通事诈索银元、绸缎、珠石、古玩及婢女等于各城,竟有应之者,绅士知识殊为幼稚。识者乃渐改变态度,请设电报达于长沙,购置小轮船。其主持新政者,则巡抚陈宝箴也,黄遵宪等佐之,绅士谭嗣同、熊希龄助之,办时务学堂于长沙,刊行《湘报》,创设保卫局,及内河小轮船公司等。保卫局即后日之警察局,创办之初,无赖欲与为难,甫及一月,盘获拐匪窃盗多人,交于迁善所,于是城市肃清,商民称便。及太后诏废新政,陈宝箴电商于张之洞仍请续办,张氏不肯主持,终以绅士之力独得不废。张之洞原倾向于变法,资助强学书局,著作《劝学篇》,奏请改正文体,谕饬属下购阅《湘报》,又尝与康梁往来。顾其为人也,私心太重,胸襟太狭,保全禄位,不顾其他。大臣时分南北二派,久相水火,康有为以翁同龢之力进用,即为张之洞所不喜,又以论学不合而去。容闳谋筑津镇铁路,报效百万,张氏以其与芦汉铁路竞争,力谋阻之,不得,容闳固康梁党也,及闻德国反对而罢,心始安慰。康有为奉旨督办《时务报》,汪康年以为前与政府无关,改称《昌言报》,不肯移交,两派辩论,康氏请禁发行,张之洞致电孙家鼐称其强夺商报,不可禁发,孙家鼐复称此为康氏私意。据此,康氏实孤立无援。要之,张之洞虽未赞助康梁,而其亲信弟子杨锐则极力活动,亦未公然表示反对,盖专俟时机以为转移,及闻太后听政,乃落井下石,以保全其地位,转而深恨康梁。刘坤一久官于南京,对于地方除建一佛寺外,别无建设,谭钟麟请裁邮局,更毋望其实行新政。其时光绪迭诫各衙门革除壅蔽,对于代奏事件,不得阻格,而条陈尚有被阻者,于此可见新法之实行不易矣。其主因一由于时间太短,范围太广。一由于积弊太深,官吏敷衍因循,世人久视为当然,而今一旦令其尽改前非,实为重大之革命,并饬其推行新法,自多无从措手。且官署向偏于牵制，组织不备，指挥不灵，奉行新法，盖亦不易。一由于皇帝无权，而大臣疆吏初殆无所畏惧也。

新政不易实行，而诏书迭下者，一由于主持变法之人视事太易，康有为于德据胶州湾时，中称变法之效曰："新政诏书虽未推行，德人闻之便当退舍。"又尝奏曰："雷厉风行力推新政，三月而政体略举，期年而规模有成，海内回首，外国耸听。"天下固无若是之易事。其一明知其不能行，而故多发诏书，使识者念光绪为圣主，以为后图。康有溥致书友人，而明以此为言，此固其兄之见解。其在京也，奏疏太多，言事太易，中有未曾审思而实无法推行者。八月末，康氏上奏统筹全局举办新政，内政须银一万万两，练兵百万一万万两，兴创海军一万万两，分筑三大干路三万万两，合计六万万两，主张大募公债。其先政府决定发行昭信股票一万万两，康氏谓其额数太少，力持不可，及后发行，竟无人愿买。六万万公债，募之国内外国，均非易事。万一募足，而政府一年收入不足一万万两，政费军费若此之巨，将何以持久？康氏殆未虑及，中国情状固不同于外国。九月初，康氏奏请二事，一迁都上海。上海究为适宜之地与否，暂且不论，官吏将于何处办公？大兴土木，则以财政困难无法进行。一请易服。梁启超于湘先已言之，及康氏疏上，帝欲照行，而刚毅力争。康氏后自言其建议，实为巨谬，幸未遽行，以致摧残丝业也。凡此数端均足以供反对者之口实与愤恨，殊为不智。

变法志士之大无畏精神　所堪注意者，变法诸人处于逆境之中，非不知其地位危险，有置生命于度外者。兹引康有溥书为证。

> 伯兄规模太广，志气太锐，包揽太多，同志太孤，举行太大，当此排者、忌者、挤者、谤者盈衢塞巷，而上又无权，安能有成？弟窃私深忧之，故常谓但竭力废八股，俾民智能开，则危崖上转石，不患不能至地，今已如愿，八股已废，力劝伯兄宜速拂衣，虽多陈无益，且恐祸变生也。伯兄非不知之，惟常熟（翁同龢）告以上眷至笃，万不可行。伯兄遂以感激知遇，不忍言去，但大变法，一面为新图之基，一面令人民念圣主以为后图。弟旦夕力言新旧水火，大权在后，决无成功，何必冒祸？伯兄亦非不深知，以为死生有命，非所能避，因举华德里落砖为证。弟无如何，乃与卓如（梁启超）谋，令李

苾老（李端棻）奏荐伯兄出使日本，以解此祸，乃皇上别放公度（黄遵宪）而留伯兄，真无如何也。伯兄思高而性执，拘文牵义，不能破绝藩篱，至于今实无他法，不独伯兄身任其难，不能行，即弟向自谓大刀阔斧荡夷薮泽者，今亦明知其危，不忍舍去，乃知古人所谓鞠躬尽瘁死而后已，固有无可如何者！兄在远不知情事，易于发论，倘在此岂能远遁？若能遁，则非人情，又何以为人，固知为志士仁人之不易也。……今婴国事，如陷阱罗。

今读遗文，深佩其光明磊落，欲与变法诸人共患难，同生死，殆所谓志士仁人非耶！原信见于张元济所辑之《戊戌六君子遗集》，未将月日注明，以愚观之，殆在八月。康有溥之在京，异于其兄，未受政府之委任，毫无职守，出京避祸，并不可非，而仍留京不去，死而后已，实非常人之所愿为。康有为久视生死非人所能为力，其所称华德里故事，则十五年前，康氏路经华德里，时方筑室，砖坠掠面流血，倘斜落半寸，则脑伤而死，故言生死有数。谭嗣同、杨深秀等莫不如是，祸变作后，其友劝说谭氏避祸于日本使馆，然后东游，强之者三，而谭氏坚决不从，必欲死难。杨深秀闻知政变，"抗疏诘问皇上被废之故，援引大义，切陈国难，请西后撤帘归政"（梁启超语）。二人久已视死如归矣。其死自今观之，固无结果，而在当时则不可非，其为国牺牲之精神，至堪钦佩，诚所谓志士仁人也！光绪于此期内，诏称宵旰焦劳，力图振作，其每日阅看之奏章视前大增，倍加勤劳，其心则为国民也，尝得请开国会之疏，即欲照行。孙家鼐谏曰："若开国会则民有权，而君无权矣。"帝曰："朕但欲救中国耳。若能有益于国民，则无权何害？"（见《戊戌奏稿》）其言颇为诚实，变法欲有所为，非不知其危险也。

太后之阻挠新政 中国时为帝国，朝廷为专制独裁之中央政府，国内除叛乱或大规模暴动而外，殊难切实影响政府之政策。中主对于任何大臣均得自由处分，良懦之平民，议论无由上达，终难有所举动。皇帝对于变法苟有坚决之主张，具体之办法，次第进行，理论上实无重大之问题。而光绪变法失败者，其原因则政权不在皇帝，而在太后也。慈禧太后听政，大臣久立于朝者，非其亲臣，即不敢稍违其意。光绪孤立于上，亲政后，太后颐养于颐和园，臣下奏疏仍须封送园中由其决定。

一八九七年，学士恽毓鼎奏参园中牛姓太监，帝阅疏后，谓翁同龢曰："此疏若为太后见，言官祸且不测，朕当保全之。"遂将其撤去。帝知言官之忠直，太监之乱政，而竟敷衍省事。变法之初，太后用其亲臣握兵，光绪迫而罢斥师傅，不敢重用康梁，而令康氏进书陈其意见，后用谭嗣同等四人，专办新政，位不过章京，品不过四品衔而已。妇女之性情，多偏于保守，慈禧幼读诗书，严于夷夏之别，拳匪乱后，尚信中国之政教高于各国，其听政也，对于军国大事，宫中礼节，莫不欲遵祖制，平日听信谄言，怀疑教士。自其性情及思想而言，对于变法，毫无了解同情之心，后告德菱女士，信帝将为教徒，故反对之。其时光绪进用之新臣，尽为汉人，其先满人于政治上占有优势，光绪信用翁同龢，已起刚毅等之怨望，而今重用汉人，改练旗丁，许其营生，益大启其恐惧之心。满臣之妻女得入颐和园中，向太后挑拨，其嫌疑之深，则以礼部堂官阻格王照条陈而尽落职也。王照官为礼部主事，上奏请帝游历日本，交礼部代奏，其尚书怀塔布、许应骙等将其阻格。康有溥闻之，请其草疏奏劾，王照从之，而堂官仍不肯递。王照以上谕废除壅蔽，力争不已，且谓将请都察院代奏，怀塔布等无奈，奏称日本向多刺客，王照妄言，而竟借端挟制。上谕斥其狃于积习，毫不体会谕旨，游日与否，无庸其过虑，将其交部议处，九月五日，改委礼部尚书侍郎六人，盖帝新读《波兰分灭记》诸书，深受感动，态度坚决，大非前比。又以谕旨不行，而礼部堂官最为守旧，借以振作，且使朝臣有所警畏也。斯日，诏用四卿办理新政，意将积极推行新法，遂触太后之忌。会曾廉上书请杀康梁，帝恐太后杀之，乃令谭嗣同将其条陈驳斥，以保全之。十二日，帝应宋伯鲁、王照等之奏请，欲开懋勤殿，选臣待制，燕见赐坐，讨论政事，命谭嗣同拟旨，遣内侍持列朝圣训授之，欲其引用故事也。明日，帝往颐和园请命，而太后不许，旨不得下，二人猜忌益甚。十四日，帝将手谕交与杨锐，文曰："朕惟时局难艰，非变法不得救中国，非去守旧衰谬之大臣，而用通达之士，不能变法，而皇太后不以为然，朕屡次几谏，而太后更怒。今朕位几不保，汝康有为、杨锐……可妥速密筹，设法相救。"[①]危险至是，帝盖深受太后之申责，而以政变将起也。明发康有为即赴上海之诏，十八日，密谕

---

① 诏文据张伯桢之《南海康先生传》。

促行，值李提摩太应召抵京，往谒康氏。康氏面称政局不安，将即赴沪，皇上召见之旨，将由孙家鼐或谭嗣同转交，二十日乘火车出京。

政变之经过 变法诸臣对于朕位不保之密谕，筹商救护之方法，康氏先已知其危险，非以兵力不能挽救，环顾国内统兵之将，能救其出险者，唯有袁世凯耳。袁世凯精刻机变，负有时望。初为吴长庆幕友，随之往韩，平定韩乱，擢至道员，干涉朝鲜外交，及中日战祸将启，狼狈回津，李鸿章用为粮道，知不能胜，主张和议。战后，练兵于直隶，对于变法之主张，表示同情，尝助强学书局，会为言官奏劾，帝命荣禄查办，荣禄知其练兵得法，昭雪其诬罔，至是，官至按察使职，兼领精兵七千。康有为先欲结之为援，暗使亲信徐仁录入其幕中，征其意见，而袁谬称倾向，康氏信以为真，上疏荐之，代徐致靖草疏荐之，又嘱谭嗣同密言于帝，帝遂召其入京引见。九月十四日，袁世凯抵京，十六日，入觐，帝问军事颇详，午后诏命其以侍郎候补，专练军队，明日，谢恩召见，十八日夕，谭嗣同谒之，说以皇上危险，荣禄密谋废立，十月九日（阴历九月五日），帝同太后幸津阅兵，请其以兵保护圣躬，复帝大权，清除君侧。袁世凯答称阅兵时，帝入其营，即传令诛贼，议至夜半后始散。此说见于梁启超所著之《谭嗣同传》。据《申报》发表袁世凯之《戊戌日记》，称十八日夜，谭嗣同来见，屏人密谈，称荣禄献策废立，因出草稿，略称荣禄大逆不道。袁世凯请训，将面付朱谕，令其赴津，即诛荣禄，代为直督，立时运兵入京，一半围颐和园，一半守宫。如不听吾策，即在公前自尽等语。袁问其围颐和园何为？谭称除此老朽，国始可保，已雇有好汉数十人，并电招湖南好将多人来京，唯请其办理诛荣禄、围颐和园二事。袁称事关重大，不能今晚决定，上亦未必允准。谭称其有挟制之法，必能邀准，初五日（二十），定有朱谕面交。袁以其类疯狂，乃设词推宕，谓天津驻兵众多，新建军人少，子弹在天津营内，势不能动。谭称猝诛荣禄，分给诸军朱谕，驻军即不敢动。袁称事须慎密，切不可先交朱谕，后再商议办法。谭称上意甚急，且出朱谕示之，乃墨笔所书，略称老臣反对变法，太后不安，伤其另筹良法。袁谓此非朱谕，中无诛荣禄、围颐和园之说。谭称朱谕在林旭手，杨锐抄写给之，谕内所谓良法，即指此事，遂强其照办，声色俱厉，腰间似有凶器。袁称待巡幸天津阅军，皇上下谕,谁敢不遵?谭称势甚迫急,袁称既有巡幸,必不遽有意外。谭谓如不出巡奈何?袁称其可请荣禄力求,保可不至中止。谭嗣同信之,起而为揖,夜深始去。

二说迥不相同,梁启超之文作于日本,梁氏于政变前在京参与机密大事,其所著《戊戌政变纪》,原为一时之宣传,后亦自行承认。今自吾人观之,其文对于守旧及反对变法大臣多所诋毁,而于期内之大事,记录多未失实,其说明之处,虽不免于辩护浮夸之辞,然颇显而易见。袁氏日记据称得自张一麐,其果为袁氏亲笔与否,尚不可知,而固袁派辩护之文字也。原文注明作于八月十四日,其日为国历九月二十九日,谭嗣同等业已受刑。上谕公布康有为之罪名,则谋围颐和园也。十日之间,康氏之罪名三变,初谓其进红丸,酖弑皇上,继称其结党营私,终称其谋围颐和园,袁氏殆受其影响而厚诬之耶?其与谭嗣同会谈之际,别无他人,实状今不可知。自吾人观之,袁称谭谓太后为老朽,雇人杀之,直为大逆不道,颇可怀疑,运兵入京围颐和园之谋,亦有疑问。其时直隶驻军约有十万,杀荣禄后,事变将即电报北京,旗兵设防,七千人将何能围颐和园乎?其谋直视国事为儿戏,犯大不韪之名,智者断不肯为。据张伯桢言,谭氏说袁系奉康氏之嘱,其意欲杀荣禄,夺其兵权,太后失其所恃,无能废立矣,固无围颐和园之语。袁氏谓谭有挟制皇帝之法,类似疯狂,腰间疑有凶器,均不足信。皇帝饬其议商救护之法,何挟制之有?谭氏久历险境,负有奇才,称其疯狂,实无根据。其时适在仲秋之初,气候尚热,人穿单衣,腰间何能藏有凶器?至称朱谕为墨笔所书,盖指抄录之文而言,实则帝传密谕于杨锐。及载沣监国,杨锐之子将其呈上。袁氏所述谕旨之内容略与之同,其称交于林旭,由杨锐抄录,殆其记忆力弱,而更加以附会乎?总之,袁氏日记要多诬蔑之辞,不足尽信。梁氏所言,间亦不免讳饰之处,未曾提及诛杀荣禄之谋,则其明例。谭、袁会商之结果,则于巡幸阅兵之时,诛杀后党也,双方所言均相符合,其谋苟守秘密,先有豫备,殊不难于成功,乃袁世凯无勇敢之精神,犹预不决,更念荣禄之厚谊,遂叛新党,而置国事不顾,二十日,请训回津,即往督署,以内情告于荣禄。旧党先已至津挑拨荣禄,及袁世凯抵京,荣禄声称英舰游弋渤海,促其回防,及闻其谋电告慈禧。慈禧大怒,斯日自颐和园回宫,矫诏称帝再三吁恳其训政,自今日即在便殿办事,置帝于南海瀛台。瀛台三面皆水,帝遂惨然如在笼中。

袁世凯变节之信息传布北京,伊藤博文叹称帝无兵力,何能有为?即命拼挡行李出京,其先孙家鼐通知李提摩太谓二十三日,帝召其入见,及期,称帝囚于瀛台,生命危险。初二十一日,步军衙门奉旨密拿康有为及其弟有溥,北京闭城大索,步军统领捕获康有溥。谭嗣同、梁启超闻之,并知垂帘之诏,往见李提摩太共同商救皇帝及变法诸臣之策,议定李提摩太往见英使,梁启超往见日使,容闳往见美使。容闳者广东人也,为中国最初留美学生之一,回国后,说丁日昌转商于曾国藩、李鸿章,奏请选派幼童赴美读书,对于变法深表同情。九月中,抵京,筹筑铁路。其夫人美妇也,容闳已入美籍,而于祖国仍欲有所赞助。三人奔走游说,未有圆满之结果,此固中国内政,而公使不应干涉也。谭梁处于窘极无可奈何之地位,不择手段,吾人当或谅之,幸主持变法之康有为、梁启超皆能出险。康氏于二十日抵津,乘英船南下,荣禄发兵捕之,不及,知船将泊烟台,电道台截搜密拿,会道台以事他往,康有为不知政变,及船入港,登岸游览,购物归舟而去。政府电上海道台搜捕,道台亲乘轮船守于吴淞,凡船自天津到者,上船搜查,始许搭客登岸。英使以康有为为变法之领袖,深表同情,不愿其于英船上捕获。上海英领白兰 Byron Brennan 奉命救之,康氏于吴淞口外改乘英船前往香港。梁启超避祸于日本使馆,得其援助出京,二十五日,偕同日人自塘沽登轮东往日本。

志士之受祸 康梁得免于难,朝臣因变法受祸者颇多。二十四日,步军统领衙门奉旨拿张荫桓、徐致靖、杨深秀、杨锐、林旭、刘光第、谭嗣同。明日,解送刑部。刑部奏其案情重大,请派大臣会讯,俄谕张荫桓暂行看管,徐致靖交部研讯,谭嗣同等派大臣会审,且曰:"此外官绅中被其诱惑之人,朝廷政存宽大,概不深究株连。"会御史请即将六人正法,二十八日,杀之。明日,朱谕曰:

近因时事多艰,朝廷孜孜图治,力求变法自强,凡所设施,无非为宗社生民之计,朕忧勤宵旰,每切兢兢。乃不意主事康有为首倡邪说,惑世诬民,而宵小之徒群相附和,乘变法之际,隐行其乱法之谋,包藏祸心,潜图不轨,前日竟有纠约乱党,谋围颐和园,劫制皇太后,陷害朕躬之事,幸经觉察,立破奸谋。又闻该乱党私立保国会,言保中国不保大清,其悖逆情形,实堪发指。朕恭奉慈闱,力助孝治,此中外臣民之所共知。康有为学术乖僻,其所著述无非离经畔道,非圣变法之言,前因讲求时务,令在总理各国事务衙门章京上行走,旋令赴上海办理官报局,乃竟逗遛辇下,构煽阴谋,若非仰赖祖宗默佑,洞烛几先,其事何堪设想!康有为实为叛逆之首,现已在逃,着各省督抚一体严密查拿,极刑惩治。举人梁启超与康有为狼狈为奸,所著文字,语多狂谬,着一并严拿惩办。有为之弟广仁(有溥字)及御史杨深秀、军机章京谭嗣同、林旭、杨锐、刘光第等实系与康有为结党,阴图煽惑。杨锐等每于召见时,欺蒙狂悖,密保匪人,实属同恶相济,罪大恶极,前经将各该犯革职,拿交刑部讯究。旋有人奏若稽时日,恐有中变。朕熟思审处,该犯等情节较重,难逃法网,倘语多牵涉,恐致株累,是以未俟复奏,于昨日谕令将该犯等即行正法。此事为非常之变,附从奸党,均已明正典刑。康有为首创逆谋,罪恶贯盈,谅亦难逃显戮。现在罪案已定,允宜宣示天下,俾众咸知。我朝以礼法立国,如康有为之大逆不道,人神所共愤,即为覆载所不容。……嗣后大小臣工,务当以康有为为炯戒。

朱谕所称之罪状,语涉含浑,多非事实。中国非法治之国,太后之盛怒,刑部作为定罪之标准,康有为之罪名,至是三变,不过对于太后亲臣有不利之行为,而此罗织其罪,加以抽像之恶名耳。权有力者,固能如此!其先一日,谭嗣同等六人被杀,后人呼为六君子。其中谭嗣同之学识才力,尤见称于时,政变后不肯出逃,语其友曰:"中国数千年未闻有因变法而流血者,有之,请自嗣同始。"康有溥等亦无临难求免之心,其大无畏之精神,有足多者。六人死后,慈禧深以未得康有为为恨,悬赏捕之,诏火其书籍,收其财产,捕其家属,毁其祖墓。其家人以亲友之助,先已逃往澳门、香港矣。拳匪乱后,德菱女士入宫侍奉太后,其父裕庚久任驻外公使,女士从之住于外国,熟悉英语,及在宫中,尝译英文报纸上之消息,告于慈禧,偶尔言及康有为抵于星加坡。慈禧大惊失色,嘱其留意关于康有为之信息,其患之之甚,一若洪水猛兽。梁启超、王照、文廷式均奉旨缉拿,籍产掘墓,并捕其家属。其赞助变法之大臣,张荫桓则旨称其居心巧诈,行为诡秘,趋炎附势,反复无常,发往新疆交其地巡抚严加管束,沿途派员押解,并收没其家产。徐致靖交刑部永远监禁,其二子革职永不叙用。李端棻革职,发往新疆交地方官严加管束。翁同龢前已回籍,后亦令地方官严加管束。黄遵宪、张元济、宋伯鲁等均先后革职,甚者永不叙用。大臣之罪名,或为声名恶劣,或为滥保匪人,或为招引奸邪等名。其在外省者,陈宝箴奉旨革职永不叙用,其子三立亦罢官归。于是凡与变法有明显关系之臣工,诛逐殆尽,约四十人,皆国内有志之士,政治上之损失何如!刑罚之严酷,犹其余事。

旧制之恢复 慈禧第三次听政,即命荣禄入京,仍在军机大臣上行走,兼管北洋军队,改授裕禄为直督,其他顽固大臣多居要职,并次第罢免新政。中国之有权力者,对于反对党之所为,从不平心静气,考察其利害,是否宜于国情,或能改去积弊,促进人民之幸福,及得政权,徒逞意气,不顾一切,而尽反其所为。历史上之明例,不胜枚举,殆如算盘打过再来,又如俗谓另起锅灶也。执政者固可抹杀政治上之经验,而人民苦矣。慈禧再行听政,诏复旧制,二十六日,谕曰:

> 朝廷振兴商务,筹办一切新政,原为当此时局,冀为国家图富强,为吾民筹生计,……乃体察近日民情颇觉惶惑,总缘有司奉行不善,未能仰体朕意。……即如裁并官缺一事,本为沙汰冗员,而外间不察,遂有以大更制度为请者,举此类推,将以讹传讹,伊于胡底。……詹事府、通政使、大理寺、光禄寺、太仆寺、鸿胪寺等衙门照常设立,毋庸裁并。其各省应行裁并局所冗员,仍着各该督抚等认真裁汰。……凡有言责之员,自当各抒谠论,以达民隐,而宣国事。其余不应奏事人员,概不准擅递封章,以符定制。《时务》官报无裨治体,徒惑人心,并着即行裁撤。大学堂为培植人才之地,除京师及各省会业已次第兴办外,其各府州县议设之小学堂,着该地方官察酌情形,听民自便。其各省祠庙不在祀典者,苟非淫祀,着一仍其旧,毋庸改为学堂,致于民情不便。

光绪改革之要政于是停办。太后诏饬各省裁员,不过虚名,湖北、广东、云南巡抚等官且奉旨恢复矣。疆吏安于旧例,顾全情面,光绪严辞切责,尚多不办裁员,而今能实行乎?其堪称怪者,太后诏令乡试及岁考科考等悉照旧制,仍以四书文试帖等项分别考试,停罢经济特科,武科复用马步箭刀弓石,裁撤农工商总局,饬各省督抚查禁报馆,拿办主笔,禁止立会,拿办会员。关于疆吏奏复新政事件,均敷衍了事。其诏办者,则为整理吏治、练兵、筹饷、保甲等,严责疆吏切实办理,事实上多为具文。奖励保甲,反而造成拳匪作乱之机会。

废立之隐谋 慈禧既得为所欲为,其尚不能自由处置者,光绪帝也。帝自囚于瀛台,太后盛怒未消,一方称其病重,一方阴谋废之,时人疑帝为其毒死,其电谕捕康有为也,称其酖弑皇帝,太后之心实不可知。驻京各国公使对于光绪之变法,深表同情,向总署王大臣声称其奉命来华,只认皇帝,倘发生不祥事件,将即引起外交上严重之局势,以为警告,并常问帝病状。总署以脉案药方示之,公使不信,俄由英使提议,派法国使馆医生入宫诊视帝病,及往,始信其尚未死。太后痛恶公使,无如之何,荣禄亦以交涉困难,不欲贸然废立,引起事故。朝廷上主张废立者,仍占势力,乃征疆臣之意见,其中以两江总督刘坤一、胡广总督张之洞负有盛名。张之洞时已变节,未有异议。刘坤一初为湘军中之战将,颇有功绩,对于变法,虽无赞助,而于废立则持不可,朝议始挫。明年,候补知府经元善于上海联合绅商、侨民公电北京保护圣躬,经元善时为电报局长,与康有溥、李提摩太友善,变法时与康有溥筹款,创办女学堂。慈禧得电,即命捕之,而经元善以李提摩太之助,逃往澳门。慈禧遂以种种关系,寝其废立之谋,然心尚不甘服,亲臣更怂恿之。一九〇〇年一月二十四日,召集王公大臣会议,谕立皇子。朱谕曰:"朕冲龄入承大统,……自上年以来,气体违和,庶政殷繁,时虞丛脞,惟念宗社至重,前已吁恳皇太后训政,一年有余,朕躬总未康复,郊坛宗庙诸大祀不克亲行。……入继之初,曾奉皇太后懿旨,俟朕生有皇子,即承继穆宗毅皇帝(同治)为嗣。统系所关,至为重大,忧思及此,无地自容,诸病何能望愈?用再叩恳圣慈,就近于宗室中慎简贤良,为穆宗毅皇帝立嗣,以为将来大统之畀。再四恳求,始蒙俯允,以多罗端郡王载漪之子溥儁继承穆宗毅皇帝为子,钦承懿旨,欣幸莫名!仰遵慈训封载漪之子溥儁为皇子。"诏中叙述恳立皇子之经过,全不可靠。帝以一国元首,处于若是凄悲惨苦之环境,殆亦可哀,立嗣之非祖制,太后固不之问。其年为帝三十寿辰,先诏停止典礼,各省长官不准奏请入京祝嘏,其免于死,岂非幸耶?

结论 综观政变之始末,变法受外患之刺激而成,酝酿已久,其倡言者多为国内觉悟之优秀份子,而欲富强中国者也。光绪受其影响,下诏变法,共逾百日,故有百日改革之称。康梁之徒,欲于最短期内铲除千余年之积弊,俾中国跃为强国。梁启超述其师语曰:"守旧不可,必当变法;缓变不可,必当速变;小变不可,必当大变。"其视事也若此之易,实无政治上之经验,而其主张变更者多为国内之急切需要,外人对之深表同情,或与以援助焉,通商口岸之中文报纸亦然。英使窦纳乐救康有为脱险,粤商发电道谢,经元善等谋救圣躬,皆足以代表觉悟绅商之意见。其变法失败者,则求治太急也。康梁诸人皆为文人,偏于理想,或不明了其时之政治实状,谭嗣同于拟开懋勤殿旨,始信帝无实权。及闻帝被囚,往见李提摩太,叹息其未肯从逐渐改革之忠告,至于失败。西方之名言曰:"政治乃次好之学。"(Politics is the science of the second best.)意谓政治非可依据理想之计画进行,必须兼顾环境,斟酌实况,采行折中调和之办法也。变法固不能免反对,政治家之责任,当视事之利害,审察民情,定其先后缓急之序,避免无谓之争执。迨其所办之事成效昭著,则自易于进行。康梁诸人不知环境之碍力,偏于理想,求效太急,多招忌嫉,终则一无所成,其人固无经验之书生也,对于李鸿章且不能容。李氏于太后听政后,不愿捕杀党人,对于变法,固表同情也。新党谋杀荣禄出于阴险诡计,直以皇帝之安全,及变法诸臣之生命,为孤注之一掷。吾人今或因其形势之险恶,而稍谅之。其时帝以礼部堂官阻格王照条陈,革去满汉大臣六人之职,内臣大惧,向后纷进谗言危词,更有潜往天津与荣禄密谋者。双方之意见益深,妥协殆不可能,与其坐而失败,无宁侥幸于万一也。事后凡与变法有关系之朝臣,或死于难,或戍于边,或逃往外国,或隐于山林。其人类多忠勇才能之士,竟不能服务于本国,而实政治上重大之损失。太后恢复旧制,梁启超等肆力诋之,识者渐信清廷不足有为,而多趋于激烈,变法运动终非政治势力所能阻也!其一时之影响,则朝中昏庸大臣之势力大盛,仇视外国,酿成大祸。综之,变法乃清季之曙光,不幸摧残夭折,此清室所以覆亡也。

(《国立武汉大学文哲季刊》1933年第3卷第1期)

近代中国史史料评论

　　历史上史期之区分，原极牵强，史学家分史为上古、中古、近代者，多因史迹繁赜，材料丰富，非一人精力时间所能研究得有相当效果，不如按照各时代之特点，分别研究，较有成绩，故史期之划分，不过便于著者读者，非有其他重要原因。吾国史籍旧称浩如烟海，事实上抄袭者多，著作者少，今尽一人之力，研究史料，考证其真伪，辨明其得失，综合所得之结果，叙述古今史迹，殆不可能。于此情状之下，研究中国史者，不如勉强划分史期，研究一时代之政治、社会、经济情状，或能有所贡献。四十年前，中国无一历史课本，史期划分，一般著作家非抄袭外人之说，即好推陈出新，无一公认或多数承认之标准。此文专论近代史料，近代二字，尚无确定界说与范围。著者之意，中国初受地理影响，少与外国接触，邻国领土不及我国广大，文化又多不如我国，乃以天朝自尊，轻视外国。十九世纪初叶，实用科学大有进步，轮船火车促进世界交通，清廷君臣不知环境之剧变，无法应付新时代之问题。鸦片战争之后，于迭次败辱之下，国际关系根本改变，思想学术、政治制度、社会经济教育莫不受外影响，其事迹迥异于前古，作一时期，似较便利。本文所言之近代，指道光嗣位以来之史迹，起自一八二一（道光元）年，迄于近时。

　　外人自订约开放通商口岸以来，来华者益多。其原因一则世界交通日趋便利，电报、电话、无线电、飞机相继传入，一则中国于战败之后，应列强要求，往往让与特殊利益，商人教士来者增多。其政府为保护商业之发展，本国人之利益，及办理其他交涉事宜，设公使馆于京师，领事馆于主要商埠。凡交涉事件，及各地情状，领事报于公使，公使报于本国。列强对于中国，以利益权利关系，各有政策，外交部对于公使常有训令。其野心侵略者，为巩固其地位，或保证其利益之计，尝互换公文或订密约，互相承认其在中国之势力范围，及其他特殊权利。此类文件，至关重要。外交家之演说，国会中之辩论，关于中国者，亦颇足以供吾人参考。外人在华刊印报纸杂志，更经营通信社，英人之路透社，尤负盛名。兹举一例，以便有所证明。九一八事变发生，夜间，路透社辽宁访员电报伦敦，总社立即电嘱驻京访员，详问事之始末，黎明访员至官署访问，而官署未得报告，尚不之知。此虽偶尔之事，固可见其组织严密，消息灵通。外人亦有故造谣言，诋毁我国者，吾人亦当知之。在华外人，可分为三，一曰商人，二曰教士，三曰旅行家。（韩人移居中国者，当作别论。）商人唯利是视，重视商业之发展，旅行家为时太短，难有正确之观念，二者对于近代中国史料，殆无贡献可言。教士分居各地，熟悉中国情状，年有报告至其遣之来华之教会，其集中地则在罗马、纽约。盖耶稣教于中国活动者，可别为二：一曰天主教，神父受罗马教皇管辖；一曰基督教，教士以美国为最多，纽约则其总会所在地也。其报告自可以史料视之。凡此种种，可以证明近代国际关系之密切，中国事变尝能影响列强对华之外交，列强侵略亦能影响我国内政。要而言之，研究近代中国史者，必须打通中外隔膜，材料当博取考证，不可限于本国记录，就质量而言，自以本国材料为重要。兹先分言其种类及价值于下。

档案 档案之种类繁夥，皇帝或太后谕旨，大臣奏疏咨文布告，外交官往来照会公文等属之。《九朝圣训》尽为清帝谕旨。《朱批谕旨》乃雍正上谕，凡大臣奏疏中有朱笔批评者，亦多列入。国内大事，如用兵力平定内乱，皇帝往往诏令大臣，按照年月日，选录谕旨奏疏，名曰《方略》。《方略》繁多，卷帙浩繁，《钦定剿平粤匪方略》《钦定剿平捻匪方略》等书，均其例也。《九朝东华录》及《光绪朝东华续录》则录上谕，兼及奏议，卷帙亦极繁多，顾密谕尚未录入，奏议亦多屏去。其他相似之书尚多，《谕折汇存》则其一例。据吾人所见，种类不一，名目常有改易，册数多者至百数十册。其选择较精者，当为《光绪政要》，内容亦按年选列上谕奏议。其他刊印此类公文之书，尚有《邸钞》，一称《京报》，近于近日之《政府公报》。凡准发钞者，始得刊入，光绪之前（一八七五年）关于外交谕旨,从不发钞。云南马嘉理案发生,英使威妥玛必欲将惋惜之旨刊入《京报》,大臣不可,李鸿章许之,而总署大臣仍持异议。可见朝臣之重视之,疆吏亦欲得之,借以明了朝廷之刑赏,大臣之黜陟。宣统嗣位(一九〇九年),朝廷改《邸钞》为《政府公报》。据吾人见闻,《邸钞》《公报》近多遗失,著者访求清季《公报》,从未一见。凡此公文档案,卷帙虽已浩繁,有读不胜读之感,而未公布者尚多。清季旧档堆积,大臣奏请焚毁,幸赖罗振玉之力,得以保全,创设历史博学馆。民国初年,博学馆经费无着,出售档案四分之三,凡七千麻袋,十五万斤。罗氏知之,转出重价,购之于商人,选择清初旧档刊行于世,名曰《史料丛刊初编》。据其自叙,余尚存于津沽,不知近者情状若何?大内仍多重要史料,故宫博物院刊印之《文献丛编》《掌故丛编》《史料旬刊》等书,均其例也。

关于外交方面,清廷深恶外人,而又迫而签订条约,乃深以之为讳。条约内容,官吏多不之知,国人反从外国报章探悉。一八六一(咸丰十一)年,使馆成立于北京,外人探访中国信息,疆吏反对外人之奏疏,尝为外人所得,译载于报章。太后尝严查办,总署大臣乃益相戒严防。光绪中叶(一八九一—九四),中俄帕米尔疆界交涉案起,直隶保定莲池书院山长吴汝纶深有所感,欲刊界图与条约,苦无根据,商于直督李鸿章。李称非总署大臣所敢承应,且曰"洋务之兴垂六十年,久以传播为讳。条约等于律令,当使吏民周知,图籍则关兵机,既虑生事,尤虑台言"。其意则图籍仍应藏于中秘也。民国成立,此种见解初未稍改,外交部刊印之清代历帝条约,如《同治条约》《光绪条约》等书,函上盖印红字,称供官署之用,不可示人。实则除条约而外,仅录一部分奏疏,交涉原委并不可知,就邦交而论,亦无严守秘密之必要,乃竟无从购得,讲授近代史或外交史者,初或不知,或未曾一读,结果则吾人无从明了外交上大事,造成之原因,应付之策略,交涉之情状。其偶尔散见于名人全集者,往往不全,难有正确之见解。及北伐完成,改大内为故宫博物院,刊印之外交史料始大增多,影印道光、咸丰、同治三朝《筹办夷务始末》,尤为重要。三书乃大臣奉旨,按年月日编成,中多重要谕旨密奏,从未于他处发见,如鸦片之战,英军无往而不胜,议和实耆英等奉旨办理。帝闻镇江失守,即谕统军之奕经暂缓赴援,并着耆英便宜行事,且曰"此时业已专意议抚"。及英舰驶抵南京,复谕耆英曰:"应行便宜从事之处,即着从权办理,此事但期有成,朕亦不为遥制。"其他相类之谕旨尚多,并嘱妥办和议,"不必他有顾虑"。英使朴鼎查 Pottinger 要求之条件,均一一奏报道光。君臣之思想,及应付之方法,亦可于密谕奏疏见之。又如同治朝教案迭起,长官有拆毁教堂者,朝廷政策,可于提督田兴恕闹教案见之。法使要求惩办,而密谕则曰:"田兴恕贻误军务,应重治罪,既有牵涉外国之案,则又不得不曲予矜全,以维中国体制。"此困难所以增多也。其他重要之例,不胜枚举,要多外交史上之新知识。故宫博物院选印之史料尚多。《清代外交史料》印有嘉庆、道光两朝,《史料旬刊》等书常有极重要之公文。关于清季交涉史料,有清光绪朝中日、中法《交涉史料》、《清宣统朝中日交涉史料》,惜主持者未能得人,选辑既未择精,又多遗漏,年月日错误幼稚,别字以校对疏忽,几于触目皆是。选择不精,指列入无关轻重之帐目,赏赐日本军官宝星,多列人名之类。遗漏之例,可举缺少承认福建为日势力范围之往来照会为例。一八九八(光绪二十四)年,日本提出要求,总署许之,而文从未一见于《中日交涉史料》。月日则编者不辨拜发批示之日,混而为一。别字殆无举例之必要。无论如何,书中之新史料甚多,固吾人必备之书,义和团乱时之文件,尤为重要。

私人选辑之史料,视前大有增加。《清季外交史料》《六十年来中国与日本》,均其例也。《清季外交史料》之编者,对于公文未曾一一指明出处,中有不可信者,例如选录袁昶谏阻太后信用义和团之三疏。此疏或谓袁昶、许景澄合奏,《许文肃公遗集》收入此疏,而此书只有袁昶之名。奏文初见于报章,其得之何处,从未说明。太后应外使请求,昭雪二人之冤,称其为祸首诸大臣所陷,并谓外间传说,由人捏造。其后朝臣留心此事者,遍阅档案,未尝一见。袁昶弟子章梫为其师立传,屏之不录,实有所见。更就内容而言,奏文所叙情节,多不合于当时之实况。其为人捏造,殆无疑义。故私人编印史料,必须说明出处,此不过其中一例耳。书中年月日亦多错误,别字亦夥,且有故意修正者,如改"伯里玺天德"为总统之类。顾书尚有未见于他书之史料,研究近代中国史者，不可不一读也。《六十年来中国与日本》虽有可议之处，而第四、六两卷，实多未曾公布之史料，编者搜集实属不易，不可谓非贡献。今日选辑之史料，当以蒋廷黻之《近代中国外交史资料辑要》较为满意。《辑要》盖由《中国外交史料选录》（油印本）改进而成，内容因新史料之公布，与前书迥异，起自道光元年，迄于同治末年，为时逾五十年（一八二一——一八七四）。全书尽据公文档案及当事人之记载，全为原料，年月日注明公元，外国地名人名，亦注明原名。书中月日及编者说明，虽有一二疏忽之处，固史料中最善之本，大学生常用之参考书也。中华印行左舜生之《中国近百年史资料》已至续编，实无若何价值，盖编者不知选辑方法，杂然抄入原料次料，缺点太多也。商务刊印之《英文中国近代历史文选》较为得法，辑者马克莱尔 Mac Nair 为历史教授，惜限于语言文字，不能选录中文史料也。

官书 官书之种类繁夥，上言之《方略》《东华录》等，固官书之一种。此指政书、国史馆传、方志，及奉官令编修之书。政书如《皇朝文献通考》、《通志》、《通典》，莫不卷帙浩繁，大臣奉命编修者也。其体例仿自《通考》等书，内容则分类按年，选录报告公文，或抄自他书，法令是否实行，运用之实际状况，对于人民之影响，多不可知，此《通考》等书之通弊也。《皇朝文献通考》终于乾隆之世，《皇朝续文献通考》则私人编成，得朝廷诏奖认可，亦当以官书视之。编者限于时间、财力、环境，材料不如《皇朝文献通考》之丰富，固无奈何者也。充类至尽而言，《通考》等书不过便于检查而已，殊难认为重要史料。他如《大清会典》，亦为官书之一，性质近于政治手册，每隔数十年修纂一次，以法令常有修改也，聚而读之，可知政治制度嬗变之迹。法令亦有未必实行者，国丧则其明证，淮将周盛传与其子书，嘱其族人遵守《大清会典》之律例，免为人所诋毁。于此可见平民与皇帝无关，于其死亡，未有无悲哀之表示也。他如宫中，亦有《钦定则例》，都察院则有《台规》，六部则有《则例》，考试则有《学政全书》，捐输则有《规例》，地税则有《赋役全书》，盐务则有《盐法志》。此类书籍，多按时编修，或奉朝旨，或由地方主持，卷帙至为浩繁，种类亦极繁夥，要多偏重法令，亦有不为一般人士所知者，《赋役全书》则其明例。《全书》分言各县田地之等级，赋税之额数等，至为详尽，研究经济史者，必须一读，而书民间不易一见，地方官盖亦不愿人民知之。

国史馆立传，时人以为传之不朽，子孙亲友视为人间至荣，传者多为大臣疆吏，其立有功绩而官位较低者，或主持书院而有相当时望者，疆吏往往铺张或叙述其平生事迹，为之奏请，朝廷许之，死者家族亦视为至荣。凡有遗集印行者，卷首多列入国史馆本传焉。今印行之《清史列传》，则国史馆之文稿也。其材料则几全取之于奏疏，将其文句删改，连为一气，常不能免误会之处，余则多为升迁官位。作者偏重文字上之修琢，自历史条件而言，既不忠实，又不能见传者之个性，及当时之政治、经济、社会情状，用途不过便于吾人检查而已。清亡，设馆编修《清史》，其编纂方法，大体上仍仿旧例，书成名曰《清史稿》。政府禁止发行，论者多未之见，视为重要史籍。自吾人论之，实无何等重要之价值，充类至尽而言，仅供吾人检查，故远不如开禁，而指正其纰谬也。《方志》有《省志》《府志》《县志》，种类繁多，吾人常有读不胜读之感，大体上则照旧例，展转抄袭，对于地方兴革大事，往往缺而不书。著者尝检查《上海县志》，欲知其记载租界成立之经过，竟不可得。此虽偶尔之例，编修方法，固当改良。凡编修方志者，类多官绅集赀倡办，地方能文之士分任编辑之职。其所叙述者亦间可以考证史迹之真伪，如一八六〇（咸丰十）年，江南大营第二次溃散，普通书籍常言镇江因之失守，实则镇江时有战将冯子材固守，独未陷失。《镇江县志》载有其事，足以证明言者之错误。又如洪秀全起兵于广西，其战胜之原因，可略见于《浔州府志》。兹引数节，以便有所证明。其论其起兵经过曰："值贵县土客械斗，客民无依，男女约计数千，窜及桂平，……与洪逆合伙。"其言其作战勇敢曰："或五人或十人为一队，五人者毙四人，其一人犹贾勇冲敌，不知退，其教以死为登仙也。"其叙述官军曰："兵不经战，闻风声则提携奔避，临敌阵则畏缩不前。而用兵诸将又苦事权不一，贪功嫉能，文员所招募壮勇，类皆市井无赖，不知纪律，不受约束，肆意抢掠。百姓畏兵，甚于畏贼。"凡此记载，颇足以助吾人明了当时之实状。

遗集 遗集种类繁多，名目不一，或称全集，或称文集，或称遗集，或称政书，或称奏议。其人类皆达官名人，所录者以奏议所占之篇幅为最多，疆吏有单印奏议者，盖其子孙以父祖居高官发议论为荣，虽谢恩之折,亦多列入。大臣言事,一部堂官往往会衔,乃表示意见相同,或共同负责,在假者亦列姓名。御史及翰林院学士则可单独言事,要偏于指摘。疆吏言事者,多为总督巡抚。奏议有一定格式,不得有违悖字句,凡代递之折,代递官署莫不以之为言。咸丰嗣位(一八五〇年),诏求直言。曾国藩上疏直陈积弊,几致严谴。刘蓉官于陕西,为言官所参,同治诏其复奏,刘氏放言高论,言官称其轻视朝廷,终致废退。拳匪乱时,李鸿章等迭次会衔奏请保护公使,而公使竟未出京,外兵将即入京,乃不顾忌讳,直陈利害,折由山东巡抚袁世凯交驿站转递,袁竟不肯付驿,发电催之,始乃转递。于此情状之下,奏疏实多粉饰之辞。其内容或为奏报军情战绩,或为参革保荐属员,或为地方上应兴应革之大政,或为奏复事件等,要多偏于空言,此所谓奏议也。清季太后主政,多无主张,遇有军国外交大事,辄交疆吏复奏,每逢水旱星变,即求直言,朝臣且以敢言升官,于是朝议庞杂,反有害于国家。疆吏于时建立大功,深负时望,言事常为朝廷所采纳,其人如曾国藩、李鸿章、左宗棠、刘坤一、张之洞等,吾人研究历史者固当参考其奏议也。除上诸人全集或奏议外,吾人习见者尚多,如林则徐、李星沅、裕谦、倭仁、彭蕴章、曾国荃、曾纪泽、刘长佑、彭玉麟、张芾、郭嵩焘、郭仑焘、罗泽南、李续宾、陆建瀛、王茂荫、刘铭传、岑毓英、丁宝桢、沈葆桢、王邦玺、汪康年、黎培敬、胡林翼、钱鼎铭、马建忠、康有为、端方、周馥、黎元洪、梁济、盛宣怀、劳乃宣等,均有遗集或奏议行世。此就著者记忆力所及者而言,遗忘者甚多,其尚未一见者,更不知凡几,卷帙可谓多矣。

上言名人遗集,其中对于史料较有贡献者,自以《曾文正公(国藩)全集》《李文忠公(鸿章)全集》《左文襄公(宗棠)全集》《张文襄公(之洞)全集》为重要,但重要奏稿,亦有未列入集中者,如《曾文正公全集》缺少外交奏议,《左文襄公全集》删去诋毁曾国藩之折及奏参郭嵩焘之文,均其例也。中国自一八八〇(光绪初)年以来,电线敷设,逐渐推广,凡重要文件,改用电码传递,电报乃为极有价值之史料。李、张二人全集,多将其列入,奏议自史料价值而论,益为降低。端方、周馥等集或未列入一电,或录印者甚少,读其奏议,往往难得新知识,岂电稿散失,抑囿于旧例,或兼有二者耶? 朝臣疆吏奏疏,亦有编入《方略》《筹办夷务始末》

《皇朝经世文编》等书者。全集除奏折而外，尚有谕帖、批饬、告示、朋僚公牍、诗文等，亦有未必一一选入，或无诗文者，要视个人性情，及文学兴趣天才而异。大体而言，谕批告示关于一地者为多，诗文殆难视为史料，公牍或致同僚，或复总署，至关重要，李鸿章致译署之信件，则其证也。其详将于下节论之。

信件 信件为重要史料之一，其价值远在奏议之上，盖其书告友人，异于奏报皇帝，既无须冒功粉饰，又不必多所讳忌，往往说明事之原委，解决之困难，善后之处置，个人之感想，足为考证实状之重要材料，所可惜者，子孙多所顾虑，录入遗集者甚少，例如《萝华山馆（郭仑焘）遗集》，系其子所辑录，关于信件，中称删去"有关忌讳之文"。收藏家珍视名人手迹，不过重视其字，更有假造者，吾人则重视其内容，考证事之虚实，综合所得，庶有信史也。兹举数例，证明其重要。鸦片之战，论者未得确实报告，不知英军之实力，应付之困难，以为战之失败，由于林则徐之罢免，琦善之媚外，耆英之误国，实则全为不足一辩之传说流言，今人编著史籍者，尚不之知。林氏于一八四二（道光二十二）年，遣戍新疆，西至兰州，九月书复其友，称陆路败溃甚于水师，彼炮无虚发，我则炮子落水。且曰：

> 彼之大炮远及十里内外，若我炮不能及彼，彼炮先已及我，是器不良也。彼之放炮，如内地之放排枪，连声不断，我放一炮后，须展转多时，再放一炮，是技不熟也。求其良且熟焉，亦无他深巧耳。不此之务，即远调百万貔貅，恐只供临敌之一哄，况逆船朝南暮北，惟水师始能尾追，岸兵能顷刻移动否？盖内地将弁兵丁，虽不乏久历戎行之人，而皆觌面接仗。似此之相距十里八里，彼此不见面而接仗者，未之前闻。徐尝谓剿夷八字要言，器良、技熟、胆壮、心齐是已。第一要大炮得用，今此一物置之不讲，真令岳、韩束手！奈何奈何！

于此情状之下，战事殆无胜理，新式大炮且非当时中国所能制造也。琦善于广州屈服议和，林氏尚未去粤，后奉命至浙，亦无寸功，固无奈何。书距《南京条约》签字之日，只有一月。原文见于《道咸同光名人手札》第二集，由商务影印而成，其为林氏手笔殆无疑问。林嘱其友勿示他人，故知者甚少，未能影响士大夫之顽固思想，殊为可惜。又如淮军于上海一带作战，初无功绩，奏疏则浮夸冒功。李鸿章与彭玉麟书，固自承认，其言曰："该军（外兵及常胜军）往往破贼，而不能多多杀贼，故须我军偕作，以辅其力所不逮也。"噫！此何言也！又如李氏不顾信义，迭诈杀降，结果则徒延长战祸。其书告曾国藩曰："苏锡之复，奸数逆首，自是粤酋死拒困斗，绝无降意。护酋（护王陈坤书）早欲投降，兹乃招聚广东悍党婴城固守。"太平他将有欲以杭州五城二十万人投降者，竟为左宗棠所拒，亦见于《全集》中之书牍。于式枚为李鸿章秘书十五年（一八八五—九九），今刊印之《李文忠公尺牍》均其手笔，间有李氏修正之辞，固得其同意，足以代表其意见。《尺牍》凡三十六册，多应酬之作，亦有论及时事，可视为重要史料者。如长崎中国水兵与日捕械斗，死伤七十余人，为当时大案之一。官书公文从未说明起衅之由，实则由于华兵恋妓也。薛福成与李书论之，李氏反为丁汝昌辩护。复书曰："若必归狱雨亭（丁汝昌），以为恋慕妓风，借名驶往，则是揣测无据之说。……武人好色，乃其天性，但能贪慕功名，自就我绳尺，屡切戒之，近已改矣。"兵舰驶往长崎原为修船，固不能归罪丁氏。挟妓互斗，实为军纪废弛，当有严厉处分也。海军之腐败，李实负有责任。海军自一八八八年后，未曾购一新舰，户部堂官又与李氏不协。李氏深为失望，尝复王文韶书曰：

> 现在筹办胶州澳，已见部中裁勇及停购船械之议，适与诏书整饬海军之意相违。宋人有言：枢密方议增兵，三司已云节饷。军国大事，岂真如此各行其是，而不相谋？

海军之失败，已兆于此。翁同龢时任户部尚书，停购船械之议，由其主持，实有重大责任。其先光绪年长，太后修筑颐和园，而费用不足，李为之函商于两江总督曾国荃，谓太后听政年久，臣子宜以海防费移作建筑费，固亦不免负有责任。他如曾国藩、郭嵩焘等书牍，均有新知识之贡献，殆难一一举例证明。家书亦为信件之一，全集载入者甚少，其偶尔印行者，多屏去论及时事之文，或删去忌讳之辞。《曾文正公家书》就史料价值而言，并无何等重要。《左文襄公家书》（单行本），论及各地情形甚详，足称重要史料，例不胜举。所当知者，先进国之历史，著者尝得利用政治家之私函,我国史籍参考信件成书者,据吾人所知,并不甚多。前长沙雅礼大学院长海尔 Hail 得曾家许可,参用其祖手书,著成一书,名曰《曾国藩与太平天国》 Tseng Kuo-Fan and the Tai Pin Rebellion,书虽不免错误,固一有价值之试验,深愿名人子孙,对于历史学者开放其父祖之手书,许其引用也。

日记 日记可别为二,一本于读书所得,及见闻之印象,笔之成书,如曾国藩之《求阙斋日记》等,其性质近于《日知录》,殊难认为历史之重要原料;一则按日记其亲身经历之事,述其原委困难,应付之方法,解决之经过,及个人之印象,倘为政治家、外交家所作,将为极重要之史料。(清代公使出国日记,为例行公事,所记多为路程宴会,当为例外。)此种分类,仅就大体而言,一书固可兼有二者。著者亦有多所讳忌,不愿论及时事者,《曾文正公日记》则其明证。书为石印本,今则不易购得,内容并无何等重要,其较重要者,当推《翁文恭公(翁同龢)日记》。翁氏为光绪之亲信师傅,两次入值军机处,后兼总署大臣,参与机密大政,所记者异于传闻之辞,颇可认为极有价值之史料。如记中日战后,法、俄、德、英公使对于总署之要求,百方恫吓,必欲中国承认而后已,朝廷应付之困难,亦毕现于纸上。凡此种类,例不胜举。翁氏于光绪决心变法之时,为太后免职,盖新旧二党暗斗之结果也。旧党亦谋陷主张变法之张荫桓。日记述其语曰:"樵野(张荫桓字)来告,初六日(一八九八年六月二十四),与军机同见,上以胡孚宸参折示之,折仍斥得贿二百六十万,余平分,蒙温谕竭力当差。又云,是日,军机见东朝(太后)起,极严责,以为当办。廖公(廖寿恒)力求始罢。又云,先传英年将张某围拿,既而无事,皆初六日事也。"英年为旧党领袖之一,可见其事先陷害之计,并得太后之援助,此新党之所以失败,光绪被囚于瀛台也。翁为免祸之计,日记从未承认与康有为有关,但据其他可信之史料,殊不足信。

《景善日记》为外人所得,外人论及拳匪之乱,往往引用此书。景善时已休致,从无时机参与朝会,其人似无判断能力,所记杂有不可思议之传说讹言。其言御前会议,太后诵读假造照会之情节,远不如恽毓鼎《崇陵传信录》所记为确实,盖一亲与会议,一则得自传闻也。又如称太后下诏尽杀外人,袁昶、许景澄二人于发电之时,擅改尽杀为保护,因而被杀,实则全为讹言。日记称诏于五月二十八日(公历六月二十四)发下,而六月一日(二十七),徐桐等尚奏谓太后诏杀内地洋人(见《清光绪朝中日交涉史料》卷五三,页二四)。倘已有诏,何得渎请?徐桐方在朝中,何能不知?外人更附会此说,固从无文件证明。且时电线已毁,疆吏电奏多由山东驿站传递,何来电报之说?更何从擅改电文?故日记所言情节,非身历其境者,殆不可信以为真。李慈铭、王闿运日记,为吾人习见之书,其人未有参与国政之机会,殊无讨论之必要。他如叶昌炽之《缘督庐日记钞》,李棠阶之《李文清公手书日记》,一则所记多为见闻,一则偏重讲学,亦无举例之需要。梁济久官于京师,其子漱溟所辑之《桂林梁先生遗书》,节引其日记,颇足以见中日战时京中不安之情状。八月二十五日(公历一八九四年九月廿四)日记曰:"平壤一败,士大夫交头接耳,惊疑变色,妄信讹言。……盈廷皆督战责效之人,请报兵、增兵、调兵、进兵而已。"后十日,又称日军未至国境,京官挈眷早避者一二百家,尚有谋避难者。浮浅嚣动至于此极,庙堂上则仍主战。其人言不由衷,徒误国耳。梁氏日记,惜印者太少。据吾人见闻,士大夫之有日记者甚多,惜未印行。其在先进国,政治家知其日记后将为历史学者所参考,不免曲解事实,以护其短,将来我国亦不能免,不可不知也。

年谱 年谱可别为二:(一)自订年谱——大都年老之著作。作者多为名人,追叙其少年、中年及老年之事业,当时之生活情状,及亲身经历之事变,近于欧美所谓回想录 Memoir,固重要史料之一。其困难则年老之人,记忆力弱,所言或不合于事实,或夺他人之功以为力,或利用事后史迹辩护己短。清代中叶,名人所著之自订年谱,往往讳言时事,所纪者不出于进学、为官、恩遇等,读之常令人生厌,清季始渐改变。兹举二例,证明其重要。周馥为李鸿章属员,官至总督,其《自订年谱》常论及当时之政治情状,颇为重要,如言光绪元年(一八七五)引见曰:"赴吏部引见,时上冲龄践阼,凡引见人员皆派大臣验放。先一年李相国(鸿章)给余引见费五百两,周薪如提军盛传又赠五百两,而部吏驳阻,索费太巨,遂出京未办。至是,有友人为之斡旋,乃得了引见案。"于此可见引见靡费之巨,朝臣之贪,政治之腐败也。又如《崇德老人八十自订年谱》叙述家庭妇女生活之改变等,亦重要史料也。其追述往事近于年谱者，种类尚多，李圭之《思痛记》则其例一。李圭于江南大营第二次溃散，为太平军所掳，留住三十二月，纪其境遇见闻，太平天国末年之重要史料也。供辞亦其一例，《李秀成供》为重要史料之一，人所共知。据亲见者言，《供》写于帐簿之上，与坊本无甚出入。曾国藩奏称李氏浮夸战绩，与军报不同，将其一部分删去。朝旨饬其将删去者进呈，复进之本，现当存于故宫，不知有无修改？忠王所言，或掩护己短，或为家人免祸之计，亦有不足信者，如称劝说天王就食江西，而常胜军所获之文件，则力劝诸将回援天京。其老母妻子，供辞称其已死，实则均已逃出矣。其他领袖之供辞，均在故宫，吾人望其早日刊行。（二）后人编成之名人年谱，编者或其故人，或其亲友，或其门生，或为学者。其体例为吾人所知，无须赘言。其史料上之价值，视传为高，要亦不得以著作视之。倘为其亲信所编，言其境遇，亦常有不易多得之材料，如曾国藩晚年病癫，未见于他书，《年谱》独有纪载，则其例也。又如张之洞弟子，著有《弟子记》，收入《张文襄公全集》，所记间亦可以新知识视之。

时人记载 时人记载，亦为历史原料之一，种类繁多，价值不一，要视著者对于所记史迹之关系，材料之由来，判断之能力，及所处之环境而定。凡身历其境者，类多可信，如杨羕门之《出围城记》，朱通孺之《五十日见闻录》。杨氏于鸦片战争，英军攻陷镇江，不及逃出，详记乡人入城劫掠之情状。朱氏于革命时亲至武汉，访明实状，所言亦多信而有征。其根据传说，不辨真伪，率尔成书者，可举二例为证。一《中西纪事》，一《海防纪略》，二书均言道、咸、同朝之外交，其叙述战争，及善后问题，错谬几触目皆是。《中西纪事》详言教士取室女红丸，及用眼睛练银，直为痴人说梦！《海防纪略》夸张三元里义民动举，谓杀英将伯麦，头大如巴斗，直为笑谈！实则英兵奸一老妇，乡人鸣锣围之而已。笔记亦为时人记载之一，吾人平日所见者，不知凡几，可信之价值，视书而异。大体而论，著者多无判断传说真伪之能力，不足深信。如杨钧《草堂之灵》，称甲午（一八九四年）中日之战将起，袁世凯居于汉城狼狈不堪，西园寺纵之回国，袁居柩中得出。又如陈其元《庸闲斋笔记》，称曾国藩最畏鸡毛，不愿见鸡毛帚，盖蛇畏闻其气，而公"神蟒转世"也。真可谓之想入非非！其记亲身见闻者，则多可信，如陈其元谓左宗棠争功,与李鸿章不协,闻知浙人向李求援,欲停其兵前进,不得,后曰:"渠攻复嘉嘉,我五体投地,其兵勇为暴于百姓,则我所痛心。"此言盖为事实。薛福成之《庸盦笔记》亦多纰谬,倘以史料视之,直为笑谈! 王闿运之《湘军志》,久为士大夫所称道,就文字而论耳。王氏尝以私情,借文字报复,读其书者,亦不能尽信其言。

碑传亦为时人记载之一,或称墓志铭,或称神道碑,或称行状,或称事略。国史馆之立传,前已论之,兹不复赘。私人为死者作传,或其亲友,或其故人,或受人请托,或得人馈遗。其根据者,多其子孙所述之事业,凡为子孙者,莫不欲显扬其父祖,且为家族地位计也。亲友作传固扬善讳恶,卖文之文匠更无主见,古人谓之谀墓文,实有所见。著者之精力,徒耗于文体之结构,辞句之修琢,而文类皆甚短,叙述事实,则语焉不详,殆难视为有价值之史料。此类谀墓文字,或载于名人遗集,或见于死者家谱,或收入县志,或编为专书,量数之多,尝有读不胜读之感,其遗失者,更不知凡几。遗集、方志上已论之,专书则李元度之《国朝先正事略》,钱仪吉之《碑传集》,李桓之《国朝耆献类征》及《两江采访忠义传录》,宋孔彰之《咸丰以来功臣别传》(《渐学庐丛书》本),均其例也。其材料或据传说,或据访问,或据碑传,中多不足深信之故事,如李元度于《林文忠公事略》称鸦片之战曰:"英人既以粤之无隙可乘也,乃改图犯浙。……寻(林)谪戍伊犁,海疆事自此益棘。"无隙可乘之说,全无根据,乃英军奉命北上也。又如宋孔彰于《僧格林沁传》,称英法联军攻陷塘沽,因沙姓泄其计于夷人,夷人又以和议欺我也。实则全为讹言,不值一辩。其当附言于此者,族谱原为研究优生学之重要材料,但传多不足信。著者尝见大族修谱,未死者传亦刊入,所言孝友美德,直是欺人之谈。此固极端之例,吾人对于谱牒,要亦不宜轻信。此类书籍,不过便于吾人检查而已。

禁书 禁书于专制政府之下,常不能免,一则视为有关人心风俗,如禁诲淫之书,一则触犯忌讳,一则视为不利之宣传也。前者无关史料,无讨论之必要,后二者为禁止史籍之普通原因。清帝讳言其祖先,凡论女真者,常在禁书之列,小说如《岳传》且为禁书。清亡,士大夫重视禁书,视为重要史料,实则矫枉过正,明人言清祖先者,多非久住其地,或与之相关,不过本于恨恶之心理,根据传说而成也。清初无论已,中叶,太平天国之兴起,其领袖之宗教政治思想,异于清廷,制度组织亦不相同,吾人尽读《方略》中之谕旨奏疏,终亦无法明知。近时留学生自欧洲抄回之文件,编印成书,如《太平天国史料第一集》《太平天国有趣文件十六种》,均极重要史料也。读后可知天朝之靠天思想,天父下凡之奇说,天王、东王之关系,《太平天国史料第一集》尤为重要,书已变为普通书籍,殆无举例说明之必要。《有趣文件》今已无从购买,岂无变为禁书耶? 近时忌讳繁多,历史书籍禁止出售者,据吾人所知,有《清史稿》《武昌革命真史》《中山先生伦敦被难史料考订》等。禁止之结果,反而提高书之价值,远不如开放指正其弱点也。

其他 近代史之重要史料,分言于上,其他种类殆无详述之必要,简单言之,可别为三。一曰访问,凡亲身经历之事变,印象之深,尝不易忘,吾人苟向经历其境之老者询问,常有所得。著者家住乡间,常于暇时,访问太平天国情状,老者往往于无意之中,详言所知,或述其被掳从军之状况、军中之生活,或言其逃难避乱之情节,或道其个人对于双方之感想。其言多无好恶之成见,颇有参考之价值。试举一例,余尝闻之祖母,太平军每至一地,即有禁令曰:"不剃发,不留须,不喝流水,不食黄烟。"流水指酒而言。此类令文,从未见于书籍,不可谓非新得。吾人欲知清季宫中情状,访之太监,当亦能有所得。二曰小说,小说旧以稗史观之,清末讽刺小说尤为发达。说者常指书中人物,影射当时之大人先生、贪官污吏,吾人决不视小说为历史,倘果视为史料,直为笑谈。其描写之情状,亦间有助于历史者。《儿女英雄传》《古城返照记》均其明例。《儿女英雄传》所言之考场生活,实非他书之所能及。《古城返照记》描写清季北京政治社会状况,多亦未见于史籍。他例盖无列举之必要。三曰报纸杂志,报纸创办于国内者,为时不足六十年,规模太小,访员报告常有推测失实之辞,视为史料,将为笑谈! 无论如何,其刊载之上谕奏疏,原为史料,编辑人之社论,亦足代表一部分人士之意见,故有比较参看之价值。杂志创办更迟,殆无讨论之必要。法人主持之《益闻录》,要求近于报纸。

上论之种类,就本国文字史料而言,外国关于中国史料,要多偏于外交，价值亦以此类为最高，盖教士报告，仍不免偏于教务及地方情状也。俄、德推翻帝制，新政府公布旧时外交上之公文密约，如日、俄前后共订密约四次，划分势力范围，侵略中国，现已公布。德国强租胶州湾之始末，交涉电文，现亦易得。英国外交公文，准许学者参用，可至欧战前，美则止于一八九五年，日本则仍守秘密。外使来华者，亦尝著书叙述其办理交涉，法使施阿兰、美使芮恩思，均其例也。英使额尔金来华，其属员著书详述始末，亦重要之史料也。外人在华服务久者如赫德等，信件当可视为史料。美教士罗伯斯 I.J. Roberts 尝教导洪秀全，于江南大营第二次溃散，来至南京，留住十五月。其报告友人信件，嘱其勿示他人，所言太平天国情状，多属信而有征。外交家之日记、回想录，言及中国者常有参考之价值。《微德回想录》则其明例。英国博物院、法国图书馆、日本东方图书馆均有关于中国之史料与书籍。禁书自英、法抄回，上已论之。东方图书馆则在东京，其图书初购自伦敦《泰晤士报》记者马礼生 Morrison。马礼生于一八九七年至京，收藏西方关于中国书籍杂志，凡十八国文字，目录共二巨帙，一九一七年返英，书为日人购去，近者购置益多。关于杂志报纸，外人在华创办甚早，《中国文库》 *Chinese Repository* 刊印于一八三二年，停于一八五一年，月出一册，学者原重视之，今则鸦片战争前后之公文，业已印行，《文库》之史料价值，现已降低。《字林星期周刊》刊行稍迟，亦难视为重要史料。报纸性质，上已言之。外人记载中国内政，常不免于误会谬解，如袁世凯为摄政王免职，外人称其自知危险，逃往天津。袁氏时为军机大臣，入值尚未出宫，何能逃往天津？外报错误，乃竟至此！外人印行关于中国之史料，以搜辑之条约为最有价值，马克谟 Mac Murray 及嘉来西国际和平基金会 Cornegie Endowment for International Peace 编辑之条约合同，均负盛名，为吾人习用之书，无须赘言。

以上所论之中西史料，几尽原料 Primary sources of materials，次料 Secondary sources of materials 尚未论及。原料专供史家研究，次料盖为普通读者，指史家参考原料，辨别真伪，成立事实之后，综合其所得之结果，叙述成书也。就影响而言，次料之读者较多。据吾人所知，国内尚少比较满意可读之著作，其近于著作者，殆为张德坚等所著之

《贼情汇编》。其材料为军中所获之公文,俘虏之供辞,亲身访闻之所得,其中虽有抄录,而《贼粮》诸篇,固杰作也。普通史籍,如近百年史、外交史等,非展转抄袭,即纰谬百出,殊无列举书名讨论之必要。外人著作,用工较勤,参考原料,大体上成绩优于国内之著作,其内容多言外交,叙及内政者,往往不值一读。书论外交,负有盛名者,先为摩尔士 Morse 之《大清帝国国际关系史》International Relations of the Chinese Empire,近时新史料次第公布,内容须修正者甚多。柳萨夫 Joseph 之《中国外交史》Foreign Diplomacy in China 1894—1900 利用德国公文,叙述甲午战后庚子乱前之外交,允称重要著作之一。马刻考德刻 Mc Cordock 之《英国远东政策》British Far East Policy,叙述之时期与之相同,结论亦同,亦可参看。但来德 Dennett 之《东亚美国人》Americans in Eastern Asia 利用美国史料,著成此书,亦重要著作也。杂志则中外人士主持之《中国社会及政治学报》Chinese Social and Political Science Review,常有重要论文,他无列举之必要。目录便于检查,常为研究史籍必备之书,法人考狄 Cordier 编著之目录,盛称于世,惜无人继续,近时印行之书籍,尚未编目也。

综合上论各点而言,近代中国史之史料,可称浩如烟海。其未印行,或史家无从利用参考者尚多,故宫之档案,南京国学图书馆收藏南洋大臣之交涉史料,均其例也。私人收藏及散失者,更不必论。民国成立以来,政治领袖、外交长官,发表其信件电文等者,尚不甚多。论者常谓编著民国之信史,殆不可能,实有所见,此待努力者一也。近时光学进步,摄影便利,凡政治会议、军事行动、群众游行、人民生活,皆可摄影。见者印象之深,或如亲见其人,参与其事,当能补助文字形容之不足,此待努力者二也。二者之中,摄影易于进行,新史料之搜集,容或不易。所当知者,现就公布之史料而言,实有读不胜读之叹,吾人可努力者甚多,决无久待新史料之理。综之,史料经过学者研究,辨别虚实,始有真确可信之史迹,然后方有满意可读近代世之著作。著者不失读者之希望,将视其才能判断与学识,余现不愿赘言于此,惟望国内历史学者努力而已。

(《国立武汉大学文哲季刊》1934 年第 3 卷第 3 期)

曾国藩与海军

世界交通，以科学之进步，大为便利，轮船之航行海洋，十九世纪初叶世界上大事之一也。一八一五（嘉庆二〇）年，轮船行驶于英国商埠，十数年后，航路展至印度洋，印度总督且以轮船运输军队往攻缅甸。轮船行驶之初，多为商船，一为运输货物，一为便利行旅，军舰则仍以木造成，未脱帆船状态，然颇高大。鸦片战时，钦差大臣裕谦奏称英船宽三四五丈不等，长二三四十丈不等，厚有尺余，且曰："较我兵船及闽广大号商船大至倍蓰。"裕谦于时力持战议，绝非夸张敌人之声势。顾其所言，实指以木造成之军舰，军舰配有重炮，船身裹铁。林则徐称其炮力远及十里内外，"放炮如内地之放排枪，连声不断。我放一炮后，须展转多时，再放一炮。……内地将弁兵丁，虽不乏久历戎行之人，而皆觌面接仗，似此之相距十里八里，彼此不见面而接仗者，未之前闻"。英舰炮火之猛烈为其战胜中国之主要原因。初英国政府决定对华宣战，重视其事，制造武装轮船，配以大炮，遣之东下。其参与一八四〇（道光二〇）年之战者，共有四只。轮船行驶迅速，视帆船受支配于风力者进步多矣，以之作战，进退自如，固当时之新式武器也。

中国沿海诸省，海防徒有虚名，水师向以广东、福建为最强。广东船只较为高大，设置小炮一二尊，从不驶出虎门，于海上交战。闽船则多破坏，不堪行驶。其所配之炮，类多以铁制成，图样为一二百年前之古物。裕谦于浙江试演大炮，炸裂四尊，死兵五名。林则徐于英舰封锁广州之际，奏报英船抵粤只数，树写汉字，不准华船出入虎门，掳去海运盐船十四只，枪毙舵工。然除文字上表示愤恨而外，别无有效之办法。及英舰北上，攻陷定海，驶抵塘沽，林氏奏称苟先提拨关税一部分，作为造船经费,时局不致败坏至此,为道光所斥。林氏抵粤之初,以为禁运茶叶、大黄,足以致英夷死命,及英商尽去广州,以为断其淡水,即可令其屈服,九龙败后,始信英国之强,更留心外事,乃改变态度,谋与英人妥协。当英舰封锁广州,美船名曰剑桥 Cambridge 者,值载重货驶抵黄埔,不得驶出,售于粤官。林氏改为军舰,为中国第一新式兵舰,凡九百吨,后为英军所毁。鸦片战后,耆英亲往战区巡察,奏言战事之惨状,败非兵士之不力战,乃英船炮之坚利也。

国内军备之弱点,于鸦片战争,暴露于世,战后之当改革,毫无疑义,惜朝臣疆吏中之明识时务如林则徐者,实无其人。《中美望厦条约》《中法黄埔条约》均以军舰寓有示威恫吓之意,始得成立。美使顾盛赠送兵书,及枪炮图样,耆英婉辞谢之。法使剌萼尼请中国遣派学生赴法学习造船铸炮,亦为耆英所谢绝。其困难则道光先已不许伊里布购置轮船也。顾轮船较便于运载客货,其将行驶于国内,不过时间问题,决非政治势力所能遏止。朝廷之政策,乃欲中国久列于弱国之中,动机虽未必如此,而政策之自然结果,终必如此。事实上外商轮船行驶于通商口岸者,无如之何。一八四五(道光二十五)年,英轮船航线展至香港,后五年,更自香港驶至上海。及太平军东下,攻陷南京,洪秀全奠都于此,改称天京。英法使臣及美商务委员先后乘坐军舰来宁,官军无法阻挠。一八五八(咸丰八)年,英法军舰攻下塘沽,驶抵天津,朝廷迫而承认《天津条约》。英使额尔金更于斯年乘坐军舰,直达汉口。途中经过太平军、清军之防地,均无法阻其上驶。会以换约,战事复起,一八六〇(咸丰一〇)年,英法联军北上,战败守兵,进逼北京,咸丰出逃,迫而订成《北京条约》。

中国自鸦片战争(一八三九——一八四二年)以来,迄于一八六〇年,凡与外国交战,无不败溃,信如林则徐书告其友,谓不改良大炮,兵丁放炮技熟,"即远调百万貔貅,恐只供临敌之一哄"。朝廷于兵败后,毫不明了失败之原因,有所补救,力弱而欲拒抗强国,战争愈多,损失愈重。俄欲表示亲善,愿赠枪炮,咸丰初尚不欲接受。凡此种种,不过证明褊狭之心理,刚愎自大之误事,本于固有之成见,囿于一时之传说,从不辨别是非,审定虚实,而徒固执夷夏之别,意气用事也。当时国内之需要,无过于认识新时代之环境及具有远见之政治家,比较中外之制度,海陆军之设备,而能取长补短,有所改革。林则徐为清中叶杰出之士,不幸远戍边疆,及后召回,官于远省,方奉命督师进讨洪秀全,遽忽病死。及太平军势力张旺,曾国藩统帅湘勇出战,左宗棠、李鸿章初皆为其属员,后各独当一面,建立功名。曾氏为湘军领袖,朝廷至江南大营第二次溃后,倚以办"贼",其学问文章见称于时。曾氏久官于京师,鸦片战争之败绩,为其亲身见闻之事,苟欲利用外国船炮,则太平军之消灭较易,战事不致延长十七年(一八五〇——一八六六)之久,扰乱区域或不致如后之广大,人民之死亡流离,公私财产之损失,当能减少。时值咸丰病死,女主听政,恭亲王奕訢为议政王大臣,兼办总理各国事务衙门之事务。奕訢初极仇视外人,于英法联军之役,主杀巴夏礼者也,及握政权,小心谨慎,遇有军务及外交上之大事,往往征求曾国藩之意见,得其一言,即或作为决定政策之根据。奕訢购置军舰,用银一百余万,为中国最新之武器,后竟接受曾国藩等之意见,将其解散,其经过之史迹,固吾人所当知者也。

初一八六〇(咸丰一〇)年,英法联军逼近北京,恭亲王奉命议和,以释放巴夏礼之争执,久无所成。海淀之战,禁军败溃,联军滋扰禁地,留守诸臣于恫吓之下,开放城门。额尔金主张报复,下令焚毁圆明园,乃成城下之盟。奕訢于败辱屈服之下,始知外人枪炮之威力。法使葛罗入城换约,并赴宴会,态度和善,表示愿助中国剿平匪乱。俄使称有调停之功,骗得东北广大之区域,亦言将遣舰队代平匪乱,且称雇用轮船代运漕米。其时太平军之势力大张,新破江南大营,席卷东南富庶之区,逼近上海。会安庆为湘军所围,忠王李秀成奉命往援上游,曾国藩新授两江总督,欲立功绩,亲赴祁门督师,为李秀成所围,文报饷路断绝,形势汲汲,而曾国荃仍不肯撤安庆之围师,祁门又得左宗棠等之援军,李秀成战不能胜,改变策略,分道往攻浙江,此一八六一(咸丰十一)年事也。初太平军逼近上海,英遣使约其勿扰上海附近百里之地,为其所拒,于是中外人士通力合作,成立会防局,防守上海。美人华尔受关道吴煦之知,创立常胜军,屡立功绩,其部下初多外人,后则用之为将,兵丁改招农民,驻于松江,军中枪械购自外商,多为劣货,然已成效昭著。太平军亦知洋枪之威力,重价购买,顾所得者亦为劣货。就两军之战斗力而言,相去无几,官军利用兵船枪炮,则胜利将即归之,太平军傥能利用,当亦如此。朝廷方与英、法、俄国签定条约,太平天国尚未为列强所承认,虽欲购买,亦有限制。恭亲王鉴于时势之危急,终乃决定购买船炮。

恭亲王初听法、俄公使借兵平"贼"之议,奏报咸丰,并询问英使馆参赞威妥玛之意见。英国时在中国,商业最为发达,政治势力亦其最盛,不愿法、俄平乱,朝廷与之亲善。威妥玛答称:"借兵剿贼,克复城池,即行占踞,系外国向章。"①其言原不尽确,然足以坚总署大臣之信心,遂请停止,改议购买外国枪炮。法国表示现肯售卖,并派匠役教习制造。②总署将其奏报,上谕饬曾国藩复议。曾氏奏曰:

> 臣查发逆盘踞金陵,蔓延苏、浙、皖、鄂、江西等省,所占傍江各城,为我所必争者有三:曰金陵,曰安庆,曰芜湖。不傍江各城为我所必争者有三:曰苏州,曰庐州,曰宁国。不傍江之处,所用师船不过三板小划,尚无所施其技,断不能容小火轮船,想在圣明洞鉴之中。傍江之城,小火轮船尽可施展,然亦止可制水面之贼,不能剿岸上之贼,即欲断其接济,亦恐地段太长,难于处处防遏。目下贼氛虽炽,然江面实鲜炮船,不能与我水师争衡。……至恭亲王奕䜣等奏请购买外洋船炮,则为今日救时之第一要务。

奏文言轮船之用有限,列举之理由凡三。一不能行驶不傍江之处。事实上殊不尽然,常胜军、淮军之攻取昆山、苏州,颇得力于轮船,小轮船固能行于内地也。二不能制岸上之贼。军舰上有重炮,沿江要塞,太平军筑有营垒,水师无法通过,舰队则可将其轰毁,掩护陆军上岸。三不能为有效力之封锁。太平军中之洋枪子弹,均由外船私运接济,外商唯利是视,官军无法阻止,傥于沿江要区,遣调军舰封锁,当可断其接济。曾氏称其难于防遏,视舰队犹水师耳。其称敌方炮船不能与水师争衡,隐指尚无轮船之需要,不足一辩。复奏至此,忽称购买船炮,为救时之急务者,盖议倡于奕䜣,奕䜣方为太后所信,掌握重权,上谕且有

---

① 见《同治朝筹办夷务始末》卷三,页四九。以下凡引用书中文件,皆称同书。
② 见同书卷一,页二三。

"期于必行,不为畏难苟安",①反对未必有效。湘军于时久攻安庆尚未得手,而战争之区域愈广也。其言购买船炮之原因,则为见惯而不惊,在英、法亦渐失其所恃,并选工匠试造,一二年即为中外官民通行之物也。天下之事,固无若此之简易,曾氏视事太易,不过证明其认识不足,后于安庆试造轮船,亦未成功。

  朝廷决定购买船炮,全以战事为转移,时无意志坚决之君主,了解环境兼有远见之政治家,恭亲王后言购买军舰之经过,且引曾国藩语"购买外洋船炮为今日第一要务",②以示询谋佥同之意。御史魏睦庭亦请总理衙门与公使会商,将西洋之火器、火轮船等,议定价值,按价购买,并许沿海绅商捐购,雇用外人操练兵弁,学习驾驶,"二三月间,即可训练精熟,先以火轮兵船扫清江面,即以炸炮、火箭(指子弹而言)等器用攻坚城,逆贼断不能守。费银不过数十万两,丑类之歼,计日可待,与现在之老师糜饷,奏功无期者,功相万也"。③其言实有见地,士大夫作此想者,时无几人,故不能成为有势力之建议,朝廷上决定之政策,尚不能贯彻实现,遑论其他,终受时事之驱使,迫而购买耳。一八六一(咸丰十一)年,李秀成于祁门战不能胜,亦未能解安庆之围,分兵往攻浙江,宁波、杭州次第失守,声势大振。明年,自浙江分路往攻上海,江苏巡抚薛焕时驻上海,所部四五万人,从不认真操练,纪律废弛,不堪一战,会防之外兵人数无几,常胜军远驻松江。于是人心惊惶,不可终日,江浙绅士公议借调英法之兵助剿,商请薛焕代奏。薛焕初言不可冒昧,绅士仍申前请,并与英国参赞巴夏礼协商,请其调兵协助官军防守上海,往攻宁波,次及南京、苏州等地。④薛焕以事重大,饬藩司、臬司等官博采众议,迅速具复。复称有借兵助剿,"官绅商民询谋佥同"。⑤薛焕具以上奏,且言防多兵少,而凶焰方张,借兵助剿,亦属万不得已之计。谕旨许从其请,且曰:"除饬令总理衙门竭力商办以顺舆情外,并着薛焕督饬该绅等酌量办理,毋稍拘泥,毋涉大意,昨谕购买轮船枪炮,堵剿贼匪,

---

① 谕旨原文,尚未发表,此据曾氏引用之文。
② 同书卷二一,页一。
③ 同书卷一,页三六。
④ 同书卷三,页四七。
⑤ 同书卷三,页四八。

与此事并行不悖,仍着迅速购买应用,借挽大局。"其时太平军攻陷奉贤等县,进攻吴淞,为外兵击退,太后得报,谕曰:

> 军务至繁,若必俟总理衙门在京商酌,转致稽迟,所有借师助剿,即着薛焕会同前次呈请各绅士与英、法两国,迅速筹商,克日办理,但于剿贼有裨,朕必不为遥制。其后如有必须酬谢之说,亦可酌量定议,以资联络。①

借用外兵,朝廷现有极大之让步,并饬薛焕从权办理,其指示之策略,则密饬绅士多集商民,开导洋商,请其转求巴夏礼也。事实上巴夏礼先已答称事关中国大计,必须据实陈奏。商民擅自请求,既暴露政府不负责之弱点,而英、法亦未必允许也。此足以证明朝廷大臣彷徨无主之情状。购买船炮之议,迟之又久,始于此时决定,积极进行。初一八六一年七月,代理总税务司赫德在京谒见奕䜣等于总理衙门,言及剿贼情形,谓"由器械不利,以故不能取胜,欲向外国购买船炮等物,又苦此项经费无出"。② 其建议则整顿洋药(鸦片)税银,作为经费,先由关税内筹拨,俟洋药收有成数,再行拨还。其开列费用,计买枪炮、子弹及大中小军舰、煤炭等项,共银八十一万余两,雇用外国官弁水兵共银四十八万两,挑选演习官兵一万名,又轮船十只,须用中国水手八百余名,以三月计算,约银三十万两。三项合计,需银约一百五六十万两。③ 总署大臣以为需款太巨,雇用外人,竟至数百之多,与前言不符,饬其核减,兼去非必需之物。赫德另上一单,减至八十万两,总署大臣表示同意。赫德称到上海,将与薛焕相商,抵沪后呈报会商之结果,谓薛焕答称:"如须八十万两,尚不难于筹措,若由总理衙门行文分派各海关各筹银若干两备用,江海一关总可抽出二十万两,以便举办购买船炮等物。"④ 总署得报,去函详问薛焕,薛焕久未答复。至是,杭州失守,奕䜣奏报购买船炮,上谕饬薛焕及两广总督劳崇光等会商,"筹出款项一体雇觅轮船,……毋得借端推诿,贻误事机"。⑤ 一八六二(同治元)年二月,薛焕

---

① 同书卷四,页三。
② 同书卷三,页四五。
③ 同书卷四,页九及十。
④ 同书卷三,页四六。
⑤ 同书卷三,页四七。

始复总署,称买船炮,亦多流弊,如事在必办,亦当尽力筹措银两。①经费问题,于是解决。粤海关奉旨于税项下筹银二十万两,福建海关筹银十五万两,合上海海关筹拨二十万两,共五十五万两。不敷之数尚有二十五万两,后劳崇光请添十万两,赫德再拨十五万两,②先后共拨八十万两。

  总署接受赫德建议,购买船炮,英国公使卜鲁斯照会总署,声称香港有船炮可买,而赫德原力主张非兵船不买,乃于英国订购,值总税务司李泰国因伤请假回国。李泰国初为上海英国领事馆职员,会外商抗不纳税,道台无奈,与英、法、美三国领事协商,议定改组海关,改用外人。李泰国因于海关工作,渐居重要地位,一八五八(咸丰八)年,为英使额尔金译员,同其北上,和议之际,侮辱议和大臣耆英,恫吓桂良、花沙纳,无所不用其极,逼其签定《中英天津条约》,返沪仍为税务司。《天津条约》互换之后,总署授为总税务司,心目中轻视中国,不知忠于中国为何事,尝曰:"余之地位,则为外人为中国政府工作,而不能在其下,难于了解工作于亚洲野蛮国者,即为荒谬之说。"③一八六三年三月十四日,赫德函告李泰国购买兵船,迅速来华,而总署未有照会通知英使或其政府,进行较为困难,十月二十四日,方始通知英使,购买船炮遂无阻碍,而来华助战之期,竟至延宕。中国议定购买者,中号军舰四只,小号三只,于一八六三(同治二)年春到华。总署大臣以船购定,更于赫德议商酌配将弁水手等事。赫德呈称"轮船七只,应派总兵官一员,会同英国承办船炮武官实纳阿士本(Sherard Osborn)总理一切,另派武官七人,每船一人,督带兵勇。其大轮船应用炮手水手各四十名,水师兵三十名,内十名专送药线。小轮船酌用其半,并称船上当差甚苦,须用坚壮之人"。④其时李泰国已雇定阿士本,故赫德以之为言。文中所言之轮船,均指新式军舰。关于船上兵弁,赫德后有具体建议,谓中国炮手应用湖南人二百名,水手山东人二百名,水师兵满洲人百名,送药仔满

---

① 同书卷四,页十及一一。
② 同书卷一六,页二八。
③ Morse, the International Relations of the Chinese Empire, Vol.Ⅱ, P.88.
④ 同书卷十,页一九。

洲人五十名。①其分用湘人、鲁人、满人，寓有互相监视之意，免朝廷有所顾虑也，药仔则为药线。

时当战事紧急之际，朝廷方倚曾国藩定乱，恭亲王尚无疑忌之心，亦未亲见军舰，未敢遽信赫德之言，②以为曾国藩及湖广总督官文久在南方，熟见轮船，请旨饬其豫先筹酌，参以赫德之言，将应用将弁兵丁水手炮手等人，事先配齐，一俟舰队驶到，即可上船演习。太后得奏，即谕曾国藩等办理。曾氏初于议购轮船之时，奏称俟其驶至安庆、汉口，每船酌留洋人三四名司舵司火，余用湘军水师勇丁学习驾驶，试放炮位，其统带大员，即于现在水师镇将中遴选。③曾氏视事虽不免于太易，要为办法之一，至是，接奉办理之谕旨，忽托辞推诿，略称勇丁非生长海隅，水师不能出洋，即令上船学习，亦只能用之江面，不能出海也。④上谕乃称船炮原用于江面剿贼，仍着其先事豫筹。⑤事实上恭亲王于饬赫德买船之时，奏称将来船到，交江苏巡抚收用，天津大沽口密迩京畿，尤关紧要，并无轮船，亦无从购买，应俟轮船到后，酌分数只，驶赴天津，以备北洋防守之用，⑥上谕许而从之，乃忽改称专为江面之用，盖以曾氏威高望重，朝廷倚以平乱，委屈求全也。曾氏不愿与外人往来，或与之同办一事，朝廷尝欲两江总督兼办交涉，曾氏力言不可，朝廷另设通商大臣，以薛焕充任。薛焕后请裁去此缺，而朝廷以曾国藩之故，仍多顾虑。曾氏再奉豫筹之旨，始乃不再推诿。

关于雇用外人驾驶军舰，实为当时之需要，无可非议。舰队雇用若干外人，赫德未尝切实说明。外人时有有约国人与无约国人之别，究以何者为宜？赫德初言可用"未经换约各国之人"，⑦薛焕官于上海，尝募无约国人助战，迭为英国兵官唤回，奏言赫德所言未必有效，英法诸国且可借词卸责，主张先与外使议定："凡中国雇用洋人驾驶轮船，司放枪炮，出仗剿贼，……外国官毫无限制禁阻，并当帮同约束，益

---

① 同书卷二一，页九。
② 同书卷十，页一九。
③ 同书卷一，页二四。
④ 同书卷四，页五三。
⑤ 同书卷四，页五四。
⑥ 同书卷四，页一二。
⑦ 同书卷五，页九。

敦和好。"①顾其所举之例,均在英法联军与中国作战期内。《北京条约》成后,情状业已大变,英国断不能再有阻挠,恭亲王亦不之信,仍言用无约国人为妥,②乃后札饬赫德办理,船于伦敦购买,因而雇用英人。至于船炮饬外人购买,亦为环境使然,北方三口通商大臣崇厚尝言无从购买船炮,江苏购有轮船两只,一名吧呲,改称博云,一名威林密,二船均非兵船,吧呲且已朽坏,不堪行驶。盖官吏误信外商之言,缺乏鉴别能力也。兵船必须于外国购买,札令外人代办,故不可非。更就实例而言,吧呲、威林密二船初归沪官调遣,费用既多,又时发生困难。常胜军中之轮船从未发生事故,其主将华尔要求代管。李鸿章时授江苏巡抚,统率淮军驻守上海一带,书告曾国藩曰:

> 华尔面称外国人非中国所能知所能管,渠自谓力能管外国人,所有轮船四只,费用既省,运调甚灵,职是故也。今抚台若将威林密、吧呲等船责成我管,听你调度,包管无人敢于掣肘等语。鸿章思委员老实者多不中用,伶俐者又好赚钱,且船主非洋人不能,我辈尚不能提调洋人,委员何能提调?可否请师札令华副将兼管威林密、吧呲二船?③

华尔官至副将,李氏称其势力能倾服上海众洋人,对之亦颇要好,且曰:"鸿章近以全神笼络,欲结一人之心,以联各国之好。渠允为我请外国铁匠制炸弹,代购洋枪,若学得一两件好处,于军事及通商大局,皆有小益,钧意以为可否?"④李氏初至上海,华尔未尝来谒,函告其师,颇有不平之意,后华尔来访,始乃改变态度,更欲用之代购军械,故有斯请。就事实及功效而言,此议实不可非。曾国藩得书,即札华尔管理二船。初曾氏练勇,知非水师协助,不能平贼,乃于衡州造船购炮,操练水兵,师船不敌轮船,亦深知悉。淮军自皖运载赴沪,则赖轮船驶过南京江面。上海、安庆之往来文报,火药军器之供给,军饷之协助,均赖轮船运输。关于外国军火之精利,李鸿章于上海一带作战,知其摧残破坏之威力,

---

① 同书卷五,页十。
② 同书卷五,页一一。
③ 《李文忠公全集·朋僚函稿》卷一,页五三及五四。以下引用之文,凡出于《朋僚函稿》者,概见《函稿》。
④ 《函稿》卷一,页五四。

迭次函告其师,请其主持购用,散见于《李文忠公全集·朋僚函稿》之中,如言嘉定之战曰:"连日由南翔进嘉定,洋兵数千,枪炮并发,所当辄靡,其落地开放炸弹,真神技也。"①又称华尔愿赴南京协同剿贼曰:"洋人火器攻城夺垒及船上开用,实为无敌。"②曾氏仍不之信,后去函论之。李鸿章答辩,其扼要之语曰:"用兵在人不在器,自是至论。鸿章尝往英、法提督兵船,见其大炮之精纯,子药之精巧,器械之鲜明,队伍之雄整,实非中国所能及。其陆军虽非所长,而每攻城劫营,各项军火皆中土所无,即浮桥、云梯、炮台别具精工妙用,亦未曾见。……忠逆雇用洋人,乃系流氓,亦无从购觅真正炸炮。金陵、龙游军中所用炸弹,亦恐有未尽美善之处。洋酋金云:'该两国(指英、法而言)君主禁炸炮、大炮入中国。'……鸿章亦岂敢崇信邪教,求利益,于我惟深以中国军器远逊外洋为耻,日戒将士虚心忍辱,学得西人一二秘法,期有增益而能战之。……刘铭传稍稍解悟,又急索真炸炮、大炮,不得,若驻上海久而不能资取洋人长技,咎悔多矣。"③

复书为答辩之文字,曾氏来书论及金陵、龙游军中之炮,湘军与李秀成所部战于南京雨花台一带,久无胜负。左宗棠炮击龙游初亦不能得手,函称西洋大炮无用,故曾氏以之为言(其详见后)。复书乃以炸炮、大炮难得告之,其言信而有征。今由李泰国购买,问题可告解决。书中称陆军非其所长,盖为时人自欺自信之传说,不足一辩。自大体而言,复书立论可谓确实警切之至,而曾国藩意志坚决,不少改变,于华尔伤死,函复李鸿章曰:"大约洋人器械虽精,若非合各国之力,积累年之愤,亦不能有所向克捷。观英法青浦之退,华尔慈溪之挫,实亦不甚足畏。"④其立论根据,多就上海一带战事而言。太平军逼近上海,英法军队协同作战将其击退。其助战之原因,朝臣疆吏多以太平军中文示以"通匪污蔑洋人",并寓有威吓之意,洋人"自明心迹","为我出力"也,谕旨且以之为言。⑤青浦之退,则因忠王李秀成所部大至,外兵以人少不

---

① 《函稿》卷一,页二〇。
② 《函稿》卷一,页三九。
③ 《函稿》卷二,页四六及四七。
④ 《曾文正公全集·书札》卷十,页三〇。
⑤ 同书卷四,页三。

敌,弃城而去,退至上海。华尔于慈溪重伤而死,无待说明。曾氏视为枪炮不足恃之证,不免出于牵强附会,而并曲解事实。斯年(一八六二)夏,曾国荃统率湘军,进至南京城外雨花台。及冬,李秀成督军攻之,战斗之激烈,为湘军出境以来未有之恶战,形势危急。曾国藩迭请李鸿章派军往援,李调常胜军往,其主将白齐文因事不肯出发,并抢饷银,殴伤粮官。李氏函报曾氏,曾复书曰:

> 常胜军不来金陵,亦自无害,来亦未必果有裨益。九洑洲、下关各贼垒,似非轮舟、炸炮所能遽破。鄙人尝疑用兵之道,在人而不在器,忠逆之攻金陵官营,亦有炸炮,亦雇洋人。在内官军,不因此而震骇,舍弟亦还以炸炮御之,彼亦不因此而动,左帅以四十余斤之炸弹,打入龙游城内,贼亦不甚慌。顷水师在金柱关抢贼船百余号,内有洋人,一律乞降免死。然则洋人洋器,亦会有见惯不惊之一日也!

原文见于《曾文正公全集》,未有月日,盖编者将其删去,其选入者,文亦间有删改,其未刊入集中者,更不知凡几。此书疑即李鸿章答辩之来书,所论各点,已为李氏所驳,殆无赘言之必要。其重要则曾氏胸襟褊狭,囿于见闻,不能认识新时代之环境,而有适当应付之方略也。更就现存之书札而言,曾氏虽购轮船、洋枪、子弹,而对于购买船炮,则未认识其价值,始终立于反对,或消极之地位,其复总署书曰:"来示询及洋船七只,是否敷用,以鄙见度之,用七船攻金陵之一面,固属有余,即用七船载兵,由沪放洋,以攻宁波,亦足敷用,似不必筹添办。"其言似信兵船有相当之用途,实则不过反对添买耳。又云:"轮船攻剿发匪,声威虽壮,而地势多不相宜。"此言不免幼稚,无足深论。其坚决主张,可于致李鸿章书见之,其言曰:"用兵之道,最重自立,不贵求人。"时李主张利用华尔,曾氏以此讽之,要其平日怀抱也。对于购买船炮,岂以求人而反对乎?要知己不如人,既不能努力创作,又不肯虚心学习,终将不能如人,乃以不贵求人自欺自蔽,此古所谓绝物,国家所以贵有远见之政治家也。

朝廷决定购买船炮之后,雇用外人,驾船放炮,为事实上之需要,已如上述。朝臣疆吏之所顾虑者凡三。一、外人雇用之后,外国横加干涉,或将其撤回。薛焕本于任内之经验,曾有奏请,已言于上,兹不复赘。二、怀疑外人,成为普通心理。其造成之原因,一则士大夫夷夏之别太严,对于外人,概以恶意推度;一则外人轻视中国,官吏又常冒夺其功,不知驾驭之方法,而益为其所轻;一则各国互相忌嫉,乘机进谗,设法破坏。士大夫于此环境之中,常受三者之影响,而益怀疑外人,兹举当时之事例,以便有所证明。一八六〇(咸丰十)年,华尔创立常胜军,屡立功绩。一八六二(同治元)年秋伤死,朝廷令李鸿章统率常胜军,李则不敢接管,乃以白齐文为将,后白齐文抗命,李借英官之力,解决纷扰,后以戈登代将。数年之间,事变迭起。疆吏之报告,可见其对于外人之感想,及与外人共事之困难,兹引用之为证。华尔于上海附近,战败太平军,巡抚薛焕奏曰:"臣窃窥华尔,近日渐觉志满气骄,隐然以常胜军为己所部,进止自为主持,每遇出队,不能如官军之令下即行,大有不受羁勒之意,且每战必求重赏,溪壑亦未易盈。外国人嗜利好胜,积习固然,但性与人殊,心尤难测。"①华尔原为外国冒险求利之人,非有高尚思想,薛焕称其嗜利,实非虚语。华尔积功官至副将,尚未剃发易服,自朝臣疆吏观之,则为不受钤束。华尔则以战功为疆吏所夺,心甚不甘,违反中国体制,具禀进呈恭亲王奕訢。奕訢奏曰:"近复自署衔名,具禀专呈军机处臣奕訢。其禀内多系自叙功绩,末复请假微权,俾得调兵自便,即此已见其桀骜不驯之气,尚未消除。"②其推论则华尔究系外人,性本不羁,心尤难测也。

华尔死后,朝廷谕称常胜军"不如交中国大员管带,易为驾驭",而李鸿章深知不易钤制,不敢派员接管,书告曾国藩曰:"此四千人中,头目均系洋人,岂中国官所能钤制?若交与英酋,必致运掉不动,事事掣肘,松江一城且又侵占矣。鸿章再四筹思,只有责成吴道妥办,其用何国之人帮带,听其自为。"③此种决定,诚如李氏自谓"万不得已糊涂之想",借此卸责,固未计及后患。吴道即道台吴煦也,常胜军之成立,颇赖其力,亦欲卸肩,故李责其妥办。其困难之症结,则为华尔属员白齐文原可接管,然尚未谒巡抚,李心不甘,且有人言其不可靠者,英领事提

---

① 同书卷五,页三四。
② 同书卷六,页一七。
③ 《函稿》卷二,页三。

督时欲派员接管，法人又欲干预也。最后英提督何伯挈同白齐文来谒，主将问题方始解决。李函报曾国藩述何伯之言曰："华尔一军应专令白齐文接管，以一事权，毋庸再派英员代管，亦勿庸令法师尔得会管。……英人隐然以常胜军属之。"①李氏不以外人干涉为耻，反称何伯深明大义，良可敬服，因而一一许之，并将经过奏报朝廷。上谕则曰："若始终令外国人管带，恐将来必至掉运不灵，前据英国公使在总理各国事务衙门面称，中国勇丁令与外国人训练，渐与相习，该勇丁久且忘其为中国人，必致中国官员不能驾驭等语。"②仍饬其设法收回兵权。而白齐文"阴很执拗"，③驾驭之难，远过华尔，李鸿章固不肯遵旨另派镇将接统也。英使之言，虽能动人，要出于猜忌，华尔身为美人，统率常胜军，法人于浙东亦练洋枪队，英人尚无参预之机会也。

　　会李秀成督军围攻湘军于南京郊外，湘军死守，形势危急，曾国藩飞调程学启一军往援。李鸿章不可，改调常胜军往。其函告曾氏曰："外国人管辖中国人骚扰不免，宁波较松江尤甚，彼自不肯分散，不肯约束，我法亦有所不行。惟调赴金陵，两万大军之中，吾师与沅丈（曾国荃）声威足以制之。"此乃无法驾驭，遣而远之耳，知其非曾国藩之意，奏报朝廷，奉旨批准，而曾国荃极力反对（其详见后）。白齐文竟以条件不妥，及其他原因，不肯出发，殴官抢银。李鸿章欲重惩之，不得，乃以英官之弹压，白齐文始肯去职。其函报曾国藩，则称英国将其庇匿，抗不交出。④方其调常胜军赴宁也，英官迭次阻其远行，李鸿章则以中国官军，须听中国调遣，力持不可，英官始肯让步。凡此种种，均足以坚固朝臣疆吏之信心——外人不可雇用也。其根本困难，则中国新败于外国，军器窳坏，为外人所轻。其雇用者多为流氓无赖，而外国政府且谋利用时机扩张势力。疆吏既不欲与外人共事，又常掩夺外人功绩，外人心所不甘，白齐文抗命亦由于此。李鸿章奏疏盛称淮军战绩，与友人书则称外兵常胜军陷城，而淮军守城也。其恶劣之影响，则新事业之创办，为之稽延，此固不能深责外人，中国未有深思远虑之政治家，于恶劣情状

---

① 《函稿》卷二，页七。
② 同书卷十，页二。
③ 《函稿》卷二，页三六。
④ 《函稿》卷二，页四五。

之下,而能有所建设,试举二事为证。(一)中国购买军火,英使荐四品官东监理,并铸大炮。恭亲王奏言费多,且曰:"东姓武官系属外国之人,臣等未悉其人底蕴,遽假以管理火器制造炮位之权,深恐未甚相宜。"①乃托辞拒绝。后创办之机器局,糜款虽巨,而多不能制造大炮。(二)官军多为乌合之众,从未切实操练。广州、福州等地,曾雇外员练兵,颇著成效,英、法进而请练新兵,总署征求李鸿章意见。李称费用过巨,征调且有掣肘,恐将来有尾大不掉之虑。②其错误则在不能辨别教习之任,与统管之权。外人只任教习,弊从何生? 乃竟因此不练新兵,诚一怪事。

三、疑忌外兵夺其功绩,并将分取财物。此种卑劣心理,统兵之将均不能免,仍举常胜军事例为证。南京为太平天国都城,时传其抢掠之金银宝物,藏于城中。华尔不胜心动,迭向李鸿章建议,往攻南京。其时曾国荃所部之湘军已抵南京城外,李氏函告曾国藩,其一八六二年七月二十一日(同治元年六月二十五)书曰:"华尔愿剃发赴金陵协剿,一谒中堂,其意颇为效顺。……剿金陵而克,长其骄伉,似无他患。"③八月三日(七月初八)复曾国藩书曰:"华尔求助剿南京,未便坚却。……吴公挟华自重,欲其取功名以震耀中外,以形官军之短。华君曾来一见,固是壮士战将,然用之之人,其心乃不可测。"④吴公即为吴煦,李氏谓华尔之请求,出于其谋,今不可知。官军之弱,为华尔所知,吴煦实亦不能指挥常胜军也。李氏岂为卸责计耶? 十四日(十九)上曾国藩书曰:"华尔今日见过,谆求鸿章札调协剿金陵,谓三日到,三日扎炮台,三日攻打,定可克城。克后城中财物与官兵均分等语。鸿章以接中堂信,兵力已敷,可勿添调,容再函商求核示。"⑤华尔均分财物之议,盖已明知曾氏兄弟之心理。十一月四日(九月十三)上曾国藩书曰:"华尔临行,约定由宁波回,即赴金陵,鸿章曾面允之。白齐文接管常胜军后,亦在敝处告奋勇,助剿金陵,尚未之许也。兹援贼如此,我军别无可援,因

---

① 同书卷七,页五。
② 同书卷十,页一三。
③ 《函稿》卷一,页三九。
④ 《函稿》卷一,页四三。
⑤ 《函稿》卷一,页四七。

属吴晓帆(即吴煦)商之白齐文,乃欣然愿往。"①华尔死于慈溪,故协攻之议作罢。其时李秀成围攻湘军甚急,曾氏请援故也。

华尔迭请往攻南京,《李文忠公全集·朋僚函稿》尚保留记载之文字,余读《曾文正公全集》,则往来书件多未采入,或后人将其删去,其见于集中者只有二书,均无月日。一复李函曰:"华尔来金陵助剿,事亦可行,惟口粮比较湘勇多至数倍,共事一方,殊有不便,不若姑令先攻青浦、嘉定以试炸炮之果效与否?……派兵交洋人训练,断不可多,愈少愈好。"斯年五月,常胜军会同外兵攻陷嘉定、青浦,六月,再为太平军攻陷,八月,华尔再陷嘉定,九月,渡海往援浙东,曾氏此书盖复李氏七月二十一日之来书。华尔再下嘉定,仍以为请。曾氏已有前言,对于八月十四日书中建议,作何答复,今不可知。一复李书关于白齐文之来宁助战。曾氏约以二事,(一)自下游或上游进兵,不与湘军同在一处作战。(二)"事机倘顺,收复金陵,则城中货财,白军不得大肆掳掠,须一一查封,以一半解京,余一半各军匀分,白军酌多一倍亦可,若不严禁抢掠,则分财之时,必且各军互斗。"曾氏让步之原因,则困守城外营垒之湘军未脱危险也。湘勇久视城中财货,为其胜利之犒赏物品,与人匀分,必非所愿。后南京城陷,湘军大肆抢掠,并纵火焚屋。李鸿章尝代理两江总署,书告郭嵩焘曰:"金陵一座空城,四围荒田,善后无从着手。……沅翁(曾国荃)百战艰苦,而得此地,乃至妇孺怨诅,当局固无如何,后贤难竟厥施,似须百年方冀复旧也。"财货尽为湘军所掠,一半解京之议,并未尽行。疆吏中有以之为言者,竟至相讥,形诸文牍。曾国藩且抗疏争论,称无于军中收回财货之理,此岂强常胜军所难耶?据《李文忠公全集·朋僚函稿》十一月二十(九月二十九)日,李上曾国藩书曰:

> 吴道屡言金陵及九洑洲、下关克复,难令常胜军留守,鸿章已允之。又言如攻克一门,先行把守,听候各官军入城部署。②

吴煦之言颇为恭顺,是否足以代表白齐文之意?尚不可知。曾氏约定

---

① 《函稿》卷二,页一六。
② 《函稿》卷二,页二五。

二事,似非白齐文之所愿闻。其时李秀成围攻湘军,力不能胜,渡江而北。曾国荃自谓"战守皆有把握"。①李与曾国藩书,则称"常胜军必将前去,如能攻克九洑洲、七里洲一带贼垒,长江上下可以通行,亦于大局有裨"。此盖自辩之辞。曾国荃为统带湘军督战之大员,反对常胜军往援。李上曾国藩书曰:"沅丈解围后,两次函止常胜军,不必西行。"②遍阅《曾忠襄公全集》,未见片文只字,岂编者将其删去耶？李氏复书,则在《朋僚函稿》中,称常胜军预备西行,糜费十数万金,自谓功必能成,又闻谕旨褒许,不可中止,且曰:"鸿章即强为禁阻,前项十数万已送入洋人之手,无法收回,无词报销,不若且尽若辈去唱一出。该军视我力之强弱为谨肆,……我公解严之后,军威正盛之时,吴、杨（吴煦、杨坊）方趋奉之不遑,白酋亦震慑之已久,似可听令受商。其有不率或意外为难,屏弃不理可也,声色俱厉可也,……公毋过虑!"③今观李书,措辞之激昂,来书当必力争。其原因一为免去常胜军匀分财物,一视克复南京为莫大之功,不愿借人之力。李鸿章于苏、常陷后,迭奉谕旨,协攻南京,莫不托辞推诿,甚至奏言炸炮于夏季不能攻城,盖有所见,且免猜嫌也。

以上种种,不过说明朝臣疆吏对于外人之态度,雇用外人之心理,及其是否愿用船炮。曾国藩深负时望,奉命督师,购买船炮,亦为"剿贼"之用,乃本于固有之成见,囿于当时之传说,不能辨别利害,审思得失,而有适当之解决。购买船炮之原议雇用少数外人,船长水兵多为华人,外人驾船放炮,水兵上船学习,船长则督带兵勇也。赫德书告李泰国。李泰国后称并未收到,亦不请训。一八六三（同治二）年一月,与阿思本议妥条件,十六日签字,凡十三条。④第一、二、三条,称中国用阿思本为海军总司令,兼管外国建筑或雇用外人驾驶之船只,期为四年。第四、五条则言阿思本执行李泰国交来皇帝之谕旨,不理任何机关传来之命令,凡李泰国认为不满者,并可拒绝传递。第六、七、八条,关于用人管理及审理中外事件。第九条规定船上旗帜。第十条译文则曰:"李泰国应即日另行文支领各员辛俸工食、各船经费等项银两,足敷四年之

---

① 《函稿》卷二,页二三。
② 《函稿》卷二,页三五。
③ 《函稿》卷二,页三一及三二。
④ Morse, the International Relations of the Chinese Empire, Vol.Ⅱ, P.37.

用。刻下在英国姑以所置各船及各兵器等件暂为质押。"①其他三条殆无说明之必要。今观李泰国、阿思本议定之条件,丧失主权之重大,实属骇人听闻。李泰国于文中自称其为皇帝代表,其视中国等于印度,岂袭用亡印之策略于中国耶? 其辩护则谓札文内有"购买船炮一切事宜"、"交该总税务司一手经理"及"一切均责成该总税务司一人专理等语"。事实上该项文字均有所指,难于谓其泛言一切也。

条件议成,总署尚不之知,李鸿章等亦未得报。李氏尝饬轮船运载饷银新兵,缓至旬日,尚未开行,函告曾国藩曰:"洋人横戾,断不能操纵由我,大率类是。……将来赫德所买轮船,已雇用外国官弁,不知若何调遣?"②此种感想,生于所得之经验,夫以一事类推他事,错误自不能免,而李鸿章之见解如此,固无奈何。官文、曾国藩前奉谕旨,豫派将弁水勇。曾国藩等商于彭玉麟、杨岳斌,奏言统带巡湖营提督衔记名总兵蔡国祥堪统七船,副将衔参将盛永清等七人各堪领管一船,兵弁配用楚勇,一二年内,驶行长江,后再参用浙、闽、粤人出洋巡哨。③太后得奏,谕其先与洋人议定,免后饶舌。④朝廷筹办事宜,业已完备,专待舰队来华。赫德谓一八六三(同治二)年春驶到,竟至失期。及其来华,太平军之势力大衰,时局剧变,疆吏认为无足轻重矣。其时进至南京之湘军迭陷要塞,军威大振。李秀成先攻湘军营垒,不下,转率所部渡江而北,野无所掠,气候寒冷,兵多死亡逃散,回至南京又为湘军水师攻击,余兵无几。上海方面,李鸿章之地位日形巩固,淮军人数增多,力能独当一面。常胜军改由戈登统带,屡立战功,于是官军逼近苏州。浙江之太平军时亦失败,洋枪队自浙东进攻,左宗棠统兵自江西入浙,均能迭陷要城。太平天国之将灭亡,其统兵之诸王将士,莫不知之,献城乞降,恐为官军所杀。天京守将欲英官担保其生命安全,即开门献城。参赞威妥玛商于总署大臣,竟无结果。⑤军事胜利,正将士立功掠财之时,将帅固不愿借外人之力也。

---

① 同书卷二一,页一二。
② 《函稿》卷一,页四〇。
③ 同书卷一二,页三六。
④ 同书卷一二,页三八。
⑤ 同书卷一二,页一至三。

五月，李泰国自英来沪，谒见李鸿章，面称兵船七只已陆续购齐，两月后可到中国，八十万两尚不敷用，索银十二万两，立须兑交，李氏不可，乃悻悻而去。李致薛觐堂书曰："该酋欲垄断取利，力排赫德前议，而总理衙门创议购买轮船，乃系由赫德转托李酋者，今何能尽废赫德前订章程，而为李泰国所把持耶？"①李泰国所订合同，已为李鸿章所知。薛觐堂即前通商大臣薛焕，时奉召入京，在总理衙门办事，故以此说之，并另函告总署，稿文今未收入集中。据恭亲王奏报，李泰国在英借银十五万两，于上海借银十二万两，上海借款，盖李鸿章拒绝拨付之数也，合前八十万两计算，共银一百零七万两。②其购买之船，共兵船七只，趸船一只，雇用外国武官、兵丁、水手六百余人，立有合同，以四年为期，每月需银十万两。恭亲王奏言合同曰："所立合同，欲由阿思本专主，不肯听命于中国。臣等因向李泰国再四驳诘，始据议定由中国选派武职大员，作为该师船之汉总统，阿思本作为帮同总统，以四年为定，用兵地方，听督抚节制调遣。阿思本由总理衙门发给札谕，俾有管带之权。此项兵船，随时挑选中国人上船学习。"关于经费，议定每月统给银七万五千两，归李泰国经理，由海关拨付。③恭亲王并请旨归曾国藩、李鸿章节制调遣，饬其拣派武职大员，作为汉总统。太后得奏，一一许而从之，谕旨且曰："此项轮船，现在自以先剿金陵等处发匪为要，贼平之后，即可以为巡缉私贩之用。……其月饷等项银两，官文、曾国藩、李鸿章务须按期支给，不可丝毫短少拖欠。"④今观总署大臣办理之策略，可谓能见其大，取消李泰国擅订之合同，另议收回主权之办法。李泰国、赫德同在总署议商，相持几至一月，得此结果，此七月初事也。

初李泰国抵沪，总署欲其与李鸿章议商，而李泰国索款，"多方薰吓，气焰陵人"，⑤李鸿章不为稍动，乃入京议商。方议商条件也，李鸿章多所顾虑。其五月二十一日（四月初四）上曾国藩书曰："此项兵船，五月内（六七月）到沪，专指为协剿金陵、九洑洲之用，而金陵克复，便成

---

① 《函稿》卷三，页一八。
② 同书卷一六，页二九。
③ 同书卷一六，页二九至三〇。
④ 同书卷一六，页三一。
⑤ 《函稿》卷三，页一八。

废物。其缠绕需索,将无已时,有大害而未必小利。"①此言正合曾氏心理,舰队之用,果止于此乎? 其时南京江面,尚有外船接济城内,李与曾国荃书称兵船入江,即分派巡查,且曰:"英人锐意剿洗九洑洲、金陵老巢,以擅大利,市大名。……吾丈乘其未到,攻夺此隘,亦免得无数口舌矣。"②主意与致曾国藩书相同。其告在左宗棠书尤为明白。其言曰:"李泰国所购英国兵轮船六只(?),五六月间(七八月)抵沪,现赴总理衙门议口粮章程,秋初将驶金陵助剿。贼势实衰,十年老巢,乃必借外人以收功,后患将不可知。此事定议于两年以前,今昔时势小异,恭邸则欲罢不能,须累我江洋各关常久赔累矣。"据此,李氏反对兵船之原因凡三,一则费巨影响兵饷,一则借外人之力攻陷南京,一则舰队之用有限。既不借外人之力,何前调常胜军赴援,并遣戈登进攻城邑? 岂形势改变,而前后思想因之矛盾耶? 李鸿章固无定见。及总署大臣与李泰国议定章程,李鸿章称其甚妥,又据总署来函,书告曾国藩曰:

> 该酋气焰仍未少减,中国兵将上船学习,终不免受其鱼肉,前奏派蔡国祥统带,是否无须更换? 何时可以派往? 暨酌选何项兵勇上船之处? 均求师门核定,絜衔饬遵。此事有李泰国主持,引用英国兵弁六百余,船炮又非我所素习,总理衙门乃欲派一总统,以分其权,又奏令吾师与鸿章节制调遣,谓可随时驾驭,不至授人以柄,岂非掩耳盗铃? ……鸿章拟将虽派兵将难遽分权之实在情形,剀切告知,容再录呈。③

李氏对于选用将士等,均请曾国藩主持。关于分权一项,既谓船炮非我所习,又不欲外人揽权,究将若何? 事实上疆吏果有节制调遣之权,大权固尚在我。李氏之言殊不可解,岂借此推诿耶? 曾氏复书,今不可见,要反对兼管舰队,并赴宁助战,可于十月十二日(八月三十)李致薛焕书见之。其言曰:"李泰国所购轮船,何以日久未到? 或云到沪三四只,并未来弟处通知。曾撝帅屡有信来,甚不愿其剿金陵,能否由贵衙门议阻,免致外间龃龉?"④据此,曾国藩反对之意志至为坚决,断

---

① 《函稿》卷三,页一九。
② 《函稿》卷三,页三六及三七。
③ 《函稿》卷三,页三六及三七。
④ 《函稿》卷四,页八。

不调遣舰队助战也。李言兵船未到，实则阿思本于九月抵沪，兵船、辎船皆至。阿思本闻知修改合同，率之驶去上海，北至烟台，更亲往北京，会同李泰国至总理衙门，要求批准前订之合同，不归疆吏节制。恭亲王颇处于困难地位。曾国藩先已函称蔡国祥仍须另带中国师船与轮船同泊一处毋庸添募水勇，则由中国主持之说，将万办不到。时总署委曲求全，有此办法也。且曰：

> 不如早为之谋，疏而远之，视彼七船者，在可有可无之数，既不与之同泊，亦不复言统辖，以中国之大，区区一百七万之船价，每年九十万之用款，视之直轻如秋毫，了不介意，或竟将此船分赏各国，不索原价，亦足使李泰国失其所恃，而折其气也。①

此议出自威尊望重之曾国藩，国中尚谓有人耶？其弟国荃奏称轮船，日行千里，兵船制造裹以厚铁，直冲而前，无坚不摧。江、浙、闽、粤之水师，徒靡兵饷，以致海盗充斥。长江自九洑洲攻克，江路已通，无须轮船助战，不如裁汰沿海水师，用以巡缉海盗。②此议虽夹有私见，要有考虑之价值，视其兄分赏各国之说，高明多矣。李鸿章知其建议，复书论之曰："大疏请派轮船捕海盗，是李泰国七船结穴处，不比师门分赏各国之议，过于奇突，批旨若何？望咨钞见示。"李氏赞同国荃之主张，思想又一变矣。总署大臣初言船炮到后，如果用之得宜，则近之剿办长江逆匪，远之备御外侮，③原有此议。乃后李鸿章函告总署，称蔡国祥来沪面商，谓其虚拥会带之名，毫无下手之处，且曰："议者或拟送还外国以省纠缠，或拟调巡沿海以资控驭，或借以载运盐米，……似皆可说而不可行，彼亦何能由我调度。"④究将若何处置？李虽未曾说明，要同于曾国藩之主张，后兵船撤退，书告其师曰："师门倡议，公使助力，执政刚断，为近来第一快事。"⑤李之主张，又一变矣，岂以苏州杀降事件，几至严重之局势，乃再改易观念耶？

阿思本赴京要求，总署不可，竟于十月十五日，决定解散兵弁。此

---

① 同书卷二一，页一八。
② 同书卷二〇，页三至六。
③ 同书卷一五，页三四。
④ 同书卷二一，页二〇。
⑤ 《函稿》卷四，页二二。

实骇人听闻之事,阿思本不过为一雇员,中国尚未加以委任,愿于中国条件下指挥舰队则留,不合则辞职回国,绝无要求遣散之理。其通知英使卜鲁斯且谓兵船落于上海外国流氓之手,危险孔多。其所指者恐船为美国南方独立诸省或日本反对外人之藩侯所得也。此实过虑,船炮为我所买,当由我留用,外人何能干涉? 英使接受其意见,并请美使蒲安臣调停。恭亲王先后收得曾氏兄弟建议,知其坚决不借船炮进攻南京,若或勉强,中外将弁不协,胜则争功,败则推诿,一旦激而生变,于大局关系匪轻,最后决定"与其贻患于将来,不若请裁于此日",①然恐外人要挟,不肯明言,及英使提出阿思本遣散弁兵之议,乃即执定此说。卜鲁斯则欲船炮一并驶回英国,双方说定变卖之价,交还中国。其时海关支付舰队经费,月凡七万五千两,起自八月,终于十月,共二十二万五千两,合前用款,共一百二十九万五千两。尤可怪者,弁兵未为中国农务一日,总署何竟许给九个月薪工银十六万二千两,回国经费二十一万三千两耶?又用银三十七万五千两。英使交银二十一万三千两,作为变卖之款,总署另赏阿思本银一万两,在变卖价内支拨。中国糜款实数凡一百四十五万七千两,约英镑五十万,而终一无所得,又给阿思本赏金,无怪"该使臣等惊愕之余,继以感激"也。上谕更有所说明。其言曰:"此项薪工经费等项,虽糜费较多,然此后每岁省近百万,且免日后另有要求无厌之请,办理颇为决绝,亦欲以折服外国虚骄之气。"②李泰国因此革退,但得优厚之薪金。

今观总署变卖舰队之始末,让步可谓太甚。其根本原因,则畏惧外人,不知适当解决之方法,且示中国为大国,不惜区区之款也。遣散弁兵,变卖船炮,原为二事,何能并为一谈? 总署已具遣散之决心,岂又以另雇外人,仍不免受其要挟耶? 李泰国返京之后,多所要求,甚至欲住王府,权力高于军机大臣,益足以启当事者之疑忌。曾国荃有续调停轮船一疏,乃亦为其厌闻,岂如李鸿章言,"变恼成怒"耶?③ 无论如何,舰队之解散,曾国藩实有重大责任。朝廷上之困难,时无刚毅果断之皇帝,太后优柔不断,亲王小心谨慎,往往迁就求全,以致谕旨前后矛盾,

---

① 同书卷二一,页三。
② 同书卷二一,页四。
③ 同书卷二一,页七。

岂当内乱之时,倚赖统兵之将帅平乱,必当如此耶？军舰变卖之后,左宗棠于福建创办船厂,及中日台湾、琉球交涉案起,朝廷再筹海防费,购买兵船。前将兵船变卖,直为儿戏举动。近代中国所缺乏者,无过于具有远见之政治家,辨别是非轻重,而能力排众议,决定大计也。中国现状之造成,原因虽多,而昏庸无识见之士大夫,负有极大之责任,实一明显之事。曾国藩误国之罪,盖不能辞,其下更不足责矣。

(《国立武汉大学文哲季刊》1934年第3卷第4期)

中国上古史史料之评论

我国旧称为世界文化发达最早国之一,约与埃及、巴比伦同时。二国以天然环境之适宜,人民受其刺激,并利用之,各自创立文化。文化之范围至为广泛,此指生活脱离渔猎或游牧时代,进而居住于一地,从事于耕种,政治社会之组织较前严密,规模又大,而渐趋于复杂,入于进一步之状态。文化之起始,盖在一万年前。二国文化发达之早,多赖出土之古物证明,近代考古学以地质学、人类学等之辅助,对于历史已有重要之贡献,埃及、巴比伦固其明例,印度西北大规模发掘,又证明远古印得斯 Indus River 流域文化之发达,不迟于埃及或巴比伦。我国士大夫自称本国为文化发达最早之国,其根据则为典籍之记载。典籍非成立于当时,可信之价值并不甚高,而士大夫不察,以致囿于传说,缺乏正确之观念,遂不知人类进化之陈迹,而以上古为黄金时代。他无论已,编著《资治通鉴》之司马光于神宗时进读,至曹参代萧何事。"帝曰:'汉帝(常)守萧何之法,不变可乎?'对曰:'宁独汉也!使三代之君,常守禹汤文武之法,虽至今存可也。汉武取高帝约束纷更,盗贼半天下,元帝改孝宣之政,汉业遂衰。由此言之,祖宗之法,不可变也。'"①此虽有为而发,固司马光之见解。其说自今论之,不值一辩。盖一时代有一时代之环境及问题之中心,历代之兴亡盛衰,原因复杂,绝不能以变祖宗之法与不变法解释之也。其弊在不知历史上演进之迹。吾人对于古史之观念,异于古人,欲有比较可信之古史,必先审辨材料。兹就所见,综论上古资料于下。

上古典籍存于今者,数实无几。春秋以前之大事,多不可知。春秋

---

① 《宋史》卷三三六《司马光传》。

之世,阶级森严,官恒世袭,庶民近于农奴,无受教育之机会,典籍藏于官府,非卿大夫及其子孙不能一读。春秋末年,政治社会情状剧变,孔子始乃聚徒讲学。其所述古代帝王之史迹,要偏于空洞赞美之辞,未有切实之根据。信如其自言曰:"夏礼吾能言之,杞不足征也。殷礼吾能言之,宋不足征也。文献不足故也,足则吾能征之矣。"①文献既不足征,则所言者,当为个人之理想或其推测。其答子张十世可知之问,则曰:"殷因于夏礼,所损益可知也。周因于殷礼,所损益可知也。其或继周者,虽百世可知也。"②据此孔子之理想标准,不但上可推测夏商制度,而且下可预言未来之百世。康有为谓古圣贤托古改制,实有所见。孔子述古未有著作,弟子记其言行,及其门人问论,是为《论语》。《论语》在古籍中为私家最早之著作,以《六韬》不足信,而《管子》等书为后人伪托者也。孔子以前之典籍,存于今者,一曰《尚书》,二曰《周易》,三曰《诗》,四曰《春秋》。

《尚书》起自尧舜迄于春秋,凡五十七篇。其内容则虞书五篇,夏书四篇,商书十六篇,周书三十二篇,此合今文、古文各篇而言。今文为伏生所治,凡二十九篇。③文帝诏太常使掌故错往受之,以当时通行之文字写成,故成今文。古文《尚书》系孔安国所传。安国于家得逸书十余篇,遭巫蛊之祸,未立学官,授之都尉朝,④又据《河间献王传》,王好古,得书多与汉朝等,书皆古文,中有《尚书礼》。颜师古释礼为经,信如其说,当即《尚书》,篇数则不可知。二者原用古文写成,后皆佚亡,今所传"古文有"之各篇,皆晋人梅颐所为,古文《尚书》全不足信,已为定论。即"今文有"之各篇,亦有后人伪托不足信者。尤有进者,虞夏商周之书未有作者姓名,后人以为史官所作。其为史官叙述其君臣应对之辞,抑为追记之文,皆不可考。史官人人不可知,何能定为当时或时间相去不远之记录?唯一考证之方法,则于文字本身求之。一时代有一时代之文字,上古字多象形,不敷应用,假借之例繁多,文至简略,且以时间相去久远,语句常非后人所易了解。今读周书《大诰》等篇,则深感觉其屈

---

① 《论语·八佾》。
② 《论语·为政》。
③ 《前汉书》卷八八《伏生传》。
④ 《前汉书》卷八八《孔安国传》。

佶聱牙，不易通读。读商周青铜器铭文者，亦莫不然。此不限于我国，世界最古之诗歌等，无不如此。故文字之难易，辞句之格调，当可作为判决古书真伪标准之一。吾人读虞书、夏书，无不感觉其文字之平易，试与商书、周书相比较，则难易不同，格调不一。吾人所得之结论，则为时愈古，而文字益近于后世。更就其内容而论，伪书所叙述者，多为后代制度，断非上古所能有。此非讨论《尚书》真伪之文，仅引《尧典》《舜典》为例以便有所证明。

《尧典》称东宅嵎夷曰旸谷，仲春日中星鸟，南宅南交，仲夏日永星火，西宅昧谷，仲秋宵中星虚，北宅朔方曰幽都，仲冬日短星昴。其所言之四方，后人释地虽不相同，而固承认其所至之远。上古交通不便，长江流域之经营，乃在后世，尧时有此地理知识，其何可能？其所记仲春日中星鸟，仲夏日永星火等，据竺可桢之考证，定为西周初期测验之结果。①《尧典》又云："期三百有六旬有六日，以闰月定四时成岁。"案商代卜辞，有十三月，西周金文亦有十三月，春秋以前，闰月均在岁末，当为确定之事实。春秋之世，犹沿用之故，《春秋》讥闰三月为非礼。②《尧典》中之闰月，未指明为十三月，当不能作此解释。上古之世，天文知识，何能胜于商周之世？必为后人伪托而无疑。《舜典》称尧殂落，百姓如丧考妣。据郭沫若之考证，金文言及父母之灵均曰我考我母，父以上曰祖，其配曰妣，列举七例证实其说。③《尔雅》释亲云："父为考，母为妣，父之考为王父，父之妣为王母。"《尔雅》为汉人所作，久为定论，自与古制不合，此可证明《舜典》为后人所伪托。《舜典》叙述刑制，中云"金作赎刑"。案殷末进至青铜时代而殷墟发现之石器甚多，李济于《安阳发掘报告》第二期称为平常用器。信如其说，殷人尚用石器。河南仰韶文化，山东城子崖黑陶文化，均视殷商为早，近时专家发掘其遗址，未曾获得铜器。尧舜之世，金竟视为货币，或民间常用之物，其何可能？书中所言之"五典"、"五教"、"十二州"、"五载一巡守"、"三载考绩"诸名辞，或为后世理想，或为后人纸上计划，断非舜时所有或能实现者也。《舜典》又云"蛮夷猾夏"，亦西周以后之语。总之，虞书、夏书均后人所

---

① 《科学》第十一卷第十二期。
② 《左传》文公元年。
③ 《金文丛考》，页五。

伪托，商书尚有数篇成立时早，比较可信，周书可信者只十数篇耳。

《周易》为卜筮之书，有卦辞、爻辞，传有《彖》《象》《系辞》《文言》《说卦》《序卦》《杂卦》七种，而《彖》《象》《系辞》名有二篇，总数为十，后世以《十翼》目之。问神求卜为原始社会思想，《卦》象贞卜吉凶，为时当必甚早。《爻》为说明，盖逐渐而成，其完全成立之时期，《系辞》曾有建议。其言曰："《易》之兴也，其当殷之末世，周之盛德邪？当文王与纣之事邪。"又云："《易》之兴也，其于中古乎？"相传《系辞》作于孔子，其言《易》兴之时，当为一种说法。顾颉刚研究《爻辞》中之故事，称可明了者共有五事，皆在殷商、西周之际。①《爻辞》成立于西周初年，盖为定论。郭沫若则谓金文未见八卦，铜器花纹亦无卦象，乾坤二字且为金文所绝无。②案彝器铭文多为纪功或纪事之文字，铜器制造常有铜范，殷墟发现之铜范甚多，固其明证。其花纹先后不同，固有演进之迹，古人倾向于保守，或不愿另作不同之花纹，抑又不欲以神灵之卦象作为花纹也。金文未有乾坤等字，原无足异。《彖》《象》《系辞》《文言》成立，盖在秦汉以前。旧谓孔子所作，固无确证，近人持异议者，仍多推度之辞，未有证据。《论语》记孔子语曰："加我数年，五十以学易，可以无大过矣。"近人谓"易"作"亦"亦一推度。孔子十五已志于学，复有加我数年之文句颇费解，"易"作《周易》，即可通读，此亦一种解释。根本困难，则吾人今日所有之材料太少，又无法辨别何为可信之原本也。诸传文非作于一人，儒家传为孔子所作，由来已久，一部分或为孔子所作，而大部分则为战国作品。《说卦》《序卦》《杂卦》三篇，康有为之《新学伪经考》称为刘歆所伪作，然无实据。《论衡·正说篇》称宣帝时，河内女子得逸《易》一篇，《隋书·经籍志》不知何所根据，称其得《说卦》三篇。要之，《说卦》等三篇，著作时代，虽不可知，然较《彖》《象》等为迟之说，当能成立。

《诗经》为古代诗歌之选集，有《国风》一百六十一篇，《小雅》七十四篇，《大雅》三十一篇，《周颂》三十一篇，《鲁颂》四篇，《商颂》五篇，共三百有六篇。其著作之年代，大多数无法确定，相传《商颂》最早，王国维于诗文本身求之，以为其地均在商丘，定为西周宋国产物。③俞伯平以

---

① 《古史辨》第二册，页五至一九。
② 《金文丛考》，页四五至五六。
③ 《观堂集林》卷二，页八一。

为周诗较为得体,顾颉刚之见解,则与之稍异。①无论如何,《商颂》之为周诗,已为不易之论。《鲁颂》作于春秋时代。《小雅》《大雅》《周颂》多为西周之作品,诗人或歌咏其祖宗之功德,或赞扬时君名臣之功业,或讥刺暴君污吏之虐民,或歌咏久役战争之苦,或叙述凶年流亡之情状,或称述宴会嘉宾之辞,早者当在西周之初,迟者则在东周初叶。诗多西周产物,原为极重要之史料,顾西周王有十二,相传三百余年,实难一一考证某诗属于某王。其为何人所作,又多不可考定。诗中自言姓名,或自说出作诗用意,或文义明显可指为赞美或讥刺何人何事者,则为数无几,古书可供参考证明者亦少。《国风》为十五国或政治区域之诗,相传作于民间,史官采而献之于王,固未必尽然。其国境或政治区域,今有不能明确划定者,邶、鄘则其明显之例,王国维谓邶为燕,鄘为鲁,亦不过一种猜想或建议耳。周南、召南之疆域,亦无法划定。关于《国风》之著作年代,早者当在西周,迟者则在春秋之世。其歌咏之事颇为繁杂,其中一部分且为情歌,其为重要史料,同于《雅》《颂》,吾人用为史料之困难,亦与之同。

《春秋》为鲁国史名,东周以前事多不可得而知矣,春秋之世,晋有史官,齐有史官,楚有史官,皆见于《左传》者也。史官纪载国家大事,当有成法,良史以死惧之,亦不肯改其书法,齐有明例。各国史皆不存,独鲁《春秋》尚在,其原因则儒家视为孔子所修,为一重要经典,以之传授其徒也。《春秋》始于鲁隐公元年(公元前七七〇年),终于哀公十四年(公元前四八一年),孔子根据史官记录而修之,其修正至何程度,抑整理旧文,皆不可知。后人视其修后之文字为经,含有重大之意义,即所谓褒贬与大一统也。大一统盖对于"王正月"或"王二月"之一种解释,实际上鲁奉周历,有告朔饩羊之礼,②当为史官据事直书之笔。褒贬寓有劝善惩恶之意,尤为后世所重视。后人言其方法,一为用字,如称弑、诛、杀之例,一为书其官名与否,书名去其官或尊称者为贬,存其官爵者为褒,他例殆无列举之必要。然以事例相比,书法往往先后不能一致,"乱臣贼子惧"乃正统儒家之说法。《春秋》所记者多为政治上之大事,

---

① 《古史辨》第三册,页五〇九。
② 《论语·八佾》。

不出二百八十九年。(《左传》经文独至哀公十六年，公元前四七九年，相传为孔子门人所作，然不可考。)多与鲁国有关，他国发生事故不来告者，则经文不书。其文过于简略，苟无《三传》说明史迹，则事之原委或经过，则不易明了也。

上言种种偏于四书成立之年代及其真伪可信之价值，兹就其所载上古史料论之。吾人于读四书之后，深感材料之缺乏，《尚书》之可信者不足二十篇，均为殷周文字。后人伪托之书，关于思想者，定其著作年代，尚可作为某时代之思想，伪托之史料，除特别用途而外，决无一顾之价值。商书、周书之可信者，多为诰文。诰对时人而发，偏重劝戒，常为丁宁反复之辞，而叙述之大事甚少。吾人研究商周史者，固当视为重要之史料，其限制亦吾人所当知者也。商周以前，《尚书》且无可供参考之史料。《周易·爻辞》周初文字，顾为释卦之辞，至为简略，其采用之故事非赖他书证明，则无法明白，对于历史除一部分可为研究古代社会资料而外，别无贡献。《十翼》中有成立于战国时者，《系辞》言包牺、神农、黄帝，类似战国时人倡言一说，自托于传说中之帝王以自重者，吾人读之作为传说可也。诗歌为有韵文字，便于记忆，古代传说往往赖以保存，传之后世，史诗尤其明例。学者据为资料，运用其想像力，常能编著古代民族生活状况及其社会组织之论文，而我国未有史诗。周以前之歌谣散见于诸子百家者，均为后人所伪托。屈原所歌咏者则为楚人之传说。最早之诗歌存于今者，当为《诗经》，但其篇幅太短，辞句重复，关于上古史之材料并不丰富。其可为人重视者，商人于《颂》言其祖先之功德，周人于诗咏其祖先之故事，自较他人所言者为正确。《诗》三百，其年代虽不能一一考定，要可视为宝贵之社会史料。《春秋》经文简略，已言于上。东周以前军国大事之可确定年代者数实无几，《春秋》按年书鲁及与鲁有关之大事，间亦纪载他国发生之事故。二百余年内之大事，今有年月可稽，吾人能编春秋时代名实相符之历史者，实赖《春秋》。自史料而言，不可谓非一大进步。

战国以前之典籍存于今者，仅此四书。古代关于上古史之材料，当或视今为多，其时去古未远，民间当有丰富之传说，春秋之世典籍量数当多于今日。不幸纪录文字，历时久远者，或至废弃。盖时纸未发明，记事之文,写于竹简,字体粗大,文字虽已简略之至,而竹简仍常堆积甚多。兹举数例,以便有所证明。一、庄子称其友惠施云:"惠施多方,其书五车。"①二、晋时汲郡人不准盗发魏襄王墓,或言安僖王冢,"得竹书数十车……漆书皆科斗字"。②三、汉武帝征士,东方朔至公车上书,凡用三千奏牍,公车令两人共持举其书,仅然能胜之,人主从上方读之,止辄乙其处,读之二月乃尽。③《汉书》朔传称其上书自誉,中云:"十六岁学诗书,诵廿二万言,十九学孙吴兵法,……亦诵廿二万言,凡臣朔固已诵四十四万言。"读书四十余万言,并不为多,而朔以之自誉,可见古代得书之困难,竹简之笨重。汉人书信刻于木板,其长约尺,故有尺牍之称,用过之后,刨平再刻,近有发见于西北者。于此情状之下,简书之保存,实非易事。其原因则古代建筑简陋,殷周之际,人民尚多穴居,统治者之宫室限于环境,当亦不能过于宏大。清季旧档积多,无地可容,大臣尚奏请焚毁,④简书堆积之易,远过于后世之旧档,虽曰古代事少,文辞简略,而问题相同。究因积多废弃,抑听其朽腐,抑以祸乱散失,抑或兼有数者?皆不可知。《春秋》始于隐公,其前未有经传,岂以材料缺乏耶?孟子于周季年,已不能言周室班爵录之制,⑤"诸侯恶其害己"而毁之,固一解释,抑尚有他故耶?

史料缺乏,古人迭以为言,春秋季世,政治社会情状,已有剧变。贵族子弟之无官位者,利用其地位,研究学术,孔子则其人也,学成之后,教授生徒,所谓"自行束脩以上,吾未尝无诲焉",⑥学术由是传于民间。其弟子出仕,或居高位,或为邑宰,或以所学传授门人,或经营其他事业,儒者之地位渐高,势力渐盛。战国之世,需才孔亟,布衣之士游说人君,一朝相合,可擢为卿相。公子达官亦常争收宾客。其悲天悯人之志士,鉴于人民之痛苦,创立新说,欲以救世,或借以进身,于是诸家蜂起。我国为农业社会,倾向于保守,乃以洪荒之世为黄金时代,传说中虚渺之古人变为丰功伟业盛圣化人之圣人,其所倡言之新说,往往与之有

---

① 《庄子·天下篇》。
② 《晋书》卷五一《束皙传》。
③ 《史记》卷一二六《滑稽列传》。
④ 《史料丛刊初编》序。
⑤ 《孟子·万章下》。
⑥ 《论语·述而》。

关,或托以自重。善如韩非之言,其《显学》云:"孔子、墨子俱道尧、舜,而取舍不同,皆自谓真尧、舜。尧、舜不复生,将谁使定儒、墨之诚乎?"取舍指有所本而言,实则儒、墨所言,多为伪托之辞,即有所本,亦不过根据虚渺之传说耳。许行主张君民并耕而食,饔飧而治,故孟子以"有为神农之言者"称之。①托古改制,时成风气,岂特许行一人而已哉?诸家之说不同,而依托之圣人各异。尤有进者,其时战争激烈,强国开辟之土地益广,中西交通或有沟通之可能性。外国学者疑我国学艺曾受外国影响,其说现无确证,姑置不论,而时人地理知识之进步,则为事实,有据之著书,更有著书冒托古人之名者,故书量数增加。其可认为史料者,儒书有《论语》,《左氏》《公羊》《穀梁》三传,《周礼》《仪礼》《礼记》三礼,《孟子》,《荀子》。其他诸子亦可视为史料。《国语》《战国策》《世本》《竹书纪年》《逸周书》《禹贡》《穆天子传》《山海经》等,均有关于史地之著作。以上诸国真伪不同,时期先后不一,非稍知其可信之价值,则不宜多所引用。

《论语》记载孔子及其门人之言行,为关于孔子最可信之材料,孔子在鲁或周游列国,其君臣问政,孔子答辞,亦载于书中,当为弟子之记载。书称其门人有若、曾参等为子,当为其弟子记载而无疑。《泰伯》记曾子将死之言,则曾参死前,固未完成。书盖成于春秋战国之交,古人墨守师说,不轻改易。全书除末后数篇可疑外,均尚可信。《三传》解释《春秋》经文,各不相同。《左传》偏重故事,《公羊》《穀梁》注重释经,秦火之后,《左传》出世,初藏于秘府,未立学官,刘歆表而出之,深遭诸儒之恨。说者称为刘氏所伪造,然无实证,今读《史记》关于春秋时代之大事,几尽同于《左传》,司马迁官为太史,当能见之,故抄引成篇。但亦可谓刘歆删录《史记》而成,吾人比较二书,后说难于成立。瑞典学者高本汉 B. Karlgren 研究《左传》文法定为战国时之作品,②现时殆为定论。《公羊》《穀梁》二传亦成于战国时代,相传为子夏之弟子所作,同为释经,得之于师,竟不相同,岂记忆失真,抑传闻异辞,抑别有所本耶?今皆不可考矣。三礼中《周礼》最为晚出,说者谓为周公致太平之书,实则

---

① 《孟子·滕文公上》。
② 详见汉译《左传真伪考》。

全为伪托,周秦汉初诸儒未尝征引,右书无一与之相证明。郭沫若根据金文,列举周代官制十有九项,其中虽间同于《周礼》,然其骨干则大相违背,且"其编制,以天地四时配六官,官各六十职,六六三百六十,恰合于黄道周天之度数,是乃准据星历知识之钩心结构,绝非自然发生者可比,仅此已足知其书不能出于春秋以前矣"。①其言可为《周礼》之定论,其为周末好事者所托,抑刘歆所为,均不可知。《仪礼》为战国时作品,中多古礼,《礼记》则为战国季世迄于汉初诸儒之总集。

孟子、荀子生于战国之世。孟子尤好言尧舜及古圣贤故事,凡与其理论或思想不合者,则斥为好事者之言,其所言之古人只可视为儒家之说法而已。二氏欲行其道,出而求官,记其与时君大臣问答之辞,常为重要之史料。其时诸子百家并起,倡言异说,不幸书多佚亡,其存在者,间有后人所伪托,书中所言古代帝王及圣贤之故事,当系自为之辞,同于儒家托古改制,不过别为一种说法而已。其内容多偏于思想方面,殆无一一论及之必要。《国语》相传作于左丘明,偏重辞令,当亦战国时代之产物。《战国策》多夸张失实之辞,作于何人,今不可知,其书宋时已有散失错谬,今本乃曾巩所辑校。②《世本》《竹书纪年》今皆佚亡,其文常为他书所征引,后人辑之成书。《世本》所言盖据传说。《竹书纪年》发现于魏王墓中,所言古事,有与正统传说迥异者,其著者何所根据,今不可知。后世论者尽为推度之辞,毫无实据,只可认为关于古史之一种传说。《逸周书》一称《汲冢周书》,亦得之于魏王墓中,书皆伪托,或保存一部分之周初传说,世人指某篇为真者,并无确证,不过其材料恰合于其推论,引以为证,而遂为之辩护耳。《禹贡》为夏书中之一篇,作于周末,当为定论。《穆天子传》《山海经》皆荒唐不经之谈,盖战国时人之地理知识大有进步,好事者更以古代传说附会而故神怪其说。论者谓《山海经》为原始人之故事,亦不过一种推度之辞。王国维考证王亥尝引用《山海经》文,然固不能证实全书之可信,且王亥服牛亦为传说,服牛乃逐渐而成,殆非一人之所能为。

以上所述之史料,严格言之,除一小部分外,均不足称为原料或第

---

① 《金文丛考》,页七九。
② 《战国策》曾序。

一流史料。原料指政府一切文件，或当事人之记录，或时人之报告等，例如孟子初见梁惠王，王以利国为问，孟子则答以仁义，详见《梁惠王》篇。相传孟子七篇作于孟轲，当事人记述其亲身经历之事，除别有用意而外，其可信之价值，自较他人得之传闻者为高，此所谓第一流史料也。凡人追叙一事，往往本诸记忆力，其遗忘与一时之疏忽，以及曲解他人之心理，常不能免，故一史料须赖其他记录有所证明。史料之来源不同，而所言之事迹相同，吾人始能认为事实成立，是以独立之证愈多，则可信之程度愈高，不此之察，囿于一说，终将为其所蔽。兹引孟子为例。孟子本于门户之见，痛恨杨、墨，尝斥之曰：

> 杨朱、墨翟之言盈天下，天下之言，不归杨，则归墨。杨氏为我，是无君也。墨氏兼爱，是无父也。无父无君，是禽兽也。……杨、墨之道不息，孔子之道不著，是邪说诬民，充塞仁义也。仁义充塞则率兽食人。人将相食，吾为此惧，闲先圣之道，距杨、墨，放淫辞。[①]

杨、墨之祸竟至于此，乃孟子牵强武断之说。杨朱书虽佚亡，而思想尚偶尔见于他书。墨翟之言行见于《墨子》者，实一古代之伟大人物，今有反证，孟子之言，不攻自破。《滕文公上》称墨者夷之传听孟子论葬，而称受其教诲。又如《告子下》记孟子语宋牼之言。宋牼盖亦墨者，闻秦楚构兵，而欲说而罢之也。此二者，孟子所言皆理直气壮，处于胜利之地位。顾皆孟子或其弟子之记载，墨家有无辩论，则不可知。吾人固不能为孟子所蔽，而即承认墨家屈服于儒家也。此就普通之事例而言，历史上之大事，常须经过学者之考证，始能明白者，不知凡几，尤以上古为甚。不幸书缺有间，而无奈何。此不独我国为然，世界文化最古之国，亦莫不如此。数十年前，求一印度史且不可得，今则著作甚多，斯见学者勤劳之功绩。吾人之目的，则在利用所有能得之史料，尽力之所能为，编著比较可信之历史，无庸自馁也。所当知者，古代书籍叙述前代帝王之史迹，从不说明其材料之来源，实际上文献之不足征，由来已久。诸子所言，大都托古改制，东周以前之史迹，固无论矣。关于春秋

[①] 《孟子·滕文公下》。

战国时代之史料，其重要无过于《春秋三传》《国语》及《战国策》。《公羊》《穀梁》偏于释经，叙述史迹之经过甚少，姑置不论。《左传》《国语》《战国策》叙述之史迹较详，尤以《左传》为最。三书均有君臣使者问答应对之辞，尤以《国语》《战国策》为多，其例触目皆是，不胜枚举。兹于《左传》中随便列举一例，以便有所说明。

及庄公即位，(其母武姜)为之(公弟段)请制。公曰："制岩邑也，虢叔死焉，佗邑为命。"请京，使居之，谓之京城太叔。祭仲曰："都城过百雉，国之害也。先王之制，大都不过参国之一，中五之一，小九之一，今京不度，非制也，君将不堪！"公曰："姜氏欲之，焉辟害！"对曰："姜氏何厌之有？不如早为之所，无使滋蔓。蔓难图也，蔓草犹不可除，况君之宠弟乎？"公曰："多行不义，必自毙，子姑待之。"既而太叔命西鄙、北鄙贰于己。公子吕曰："国不堪贰，君将若之何？欲与太叔，臣请事之，若弗与，则请除之，无生民心。"公曰："无庸，将自及！"太叔又收贰以为己邑，至于廪延。子封曰："可矣，厚将得众。"公曰："不义不昵，厚将崩。太叔完聚，缮甲兵，具卒乘，将袭郑，夫人将启之。"公闻其期曰："可矣。"①

吾人今读郑伯克段之记载，莫不深赞左氏文字之美，此就文学而言。自史料可信之价值而论，则问题甚多。庄公对母武姜之言，当为宫中之母子谈话，著者于数百年后，何能知之。岂公侯之家庭谈话，亦有史官记之耶？如有史官记之，何仅此寥寥数语？其私人谈话，当必不限于此，何皆佚亡，而此独存？著者于何地何时得之？凡此种种，皆可发生疑问。祭仲、公子吕之进言，庄公之答辞，均极关系重要，所谓国家机密大事也，当必严守秘密，倘消息泄漏于外，武姜知之，必告叔段，且将严防庄公矣。庄公之处心积虑，欲除其弟，何其母不知，其弟不知，而著者竟能知之？岂庄公于事变后，发表其经过耶？此为一种假设，实际上当不如此。庄公为英明之君，万无宣布其个人罪状之理。祭仲、公子吕对外发表则为不忠，抑当时君臣秘密谈话，亦有史官记之乎？果为事实，则君毫无自由，庄公岂不患其泄漏机密耶？吾知其必不然也。今从

---

① 《左传》隐公元年。

任何立场而论，此文著者所记之谈话，皆可怀疑。此固不限于此篇，亦不限于《左传》。后世著书立说者，从而效之，不知此类史料可信之价值甚低，近时学者非知其材料之来源，不愿引用。但此为古代一种文体，著者当据传说或所得之史料，写之为文也。忆余少时，初作记事文，凡述一人之言，必模仿其口吻，字句之增减，则可以意为之。此乃作小说之方法，用之编著历史，则视历史为小说矣。古史材料缺乏，《左传》诸书为仅存之典籍，事无奈何，唯有据之而已。书中记载时人之预言，灵验如响，则全不足信。就兹记忆所及，举一明例，说明于下。

　　初，懿氏卜妻敬仲，其妻占之曰："吉，是谓：凤凰于飞，和鸣锵锵，有妫之后，将育于姜，五世其昌，并于正卿，八世之后，莫之与京。"……其（敬仲）少也，周史有以《周易》见陈侯者。陈侯使筮之，遇观䷓之否䷋曰："是谓：观国之光，利用宾于王。此其代陈有国乎？不在此，其在异国，非此其身，在其子孙，光远而自他有耀者也。坤，土也。巽，风也。乾，天也。风为天于土上，山也。有山之材，而照之以天光，于是乎居土上，故曰：观国之光，利用宾于王。庭实旅百，奉之以玉帛，天地之美具焉，故曰：利用宾于王。犹有观焉，故曰：其在后乎。风行而著于土，故曰：其在异国乎。若在异国，必姜姓也。姜，大岳之后也。山岳则配天，物莫能两大，陈衰，此其昌乎？"及陈之初亡也，陈桓子始大于齐，其后亡也，成子得政。①

　　懿氏之卜，周官之筮，后皆成为事实，不爽毫厘。敬仲为陈公子之后，初为大夫，惧祸逃齐，是敬仲之去陈，全为避祸，先不知或不信其子孙将得国于齐也。人孰不爱其子孙，何齐桓公用之，庄公并命其四世孙为卿，以夺其国耶？抑齐君昏庸，尚不之知？何景公又不之防，或先为之所耶？齐君初不之知，似无可疑。其说盖创于陈氏宗族强盛之时，以之惑民，且将篡也。不然，何卜筮神灵至此，而齐君不知，臣下亦未以之为言。尤有进者，古人迷信深痼，重视神权，求神问卜之事甚多，解之者当不止一人，幸而中者称为神灵，更展转附会。其不验者，则人言及之者少，终遂遗忘，故不足信。又如孔子没，哀公诔之，子赣谓有两失，且

---

① 《左传》庄公二十二年。

曰:"君其不没于鲁乎?"①此亦事后之辞。古书中之纪载类于此者,不知凡几,皆不足信。又如观天象而预言灾害事变,古书称其言中,亦不足信。上就不可信者而言。其可信者当亦不少,兹举二例以概其余。一、古人问答之辞言及制度者,非别有用意,则当有所根据,虽或实非古制,当亦时间相去不远之制度。如鲁隐公献六羽于考仲子之宫。左氏传曰:"考仲子之宫将万焉。公问羽数于众仲,对曰:'天子用八,诸侯用六,大夫四,士二。'"②天子、诸侯、卿士用羽不同,礼所规定,不宜僭越,故季氏八佾,深为孔子所斥,则其例也。二、古人引用故事作证,根据虽不可知,至少当为传说,彼托古改制者,则为例外。伍员谏劝吴王勿许越成,征引少康中兴之史迹,③则为明证。要而言之,吾人今视古书为史料,当先辨别其真伪。鉴别之要法,一则考证其著作之年代,审查其史料之来源,并分析其内容;一则根据科学知识,知事无可能性者,则即摈弃不取。吾人对于古代传说之态度,除已证明其不可信者外,倘无可信之史料,又无切实之新证,则不应以推度之辞,眩奇立异,推翻旧说。盖无证据之新说,终难成立,不过古史中得一怪话耳。尚远不如视为传说,偶有引用,仍称为传说也。

经典成立于汉代,汉人重视阴阳五行,有天人相感之说,进而用以解释经典,西汉中叶以后遂成谶纬。二者初非一事,清儒称"诡为隐语,预决吉凶"者为谶,纬则经之支流,衍及旁义。其起原则汉儒说经,各自成书,初有主名,与经不相比附,继则私相撰述,杂以术数之言,而皆托诸孔子,后则风气益下,作者更附会以神其说,弥传弥失,又益以妖妄之辞,与谶合而为一矣。④此说颇有见地。谶纬以后世禁止之故,今已失亡,其散见于他书者,所言故事,多为荒唐不经之说。如《春秋纬·元命苞》称古帝王之异象云:"伏羲大目山准龙颜。神农生三辰而能言,五日能行,七朝而齿具,三岁而知稼穑、般戏之事。"他如尧眉八彩,舜目重瞳,汤臂四肘,文王四乳。⑤又如《春秋纬·演孔图》云:"孔子母徵在游

---

① 《左传》哀公十六年。
② 《左传》隐公五年。
③ 《左传》哀公六年。
④ 《四库全书总目提要》卷六。
⑤ 《玉函山房辑佚书》卷五七。

于大冢之陂,睡梦黑帝使请己,已往梦交,语曰:'女乳必于空桑之中。'觉在若感,生丘于空桑之中,故曰元圣。首类尼丘,故名。孔子之胸有文曰:'制作定,世符运。'孔子长十尺,大九围,坐如蹲龙,立如牵牛,就之如昴,望之如斗,圣人不空生,必有所制,以显天心。丘为木铎,制天下法。"①凡此种种,直为痴人说梦,无评论或一辩之价值,乃竟有人信之为真。两汉以来仍有创作,皇甫谧之《帝王世纪》、徐整之《三五历》、司马贞之《三皇本纪》等,皆其例也。宋罗泌集古荒谬之说而成《路史》,尝自言其动机曰:

> 于予之《路史》亦异矣,凡孔圣之未尝言者,予皆极言之矣。予非好为异也,非过于圣人也。夫以周秦而下,泛于今,耳之所纳,目之所接,其骇于听荧者夥矣,况神圣之事,凡之莫既者耶?是尧舜崇仁义,《六经》《论语》其理备矣。顾且言之,吾见焦唇干呃,而听之愈悠悠也。是故庄周之徒,骂以作之,意以起之,而后先王之道以益严。然则予之所撼正,亦不得而不异尔。②

罗氏之意,以为神异之说足以动人视听,是视《山海经》为历史也。顾动人视听之事,虽出于常情之外,要人之所能为。《路史》叙述之故事,以常理衡之,多不可能,其不足信无待一辩。明人张鼎思于刻《路史》时作序,中云:"夫事不在目前,人不当吾世,传闻往往失真,而况于千万年以上乎?而又况文字未兴之前乎?故如其信也,则孰为三五?吾不敢知。如其疑也,则有五帝矣。安知其无三皇?有三皇矣,又安知无中三皇初三皇哉?故曰:三皇之世,若恍若惚,人以恍惚传之,吾亦以恍惚记之,人以恍惚记之,吾亦以恍惚读之,奚不可者?"③其立论之大前提,不能成立,结论无足一辩。历史学者著书,原为求真,读者亦为求得正确之知识,乃全为恍惚之辞,事之滑稽,无过于此,思之岂真可哀而已哉?其造成之原因,已多分述于上,其可补充者,尚有二端。一、士大夫所受之教育,偏于极端保守,常视古代帝王为圣人,儒书为经典,敢有非之者,则为非圣无法,将有不测之祸,于是转而求博,不问材料之来

---

① 《玉函山房辑佚书》卷五六。
② 《路史前纪》卷三。
③ 《路史》张序。

源,古人所无者,设法补之,甚者出而创作。后人不辨真伪,率尔信以为真,乃为古人所蔽,往往缺乏批评或判断力也。二、自考试制度成立及理学发达以来,士大夫非求功名,即从事于身心性命之学。求功名者则重视所考科目,非其范围,则多弃而不读,清季举人甚至不知《公羊传》为何书,进士有不知司马迁为何代人者。[①]道学先生偏于静养身心,读史则玩物丧志,更何能望其辨别真伪?陆王之学流弊之甚,其徒且或束书不读矣。此考试、理学不善应用之影响也。

　　古史传至后世,去古愈远,而书所叙之史迹或故事,反而多详,崔述于《考信录》尝发感慨之言曰:"嗟乎?嗟夫?彼古人者,诚不料后人之学之博之至于如是也。"古史之缺陷既多,疑之并有统系之考信者,则始于崔述。崔述生于清代中叶,著有《东壁遗书》,其考信古史之标准,全以经书为根据,合于经文者为可信,其不合者则不足信。自今论之,经书为儒家典籍,成立之时代先后不同,未可全信。崔述限于环境,或不之知,知之或不敢言。近时其书于国内失传,反于日本得之,始乃流行,其传至日本,原为偶尔之事,而在我国固流传不广,尚不为士大夫所信,斯见传统势力之强大。其论古史之困难,及吾人读书所应戒者,实为研究所得之结论,见解高于时人,当为定论。清季受外影响,康有为主张变法,并欲尊崇孔子,若西人敬拜耶稣,倡言孔子改制,实为教主,并谓先秦诸子皆托古改制。其说虽有见地,要不能免牵强附会之弊。近时研究学问之方法,视前进步。外国学者研究我国史者,久已怀疑关于尧、舜、禹之传说,而我国一般思想犹视历史属于国文。教授历史者,非近于冬烘之塾师,即为包罗万象之国学大师。其人读书未受科学方法之训练,又多缺常识,读书虽甚勤劳,而研究历史之方法,并无进步。身不能读外国书籍,又无鉴别判断能力,乃无固定之见解,时而附会外人之说,甚或搜集证据,为之证明,实则出于牵强,多不足信。史学未有重要之进步,不可谓非知识界之落伍也。近时国内情状,始稍改变,凡读西洋史者,莫不怀疑关于古代帝王之传说。民国十二年,顾颉刚发表其与钱玄同论古史书,谓想写一文,名曰《层累地造成的中国史》。其具体意见,则时代愈后,传说之古史期愈长,其中心人物愈放愈大。吾人即

[①] 《中国近代史》,页六八一。

不能知某事之实况，但可明知最早传说所言之情状。①刘掞藜为文驳之，更相辩论，各有师友加入讨论。大体而论，双方各有疏忽之处，然而顾氏立场则不可易。此非顾氏之所发明，乃科学方法研究古史之自然结论。吾人对于古史之观念，业已改变，同时新发见之史料量数大增，实我国史学界之幸事。兹略论之于下。

一金文　金指殷周之青铜器而言，统称彝器，文则其铭文或款识。彝器出土者，历代皆有，时人并重视之，如汉武帝得鼎，即改年号曰元鼎，诏赦天下，大酺五日。②武帝好求神仙，或可视为例外，而古人珍视彝器，固为事实，不幸史未详记出土之情状，器以祸乱之频仍，复多遗失。至宋欧阳修等研究颇著成绩，求之者有人，出土之器渐多，其中有复散失者，而铭文则著录于书。清高宗好古，搜聚彝器，陈列宫中，其中虽杂有伪品，而丰富过于前代。清季大臣嗜好古物者尤众，争出重价收买，彝器出土者亦多于前代。其种类名称，学者常有争论，顾此非吾人所愿过问。就其用途而言，可别为三类。一、日常用物，鼎甗鬲所以烹煮，豆盛脯醢，盘匜用以盥洗，酒器有壶罍爵卣觚斝觥等。二、礼乐用器，乐有钟磬，祭盛黍稷者有簠簋盂等。三、兵器有戈矛箭簇等。我国黄河流域并无重要之铜矿，冶铜制器颇为不易，非王侯大夫力不能为，彝器乃为贵族用物，其中或有铭文，或无铭文。其有铭文者，然其年代不易确定，古董家虽常指尊彝为殷物，固无实证，谨慎之学者不敢信以为真。近时安阳殷墟发现铜器，及制器之铜范，于是殷商文化进至铜器时代，始乃证实。关于彝器图录及铭文考释之书籍，至为繁多。器果定为殷周之遗物，则铭文必为殷周之文字，当事人铸器或纪其功绩，或言其遭遇之荣幸，遗之子孙者也。其可信之价值，远过于传闻之辞，当为极重要之原料。据郭沫若言，两周彝器铭文在三四千具以上。③殷器之有铭文者为数无几，且其文字过于简略，周器铭文长者几及五百字，而学者视为史料，用以考证史迹制度者，则为近三十年来之事。古人弃而不用，盖亦有故。

---

① 《古史辨》第一册，页六〇。
② 《前汉书》卷六《武帝纪》。
③ 《两周金文辞大系》序，以下简称《大系》。

铭文字体与今通行之楷字不同,研究之者当为专家,收藏者视为玩好之古物,其器物且多买自古董商人,商人唯利是视,或盗发而得,因秘其地址,或为专利之计,而患他人发掘,出而售卖与之争利,故讳言其地,或展转自乡人买来,出土之地,遂不可知,更有贪图厚利制造赝物者。友人刘芸林家住安阳,其地发现之古物甚多,尝告著者谓一农民于耕地掘得玉凤,花纹新奇,识者谓为殷物。古董商人见而仿造,赝品为人购去,价值甚巨,而人反目真品为赝物,无法出售,仅以数元为人购去。乡民言之凿凿,当有相当根据。刘氏言其地某氏仿造古物之精巧,虽古董商人,亦尝为其所欺。鉴别方法虽有种种之不同,要以科学方法发掘遗址,审察古物出土之地层,并保全同时出土之一切器物,作为研究或参考之资料为最重要,亦最可信。近时中央研究院主持之安阳发掘,则其明例。又如民国十二年新郑发现古物。其始也,掘井灌园,深至三丈,发见鼎甗等数器,乃进发掘古物,发现墓穴,中有残骸三具,并得大批殉葬之古物。[①]惜无专家指导,除时人重视之古物保全外,余多损坏,亦无详细报告。器物多无文字,其有铭文者二,一为王子晏次炉。郭沫若称王子晏次即郑子婴齐。[②]婴齐遇弑,二子同死。苟发掘之经过,有一详细记载,则古书得一新证,实一幸事。其墓穴古物之布置,又可证明古礼之根据,惜语焉不详也。吾人苟于古器出土之地层,及同时出土之器物茫然不知,即谓出土之地,系制造古物之国,将有不可思议之奇论。兹引《两周金文辞大系》中之例,说明于下。

吴器者攧钟以乾隆二十六年(一七六一)出土于江西临江,大小十一枚,铭文有"工獻王"。郭释"工獻"为"句吴",且曰:"据本器出土地,知春秋初年,古句吴地域远在江西,又器乃青铜所制,铭乃有韵之文,可知当时文化与中原不相轩轾。古视吴越徐楚为化外蛮夷之域,其事不足信。"[③]释文姑置不论,出土江西,固为事实,但不知其地层,及有关系之器物,即谓其地属古句吴,安知其非后人玩好古器,而携之江西耶?抑又安知其非吴越亡后,器为楚得,更展转传至江西耶?制器铸文,工作繁难,须专门之工匠为之,又安知其非雇自他国?凡此疑问,虽为推

---

① 《东方杂志》第二十卷纪念号《新郑古物出土调查记》。
② 《大系》,页二一六。
③ 《大系》,页一七九。

测之辞,固有可能性也。长江流域,隋唐以前,地广人稀,其先南北朝时以政治影响,文化始有明显之进步,东晋以前,固尚不如北方。山越(或作山夷)据有广大区域,春秋初年,何能若此发达,而后反而退化?郭说果能成立,则秦汉以后之可信记录,反不足信。一器铭文,竟有若此重要之结论。无奈可疑之点甚多,而出土之地不足为证也。又如徐器王孙遗诸钟出土湖北,①徐王义楚镛觯出土江西,同时出土者,有钟铎大小九,甬三。郭氏疑钟为徐国赂楚之器或楚灭徐所得。②关于江西出土之物,则大事推测。其言曰:

> 古之吴越,其地望似与春秋中叶以后者有别,如乾隆年间所出土之"者滬钟"十一具,乃春秋初年之吴器也。又徐人乃由山东、江苏、安徽接境处被周人压迫而南下,且入于江西北部者,则春秋初年之江浙,殆犹徐土者,亦未可知也。③

议论之新奇,过于者滬钟之考释,《大系》作时稍迟,似较谨慎。此言牵及越国地望,吴器与越地两不相涉,岂以吴越为邻国,春秋初年,郭谓吴地远在江西,而越地亦须移至江西一带耶?古代交通梗塞,长江流域地未尽辟,迁徙殆不能如此之易,二国更不能同时迁移。者滬钟之出土,不足为吴有江西之证,上已说明。所谓春秋初年之吴器乃推度之辞,并无直接证据。如认湖北出土之徐器,为徐赂楚之重器,或楚灭徐所得,又何不可适用于江西出土之徐器,而谓其展转传至江西耶?徐人是否入于江西,徐器实不足以为证。其称江浙殆独徐土,乃本于吴越地望在江西之说,亦不能成立。要而言之,学者创一新说,必有直接明确之证据,未有明证则为推测之假设。假设成立之先,必须考虑其他可能性之解释,并须审察有关系之史迹,是否与之相合,如无其他恰当之解释,而与明知之史迹并无不合,方始可以发表,否则直为幻想。倘或不顾一切,坚执出土之地,足以证明古国之地望,则湖北亦得称为徐地,在汝南安阳县之江国,其伯盏盘则得于河内,伯盏簋则得于河内太行石室

---

① 《大系》,页一八八。
② 《大系》,页一八五。
③ 《殷周青铜器铭文研究》,页一〇三。

中。①江之地望可改为心(安)阳矣。书中类此之例尚多,殆无征引之必要。又如䣹侯簋,孙诒让称䣹当即周书《牧誓》之卢,或作庐,亦作纻。郭沫若云:"今九江附近,即卢国故地,地属南国……孙说于此,亦可得一证。"②信如此说周在陕西,卢在江西,古代交通不便,地隔千里之小国竟能助周,诚一奇事。䣹是否即卢,尚无明证,孙说固为臆说,郭言亦无根据。

　　引用金文除上考释不足尽信之外,著录则"以器为类聚,年代淆乱,六国窜列商周"。③其造成之原因,则铭文无年月者多,其有年月者,亦难确定其为何王之年代,如师𫐄簋云:"隹王三祀四月既生霸辛酉。"又如匡卣云:"隹四月初吉甲午。"相传两周八百余年,东周未有王室王臣彝器之发见,西周自武王迄于幽王,共十二王。诸王在位年代,多不可考。"隹王三祀",固不知为何王,"既生霸"据王国维之考证,为月之八日或九日至十四或十五日之称。④辛酉则指日言。"隹四月初吉甲午"且无王年,初吉为初一至初七八之称,⑤甲午亦指日言。顾一月有一初吉及一既生霸,干支纪日,每六十日周转一次。今强推算,数百年中,四月初吉甲午或既生霸辛酉,固不止一次,置于何时为宜,则全为猜想。尤有进者,后人推算古历,常据后代历术,更不足信,"盖其法乃操持另一尺度以事剪裁,虽亦斐然成章,奈无当于实际"也。⑥历史重视年代,纪录无年代可考者,无法辨为何时之文字,只能划一时代,作为其时之社会史之资料而已。近者王国维利用金文,考证殷周制度,迭有重要之发现,对于历史,实有重大之贡献,而其研究之方法迄未告人。郭沫若因而撰集《两周金文辞大系》,其整理方法,则以年代与国别为条贯,推定年代,则以文字体例、文辞格调,及器物花纹为标准,实际上则多决定于铭文。据其序称,西周凡一百三十又七器,大批皆王臣之器,列国凡一百十又四器。凡铭文既短,又无关重要者,皆摈而不录。此书印行,对于吾人极为便利,惜间不免牵强武断耳。

---

① 《大系》,页二〇三。
② 《大系》,页一九〇。
③ 《大系》,序页二。
④ 《观堂集林》卷一,页一至四。
⑤ 《观堂集林》卷一,页一至四。
⑥ 《大系》,序页六。

我国士大夫偏重铭文，近用以考证制度，成绩已有可观，关于彝器形式及其花纹，尚无专家研究。形式花纹非一旦所能发明，李济主持安阳发掘，获陶器十数件，据其影印之图，吾人观察后之印象，则殷周铜器之形式，多同于陶器。李济于《殷商陶器初论》亦曰："大部分铜器的形状，都是依着陶器照抄，等它们艺术独立后，它们才发生许多新的样式。"①据此，其演进之迹，亦有悠久之历史。专家据之，当可决定器物之时代。郭沫若考释毛公鼎，称圆鼎之形式，"属于殷末周初者，器深，口稍敛而腹弛，脚高直而圆，下端略小，成王时代之献侯鼎，则其例也。稍晚，则器稍浅，口弛而腹敛，脚低曲作势如马蹄状，夷、厉时代之大小克鼎，则其例也。更晚而抵于秦汉，则器如半球形，而足愈低"。②此就鼎言，非视彝器众多，细心比较者，则不能有定论。其困难则彝器散居于海内外，收藏家不轻示人，求之于书，铭文著录丰富者，常无图象，图象丰富而精美者，则器多不能定年。花纹尤关重要，然非专家不能识其时代。郭沫若亦尝论之，其言曰："凡殷末周初之器之有纹者，其纹至繁，每于全身极复杂之几何图案（如雷纹之类）中，施以幻想性之人面或兽面（如饕餮之类），其气韵至浓郁沉重，未脱神话时代之畛域。稍晚则多用简单之几何图案，以为环带，曩之用不规则之工笔者，今则用极规则之粗笔，或则以粗笔之大画施诸全身，其气韵至清新醒目，因而于浓重之味亦远逊。更晚则几何图案之花纹复返诸工笔，而极其规整细致，乃纯出于理智之产品，与殷末周初之深带神秘性质者迥异矣。"③郭氏所言花纹之变化只为粗枝大叶，据其自称，有意研究彝器之花纹形式，不幸限于环境，未有所成也。

二甲骨文 甲骨文为近四十年来新发现之古物，自周以降，无人提及，殆亦无人知之。其出土地曰安阳小屯村，洹水绕其东北二面。《史记·项羽本纪》称"羽与秦将章邯期盟于洹水南殷虚上"。小屯村附近之称殷墟，相传当已久矣。安阳古为文化发达之区域，盗发之古物甚多，甲骨出土，初因河水洗泥地坍而发现，乡人不识，有视为龙骨者，古董商人亦不之识。出土之年，则为光绪二十五年（一八九九），商人携往

---

① 《安阳发掘报告》第一期，页五〇。
② 《金文丛考》，页一六四。
③ 《金文丛考》，页一六四。

北京，售于达官王懿荣。王好古物，收而买之。明年，义和团乱作，联军入京，王氏遇难，其收藏之甲骨为刘鹗所得。刘有才能，后不见容于时，遣戍新疆，其所聚者乃复分散。孙诒让见之，谓为殷物，罗振玉亦爱好之，宣统二年（一九一〇），遣人发掘，共得甲骨三万余片。其刊印之《殷虚书契前编》《殷虚书契后编》等书，实为甲骨文之精华。罗氏又向乡人购得古器，乡人谓为小屯所出，罗氏信以为真，印行《殷虚古器物图录》。由是乡人视为有利可图，大从事于发掘。民国九年、十三年、十六年，及十七年，均有挖掘，出土甚多，加拿大人明义士 J.m. Menzies 所藏者，有五万之多。①其流出海外者数亦不少，日人林泰辅编著《龟甲兽骨文字》，则其明证，其国内收藏约三千片。②英美博物院亦有收藏。总片共先后出土者，不下十万片。

甲骨出土如是之多，当非古董商人所能伪造，而古文学家本于门户之见，仍谓伪造。自科学方法而言，甲骨固非伪造，其文是否为殷人所刻之文字，则无事实证明，盖文字本身虽可作证，而古文家犹可作为反对之口实也。十七年冬，中央研究院遣人发掘，其目的非为图利，初亦不在获得珍贵之古物，而欲辨明殷墟土层。其主持者运用科学知识，发掘方法迥异于前，固我国考古史上之大事。其掘发之地层，完全证明甲骨为商代之物，并获得石器、铜器、贝玉等物。其发表之报告，终于第四期，发掘迄二十五年春，共十三次，其叙及者至二十一年秋第七次而止。其报告为初步性质，有先持一说而后修正者，盖其发掘之区域，逐渐扩大，不限于小屯一村。其所获者，除可携去之珍贵物品而外，尚有不可携去之版筑及建筑物之遗址，故其认识视前确实明白，不得不改正前说也。此可见其报告之信实，及主持者之不护短，如第一期报告，董作宾称殷墟遗物所在之地，"确可断定其为漂流淤积所致"。③董氏又于《新获卜辞写本后记》称成汤至盘庚凡五迁，均为河患，殷虚去大河不数十里，甲骨出土之所，为漂流淤积之地。④李济亦主水淹说，张蔚然于《殷

---

① 《安阳发掘报告》第二期，页三八八。
② 《卜辞通纂考释》，序页一。
③ 《安阳发掘报告》第一期，页三三。
④ 《安阳发掘报告》第一期，页一八四至一八五。

墟地层研究》，称小屯村为洹水淤成，据其推测，其淤积之次数，共有四次。①十九年研究院发掘山东城子崖，发现版筑之城墙基址，二十年春，第四次安阳发掘所见者与之相同，故李济谓水淹说不足信，版筑最为合理。②第五次发掘报告李济亦谓甲骨原在地"显然堆积，而非漂没"。③郭宝钧主持B区发掘之工程，亦称殷虚实非漂没，乃由废弃。④据上报告，殷墟之范围甚广，殷人筑有版筑城墙，后乃废弃，为现时研究所得之结论。

甲骨文为殷人遗物，已成定论，顾其字体迥异于吾人所用之楷字，幸其字多同于金文。清代学者研究金文，颇有相当之成绩，金文多为两周之文字，岂周人灭商之后，采用其文字，抑商周之文字相同，抑文字为史官或贞人所掌，其人为当时极少数之专家，自成阶级，而所用之文字相同耶？然俱未有确证，事殆不可知矣。无论如何，殷周字体演进之迹，识者固能知之，乃渐能读甲骨上之文字，更进而考释。孙诒让之《契文举例》及罗振玉之《殷商贞卜文字考》皆其先驱，今则俱无若何价值，可见学术之进步，及研究甲骨文者之渐多。其有贡献者就著作先后而言，当为罗振玉之《增订殷虚书契考释》。《考释》分卜辞为九类，编选之法，各以类聚。董作宾称可添设三类，⑤而三类之卜辞甚少，殆无添设之必要，安阳第一次发掘所得之卜辞，董氏固仍采用罗氏分类法也。罗书按类，列举卜辞译文，既便于检查，亦可作为史料，书虽为增订之本，而内容仍有亟待修正者，凡读《考释》者，皆知其态度谨慎。《考释》为一重要著作，无人殆能否认。王国维关于甲骨文之著作，尤为重要，据戬云堂所藏之殷虚文字，著有《戬云堂所藏殷虚文字考释》。王氏贡献，在其运用卜辞及古书上之记载，考证殷商制度及先王先公之史迹等。其文字载于《王忠悫公遗书》，殆难一一于此说明。郭沫若利用现时印行之材料及日人收藏，著成《卜辞通纂考释》，亦一重要著作。他如发表之短文及书偏重文字学者，兹皆不论。

---

① 《安阳发掘报告》第二期，页二七五至二七八。
② 《安阳发掘报告》第四期，页五六四。
③ 《安阳发掘报告》第四期，页五七〇。
④ 《安阳发掘报告》第四期，页五九〇至五九六。
⑤ 《安阳发掘报告》第一期，页一八七至一八八。

甲骨文自学者研究以来,吾人对于殷商之制度,认识较前人为深切,其文除一二例外,均为卜辞,文至简略,字且多不可识,信如董作宾之言曰:"甲骨文的研究,现在不过是初步,可识的文,犹不及一半,而读不通,讲不通的语句,又是触目而有。"①罗振玉于《增订殷虚书契考释》谓可识之字约五百六十,商承祚于《殷虚文字类编》谓可知之字七百八十有九,不可知者数亦如之。近时可识之字尚有增加,而言者稍有出入,顾所谓可知之字,其中常有甲释为一字,乙另释为一字,亦有强不知以为知者。如安阳发现大兽骨,法生物学者视其牙后定为牛骨,董作宾因之作成《获白麟解》一文,称麟为牛类,而以商承祚置之马群,罗振玉视之同麂为非。②唐兰称董说为非,而目之为咒。③鉴别兽骨,为生物学家之专门知识,望字解释,原为猜度之辞,不足深信。董、唐二氏均受生物学者之指示,而考证所得之结论竟不相合。又如董作宾所作之《卜辞中所见之殷历》称殷有春夏秋冬四季,④识者称其所据,皆甲骨文中不可识之字,实不足信。古今地名不同,远古帝王限于环境,疆域不出千里,学者对于古代地名,尤不能牵强附会,否则无异于神怪之说,郭沫若犹不能免。卜辞有征伐"上䗅",其考证云。

　　上䗅者,余疑即是上虞。其地距京甚远,据余由四个断片所合成之一整骨,知其路程在四旬以上。是知殷时疆域,似已越长江而南。⑤

此文见于自序,故稍简略,其见于第一三〇至一三二叶者,言之尤详,并说明其根据。上䗅疑即上虞,乃以声类求之而得。以声类求得,是否可信?实一严重问题。既为疑似之辞,何必再从事于猜度?郭氏称其地去殷京当在三千里内外,行程四十日以上,则日行七八十里。其师究为步兵,抑为马队?步兵行程无此之远,马队时或未有,途中且有大河隔阻,不无稽延。上古地旷人稀,相去三千里之遥,利害当无冲突,殷帝究以何故御驾远征?郭氏不此之察,进而计算用兵在半年以上,实

---

① 《安阳发掘报告》第二期,页四——一。
② 《安阳发掘报告》第二期,页二八九。
③ 《史学年报》第四期,页一一九至一二四。
④ 《安阳发掘报告》第三期,页五〇七至五一八。
⑤ 《卜辞通纂考释》,页四。

殷季之一大事,可谓极文人幻想之能事。尤有进者,汉代虽有上虞之名,秦汉以前则不可知,何能断定千年以上即有此名,其名称之由来,全为无根据之附会。卜辞一片中有"㵲方"二字,郭沫若云:"㵲方国名,罗振玉释㵲为洗,谓象槃中洒足之形,案乃臆说也。《续汉·郡国志》,蜀郡有湔氐道,故城在今四川松潘县西北,或即古㵲之旧地。"①此虽疑似之辞,而附会之甚,无以复加,四川开辟较迟,已为定论,秦汉之所经营者,亦不过其一部分土地而已。松潘设县始于近代,今日其地尚有藏人甚多,不愿与汉人往来,殷代疆域竟达松潘,其何可能?考释者牵强至此,人将怀疑其结论矣。

三 石器与陶器 人类进化,自石器时代进至铜器时代,更自铜器时代进至铁器时代,已为社会学上之定论。国人初不之知,士大夫本于夸大之心理,好称我国文化之古,其人囿于儒家之说,深信古为黄金时代,与新说不合,乃谓中国并无石器时代。外人不知我国历史,更展转附会,称我国民族自外国迁入。国人震于新奇之说,有从而和之者,然无实证,仅为一种猜想而已。外人旅行于西南者,曾在云南采得石釜、石凿一百五十件,其物多以石英、冻石、燧石、玉石、页岩等为之,其地农民常于耕种时得之。②云南开辟较迟,穷乡僻壤,迄今尚为番人势力之地,石器当可目为其祖先所用,与汉人无关,是以报告发表已久,未为学者所重视。外人又有征引我国古籍所载之石器,及近时零星发现者,称我国亦有石器时代。③顾古籍记载,失之于简略,其出土及地层情状,均不可知。近时所发见者,多在地面上,又非大批器物,尚可诿为夷狄或野蛮人所遗。章鸿钊之《石雅》主张此说。良芳 B. Lanfer 于其所著之《中国古玉考》亦表示同样意见,略谓中国虽有石器,然尚未曾发见原始人之整个遗址,即有石器时代,亦非中国人之石器时代。日人鸟居龙藏迭往南满、东蒙考查古迹,见有石器,然不甚多,其地层且不可知,乃谓其为别一人种所遗。此中西威权学者对于我国石器之最初见解,其改变中外人士之观念者,则始于安特生 Anderson 之发掘古代遗址。

安特生为瑞典地质学专家,受雇于地质调查所,调查矿产,并留心

---
① 《卜辞通纂考释》,页一一四。
② 《古生物志》丁种第一号《河南石器时代之着色陶器(释文)》,页一至二。
③ 《古生物志》丁种第一号《河南石器时代之着色陶器(释文)》,页一至二。

古代废址。其最初发掘之奉天锦西县沙锅屯及河南渑池县仰韶村皆据采集员之报告,其所得者,有石器、骨器、陶器等,尤以陶器为多。陶器几尽碎片,完整或可凑合为整器者,则数极少。花纹则颇美丽,又有彩色,同于中亚苏萨 Susa、安诺 Anau 之新发见,乃以仰韶文化称之。安特生以为中国民族自西方而东,徙居于黄河流域,西北当有遗址,乃往甘肃考古,发掘古代遗址,所获之材料甚多,划分仰韶文化为六期。其经费则多外人捐助,又以中国缺乏参考书籍,无专门研究陶器之专家,而将所获之古物,运往外国。安特生发表之论文,多为初步报告,语焉不详,又常缺乏重要照片。瑞典专家所据为比较者,皆为外国材料。顾非同一区域,文化演进及其变化之迹,常不相同。如今文化进至电气时代,而非洲、澳洲土人尚为原始社会,又如我国于春秋末年,已进至铁器时代,而西南苗人亦尚有用石器者。世界古国文化之独立发展者甚多,其相似之点亦不甚少,然无确证决不能谓某国受某国之影响。乃今我国古物,与相距极远之地所获者相比较,自不免于武断。安特生之工作,则在首先证明我国之有石器时代,非戎狄所遗,乃于汉人遗址发掘而得者也。

安特生发掘所获之古物,属于新石器时代之末期,国内学术团体亦起而发掘,李济主持山西夏县西阳村之发掘,所获者以陶片为最多,数至十万,精细者带有彩色,石器、骨器亦不复少,李济称其遗存,最近于仰韶期。①中央研究院发掘山东济南龙山镇城子崖,所获亦多,其遗址显然为两层文化,上层为铜器时代,下层为石器时代,均有丰富之陶器,其量数占所获者百分之九十以上,其推定之时期后于仰韶期。②东北方面,鸟居龙藏迭次发见新石器时代之遗物,日人近于辽东半岛发掘史前遗址,貔子窝、牧羊城等地皆有丰富之材料。其器物虽不尽同于河南,而居民则同于仰韶期人。③黑龙江古址,俄人曾有发掘,中央研究院亦在昂昂溪遗址发掘,然所获者并不甚多。④内蒙古一带,亦有新石器时

---

① 《西阴村史前的遗存》,页五至三一。
② 《城子崖》。
③ 《貔子窝》,页二三。
④ 《历史语言研究所集刊》第四本第一分,页一至四五。

代之遗物发现,西南方面,香港亦新有发现。①此就吾人所知者而言,其分布之区域,可谓广大。新石器发见之遗址,多有陶器。陶器易于制造,变化繁多,言者谓视其质料、制法、花纹,即可定其年代,实际上则颇困难,例如城子崖下层之黑陶与粉黄陶,技术精巧,富于创作,而上层工艺,反不之及。②幸其同在一地,有地层次序为证,尚可知其先后,设或分在二地,初无标准,则难辨明矣。关于旧石器时代之遗址,近时宁夏之水洞沟,河套之西拉乌苏河,榆林之南乡,及戈壁沙漠均有发现。原始人之遗址,亦于房山县周口店发现。此十数年来,考古之成绩大略也。

综合上述之事实而言,古史之材料,近有增加,而研究方法之待改进者尚多。近人每于典籍所载不可详知之古事,辄谓将赖地下发掘所得之古物以证明,盖鉴于王国维利用卜辞证实古书上之纪载而发,此实偶尔之事,苟常以之为望,则将失望,且不知古物之性质及其限制也。殷代以前,迄今尚未发现其文字或纪录,其时是否已有文字,抑尚用图画字? 皆不可知。殷代君王,《史记》记其世系,卜辞证明其大体可信,而年代则无法推定。发掘遗址,古代文化演进之迹,虽可寻求,而年代则不可确定也。原始人限于工具环境,及其具有之知识,进步至为迟滞,自旧石器时代,进至新石器时代,历时约三四万年。人类自居住耕种以来,则为时约一万年耳,而地质上之变迁,年以百万年或十万年计算。一二万年自地质之地层而论,则为时极短,专家之意见,亦往往不同,即以安诺而论,专家推定之时期,相差竟至六千年。③此非专家意见之不足恃,乃六千年为时尚短耳。周灭商年,现虽不可确知,而推算者非指为公元前十二世纪,即公元前十一世纪,时间相去不过数十年。即此一端,可知古物考证之困难,及其限制矣。古物供给吾人之材料,偏于用物及生活方面,专家据以研究,其报告可使吾人明了古人之生活情状。其重要,则在此而不在彼也。

近代史则与古史迥异,大事年代不惟确定,月日且须明白,甚至一

---

① 《中国地质学会志》第七卷第三、四合期,页二〇九至二一四。
② 《城子崖》,序二页一四。
③ 《安阳发掘报告》第二期,页三四三。

二小时之差，亦极关系重要，必须记载清楚，欧洲战史，则其明证。我国古史记载年代最早者，当为司马迁之《史记》。《史记》纪年始于共和元年(见《十二诸侯年表》)，共和为西周厉王被逐后之第一年，时为公元前八四一年。又按《鲁周公世家》云："鲁公伯禽卒，子考公酋立。考公四年卒，立弟熙，是谓炀公。……六年卒，子幽公宰立。幽公十四年，幽公弟溃杀幽公而自立，是为魏公。魏公五十年卒，子厉公擢立。厉公三十七年卒，鲁人立其弟具，是为献公。献公三十二年卒，子真公濞立。真公十四年，周厉王无道，出奔彘，共和行政。"据此推算，早于共和凡一百五十七年，而鲁始封及伯禽在位之年，后人虽有言之者，要无根据。又据《匈奴列传》，周西伯昌伐畎戎氏，后十余年，武王伐纣。其后二百有余年，周道衰，穆王伐犬戎。后二百余年，幽王被杀。据此计算西周凡四百余年，此又一说。西周年代，实不可知，西周以前，更异说纷歧，不可究诘，战国时已然。汲冢发见之《竹书纪年》称"汤灭夏以至于受，二十九王，用岁四百九十六年"，束皙为译汲冢古文成为今文之学者，《晋书》有传。传称其翻译之文字，与经传大异者数事，"夏年多殷"，则其一也。《太平御览》引《竹书纪年》称"夏用岁四百七十一年"，少于殷年，与《束皙传》不合，此为一说。《左传》宣公三年王孙满对楚子问鼎云："桀有昏德，鼎迁于商，载祀六百。商纣暴虐，鼎迁于周。"此又一说。《孟子·尽心篇》云："由尧舜至于汤，五百有余岁，……由汤至于文王五百有余岁。……由文王至于孔子五百有余岁。"此又一说。韩非《显学篇》云："殷周七百余岁，虞夏二千余岁。"凡此种种，各不相同，吾人现不知其根据，无法论断其是非，作为各种传说，存之而已。年代得有切实之证明者，惟《诗·小雅·十月》篇耳。诗云："十月之交，朔月辛卯，日有食。"毛诗称刺幽王而作，日食推算，今至精确，公元前七七六年，曾有日食。诗人歌咏者，当为此事。

东周以前之大事，年代多不可考，汉代历学进步，有以之推算上古年代者，其中刘歆之《三统历》尤为重要。《三统历》推定唐、虞、夏、商、周初之年纪，后世言古史年纪者，常主其说。刘歆之根据，说者称其整理当时仅存之史料，然仅一种猜想，实际状况，终不可知。其他诸说，与之不同，有推至黄帝时者，更无足论。近人推算殷商西周年纪，亦多臆说，郭沫若常举恭王之例，以破其说。其言曰："恭王在位年限，《史记·周本纪》无记录。《太平御览》八十五引《帝王世纪》云，在位二十年。《通鉴外纪》云在位十年，又引皇甫谧说在位二十五年。《皇极经世》等书复推算为十二年，世多视为定说。日本新城新藏博士初著《周初之年代》，采取十二年说，后著《上古金文之研究》，又改订为十年。今据此器（赵曹鼎第二器），则恭王明明有十又五年，彼二十五年说与二十年说，虽未知孰是，然如十二年说与十年说，则皆非也。故有此器，不仅可以证知恭王时尚无谥说，于向来长术，亦提出一坚决之反证。周初之年代，尚须得另作一番推算也。"[1]其专据后代历术，以推步彝器铭文者，郭氏亦称其不足信。夫无根据之推算，同于猜想，原不足信，而国人不察，竟有视为事实者。要之，我国上古年代，俱不可知，殷商、西周大事之年代，亦不可确定。此就一方面而言。另一方面，就其差异而论，诸家传说及各种推算，关于殷、周之大事，时间相差，不过百年，大体上尚可以大约年代视之也。

上古史史料之种类，及其内容与限制，已略分言于上。就其量数而言，尚不甚多，将来地下发掘，虽不可知，要亦有限制。古址发掘所得之史料，非专家研究，难有确定之结论，例如河南、甘肃等地所得之骸骨，非剖解学专家，则不能尺量，作一比较之研究也。吾人研究历史者，则据专家之报告及其发表之论文为材料，并参考其他可信之记录，作一比较，综合所得之事实，慎重选择，先后贯通，然后叙述古人生活之情状，及文化演进之陈迹，庶有满意可读之古史也。

（《国立武汉大学文哲季刊》1936年第6卷第1期）

---

[1] 《金文丛考》，页九一。

近百年来我国之军备

我国现状之造成,原因虽多,而军备固一因素。鸦片战争,英国在华作战之兵士,最多时为六千九百零七人,而所攻者破,如入无人之境。林则徐于战后书告其友,略称"英军大炮远及十里内外,放炮如内地之放排枪,连声不断。我放一炮后,须辗转移时,再放一炮,不求技良且熟,即远调百万军队,只供临敌一哄。内地将兵士卒皆觌面接仗,一似此之相距十里八里,彼此不见面而接仗者,未之前闻",其言本于经验而得,多属信而有征。我国大炮为百年前之旧式,浙江制造大炮,兵士试演,炸裂四尊,死伤多名。军中所用之武器为弓、矢、长戟、大刀、剑、藤牌、鸟枪、扛炮等。兵士以弓矢为利器,而恶鸟枪、扛炮。以偶一不慎,火药爆炸,危险多也。英国军舰高大,外裹铁皮,中置大炮,其新造之武装汽船,行驶迅速,往来自如,为最新之武器。兵士各有步枪,登陆则以大炮掩护。我国兵船全为木制,既小又无大炮。其先澳门报纸称英美私兵船(指武装商船),即可赶散广东水师船只。我国军备恶劣至是,军士又无训练,故陆军水师人数虽多,终不能御敌也。

鸦片战争之失败,由于我国军器之恶劣,战后宜有所改革矣,不幸毫未觉悟。宣宗诏伊里布为钦差大臣,赴粤订商约,谕其不得雇用外人,制造轮船或有所购买。议订《南京条约》大臣耆英旋赴战地视察,密奏英国炮火摧残之威力,卢舍炮台尽成瓦砾,不独吴淞为然,即闽广浙江等省,亦皆如此。然终不能改变宣宗之思想,或能影响其整顿军备。耆英知上意之所在,亦不敢有所主持,俄代伊里布为钦差大臣议约。美国以中国新败,当亟扩充军备,其使者赠送枪炮图样,关于海陆军战术及建筑炮台书籍。耆英婉称中国不与外国作战,拒而不受。法使说耆英派遣学生赴法学习造船铸炮等艺，耆英亦谢绝之。会购得洋枪，派员入京进呈，且奏言仿造。宣宗见之，称为绝顶奇妙之品，灵捷之至，对于仿造，称其必成望洋之叹。既不愿雇人制造，又不肯派人学习，兵器终不能有所改善。及洪秀全举兵，双方仍以刀剑鸟枪相杀，设使改用新军器，则祸乱不能迄至十数年之久，可断言也。

　　文宗时内乱方亟，复以修约、教案及亚罗事件，造成英法联军之祸。联军攻下广州，北往天津，提出侵犯主权之要求，俄使以清兵器械恶劣，不足以御外患，建议代办枪炮，文宗则言本国兵器亦尚可恃。会中俄条约成立，俄使表示亲善，力言中国亟宜整顿武备，俄愿送枪万枝，炮五十尊，派员助筑炮台。文宗初仍不愿接受，后令其送交怡克图华官，而俄则以运输困难，亦未如数赠送，对于我国军备，亦无影响。第一次联军北上，人数凡二千余人，清廷迫而签定丧失权利之《天津条约》。及换约失败，英法均为中国军备加强，北京当有重兵，北上作战者，英军一万，法军六千三百，竟战败十数万禁兵，文宗出逃，屈服而为城下之盟。统兵大将所得之教训，则始认大炮之威力，军中添置大炮。僧格林沁率军南征，平定山东匪乱，剿灭捻西苗沛霖，则大炮力也。其所用大炮仍为旧式，对于内战，已有相当之效力。

　　太平军、清军以刀剑相杀，而曾国藩言官军无胆无艺，徒以鸟枪远轰，而无短兵相接，以枪钯与之交锋者。其主张则为操练兵士，而于新军器之重要，则茫然不知，故湘军出征数年，犹无大功。及第二次江南大营溃散，李秀成所部之太平军，逼进上海、宁波，华尔组织之常胜军及法国洋枪队应时而生，各有战绩，尤以常胜军为人所称。军中有新买自外国之枪炮，为我国最新之利器，军队人数虽不甚多，然所向有功。李鸿章所部淮军，武器恶劣，初至上海，毫无建树，但其主帅能与外人合作，淮军之功，则多外兵及常胜军之力。李氏本其见闻，深切认识外国枪炮之威力，书告其师曾国藩请其提倡购用，开通风气，而曾氏囿于传统思想，淡然置之。李氏则充分利用机会，购置军火，淮军力强，遂能独立作战。会常胜军解散，其炮兵并入淮军，于是淮军成为国中之劲旅。

　　湘军武器恶劣，战争八年始至南京城外，攻城久无功绩。华尔请以常胜军攻城，与湘军共分财物，一再为曾国藩所阻。后湘军困于雨花台,形势危急,曾氏调常胜军赴援,而华尔已死。其代之者以争饷及夺其功之故,不肯奉命。其时太平军据有城外沿江要塞,湘军水师初不能断其接济。清廷接受赫德之建议,购买舰队,出银一百余万两,买置新式军舰六七只,为东方之新武器。及驶抵中国,而太平军之势日蹙,曾氏患夺其功,主张分赏各国。新舰队犹未参加作战,表现其威力,竟再售于英国,糜款而无所得,曾国藩之罪也。淮军使用枪炮,于东南方面迭陷名城,而湘军久攻南京不下,清廷调淮军助战,李鸿章不欲得罪其师,奏言炮火不宜用于夏季,不肯赴援。左宗棠自江西入浙,其收复之城邑,有法国洋枪队、常胜军及淮军之力,其所部进攻杭州,尤得力于洋枪队,乃与法人接近,其结果则创办马尾船厂,而军中所用之器械,则少改进。自《北京条约》成立之后,三口通商大臣崇厚设机器局于天津,雇用外人练兵。广州初为联军所统治,总督劳崇光亦用洋人练兵。惜其经费有限,人数无几,除崇厚所部于烟台击败捻匪而外,皆无若何重要之影响。捻匪之平定,赖淮军之力,苗乱及西北回乱之剿平,亦颇赖旧式大炮之威力。中国达官要人除李鸿章数人而外,固不知外国军器摧残之力,而欲整顿军备也。

　　大乱平后,召募之兵除淮军而外,多解散归农。淮军枪炮购自外国,精利称于全国,实则兵士尚有用刀矛作战者。其军纪不严,常逃亡为乱。李氏挑选将士渡德学习军事,其中有不愿学习,而阻他人学习者。李氏扩充原有之机器局,其在国中规模虽大,然又不能制造大炮及新军器。国中兵额六十余万,而军饷太少,缺额太多,又无训练,无战斗力可言。左宗棠查复湖广总督李瀚章参案奏云,"原奏湖北防军每营虽称五百名,实仅三百名。口粮悉为营官侵蚀,火长夫银悉归统领侵蚀,所冒领之军器军装,变卖分肥,臣按言者所陈各情节,实各省通弊。臣就所历闽、浙、陕、甘等处言之,无不如此"。郭嵩焘常参与军事,熟悉国中军情,后出使英国,认识其陆军之强,以为各省营兵万无可整顿之理。换言之,中国实无可战之兵。而士大夫不察,以为陆军可用。左宗棠平定回乱,主张用兵收复伊犁,倡言马尾船厂所造之轮舶足敌俄国铁甲快船,俄人虽强,然不若奥(粤)、捻、回之难剿,无怪李鸿章斥为梦呓。彭玉麟深信洋枪陆队临阵呆笨,不如我军矫捷轻快,改习洋操,为去长效短,奏言不可。

陆军军备未有改革,海军方面,则长江增设水师,水师尽为木船,而时已有铁甲兵船,闽厂所能造者,不过木壳轮船耳。木船与铁甲船相去悬殊,小学学生今犹知之,而长江水师提督彭玉麟则言长江之内,轮船无用,水师舢板足资防守,其言渐不为人所信。日本出兵台湾,兼并琉球及中法安南之役,皆足以使朝臣疆吏改变观念,主张兴办海军。于是朝廷创办海军衙门,以醇(醇)亲王奕譞等为大臣,总理海军事务,各省摊派款项,购买新舰,修筑炮台,建设军港,海军颇有发达之望。会太后将欲归政,建筑颐和园,动用海防费。户部又主节用,议定停购船械,李鸿章深为失望,不幸奕譞又死,自一八八八年(光绪十四年)未购买一舰,李氏虽深知其危险,然无奈何。日本铁甲船行驶较速,而大炮口径较大,二国吨数又相去无几。中日战时,海军乃为日舰所败,陆军更不能战。朝廷迫而签定割地赔款及丧失权利之条约,几致瓜分之祸,此不讲求军备之结果也。

列强于中国败后,要求土地权利,中国力不能抗。德宗发奋变法,不幸失败。太后临朝,虽欲筹饷练兵,以御外侮,其练兵则所谓"挑选精壮,认真训练"。而于军器之改良,仍未切实注重。北洋军队时归荣禄节制,其能作战者,一为聂士成所部剩余之淮军,二为袁世凯所练之新军。荣禄又增募亲兵万人,其兵器较优,兵士新法操练。及义和团之乱,聂士成等统兵三万余人,与八国联军一万人激战于天津一带,凡二十七日,为通商以来未有之力战。其主因则军士所用者为枪炮,而非刀箭也。天津陷后,联军一万八千,西攻北京如入无人之境。十数万人望风而退,军械恶劣固一主因。袁世凯所部于乱前调往山东,为仅存之新军。张之洞所练之自强军,雇用外人为下级军官,靡款既巨,又无影响于时。俄而袁世凯为直隶总督,增练所部。迄日俄战争,日本海陆军无不胜利,国人始知新军之重要,军中枪炮设备,均仿自外国,朝廷拟分期训练三十六镇(今称师),然以需款甚巨,各省新军多未能如期成立,惟直隶以全国财力训练之新军人数最多,为国中精兵。

武昌革命,北军奉命南下,其战斗力高于南军。汉口、汉阳之战,南军死伤甚多,以北军用机关枪扫射,而南军无之故也。南北和议成立,袁世凯遂居于优利之地位。二次革命失败之易,亦由军力相去之悬殊。袁世凯自练新军十数年于此,而列强以科学之发达,军器益有进步。欧战之初,德军胜利,其轻机关枪之多,为一原因。袁氏乃欲购买新军器,更练新军,但以帝制归于失败。嗣后群酋各据一隅,内乱迭起,其人限于知识财力,对于军备未有改革,而军火对于内战,固有极重要之影响。如直皖战争,皖系购自外国之军火为奉张所夺,为其失败之一因素。第二次直奉战争,奉军利用迫击炮、铁甲车为其胜利之一原因。北伐成功,初赖俄国之援助,将校军事知识优于北军,指挥之统一,亦有力焉。北伐成后,内乱时作,整军之计划未尽实现。士大夫不知欧战之教训,专家且不信大炮于现代战争之重要。轻兵器虽有改善,而重兵器则多缺乏,此亟应改革者也。

现代战争之胜负,常决定于军备财力人力。我国人口为世界人口最多之国,而贫弱至此,则由于工商业之未发达,利源尚未开采,需要之军火多购自外国。日俄战前,士大夫多不知世界军备之进步,对外倡言战争,以致造成重大之损失。知识幼稚,为造成现状之一因素,士大夫固有重大责任也。

(《新西北月刊》1939年第2卷第1期)

东汉党锢
——古史新论之一

党锢为东汉末年之一大事,负有时望之名士或被杀害,或不得出仕。禁锢为汉处罚士大夫之一罚,其人重视为官,坐赃禁锢子孙者,时人视为太严,党锢则犹过之。党锢先后二次。第一次坐党人者禁锢终身;第二次死于狱中者百余人,更考其门生故吏父子兄弟,锢及五族,桓、灵二帝听信宦官之言,而以党为大禁也。我国人民从无政治权利,亦无政治组织,非无组织能力,特无发展之机会。盖酋长社会注重服从,政治组织自部落社会,演进而为大帝国。天子惟知高尊其地位,优厚其享受。贤君爱民如子,子以孝为美德,何敢争求权利?暴君乃以民财民力为其个人之享受。儒家、法家常顺从国君之意志,道家无为,对于政治未有建设之主张。汉为大帝国,而传统思想,则相沿未改。人民一如散沙,对于统治者之榨取,常无法反抗。统治者更不欲其组织强有力之团体,妨碍其行动。光武、明帝不欲诸王养士,诛杀其宾客。政治哲学及实际政治如此,党人自为天子所不能容。其困难则天子无才或年幼者,不能行使职权,而权归于辅政或其亲信之大臣。凡为其擢用或选举者,唯知其擢用之人,而不知有天子。士大夫求为官者,非奔走其门,将不能进身,于是人数众多,成为党派。及后事变境迁,领袖罢斥诛死,诸附之者亦将免官,或徙于边,或至于死。此两汉常有之事,当可目为党人,党人虽为政治结合,要与后世之政党不同。其人既无党纲,又无群众之拥护,惟为自身利益而结合,凡可维持其权利地位者,将不择手段为之。吾人目为秘密组织,亦无不可。此为环境所造成。人为社会动物,利害相同或意见相合者,常相亲善而易成党。党为实现主张强有力之组织，自不可非，利弊将在其如何用之。其在我国，皇帝之疑忌，传统思想之影响，促成党为官吏活动之秘密组织，殊可叹息。桓、灵之世，受祸之党人多为名士。名士不愿与宦官往来，由来已久。司马迁受腐刑，后为中书令，不胜抑郁愤恨。士大夫之自好者，不愿与宦官交通。顺帝赖宦官之力得立，尝诏朝臣学士，大长秋良贺独无所荐。帝问之，对曰："臣生自草茅，长于宫掖，既无知人之明，又未尝交知士类。昔卫鞅因景监以见，有识知其不终。今得臣举者，匪荣伊辱。"①贺有自知之明，所言皆为实情。其不自量而欲专权自恣者，乃与士大夫立于对敌之地位。

东汉中叶，仕宦不得志者常与太学生相善。太学时为最高学府，光武尝读书于太学，即帝位后，信崇经谶，兴筑太学博士舍、内外讲堂，更起辟雍，明帝时成，欲毁太学。大臣言宜并存，明帝从之。郡国诸生入京师求学者甚众。其人于社会上多为中产阶级，或仕宦之家。其家庭族人在其本郡，有不可轻侮之势力，子弟学成而归，易于入仕。和帝后，政治废弛，太学颓废，为刍牧之处。顺帝时，将作大匠翟酺请更修缮，诱进后学。顺帝从之，复起太学，广造房室。②桓帝时，太学生至三万余人，国有大事，或征询其意见。《刘陶传》称有上书请铸大钱者，事下公卿及太学能言之士，陶在太学，上书论其不可而罢，则其一例。太学生颇好干与政事，上疏奏请而外，尚有聚众请愿之例。冀州刺史朱穆发宦者赵忠父墓，收其家属，桓帝罚穆为徒，太学生数千人诣阙讼之，帝赦穆罪，③则其明证。桓帝中年，太学生以郭太（同泰）、贾彪为首，与官吏李膺、陈蕃、王畅更相褒重。太字林宗，家贫，不乐为吏，从名师为学，三年博通典籍，乃入太学，见河南尹李膺，膺大奇之，遂相友喜（善）。彪少游京师，负有时望。李膺生于富贵之家，壮而贵显，坐事免官，教授生徒，俄复征用，立功于边，迁河南尹，因与太学生领袖相结。陈蕃仕至太尉，有名于时。王畅少举茂才，迁二千石，所在严明，敢于诛杀，征为长乐卫尉，有从之学者。达官教授生徒，当为植党，其交结太学生，虽曰奖诱后进，亦为培植其势力。诸生为其所礼敬者，将亦感恩图报，愿为其用。

---

① 《后汉书》卷七八《孙程等传》。
② 《后汉书》卷四八《翟酺传》。
③ 《后汉书》卷四三《朱穆传》。

于是太学生为之语曰:"天下模楷李元礼,不畏强御陈仲举,天下俊秀王叔茂。"①元礼等系三人字也。李膺名列第一,自视甚高,少与常人往来,士为其所交接者,谓之登龙门。《膺传》载有二事:一、南阳人樊陵求为门徒,膺谢不受,陵后阿附宦官,致位太尉,为士大夫所羞。二、名士荀爽谒膺,因为其御,既还喜曰:"今日乃得御李君矣。"《郭太传》称太还乡,送至河上者车数千两,太独与膺同舟而济,众宾望之以为神仙。二传相互证明,士大夫既以交结李膺为荣,为其所礼遇者,皆自居于名士。其徒自相标榜,讥议异己,公卿以下莫不畏其贬议。贬议竟有不可思议之威权,《符融传》所记之故事,足以为证。融游太学,师事李膺,为其所信。融有谈论,膺辄称善。郭太初入太学,时人莫识,融见而钦服,因绍介于膺,由是知名。《融传》且云:

> 时汉中晋文经、梁国黄子艾并恃其才智,炫曜上京,卧托养疾,无所通洽(接)。洛中士大夫好事者承其声名,坐门问疾,犹不得见。三公所辟召者,辄以询访之,随所臧否,以为与夺。融察其非真,乃到太学,并见李膺曰:"二千行业无闻,以豪杰自置,遂使公卿问疾,王臣坐门,融恐其小道破义,空誉违实,特宜察焉。"膺然之。二人自是名论渐衰,宾徒稍省,旬日之间,惭叹逃去。

讥议有此效果,凡为其所贬者,社会上之地位降低,或宾客散去,当必引为大恨。名士之意见左右三公之辟召,谓其权力高于三公,当无不可。其所善者将被召用,其所否者则无法进身。乡居之领袖亦欲其党署职,杜密则其一例。密去官还家,谒守令多所陈托。其同郡刘胜去官不问外事。太守恶密,向之称胜。密知其意,对曰:"刘胜位在大夫,见礼上宾,而知善不荐,闻恶无言,隐情惜己,自同寒蝉,此罪人也。今志义力行之贤而密达之,违道失节之士而密纠之,使明府赏刑得中,令闻休扬,不亦万分之一乎?"②其言全为一面辩护之辞,而固党魁之主张。贤否未有适当之标准,党人及其亲信必处于有利之地位。此为人情之常,汉无类于后世之报章杂志,一人之意见无法传达于远方,不过为其

---

① 《后汉书》卷六七《党锢传》。
② 《后汉书》卷六七《杜密传》。

徒所知，应无重要之影响，而士大夫胸襟偏狭，口头上以圣贤自期，对人求全责备，多不考虑其所处之境遇而有同情之谅解。其造成之恶劣影响，则不愿闻过，人有言其非者，常仇视之。政治为谋群众之利益，时人职业不同，利害冲突，在所不免。且人之见闻有限，后事多不可知，推行之政策利弊属于未来，非有善意或反对之批评，则不能促其改善。而我国政治决定于治人者之阶级，常以恶意解释其持异议者，因成政敌，以致相忍不发，隐瞒相欺，上自国家大事，下至私人生活，皆不易有所改善，反视讥议为大禁。马援善教子弟，其侄好议论。援切劝诫，及远征交趾，复还书诫之云："吾欲汝曹闻人过失，如闻父母之名，耳可得闻，口不可得言也。好论议人长短，妄是非正法，此吾所大恶也，宁死不愿闻子孙有此行也。"诫辞为其在家时之常言，恶之之甚，恐其得罪于人，而致大祸，非处世保家之道。汉人讳言父母之名，犯者即为不孝，马援以之为喻，诚不欲子孙有此行也。家训史少记载，《马援传》载之，以书为人利用，而致后祸，讥议盖已成为风气，实则是非之心，人所共有，苟能充分表现而为负责任之言论，对于政治建设，将有重大之贡献，不幸未有发展。父母教其子孙，常同于马援。锺瑾母为李膺之姑，与膺同年，好学退让，膺祖爱之，复以膺妹妻之。瑾不应辟，膺谓孟子称无是非之心非人，何不与之同邪。瑾不之从，其叔父亦善其保身全家。①此少数人所为，多数常难违反其天性，议论之风，仍未革除。其时太学生人众，未有刊印之书籍，经书数量又不甚多，学生优游无事，易于结党营私，阿其所好。仇览西入太学，其同郡生符融有高名，与览比宇，宾客盈室。览自守不与之言，融说其交结英雄。览正色曰："天子修设太学，岂但使人游谈其中？"②太学成为游谈之所，当为事实，以自守如览者不多也。

诸生之入太学，多为入仕，其途径为辟召。郡国普通察举，一为茂才，一为孝廉，三公擢用其中负有时望之士。诸生入仕，视三公之辟举为尤重要。汉制太守、县令由中央政府任命，属吏则由长官于地方贤士选任。名士仕于中央政府而久不迁者，可退而仕为郡吏，马融则其一

---

① 《后汉书》卷六二《锺皓传》。
② 《后汉书》卷七六《仇览传》。

例。融为名儒，初不应大将军邓骘之召，及羌乱起，饥困迫而应召，拜校书郎中，以太后不讲武功，上《广成颂》以讽谏。邓氏不悦，十年不调。融以兄子丧自劾归。太后怒其羞薄诏除，欲仕州郡，令禁锢之。①察举之标准，无详细记载，儒家之思想学说于时最有势力，乃以其为主要标准，为人孝友，或明经学，皆其例也。士为长官举用者，常愿为之效力，谚所谓士为知己者用也。时人亦奖励之，《后汉书》所记之事例甚多，兹引李固事为证。李固与梁冀不协，为冀所杀，露尸于市，冀令有敢临者加其罪。郭亮、董固（班）皆往哭而殉尸不去，太后怜之，听其敛葬。二人由此显名，三公并辟。樊儵于明帝时奏言郡国举孝廉，率取年少能报恩者，宜简用良俊。史称明帝从之，殆不过下诏改正，积习自非一诏之所能改。高士徐稚不就太尉黄琼之辟，琼卒，归葬江夏，稚自南昌负粮徒步往祭。其尤甚者当为荀爽，爽有名于时，为党人之一，坐党禁锢，以著述为事，而名益显，禁解，司空袁逢举为有道，不肯应召。及逢卒，爽为服丧三年，时人化之，成为风俗。②樊儵言在汉初，稚事在党锢之前，爽事则在汉末，可见风俗相沿未改，且变本加厉焉。故凡外戚专政辄擢用名士，欲其成为党羽，及其罢斥诛杀，其擢用者亦随之受祸，甚者朝廷为之一空。三年之丧，儒家所言，邓太后尝以政治力量，强士大夫行之，后以其窒碍难行，公卿二千石遇父母之丧可不去位。爽为逢服丧，全为报其知己之恩。太学生与达官往来，当为求官，达官亦欲诸生为其效力，乐与之交结。《窦武传》称武悉散其赏赐与太学诸生，则其明证。此其互相利用之主因。后世以光武表章气节致士大夫敦品厉行，殊难信为事实。即有影响，其效亦至微末，无宁谓选举所造成也。

　　士大夫学优则仕，由来已久，刑余之人时反居于显要之地，其心中自不能平。宦官子弟亲友仕为郡县长官，自为士大夫所恶，其劣迹亦甚昭著，士与之往来者，常受讥论。宦官则欲提高其社会上之地位，愿与名士交结。名士附之者，无不贵显。许劭为名士之一，识人拔士，与郭太并称。许相，其从兄弟也，以能事宦官，位至台司封侯，数遣人请劭，劭薄其行，终不候之。蔡邕上章道言时事，为宦官及帝亲臣所恶，劾其

---

① 《后汉书》卷六〇上《马融传》。
② 《后汉书》卷六三《李固传》；卷三二《樊儵传》；卷五三《徐稚传》及卷六二《荀爽传》。

大不敬，法当弃市。中常侍吕强愍其无罪，请之于帝，灵帝诏其减死一等，与家属髡钳徙朔方。会遇大赦，邕归本郡，路过五原，其太守王智饯之。智，中常侍王甫之弟，酒酣起舞属邕，邕不为报。智素贵骄，惭于宾客，因诟之曰："徒敢轻我。"邕即拂衣而去。①许劭不候许相，为何时之事，今不可知。蔡邕事在党锢之后，则无可疑。士大夫宜有顾忌，而仍未改其傲慢之态度，其前或犹甚焉。刘淑为党魁之一，为宗室之贤者，官至侍中虎贲中郎将，尝上疏请罢宦官，为其一例。李膺初为宦官所构陷，免刑，复拜司隶校尉。中常侍张让弟朔为野王令，贪残无道，闻膺威严，弃官归京师，匿于让第。膺率吏卒捕朔下狱，受辞毕，杀之。让诉冤于帝，帝召膺，责其不先请而即杀朔。膺引经为对，以稽留为愆，乞留五日，克殄元恶，然后就死。帝遣之出。嗣后诸黄门常侍皆鞠躬屏气，沐浴不敢复出宫禁，帝怪而问之，皆叩头泣曰："畏李校尉。"其所谓元恶者，当指宦官，不问其犯罪与否，而欲杀之，既无法律根据，亦太严酷。其冤杀人，当所难免，岑晊又其一例。晊诣太学受业，与郭太等为友，为李膺所称许。南阳太守成瑨请为功曹，又以名士张牧为吏。富贾张汎善雕玩物，以之赂遗中官，颇依势为非。晊、牧劝瑨收汎，遇赦，而竟杀之，并收杀其宗族宾客二百余人，然后奏闻。汎妻书讼夫冤，帝怒征瑨下狱死，晊、牧亡匿，会赦出。②二人嫉恶太甚，诛杀无辜，复惧祸逃匿，为人亦太卑鄙。陈寔为颍川名士，灵帝初大将军窦武辟为掾属，其时中常侍张让权倾国中，父死归葬，颍川一郡毕至，然无名士，让甚耻之，寔独往吊，党祸复起，让感寔故，多所全宥。③要之，党祸之起，士大夫之偏激行为，实有重大责任。宦官为政治制度之一，制度如有变更，宦官即可废除。名士不于根本着想，而徒恨恶宦官，其为计亦左矣。宦官之能专政者，由于天子之信任，天子为威权泉渊，宦官得其信任，而朝臣则否。恨恶无济于事，反而为害。

朝臣宦官相争，士大夫处于不利之地位，其将为祸，时人有知之者。徐稚尝对郭太弟子曰："为我谢郭林宗，大树将倾，非一绳所维，何为栖栖不遑宁处？"名士申屠蟠亦以太学生非议朝政感而叹曰："昔战国之

---

① 《后汉书》卷六八《许劭传》及卷五(六)七《刘淑传》。
② 《后汉书》卷六七《李膺传》及《岑晊传》。
③ 《后汉书》卷六二《陈寔传》。

世，处士横议，列国之王至为拥篲先驱，卒有阮儒烧书之祸，今之谓矣。"乃隐而不仕。①二人见微知著，皆免于祸。郭太虽尝为太学生首领，然不肯仕，又不为危言核论，宦官故不之害。岂受徐稚之影响而然耶？党人祸起由于延熹九年（一六六）李膺之杀张成。成善推占，史称其预言逢赦，教子杀人，值膺为河南尹，捕之，会赦当免，膺怒杀之。其弟子牢脩上书告膺等养太学游士，交结诸郡生徒，更相驱驰，其为部党，诽讪朝廷，疑乱风俗。成原与宦官交通，宦官久恶名士，证实其事。其罪深为专制皇帝所忌恶，心中以天子所是者，臣下是之，天子所非者，臣下非之，臣下唯当服从，不得有所诽议。用人行政，宣示法令，皆以天子名义行之，有所诽讪，同于讥议天子，事关政府之尊严，且将传播不安之种子。养士为天子之权，诸生竟有部党，将为祸乱也。奏上，天子大怒，下诏郡国逮捕党人，收执膺等。其供辞所连及者二百余人，逃遁者悬金购捕，其被捕者手足受械。帝使中常侍王甫案问，甫责其结党评论朝廷，将欲何为。范滂初游学洛阳，负有时望，后汝南太守宗资辟为功曹，至是，亦在囚中，越次为对。《滂传》记其辞云：

"臣闻仲尼之言，'见善如不及，见恶如探汤'，欲使善善同其清，恶恶同其污，谓王政之所愿闻，不悟更以为党。"甫曰："卿更相拔举，迭为唇齿，有不合者，见则排斥，其意何如？"滂乃慷慨仰天曰："古之循善，自求多福，今之循善，身陷大戮，身死之日，愿埋滂于首阳山侧，上不负皇天，下不愧夷、齐。"

前对自辩得体，后对与甫所问无关，惟其辞气激昂，不顾生命，易于动人。史称王甫愍然为之改容，并解其桎梏，非无因也。党人捕考，《李膺传》称膺等颇引宦官子弟，宦官惧而请帝大赦。《贾彪传》言党人事起，太尉陈蕃争之，不得，朝臣不敢复言。贾彪谓所亲曰："吾不西行，大祸不解。"乃至洛阳，说皇后父窦武、尚书霍谞等上书论之，桓帝因而大赦党人。李膺出狱曰："吾得免此，贾生之谋也。"二说迥不相同，据吾人现知之史实，《贾彪传》所记为近是。《范滂传》称霍谞理之得免，尝往候谞而不为谢，或让之，滂引故事自辩，终不谢谞。又《窦武传》称永康元

---

① 《后汉书》卷五三徐稚及申屠蟠传。

年(一六七),武上书极谏,并托病辞官,上还印绶。帝不之许,诏出李膺等。武之上书,距捕党人历时半年,盖应贾彪之说而为此请,二者足以证明《贾彪传》之可信。党人赦归田里,禁锢终身,名籍存于王府。其徒标榜其领袖,为之创立号称,上为三君,言为一世所宗,以窦武、刘淑、陈蕃当之。次曰八俊,俊言世人之英,以李膺、荀翌、杜密、王畅、刘祐、魏朗、赵典、朱㝢当之。次曰八顾,顾言以德引人为善,其人为郭太、宗慈、巴肃、夏馥、范滂、尹勋、蔡衍、羊陟。又其次为八及,及言其能导人追宗,八人曰张俭、岑晊、刘表、陈翔、孔昱、范康、檀敷、翟超。下为八厨,言以财救人,为度尚、张邈、王考、刘儒、胡母班、秦周、蕃向、王章。其所列诸人,范晔有未为之立传者,当无若何之重要,其未死于第二次党祸者,亦多未有建树,不过党徒阿其所好。其人意见亦不尽同,后张俭同乡朱并上书告俭等署号为八俊、八顾、八及,其所列二十四人,除数人外,尽与范晔所言者不同,为一明例。党徒标榜其所亲之领袖,则无可疑,负有时望之士大夫,初以党人被捕。皇甫规为时名将,自以西州豪桀耻不得豫,上书称前荐故大司农张奂为附党,昔论输左校,太学生张凤等讼之,是为党人所附,自请坐之,帝置而不问。[①]于此可见党人声誉之高,及其出狱,士大夫以之为庆,多往迎之。《范滂传》称,滂南归,行自洛阳,汝南南阳士大夫迎之者车数千辆。其乡人殷陶等先坐党下狱,亦免,俱归,侍滂应对宾客。滂谓之曰:"今子相随,是重吾祸也。"遂遁还乡里。此识者明哲保身之法,而多数党人则视之为荣。

党人不得出仕,而贤名益高。会桓帝病死,窦太后临朝,其父武辅政,迎立灵帝。帝拜武为大将军辅政,陈蕃为太傅,二人协心合作,引用同志,又征名士李膺等。史称天下雄俊,知其风旨,莫不延颈企踵思奋其智力。其言过于乐观,当为党人之见解,政事之治理,常不若此简单,名贤多无建树。窦武以诛宦官,事机不密,反而为其所杀。陈蕃闻难,将官属诸生八十余人,拔刃入援,亦为其所害。宦官为乱,诬称武欲废立,灵帝年幼,听信其言,以宦官为功臣,政事由其决定。于是武等宗族门生故吏皆斥免禁锢,李膺复罢官归。宦官与诸名士,益处于利害冲突之地位。宦官初尚有所顾忌,不欲与士大夫为敌,而杀膺等。政变后一

---

① 《后汉书》卷六五《皇甫规传》。

年有余,第二次党祸始起。据《后汉书》所记,建宁二年冬(一六九)朱并承中常侍侯览意旨,上书告其同乡张俭二十四人,别相署号,其为部党,图危社稷。侯览于桓帝时,倚势纳赂,子弟宾客,大为民害,曾以之免官,旋复起用。至是,丧母归葬。俭为督邮,奏览夺民田宅,大起宅第等罪。览使人遮章,章不得上,俭破览冢宅,没收其资财,复上书言其罪,仍不得上达。览怨而报复,因朱并之奏,称膺、俭等为党人,将为祸乱。名士处事太激,全以意气用事,违法多杀,常所不顾,行径同于酷吏,为当局所不喜,结党为乱尤为政府所忌。侯览于宫中策动,遂成大狱。灵帝诏捕俭等,有司更奏捕前党人李膺、范滂。膺时家居,或说其亡去。膺曰:"事不辞难,罪不逃刑,臣之节也。吾年已六十,死生有命,去将安之?"①遂诣狱考死。宗族门生故吏禁锢有及其父兄者,侍御史景毅则其一例。毅子顾为膺弟子,而录牒未有其名,不及于谴。毅慨然曰:"本谓膺贤,遣子师之,岂可以漏夺名籍苟安而已!"遂上书免归。范滂乡居,督邮吴导奉诏捕之,至县抱诏,闭传舍,伏床而泣。滂闻之,知其为己,自行诣狱,县令郭揖大惊,欲与俱亡。滂曰:"滂死则祸塞,何敢以罪累君,又令老母流离乎?"②范晔于《党锢传》记其母子诀辞云:

滂白母曰:"仲博孝敬,足以供养。滂从龙舒君归黄泉,存亡各得其所,惟大人割不可忍之恩,勿增感戚。"母曰:"汝今得与李、杜齐名,死亦何恨!既有令名,复求寿考,可兼得乎?"滂跪受教,再拜而辞。

仲博当为其弟,龙舒君则其父也。李、杜为李膺、杜密,膺已言之于上,密仕为太守,去官乡居,后桓帝征为尚书令,迁河南尹,转太仆,党事起,免官归郡,与李膺名行相次,及窦太后临朝,复为太仆,至是坐党被征,自杀。李膺、范滂不求苟免,慷慨就死,其平日言行当深感人,景毅自劾免归,郭揖愿从滂亡,皆其例也。党祸造成于名士之偏激行为,张俭、岑晊负有重大责任,皆临难逃免,嫁祸于人,殊为卑劣。俭闻捕亡匿,士大夫重其名者,破家相容,后流转东莱,止李笃家。外黄令毛钦操兵往捕,笃言张俭知名天下,非其罪而亡,何忍执之?钦为其言所动,起

---

① 《后汉书》卷六七《李膺传》。
② 《后汉书》卷六七《范滂传》。

而抚笃,称其如何自专仁义。笃言释俭,明府得义之半,钦叹息而去。笃送俭出塞,得免于祸,其坐匿俭伏诛者,史称以十数,宗亲皆灭,郡县为之残破。晊擅杀张汜及其宗族宾客二百余人,亡匿于齐鲁之间,会赦家居,及党祸复起,晊逃窜南方,终于江夏山中。其第一次逃亡也,亲友匿之,贾彪独不之纳,时人怨之。彪曰:"传言'相时而动,无累后人'。公孝(晊字)以要君致衅,自遗其咎,吾以不能奋戈相待,反可容隐之乎?"①彪言实有见地,亦颇公允。俭、晊虽不足论,而士大夫收匿之者视死如归,虽曰违法求名,而固人情所难,其好侠好义有足称者。名士被捕下狱者百余人,皆死狱中,亦有亡命获免者。政府缉捕,奖人告密。《党锢传》言其恶劣情状曰:"自此诸为怨隙者,因相陷害,睚眦之忿,滥入党中。又州郡承旨,或有未尝交关,亦离祸毒。其死徙废禁者六七百人。"其数盖指士大夫而言,其家人宗族当未计入,《张俭传》言大族诛灭,郡县残破,为一例证。史弼为平原相,值青州刺史令举钩党,郡国所奏相连及者多至数百,而弼独无所上。州从事严词责之,弼言不能诬陷良善。从事怒收其属吏下狱,并举奏弼。会党禁中解,弼以俸赎罪得免,济活者千余人。②史未言明何时之事,要在灵帝之世,一郡济活千余人,虽或失之太甚,而全国徙死者,当不止六七百人。至捕嫌疑犯人,亦不知范晔所言之甚。郭太不为危言核论,第一次钩党得免于祸。陈蕃诛死之次年春,病死于家。读者可诿称其早死幸免于辱,吾人更以陈寔为例。寔吊张让母丧,及第二次钩党,让以寔故,多所全宥,尤其明证。士大夫见解相同,义气投合者为党,党人仍不能尽。一七二年(熹平元年)窦太后死,有书于朱雀阙者,言曹节、王甫幽杀太后,侯览多杀党人,公卿皆尸禄,无进忠言。帝诏司隶校尉刘猛逐捕,猛以诽书言直,不肯急捕,月余不获。帝以御史中丞段颎代猛,颎四出逐捕,连及太学游生,系者千余人。③诽书殆一二人所为,竟多系无辜,太学中之有党人,则无可疑。由是党禁益严,范围转广。桓彬少有令名,拜尚书郎,中常侍曹节女婿冯方亦为郎。彬不与之往来,而与左右丞常共酒食。方深怨彬,

---

① 《后汉书》卷六七《张俭传》《岑晊传》及《贾彪传》。
② 《后汉书》卷六四《史弼传》。
③ 《后汉书》卷七八《曹节传》。

章言其为酒党。尚书令不问,节怒劾之,皆免官禁锢,①为一明证。其先求附于李膺而不得者,转而附于宦官,《史弼传》有一例。弼为河东太守,当举孝廉,豫防权贵请托,断绝书属。侯览遣诸生赍书请之,并求假盐税,门者不纳,乃说以他事谒弼,呈上览书。弼怒,斥为伪诈无状,命左右引出楚捶数百,属吏皆谏而弼不听,付安邑狱,即日考杀之。此为常人所不敢为,而弼不顾后患,毅然行之,故史记之。诸生附于侯览求官者,当不限于一地,宦官不得一部分士大夫之阿附,常不能为大祸。其时公卿不敢进言,党祸久不解除。一七六年(熹平五年),永昌太守曹鸾上书大讼党人。帝怒,槛车征之入京,下狱掠死,又诏州郡考党人门生亲属在位者免官禁锢,及其五属。后三年有上书者称:礼,从祖兄弟别居异财,恩义已轻,而党人锢及五族,既乖典训,又非常法。帝悟,变更前令,党锢自从祖以下,皆得解禁。一八四年(中平元年),黄巾贼起,言事者称禁锢之党人,久而不赦,将与张角合谋为变。帝惧,大赦党人,远徙之家皆归故郡,历时十六年矣。

　　党人虽曰自取其咎,其多数不顾生死,信其成仁取义,东汉之世,侠义之风以复仇之故,沿而未革。马援以其侄与豪侠往来,致书诫之,引时人为说曰:"杜季良豪侠好义,忧人之忧,乐人之乐,清浊无所失。父丧致客,数郡毕至。吾爱之重之,不愿汝曹效也。……效季良不得,陷为天下轻薄子,所谓画虎不成反类狗者也。讫今季良尚未可知,郡将下车辄切齿,州郡以为言。吾常为寒心,是以不愿子孙效也。"②季良名保,为仇家所告免官。豪侠党羽众多,愿为之死,为朝廷及州郡官所恶,然其根深蒂固之势力,自不能一旦废除,复仇之风气更煽助其势。儒家受战国刺客影响,主张复仇,并以之解释《春秋》。东汉官吏幼受儒家之教育,常袒护复仇之人,甚者为其友报仇,士大夫乃多豪侠好义。其人富于同情心,苟善利用发扬光大,将有功德于社会民生,不幸未能发展。其尤足称者,当为奖人为善。《郭太传》所记之故事甚多,兹引二事为例。一、左原为郡学生,犯法见斥,太遇之于路,为设酒肴慰之,并劝其自责改过,慎勿恚恨。原纳其言而去,后更结客报怨,值太在学舍,原愧

---

① 《后汉书》卷二七《桓彬传》。
② 《后汉书》卷二四《马援传》。

而罢去。二、茅容耕地遇雨,与农人避雨树下,众夷踞相对,容独危坐。太见而异之,进而与之共语,宿于其家。旦日,容杀鸡为馔,太以其为己,而容以之供母,自以草蔬与客同饭。太深贤之,劝令求学,卒成名士。与人为善,不限于郭太一人。陈寔废而家居,有盗夜入其室,止于梁上。寔阴见之,起而呼子孙训之曰:"夫人不可不自勉,不善之人,未必本恶,习以性成,遂至于此,梁上君子者是矣。"盗惊而投地服罪,寔劝其反善,知其贫困所致,遗盗绢二匹。其精神至足称赞。其无行而为贤士大夫所斥者,将终身废黜,李燮之斥甄邵,则其一例。邵初谄附梁冀为邺令,诱杀其得罪于冀之友,后当迁郡守,值母病死,邵埋其尸于马屋,先受封,然后发丧。会至洛阳,河南尹李燮遇之,使卒投其车于沟中,并笞捶之,署帛于其背曰:"谄贵卖友,贪官埋母。"更表奏其状,邵遂废锢终身。黄允又其一例,允以俊才知名,司徒袁隗言欲以从女妻之,允闻而黜妻。妻请于姑,会聚亲属告诀,姑许其请,会集宾客三百余人。妻中坐攘袂,数允隐匿秽恶十五事,言毕登车而去,允以此废。①名士以劝善励行为事,致议论人之长短,为人所恶。乡居亦评论臧否,兹引二事为证。一、陈寔坐党人免官归郡,平心论事,有争讼者辄求其判正曲直,定后人无怨言,乡间至有"宁为刑罚所加,不为陈君所短"之语。二、许劭以鉴识士之贤否知名,从兄靖亦有高名,其核论乡党人物,每月辄更其品题,俗谓之月旦评。②其影响重大,后九品中正之产生,与之有关焉。

　　灵帝勾党名士受祸者六七百人,或死或徙,或禁锢终身。人生有死,死亡或遭遇之不幸,自整个社会而言,非其人之损失,而实国家之损失。郭太闻陈蕃、窦武死而哭之甚哀,既而叹曰:"人之云亡,邦国殄瘁。瞻乌爰止,不知于谁之屋耳。"太不顾忌讳而为此言,当为悲愤之极。后党人仕为长官者不忠于汉,岂深受刺激而然耶? 黄巾乱起,宦官与其领袖张角交通事发,有坐诛者。帝怒诘中常侍张让等曰:"汝曹常言党人欲为不轨,皆令禁锢,或有伏诛。今党人更为国用,汝曹反与张角通,为可斩未?"让等皆叩头云:"故中常侍王甫、侯览所为。"③二人已死,生者

---

① 《后汉书》卷六二《陈寔传》,卷六三《李燮传》及卷六八《郭泰传》。
② 《后汉书》卷六二《陈寔传》及卷六八《许劭传》。
③ 《后汉书》卷六八《郭泰传》及卷七八《张让传》。

以责任诿之,二人亦负罪深重也。宦官一时得意,但益为士大夫所恨恶。灵帝死,中军校尉袁绍说大将军何进诛杀宦官以悦天下,谋泄。进为其所杀,绍捕宦官,无少长悉斩之。张让等劫帝出走,而兵追急,自知不免,皆投河死,固士大夫之报复也。

(《史学论丛》1941年第1期)

三国时蜀户口之估计

蜀为中国之一部分,始自于秦,所谓巴蜀也,初在川北一带及成都平原。开辟之初,地多蛮夷,非秦人之所愿居,乃徙罪人于其地。始皇并灭六国,徙其一部分人民于巴蜀,卓氏、程郑,远迁于临邛(今邛崃)。《史记·货殖列传》称"诸迁虏少有余财,争与吏求近处葭萌(今昭化)"。巴蜀非中原人士之所愿往,为一事实。汉初川北开辟之地渐广,分置一郡。武帝时经营西南夷,郡县始大增加。新开拓之地,时人称为初郡,治理与内郡不同,然为切实经营之起始。西汉季年,益州八郡,凡九七二七八三户,四五四八六五四口。东汉时,归顺之夷人益多,永昌郡之设立,则由于夷人之归顺。及至中叶,益州九郡三属国,共一五二五二五七户,七二四二〇二八口。百余年内,增加五十五万余户,二百六十九万余人。据百分计算,户增加百分之五六,口百分之五九。东汉季年,祸乱迭起,屠杀之惨,尤以北方为甚,户口乃大减少。魏臣蒋济称魏民数不过汉时一大郡。陈群亦言人民至少,比汉文景之时,不过一大郡。此为最少之估计。杜恕称魏之户口不如往昔一州之民,则较近于真像。

户口大减,多由于屠杀饥荒劫掠,亦有避难逃于僻远之地者。北方人士徙居辽东,荆、扬二州避难徙居之户口更多。益州于汉季虽有祸乱,然不久即平。关中遭董卓及其余党之乱,益州之汉中郡与三辅相近,三辅人士逾越秦岭,而南至汉中者数万户,自汉中入蜀者亦有数万户。益州牧刘焉利用流人为兵,号曰东州兵。东州兵为暴于民,致成益州人士之反抗。乱起之后,东州兵知其战败,将无生存之理,力战平乱。斯役也,战事有相当之激烈,死伤自必不少,间接死于乱者,数当更多。自此而后,益州未有大乱,张鲁据有汉中,未尝入寇,各据险守边而已。

刘备入蜀，系应益州牧刘璋之请，及以兵取益州，亦未有大规模之屠杀。益州与北方诸州相较，祸乱尚不为多，屠杀亦不甚惨重。大体而言，人民犹能安居乐业，户口似应无重要之减少。刘备以一州之地，北与魏为仇，更起兵东下伐吴，其国力若足以抗二国者然。蜀之户口，《三国志》未有记载，陈寿称蜀未设史官，或可诿谓史料不全，而于《魏志》《吴志》亦未记其户口之数字，当由于疏忽。魏、吴二国户口，兹姑不论。裴松之注《蜀志·后主传》引王隐《蜀记》云：

户二十八万，男女口九十四万，带甲将士十万二千，吏四万人。

此为蜀亡时户口之数字，《蜀记》作于何时，今不可知。王隐何所本而为此言，亦不可考。《晋书·地理志》称："刘备章武元年，……其户二十万，男女口九十万。"按章武元年为公元后二二一年，蜀亡于二六三年，相距四十二年，蜀户增加八万，而口增加四万。此为不可能之事，唐人修史何所本而为此言，今不可知。其所记晋统一中国时蜀国旧郡户口数字，亦与之大相径庭。其所言二二一年蜀户口数字，当不足信。自每家平均口数而论，西汉益州每家约有 4.7 人，东汉则有 4.8 人。汉时丁算口钱，为贫民重大之担负。人民隐瞒口数，借减轻其担负。光武以此杀太守，隐瞒之弊或可减少，历时长久，政治废弛，而民隐瞒如故矣。据著者研究东汉时户口之所得，黄河流域每家口数多于长江流域。长江流域每家口数又多于交州（详见《中国史》第二册）。其主要原因，则中原开辟而郡县多，治理或稽核较易，隐瞒口数困难，而远州则不然也。益州每家平均人数之在两汉约 4.78。吾人认为尚有以多报少之弊。王隐所记之数字，每家不足 3.4 人，当不足信。盖蜀立国于益州，土地小而常从事于战争，军粮饷等皆出于民，政府绝不能容许隐瞒若是之甚，而自减少其收入，或使忠实之农民不堪担负也。《蜀记》《晋书》所记户口之数字，皆不足信。吾人可据之材料，唯有《晋书·地理志》所载各郡之户数，兹据之列表于下。

郡	户
汉中	一五〇〇〇
梓潼	一〇二〇〇

广汉	五一〇〇
新都	二四五〇〇
涪陵	四二〇〇
巴郡	三三〇〇
巴西	一二〇〇〇
巴东	六五〇〇
蜀	五〇〇〇〇
犍为	一〇〇〇〇
汶山	一六〇〇
汉嘉	一三〇〇〇
江阳	三一〇〇
朱提	二六〇〇
越巂	五三四〇〇
牂柯	一二〇〇
云南	九二〇〇
兴古	六八〇〇
建宁	二九〇〇〇
永昌	三八〇〇〇
武都	三〇〇〇
阴平	三〇〇〇
合计	三一九一〇〇

上为太康元年(二八〇)诸郡之户数,距蜀覆亡凡十七年。其数字皆为整数,显有所删去,然将诸郡户数一一列举,决非唐人所能虚构。吾人据之讨论三国时代蜀之户口,当较近于真像。蜀亡后,晋分益州为三州,曰梁、益、宁,武都、阴平属于秦州,初亦曾为蜀地,故并入计算。蜀亡,钟会叛于成都,致成大规模之抢劫与混乱,蜀都人士之死亡者,数当不少。及治安恢复,司马昭徙其主及大臣于北方,家属皆从之行。战后土荒民饥,当有不少死亡。《刘颂传》称颂为相府掾,奉使于蜀,时蜀新平,颂以饥荒之灾严重,表求振贷,不待报而行,坐免官。昭以属吏一再为变,不待报而行者,将重罚之,颂之出此,不过欲减少人民死亡耳。

蜀之户口于新平时，数有减少，后则稍有增加，两□相抵，蜀亡前之户口盖与太康元年之数字相近，即有增加，而数亦不多也。合隐瞒之户计算，蜀之户数，殆有三十余万，当东汉中叶五分之一而强。其祸乱不若北方之甚，而户口之减少至此，当令人不胜惊异，其减少之原因有三，兹分别论之。

一徙民 曹操平定汉中，武都、阴平，为其所有，遣将入蜀，为刘备将所拒。其北退也，留将防守汉中，恐备利用武都、阴平之羌氏，徙其数万落于三辅。羌氏如此，汉人当必尽行撤退。东汉中叶，武都一郡凡二万余户，八万余人，此指汉人及归顺之羌氏。阴平时未设郡，属于武都。至是，民尽强迫北撤。张鲁土地一部分在今川北，操兵北归，当强其力所及土地之人民同行。后刘备出兵北攻汉中，操督兵赴援，求战不得，而军粮运输困难，势难持久，迫而北退，乃将汉中人民撤尽。刘备所得者，仅一空地。汉中向有五万七千余户，二十六万余人。晋时一万五千户，盖多于蜀时迁往，蜀据汉中，视为经营北方之重镇，当移民耕种于其地。诸葛亮北伐，进至渭南，汉中为转运或供给军粮之所，户口应有增加。北徙户口之数，现受史料之限制，不可确知，然为减少益州户口之一因素，则无可疑。

二隐瞒 隐瞒户口，为贫民减轻担负之一法，其由来已久。《后汉书》帝纪常有流人自占者赐爵一级，此不过奖流人为安居之农民，增加政府之税收。诏书迭以之为言，可见其数之多。人口以多报少，更所难免。盖户常有迁徙，而口时有增减，若存有隐瞒之心，虽常调查，而弊仍不能免。蜀户口少而养兵多，人民之担负重大。隐瞒则减轻其经济担负，当为其所愿为，兹引一例为证。吕乂于诸葛亮死后为蜀郡太守，其地户口众多，士伍亡命、相重冒为非。乂为之防禁劝导，数年中漏脱自出者万余口。蜀郡之成都时为国都，治理较为严密，而自出者若是之多，其占隐瞒者之比例，虽不可知，然为少数畏事之人则无可疑，僻远或蛮夷较多之地，将或更甚，惟不若王隐所言之多耳。

三厌生与溺婴 世人贪生恶死，常以生存为乐，生时不堪其苦，将有生不如死之感想。此为通常思想，吴臣骆统以之为言，实不限于一国也。三国之中，蜀地最小而民亦其最少，养兵十万，常与魏国战争。其作战之地,或近渭滨,或在今甘肃南部。其军粮之大部分,则运自成都平原。二地相距,自汉里而论,将数千里,途中逾越高山峻岭,运输费之昂贵,将有"十余钟而致一石"之慨。十万兵粮,运者之估言,盖有数十万人,其费用无不出自于民,人民之担负,将必奇重。士卒徭人之不堪劳急而死者,当亦不少。其情状殆过于骆统所言而无不及,厌生思想,或有相当之发达。巴郡太守王濬禁溺男婴,可为一证。《濬传》称巴郡与吴境接壤,兵士苦役,生男多不养,濬严禁之,并宽其徭课,产育者予以休复,所全活者数千人。后濬统军伐吴,其先在巴郡所全育者,皆堪徭役供军,父母告子言王府君生之,无得爱死。《濬传》所言不无夸张失实之处,巴郡共三千三百户,全活者数千人,当非二三年内之事。蜀亡距晋灭吴,历时十七年,所谓皆堪徭役供军,当难尽信,而蜀贫民一部分不乐有子或不愿其生存,则为事实。生活穷苦常造成此种现象也。

　　上言之三原因,为蜀户口减少之解释,祸乱屠杀前已言之,故不复赘。蜀国户约三十余万,而一户约有几人,亦为吾人应知之问题。西汉每户平均 4.68 人,东汉则 5.13 人,黄河流域每户平均凡 5.6 人,长江流域则 4.5 人。著者于其所著《中国史》第二册论之曰:"西汉口有隐瞒,东汉则尤甚焉。兄弟同居,史有记载,如《蔡邕传》称邕与叔父从弟同居,三世不分财,则其一例,同居口当多也。"黄河流域每户平均之口数多于长江流域,上已论其原因。每家六人之估计,盖不为高,若照此计算,蜀国人口将有二百余万,未归化之蛮夷,则未计入。其户口分布情状,东汉中叶巴郡有三十一万户,一百零八万人,蜀郡三十万户,一百三十五万人。而在晋时,合巴、巴东、巴西三郡计之,只有二万一千八百户。其减少之主因,初由于流人东下,继由于蜀吴战争而蜀惨败,后晋伐吴而巴郡担负特重也。蜀郡户口减少,前已论之,而区域划小亦一原因,余无一一讨论之必要矣。

　　一国户口之多寡,影响其财力与兵力。户口少而政府之收入亦少,事至明显。士卒时为专门职业,所谓士族也。《后出表》虽未必为诸葛亮之文,然所言之环境背景,则为三国时之情状,如称其将士锐卒非一州所有,则其一例。蜀无生于益州之大将,亦无可用之精兵,为其北伐失败之一原因。其教育又不发展,才能之士,多来自他州,死者无以继之,乃终并灭于魏。此就户口量质而论,其他原因,则不能于此论及。

(《斯文半月刊》1941年第2卷第2期)

论秦疆域

公元前二二一年(秦王廿六年),秦王政统一中国,创立我国从古未有之大帝国。太史公于《秦始皇帝本纪》言其疆域曰:"秦东至海暨朝鲜,西至临洮、羌中,南至北向户,北据河为塞,并阴山至辽东。"其所言者,为前二二一年之疆界。始皇二十八年(前二一九年),《琅邪台石刻》铭云:"六合之内,皇帝之土,西涉流沙,南尽北户,东有东海,北过大夏,人迹所至,无不臣者。"前二一三年(三十四年),仆射周青臣颂始皇功德有"日月所照,莫不宾服"之语。按始皇并灭六国,尽有其土地,北边有匈奴为害,遣将蒙恬伐之。前二一五年(三十二年),略取河南地。明年,更发兵取陆梁地,为桂林、象郡、南海。此《史记》所记之事实也。兹分别论之于下。

战国时,燕东北境达于辽东,秦灭燕,尽有其地。其所筑之长城,东起辽东。长城今起自山海关,近人以秦长城东段在今长城之北,直达辽东半岛,实无可信之根据,辽东古为空泛地名,山海关一带之地亦称辽东。其北发现类似长城之遗址,安知其非后人版筑之城墙,或防守时筑壕之遗迹耶?事无佐证,自不足信。余意古人倾向于保守,秦筑长城,后世视为防御外患之大工程,常驻兵严守其要害,时加修葺,使之成为金城之固,事易功倍,长城东段恐无再筑之必要。今临榆一带,为燕辽东,当为事实。秦未攻取朝鲜,朝鲜在汉地望,多在今我国疆域之内,惟一小部分在今朝鲜北部。朝鲜半岛尚有不少之独立小国。武帝平朝鲜,以其地为真番、临屯、乐浪、玄菟四郡,其所在地,史无明文。魏将毌丘俭自玄菟出兵与高句丽战,大捷,刻石铭功。近时发现之九都山碑,证实魏之玄菟郡治,在今铁岭左右,两汉郡治相沿。魏郡本于东汉,尚保存古代之政治区域。汉代朝鲜盖在今辽宁省东南部及朝鲜北部，以乐浪郡在朝鲜有汉墓为证也。此朝鲜王卫满经营之结果，其前朝鲜将更狭小矣。太史公言秦至朝鲜，指秦与朝鲜为邻也。

秦之北境限于长城以南，其边地诸郡，皆沿燕赵之旧，惟陕北为蒙恬之所经营，即史所称之河南地，《史记·匈奴列传》言秦因河为塞，筑四十四城(《始皇本纪》作三十四城)，徙谪戍防守。其地寒苦，户口不多，自匈奴去后，数当益少，所筑之城当不能大，亦非普通人士之所愿居，乃徙民居之。《始皇本纪》称三十五年(前二一二年)，徙三万家于丽邑，五万家于云阳，皆不复事十年。丽邑不可确知，云阳，《括地志》称为雍县，秦之林光宫，即汉之甘泉宫在焉。《本纪》又言三十六年(前二一一年)，迁三万家于北河榆中。三地皆在陕北，蒙恬所取之地，当在今长城以内也。汉人称陕北为新秦中，可为一证。《本纪》又言蒙恬渡河取高阙等地，所在不可确知，长城在黄河北岸者，今为宁夏、甘肃，或即其地。太史公言长城起临洮，当指临近洮水之城邑而言。今长城西达嘉峪关，其西段为汉武帝所筑，浑邪王降，汉始有其地也。大夏，《正义》引杜预之说，谓在太原晋阳县，其说所本，今不可知，若接受其说，秦地当北过大夏。羌中颇难为指定，甘肃一部分为羌人旧居，秦之西疆达于甘肃东部，则无可疑。甘肃地近沙漠，沙漠为秦人所知，故铭文有西涉流沙之语。

其南疆所至，太史公言为北向户，即《琅邪台石刻》所称之北户。楚地或达于今湖南北部，秦有楚地，湖南为最南之土地。后人多所附会，甚者称北户即今安南北部。其时秦师尚未南征，政治势力犹未达于湖南中部，更何能远至安南？其他附会之说，亦不足信。其东境临海者，有今河北、山东、江苏及浙江一部分。《史记》所言，信而有征。此秦统一时疆域之大略也。《史记》及《琅邪台石刻》所记，皆指其最远地而言。周青臣颂始皇功德，时秦以南征北伐之结果，土地益广，达于时人地理知识所及之地，故有"日月所照，莫不宾服"之语。其先始皇自谓"人迹所至，无不臣者"。其所知诸夏各国，皆地入于秦而人民臣服矣。其言虽不免于夸张，而其切实治理之地，尚可于秦郡求得真像。《史记》称始皇统一中国之年，分天下为三十六郡，而郡名则未列举，致言者不同，真像尚有不可知者，幸其争执对于吾人讨论秦代之疆域，犹无重要之关系也。

班固于《汉书·地理志》，称"秦置之郡""秦郡"及"故秦郡"，凡三十有六，曰河东、太原、上党、东郡、颍川、南阳、南郡、九江、巨鹿、齐郡、琅邪、会稽、汉中、蜀郡、巴郡、陇西、北地、上郡、云中、雁门、代郡、上谷、渔阳、右北平、辽西、辽东、南海、长沙、三川、泗水、九原、桂林、象郡、邯郸、砀郡、薛郡。三十六郡为前二二一年之事，其时南海、桂林、象郡尚未为秦所有，长沙地多蛮夷，是否设郡，亦为问题。后人竟以其所言之三十六郡，为始皇二十六年所置。实则班氏地理知识颇为疏陋，其言战国时七国地望漏误甚多。其言汉初疆域，甚至以七国乱后新设之郡县，为高祖所置，其所述之秦郡，错误亦所难免，若列入始皇三十三年（前二一四年）所置之南海、桂林、象郡于前二二一年之三十六郡中，则不足信。裴骃于《史记集解》，易以鄣郡、黔中、内史。《晋书》从之，益以后置之闽中、南海、桂林、象郡为四十郡。此为解决困难之一建议，惜无可信之根据。

王国维以《史记》成立较早，于纪传求秦郡名，共得二十七郡，曰上郡、蜀郡、汉中、南郡、黔中、南阳、三川、太原、巴郡、河东、上党、东郡、颍川、会稽、陶郡、河间、闽中、陇西、北地、云中、雁门、代郡、上谷、渔阳、右北平、辽西、辽东。其在二十六年后设者，有陈郡、东海、砀山、泗水四郡，凡三十一郡。《地理志》言邯郸、巨鹿、砀郡、长沙、九江、泗水、薛郡、齐郡、琅邪，除其复出及后置者，凡三十六郡，其说与《地理志》相较，有陶郡、河间、闽中、黔中，而无九原、南海、桂林、象郡，与《史记集解》相较，有陶郡、河间、闽中，而无鄣郡、东郡、内史。王氏进而称始皇三十三年（前二一四年），设桂林、象郡、南海三郡，北击胡拓地为九原郡。二世时置陈及东海二郡，合计凡四十二郡。更有前七国地望言之，秦地六郡，曰巴郡、蜀郡、汉中、陇西、北地、上郡。取于胡越者，亦有六郡，曰会稽、闽中、南海、桂林、象郡、九原。楚有八郡，曰南郡、九江、泗水、东海、长沙、薛郡、黔中、陈。赵有八郡，曰太原、上党、巨鹿、云中、雁门、代郡、邯郸、河间。燕有五郡，曰上谷、渔阳、右北平、辽西、辽东。韩魏七郡，曰河东、三川、东郡、颍川、南阳、定陶、砀郡。齐有二郡，曰齐郡、琅邪。所可疑者,燕地所设之郡,皆在北边,而齐地至广,仅有二郡。史言汉初齐有七郡,燕有广陵郡,其结论则秦初得天下,分三十六郡,后盖于齐、燕地增置六郡,曰胶东、胶西、临淄(即齐)、济北、博阳(即济南)、城阳,共四十二郡。新得四郡,又分置陈及东海郡,凡四十八郡。

　　王氏研究之方法,及怀疑之点,颇有所见,其推论则本于秦以六纪数也。所可非议者,一、郡多在边地,盖便于防御外患,内地置郡是否若王氏所言之多,为一问题。二、桂林、象郡、南海、九原四郡,非同时设置,陈及东海设置更迟。王氏所言以六记郡之说,将有疑问。三、王氏受《地理志》之影响,而以上党属赵,南阳属韩。实则上党初为韩地,而南阳则为楚有,三川尚有周地也。此虽偶尔之疏忽,无关宏志(旨),而长沙、闽中是否如后人所言之地域,于前二二一年即为秦郡,则为重大之问题。汉末长沙国有今湖北南部及湖南北部,凡四万余户,汉初更少,只二万余户。南越王赵佗言长沙国半蛮夷,君长称王。其在秦时当必更甚。要之,三十六郡缺乏时人之记载,郡名不可尽知,后因行政便利或其他需要与原因,当有划分添置之可能性。向外开拓土地,增置新郡,则信而有征,此就政治原理而论。《史记》为西汉中叶之著作,汉郡多于秦郡。司马迁叙述秦汉之际之史迹,或用汉时郡名,则更增加吾人研究秦郡之困难。王氏利用现有之史料及汉初之郡国地域,佐以秦以六纪数之知识,称秦末有四十八郡,虽无史料证实,固为有价值之假设。

　　秦地之在西南者,曰巴、蜀二郡,秦之经营始于战国,始皇放逐罪人于其地。二郡在今川北及成都平原。平原为肥沃之土地,而秦人多不愿往。《史记·货殖列传》称赵人卓氏于国亡后,奉令迁徙,夫妇推辇,行诣迁地,"诸迁虏少有余财,争与吏求近处葭萌"。卓氏则远迁至临邛,程郑亦自山东迁于临邛。二氏后以冶铸富拟人君,故太史公言之。葭萌地在川北,今为昭化,临邛今为邛崃,为成都平原之一部分,而迁人则以为远,不欲往居。秦时成都平原,汉人犹不甚多,而地未尽开辟。巴郡由巴山而得名,《汉书·地理志》所列诸县,惟数县所在为吾人所知。阆中地在川北,诸县当与之相近。川东相距太远,乃逐渐经营之结果,有汉代之事实为证。张鲁兵败于曹操,自汉中逃入巴郡,刘备遣使招之,而鲁北降于操,则其一例。黔中非今贵州湘西一带之地,而距汉中不远。著者于《中国史》第一册，业已论之，兹不复赘。南郡汉时犹多蛮夷，长沙更甚。其南《史记》称为陆梁地，后为桂林、象郡、南海三郡。秦亡，赵佗据之为南越国，汉高祖遣陆贾授佗王印。贾见佗言其众曰："今王众不过数十万，皆蛮夷崎岖山海间，譬若汉一郡王。"证以《地理志》所记汉末其地诸郡之户口，贾言诚非虚语。

自长江而下，南岸之地多未开辟，而江北之地户口亦不甚多，淮南则较发达。长江以南，东越闽之地，亦非秦力所能治理，后世附会之说，则本于《史记·东越列传》。传称秦并天下，废闽越君长，以其地为闽中郡，此事未见于其他纪传，所本今不可知。后人注释其地，虽不相同，要以为在今福建。按福建于明代犹未尽开化，吾人读《天下郡国利病书》者，当知此为事实。传又称前君长归鄱阳令吴芮，从诸侯灭秦，又佐汉。汉立前闽越王王闽中故地，复立故东越王为东海王，世称为东瓯。七国之乱，东瓯助吴，复受汉金，杀吴王于丹徒。案公元后三世纪，吴以兵力历久战争，始平山越，以其地为郡县。其地在今江苏西南部、浙江西北部、安徽南部及江西北部。越君归鄱阳令，是指令江西北部及其附近之越人。丹徒为今镇江一带之地，其山地殆为越人旧壤。越人部落而居，其王当为势力强大之酋长，兵力盛时势力或达浙江南部及福建一部分。秦不能为有效力之统治，吾人无可信之史料，决不能附会谓秦有今福建。武帝灭东越，亦不能有其地也。

秦郡多在黄河流域，人口亦以其为最多。淮南则渐开辟，汉时户口犹不甚多。中国大规模之经营南方，则始于始皇。南方与长城附近苦寒之地相较，则植物易于生殖，且免胡马之侵扰，生计困难之人民，无宁愿徙居于南方。南方土地之开辟，成为我国疆域之一部分，系长期经营之结果，而基础则立于秦。始皇之功，不可没也。

(《斯文半月刊》1941 年第 1 卷第 9、10 期)

秦始皇与儒家思想

我国自公元前二二一年，秦始皇破灭六国，混一疆土，始树立帝国之规模。盖一统思想之萌生，儒家实发扬光大之。如孟子答梁襄王"天下恶乎定"之问，则称："定于一。"又曰："不嗜杀人者能一之。"儒家重德化，主以德服人。孟氏之言本附会汤伐桀、武王伐纣之故事，及其子孙赞美祖宗之诗歌而成，固未足尽信，而后人则深受其影响。故始皇之统一实为实现儒家思想，第以穷兵黩武、焚书坑儒为汉人所恶耳。秦亡不旋踵，天下之罪皆归焉，遂使后人不复能识始皇之伟大，而不知始皇之治国思想原本于儒家也。本文拟就此点为之阐明。

始皇所受之教育为何，已无明文可考。所可知者，始皇本生于邯郸（公元前二五九年），时父为王子而质于赵，秦兵攻赵，始皇方二岁。嗣于前二五一年始归秦。越二年，父庄襄王嗣位，凡三年而崩，始皇遂以十二岁之冲龄践祚，一切政事皆决于母后及相邦（汉人以高祖讳，改称相邦为相国）吕不韦。至二十一岁削平内难，乃亲理政事。当其在赵时，以秦兵围攻亟，深为赵人所恶，生命几于不保。始皇时年尚稚，于斯环境中不易有良好之教育，殆可断言。故其受教育当在返秦之后。李斯谏二世有"放弃诗书"之语，诗书为儒家传授生徒之教本，儒生且常以授徒为业，受教者自易受儒家思想之薰陶。观始皇衡石量书，精勤不懈，非深受儒家教育者曷克臻此。始皇亲政之初，曾下令逐客，李斯预焉。斯乃上书极陈逐客之非，始皇竟除前令，复李斯官。斯为荀卿弟子，其见解虽多与韩非同，而其议论之出发点则固本于师说。斯自复官后，且为始皇所信重，言听计从，故始皇之政策多出于斯。是则始皇之行事壹是皆以儒家思想为本也。秦时石刻文辞，足资证明，兹引三例：

……治道运行,诸产得宜,皆有法式。大义休明,垂于后世,顺承勿革。皇帝躬圣,既平天下,不懈于治。夙兴夜寐,建设长利,专隆教诲。训经宣达,远近毕理,咸承圣志。贵贱分明,男女礼顺,慎遵职事。昭隔内外,靡不清净,施于后嗣。化及无穷,遵奉遗诏,永承重戒。(《泰山石刻》)

皇帝之功,勤劳本事。上农除末,黔首是富。……忧恤黔首,朝夕不懈。除疑定法,咸知所辟。方伯分职,诸治经易。举错必当,莫不如画。皇帝之明,临察四方。尊卑贵贱,不逾次行。奸邪不容,皆务贞良。细大尽力,莫敢怠荒。远迩辟隐,专务肃庄。端直敦忠,事业有常。(《琅邪台石刻》)

……皇帝并宇,兼听万事,远近毕清。运理群物,考验事实,各载其名。贵贱并通,善否陈前,靡有隐情。饰省宣义,有子而嫁,倍死不贞。防隔内外,禁止淫泆,男女絜诚。夫为寄猳,杀之无罪,男秉义程。妻为逃嫁,子不得母,咸化廉清。大治濯俗,天下承风,蒙被休经。皆遵度轨,和安敦勉,莫不顺令。黔首修絜,人乐同则,嘉保太平。……(《会稽石刻》)

上引三石刻文辞皆见于《史记·秦始皇帝本纪》。司马迁作《秦本纪》时,已言秦代史料缺乏,《始皇本纪》之写成,盖多本于《秦纪》。司马迁游历名山大川,所至网罗散失旧闻,石刻文辞殆其所亲见而录之于书者也。《本纪》所记之石刻凡五:一曰《泰山石刻》,二曰《琅邪台石刻》,三曰《之罘二石刻》,四曰《碣石石刻》,五曰《会稽石刻》。其铭虽臣下颂扬之辞,然其言多为事实,诚为可宝贵之史料,吾人据以讨论始皇治国之思想,自无不可。且铭为有韵之文,便于记忆,其一部分作用且同于法令,盖欲臣民深晓治国原理而奉行遵守,以臻治平之世焉。兹所引者不过借以说明始皇治国之思想而已,故未尽承全文。之罘、碣石石刻亦无抄引之必要。铭中所言伦常观念多同于儒家,而儒家思想则本于古代之圣贤。兹分析其内容于下:

(一)**皇帝责任** 古代圣贤之君,无不勤于政事。周书《无逸》以君王之勤劳与否解释商代之盛衰,并言文王不敢盘游自逸。孔子仕鲁,齐人归女乐,鲁执政受之,三日不朝,孔子遂行。此可证明勤于政事为旧有之善德,儒家极重视之。始皇为君亦能知一己之责任所在,如《泰山石刻》铭文言皇帝"不懈于治,夙兴夜寐",《琅邪台石刻》称皇帝"忧恤黔首,朝夕不懈",《之罘石刻》称"皇帝明德,经理宇内,视听不怠",所言皆非谀辞,此可与方士卢生等所言互相印迹。始皇蔽于迷信,欲得神仙不死之药,卢生等求之不得,惧罪及,则宣称:"天下之事无小大皆决于上,上至以衡石量书,日夜有呈,不中呈不得休息。贪于权势至如此,未可为求仙药。"遂亡去。于此可见始皇之不肯自逸,其言出诸方士之口,足证铭文所言为不虚。故臣下受其影响,畏其严明,亦相率勤于职守,忠其所事。如《琅邪台》铭称"细大尽力,莫敢怠荒",自非无据。

(二)政治观念　商周政治本自部落社会演进而成,故人民有义务而无权利。其能服从命令尽力事上者,则目为驯良之民。而贵族阶级则享有特殊之权利,位益高者权益大。如天子、诸侯、大夫、士、庶之享受不同,衣冠有别,皆其例也。儒家之政治哲学,第就传统之思想予以理智之解释,使成为有系统之学说而已,而其基本主张则为德化。始皇既深受儒家之影响,其政治观念自亦不能外是。铭文所记即足证明。如《泰山石刻铭》言"贵贱分明",《之罘石刻》称"昭设备器,咸有章旗",《琅邪台铭》云"尊卑贵贱,不逾次行"皆是。至其分别之法,古为服章礼乐等。《之罘铭》所言之"备器章旗",即本于古制。又《琅邪台石刻铭》所称"皆务贞良"、"专务肃庄,端直敦忠"诸语,亦皆本于儒家德化之思想,盖欲移风易俗,使民悉为忠厚之良民。而《泰山铭》所言"治道"、"大义"、"教训"诸辞,义虽不可确知,要亦不出儒家思想之范围也。

(三)男女之别　周人素严男女之防。儒家于发扬传统礼教之余,更进而主张男女不相授受。孟子、荀子皆反对男女由恋爱而为夫妇,《礼记·内则》等篇尤文繁节缛,于是男女界限益严,终且成为强有力之礼教。始皇因之,著为明文,如《泰山铭》之"男女礼顺"、"昭隔内外"等语与《礼记》所言男问外事、女问内事,同为男女遵守之原则。《会稽铭》所述违者之罪罚且甚严峻。古人称会稽淫风,系由越王勾践欲增加人口,奖励生育所致,全为臆说。盖吴、越为南蛮之地,春秋战国时代尚保存一部分原始社会之风俗,婚姻之自由可以想见。男子之淫于他室,与妇女之弃夫改嫁或夫死再嫁者为社会上常有之事,初不限于一时一地。

盖男女相悦为人类之天性,而婚姻制度之不良,夫妇爱情之转变,及生活之难易,皆足使双方之感情破裂。始皇既以维持旧礼教为务,更欲以政治势力强民遵守,其思想之接近儒家益可征信。

（四）富民　我国自昔为农业社会,人民力田,然税重而苦于徭役,诚所谓"乐岁终身苦,凶年不免于死亡"者也。故孔子在卫,论治民之政,首重富民,孟子所言之仁政井田,亦全为惠民而设。富民之法,一为奖民耕种,一为减轻人民负担。重农之政由来已久,《无逸》所言是其一例。始皇亦以农为本,而以商为末。此《琅邪台石刻铭》所谓"上农除末,黔首是富"也。故其《碣石铭》又云:"黎庶无繇,天下咸抚。男乐其畴,女修其业,事各有序。惠被诸产,久并来田,莫不安所。"按,始皇统一之初,国内承平,人民颇能安居乐业。迨后,因北逐匈奴,修筑长城,更发兵经营陆梁地,人民不堪其苦,而祸乱始起。故《碣石铭》言"初一泰平,堕坏城郭,决通川防,夷去险阻"。可见秦初曾堕城去险,以示不复用兵。决通川防,既可减少水灾,亦利于灌溉与交通,实惠民之政也。惟其详则不可知矣。

自铭文而论,始皇治国之合于儒家思想,无可置疑。至其焚书坑儒,固常为后世儒生所诋毁,然苟加以研究,则焚书盖为儒家不容异说并立之必然结果。观于孟子斥杨、墨为无父无君,荀子以诡辩家之淆乱名实,因而主张正名,可为明证。《荀子·儒效篇》称"无益于理者废之",故荀子更进而反对一切科学家之学说。其《解蔽篇》所言尤为明显,其言曰:"若夫非分是非,非治曲直,非辨治乱,非治人道,虽能之,无益于人,不能,无损于人,案（作乃解）直将治怪说,玩奇辞,以相挠滑也。……此乱世奸人之说也。"韩非受师说之影响,其《五蠹篇》所言亦至激烈,至称微妙之言,上知之论,商管之法,孙吴之书,皆无用而为明主所必禁。故始皇因李斯之请而有焚书之举,亦不过实现儒家之主张而已。至其事之起,则由于博士淳于越请复封建。时始皇统一中国已八年,淳于越犹请封子弟功臣为诸侯,且曰:"事不师古而能长久者,非所闻也。"始皇下其议,李斯奏称五帝三代不相袭,愚儒不知大业万世之功,三代之事何足为法？今天下已定,法令出一,诸生不师今而学古,以非当世,惑乱黔首。复称:"今皇帝并有天下,别黑白而定一尊。私学而相与非法教,人闻令下,则各以〔其〕学议之,入则心非,出则巷议,夸主以为名,异取以为高,率群下以造谤。如此弗禁,则主势降乎上,党与成乎下。禁之便。臣请史官非秦纪(记)皆烧之,非博士官所职,天下敢有藏《诗》、《书》、百家语者,悉诣守尉杂烧之。"李斯之见解以为民间藏有书籍,为非议法教之原因,故不易别黑白而定一尊。奏上,大臣无异议,始皇是之,遂下诏实行。盖其君臣已久受儒、法二家学说之薰陶,故有此决定,殊不知其实行之结果徒有害而无利也。夫人师古非今,原因至为复杂,矫正之方,无过于奖励著书,以说明历史进化之程序,庶使观念改变,而产生正确之见解。焚书不惟不能改变其观念,反而增加其恨恶。儒生谤秦,此其主因。其后如汉儒请罢斥百家,韩愈之作《原道》而主张"人其人,火其书,庐其居"皆儒家一尊之见所使然也。至于李斯之欲使民奉吏为师,西汉承袭其意,遂有生员学于太常之制焉。

至若后世所传之坑儒,亦不可不辩,盖始皇所坑者实为求仙药之方士,而非真正之儒者。方士创为神怪之说,始皇信之,遍求不死之药,靡款甚巨,迄无所得,乃设"方不验辄死"之法。卢生等畏罪,出谤言而亡去。始皇闻而怒,谓:"卢生等,吾尊赐之甚厚,今乃诽谤我,以重吾不德也。诸生在咸阳者,吾使人廉问,或为妖言以乱黔首。"因使御史案问,诸生转相告引,坑其犯禁者四百六十余人。长子扶苏谏始皇,有"诸生皆诵法孔子"之言,始皇怒,使之北监蒙恬军于上郡。此事见于《史记》,然司马迁于何时何地访得,或闻诸何人,皆不可知。吾人殊难信为当事人之语,尤以扶苏谏辞为甚。盖坑诸生之故事盛传于汉,司马迁仿卢生、始皇之口吻尚不甚难。扶苏之谏则在宫中,非他人之所能知。始皇命之监军,实一重任,而司马迁必以恶意解释,遂有此附会之说。岂方士服饰同于儒生,而司马迁乃为此语耶? 始皇坑杀四百余人,皆望星气求仙药之术士,且犯禁有据者。故始皇之失,不在于终杀之,而在于始信之也。

总之,统一思想为儒家之主张,焚书乃实现其主张之一法,坑杀犯禁之方士更不足为始皇病。始皇治国之思想实多本诸儒家,又勇于改过,从谏若流,除逐客令即其一例。又如郡县制行之已久,而淳于越面言始皇之非,始皇犹下其议,皆可见其虚心。然始皇既以儒家思想治国,何故又采行郡县制？则以此制可免地方之割据,而减少国中之祸乱,故李斯首出主张之。盖斯师荀子法后王,韩非至称以先王之政治当世之民,同于守株待兔。斯既受荀、韩之影响,更以历史进化为根据,以议论当时之政事,所见实高于时人。始皇能排众议而独受其说,亦不失为英明之主。是以就其功业而论,始皇实我国历史上之伟大政治家。秦之覆亡,固由于始皇末年劳民太甚,而二世之愚痴亦其一因,岂可遽以成败论哉！

(《文史杂志》1942年第2卷第1期)

史料与学者

近代史之史料，浩如烟海，绝非一人之力所能遍读。不自量而言之，徒见其胆大妄为，而为通人所笑。学者知其然也，非亲读或曾利用之史料，决不敢有所论列。其研究之范围，常限于专题或某一时期，既不能以之推论一切，更不能强不知以为知。凡研究学问之人士，无不如此。近时我国史学视前稍有进步，为一可喜之事，而最大之阻碍，则为文史不分，以为能文者皆可为史家。余曾论其弊曰：

> 现时我国文史并重，国文教员常教历史，不独中学为然，大学亦有其例。其人多无训练，不知科学方法，运用之者更少，乃以讲授国文之方法讲授历史。学生耗废时间，或无所得。历史遂失其应有之地位。……致知识界人缺乏历史常识，不能认识本国之社会。①

上文系余数年前之观察与感想，迄今不惟不稍改变，且加甚焉。国人所以如此者，由于不知历史性质，亦不知历史方法。文人未受历史学之训练，偶尔见得一二史料，即自标榜为学者。殊不知史料为一事，保存史料又为一事，研究史料发为论文又为一事。学者之贡献，乃视其研究之结果——有无新知识也。国人受传统思想之影响，不能辨别，原无足怪。文人滥充历史学者，有此观念，而发为文字，则不能不予以指正。余读萧一山先生《近代史书鸟瞰》及《近代史书史料及其批评》而生此感想。《近代史书鸟瞰》系《近代史书史料及其批评》之一部分，一文发表于《星期论文》及《经世》二杂志，殆视为有贡献之著作，而应有相当之影

---

① 《中国史》第一册自序。

响。余读二文之后，认为谬误太多，一一指正，将不胜其烦，余亦无此时间，仅就方法上论其三点于下。

一、傅会　历史研究之目的，在求得真像，牵强附会之解释，非愚即枉，为研究历史者所当戒免之事。自命精通中外史书如萧先生者竟不能免，试举一例。其言曰"吾国史学本甚发达，社会对于史学之重视亦较西人为甚"。余读之之后，实不知其所云。身不能读外国史书，或读之不多，决不应有此议论。不知又不询问，而竟有此胆大之推论，余深佩服萧先生之勇气，惟用之于研究学问，则为人所笑耳。

二、强不知以为知　萧先生论及史料，称英国有 Office of the Public Records，实则英国只有 The Public Record office，London 王绳祖先生曾得该局许可，利用其发表之公文，写成一书，并为文介绍之，译其名曰《伦敦档案局》。①萧先生在英既未至该局，复将其名称改易，事属创作，殊令人骇然。又称该局发表之史料至欧战时，任人利用，亦为创作之事实，尤令人惊异。其论俄史料等，亦本此精神，他人著作，何不参看？

三、不知何谓著作　历史著作，非抄录史料之谓，乃利用一切可信之记录，认清事实，然后将其选择，或按年岁先后，或据逻辑，融会贯通，叙述史迹演变之经过，说明其背景及促进之势力，当事人之思想与其决定，时人之议论及事后之影响，再据吾人认识其时之知识，评论其是非价值，而为有统系之作品。此吾人所谓著作之基本条件，而萧先生竟以抄录史料为著作，盛称王芸生先生所选辑之《六十年中国与日本》为名著。王先生收辑一部分未发表之史料，而印之成书，便利读书，亦有贡献于世。若谀为著作，王先生亦将视为笑料。此为萧先生之思想，无怪其自谀其所抄录之太平天国史料为一贡献，实则抄录史料，为任何人所能为。萧先生自视，亦太卑矣。

综而言之，研究学问为终身事业，而一人之时间有限，学者只能利用其所能用之史料著作成书。陈垣先生研究蒙古史，则其一例。其精通外国语言远不及伯希和，而淹博亦不之如，但陈先生充分利用本国史料，为有贡献之学者，为人所公认。萧先生不知外国史料，所言多为新

---

① 《斯文》第一卷第三期，《伦敦档案局印象记》。

创作之事实,强不知以为知,或出于牵强附会,辨别史料与著作之基本知识,亦嫌不够,竟自居于学者地位,妄议一切,不免误人,此余不得已而草成此文也。

(《斯文半月刊》1942年第2卷第10期)

秦代政治建设及其覆亡之主因

（一）

秦王政统一中国，成立我国从古未有之大帝国。初西历前二五九年，王生于赵都邯郸，以父时为王子为质于赵也。后八年返国，盖受良好之教育，十二岁嗣父为王，政事决定于太后及相邦（汉改称相国）吕不韦，而国中数有祸乱，乃以严刑立威，使其臣下有所恐惧，不敢为乱。王年稍长，益留心国政，其聪明才力渐使不韦有所忌惮，并能平定叛乱，罢免不韦，当为非常之主，时二十一岁也。王壮年亲政，有并灭六国之雄图，又虚心纳谏，尊用一能之士，遂于前二二一年，统一中国。其劳苦当过于常人。及为皇帝，仍极勤于政事，从无自逸之思想。方士言其不可得仙药曰："天下之事无大小，皆决于上。上至以衡石量书，日夜有呈。不中呈，不得休息，贪于权势至如此，未可为求仙药。"此为诽议，而始皇之勤，于此可见。秦《泰山石刻》铭文言皇帝"不懈于治，夙兴夜寐"，《琅邪石刻》称其"忧恤黔首，朝夕不懈"，其所言者，皆为事实，与方士所言相互证明。皇帝知其责任，而勤劳至此，我国史上实无几人。

始皇权力可得为所欲为，而事实上常征求臣下之意见，处理大政。盖一人之知识经验有限，大政苟不从长计议而即自行决定，将或病民误国，英主如始皇，自不出此也。《始皇本纪》记其诏下群臣议者共有四事，兹引其一为例。秦灭六国，采行郡县制。后始皇置酒咸阳宫，博士七十人前而为寿。仆射周青臣称颂威德，始皇悦之。博士淳于越进言皇帝不封子弟功臣为枝辅，缓急无以相救。"事不师古而能长久者，非所闻也。今青臣又面谀以重陛下之过，非忠臣"。始皇下其议。初灭六国,群臣请封子弟功臣,李斯力排众议,独言不可。始皇从之,郡县制行之八年,成效昭著,为政府确定之政策,乃以越言复下吏议。其态度之谨慎,乐于接受忠言,远过于后世之君王。越斥青臣"面谀以重陛下之过",是在群臣之前,言皇帝之过,若在后世,将为大不敬,罪至不测。即仁厚之主,亦或将其交部议罪,而始皇竟淡然视之。李斯对于封建,仍持前议,并谓古不足法,请焚《诗》《书》,始皇从之。焚书姑暂不论。始皇对于治国大计,往往先交群臣论其得失,大臣以其讨论之结果上奏,其与众议不同者,亦可单独奏言,然后皇帝审其所议,作一最后决定。其所决定者,就时情状及流行之思想而论,多为英明之处置。其事将论之于后。

(二)

始皇统一中国,其地位之高尊,过于先时。其时王为国君之尊称,自六国称王以来,渐不为人所重。秦昭王尝自称帝,而诸侯不肯尊奉之为帝,复去帝号,则其明例。始皇并灭六国,不慊于王号,令群臣议定尊号。群臣请称泰皇,改命为制,令为诏,自称曰朕,始皇改泰为皇,采用帝称,号曰皇帝。余如群臣所议。帝为有天下盛德之君,皇作形容词用,有光辉盛大之意。始皇合而为一名辞,后人称其自谓德兼三皇,而以为号,乃附会之说。命令二字习用已久,沿用亦影响皇帝之尊严。朕为代名辞,古人上下皆得称朕,皇帝称朕,他人始不得使用。皇帝制称以行为谥,是子议父,臣议其君,废去谥法。自为始皇帝,后世以二世三世计算,至于万世,亦所以提高皇帝之地位。其朝仪今不可知。其君臣宴于宫中,犹能自由对语,或面陈皇帝之非。

(三)

秦代官制,《史记》未详记载,惟称汉沿秦制,官名少变更。实则官名虽同,而职权则以环境之嬗变,先后当不一致,惟有据《史记》之断片记载叙述秦之官制。《琅邪台石刻》记□从驾大臣,其侯爵一曰列侯,一曰伦侯。列侯爵高于伦侯。封侯为秦旧制，吕不韦为文信侯，食邑十万户，则其一例。据此，始皇所封之侯，当有食邑。战国时，君侯虽有食邑，仅得食其税租，而政权则归于王，秦制盖亦如此。《石刻》所记之列侯，一为王离，一为王贲。离为王翦之孙，袭爵为侯。贲为翦子，以功封侯。铭文所记伦侯二人，史未记其功业。始皇忧臣，常重其子孙。侯下为卿，卿为旧官，各有专职。统一后政事繁重，人数当有增加。而《石刻》所记仅有二人，盖有留于京中办理庶政者。卿下有五大夫二人，大夫旧为周官，位次于卿，五大夫为秦爵之一，居第九位，而铭言之，岂其所司重要邪？汉时御史大夫为帝亲臣，职近于后世之秘书长，其位次于丞相。班固言为秦官，而汉因之，铭文并无其名。大夫下为博士，博士七十人，与闻政事。秦主兵之官，《史记》未有说明，惟称二世时将军冯劫与丞相进谏。将军应为主兵之长官，而《汉书》称为太尉，岂郡置尉主兵，而遂以朝廷主兵之官为太尉邪？

地方官为两级制，上者为郡，下者为县。郡之面积大小悬殊。边地设郡较多，一由于边防重要，一由于并灭赵、燕，而未变更其行政区划。《史记》称郡置守、尉、监，其下为县。县之组织，史无说明，后人言置令、尉、丞。郡官守、尉、监之职权及其关系，史无明文。据吾人所知之事实而论，守为一郡最高之长官，尉、监则其属吏。班固称尉佐守，典武职甲兵。监之所司，则无说明，要不外佐守治政，兼稽察郡属诸县之吏治。令为一县长官，韩非言其待遇之优厚，过于古代之王，秦制盖亦如此。尉、丞皆令之属官，在其下者，则以地方人士充任。长官由皇帝任命，执行其制诏及公布之法令，并谋人民之利益，维持治安等。人民之登用，官吏之考核等，皆以史料缺乏，不可确知。

（四）

始皇统治之疆域，《史记》言之曰："秦东至海暨朝鲜，西至临洮、羌中，南至北向户，北据河为塞。"此为前二二一年之疆界。后二年之《琅邪台石刻》云："六合之内，皇帝之土。西涉流沙，南尽北户。东有东海，北过大夏。人迹所至，无不臣者。"始皇并灭六国，尽有其土地。北边以匈奴为害，遣将伐之，前二一五年，略取河南地，明年，发兵取陆梁地为桂林、象郡、南海，此《史记》所记之史实，当有说明之必要。战国时，燕东北境达于辽东，故地为秦所有。史称其长城，东起辽东。长城今起自山海关，辽东古为空泛地名，临榆一带，亦称辽东。近人谓秦长城达于辽东半岛，并无可信之根据。秦未攻取朝鲜，汉初其地望在今辽宁省东南部及朝鲜北部，此其王卫满经营之结果，其前当更狭小。"至朝鲜"乃言秦与之为邻而已。北境限于长城以南，其边郡则沿燕、赵之旧。陕北系蒙恬之所开拓，即河南地也。汉人称为新秦中，当在今长城以内。《史记》又称秦师渡河，取高阙等地。长城在黄河北岸者，今为宁夏、甘肃一部分，或即其地。长城西起临洮，当指临近洮水之城邑，其西段至嘉峪关，乃汉武帝所筑。古人称大夏在太原晋阳县，倘如其说，秦地当北过大夏。羌中颇难确定，甘肃一部分为羌人旧居。秦之西疆达于甘肃东部，事无可疑。南疆至北户，即《史记》所言之北向户。楚地或达于今湖南北部，秦有楚地，湖南为最南之土地。后人称北户为今安南北部，其时秦师尚未南征，当不可能。其他附会之说，亦不足信。其东境临海者，有今河北、山东、江苏及浙江一部分。此始皇初年疆域之大略也。

《史记》称始皇初分天下为三十六郡，惜未列举郡名，致后人不明真相。王国维为文考证郡名，进而称后设桂林、象郡、南海三郡，又北拓地为九原郡，二世置陈、东海二郡，凡四十二郡。以前七国地望言之，秦地六郡，曰巴郡、蜀郡、汉中、陇西、北地、上郡。取于胡越者亦有六郡，曰会稽、闽中、南海、桂林、象郡、九原。楚有八郡，曰南郡、九江、泗水、东海、长沙、薛郡、黔中、陈郡。赵有八郡，曰太原、上党、巨鹿、云中、雁门、代郡、邯郸、河间。燕有五郡，曰上谷、渔阳、右北平、辽西、辽东。韩、魏七郡，曰河东、三川、东郡、颍川、南阳、定陶、砀郡。齐有二郡，曰齐郡、琅邪，凡四十二郡。王氏又疑秦于齐、燕地增置六郡，合计四十八郡。王氏研究之结论，有不少可议之点，其明显者，郡多设于边地，盖便于防御外患，内地置郡，是否若此之多，为一问题。其尤严重者，则长沙、闽中是否如后人所言之地域，而为秦郡也。西汉末，长沙国有今湖北南部及湖南北部，凡四万余户。汉初只二万余户，半为蛮夷，君长称王，秦时当必更甚。要之,三十六郡,缺乏时人记载,郡名不可尽知。后因行政便利,及其他原因,当有划分添置之可能性,向外开拓,增置新郡,亦信而有征也。

巴蜀为秦西南地,经营始于战国之世。始皇放逐罪人于其地,二郡在今川北成都平原。平原为肥沃之地,秦迁人多不愿往,而以余财争与吏求近处葭萌。葭萌地在川北,今为昭化,则其明例。其时平原汉人,犹不甚多,而地未尽开辟也。巴郡因大巴山而得名,当在川北。川东乃逐渐经营之结果,以其相距太远也。黔中非今贵州、湘西一带之地,而距汉中不远。南郡则多蛮夷,长沙更甚。其南史称陆梁地,后为桂林、象郡、南海三郡。秦亡,赵佗据其地为南越国王,其众"不过数十万,皆蛮夷,崎岖山海间,譬若汉一郡",盖为事实。自长沙上流而下,南岸多为开辟,北岸户口亦不甚多,淮南则稍发达,东越、闽地非秦势力所及。《史记·东越列传》称秦废闽越君长,以其地为闽中郡,此事不见于其他纪传。后人以地在今福建。福建于明代犹未尽开化,事颇可疑。又称其前君长佐汉,汉王之于闽中故地,复立东瓯王。后七国乱起,东瓯助乱,复受汉金,杀吴王于丹阳。按山越居于江浙皖赣毗连之地,丹徒今为镇江、无锡一带之地,殆为越人旧壤。其酋长兵力盛时,或达于浙江南部及福建一部分,秦自不能为有效力之统治也。要之,秦郡多在黄河流域,人口亦以其为最多,淮南则渐开辟。中国大规模之经营南方,则始于始皇。南方之开辟,系长期经营之结果,而其基础则立于秦。

(五)

始皇治国之思想,颇受儒家之影响。著者曾为文论之,略称其自知责任,不肯自逸,主张以德化民,并欲其富足。儒家提倡之礼教,始皇且欲严厉推行,兹举一二事例证明其欲改善人民之生活情状。始皇嗣位初年,韩水利专家郑国说秦凿泾水溉田三百余里,以资灌溉。渠成溉田四百余万亩,皆亩一钟,钟为六石四斗。其地原为冲积平原,但以缺水成为荒地,一旦有水灌溉,其所含之植物经(营)养料,多于耕种之地,生产量当必甚高,秦量且小于今用之量也。于是秦益富强,关东户口太多，而关中地广人稀，尤以巴蜀为甚。始皇初迁罪人于巴蜀，一次曾至四千余家，及中国统一，《史记》称徙天下豪富于咸阳十二万户，户就通常之均数五口计算，十二万户凡六十万人。咸阳久为秦都，户口当已不少，盖无容六十万人之房屋，岂始皇迁之于关中，而司马迁疏忽称为咸阳邪？后取匈奴之河南地，又徙十二万户于边邑。此所以解决人口问题，且防御外患也。

（六）

秦地广大为前古所未有，内外信息之传递，贵能迅速。战国时大国土地方数千里，交通非有重要之改善，则中央集权政治，将遭遇严重之困难。其改善之情状，惜无记载之文献。及始皇分天下为郡县，国内军国大政，皆决定于皇帝。促进交通发达之需要，当为其所认识。平定中国之次年，即治驰道，其《碣石铭》称"夷去险阻，地势既定"，则道路之建筑，及化险阻为大道也。汉人言汉驰道曰："秦为驰道于天下，东穷燕齐，南极吴楚，江湖之上，濒海之观毕至。道广五十步。"功程之浩大，可以想见。始皇出巡，大臣从行，护卫之士甚多，驰道必甚广大。车驾过后，当许人民使用。要之，驰道便于信使之往来，促进中央、地方政府之关系，有助于民间行旅运输之发达，当为伟大工程之一。

（七）

中国既为统一之国家，法令制度之当统一，毫无可疑。其先儒、墨二家之学说盛行，其政治主张皆大一统。其弟子散居各国，颇促进文化之统一。秦灭六国，关东各国旧制有与秦异者，始皇乃推行秦法于全国，兹言其重要者于下。

法令制度 法之观念成立于战国之世。七国成文法数有增加，而渐趋于严密。秦灭六国，推行秦法于新得之土地，行之颇为有效。后汉高祖入秦，与民约法三章，然以不足以止奸。萧何撮秦法之可行者，作律九章，是汉沿用秦法也，惜多不为吾人所知。皇帝制诏同于法令，《会稽石刻铭》禁淫佚,则其一例。制度推行于全国者,有车轨、度量衡、货币等。《史记》言秦舆六尺,且曰"车同轨"。车为交通重要工具,各国所制之车,初不相同。车之重量集中于车轮,易于毁坏道路,秦令车皆同轨,则路可特别建筑,令其坚实,便于车行也。春秋各国所用之度量衡,盖不一致。秦灭邻国,遗民或沿用旧制。卫鞅变法,始将其划一,并强制执行,乃归于统一。至是,始皇推行秦制于关东,《史记》谓一衡石丈尺也。秦尺长约英尺十分之九,里当英里四分之一。石或斛之重量四五十磅,斤约一磅五分之二。秦亡,汉沿用其制,可见其推行之效力。《汉书·食货志》称秦币为二等,黄金为上币,以镒为单位,二钱文曰半两,重如其文。其鼓铸之量数,盖不敷全国之流通,而人民仍多物物交换也。

文字 我国文字源出于商周,秦居西周旧地,沿用其文字。其去西周文字,自较东方诸国用之文字为近。战国之世,关东异形字渐多。秦灭六国,统一文字为不容缓之要政。汉人称秦所用之文字为小篆,许慎于《说文解字》序言李斯等作小篆曰:"斯作《仓颉篇》,中车〔府〕令赵高作《爰历篇》,大史令胡母敬作《博学篇》,皆取史籀大篆,或颇省改,所谓小篆者也。"实则小篆先于统一时而成立,传世秦器上之文字皆可为证。许慎谓史籀为周宣王时太史籀,曾作大篆,实则大篆乃沿商周之旧,世果若有史籀,殆不过如慎所言李斯等之作小篆。斯等工作略近于后世之法帖,所便利关东人士之学习,收同文之功效。相传隶书作于秦吏程邈,许慎称始皇使邈作小篆,其言先后歧义,隶乃由篆笔画减省而成,系自然演进之结果。慎言秦书八体,亦杂有附会之辞,不足尽信。无论若何,始皇统一文字,则大功告成。

思想 先秦诸子倡言一说,儒家大师不能容许异己学说之存在。韩非则以微妙之言,上知之论,商管之法,孙吴之书,皆无用而为明主所必禁。其积极主张,则为统一思想。二家学说于时颇有势力,李斯乃实行其主张。其事之起,由于博士淳于越之请复封建制。李斯奏言诸生学古,非议时事曰:"今皇帝并有天下,别黑白而定一尊。私学而相与非法教,人闻令下,则各以其学议之,入则心非,出则巷议,夸主以为名,异取以为高,率群下以造谤。如此弗禁,则主势降乎上,党与成乎下,禁之便。臣请史官非秦纪(记)皆烧之。非博士官所职,天下敢有藏《诗》《书》、百家语者,悉诣守、尉杂烧之。有敢偶语《诗》《书》〔者〕弃市,以古非今者族。吏见知不举者与同罪。令下三十日不烧,黥为城旦。所不去者,医药卜筮种树之书。若欲有学法令,以吏为师。"[1]李斯以民间藏有书籍,无(乃)非法教之主因。别黑白而定一尊,则困难即可解决。其建议影响学说者至巨。焚书不能改变儒生之意见,而反增加其恨恶。后世儒生常以此为始皇之罪,但仍主张焚烧异端之书。民间之书焚烧,而宫中之书盖未焚毁。令下而民仍有私藏者。其明年(前二一二),方士卢生等讥非始皇而亡去。始皇使御史案问其为妖言者,坑杀犯禁者四百六十余人,皆望星气、求仙药之术士,而后人称之为儒,岂其服饰相同邪?方士创为怪诞之说,糜款甚巨,其死殊不足惜。始皇平日信之,亦有责任,乃受时代之影响而然。始皇信邹衍五德终始说,以周为火德,秦代周兴,而为水德。旗帜尚黑,改黄河曰德水,则其例也。

(八)

始皇所为,多因时制宜之举动。其统一之初,颇欲安宁人民,而国为子孙万世之业,兹引二三事例为证。初灭六国,未封子弟宗室功臣。丞相等以燕、齐、楚地远,治理不便,请立诸子为王,以镇抚之。始皇下其议,群臣皆以为便。独李斯奏言不可,其所持之理由,则周初封立诸侯,其后相攻如仇雠。今为郡县,厚赐诸子功臣,易制天下,为安宁之术。始皇亦曰:"天下共苦战斗不休,以有侯王,赖宗庙,天下初定,又复立国,是树兵也,而求其宁息,岂不难哉?"二人见解,皆高于时人,精审无可改议。郡县非创于始皇,特始皇用之广大之帝国。郡县制优于封建制,为一明显之事实,行之有效,可减少祸乱,成为安宁之术,吾人实不能予以否认。七国初以战争之故,各建筑坚固之城郭,以资防守。《碣石铭》云:"初一泰平,堕坏城郭,决通川防,事(夷)去险阻。"秦之堕城去险,以示不复用兵。决通川防,既可减少水灾,亦利于灌溉与交通,实惠民之政,惜其详不为吾人所知,其可附言于此者,尚有收兵器而销

---

[1] 编者案:陈氏引文有误,据《史记·秦始皇本纪》订正,中华书局,1963年,第255页。

毁之。

始皇统一中国，收聚六国之兵器于咸阳，为当然之政策。贾谊《过秦论》称其铸鐻以为金人十二，以弱天下之民。此为《史记》所本，贾谊全以恶意解释，其铸造金人之原因，不可确知。其前春秋之世，兵器以铜制造，战国时改用铁为兵器，然尚未能普遍，有沿用铜兵者。铁铸之兵器，锋利远过于旧兵器，国君有销铜兵制造器物者。周末已至铜铁交替时代。始皇以之铸成钟鐻金人，当无可非之处。金人重量古人所言不同，后为董卓所销毁，亦有言其未尽销毁而有为苻坚所毁者，真相今不可知。金人盖为秦代伟大艺术作品，全行销毁，当为可惜之事。

（九）

国中安宁，始皇以为祸种或生于侵扰边境之戎狄。战国时，大国境内之戎狄多已同化。燕赵边境与匈奴为邻，其人居于荒凉之高原，以游牧为生，善于骑射，常为边患。燕赵以长城防之。秦北边亦与匈奴为邻，史亦称其筑长城。秦灭燕赵，北边益广，当驻兵严守要邑，防其入寇。前二一五年，方士奏录图书云："亡秦者胡也。"始皇使蒙恬发兵三十万北击之，此盖附会之说。《蒙恬列传》所记则与之异，略称秦并天下，使蒙恬将二十万众北逐戎狄，收河南，筑长城，因地形，用制险塞，起临洮，至辽东。延袤万余里，暴师于外十余年。《恬传》所记，较近于真相。蒙恬所筑之长城，《匈奴列传》因边山险、堑溪谷，可缮治者治之，《恬传》称其自言城堑万余里，不能无地脉。司马迁尝游长城，记其所见曰："吾适北边，自直道归行，观蒙恬所为，秦筑长城亭障，堑山堙谷通直道，固轻百姓力矣。"据此，长城为恬所筑，当非燕赵之旧，长城内新取之土地，徙民居之，更驻兵于要邑，谨烽火以备胡人之袭击。城为古代防守之利器，胡马不能冲入，自下仰攻，非有重大之代价，不易陷城也。

（十）

始皇又出兵南征，其原因不可确知。《淮南子》称其发卒五十万，分五军前进,三年不解甲弩,又凿渠通粮道,但为越人所败,乃发適戍以备之。故事所本,今不可考。就其所叙之事而论,可疑之点甚多,《史记》未采其说。《始皇本纪》云:"三十三年(前二一四),发诸〔尝〕逋亡人、赘婿、贾人略取陆梁地,为桂林、象郡、南海。"陆梁初未见于古书,《高祖功臣侯年表》有陆梁侯,且称其得自置吏,受令长沙王。其地当距长沙不远,新得之王郡,皆蛮夷旧壤,地险林密,潮湿多雨。秦人所居,盖为冲积平原,土地肥沃、交通便利之区域。其僻远或山林之地,则为蛮夷所居,非秦政治势力之所能及。无论若何,中国经营南方,则始于秦,成为我国疆域之一部分,其基础则立于秦。始皇之功,不可没也。

(十一)

咸阳为秦国都,城不甚大。迨中国统一,政事益繁,官署之组织因而扩大,官员数有增加,宫殿当不敷用。秦之工人技术,不及东方。建筑物当亦不及关东诸侯。至是,得令关外工人入秦建筑宫殿。《史记》称秦每破诸侯,辄仿造其宫殿。时方对外作战,始皇盖不愿大兴土木,即或有之,规模亦不能大。及中国统一,始皇东出巡游,行宫遍于全国。《史记》称关中计宫三百,关外四百余,应为事实。前二一二年,始皇以咸阳宫小,营作朝宫于渭南上林苑中,即世盛称之阿房宫。秦亡,工程犹未完成。建筑之材料,多运自远方,其建筑工人七十余万,分作阿房宫及骊山寿陵。始皇没,二世罢宫工,葬后,诏令复工,后为项籍所焚毁。始皇又好神仙,欲得不死之药,信方士怪诞之说,遣徐市等与童男女入海求之,费以巨万计,终不能得不死之药。求古仙人,亦不能得,终乃坑其有罪者四百余人。始皇可谓善于补过矣。

(十二)

前二一〇年,始皇东巡,右丞相李斯从行。少子胡亥请从,始皇许之,东至平原津而病。始皇未立太子,长子扶苏颇有才能,奉命监蒙恬军于北方,《史记》称其谏坑儒所致,颇有疑问。及始皇病甚,令赐扶苏书,与丧会咸阳。中车府令赵高行符玺事,未以书授使者,而始皇死于沙丘。李斯秘不发丧,惟胡亥、赵高等知之。高为宦者,尝教胡亥书与法令,后曾犯罪,蒙毅治之,当死,始皇赦之,并复起官。毅为恬弟,为始皇所信,位为上卿。及始皇病,使毅祷于山川,未返,而始皇死。赵高欲立胡亥,李斯从之,乃诈为书赐扶苏、蒙恬死,立胡亥为太子,扶苏自杀。胡亥闻而大喜,至咸阳发丧,自立为二世皇帝,以高为郎中令,亲信用事。高谗杀蒙恬兄弟。此为秦代大事之一,秦亡与之有关焉。

(十三)

二世信任阴谋奸贼之赵高,而以严刑立威,疑诸公子及大臣不服其为君,杀公子十二人,公主一人,财物尽入于官,相连坐不可胜数。公子高惧祸,上书请从父死,胡亥喜而赐钱十万以葬。此《李斯列传》所记之故事。而《始皇本纪》则与之异,略称六公子戮死于杜,公子将闾昆弟三人囚于内宫,二世令其自杀。其兄弟皆呼号流涕,迫而自杀。无论如何,二世杀其诸兄,则为事实。赵高总揽大权,知宗室大臣怨己者众,恐其毁己,说二世不见大臣。二世从之,居于深宫,赵高侍从,军国大事,皆决于高。李斯欲见二世,竟不可得。其时关东豪杰起兵者众,二世方急治阿房宫,聚狗马无用之物。初陈胜、吴广起兵,诈称公子扶苏、楚将项燕,自沛郡蕲县徇地,比至陈,人数大增。郡县苦秦吏者,皆欲应之,胜遣将徇地,六国旧地遂在混乱之中。胜将西出击秦,为秦将章邯所破,其复西上者,亦败。秦军乘胜而东,胜为其下所杀,距其起兵为时六月耳。魏、楚、齐、赵、燕据地反秦者犹众,章邯击败魏、齐之兵,又败杀楚将项梁,引师围赵。楚将项籍统军援赵数败秦兵,而章邯所部尚有二十余万,竟以赵高害己之故,迫而以所部秦兵降于项籍。楚将刘邦取道武关,深入秦地,秦事遂不可为。

祸乱之起,由于民不堪命,政府应即除去人民所苦之虐政,或可早平祸乱,而二世昏然不知,反杀害其将相。其右丞相冯去疾、左丞相李斯、将军冯劫谏称关东群盗并起,皆以戍漕转作事苦而赋税重大,请停阿房宫作者,并减省四边戍转。三人鉴于时事之严重,合辞奏请,以为能有所成。而二世大怒,且曰:"朕即位二年之间,群盗并起。君不能禁,又欲罢先帝之所为,是上无(毋以)报先帝,次不为朕尽忠力,何以在位?"下三人吏,去疾、劫自杀,而斯为二世所杀。二世前杀蒙恬兄弟,后杀将相三人,其人皆当时杰出之士,朝廷上无出其右者。赵高进位丞相,以宦者之故,而称中丞相。于是国中事无大小,皆决于高。相传高以鹿为马,验察二世左右之意见,因事诛杀其言鹿者。事之有无,虽不可知,而高固可为所欲为。其时章邯督军围赵,久不能平,惧为高所谗害,胜负皆死,迫而降楚。秦之覆亡,二世、赵高各有重大责任。项籍率大军而西,刘邦亦自武关攻秦。高以二世责之,惧祸,使其党与为乱,逼令二世自杀,并谓秦应改号秦王,立二世兄子公子婴为王,欲于其受玺时杀之,而与刘邦分王关中。公子婴杀高,灭其三族,为秦王四十六日,而刘邦兵至霸上,迫而出降,时西历前二〇七年也。

(十四)

秦之覆亡,一由于胡亥之愚痴,一由于赵高之专横,负有盛名之将相,皆被杀死,章邯亦迫而降楚。秦兵败于外,而国中祸乱迭起。刘邦逼近咸阳,智者不可为谋,勇者不能为力矣。著者考求人民铤而走险之原因,则为徭役赋税之苛重。始皇统一中国之初,欲使"黎庶无繇,天下咸抚",后则役苦税重,徭役为旧有制度。其先国小,人民早出服役,晚可归家。地方千里,则多困难。徭戍于数千里外之边地,则始于秦。始皇治驰道于国中,巡游四方,侍从之供给,行宫之建筑,阿房宫之经营,骊山陵墓之建筑,无不需要巨大之用费。其北筑之长城工程尤为浩大,汉人言其运粮,率三十钟而致一石,计其所费,凡用粟一百九十二石,乃致一石于目的地。边防工程及开拓之新地,后人所得之利益,过于时人,而时人担负一切费用,自不胜其苦而思乱也。祸乱初在楚地。楚地广人稀,距秦甚远,统治不易,既为强豪避仇安居之地,亦为群盗聚集之所。汉人称秦法严酷,不过供狱吏为非之具。余尝于《中国史》第二册论秦亡曰:

秦统一中国,疆域之广大,为前古所未有。土地未尽开辟,山泽易为盗贼丛聚之所，人民生计困苦，更为其滋长之主因。政府组织，不尽适宜于新环境，交通不便，更增加其治理之困难。故陈胜举兵，而响应者众也。

秦灭诸侯，历百余年而始成功，始皇统一迄于子婴出降，历时共十五年，祸乱三年而至覆亡。祸乱盖起于其所忽，猝然作难，响应者众，以致防不胜防，而成不可收拾之局势。始皇初堕坏城郭，及至乱起，郡守县令，多不能守城，人民亦有助秦吏守城者。刘邦、项籍，皆曾以攻城久而始陷之，尽坑其人民，此当为盗贼残酷性之表现。秦亡而祸乱之演变，屠杀益为残酷。兹引《中国史》第二册一段以作此篇之结论。其言曰："秦亡，汉沿用其制度，群雄举兵不过利用时机，而欲取而代之，原无改革救民之心。其人多为盗贼，吾人自不能以此责之。彼囿于成见之书生，讥议始皇，并抹杀其功业，则吾人实难接受其意见。始皇并灭六国，十一年中，国中未有内乱，人民除税重徭苦而外，尚能安居乐业。始皇礼敬寡妇清（以矿致富），尊显乌氏倮（以畜牧致富），其欲民富，殆无可疑，乃因建设多而工程大，致为人民所恶。祸乱既作，人民所受之痛苦，过于其在秦时之待遇，亦吾人所当深切认识者也。"

（《四川学生月刊》1943 年第 1 卷第 3、4 期）

对旧著《中国近代史》的自我批评

我在解放后，逐渐认识旧著《中国近代史》毒害了青年，及学习政治理论为时益多，认识益深。回忆旧事的经过，我初不愿讲授中国近代史的课程，在思想改造时期，曾保证不再用我所写的书籍。院系调整后，我在南大工作，四年以来，担任一些中国古代史课程。工作的分配，由于需要，也出于我的自愿，并以为躲藏在古代史料堆里，逃避面对现实，解脱不安的情绪和内心的痛苦。这是不正确的想法，也未减少痛苦，由于缺乏勇气，面对错误，改正错误，也未能扭转立场，且以为事已如此，只有听其自然，因而情绪不佳，工作未能开展。去岁肃反运动学习时，共同工作的同志鼓励我批判旧著《中国近代史》，态度诚恳，所言深入我的内心。我受了感动和鼓舞，有了勇气，不但愿意批判旧著，而且决心重行研究。批判是据我现在政治理论水平，从立场观点和方法上认识我所犯的重大错误，是我重行研究中国近代史的开始，也是初步准备工作。旧书叙述史迹的错误，当不能多列举于此文内。

十九世纪末叶，帝国主义的列强侵占我国土地，强租海口，夺取租界，划分势力范围，作为瓜分的准备。我国海关税率不得自主，它的行政和邮政局皆必须雇用外人。侵略国的军舰商船自由驶入内河，又强行建筑铁路，夺取矿产。在华的外人，享受特权，不遵我国的法律。外货入国得免厘金，在我国开设的工厂，制造商品，纳税同于我国厂商，洋行不肯缴交税银。教士披着宗教外衣，在城市设立教堂学校，侦探消息，宣传帝国主义思想。义和团不堪帝国主义的凶恶压迫，起而抗拒，但因统治阶级的投降，而遭失败。瓜分之祸虽得免除，而统治阶级媚外心理加强，对外更积极采取妥协让步或投降政策，由于官僚地主和买办阶级投靠帝国主义,转而与之勾结,加强统治地位,我国成为半封建半殖民地的社会。我们生活在这时期,只有两条道路:一安于现状,拥护半封建半殖民地的地位;一主张民主革命,推翻专制政府。士大夫主张改革者,于失败后或进步转向革命,或堕落为封建势力服务,绝无中间道路,这是当时的形势和实际情况。

我幼在私塾,受了封建教育,曾圈点《御批通鉴辑览》,所记尽为帝王将相的活动和忠孝故事等。塾师说经更灌输封建社会的意识。后来我到教会学校读书,传教士充作教师,宣传帝国主义思想,替帝国主义侵略活动辩护,一贯的灌输反苏、反共、反人民的思想。在大学里受了更深的毒素,所阅读的书籍,尽属于此类型,有加强和巩固的作用。担任教书的美人,不能讲授中国史,但介绍我阅读摩尔斯所著的《大清帝国国际关系史》等书。摩尔斯是美国人,久任海关要职,站在帝国主义的立场,力替侵略国辩护。书中的论点,都是帝国主义的说法。当时研究中国近百年史的人们,没有不受摩尔斯的影响,我也受了他的毒害,这是我的思想渊源。从影响来说,我进入大学后,不愿再见旧时的塾师,认为封建道德不近人情,但脑海中的封建思想并未扫清。帝国主义的思想,由时人介绍传入,日益壮大起来,成为我的主导思想。当时的统治阶级,代表官僚大地主的利益,已向帝国主义投降,加重人民的压迫,中国政治经济情况益为恶劣,半封建半殖民地的地位更形巩固。由于我的阶级基础,所受的教育,和师友的关系,更加强我向反动方面的发展。我编写《中国近代史》是在 1927—1933 年间,值当蒋介石背叛大革命之后,屠杀进步人士,加强反共宣传,报章杂志尽是诬蔑反共、反人民的文字。我虽不是国民党党员,也和反动政府无关,自以为处于超然的地位,但阅读官方报告,依据它为史料,编写的史书,必同于官方的立场。稿曾经国民党中宣部的审查,删去不利于国民党统治的叙述,更彻头彻尾成为官书。编书站在官方立场,我就成为半封建半殖民地的代言人,兹引二例为证于下:

一、赞扬统治阶级。近百年来,官僚军阀掌握政权,代表地主买办阶级的利益,由于我不知道群众创造社会及推动历史的作用,反受封建教育的影响,所读的二十五史,绝大部分是帝王将相的活动记录,养成英雄造时势的荒谬论点。其实反动政治是压迫劳动人民的工具,官僚军阀都是民贼。就近代史而论,我国进入半封建半殖民地的状态,封建官僚和买办投降帝国主义,唯欲维持政权,摧残进步力量,我国社会前进受了重大的阻挠,发展迟缓,其人实是民族罪人,曾国藩、李鸿章、袁世凯诸人都是例证。太平天国革命是反帝反封建的斗争,太平军力量强大,清廷进入危险时期。爱国人士应该鼓舞兴起,而官僚大地主的代表曾国藩,忠心做清廷的奴才,训练湘军和太平军作战,夺取九江、安庆,杀尽城内人民。后湘军攻陷南京,抢劫奸淫,杀人放火,无恶不作。南京受了严重的破坏,当时人称须待百年才能恢复,可见人民的损失重大,湘军统帅是罪大恶极的凶犯,清朝因得继续统治中国,也是违反民族利益的汉奸。清政府向英国购买军舰六七只,用银一百余万两,是当时远东强有力的新型海军,归曾国藩指挥。曾国藩奏请把它分赏各国,是一十足自私自利的汉奸官僚。而《中国近代史》介绍他说:"年幼读书,聪明有识,果毅有为,……官高望重,学问文章负有盛名,出而练勇,易于号召。"这是站在统治阶级的立场看法,曾国藩学问文章是封建思想的结晶品,所作所为是民族的罪人,屠杀人民的刽子手。

  李鸿章是曾国藩的门徒,因其师的保举勾结,率领淮军来到上海,对太平军作战,依靠帮凶的英法兵和"常胜军",占夺城邑,淮军替它守城。李鸿章书告友人,称其"不能多杀贼(诬蔑太平军),故须我军偕作,以辅其力所不逮也"。李鸿章丧心病狂,竟至于此,复纵兵抢劫,后又血腥的镇压捻军。他出卖民族利益,甘心做清廷的奴才,同于曾国藩。李鸿章在上海时,与外国海陆军接触,震于他们的船坚炮利,养成畏怯的心理,后来久任直隶总督兼北洋大臣,总理衙门遇有外交问题,常征求李的意见,李并〔未〕直接参与交涉,但一贯的敷衍让步,至于投降,丧失领地和政治权利。我国进一步跨入半殖民地的地步,李鸿章负有重大的责任。他开办的招商局、电报等企业,成为官僚资本,营私舞弊,妨碍商业资本的发达。《中国近代史》错误的估计李鸿章的地位,称为当时的外交人才,由于我站在统治阶级的立场,所言同于传统的说法。袁世凯曾做过李鸿章的属员,传其衣钵,原赞成维新运动。1898年,康有为等主持变法,袁奉令练兵,忽而向后党告密,加速了进步性的变法运动失败,推迟了改革。及任山东巡抚,媚外镇压反帝斗争的义和团,办理新军,树立北洋系军阀的基础。辛亥革命起(1911年),袁利用政治地位和指挥下的军队,骗取民国的总统,复与帝国主义勾结,压迫第二次革命。综袁平生所为,实狡诈成性,唯进行阴谋活动,终叛国称帝,是民族的罪人。袁世凯办理日本《二十一条》交涉,《中国近代史》强调当时国际形势,中日强弱悬殊,赞成他签定辱国条约。这是替袁世凯辩护,成为他的代言人。

由于我站在统治阶级的立场,一贯的为军阀政客辩护。反动的国民党掌握政权,蒋介石代表其反动集团,大步的走向法西斯道路。我在《中国近代史》上讨论中央政府无权,最后称国内问题的解决,多定于武力,"形式上虽似少数人之独裁专制,而实际上应付各方,敷衍各派,多所顾忌,去独裁犹远。今日政治上之急务,首在中央权力达于各省。统一方法:无论武力统一,或独裁专制,苟势力达于各省,任何代价之下,固远胜于武人割据,互相猜忌,拥兵自固,榨取于民也"(802页)。这是无条件的拥护国民党,不择手段达到有效力的统一中国的谬论,把统一和割据对提,故意夸大割据的危害性,为反动国民党政府武力统一的主张帮凶。当时蒋介石大权独揽,借统一为名,扩大军阀混乱的战争,又镇压活动,目的在达到反动集团向法西斯专政。他占夺的区域益广,为害人民的罪行益多。我看了片面的现象,不从本质了解问题,发表荒谬的言论,成为反动政府的代言人。立场错误,当然有此结果。

反动立场的另一表现,我成为帝国主义者的代言人。《中国近代史》自序说明研究的态度:"惟愿平心静气,根据事实,叙述外交上之史迹,讨论其问题,研究其经过,对于侵略之罪恶,决不为之稍讳,庶可成为认识列强责任之信史。"我站在反动的立场,欲从研究方法达到信史,是绝不可能的事情,由于方法是适应立场,为立场服务的。作者不从阶级观点分析史料的重要性及其忠实的程度,决定取舍,立场观点多同于英美资产阶级的历史家,复接受他们袒护本国政府和资本家的说法,以为书中说明当事人的立场,合于所谓科学方法,其实全为幻想。说明当事人的立场,其人是帝国主义分子,或是主持侵略的野心家,实质上替他们辩护,同于代言人,兹引书中事例为证。自十九世纪初叶以来,世界交通，以轮船、火车等发明，日趋便利。资本主义国家推销商品，唯利是求，不择手段。及资本主义发展为帝国主义，掠夺海外市场和在外国的政治权利，更甚于前。我国受它的毒害，进入半封建半殖民地的状态。这是外部原因，构成解放前我国现状的重要因素。《中国近代史》强调我国闭关期久，时人不了解国际形势，轻视外国，致成外交上的失败，并引嘉庆帝斥英"蕞尔夷邦何得与中国并论"，及外国领事不得与粤官直接交涉，为失败的祸根，都是片面的说法，有夸大的作用。1834年，英国商务监督律劳卑来粤，要求与粤督公函往来，发生争论。《中国近代史》推论其原因，以为中外政教悬殊，夷夏区别太严，而并起于误会。这是摩尔斯的议论翻板，替英国推卸责任。第一次鸦片战争起于我国正义的禁烟，不法英商缴交违禁物。英政府出兵侵略，压迫清政府屈服，承认它提出的苛刻要求。主持侵略的头子朴鼎查，在南京和议时，声称引起战争的最大原因——鸦片贸易。战祸确由鸦片而起，但我据资产阶级的历史家摩尔斯歪曲说法，称原因复杂，林则徐强缴鸦片，仅其导火线耳。又云："战争之失败，由于不知英国之情状，海陆军之实力，而自信太深，造成战机，以致无法挽救也。"（页74）凡此歪曲言论，都不合于实际情状，倡于英美史学家，我盲目附和，减轻英国侵略的罪行，同于为它的辩护人。这是书中的一例，限于篇幅，当不能多所罗列。

美国侵略形式，与英国不同，而侵略的本质，并无差别。美商在鸦片战前，贩运毒物，一如不法的英商，战争期内，继续偷运鸦片入口。战后美公使顾盛来粤，欺骗钦差大臣耆英，说美商不贩卖鸦片，并虚伪赠送枪炮图样及军事书籍，因而得了耆英好感，签定《望厦条约》，所得的政治上、商业上特权，多于战胜的英国。英国有片面的最惠国待遇条款，也得享受，互相勾结，谋得权益，破坏我国主权和独立自主的地位。太平天国末期，美国流氓华尔组织"常胜军"，对太平军作战，成为清朝有力的帮凶，屠杀无辜人民。十九世纪末年，帝国主义者计划瓜分我国，争夺势力范围军港租界，争取政治经济和商业特权。美国提出中国门户开放政策，它的目标显然是维持美国在华工商业的地位。瓜分的形势，没有改变，美帝不过在各国势力范围内，插进一脚而已。《中国近代史》未明显的指出或作说明,反有赞扬的意图,固为美帝宣传所囿蔽,也由于我的立场站在美帝方面,乐于接受一面之辞。教士来我国传教,披着宗教外衣,宣传主观唯心主义,又阴为间谍活动,干涉民间诉讼,成为社会上严重的问题。我称教会创设学校、医院,有帮助于我国。我旧在教会设立的金陵大学教学,袒护教士,也不从本质来看问题,站在教会的立场,自然替美帝分子辩护。综之,我在半封建半殖民地的社会,安于现状,毫无奋发革命的思想,站在统治阶级和帝国主义立场,陷溺其中不能自拔,旧时犹自以为是超阶级的著作,而事实上确是半封建半殖民地社会的代言人。

立场错误,当然不能有正确的史观。历史唯物主义,是历史科学的真理,当时我不知道,接受了反动的唯心主义。历史现象常错综复杂,一元不能解说圆满,迫而采取多元。此说不通,采用彼说,彼说不通,更采用他说,展转反复,名为多元,实无一个原则。我们知道生产方式,是决定社会面貌的力量,由于作者的无知,反而从未提及。事实上无正确的理论指导,许多论点中何者可用解释某段史迹,即适用它。这是所谓自由选择,也就是主观唯心主义的表现,用以欺骗读者。我的多元史观,在《中国近代史》自序第一行云:"一国现状之造成,一由于地理之影响,一由于古代之遗传,一由于社会上之势力,一由于领袖之指导。"我列四者于第一行,是视为极端重要的因素,有决定性的影响作用,其实都是资产阶级的论点,在当时我国社会具有势力,成为一般的思想,流行于教本书籍。我全部接收下来,更把它们组织起来,有系统的用我国史料加以证明,并用以解释我国近百年来的历史发展,这是走入唯心主义领域,犯了重大的错误。兹略批判于下:

地理影响 地理是一国的自然环境,虽在人类社会初期有相当的巨大影响,但非决定性的因素。资产阶级的地理家夸大地理的作用,谈到我国所受的地理影响,常强调我国地大而耕地不足,海岸线长而良港少,矿产缺乏石油,铁的储藏量不多,养成我们的自卑心理。其实所言种种,都是无根据的谰言。《中国近代史》受了地理论的影响,强调地理的重要,论及我国工业前途,依据不正确的过低估计,发生悲观的论调,影响了民族的自信心。现时大规模的地质调查,证实了我国的丰富资源。数千年来矿产埋藏地下，未发生积极的作用，地理环境在此期内，也无显著的变化。但自解放以来，劳动人民于短期内在共产党正确领导下，利用自然条件，克服困难，更进一步改造自然，治理黄河，种植防风林，都是明例。久在地下储藏的丰富矿产，已大规模的开采，或作投入生产的准备，对于社会主义建设必将发生巨大的作用。这些事实，都足以证明地理环境，不是社会发展的决定力量。

古代遗传 古代遗传是美国庸俗社会学常用的名词，我也搬用在《中国近代史》上。它的范围极为空泛，我用它的时候，也缺乏明确的概念，所包括的内容，有文物制度和风俗习惯等。文物制度的大部分，就是"反映当时社会经济制度的政治、法律、宗教、艺术、哲学观点，以及适合于这些观点的政治法律制度"。我国封建社会历时长久，保留下的文物制度，是封建社会的产物，它的作用是巩固地主阶级的地位。我国自十九世纪中叶，迄于解放以前，是半封建半殖民地的社会，由帝国主义、封建主义和官僚主义经济而构成。官僚兼为大地主，封建思想意识尚强有势力，风俗习惯多是封建社会遗留的产物，对于广大人民群众，是不利的，吃人的礼教，压迫妇女，便是一例。强调古代遗传的重要，显然是留恋着封建社会的生活，夸大它的影响，对于读者是传播毒素。另一方面，文物本身是前人劳动创造的成果，劳动人民有优良的技术和宝贵的经验，值得后人学习，也为后人树立有利的创作条件。我们对于古代文物既不能歪曲的抹杀，也不能一味的赞扬，当本于实事求是的精神，去其渣滓，存其精华，更当努力的创造，因为社会的发展是广大人民劳动的成果。旧时我国人民受帝国主义买办地主官僚的剥削和压迫，生活困苦，自解放以来，生产关系变更，生产力发达，社会面貌完全改变，更证明遗传影响巨大的说法，是主观唯心主义的言论，也有减轻统治阶级责任的企图。

社会势力 社会势力是构成一国现状的一个因素，也是资产阶级社会学家所主张的论点。它的范围空泛，我所注重的是其中一个问题，就是人口。我的思想来源有二：一、古书的影响，韩非称一家五子，子各生有五子，致生计困难，构成祸乱的原因。清代学者洪亮吉更有生动的详细的说明，致为其所惑。二、马尔赛斯人口论，散见于美国庸俗社会学的著作，更有写成专书发表悲观的论调。我阅读后，加强我对于人口旧有的看法，以为人口增加，超过生产事业的发达，是祸患、贫穷、痛苦的根本原因。我在《中国近代史》书中，利用史料证明此说，遇有机会，更用以解说历史现象。例如叙述太平天国起义前的社会背景，称人口增至四万万，已至无可再加的情状，而耕地有限。清廷禁止人民开垦边区荒地，山地棚户生产也受到限制。于是耕地不敷分配，贫民生活困难，每年皆有起义的记载，终成太平天国革命运动。《中国近代史》第十八篇讨论国内的问题及建设的途径，又发表不正确的人口问题的意见，略称人口年有增加，而耕地则无增加，是社会不安的根本原因。马尔赛斯人口论所言内乱、匪患、贫穷、饥馑、疾疫，是解决过剩人口的方法，都已实现于我国，因而反复明说节制生育的重要。其实人口增长，诚如斯大林所说，虽能影响社会的发展，但不是主要力量，也不是决定性的影响。我们从阶级社会的观点来看主持人口论的诸人。韩非身是贵族，洪亮吉曾为清廷的官吏，各为统治者辩护，推诿祸乱于人口激增，统治阶级不负责任。马尔赛斯是英国资产阶级的代言人，美国庸俗社会学家欺骗劳动人民，为大资本家辩护，所言皆一面之辞。就上所引《中国近代史》二例而论，太平天国是反帝反封建的伟大革命运动，与人口增加，未有直接关系。人民穷困造成于统治阶级的剥削，人口论者既反对革命，又不欲变更政治经济制度，而归咎于人口激增，以欺骗劳动人民，用以解说历史，实不合于社会发展规律。我国贫穷落后，造成于半封建半殖民地的状态。百余年来，外国侵略，夺取政治经济特权，极反动的军阀和国民党的统治贪污腐化，增加人民的痛苦，也是各有责任。强调人口增加为祸患的主因，不但冲淡帝国主义活动的罪恶，也减轻反动统治的罪行。法西斯统治者利用人口增加，为发动战争的借口。我虽未发展到此，但为统治阶级辩护，效果和它相同。

领袖指导 领袖指导是二三十年前流行的名辞，也从资产国家传来。英国历史家曾有历史是英雄故事的主张，对于我有些影响。我国旧史绝大部分是帝王将相的记录，政治由他们决定，易于发生重视政治领袖人物的错觉。我在《中国近代史》自序说，领袖是造成一国现象的一个因素。书中常说近百年来，国内情状恶劣，由于缺乏领袖。叙述民国时期政治混乱,曾作结论云:"政治上之积弊尽人所知,而竟一无改良,主要原因则无主持之领袖也。"(八〇一页)便是一例。领袖指掌握政权的官僚军阀,兼大地主,都属于统治阶级,曾国藩、李鸿章诸人皆是。其人或是清廷的奴才,或是出卖民族利益的罪人,或是杀人的刽子手,或是无恶不作的军阀,竟以其掌握大权称为领袖,更望民贼有所改革,其何可能,显是错误。其实人民是物质财富的创造者,养活帝王将相。历史上的革命,都是人民群众发动的,也是社会变更中的决定力量。英雄或领袖是一定阶级的产儿,受着所处时势的影响,英明的,认识时代的条件和人民的要求,促进历史的发展;昏庸的,延缓历史的发展,绝不能随心所欲。综之,社会发展是群众的力量,也是事物发展的必然性,英雄仅有促进或延缓的作用。《中国近代史》夸大领袖的重要,全是唯心主义的看法,不合于社会发展的实际情状。

　　立场观点常相辅而行,有工人阶级的立场,必有唯物史观的论点。我站在帝国主义和统治阶级的立场,不可能有进步的史观。方法是为立场观点而服务的,故《中国近代史》所用的方法,是资产阶级历史家的陈旧方法,由于我所受的教育和反动的立场,初不信历史有何客观的规律,以为研究史料,审定事实,确是科学方法,所得的结果,是科学真理,历史因得称为科学。其实考证史迹为一事,科学又是一事,方法仅是达到目的所用的技术,据以推定历史本身是科学,仅一幻想。科学是研究客观真理的学问,每一专门科学,必须具备不以人们意志而变更的规律。斯大林曾说:"社会历史科学不管社会生活中的现象怎样复杂,都能成为例如生物学一样的准确。科学能利用社会发展规律来供实际的应用。"这是历史科学的内容。琐屑的考证,罗列一堆偶然事迹,距科学太远了。我在《中国近代史》自序说明历史方法如下:

> 简单言之,首先搜集原料及时人记录,辨别著作人之目的,有无作用,及其与史迹之关系,比较各种记录之内容,考证其真伪。其有证明者始能定为事实,证以时人之议论,辨析其利害,然后综合所有之事实,将其缜密选择,先后贯通,明说史迹造成之背景,促成之各种势力,经过之始末,事后之影响,时人之观察,现时之评论。

这是资产阶级历史家的方法,当时我完全赞同,并且说这是我们今日的正鹄,作者编著此书,自信未入于歧路。这是满意的表示用此方法写成《中国近代史》。它的具体步骤有三:一、搜集史料。我主张利用一切国内能得的材料,凡能借到手的,皆愿参考,对于外国史籍也是如此。我在第八四七页云:"吾人研究近代中国史,须打通中西之隔膜,材料博取考证,不可限于本国记录。"研究某一问题,历史家全面掌握材料,固然是研究工作的基本条件。更为重要的,是认识史料的阶级性。我们生在阶级社会里,阶级斗争是它的特征,正如马克思指示说,从原始公社瓦解起"全部历史都是阶级斗争底历史,即社会发展各阶段上被剥削阶级与剥削阶级,被支配阶级与统治阶级间斗争底历史"。史料是它的记录,作者所居的利害地位,和关于史迹的见闻不同,所写的记录常不一致,这是研究史料真实性的关键问题。近代史的材料,多是官书及士大夫的著作。官书是御用史官奉命编著,明显的拥护统治阶级的政权,歪曲农民起义的史迹。士大夫属于地主阶级,与统治王朝有血肉相联的关系,常是强有力的帮凶。他们所写的记录,对于受压迫的农民是不利的。官书称太平军为"粤匪",捻军为"捻匪",苗众为"苗匪",回众为"回匪"。其他起兵反清运动,无不被称恶名,如"匪",或"逆",或"叛逆"等类,更诬蔑起义军的活动,都是尽人所知的事实。太平军自广西攻取南京,纪律严明,曾国藩诬称太平军荼毒生灵数百万,"所过之境,船只无论大小,人民无论贫富,一概抢掠罄尽,寸草不留",全是鬼话。曾氏所部湘军夺取南京,大肆抢劫,南京成为一座空城,当时人民无不怨诅。曾国藩称太平军聚众自焚,尽是捏造的故事。其他相类事件,不胜枚举。我们若不从阶级立场,评定史料,徒然是史料的俘虏,所编写的史书,非诬即枉。

关于外国史籍,我所参考阅读的,绝大多数是英美人的著作。近百年来,英美二国侵略我国,争夺政治经济和商业特权。侵略头子的凶恶面貌,其历史记录绝不愿有所揭露,试以第一次鸦片战争为例。侵略军队所到奸淫抢劫,英国记录讳而不言。其陆军头子在南京一再威胁官吏出银赎城,备极蛮横。和议成后,英代表团往游明建筑的伟大报恩寺塔,竟有人偷搬琉璃瓦而去,往游明孝陵的人,也偷窃古物。这些事实都见于我国记录,英人并无记载。国际间的斗争,被侵略者与侵略者利害不同,侵略者欺骗人民,报告隐讳军队的罪行,夸大成功,甚至捏造事迹。吾人若不认识侵略者用心,从它代表的阶级利益,评论记录的真实性,将必受它的欺骗。故我们利用各种史料,必须全面的分析批判,决定它的重要性和价值,绝不能等量齐观。博取考证,既不能解决问题,反而有害于历史真实性。

二、考证。考证谓利用前人供给的材料,分析材料的内容,决定它是否可信,或可信到某种程度,是研究工作的重要阶段。资产阶级的历史家,分考证为二类:一、外考证,决定某种材料的真伪工作,从它的来源问题入手,如何人编著,在何环境下编写,何时完成。如有抄袭作伪等情,就把它揭露出来,并讨论材料的原本。二、内考证,决定某种材料的陈述是否可信,分析材料的内容,了解作者所用的语言和术语,求得它的真意,更注意材料陈述的事迹,与作者的关系如何,是否都在同时、为作者所亲见,或为其所访闻,抑或本于传闻,能否了解事迹经过的真相,并须研究作者的生活习惯、性情和地位,明了他所受外界势力的影响。二类都属于低级考证,由于资产阶级的历史家,不重视阶级意识对于史料所发生的巨大作用,所据的史料,常为地主阶级士大夫有偏见的记录,考证的结果,仍为记录所蒙蔽,不利于被压迫的农民,也不能进行总括,发现某一历史时代社会生活的法则。马列主义的历史家和他们不同,认清史料的阶级性,必全面的批判分析和深刻的予以解释,才能认识史料记录者的思想意图和实际目的,论定史料的完整性、可靠性和重要性,据以确定事实,进行科学总结,进一步的认识社会发展的客观规律。相反的资产阶级历史家的琐屑考证,用以代替历史,成为一大堆的偶然事迹。他们存心替资本家辩护,否认社会发展的规律存在,考证所得的片断事迹,没有正确理论的指导,可随心所欲把事迹选择或凑合起来,可夸大某一事件,可缩小某一部分,或歪曲某一事实,致读者受骗不知真像。这是捏造事迹,创造历史。主观唯心主义历史家的考证,能使历史成为"百依百顺的女孩子",就是如此。我编写《中国近代史》的时候,没有这种主观愿望,但忠实地适用唯心主义史学家的方法,也有相同的效果。例如叙述太平天国革命,妄称其起义初期,不据州县,迹近流寇。军中召聚"会匪"、"无赖",夸大太平军破坏文化古迹,初皆本于琐屑考证的结果,但使读者对于我国历史上最伟大的农民革命有不良的影响,效果同于歪曲历史。这是《中国近代史》许多事例中的一例,无庸多所列举了。

三、编写。《中国近代史》自序所言写作方法(见上引文),是从阅读大量史料中了解或求得某件大事的起始和经过的情况。作者自处于"法官",或所谓超然中立的地位,史迹演变过程,常极复杂,其中如有争论或是非的责任问题,自称同于"法官"的作者,事先并无成见,也不作左右袒,唯据当事人的自述和报告,并参考当时人的记载,如缺乏第一流史料,便多方搜集所谓比较可信的记录,据以讨论当事人的活动,如决定政策的是非及处理问题的得失等,一切听命于史料,决定于史料,然后叙述成书,自以为是公允无成见的著作。其实是史料的俘虏,充类至尽而言,不过是资产阶级历史家"客观主义"的叙述。这种"客观主义"距历史科学,尚有十万八千里的路途。一、由于"客观主义"者,不承认社会发展的客观规律,无理论指导工作。二、拥护统治阶级,反对广大民众。其实人民是历史的创造者,是推动历史前进的力量。回忆我编写《中国近代史》时,谬信资产阶级的"客观主义",致有许多的错误。列宁指导说:"唯物主义者,比客观主义者更彻底,更深刻,更完全贯彻其客观主义。他不限于指出过程的必然性,而且说明正是什么样的社会经济形态,给予这种过程以内容,正是什么样的阶级,确定了这种必然性。……"历史唯物主义不但指导古史研究的理论,而且揭示未来社会的发展,更非资产阶级历史家所能想到。我深受他们"客观主义"的毒素,而不能自拔于泥淖中,曾于自序云:"书中论断,著者非诋毁时人,或为之辩护,不过以公平之态度,明说其立场。……外交上之事件,尤易引起争论。盖人类之普遍心理,严于责人而宽于责己,对于家庭、国家,无不如此,诋毁外国,国人固少反对,且有爱国之名,此种畸形褊狭之心理,徒为害于国家。"这完全是资产阶级"客观主义"的思想言论,表现在《中国近代史》中。作者说明统治阶级和帝国主义的立场,常搜集材料,替它们作解释或辩护,简直是替它们服务。于是立场、方法相互辅助,《中国近代史》完整的成为极反动的思想体系,也是半封建半殖民地的代言人。

　　站在反动立场,脑海中充满主观唯心主义论点,对于人民革命,处于敌对地位,绝非偶然。《中国近代史》(一五六页)论及农民起义云:"其先起兵者,则为会匪之领袖,盗贼之巨魁,文人学子奔走事之而已,盗魁遂为天子。此秦以后历史上常见之例,故除大杀人民,摧残文化,争夺帝位而外,终无根本之改革与建设。"这是当时的思想,粗暴的言论,犯了重大的错误。一、本于传统说法,诬蔑起义军领袖是"盗魁",并斥起义群众是"会匪"、"盗贼"。二、夸大革命的破坏。三、武断一般革命无建设。其实农民起义和革命活动,是推进社会发展的动力,正如毛泽东同志指导说:"在中国封建社会里,只有这种农民的阶级斗争、农民的起义和农民的战争,才是历史发展的真正动力。因为每一次较大的农民起义和农民战争的结果,都打击了当时的封建统治,因而也就多少推动了社会生产力的发展"。历史上有明显的例证,而我被主观唯心论观点所囿蔽,不知真理,所写的历史书籍,诬蔑人民革命。《中国近代史》引曾国藩檄文,太平军所过,荼毒生灵,强夺船只。我武断檄文所述情状,在所不免,进而推论太平军纪律与官军相比较,殆五十步与百步。其实太平军纪律严明,曾国藩明白承认,奏报清廷云:"粤匪(诬蔑太平军)初兴,粗有条理,颇能禁止奸淫,以安裹胁之众,听民耕种,以安占据之县。"官军入湘奸淫抢劫,湘民恨之切骨,称颂太平军不奸杀焚掠。曾国藩深以为忧,竟颠倒黑白,书告地主阶级拥护清朝。太平军不但不掠,而且分散仓中积谷给与穷苦人民,人民争先附之。《贼情汇纂》记当时情状云:"贼至,争先迎之;官军至,皆罢市,此等悖惑情形,比比皆然。"这些事实充分证明我的偏见深痼,错误重大。叙述捻军、回军、苗军,也袒护官军。清季义和团运动,是人民群众反帝的斗争。我站在帝国主义的立场,斥称为"匪",诬蔑其造成重大损失。人民热爱祖国运动,挽救了瓜分,则未提及,同于歪曲历史。

　　我又深受资产阶级改良主义的影响,主张缓进、点滴的改革,并谓"政治非可依据理想之计划进行,必须兼顾环境,斟酌实状,采行折中调和之办法"。主张的实质,同于机会主义,竟据以评论戊戌变法云:"康梁诸人不知环境之碍力,偏于理想,求效太急,多招忌嫉,终则一无所成,其人固无经验之书生。"这是主观唯心主义的看法,是作者思想的反映。我既主张逐渐改革,对于革命采取冷淡或敌对的态度。《中国近代史》叙述1911年(辛亥)革命,未有热烈同情的表现。孙中山主持的第二次革命失败,我称国民党分子复杂,投机政客,自私自利,争夺权利,造成国民有一致普遍的口头禅曰"非袁不可",以表示不满意的态度。我存有错误的看法,不同情资产阶级的民主革命。共产党主张无产阶级领导革命,夺取政权,消灭剥削阶级和制度。苏联同情世界上被压迫人民起而斗争,当时我不了解其伟大意义,复受反动政府诬蔑的宣传,立于敌对的地位,妄认为共产党接受第三国际的指挥。北伐战争时期,共产党组织工会、农民协会,在党的领导下与军阀地主作斗争,发生流血事件,我妄以为破坏社会秩序,造成游民专制。后蒋介石调集反动的大军围攻共产党军队,夺据湖南、湖北、安徽解放地区,我妄信共产党军虽在江西尚能维持其地位,而势力减弱于前,"平定"将是时间问题。这是根据反动政府的报告,积极替它进行反共宣传,成为帮凶,对于革命活动,是多么的敌视!对于苏联也是如此,抓住机会便大肆诬蔑,如1920年,红军友善的帮助外蒙古独立,我称它变为苏联的势力地。又诬蔑苏联欲造成中国革命,不择手段,反而引起纷扰,反苏反共,是站在反动立场必然的结果。

我编写《中国近代史》时,立场、观点都犯了错误,研究方法加强错误的深入,由于不信历史有任何不以人的意志而转移的客观规律,阅读史料惑于五光十色的现象记录,不从本质来研究、分析问题,所得偏于支离琐碎,妄以为社会发展的错综复杂性,因注意它的特殊性和个别性。其实客观规律是科学真理,也是历史科学必具备的条件。历史没有规律,同于否认历史的科学性,只有走入历史唯心论的领域。这是我受害的深处。《中国近代史》是主观唯心史观的著作,接受资产阶级的反动论点。我们知道生产方式是决定社会面貌的力量,反未提及。没有正确的理论指导,进而强调各国社会发展的条件不同,搜集有利方面的史料,为历史特殊性论点辩护,同于戴着有色的眼镜观看事物,无疑的不能认识真像,反而引起错觉。因此,我研究近代史不能了解社会发展的规律,也不认识未来发展的必然性,对于国事徒然悲观失望,引梁济遗书作为民国二十余年来政治史的结论（页七九七）。梁济忠于清朝，封建思想异常浓厚，悲世疾俗，自投水死。遗书作于死前，指摘军阀官僚的无耻行为，将使全国人不知信义是何物。这是复古的思想，我虽不完全同意，但对我国前途，没有光明希望是相同的。当时军阀专政，压迫人民，使他们的生活更苦，在这情状下，革命必将爆发，胜利的完成任务。另一方面，帝国主义长期的侵略，我国抗拒，迄不能胜，不知有何出路。这是由于不知帝国主义的灭亡，是社会发展必然的规律。主观唯心派对于世界看法，常悲观失望，我受它的影响，对于我国命运也是如此看法，当然有此结果。

综合以上的事实而论，《中国近代史》无疑的是一反动、有毒素的书籍。我生平除教学或编著书外，少有活动，自以为是清高、超政治的。今自检查，不但全是幻想，而且积极替统治阶级及帝国主义服务。这虽不是我的主观愿望，而客观效果实为其代言人，诬蔑人民革命，反苏反共。其造成的原因，固由于作者尽心力而为之，欲达到资产阶级历史家所谓"客观主义"的目标。但追本穷源，实由于作者站在反动的立场，不可能有进步的革命思想。且在当时不知辩证唯物主义和历史唯物主义，脑海中充满了资产阶级唯心的史观，用以解释历史，成为反党反人民的著作。《中国近代史》曾畅销一时，毒害许多青年读者。因为它综合当时反动观点而成书，是这类史籍中最有系统的著作。自从解放以来，我参加政治理论学习，一年比一年认识所犯的错误重大。回忆解放初期，有人批评我是统治阶级和帝国主义的代言人，书是官书，我以为书在书斋写成，与反动政府无关，心中不服。及思想改造，旧时不承认的，一概承认，加重了包袱，以为写书得了许多麻烦，也丧失了自信心，不愿执笔再写文稿。自去年以来，恢复了信心，一方面认识错误，另一方面决心从头学起，再研究中国近代史，也受到鼓励和欢迎，现已转变方向，从事于此。

从国内形势来说，七年内我国在共产党和毛主席正确的英明的领导下，从事空前伟大的工业建设。农业合作化飞跃的前进，生产提高，大步走向社会主义道路。手工业者和资本家自愿改造，热烈的欢迎公私合营。建设生产计划，常提前完成。教育文化事业发展，规模巨大，是我们平生梦想不到的事情,十二年内科学研究,将达国际科学水平。祖国远景伟大,必达到繁荣富强的地位。又因抗美援朝,提高了国际地位。回忆二十余年之前,我编写《中国近代史》将成,对于我国充满悲观,于书末页云:"中国现状之恶劣,吾人虽不能武断其为从古所未有,要亦为历史上黑暗时代之一。"七年内,我国本质和面貌完全改观,我们比较解放前后的社会环境及平生的遭遇,留着了深刻的印象。我最近在兴奋鼓舞中,改变了意志消沉的状态,恢复了勇气,决心站在无产阶级的立场努力学习马列主义,武装自己,肃清残余的资产阶级思想,尽心力为人民服务,对于《中国近代史》,自愿重行编写。现草写此文,表示我重行学习近代史的志愿,但因政治理论水平不够,望同志多所教正。

(《教学与研究汇刊》1956年创刊号)

介绍中国近代史的几种基本史料

　　史料是人类从事各种活动的记录。史料的范围极为广泛，通常分为三大类：一、文字记载，包括公私文件和一切记录。二、遗物，指建筑和人类生活必需物留传于后世的。三、传说，如口传的故事。中国近代史的史料，以文字记录最为重要，最为丰富。本文所讨论的史料，限于文字记录。

　　从史料价值来说，我们分史料为二类：一、原料，指最初的材料，由此以上，不能再追求它的根源。这是指当事人记载亲身遭遇的事件，或报告他同一时代的见闻，属于直接材料。普通的说，亲身见闻和当事人的报告，比较最为可信。同时代的传说次之，由于展转相传，无意中可能增减某一部分，失去事的真象。近代史的史料和古史不同，以直接材料为主。例如林则徐在广州谕告不法外商缴交鸦片烟，谕帖和奏报经过的文件，以及道光帝发下的谕旨等，是禁烟运动最重要的资料。二、次料，指后起的材料，或由原料变化而出。例如清末的官僚王之春编纂《国朝柔远记》，内述鸦片战争，只有根据一般书籍的记载而成，这是间接材料。我们利用原料编写成"林则徐领导下的禁烟运动"一文，也是次料。

　　公文是最初的史料，公文入档，即成档案。它的主要内容，在清代是皇帝的谕旨、朱谕、密谕，及臣下的奏疏，记录全国政治、军事、财政、经济、边疆、国内发生的大事及对外关系等。我们阅读公文档案，既能了解事件的发生经过，处理的方案，也明了当时政府的政策，是研究历史的宝贵资料。前人多不重视档案，清季内阁大库储藏的明清史料，无屋容纳，学部大臣张之洞主张焚毁，便是一例。民国以来档案被毁和散亡遗失的很多。民国初年修成《清史稿》,也摈弃公文档案不用。直到我们现代史学家才重视档案,著书无不参考档案。我国近代史的史料,也以公文档案及当事人记录为主。

清代公文向不公开发表。1853年,江西巡抚张芾奏请刊印公报。清帝斥他不知政体,国家日发谕旨及应行发钞内外臣工折件,例由内阁传知各衙门通钞,即由各该管衙门行知各直省。所有刊刻《邸钞》,乃民间私设报房,转相递送,与内阁衙门无涉。我们从谕旨看出《邸钞》的局限性,不可能刊刻机密文件,复因历时久而散失佚亡,现在仅有性质相同的《光绪朝谕折汇存》。外人印的《华制存考》,也录清季谕折。清代列帝圣谕,全是谕旨,但经节删,不是全文。《东华录》和《东华续录》二书,材料皆从《实录》抄成,以前是有用的参考书。及清历朝《实录》印行流通后,二书失去重要。《清实录》绝大部分材料属于谕旨,也经过节删,但不及圣训的严重,臣下的奏折《实录》中寥寥无几。谕旨按年月日排列,尚可看出国内大事的发展和朝廷的政策,原文尚在,可供参考。故宫博物院刊印的《史料旬刊》《掌故丛编》《文献丛编》等书,对于近代史谕折,皆保全原文,载明月日,且是前未发表的文件。《史料旬刊》第三十五至三十九期刊载道光朝密奏,是研究近代史极重要的资料,便是一例证。

清廷遇有大规模的用兵,事毕,设置方略馆。奉命编纂的大臣,将有关的诏旨奏折,按年月日排列,作为叙述事件的经过,共二十一种。方略馆抄录文件,常将它节删,又不载发折的日期,成为通病。它的性质,近于以事为题的公文汇编。属于近代史范围的,共有五种。同治朝二种:一、《钦定剿平粤匪方略》,二、《钦定剿平捻匪方略》。光绪朝有三种:一、《钦定平定陕甘新疆回匪方略》,二、《钦定平定云南回匪方略》,三、《钦定平定贵州苗匪纪略》。方略卷帙多的达四百二十卷。这些材料记载了统治阶级的惨酷血腥镇压革命和起义的情况。由于它是大地主和官僚诬蔑革命和起义的汇编,因此我们对这类的史料,必须经过批判分析使用。

关于政治组织方面的史料《大清会典》,记载当时政治制度,每隔若干年,大臣奉命编修一次。清季修成的《大清会典事例》,多至一千二百二十卷，道光以来的案例，编入书中，可供我们研究清季政治制度的演变和实际情况。《六部则例》也卷帙浩繁。专书关于中枢、台规、学台等，皆奉命编修，成为钦定本。法律参考书如《大清律例》，也卷帙很多。财政专书数量也相当的巨大。清代收入以田赋为最重要，直省各县编有《赋役全书》，若搜聚于一地，卷帙之至将读不胜读。盐税有《盐法志》，各主要区的生产，划有一定的销售地，设官管理，各自编志，种类也多。海关印有报告，兼及一般商业情况，是研究经济的参考书。零星或断片史料，关涉政治经济的，散见于公文档案，数也不少。

太平天国革命是我国近代史上第一次大规模的农民革命运动。官僚地主统治阶级，视为死敌，造谣诋毁，无所不用其极。汉奸曾国藩组织地主武装和太平军作战，为了解对方情况，部属编写《贼情汇纂》，这是反动的书，却保存了重要的史料，供给我们参考。太平天国推行革命政令发行了大量文书，清廷不容人民收藏，但有流入外国图书馆的，近时复印行于国内。程演生编印的《太平天国史料第一集》，是从法国抄回的。商务印行的《太平天国诗文钞》杂有后人的伪作，但从德国抄归的文件，确是天国发行的文书。萧一山从英国抄归史料，编成《太平天国丛书》第一集。王重民在英抄归的文书，印成《太平天国官书十种》。小品文字，尚有刘复抄编的《太平天国有趣文件十六种》。国内有《英杰归真》的发现，故宫博物院也刊印《太平天国诏谕》。这都是天国的文书，真实性远在清方奏报之上。天国失败，被俘的诸王，有写成自传，叙述参加革命的斗争，李秀成、石达开、洪仁玕诸人都是明例。《李秀成自传》虽经曾国藩删去一部分，内容仍极丰富，真实性也无疑问，是我们研究太平天国的重要资料。其他诸王自传亦显有删去，但仍为不可少的参考材料。

帝国主义侵略我国的经过和我国人民反帝斗争的英勇事迹是近代史上的重要内容。清代外交文件保守秘密，签定的屈辱条约，也不公布。中俄帕米尔交涉案起，文学家吴汝纶深感材料的缺乏，欲刊刻界图与条约，函商于李鸿章。李称事非总理衙门诸公所敢为，"既虑生事，尤虑台言"。这可证明买办官僚的卖国勾当，是怕人民知道的。民国初年，外交部刊印《道光条约》《咸丰条约》《同治条约》《光绪条约》《宣统条约》，专供官署参考，不许对外流通，实则刊印条约，并录一二奏疏，未有若何重要，时人竟不得用为参考资料。其后，故宫博物院影印道光、咸丰、同治三朝《筹办夷务始末》，是外交文件开放一件大事。三书皆大臣奉命编纂，选录的谕旨奏折，常有节删，所载月日是文件到京或钞发的日期，又改用甲子，不便检查。但所载的公文，前人研究中国近代史的多不知道。故宫编印的外交史料，尚有《道光朝外交史料》、光绪朝《中日外交史料》《中法外交史料》、《宣统朝外交史料》。故宫印行的期刊如《史料旬刊》和《文献丛编》，也有重要的外交史料。这些外交公文属于新材料，但选印未有适当标准，且错字太多。私人编印的外交史料，有王亮的《清季外交史料》，以光绪朝为中心，兼及宣统朝。官书材料选自档案，王氏私人所选辑的材料，未注明出处，日期又有错误，且妄改原文名称，但书中新材料不少，也是我们研究近代史重要的参考书。

全集刊刻，补助公文的不够，帮助我们研究某一时期的事件。全集选录的奏折或文件，是当事人的记载，属于第一手史料，有内幕的消息。全集印行很早。清帝迭兴文字狱，1779年，诏令大臣家有镌刻奏疏者，子孙将版本、书本一并缴出送京销毁，经部驳斥的文件，不宜复行存刻。集中没有讳忌文字，方才发还。奏议或全集删去政治得失的文字，史料价值大为降低，风气久才转变。十九世纪中叶以来，全集或奏议刊刻的数量大增。慈禧听政，军国大事常令督抚复议。曾国藩、李鸿章诸人奏复事件，常极重要。他们报告军情，或论吏治，或言洋务，成为重要史料，也有摈而不录的，《曾国藩全集》未选录他的外交及奏复事件的奏折，便是一例。刊刻的全集、遗集、文集、奏议或政书等，极其繁夥。奏议占集中篇幅最多，由于蒙混朝廷，成为风气，军事报告尤多欺罔失实，史料价值最低。我们研究近代史，必须参考全集，批判它的内容，审定可信的部分，用为史料，也不应先有成见，忽视集中的文件。自电报通行以来，紧要事件，常由电报传达，全集竟有囿于旧例，摈去不载的。内容比较完备丰富的，当推《李文忠公（李鸿章）全集》和《张文襄公（张之洞）全集》。二人久居要职，处理事件较多，全集是我们常用的参考书。

全集除奏议外，尚有信件、诗文等。信件是致同僚，或答亲友，或与家人报告事的情况及他的感想，无粉饰的必要，常为可信的记录。《李鸿章全集》刊刻他致总理衙门的信件，是重要的外交史料。李率领淮军至上海，奏言"战功"，多是捏造的。函告友人称外兵夺取州县，淮军替外兵守城，屠杀太平军，竟在信中流露，这是中外反动势力勾结绞杀太平天国革命的罪证。不幸名人全集选录的信件太少，常见的书信，有《曾国藩家信》《左宗棠家书》《李文忠公尺牍》等。李氏尺牍由其幕友于式枚主稿，虽属应酬信，但有未见于他书的史料。旧南京国学图书馆藏有《清季官僚手札》七十七册，后选印一部分，名叫《陶风楼名贤手札》，我们常见的手札，尚有《谢氏家藏同光诸老尺牍》《冬暄草堂师友笺存》《道咸同光名人手札》第一二集等。普通诗文，史料价值较低，无待说明的。

　　日记是当事人根据亲身经历及其见闻而作，常有关于内幕情况的记载，及其对事的看法，成为重要史料。作者所记或牵涉他人阴私，或触犯忌讳，故文字常简，且不欲示人，子孙将其印行传世的，数也不多。日记本于亲身见闻，可改正奏疏的欺罔报告。曾国藩幕僚赵烈文所作《能静居士日记》（稿本），是一明例。湘军攻下南京，曾国藩夸大"战功"，称三日间杀太平军十余万人。实际上守城的太平军不多，城陷的夜间，尚有千余人从城缺口出来，内有幼天王和忠王李秀成。忠王在方山被奸民缚送至提督萧孚泗营。曾氏奏报隐瞒缚送事实，赵烈文所记经过，足以证明曾氏捏造事实，为萧孚泗冒功得赏。我们常见的书，有曾国藩、翁同龢、李慈铭、王闿运、叶昌炽、李棠阶等日记。翁氏为光绪帝师傅，参与朝政，所记虽比较简略，但提供我们研究的参考，为重要史料。《曾国藩日记》提及政治不多，李、王、叶三人，未居高位，所记杂有传闻。《李棠阶日记》偏重讲学。达官谪戍边地，常作日记记程，数量虽多，但非重要史料。

　　自传的重要，不下于日记。自订年谱是自传的一种形式。当事人按年追记平生大事，兼及家庭、政治、社会关系，除粉饰者外，是近代史的重要资料。《骆秉璋自订年谱》便是一例。骆任监察御史，奉旨稽查户部银库。库官库丁与银号商人勾结，收捐纳银有以六七百两或四五百两作一千两者，致库银亏短九百二十余万两。骆不收规礼，军机大臣穆彰阿称为"超前绝后"。1843年,案发,历任库官库丁,各摊赔款。道光帝知骆廉洁,两次召见,称:"积重难返,岂汝一人所能挽回?"摊赔仍须缴交。这可证明政治腐败,已成不治之症。从性质来说,自订年谱同于回想录。当事人追忆前事,或因年老,记忆力弱,致部分遗忘,更有夸大个人成就,或回护己短。内容真实性,须赖其他材料印证。一般的说,事距写年谱时不远,可信的价值较高。我们常见的,有《潘世恩自订年谱》《周馥自订年谱》《陆宝忠自订年谱》等。后人编写前人年谱,属于次料,兹姑不论。太平天国诸王自传属于回想录,陈湜《病榻述旧录》、李圭《思痛记》,也是此类的著作。

时人记载大事,属于原料。它的价值将视记录人和当事人的关系,材料的来源,以及选择能力。此类书极繁多,价值高下不同,我们不能一一列举,加以说明。兹以鸦片战争记载为例,以概其余。粤人梁廷枏赞助林则徐禁烟,后入总督祁墳、徐广缙幕,著《夷氛记闻》,叙述广州抗英事迹。这是他亲自参与的记载和他的见闻录,为一重要参考书。杂志报纸也是时人的记载,杂志发表的意见,反映当时某派的主张。报纸刊载政府公文,真实性是无可怀疑的,社论及通信报告也是时代的反映,皆有助于我们了解社会情状。

关于次料,《清史稿》即是一例,书是民国初年清"遗老"修成。体例仿自纪传体的正史,本纪本于《实录》,列传用清国史馆本为底稿,志本于《会典》等书。国史馆为大官僚立传,材料本于他的奏议,不能言事的人,疆吏为他奏请,并叙述他的生平史实,据它作传。我们阅读列传,常感觉传文琐屑,不相联络,读后不能认识某时期内政治、经济、文化的发展,材料真实性也有问题,除便于检查外,并无若何重要,诸表也如此。地方志有不少的传记,性质同于碑传。志记地方事件,虽比较可信,倘非作于同时,真实性也有问题。笔记种类繁夥,价值高下各不相同,要视材料来源而定。例如薛福成《庸盦笔记》,故事多本于传闻,必须批判分析,才能据为史料。

以上为中国近代史的主要史料,史学家研究历史,必须全面掌握材料,更当认识史料的阶级性。近代史的史料,以公文官书及士大夫记录为主。公文是统治者的训令、官僚的报告及外交文件,目的为巩固他们在封建社会里的特权。官书是御用史官奉命编纂，借以拥护封建政权。近百余年内，农民和兄弟民族不堪统治阶级的压迫，起义尽被官书诬蔑。士大夫与统治王朝有血肉相联的关系，常为强有力的帮凶，所写记录，往往歪曲和诬蔑被压迫的农民和兄弟民族。如曾国藩诬称太平军"所过之境，船只无论大小，人民无论贫富，一概抢掠罄尽，寸草不留"。其实太平军纪律严明，曾国藩曾在奏书里也说"禁止焚掠，以安裹胁之众，听民耕种，以安占据之县"。太平军所至，分散县仓积谷给与穷苦人民，人民争先欢迎。曾国藩部属张德坚从大批天国文件和访问俘虏所得材料，编成《贼情汇纂》。这本反动书记当时人民欢迎太平军的情况云"贼至，争先迎之；官军至，皆罢市。此等悖惑情形，比比皆然"，足以击破汉奸官僚的污蔑宣传。我们若不从阶级立场出发，审定史料的真伪，只是史料的俘虏罢了。

　　初学近代史的人，对于历史参考书或不熟悉，简单解决的方法，阅看书中所列参考书目，即可知道。若无书目，从内容也可知道一二。尤当对于所在地图书馆的藏书情况进行摸底。如不能进入书库，对于阅览室的书目，当仔细地检查，熟悉作者和书名，必要时将书名抄入笔记本，便利将来的参考。因为有了历史目录学的知识，才能利用史料。历史工作人员更需要详细目录和索引。详细目录和索引，是指一种说明内容的目录和索引，与通行的目录和索引不同。我国旧编著的《四库全书提要》，近于详细目录，嗣后未有提要的编著。近人所作的书目解题，属于某一事件的参考书，并非整个近代史的书目提要。国内现无详细索引，二者是检查工具。论文索引，也是初学所必备的。

　　学习中国近代史的人，常感觉史料既多且杂，不易控制，需要适当的近代史文选。解放前所编的，或偏于外交，或杂乱太甚，近时编纂的内容不够丰富，比较规模大的中国近代史文选，是读近代史者不可缺少的参考书。国内旧编的条约，种类不少，如外交部编的各朝条约、海关编的《中外条约》《约章成案汇编》《国际条约大全》等书。诸书中，《中外条约》比较合用，但所录条约止于清末，且书印行已久，极不易得。《国际条约大全》，是商务印书馆发行，流行虽广，但对极关重要的《中英虎门条约》《中美望厦条约》《中法黄埔条约》，竟未刊载。《约章成案汇编》

也是如此。我们需要一部完备的对外条约参考书,将鸦片战争以来的重要条约尽行编入。外国史料如苏联《赤档杂志》所载的文件,英美诸国发表的外交史料,与我国有关的,都当译成中文,以便参考。

(《历史教学》1957年6月号)

从明末三饷说起兼及明清之际财政状况

毛主席在《抗日时期的经济问题和财政问题》一文,指导我们说:"财政政策的好坏,固然足以影响经济,但是决定财政的却是经济。未有经济无基础而可以解决财政困难的,未有经济不发展而可以使财政充裕的。陕甘宁边区的财政问题,就是几万军队和工作人员的生活费和事业费的供给问题,也就是抗日经费的供给问题。这些经费,都是由人民的赋税及几万军队和工作人员自己的生产来解决的。如果不发展人民经济和公营经济,我们就只有束手待毙。"[1]这是经典性的指示,说明了经济发展的重要性。经济是政治活动的基础,也是战争胜利的条件。抗日战争时期,解放区在毛主席正确领导下,发展生产,解决军队和工作人员给养及事业费用,为解放战争创造有利的条件,发展成为获得决定性的胜利。毛主席指示的规律,也适用于封建社会。经济如不发展,农民衣食困难,财政便无办法,干泽而鱼,是走向灭亡的道路,明末历史是一例证。我们知道封建社会以农业生产为主,政府财政收入,以农业税为主要的项目,常占岁入百分之八九十。十七世纪初期,明政府对外作战,兵费增加,财政上入不敷出。政府创立新税,每耕地一亩,初加税银三厘五毫,岁入增加二百万两有奇。次年复加三厘五毫,又明年再加二厘,后又加三厘,合计一分二厘,增税银六百八十万两,所不加者唯一二地区。增加田税是不得已的临时措施,其在先前,事平即行取消。这次战争持久,及至三十年代,范围更为扩大。国内农民不能生活下去,发动大规模的起义。统治阶级更加派兵饷,一叫辽饷,九百万两;二叫剿饷,又称新饷,三百三十万两;三叫练饷,七百三十万两,是为三

---

[1] 《毛泽东选集》第三册(第一版),页九一三。

饷,合计一千九百六十万两。

明末三饷是巨大的税收,绝大部分出自农民。关税、盐课虽有摊派,但征额不多,摊派数也无几,实际上三饷是按照额田征收的新税,额数超出政府正常岁入一倍以上。明代耕地,据朝臣霍韬奏称,洪武初年,天下(即全国)田土八百四十九万六千顷有奇,今失额田四百二十六万八千顷有奇,是宇内额田存者仅及其半。并举例说明,湖广额田二百二十万,今存额四十一万,失额一百九十七万。河南额田一百四十四万,今存额四十一万,失额一百三万。失额田不是拨给藩府,就是欺隐于猾民,或是册文讹误。广东额田二十三万,今存七万,失额十六万。广东没有藩府拨给,乃欺隐于猾民。①奏文作于嘉靖八年(1529),霍韬奉旨编纂《会典》,阅读不少的公私文书和记载,所列举的例证,是惊人的极端事例,不能据以类推其他省分,田土失额及半是平均计算而得的数字。一顷为田一百亩,当时全国纳税耕地共四万万余亩。霍韬上奏距明建国一百六十年,文称洪武迄弘治一百四十年,额田减半。弘治(1488—1505)系孝宗年号,距上奏时二十四年,期内额田没有变更。其先朱元璋建国,在元末农业生产大破坏之后,有不少的荒地。政治奖民开垦,耕种面积逐年增加,洪武初年耕地达于最高额,显有疑问。明政府成立初期,政令严明,民田办理登记,编入鱼鳞册,没有欺隐。耕地最高额,盖在编成鱼鳞册之后。《明史·食货志》称洪武二十六年(1393),核天下田土,总八百五十万七千六百二十三顷,较为可信。百余年内额田减少,官吏不敢得罪强有力的贵族和官绅,猾民究为少数,乃将赋税转嫁于贫农负担,税收没有显著的减少。

十六世纪七十年代,张居正辅政,整顿吏治,清理耕地,额田有相当的增加,1578年(万历六),达六万万余田,合计六百万余顷,视数十年前多出二分之一。政府仍不满足,下诏度民田,限三年完毕。各省官吏清丈田土,没有不增加的地方。山东旧有额田七千六百万亩,清丈后查出黑田三千六百余万亩,勋戚庄田二百二十余万亩,几达原有耕地面积二分之一。这是片断的记载,《明实录》没有清丈全国耕地总数的报告。清丈土地是个艰巨工作,需要的人员既多,也要相当多的经费和时间。

---

① 《明实录》第二八〇册卷一〇二,叶四—七。

增地加税和大地主的利益相矛盾,政治上若没有强有力的领导,具体的计划和工作适当的安排,是不易完成的任务,即或形式完毕,将仍有很多的问题。时人称官吏迎合张居正的意图,改用小弓,以求田多,或以少报多。《明史·食货志》称总计田数七百一万三千九百七十六顷,视弘治时赢三百万顷,与《实录》所记不合。政府若按新查田额征税,将遭遇大官僚、大地主的强烈反对,实施显有困难。《明实录》称万历三十年(1602)田土共十一万六千万余亩,比明中叶增加七万万余亩,几近两倍,比明初也增加三万万余亩。但政府赋税没有明显的增加。《明史·食货志》称北直隶、湖广、大同、宣化按新额增赋,当未施行于全国,我们也疑个别地区实施是临时措施。由于统治阶级为安定人心、巩固政权起见,仍按六万万亩征税,后征三饷,也据这定额分摊饷银于各省。

田赋征收土地所出的五谷,是为实物地税,时人称做本色。十五世纪初叶,是明王朝极盛时代,《食货志》称天下本色税粮三千余万石。《明实录》所记岁入大致相同,另有种类繁多的丝绸、布匹等物。二百年内未有重大的改变。《明实录》称万历三十年(1602),田土十一万六千万余亩,夏税米麦四百六十六万余石,秋粮米二千三百七十万石、草二千五百八十一万束(十四斤)、丝绵三十一万斤、丝二百二十四斤(疑有脱字)、绢十四万匹、棉花绒三十七万斤、绵布三十六万匹、阔梭布三万余匹、土苎四万余匹、户口盐钞折银四万余两、盐课额引二百十五万引、盐课银一百十五万两、茶课钞一千一百八十三锭十五贯。①这是明末岁入的总计,征收的种类分别为二:一是实物,以粮食为主,不足三千万石,比前减少,由于以粮折银数字增加。其他物品都数量巨大,基本上是实物地租制。一是货币,它的种类,一名白银,一名钞票。钞票发行额不断的增加,价值低落几乎同于废纸。白银旧为商品,也曾用为商品交易的等价物。明初统治者严禁使用白银,但不能改善钞票的地位。十五世纪三十年代,朝臣以南方路远,运米达于北京,费用多而不便,请在南方交通不便地区,折收白银。统治者批准,规定米麦一石折银二分五钱,七省米麦四百余万石,折银一百余万两,供统治者赏赐用费,名叫

---

① 《明实录》第四百二十一册卷三七九,叶一五。

金花银。①于是白银弛禁,并正式取得物价尺度和流动手段的职能,成为货币。但国内没有丰富的银矿,也没有大量的生产,矿山采银作为贡品,而数量不多,至是,作为货币。民间得银不易,它的数量不敷市场上的流通,征税仍以实物为主,也有部分折作白银,时人称为折色。折色逐渐增加,1528年(嘉靖七),太仓收入白银一百三十万两,1558年(嘉靖三十七),二百万两。《明实录》称户部以七分供用,三分储存,备兵歉等灾。支出方面,1549年前,一年支出最多不过二百万两,少则七八十万两。1550年后,政府调兵防守边境,饷额倍加。1555—1556年间,北边警报益紧。明帝发内帑为兵饷,一年多至五百九十余万两。后兵饷虽逐渐减少,而折色岁入仅当岁出之半。政府多方收括,初能勉强支付,后收入减少,不敷支出。1565年,户部奏报去年发边饷及内廷用费共三百六十三万两,而正赋及节年逋欠所入,止二百四十七万两,不敷一百一十六万两,赖捐输等项收入仅能支给,是十六世纪中叶,太仓折色所入,只有二百万两,即户部所谓正赋。

农民基本上以实物交纳赋税,唯王府及勋戚庄田得征收税银,每亩征银例为三分上下。当时白银购买力高,以谷易银,并非易事,对于耕种庄田的农民,是不利的。宠臣张鹤龄庄田每亩征税多至五分,户部以农民担责太重,奏请改征三分。②征银有利于庄田主,不利于农民,是一事实,在北方尤甚,三分当多于实物地租所值,由于市场上白银流通额不多,得银代价常高,兵部尚书马文升奏文可为佐证。马言小民交粮,每粮一石,少则用银八九钱,多则一两一二钱,丰年用粮八九石方得易银一两,歉年则借取富室,加倍偿还。农民交纳钱粮,使用之钱过于所纳之数,使用之钱或称浮收,或作勒索,皆为贪官污吏所得,多于应交的钱粮,是农民沉重的担负。马文升更进一步的说,"古什一而税,今之田亩十税四五"。田税占农田收获总数百分之四五十,当包括使用钱在内,可谓奇重。马的结论说:"桑枣尽鬻,而丝绢不免,田亩尽卖,而税粮犹存,赋重民困,未有甚于此时者也。"③这是弘治八年(1495)的奏报,

---

① 《明史·食货志》卷七十八。
② 《明实录》第二一三册卷一五七,叶一二。
③ 《明实录》第二○五册卷一○三,叶九——○。

是现实的反映。政府并无改革,益后而积弊益多。

政府征收实物,物价先后不同,若作一估计,合银多少,是一个极复杂的困难问题。《明实录》有户部奏报,是极有用的参考资料,解决估价的问题。1535年(嘉靖十四),户部奏称诏免今年夏秋税粮之半,以银计算,凡六百八十一万九千两。[1]赋税时分两季征收,所谓两税制,一称夏税,一称秋粮。夏秋税粮,即是全年赋税。我们据以推算,全年收入,合银一千三百六十三万八千两。数十年后基本相同,1619年(万历四十七),督饷户部侍郎李长庚报告,更作具体说明。李长庚奏称:查《会计录》,每年本色、折色所入,通计一千四百六十一万两。入内府者六百万余两,入太仓者,除本色外,折色四百万余两。入内府六百万中有金花银、子粒银,其余皆是实物,如丝、绵、绢、布、蜡、茶等。[2]这是明末财政收入,折色以粮食折银,数量增多达四百万两。金花银是1436年政府应朝臣的奏请,改折漕粮一百万两,作为定额,除给武官禄十余万两而外,皆为御用,时已增加二十万,后又增加二十万两。子粒指屯兵上交粮食,后屯田破坏,所交无几,改为折色,是为子粒银,入于内府,数也不多。

政府财政支出,主要的是供应统治阶级奢侈腐化的生活费用,中叶以后,兵饷增加,逐渐居于重要地位。其先兵士各有屯田,自行耕种,自食其力,并有余粮。后屯田制破坏,田地为强有力者所侵夺,边地兵饷,转由政府支付,益后而负担益重。十七世纪十年代中叶,明与后金国作战,失败,遣兵往援辽东。兵丁一人原定日支米一升五合,盐菜银三分,马日支草一束,料三升。事实上有全不发给者,有半予而半不予者,将校侵吞,官吏作弊,成这恶劣情况。饷银榨取于农民,数量增加,御史有言东防今年八百万,明年八百万者,是笼统的说法。1621年(天启元年),户部尚书李汝华条奏辽饷总数目,自万历四十六年(1618)至泰昌元年(1620),共发饷银二千十八万余两,平均年逾六百万两。兵丁备受剥削,没有斗志,政府提高饷银,给予安家费及马价银。署兵部尚书张鹤鸣奏称:先前调兵,预支安家口粮二三月,募兵给银二两五钱,或三、

---

[1] 《明实录》第二九二册卷一七〇,叶三。
[2] 《明实录》第四五七册卷五八四,叶一九。

四两,今调兵都给五两,募兵皆十两。马初给费不过十两,今皆十二两,路远者十五两。饷银仍为将校所侵夺,兵士生活艰苦,时而哗变,逃亡者众。将校侵吞缺额粮饷,遇缺不肯招补,或以老弱半饷充数。御史奏言兵日增而日弱,饷日加而日耗,是实际情况的反映。舞弊尚不止此,政府发给甲仗等物,一入营中,便不能控制,兵逃器械尽失,新募兵丁又须补发一次。至于兵士裁汰,军械也不知去向,是营官浪费民财的一例。

军费不能作有效力的使用,数字激增,政府正赋并未增加。1628年(崇祯元年),户科右给事中黄承昊奏言:今岁支出五百余万两,而岁入不过三百万两,况有节欠,岁入仅二百万两。是指正常折色银而言。粮食折银,视需要而定。决定数量可采取临时措施,故先后不同。时值后金国汗战伤而死,双方维持现状,明兵饷银稍减。后清军绕道热河,大举侵入关内,从事大规模的掠夺和屠杀,农业生产遭受严重的破坏。明政府不顾民众生活的痛苦,为解决兵饷的困难问题,增加田亩的摊派税银。华北地区又遭受非常的旱灾,农民没有食物,起而斗争,成为伟大的农民革命运动。三饷——辽饷、剿饷和练饷更为农民痛苦的税收。辽饷原为防御清兵入侵的兵费,剿饷为镇压农民起义军,练饷是抽练兵丁的费用,皆所谓兵饷。加强防御和作战的能力,当视形势需要的缓急而后决定用途,有初办而后停罢者,辽饷、剿饷便是明例,又加征练饷,农民担负沉重。御史卫周嗣言:"自古有一年而括二千万以输京师,又括京师二千万以输边者乎?"①三饷共计一千九百六十万两,故有括二千万两以输边的说法。三饷虽不必在一年之内全行举办,但因时事危急,亦可全办。三饷全部征银,全国耕地六万万亩,据以平均计算,每亩摊派三分,同于庄田交纳的税银,加上原额定的钱粮和交纳时的使用钱,绝不是贫瘠地区农民所能担负。正赋折色年约四百万两,三饷合计多于折色五倍,农民怎样得到巨额的白银?它的数量多于正赋本色、折色所入,况农业生产在广大地区,遭受破坏。李自成深知农民的疾苦,以"迎闯王不纳粮"号召农民参加革命,成为不可抗拒的力量。总之,经济基础遭受破坏,财政收入不能供应军队给养费用,而皇室用费并未减

---

① 《明史·食货志》卷七十八。编者按:此为郝晋之语。

少，官吏贪污更甚于前，农民生活困难益形严重。经济问题，是明帝国覆亡的主要原因之一。

明王朝摇摇欲堕，终被农民起义军所推翻。大汉奸吴三桂勾结满清贵族，引军侵入山海关，击败李自成所部农民军，入据北京，作为进取的根据地。于是战区扩大，人民所受的痛苦，如水益深，如火益烈。其先清军阻于山海关外的坚城，迫而改变战略，西取内蒙古。内蒙古连接长城，有不少的关口通入中国内地，防守远不及山海关一带的巩固，便于入寇。1629年（崇祯二年），清军侵略，取道遵化附近关口，侵入冀北州县，直达北京附近的通州，进行野蛮式的破坏，留兵守城而退，守兵不久败逃。后又四次入寇，掠杀于黄河流域，兹引1643年侵略为例。清军深入山东，到处抢杀，得黄金一万二千余两，白银二百二十余万两，俘人民三十六万，牲口三十二万，是《清实录》所记的数字。清统治者遣使告捷朝鲜称，破明国八十八城，一州五县投降，杀朱姓千人，俘牲畜九十二万。并说："明国三年饥馑，禾稼不登，人皆相食，或食草根树皮，饥死者十之九，兼以流寇纵横、土寇劫掠，百姓皆弃田土而去，榛芜遍野。其城堡乡村居民甚少。"山东遭受重大的破坏，济南城中积尸十三万余，便是屠杀的一例。人民逃匿，土地荒芜。

清军滋扰地区，还有北直隶、山西，破坏情况略同于山东。清统治者侵入北京，虚伪的遣官视察人民痛苦，《皇朝文献通考·田赋篇》说："御史卫周祚巡行畿甸，见真定地方，荒与亡居十六七。"这是真定情况，其他遭受战争破坏的地方，也是这样，"流寇""土寇"皆地主阶级记录诬蔑农民起义军的别名。《明实录》称河南省黄河南岸，方千里之内，皆"土贼"栖山结寨，日事焚掠。据寨原是自保的防御，倘如官书所言有所破坏，寨外人民势必不能安居耕种，生活将益困难。《明实录》记载官员的报告说：淮东数千里，见城陷的地区，固荡然一空，即有完城，仅余四壁，蓬蒿满路，鸡犬无音，曾未遇见一个耕种的农民。这是根据见闻的报告，国内相当广大的地区，农业生产遭受严重的破坏，确是事实。长江上流和中流地区，也受到战争的摧残，经济情状恶劣，影响财政的收入，是清军侵据北京时期的中国的情况。

1644年秋，清统治者管辖地极为有限，为进行欺骗中国人民，并对大地主作妥协的勾结,下诏大赦。关于地税,大赦诏说:"地亩钱粮,悉照前明《会计录》,自顺治元年(1644)五月朔起,如额征解,凡加派辽饷、新饷、练饷、召买等项,俱行蠲免。"又免除民间拖欠本、折钱粮、金花银、内供绢布、丝绵等物。①这叫豁免的实物,原是财政收入的主要成分。清政府军事力量,没有达到中国广大地区,无法征收赋税,不过作为虚伪宣传,一时蒙混人民耳目。明代正赋合计本色、折色一千四百余万两,内廷奢侈物品,征自民间者包括在内。大赦诏关于免赋的规定,若果真施行,一年合计本色、折色所入,将不足一千万两,清掌握实际政权的亲王多尔衮曾下谕说,明辽饷、剿饷、练饷数倍正供。明末正赋折色所入,约银四百万两,三饷若同在一年内征收,多达正赋五倍,苦累人民,事极明显。多尔衮论及召买,称为加重人民担负的虐政。明户部召买粮料,借名当官平价,实际上计亩加征。户部初议准作征收粮食,后又不与销算。有时米价腾贵,每石四五两不等,部议止给五分之一,高下予夺,唯贿是凭,而交纳衙门,又有奸人包揽,猾吏抑勒,是三饷之外,重增一倍催科。②多尔衮歌颂清王朝,同于歌颂自己,显然的夸大明朝缺点。明末米价当供应正常时,一石不出一两,价至四五两,常造成于严重的自然灾害,或非常事故。1631年(崇祯四),陕北大旱,人民吃尽草根树皮,至于相食,斗米买至六钱,一石价至六两。山西军队遏止运米出境,也是米贵的因素。若以偶然或非常的事例,作为一般情况,便是唯心主义形而上学的看法,不符合于客观情况。明政府腐朽无能,官吏勒索,增加人民不必要的负担,也是事实。

清统治阶级以宣传欺骗为得计,更无耻的替自己吹嘘(嘘)说:"视民如伤,周咨疾苦,复除之令岁下,振贷之泽有加。"封建王朝臣属政治地位同于奴隶,满洲大臣皆自称奴才,当然同声的歌颂圣德。《清史稿·食货志》的编者也是这样,兹引二例为证。一言:"明末苛政纷起,筹捐增饷,民穷财困,有清入主中国,概予蠲除,与民更始。"一言:"赋役,一曰赋则,清初入关,首除明季加派三饷,……顺治三年(1646),谕户部稽核钱粮原额,汇为《赋役全书》,悉复明万历间(1573—1620)之旧

---

① 《清史稿》本纪四。
② 《清世祖实录》卷六,叶一〇。

计。"编者是清遗老,囿于传统的说法,不辨明事物的真象,更牵强附会的肯定虚伪宣传为事实,近人受到它的影响,也以为清统治者减轻农民的担负,实则全不足信,兹略说明于下。

《清史稿·食货志》卷六叙述清初财政状况说:"顺治初既除民三饷,南服诸省尚未底定,岁入本少,而频年用兵,经营四方,供亿不赀,岁出尤巨。至九年(1652),海内(宇)粗定,岁入则地丁等款征银二千一百二十六万两有奇,盐课征银二百一十二万两有奇,关税等征银一百余万两,米、麦、豆之征本色者五百六十二万石有奇。岁出则诸路兵饷需一千三百余万两,王公官俸各费需二百余万两,各省留支驿站等款三百余万两。其后兵饷增至二千四百万两,地丁亦至二千五百余万两。康熙之初,三藩叛逆,岁入地丁等款,自二千六百余万,减至二千一百余万。二十一年(1682),三藩削平,岁入地丁等银,复至二千六百三十四万两有奇,盐课银亦至二百七十六万两有奇,关税等银二百余万两,米、麦、豆之征本色者为六百三十四万石有奇。"编者叙述清初财政情况,有不尽不实之处,例如清帝顺治生活腐化,宫廷费用巨大,《食货志》并未提及。皇室费用出于人民,是千方百计榨取的结果,军费也是这样。1652年,清军势力达于南方,但湖广一部分及云贵、广西等地,仍为明永历帝所统治,战争继续进行,田赋收入应当减少。清政府地丁收入竟达二千余万两,超过明末正赋全部收入,是惊人的事件。《食货志》未作说明,我们可从《清世祖实录》得到一些补充史料。

《清世祖实录》称顺治八年(1651),田、地、山、荡二万九千万余亩,征银二千一百余万两,米、麦、豆五百七十三万石,草四百七十四万束,盐课一百九十六万两。当时交纳税银的田、地、山、荡,不足三万万亩,仅及明季耕种额田二分之一。全国田赋以江浙为最重,收入较多,属于清统治地区,统治者充分加以利用,个别地区税入稍有增加,是意料中事,但不能补足未统治地的税银。相反的,一半耕地征银二千一百余万两,多于明末岁入正赋六百余万两,盐课及其他实物的征收尚未折算计入。《清实录》又称明年田、地、山、荡共四万万余亩,历时一年,纳税土地增加一万万亩,是侵略战争的结果。清管辖地扩大,总计亩数约当明末额田三分之二,岁入若如《食货志》所记,全国税入共银二千四百余万两,比明代正赋所入更多。十一年(1654),户部奏报北直隶、山东、山西、河南、浙江、江南、陕西、湖广、江西、福建、广东十一省地丁征银三千一百六十余万两,除蠲免银六百三十九万两,地方留银八百三十七万两,起解各部寺银二百七万两,该解户部银一千四百八十万两,拨各省镇兵饷一千一百五十一万两,应解户部银三百二十八万两,又应找拨陕西、广东、湖广等处兵饷一百八十万两,又王公满汉兵饷一百九十万两,不敷银四十一万两。此外,又有盐课、关税银二百七十二万,又裁扣工食银二十九万两,除补前项不敷外,止剩银二百六十万两,如遇水旱拖欠及支付出征满兵全部月饷,即不敷用。[①]明代设省较少,清初沿用明制,全国除云贵、广西而外,都是清管辖地。四川遭受惨重的破坏,地荒人希,税收有限,或是未列入的原因。十一省征银三千一百余万两,当是额征。《食货志》及其他书籍所言征银数目,皆是实征。清初田亩征银多于明末正赋一倍以上,盐课、关税还未计入。岁入增加这样的巨大,是历史上的奇迹,令人发生疑问。及西南地区归清管辖,钱粮实征银复有增加,1661年(顺治十八),达二千五百七十二万两。米、豆六百一十万石,盐课、关税二百七十二万两,合计岁入银二千八百余万两。

　　清统治者宣传豁免三饷,实际上个别饷项有创办不久如行停罢者。清统治阶级不择手段,采取野蛮方式,掠夺财富。《清实录》于十八世纪中叶一再修改,删去统治者病民和可耻的行为,但仍于无意中保留一小部分虐民的事实。1648年(顺治五年),清大将西至山西大同,催办粮草,动辄欲行杀戮。临时征收粮草,供行军之用,是常赋外的勒索,以屠杀为手段,同于土匪的行为。多尔衮加派钱粮,营造避暑城,也是额外的征收。统治贵族悍然违反诏书,为所欲为,甚于明代。清政府不顾农民的生计,加重剥削,解决财政困难的问题,1661年,复创办新税,亩征银一分。十三省耕地五万七千七百万亩,计银五百余万两,限三月内征完解部。时云、贵新入版图,在战争破坏生产之后,清政府仍令按田亩征收新税。户部奏称仿照明练饷举办,其实明末三饷业已并入田亩税内,成为正常赋税。这是清初田赋超过明末正赋一倍以上的根本原因,而清人记录皆避而不谈。清世祖和圣祖《实录》还保留资料。证明三饷

[①] 《清世祖实录》卷八四,叶二六一八。

并未蠲免,兹引证于下。

1660年(顺治十七),户部奏报军饷增加,财政上入不敷出,有"天下正赋止八百七十五万余两"的奏语,是真实情况的流露。明末岁入正赋一千四百余万两,包括供养皇室费用六百余万两,内有大量丝绵、布匹等物和御用的金花银。清大赦诏宣布全行蠲免,所余正赋合本色、折色计算,只有八百余万两。清初岁入多达二千余万两,乃征收三饷等项的结果。三饷同时征收,也是清代的虐政。

《清圣祖实录》所记有更明确的证据。1685年(康熙二十四),江苏宿县民叩阍,请求豁免暂加三饷,并陈述缺额丁银、缺额粮地及旷土虚粮包赔的痛苦,请求一并免除。①叩阍原文,《实录》未保留下来,仅作极简要的叙述,同于摘由。三饷是明末三饷的简称,共一千九百余万两,合太仓所入八百余万两、内府六百万两,凡三千余万两。清户部曾奏岁入三千一百余万两,盖本于明末赋税和捐派。我们更进一步的考查,广西、四川、云贵税入在三千一百万总数之外,由于还不是清统治地区,或未及设官征税。1661年,全国统一,耕地比明末减少。关外辽东一带,受战争的影响,汉民极大多数逃入关内,耕地荒废,旗丁也抛弃土地。奉天府尹张尚贤有详细的奏报,它扼要的结语说:"荒地、废堡、败瓦、颓垣,沃野千里,有土无人,全无可恃。"②这是奉天的情况。清统治阶级强夺畿内农民耕地,作为八旗田土,即所谓圈地。旗地免交税银,面积有相当的广大,直隶一省估计在一千五百万亩以上。黄河流域遭受战争破坏的地区,有大量的荒地,官吏也无法征税。现于《清实录》中列举一二事例为证。一、山东土地荒芜,一户止存一二人,十亩止种一二亩。官吏报告称若一概征税,民皆逃亡。二、山西北部无主荒地一百三十余万亩,还有其他州县的荒地,清政府诏免全省荒地一百五十万亩钱粮。长江中、上流地区,也有大量荒地。政府奖民迁移耕种,一时也不能征税。清初荒地大概超过一万万亩以上。户部征收钱粮,除诏免粮地区而外,皆照旧额征收,是极端虐民的苛政。据宿县叩阍民所言情况,不但荒地税银由邻里农民担负,而且死亡的人丁税银也归他们包赔。清

---

① 《清圣祖实录》卷一二一,叶二八。
② 《清圣祖实录》卷二,叶六。

初征税按旧额田加征,丁税也是这样,故能达到三千余万两。康熙帝收到请免三饷及缺额地丁粮钱的文件,诏朝臣议复。朝臣奏称三饷征收,各地皆然,不许蠲免。①是三饷征收普遍于全国,于《清实录》中得一明证。更当说明的,明末正赋一千四百余万两,内有本色、折色、盐课、关税一并计入。清户部另立项目。《清实录》和《清史稿》所记岁入银数,时有出入,或由于计算不同。1654年(顺治一一),户部奏报盐课、关税银二百七十二万两,1661年,所征税银相同,近于定额。《食货志》称1652年,盐课征银二百一十二万两,关税一百余万两,合计三百余万两,视《实录》为多。编者未说明材料的来源,《实录》是当时编纂的官书,比较可信。关税,盐课收入不多,由于税吏中饱所致。

  明代岁入以本色为主、折色为辅。清初除保留米麦五六百万石而外,余皆折收白银。白银使用的范围扩大,从货币发展史来看,从实物地租进至货币地租,是进步的象征,表现于商品经济的发达,有相当数量的货币流通。事实上我国不是大量产银国家,它的数量不敷民间的需要和市场上的流通,偏僻地区及工商业不发达的城市,人民得银不易,农民更为困难。明初发行大量钞票,钞价日跌,使人民不愿使用,中叶以来,改铸制钱,便于民间支付零星交易,由是货币成为银钱并行制。二者数量虽不甚多,但因政府征收赋税,折色少而本色多,农民以实物纳税,并无困难。清政府征税以白银为主,银价稳定,便于运输,易于分割,把实物改征白银,对于官吏是方便的。于是钱粮、丁税、盐课、关税、官俸、兵饷、捐官、赎罪等项无不用银,民间买卖仍多用钱。清政府原许农民纳税,七成交银,三成交钱,但不符合官吏的利益,成为具文。农民以银交税,成为极端难事。学者顾炎武所作《钱粮论》称,山东丰收,登州蓬莱农民不将白银交纳钱粮。陕西自鄠西至岐下的农民,亦以无银纳粮,出卖妻子。"一县之鬻于军营而请印者,岁近千人。其逃亡或自尽者,又不知凡几"。农民借贷于权要,每银一两偿米四石。②当时米价一石约银一两,权要利用农民得银的困难,一两勒索米至四石,成为惨重的剥削。

---

① 《清圣祖实录》卷一二一,叶二八。
② 《皇朝经世文编》卷二九。

时人鉴于赋税征银对于农民为惨重的打击,反对征银者有不少的人士,兹引高珩所著《行钱议》作为代表性的言论,以概其余。高珩仕清,官至刑部侍郎。《行钱议》说:"今国家无银,天下亦无银,而今年每粟六斗,不能易银一钱,比校敲扑而死者无算,终不能有银。……明末每钱一百文,买银一钱。康熙二年(1663)至三百文,今遂六百有余,尚苦无银可买,是国家未曾加赋,而百姓一年若纳四五年之粮。今各县有储粟几百石,弃之携家而逃者,比比见告矣。"①高珩所言,反映北方的情况。白银极端得难,致富裕农民无法交税,为避免受敲打而死的痛苦,弃去积粟,逃亡在外,与顾炎武所言相互印证。国内产银不多,它的主要来源,是外国商船来华带银购买丝绢、瓷器、茶叶等物。十六世纪初叶以来,欧洲各国商船先后直航达于我国港口,国际贸易扩大,外船运入的白银数量增多,对于银作货币流通支付,发生一定的作用,是肯定的。十七世纪四十年代中叶,清兵侵占中国大陆,东南沿海岛屿是抗清的活动根据地,爱国人士给予支援。清帝顺治诏令沿海居民迁徙居住内地,停止国际贸易,白银入口中断。后江苏巡抚慕天颜奏言它的影响说:"顺治六、七年(1649、50)间,未有海禁,民间使用外国银钱,流行各省。海禁后,银钱绝迹,二十年坐弃之金钱不可以亿万计,此真重可惜也。"②停止国际贸易,影响白银入口,是一事实,至谓洋钱流通各省,显有夸大。洋钱来源断绝,对于人民有心理作用,致白银异常缺乏,发生严重的影响。1681年(康熙二十),国内统一,康熙恢复各国国际贸易,白银复继续入口,银坑也恢复生产,流通额逐渐增加,问题随之解决。

清政府征收明代正赋及摊派的饷银,财政收入巨大,为历史上前所未有。统治者为了达到目的,不惜采取任何毒辣的手段,叶梦珠所辑《阅世编》关于赋税的记载,有助于我们了解当时情况。叶言明末征收田赋和加派,本年交纳者必俟来年二月开征,若在本年秋冬举办,便为预征。地方官征粮以八分考成,民间完至八分者即是良户,完六七分者亦为不甚顽梗。顺治二年(1645)五月,清政府诏令江南本年漕白条银

---

① 《皇朝经世文编》卷五三。
② 《抚吴封事》卷六。

照旧额征十分之五,裁去不急之征,减可缓之税,额编者皆万不可缓,于是挪缓济急之方穷。叶梦珠家居松江府,所记是亲身的见闻和经历,有高度可信的价值。田赋征收,分两季进行,第一季较轻,有丁税在内,俗称条银。第二季较重,俗称漕米,上海一带例交白米。清政府令征全年赋税百分之五十,其中一部分同于预征,加重农民的担负。额编指提编的额定银两,提编是摊派兵饷的别名,不许短少。经征的地方官改以十分考成。江苏绅户拖欠成为习惯,守令一时不能完成征收任务者,即受处分——罢官,势必严峻执行征税。钱粮征收困难,巡抚朱国治归过于绅衿,先在无锡、嘉定给予他们惩罚,十八年(1661),通行于苏州、松江、常州、镇江四府及溧阳一县。他的奏折到京,得到统治者的批准。绅衿没有交清钱粮或欠尾数,皆受到处分,共有绅士二千一百七十一,生员一万一千三百四十六人,这是当时非常的事件。明代优待绅衿,绅衿在政治上享受特权,免除差役,纳税又较农民减轻,常利用政治势力剥削佃户,成为恶霸地主。清政府不问拖欠的多寡,凡未完清者给予严重的打击,于是绅士气焰消失,地尽纳税。时人称"故明三百年来,从不能完之地,而年来俱报全完"。[①]这是江苏的情况,绅衿至出卖田产,无人愿受,或借高利贷,或弃田逃亡。其他行省当也严峻的征税,不过仅有程度的不同。大同催征以屠杀为手段,情况更为恶劣。赋税征收足额,有不少的农民在生命受着威胁之下,出其所有,满足清政府的贪欲和诛求。

另一方面,清统治贵族认为明朝覆亡,由于政治腐败,官吏贪污,绅士作恶,充分表现于征收赋税。明末政府征收正赋和加派达三千余万两,实际上农民担负远远超过这个数字。1623年(天启三),刑科给事中解学龙奏称,京师边地军米一石,人民输纳不止一石,数近二倍,是民所交者二,国家所得者一。发饷时,饷米一石抵银四钱,以银易钱,如得好米,一兵所得不过百文,坏米三四十文,最下的臭腐至不可食。国家所费者三,兵士所得者一。总计民费其六,兵食其一,费六之民与食一之兵,俱受痛苦。民作奸以欺漕军,军作奸以欺漕官,官作奸以欺皇上,经数奸转换之手,米化为糠秕沙土,收藏湿热所蒸,色味俱变,是化有用

---

① 《阅世编(上海掌故丛书本)》卷六,叶一一六。

之六,为无用之一。①解学龙所揭露官吏的腐败,是一事实。驯良的农民深受压迫和剥削,交缴钱粮。作奸是有力的绅士和不法的生员,经手的官吏得到更多的油水,层层作弊,贪污成为风气,由来已久。马文升曾言农民交纳钱粮,用费多于正项,交纳物料用费更多,是明中叶的情况,积弊至末叶更加深重。政府无能,不能使钱粮有效的使用,同于浪费。清统治者遣御史柳寅东巡按顺天,柳奏报积弊说:"解京钱粮,头绪纷杂,有一县正额止三千余两,而条分四十余项。有一项钱粮止一两六七钱,而加费至二三十两。"②顺天是首都所在地,加费至十数倍以上,虽是极端的事例,不能作为一般情况,然可见官吏浮加的严重性。清政府认识这点,为巩固政权起见,采取改良策略,缓和阶级斗争。它的措施有二:一、地方官征税之前,发下易知由单,交给各花户。由单载明业主田亩及交纳钱粮的数字,花户持单于限期内投柜交纳,胥吏不得勒索。胥役侵蠹者查籍家业,侵多者立枭于市,侵少者即时流配。各县刊印《赋役全书》,供官民参考。二、官绅田地除规定者外交纳钱粮同于农民,违抗或拖欠者,严惩不贷。苏州曾兴大狱,有状元不值钱的说法。《阅世编》称绅士不能完粮有弃地逃亡者,这是一时一地的情况。绅士不可能兼并土地,对于自耕农是有利的。地方官绅、官役对于农民的剥削减轻,民力稍苏,奠定康熙中叶"治平"的基础。

　　清政府的主要支出有二:一、皇室经费。清朝顺治进入北京,住于前明宫殿,宫廷生活沿用明代仪注和习惯,仿效它的规模,费用有相当的巨大。康熙帝晚年吹嘘自己的节约,《圣祖实录》保存一些材料,有助于我们了解清初皇室的奢侈浪费。康熙帝称明季宫女九千,内监十万,今则不过四五百人。光禄寺供应宫中食品,初每年用银七十余万两,今渐减少,达七万两。理藩院年赏和供应物品,每年用银八十万两,今减至八万两。户工两部所用钱粮也大减少。③这是他在十八世纪初叶说的,距明亡已六十多年。清初沿用明制,宫女、太监有相当的众多,光禄寺、户部、工部皆遵循故事。理藩院是清设置的衙门,赏赐藩属王公,费

---

① 《明实录》第四七八册卷三三,叶三一五。
② 《皇朝文献通考》田赋一。
③ 《清圣祖实录》卷二四〇,叶一〇,及卷二四三,叶一〇。

用达八十万两,是统治者浪费民财的行为。宫内用费不见于文献记载者还多,由于皇室经费没有预算,也不发表报告,不为臣下所知,也非他们所敢过问,但费用巨大是无疑问的。明宫中大量奢侈物品,来自各省,据李长庚估计,约银四五百万两。顺治大赦诏全部豁免。但清代外省督抚例须进贡,贡物是地方名贵物品,种类既多,数量又大,皆长官夺取于人民,是变相的恢复旧制,用费更多于明。

二、兵饷。清军时称八旗,在关外时,兵丁各有耕地,或有奴婢生产,调外作战,自备马匹、器械、糇粮。旗兵入关,驻防北京等地,抛弃关外田地,生活环境与先前不同,清统治贵族圈汉民房屋,供旗兵居住,并圈田地给他们耕种,各部院衙门官员也给予田园,要他们维持自给自足的生活,同于关外。八旗兵丁得地并不耕种,顺治诏自王以下给俸米一半,仍令他们务农,事实上成为具文。出征的兵丁全靠月饷,每一兵丁月饷自一两五钱至四两不等。岁支米自十二至二十四石,于是自给自养的制度破坏,八旗军士全赖饷米,维持家人的生活费用,八旗共二十余万人。常备军还有绿旗营兵,俗称绿营兵,是召募的地方兵,中有降将降卒。清政府借以安插他们,分化汉民族的团结,减少抗清的力量。作为军队来说,军中没有设备,也无训练,明末腐朽恶劣的风气,继续保持。1656年(顺治十六),户部侍郎林起龙奏言,绿旗营兵几六十万人,每岁费粮二百余万石,饷银一千余万两。但地方有事,仍请八旗兵赴援,六十万不足当数万之用。绿营将官赴任,召募家丁,随营开粮。军牢、伴当、吹手、轿夫皆充兵数,甚至地方铺户令子侄充兵,以免差徭,这是兵丁无实。营中军马例支草料多扣克短少,驿递缺马,亦借营马应付,故马皆骨立,鞭策不前,这是马匹无实。军中器械如弓箭、刀枪、盔甲、火器等皆钝敝朽坏,所领三眼枪又火门堵塞,没有实用,兵丁从无帐蓬、雨衣、弓箭罩,这是器械无实。兵士没有操练,春秋两操竟不举行,这是训练无实。绿营兵大病有二、一、贪数多,二、给饷薄。守兵月给米三斗、银一两。步战兵月米三斗、支银一两五钱。除军官扣克外,一月日用蔬菜、冬夏衣服、修整器械、鞍辔等费都出其中,剩余仅能维持一人生活,竟数月或半年不发兵饷。①绿营弱不能战,是积弊滋长的结果。

---

① 《清世祖实录》卷一二七,叶二四一八。

兵士缺饷,没有纪律,遇有机会,无不抢劫作恶。林起龙建议裁兵增饷,选练二十万精兵,养以四十万人饷银,对于财政支出减少三分之一,兵有训练成为精兵,是切实可行的计划,而清统治阶级疑忌汉民族,竟不采行。常备军八十万,兵饷成为财政上沉重的担负。

1660年(顺治十七),户部奏报兵饷不足,由于增兵云南,吴三桂统领下的旗兵一万人,绿营兵及归降兵六万人,又京中八旗满兵需用粮饷甚多。天下正赋止八百七十五万余两,而云南军费需银九百余万两。云南深受战争的摧残,农业生产破坏,土司辖地又非清势力所及,缺少粮食,米售至二十余两一石。户部主张撤兵,未有效果,财政困难的问题未能解决。及三藩叛乱,清政府调兵南下作战,军费增加,而统治地削少,税收减少。江浙是财赋地区,税收占全国总数二分之一,在清管治下,未受战争的破坏,成为军饷的主要来源地。清政府复创办新税,叶梦珠称军兴绅户田亩钱粮,照原额加征十分之三,康熙二十一年(1682)即行停止。又税全国市房,不论内房多寡,惟计门面间架,每间架税银二钱。全国各府州、城市以及乡镇、村落有数家者,皆须交税,草房亦同,施行一年。后又征税一次,蠲免村落草房,及在镇僻巷所居一间门面房室。① 税制视前改善,由于战争时将结束,军饷需要不如先前的紧急。

三藩乱平,新税即行停罢,而三饷仍继续征收,积久成为正赋。后人竟为宣传性的诏书所欺骗,而以为清初征收钱粮,凡明末正额之外,一切加派尽行蠲免,是一重大错误。清帝鉴于农民革命军打击明统治阶级的教训,采行有效的改良措施,减少官吏的额外勒索,严惩拖欠钱粮的绅衿。大户没有特权,也不能转嫁担负于小户,对于广大农民,是有利的。三藩叛乱期内虽增加田税,但以绅户为对象。房捐属于临时税收,也有改善。后康熙帝从事节俭,库有大量积余白银,普免全国钱粮,下诏永不加赋,是接受历史教训而采行的改良政策。毛主席在《中国革命和中国共产党》文中指导我们说:"中国历史上的农民起义和农民战争的规模之大,是世界历史上所仅见的。在中国封建社会里,只有这种农民的阶级斗争、农民的起义和农民的战争,才是历史发展的真正

---

① 《阅世编》卷六。

动力。因为每一次较大的农民起义和农民战争的结果,都打击了当时的封建统治,因而也就多少推动了社会生产力的发展。"这是历史规律,我们研究明清之际的历史发展,体会更为深刻。十七世纪末叶至十八世纪中叶,是清代盛世,农业和手工业的生产有高度的发展,物产丰富,人民生活比较宽裕。政府财政收入也有大量的积余,经济发展,未有财政困难问题不解决的。

(《南京大学学报》1962年第2期)

论史料真实性

一

历史不是记载，而是一种科学，必须有原理、有方法、有组织的著作。原理是不以人们意志为转移的客观规律。我国史学家往往就事论事，成为史论，不能了解人类社会发展的规律，外国史学家初也相同。十九世纪中叶，马克思应用辩证唯物主义解释社会，成为历史唯物主义，发现社会发展的原理，提高历史的地位，成为一门科学。资产阶级史学家不承认历史发展的规律，自以为历史工作是超阶级的，实为资本家服务。因为人是时代的产物，不能脱离它的影响，对于事物的看法，由于所受的教育及所处的环境而异。看法即为观点，人们在阶级社会里，代表不同的阶级利益，观点因之而异，用以解释史迹，便为史观。

历史是社会科学，与自然科学不同，所用的方法也不相同。所谓科学方法，据英科学家唐姆生 J.A. Thomson 所著《科学概论》第三章所言：为观察、试验、归纳、演绎、分析、比较等法。就史籍而论，史学家采用归纳、演绎、分析、比较诸法，但缺少观察、试验。这二种工作原是研究科学的基本方法，因为任何科学都起于观察，证以试验，才能作出结论。史学家不能起前人的事迹进行观察，又不能取今人的行动进行实验，世人有怀疑历史方法为科学方法的。其实自然科学内有各种学科，采用的技术方法，各不相同。历史属于社会科学，当然不能应用自然科学的技术方法。资产阶级史学家重视历史方法，认为历史必须经过有方法的考证，乃得成为科学。陆懋德进一步的说："历史虽不能用仪器的试验,而自有考证的工作,虽不能用机械的观察,而亦有实地的调查。……不得不谓为科学方法。"①

资产阶级史学家不承认历史发展的客观规律,同于否认它的科学地位,转而以为它采用的方法为科学方法,可以为成为科学,当不免轻重倒置。但史学家考证史料的真伪,史迹的虚实,是科学方法,任何人也不能否认的。

历史著作有多种的体裁,文字贵正确,叙述贵真实,编制也有相当的重要。编制谓篇章的分配,及组织的适宜,盖写作之先,必有计划,才能草定内容与外形的大略,即所谓制定大纲,然后根据大纲,搜集材料,加以联贯。所当知者,历史著作不是由许多事实堆积而成,必须注意二事:一、论点的统一,作者引用的事实,无论多少,皆以扶助论证观点为主。二、因果的关联,作者叙述必须具有关联的线索,引征的事实,皆以表现这关联为主。二者做到方能观点明确,论证有力,成为有组织的著作。

历史写作的过程,有相当的复杂,本文讨论的范围,以史料的真实性为主。史料一般的说,是人类所作事故的记录,即所谓记载。事迹若无人记载,便不为后人所知;若有人记载,便留传于后世。若记载亡失,便无法恢复。资产阶级史学家重视史料说:"无史料即无历史。"这是单就史料而论,忽视史观和考证,不免片面的夸大。但研究历史,寻求史料是技术最先的、并最重要的部分。史书的价值,常视作者是否利用重要的史料及选择是否正确为定。

古代史料,藏于史官。司马迁于《史记》自序,称"天下遗闻故(古)事,靡不毕集太史公"。司马迁利用史官所藏的材料,写成《史记》。据后人估计,只有七、八种书。宋郑樵于《通志》总序说:"所〔可〕为迁恨者,博不足也。"这是一面之辞,司马迁利用汉代档案史料及访问所得的故事,实已尽其力之所能广搜史料。然有不作任何努力者,唐初设馆编修《晋书》,搜集参考史书,当无困难。干宝所撰《晋纪》,孙盛所撰《晋阳秋》,都是晋史名著。刘知几《史通·杂说篇》称修《晋书》的人士,皆未采用。史官修史不肯利用所有能得的材料及最佳的材料,世有其人。

---

① 《史学方法大纲》,页13。

章学诚于《文史通义·史注篇》说:"在官修书,惟冀塞责,私人(门)著述,苟饰浮名,或剽窃成书,或因陋就简,使其术稍黠,皆可愚一时之耳目。"这类著作,各时期皆有其例。

另一方面,史料收藏于秘府,不是私人所能利用。印刷术未发明前,书的流传,依靠抄录,分散于各地,既没有目录可供检查,也不为人所知,又因交通不便,搜求不是一件易事,崔鸿事是一例证。《魏书·崔鸿传》称他撰《十六国春秋》,计划写成百篇,三年草成九十五卷,访求常璩所撰李雄父子据蜀时书,七年不获,至于辍笔,表请缘边求采。[①]刘知几于《史通·正史篇》称崔鸿访求蜀书十五年,始在江东购获,增其篇目,为书一百二卷。故事证明古人搜集史料的困难。崔鸿等待史料十五年而后而定稿,著作不苟的精神,令人起敬。清代史学家崔述强调"问到底"及"考而后信"的主张,但居于较偏僻的地方,读书不多。近人批论其《考信录》精而不博,造成于史料的不够。

近代各大城市,都设有图书馆,各地高等学校也有图书馆,有丰富的书籍和资料,又有档案馆及史料整理处,储藏大量未公布的档案史料,是前人所不能利用的。近代史资料范围广阔,不但经、史、子、集都是史料,还有大量的外国所作的记载,史料丰富远过于其他时代。我们利用史料编写历史,必须辨别它的真伪高下,便于取舍,兹论述于下。

二

我国是文化发达的国家,史料多至不可胜数,非从它的价值高下,分为种类,不能进行研究。史学家重视史料的类别,提出不少的建议,法人朗格诺瓦区分史料为二大类:一、直接材料,二、间接材料。前者指器物,后者指著作而言。其实二类史料,有不易区别的。例如古人铸造钟鼎,上有文字,多者至数百字,记某事件。钟鼎为器物,铭文为著作,将怎样分别为直接材料或间接材料呢?又如手稿记述本人亲身经历的事件。手稿是器物,记载是著作,这著作手稿,究为直接或间接史料,也不易区别,证明这样分类,不能解决问题,实用的价值不大。

---

① 《魏书》卷67《崔鸿传》。

朗格诺瓦称研究史料，须先问记载之人，是否为此事之同时代的人。陆懋德进而引伸其说，称每一时代各有它特别的社会背景、心理思想及习惯。如时代不同，记载便不能正确。一切史料，皆可分为二类：一、同时代，二、非同时代。同时代的记载，意谓某事发生后的当时人所记，否则就是非同时代的记载，意谓某事发生后的后代人所记。[①]一般的说，前者史料价值，远胜于后者。事实上同时代人记载亲身见闻的社会情况，是比较翔实，但关于某一政治事件，本于传说，所记可信的价值并不很高。同时代的记载对于史料的真实性，没有任何保证，且所谓同时代，常流于空泛，不够明确，甚至包含几个时代。例如《诗经》是周人同时代的材料，而《周颂》《大雅》《小雅》《国风》所代表的时代各不相同。

美人约翰生 Johnson，又分史料为三类；一、记载，如公私文件，法律、命令、条约、史传、档案、图表、神话、诗歌等皆是。二、遗物，如陵庙、房屋、器械、工具、器皿、衣服、钱币及方言成语等。三、传说，如口传的故事典故等。[②]约翰生综合古今史料，区别为三类，每一类中有很多的种类，除遗物为直接材料而外，其他每一类中各项材料的价值高下，各不相同。例如记载既有同时代与非同时代的不同，也有见闻和传闻的不同。传说有上古原有的与后世演变的不同，近代史资料也有真伪虚实的不同。遗物属于考古学范围之内。我们研究近代史者，以记载为主，传说处于次要的地位。

史料分类，有种种不同，皆按照史料本身的性质为分类的标准。性质不同的材料，价值高下还易于分辨，例如遗物与记载，记载与传说，皆极明显。遗物价值较高，记载次之，传说又次之。但性质相同的材料，如同为遗物，同为记载，内各有高下的不同，且极复杂，史学家对于困难问题，常有不同的意见。英人克伦泊 C.G. Crump 于所著《历史与历史研究》一书，提出史料分类法。论者称它是一最好方法，足以解决一切疑难的纠纷。历史工作者如果按照他的建议区分史料，对于收藏的史料，无论数量如何的巨大，都能解决。克伦泊建议所有史料应分二大

---

① 《史学方法大纲》，页 26—27。
② Historian and Historical Evidence，页 4—6。

类：一、原料 Primary Sources，二、次料 Secondary Sources。①

原料指最初的材料，意谓由此上不能再追求材料的来源。次料指后起的材料，意谓由现存的或可寻的原料之中变化而出的著作，即所谓次料出于原料，而原料为次料所自出。就近代史而言，当事人的史料和报告，如公文档案、书信、日记、回忆录和诗文等皆是原料或称第一手史料。我们研究林则徐在广州禁烟，他的奏折载于《林文忠公政书》（全集还未刊印）、《道光朝筹办夷务始末》，谕文批示载于《信及录》，还有日记、书信、诗歌及其他未刊印的文件都是原料。夏燮所撰《中西纪事》，关于第一次鸦片战争的记叙，是当时人史料。我们根据这些史料，叙述林则徐主持的禁烟运动，成为论文专书，便是次料。追求论文或专书的根据，最后至林则徐所撰的文件及清帝的谕旨，无可再追，便是原料。我们追求《中西纪事》材料的来源，一部分是据邸报，一部分是据传闻。夏燮利用邸报等记载叙述禁烟过程，我们利用它为史料写成著作。如果追查材料的来源，我们写作，固然是次料，《中西纪事》也是次料，邸报所载的文件，便是原料。邸报一称邸钞，又称京报，是民间报房抄印政府公开发表的文件。我们若有《林则徐全集》，或政府刊印的公文，当充分予以利用，因为都是原料。

夏燮根据传闻，一部分杂有附会。我们若不能再上追记述来源，它也成为原料，不过是时人传说，可信的价值不高。例如夏燮说："道光二十年（1840），两广总督林则徐奏请停止英商贸易，既得旨允行，遂下封港之令。"②其实停止贸易，是道光帝的主张，有区区税银何足计论的谕旨。林则徐建议区别英商为二类，一、具结入港的商船，准许贸易，一、不具结者驱逐回国。道光不同意他的建议。川鼻口外的海战，由于英商船二只，违抗商务监督义律的命令，具结驶往广州贸易，英兵舰出而阻挠，广东水师企图保护商船，致成第一次海战。事在1839年，即道光十九年。夏燮叙述故事的情节，没有可信的证据，是传闻附会的说法。第一手材料可信的价值有高下的不同，我们选用史料，必须做好考证的工作。

---

① History and Historical Research，页67。
② 《中西纪事》卷5，页1。

我们研究太平天国历史，张德坚等编成的《贼情汇纂》是不可缺少的参考书籍之一。初反动头子曾国藩统率湘军对太平军作战，不知对方的情况，任命张德坚为采编所总纂官，访求天国军事、政治、经济等方面的情况。这工作做得相当的仔细。湘军把俘获太平军的大量文书，交给采编所，供纂编人参考。张德坚利用特务，在天国境内搜集情报，从天国逃亡人员了解它的制度和实施的情况。编纂人员所撰写的文稿，皆注明材料的来源，如系访问而得，也多注明何人所言。它是一部反动的历史著作，但保存太平天国初期重要的史料，若通过批判分析，用为材料，是极有用的参考书。它是原料，还是次料呢？编纂者利用的材料，主要的是天国文书、长官的诰谕及军事报告等。编纂者应用大批原料，写成关于天国内部情况一书，应当列入次料。可是太平天国文书，除一部分藏于故宫及外国图书馆而外，几乎完全毁灭。旨准刊行的书籍，偏重宗教宣传。《贼情汇纂》合于由此以上不能再追其根源的条件，当可作为原料。它另一部分材料得自口述和访问，书又抄录天国各种公文示范，都不能追其根源。书成于1855年，是同时代的著作，我们可以肯定的说，它是原料。

我们区别史料为原料、次料，若先确定它写成的时期，便易于处理。例如《史记》抄用《尚书》，《资治通鉴》又抄用《史记》。《尚书》为原料，《史记》《资治通鉴》都是次料，后人抄用《通鉴》者也是次料。又如《明史》取材于《明史纪事本末》，《本末》为原料，《明史》为次料，都是明显的事例。所当注意的，次料出于原料，却不可视同原料，由于次料抄用原料，有增减文句及修改的不同，一字差异将使原文失去本意。近人有断章取义，甚或随心所欲增改原文，以适合于论证的，同于伪造史料，当然不在次料范围之内。更当说明的，前人著作根据的史料，今已佚亡，我们怎样把它区别，例如《史记·五帝本纪》叙述黄帝事迹，不见于《尚书》，也不见于现存的古书。关于黄帝的记载，是否可作为原料呢？我个人的意见，《史记》中的史料类此者不少，若不承认为原料，古史的篇幅将大缩小，同于历史虚无主义。我们不能再追《史记》根源，只有承认司马迁的史料为原料。原料并不保证故事记录的真实性，仅可作为一种现存的传说，除非得到古物证明它不足信，我们便没有否定黄帝传说故事的必要。

三

　　历史工作者进行科学研究,第一步骤是大量的搜集原料,然后进行审查,决定某种史料的真伪,作于何时何地。上列问题,是研究史料真实性的关键问题,须有圆满的答案,对于研究古代史尤为重要。古书距今有较长的时期,最初流传全赖展转传抄,错误在所难免。及印刷术发明,展转雕印,历时久而错误益多,校勘将减少错误,精细工作或能恢复原本,至少也将成为善本。版本之外,还有著作真伪的问题,由于善本书未必是真正前人原著。我们须追这书为某人所著,或某人假托,书内称某时所著,某人所作,实不足信,《列子》是我们周知的事例。

　　现引《史记·五帝本纪》为例,以便说明问题的另一方面。《五帝本纪》是《史记》第一篇,作于司马迁,有自序为证。自从《史记》流传以来,没有人怀疑这篇文字不是司马迁所作,也没有人言过文经过后人的修改,它是真本,确是事实。司马迁父为太史公,迁初受良好的教育。长游四方,访问地方耆老关于汉初帝王将相的故事,多所见闻。父死,迁继为太史公,住于京城,书成于西汉中叶,都是肯定的事实。五帝距汉若干年岁,《史记》没有说明。后人对于上古年代,虽有种种推测,要无可信的根据。一般的推测,五帝距汉至少在一千多年以上,司马迁追叙五帝事迹,既不是同时代的见闻,也不是同时代的传说,最多不过是后世附会的故事。

　　另一方面,太史公职掌文史,史料集中于官署。司马迁有机会见到大量的史料,关于上古的记载也比较丰富。他受到较高深的教育和技术的锻炼,能阅读古文。长安是大帝国的京城,政治、经济、文化的中心地,高级知识分子较多。司马迁绝不是孤陋寡闻的史学家,利用他能得到的史料,写成《史记》,尤以秦汉时期最为突出。他撰写的《五帝本纪》,当尽了他的心力。《五帝本纪》的材料,主要的部分取之于《五帝德》《帝系姓》《尧典》《舜典》等书。我们知道史料以同时代记载为贵,而诸书都是后人所作。《五帝德》《帝系姓》在《大戴礼》内,是汉初儒生的作品。《尧典》《舜典》在尚书内,是周末作品,皆远距五帝时代。作者何所根据,都无说明,最多不过是后世的传说,太史公于《五帝本纪》序称"百家言黄帝,其文不雅驯,荐绅先生难言之"。并自言选择材料的标准"择其言尤雅者"。百家之说,起于战国时期,或为好事者所假造,或为寓言,或为传说,当有不少的附会。司马迁删去其不雅驯的部分,并不能增加故事的真实性,但保存当时"尤雅"的传说,供后人参考。我们知道作者所处的时代、社会环境,所受的教育、政治活动及思想意识,有助于我们了解其所作书籍的价值。

《列子》是伪书的一例,《五帝本纪》是真本的一例。读者了解书作于何人、何时、何处,对于评论书的真实性是有好处的。对于近代史一部分记载可以适用,但因史料性质不同,也不尽适用。近代史史料以公文档案及当事人所作信札、日记、回忆录及诗文等为主。皇帝是最高的统治者,国内重要事件,由地方长官或朝中大臣奏报,待他作最后的决定。事实上个人的精力时间有限,统治者把奏折交给内阁大学士或军机大臣阅读,由他们提出处理的意见。皇帝接受,用朱笔宣示,即为谕旨。另一部分由皇帝宣示意见,由大臣或军机章京撰拟,然后发下。部院大臣及外省督抚所递奏折,或系属官部吏所撰,或系幕客所代撰,或当事人自撰。清季督抚权重,处理的事务繁多,文书常出于幕客之手,兹以曾国藩为例。

时人称曾国藩自撰奏稿,事实上并不尽然。其门生李瀚章初任巡抚,欲觅幕客专司奏稿,致书商于曾国藩。曾复书说:"敝处现仅有钱子密、蒋尊卿二人代为草奏。"① 他晚年奏稿皆幕客代撰,经曾氏削改,然后缮录上递,其他疆吏也是这样,甚者"假〔手〕幕书草率了之"。谕旨、奏折虽非当事人所撰,但是当事人的主张,或表示同意,由他决定负责,同于他所撰的。清宫储存的公文档案,没有假造或伪本的问题,但编印的档案史料,是否同于原本,却是问题。谕旨载于《列帝圣训》《实录》等书,奏折见于《实录》《方略》及《筹办夷务始末》等书,也多不是原文,经过删节,并不完整。谕折删节后,上下文的联系发生变化,原文意义和读者印象将也不同。编纂者甚至为清统治者讳饰,把公文修改,和原文

---

① 《曾文正公全集书札》卷24,页33。

恰恰相反。义和团时期,清统治者谕旨剿杀北京什西库教堂逃出的教民,而印行的《德宗实录》,改为不可加害,是一事例。①幸原文大部分存于档案馆,可供校正。疆吏的奏折发出,各有月日,而编入官书的,皆改为收到日期,致时间混乱,是我们应当注意的事实。

  名人全集或遗集收入的奏稿,常占重要的篇幅,更有专印奏议的。编入集中的奏稿,经过选择,其中也有删节。书札于全集也占重要地位,它和奏折不同,仅向家人及其亲友告他所处的境遇、处理的事件,及对于时事的看法,没有公开发表哗众取宠的意图,比较忠实可信,价值高于奏折。书札原由原事人自撰,而达官贵人仍由幕客代拟。当时人称曾国藩自撰书札,事实上多作于幕客,可于书札中引证二例。曾复胡林翼书说:"俟(侍)疮疾略愈,李少荃、梅小岩均来,积阁尘牍,当可渐渐清厘。"②二人乃代撰信稿。曾致晏端书说:"去岁接奉手示,其时弟正在祁门围困之际,幕友俱已散去。各处知交惠书,多未酬答,至今惭悚。"③可证信札多赖幕客撰写,不过经他修改定稿,近于出于亲笔。他如李鸿章诸人书札,也是这样。但收入集中的信札,并非原文,中有经过删改的。

  真迹手札系作者亲笔撰写,初用钩刊传世,后用石印流传,皆保全原来的内容和形式,它的真实性高于抄录本刊载于全集者。李续宜后裔李思澄把曾国藩、胡林翼致李续宜手札,雇工钩刊。曾氏全集未收录的约十之五,胡氏全集未收入的约十之六七,钩刊的手札都是真迹。我们将集中所收书札和手札相对照,发现集中书札文句删减。有人解释幕僚属草,"两公手缮时,就时事之重要者,随笔添入。其全集编次,仅据幕中存稿"。④这是民国时期有些军阀采行的办法,不尽适用于古人。李瀚章编辑《曾国藩全集》,号召他的门生故吏,把收藏手札交出供选,编成《书札续钞》六卷,证明曾氏手札并无存稿。而以编者删改手札文句较近于真象。李鸿章书札载于《朋僚函稿》,也有删改。郭庆藩所编《名贤手札》,有将文句删去,成为空白者,盖有所顾忌而然,刊行的书札

---

① 《义和团档案史料》,页2。
② 《曾文正公全集书札》卷16,叶7。
③ 《曾文正公全集书札》卷18,叶31。
④ 《胡文忠公手札》第四册,刘建绪跋。

删改部分,现不能恢复原文,幸不甚多,仍是重要的史料。其他复印书籍,常以原刊本为善。后人潦草标点,读者可能发生错误的感觉,致与原意不相符合,是我们应注意的问题。

四

真本对于记载内容的真实性,并无保障。记载记叙事实,必不能视同事实。某件事实如何经过,是一事,而记载其如何经过,另是一事。考证记载内容的虚实,名叫内部考证,用以决定某种材料的陈述,是否可信或可能。美人费林总括内部考证为三问题,一、作者的记述,是否本于见闻,抑或得自传闻。二、如系传闻,须问其得自何处。三、以上问题如有圆满的答案,再问这史料的价值如何,①兹略说明于下。

孔子修《春秋》,《公羊》哀公十四年传说:"春秋何以始乎隐,祖之所逮闻也,所见异辞,所闻异辞,所传闻异辞"。传称其材料,一是所见,指亲身所见的事迹,属于直接材料;一是所闻,指闻于亲见事迹之人,属于间接史料;一是所传闻,谓闻之于闻知事迹之人,属于又间接的材料。《春秋》记载二百四十二年内的大事,孔子所见、所闻及所传闻的事迹有限,材料主要的来源,是鲁史的旧文。孔子可能据所见所闻及所传闻而加以补充。

三种材料的来源,以亲身所见的记载真实性较高,但是也有不少的问题。人们观察某种事实,通过感觉而成记忆,由记忆而成印象,然后据以作为记载。人的感觉力,有相当程度的不同,记忆力也有强弱,故感受的印象不同,且与平日所受的训练有关。凡受过训练的人,觉察常敏锐而正确,没有受过训练的人,便不能做到。美人约翰生 Johnson 于所著《史学家与历史证据》,引一故事为例。1920 年某日正午,纽约闹市炸弹爆发,未伤多人。报馆派员调查并访问亲见者九人。其中八人多言当时街中车辆很多。三人言炸弹由红色自动货车运来。其中有退伍军官一人,独称炸弹在小马车上爆发,当时对面只有一自动汽车。调

---

① E.M. Fling, the Writing of History,页 49。

查结果,九人中只有退伍军官所说是实。①军人习见爆弹,故观察正确。其余八人未见过炸弹,一闻炸声,即惊惶失措,所见所知,皆非真相。这是非常的事例,虽不能据以推论,然观察某种事实,当受某种专门训练,对于政治、经济、军事等皆当这样。

人们的记忆力不同,年龄愈高,遗忘愈甚。写作距事件发生的时间,也是一个重要因素。时间相距不远,记忆犹新,记载的情节,将比较可信。若时间久远,所记仅是粗枝大叶,或只有概念,老人更甚,名画家齐璜是一例证。黎锦熙参加《齐白石年谱》的编纂,作序称齐年纪快到九十岁的老人,回忆往事,每不能记为何年,有时先后差上十几年,他也不在乎。例如在宣统元年己酉(1909年)以前,他游过西安、北京、上海。……他自称"五出五归"。齐璜号白石,晚年把他所写的材料,交给编纂者参考。编纂者考订只有三出三归,转而问齐。齐也不能断定,只说:"或者有两出两归,是在己酉以后?"黎与齐平日往来亲密,所作日记有关齐的记载,从它查出齐四出四归的证据,还有一出一归,在己酉前一年。那时黎在北京,没有记载齐的活动,证明五出五归确是事实。五出五归在齐中年,为重要的旅行,老年竟不能记忆。老人追记往事,错误在所不免。当事人所作的记载,有不少的问题,必须经过史学家的考证,才能决定记载情节的虚实。当时人的记载,问题更多,我们必须追问材料的来源,兹以夏燮所著《中西纪事》为例。夏燮当第一次鸦片战争时期,在山东临城为司训,搜辑邸钞文报及新闻纸有关的记载,把它录而保存,后继续根据所见的史料,写作史稿,复修改补充,于1865年完成,是我国第一部国际关系史,也是时人根据见闻,及当时能得的材料,而写成著作。但临城距战地辽远,所闻多为传说,机密文稿还未公开,可信的史料有限,记载有不少失实的地方,兹引《江上议款》一篇关于和议一二事为例。

夏燮称英使濮鼎查、马利逊要求总督在南京城内,为他们始(治)邸舍,便其入而徐议。马利逊又言我军数万里远来,转输无及,方谋就食于城中,若必欲俟耆将军(耆英)者,速为我办饷糈三百万。及英人要求不遂,又闻援兵入城,夷舟分兵安设大炮于钟山上,由于总督牛鉴主抚,

---

① Historian and Historical Evidence,页24。

不谋守险,遂为敌所据。①

其实英方初未提出和议条件,清政府仅由下级官员往来英舰,传达文书,濮鼎查妄自尊大,从不肯接见。伊里布家人张喜先在浙江传递公文,与英译官往来。及侵略舰队停泊于南京江面,张喜跟随主人来到南京,往见马利逊。马态度蛮横,语言备极威胁和压迫的能事。张喜撰有《抚夷日记》,是有价值的参考资料,夏燮盖未见到。英方要求在下关静海寺议谈,并无在城内治邸的要求。英方提出条件,同于哀的美敦书,限期答复,绝无徐议的可能性。要求三百万元,初由英将领提出,作为不攻南京的代价,即所谓赎城费。后牛鉴同意交款,马利逊称这是小事,如能了结大事,三百万元就不要了。就食办饷糈,皆是附会之说。英兵住于船上,钟山距长江有相当的路程,交通困难。大炮运到山上,是耆英恫吓道光同意屈辱和议的手段。时人可信的记录,并未提及。夏燮也为耆英所欺骗。南京守兵初仅二千八百余人,后增达七千,牛鉴始终乞和,没有作战的准备。英方若进攻南京,没有先据钟山的必要。夏燮简单的叙述,竟有这许多失实的地方。当时人若不了解情况,又无可信的根据,记载的真实性,是不高的。

事件发生,记载人记录见闻,若没有见到文书,仅据传闻,即同一时间,同一地区,它的真实性也没有保证,兹引金和诗为例。金和是南京有名的诗人,作诗歌咏他的见闻和遭遇,为有价值的史诗。一八四二年秋,英舰队泊于下关江面。金和留在城内,作《围城纪事六咏》,其《盟夷》中说:

> 声言架炮钟山巅,岩(严)城倾刻灰复(一作飞)烟。否(不)则尽决后湖水,灌水(入)青溪六十里,最后许以七马头。浙江更有羁縻州。②

架炮和决水灌城,都是谣言,炮架仅是声言,也证明夏燮所记不够正确。诗人竟自恫吓自己,同于自扰。后湖在钟山之西,现称玄武湖,湖小而浅,水量不多。青溪绕行城内,连接后湖,有闸蓄水。灌城同于

---

① 《中西纪事》卷8,页6—7。
② 《秋蟪吟馆诗钞》卷1。

架炮山顶,事不可能,也不足信。《秋蟪吟馆诗钞》刊印本不同,后刊本注称皆章中语,并不尽符合事实,然可见时人受谣言的影响,深为不安。《南京条约》开放五口通商,时人称通商口岸为马头。金和称数为七,是错误的记载。羁縻州下,诗人自注说"浙江定海",后刊本添入许夷侨寓一年。《南京条约》规定英驻兵于定海(即舟山群岛)及厦门鼓浪屿,一俟条约实行及赔款付清,即行撤退,并无一年之说。定海政治地位,不同于羁縻州。若假用旧名辞表达,自注不应漏脱鼓浪屿。金和歌吟当时历史上重大事件,身在南京本于传闻。诗作史料来说,不但真实性不高,而且中有错误,由于他不知会议的经过,也未见到《南京条约》。记载若不是当事人的自述或亲身的遭遇,或闻自参与者的报告,它的真实性是我们研究史料当注意的事实。

史料真实性另一问题,是讳饰与虚报。人们报告事迹,关涉自己部分常比较详细,因而忽视其他部分,于无意中歪曲事实。更有本于个人的名利及集团利益,讳失败而夸大成功,动机是为升官发财。十九世纪中叶,独当一面的将帅及地方长官,无不粉饰虚报,奏折报告真实性不高。统治者据以决定处理的方案,当然不能解决问题。公文讳饰虚报,尤以"军功"为多,兹引事例为证。

湖北巡抚胡林翼书告粮台官,称咸丰九年(1859)初太平军将领陈玉成击破胜保所部于皖北,并自注说:"胜保(帅)本是大败,乃转以捷闻,方告急救求援于朝,狗(污蔑陈玉成名)即夜驰往江浦矣,又以捷闻,均见章奏。"①军事奏报影响将帅及所部的命运,蒙蔽掩饰成为风气,不独胜保一人。左宗棠与吴退庵书说:"用兵日久,各处军报多存夸饰,实有不堪复按者。"②这是他晚年的感想,其实他是惯于夸饰的。1854年,左在湖南巡抚骆秉璋幕中,其友人王鑫报假胜仗,由巡抚、提督及曾国藩会衔具奏,奏折系左所作。曾致书诸弟说:"余先本将折稿看过,后渠又添出几段,竟将璞山(王鑫号)之假胜仗添入,发折后,始送稿来画,已无可如何,只得隐忍画之。"③这是左宗棠所为,可谓善于作弊。曾国藩初不为骆秉璋所礼,又与左宗棠有隙,"日日恼郁,诸事皆不顺手",愤而

---

① 《胡文忠公遗集》卷64,叶4。
② 《左文襄公文书信牍》卷10,叶30。
③ 《曾文正公家书》卷4,叶20。

揭露真象。后湘军围攻天京,1864年夏,开地道轰炸缺口闯入。曾国藩上递《金陵克复全股悍贼尽数歼灭折》,夸大虚伪,远过于左宗棠所为。

曾国藩奏折,夸大湘军攻城鏖战的艰苦,死伤的惨重,并称忠王传令将天王府及各王府同时举火,焚烧宫殿,侍女缢于前苑内者不下数百人,死于城河者,不下二千余人。夜间从城缺口冲出者六七百人,马队追至湖熟镇,将其全行杀毙。李秀成受伤,匿于山内民房,提督萧孚泗亲自搜出。湘军在城内"分段搜杀,三日之间,毙贼共十余万人,秦淮长河尸首如麻,凡伪王、伪主将、天将及大小酋目约有三千余名,死于乱军之中者居其半,死于城河沟渠及自焚者居其半"。[①]奏折所言尽是欺骗清统治者的文字,城中军民全数不过数万人。《忠王李秀成自传别录》说:"城破时,城中不过三万人,除居民之外,贼兵不过万余人,能守城者三四千人。"镇江英领事于城陷四日后入城视察,估计城内太平军战士约一万人。忠王所言,是可信的数字,而曾国藩有意夸大守城人数,表示所部的"功绩",把《李秀成自传》所言天国十误删去,改为"不应专保天京,扯动各处兵马",存心蒙混清政府。

湘军将领朱洪章首先进入天王府,所著《从戎纪略》称将辕门紧闭,留两营兵驻守,封其府库。赵烈文初为曾国藩幕客,时任曾国荃机要秘书,所作日记称萧孚泗掠夺天王府库存金银,放火灭迹。忠王府也是湘军所焚毁。李秀成保卫幼主出城,中有天国高级官员,约一千余人。忠王以战马让幼主骑乘,致未能与大队同行,藏于方山民家,为奸民所献。萧孚泗亲自搜出,全是谎言,不过为萧捏造军功,求得封爵。幼主等出险,转往江西,全被杀于湖熟,也非事实。毙贼共十余万人,是捏造的数字。湘军入城,大肆抢劫,纵火焚烧。赵烈文日记综述南京情况说:"计破城后,精壮长毛除抗拒时被斩杀外,其余死者寥寥,大半为兵勇扛抬杂物出城,或引各勇挖窖,得后即行纵放。……其老弱本地人民,不能挑担,又无窖可挖者,尽遭杀死。沿街尸首十之九,皆老者。其幼孩未满二三岁者,亦斫戮以为戏,匍匐道上。妇女四十岁以下者,一人俱无,老者无不负伤。"这是可信的记载。南京建筑多遭焚毁。

[①] 《曾文正公家书》卷,叶77—83。编者按:此注释有误,应出自《曾文正公奏稿》卷20,页77—83。

奏折叙述的事迹，如上文所抄引者，全不足信。然不能据以类推奏折皆不可信。奏折报告事迹的经过，与个人利益及集团利益没有冲突的，当无讳饰的必要。曾国藩在咸丰嗣位初期，所上奏折，如《应诏陈言疏》《议汰兵疏》《备陈民间疾苦疏》，所述政治、用人、军队等腐败情况，以及民间痛苦，都是可信的报告。他统率湘军，败于靖港，不久败于岳州，奏折并不隐瞒。又如奏报克复金陵所言情节，虽不足信，但所记月日没有虚伪，俘获王次兄洪仁达，也是事实。总之，我们对于奏折，不可存有成见，当本于实事求是的精神，具体事情，应作具体的分析，才能求得真相。

我们讨论史料真实性，必须认识它的阶级性。人类历史，从原始公社土地所有制瓦解时起，是阶级斗争的历史。阶级划分，决定于生产资料所有制。在私有制条件下，社会划分为被剥削者与剥削者。各阶级利益不同，成为敌对的关系，道德标准，也不相同。十九世纪前半期，农民深受地主的剥削，在饥饿边缘上挣扎，发生无数的暴动和起义，酝酿成为伟大的太平天国革命运动。农民踊跃投军，始终忠于革命事业。1853年，太平军进入南京。汪士铎留住城内半年，逃出城外，住于陈墟桥蔡村，是清王朝统治地区。村有千余家，农民皆仇恨官吏，期望太平军至。汪氏与农民谈话，询问仇官的原因，农民以官收钱粮为言。汪问："长毛不收钱粮乎？"农民说："吾交长毛钱粮，不复交地主粮也。"汪说："汝田乃田主之田，何以不交粮？"农民说："交则吾不足也，吾儿子儿女，何如能足？"汪说："佃人之田，交人之粮，理也。安问汝不足？当别谋生理。"[①]这是汪士铎所言的道理，是封建社会的思想意识，农民受了它长期的薰陶，不能加以驳斥，是上层建筑发生有效力的作用。

我们再引证一例，证明史料阶级性。窃国大盗袁世凯伪造民意，进行帝制。及西南诸省独立，出兵讨袁，响应的地区益广。袁迫而取消帝制，还欲保全总统名义。梁士诒是袁亲信，又是梁启超的同乡和密友。梁启超是讨袁领导人之一。梁士诒为袁活动，向各方谋妥协之策。梁启超从南宁复电，坚持袁必须去职。梁士诒持电文见袁，袁随阅随批，批后将电文还梁，不作一语。电文中云："国人所痛心疾首，正以其专操

---

① 《乙丙日记》卷2，页19。

政术,以侮辱万众。(批云:"内阁国会。")……项城(即袁)犹怙权位,欲糜烂吾民以为之快。(批云:先攻川湘。)万一事久不决,而劳他人为我驱除,则耻辱真不可湔。(批云:敌国忌恨,讵非伟人。)"袁又在电文末段之上批云:"收束军队。"①

同一事件,有两种极不相同的看法,没有共同的语言。梁启超代表广大群众进步力量,严词斥责叛国贼的罪行,而袁代表反动官僚地主势力,并有帝国主义的支持。从批语看来,他是圣主,对于帝制没有任何责任,事由内阁国会负责。其实内阁国会久已取消,一切叛国行为皆袁所造成。地主官僚贪恋权位,加以拥戴。护国军讨袁,进攻川湘,是正义行为,而袁反以糜烂人民的责任,归于先攻川湘。帝制运动,袁得着某些帝国主义国家的撑腰,也受到戏弄和欺侮,不堪之极,还自吹"伟人",诚不知人间羞耻事。"收束军队",意谓双方停止军事活动,他仍作总统,处理善后事宜。叛国罪魁,不可能与人民有共同语言。史料阶级性,于此充分表现出来。

我们利用史料,必须认识它的局限性。一篇记载,由零碎事迹凑集而成,须对每段每事进行分析研究,肯定它的价值,兹以黄爵滋《严塞漏卮以培国本折》为例。折在一八三八年上递:主张严刑禁止鸦片,论及鸦片走私及纹银出口说:"自道光三年至十一年(1823—1831),岁漏银一千七八百万两。自十一年至十四年(1831—1834),岁漏银二千余万两。自十四年至今(1834—1838),渐漏至三千万两之多。此外福建、江浙、山东、天津各海口,合之亦数千万两。"②我们据以计算,第一期八年内,漏银一亿三千六百万两。第二期三年内,漏银六千余万两。第三期五年内,一亿五千余万两。其他海口文义不明,照最低计算,作为三千万两。十六年内,合计三亿七千万两以上,1823年前的漏卮,还未计入,是惊人的巨大数字,黄爵滋没有说明材料的来源,粤海关没有可供参考的材料,也不可能从外国烟贩得到材料,时人估计的数字,和它有相当巨大的差异。黄氏所言,是个人的推测,为一种说法,并不能成为事实。

---

① 《三水梁燕孙先生年谱》上卷,页333—4。编者按:此处页码应为332—333。
② 《道光朝筹办夷务始末》卷2。

黄爵滋奏请严禁鸦片，主张严惩烟花，处以大辟之徒，并引征四个外国事例，作为强有力的建议。一、前红毛（荷兰）诱台湾咬嚼吧人食鸦片，致国为其所据。二、红毛人食鸦片者，法系犯人于竿上，以炮击之入海，故无人敢食。三、英国国法食鸦片者论死，国内无食烟之人。四、夷船初诱安南人食烟，安南严禁，食者法死不赦。故事皆传闻之辞，杂有附会，多不足信。可见每一奏折或一记载，皆凑集事实加以组织而成。我们利用奏折为史料，不能因一段或一节可信，即谓全篇可信。相反的，不能因一段或一节不可信，即谓全篇不可信。也不能谓一事可信，即谓他事可信。我们须对每段、每事进行分析研究，考证记载的虚实，并决定它的史料价值。如果各段、各事皆能通过，全篇记载才能可信。我们从史料中肯定事实的成立，必须费时费力，进行考证。

历史著作，单就史料而论，它的价值的高下，不在体例文笔的高下，而全在采用史料的完备程度及精确与否。做到完备与精确，必须广搜材料，对于所得材料，考证情节的虚实，肯定事的真象。唐初设史馆重修晋、梁、陈、齐、周、隋史，刘知几在馆中看见诸稿本，于《史通·杂说篇》说："观其朱墨所图，铅黄所拂，犹〔有〕可识者，或以实为虚，以非为是。"又见史官所修《唐史》，于《正史篇》记其感想说："或曲希时旨，或猥饰私憾，凡有毁誉，多非实录。"史官修史草率，以好恶为毁誉，虽不能作为通常的事例，据以推论其他记载，但怀疑为智慧的起始，我们必须通过细密的考察，肯定史料的价值，才能利用可信的材料。这是历史写作的初步工作。我们对于阅读的史料，随时练习，日久技熟，鉴别史料的真伪，将洞若观火。

（《南京大学学报》1962年第4期）

《弘光实录钞》的作者及其史料价值

　　《弘光实录钞》四卷,没有作者的姓名,惟序有《古藏室史臣识》。南京大学图书馆所藏抄本,每卷首叶都有"古藏室史臣撰"六字,而一九一一年商务印书馆铅印本,并无此语。其为古藏室史臣所撰,未有问题,而古藏室史臣究为何人,编印者和抄录者皆无说明。书中所有按话,皆称"臣按",叙述作者亲身的经历,或与自己有关的地方,多自称"臣"。惟南大抄本记述周钟被害案件,有"臣羲就以钟事论之"一语。羲为作者的自称,与全书体例不合,显有疑问,商务铅印本并无羲字,可能是抄录者所加,当不能据以推论书作于黄宗羲。但无论如何,作者当然是明遗臣。其后杨凤苞跋《南疆逸史》,有"黄宗羲《弘光实录》,一名《弘光实录钞》,又名《弘光纪年》"。蒋麐振辑印《黄梨洲遗书》十种,例言称书已付印,而续购得八种,中有《弘光纪年》。《弘光纪年》即《弘光实录钞》。杨、蒋二人肯定书系黄宗羲所作,但杨凤苞是嘉庆时学者,距《弘光实录钞》的撰成百有余年。蒋麐振汇印遗书,在清末叶,为时更晚。二人既未说明其所持的理由,也未提出任何证据,仅是一种意见。

　　其前全祖望所作《梨洲先生神道碑文》是距黄氏病死四十多年的写作,据黄氏家人所作《行略》等记载而成。黄宗羲七世孙炳垕,根据其所得及所知的材料,为其祖撰成年谱。碑文年谱皆详载黄宗羲的著作,但未提及《弘光实录钞》。我们未得证据之前,难信书系黄氏所撰。朱希祖根据《实录钞序》文中语,肯定书作于黄宗羲。其所持的理由,或所谓证据有二:一、序文有"十年三徙"一语。朱氏据《黄梨洲先生年谱》所载迁居的事实,即认定"实为黄氏事"。二、序文称"先取一代排比而纂之",成为《弘光实录钞》,乃对于明史及南明史将有更多的写作,后把关于南明史书合成《行朝录》。但前作《弘光实录钞》,并未收入录中。①朱氏所言第一事迹是偶然相合的事例。序文还有其他事迹。如"年来幽忧多疾,旧闻日落",及"聚书复阙"等情状,置而不问,仅据无足轻重的一端,实难作为可信的证据。第二理由,是牵强附会之说。"先取一代排比而纂之",下有"证以故所闻见"一语,乃相对而言。朱氏将其割裂,以为对晚年著作而言,事属未来,实牵涉太远,近于以意为之的推测,更难作为证据。朱氏所言,实未解决作者为何人的问题。

然则《弘光实录钞》,究竟作于何人?最科学的方法,是从《实录钞》书中寻求证据。作者所言是最可信的证据。第二卷载弘光帝诏恤死节诸臣。作者为诸人各作小传,中有就其平日所知的事迹,而叙述传主的生平,因而流露作者有关的家人及其身世,实为了解作者重要的史料。我们阅读全书,发现三个直接证据和一有关的事实。一、《倪元璐传》。元璐选入庶常馆,散馆时,其同乡和他竞争留在北京,欲借元璐再娶事,将他放出补官于外,"臣父黄忠端持不可,乃止"。二、《李邦华传》。邦华号懋明,为江西人望所归。天启间邦华在外,江右士人借阉人以起复。"臣父黄忠端叹曰:使李懋明而在,江右之祸不至此!"三、《陈良谟传》称"臣父黄忠端易名之典久稽,良谟独上章言之"。括(引)号内所引的文字,皆是《弘光实录钞》的原文。黄忠端系黄尊素谥,封建时期子孙以父祖得谥为光荣,得后遂不称名而称谥,黄尊素为东林党人,官为御史,在天启时为阉党所杀。弘光帝谥为忠端,故作者称为黄忠端,书中三次称"臣父黄忠端"证明作者确系其子。另一事实,见于《范景文传》。《传》称魏广微以魏忠贤的宗人入相,书台省黄忠端、李应昇、周宗建等八人姓名,使太宰谪之。范景文时任吏部考功司郎中,争之,不得,引疾去官。黄尊素时为御史,终以东林党人为阉党所害。死者诸人称名,其中有追谥者,皆不称谥,而独尊素称谥,也是其子所为的一例。合上列三证,《弘光实录钞》作于黄尊素之子,是肯定的事实。

黄尊素有子三人,宗羲是其长子。据《清史稿·黄宗羲传》,宗羲遵父遗命,从学者刘宗周游,深受其师的影响,并有深厚的情谊。弘光朝,

---

① 《明季史料题跋》,页一一二。

刘宗周在南都为左都御史，黄宗羲也在南都，从事政治活动。《弘光实录钞》记载不少消息，非内幕中人不能知道，当事者也不愿向外人言及，兹引其关于刘宗周者三事为例。一、史可法等初在南都议定新君，以伦以序，福王当立。而江南在籍诸臣恐福王立而追修三案之怨，将致祸患，以为迎立神宗侄潞王，不惟释罪，且得邀功，因遣倡议者入南都游说。朝臣然之，谓福王贪、淫、酗酒、不孝、虐下、不读书、干预有司，为七不可之说。凤阳总督马士英结合四镇，以兵拥立福王为帝，印七不可说成案，借以挟制可法，以可法为南都长官，负有责任。作者主张史可法明言其初所以异议，而今君臣之位已定，别无嫌疑，小人将失其所恃。《实录钞》记其事，并说："臣尝与刘宗周言之，宗周以为然。语之可法，不能用也。"这是机要事件，非局外人所能知道。二、王永吉前任蓟辽总督，不能援救北京，作者称为罪官。弘光朝复起为山东总督，作者表示失望，并记其事说："癸未（一六四三年），臣在刘宗周之座，徐石麒有书盛称永吉。宗周谓臣曰：'虞求失人矣。'由今视之，不能不服宗周之先见也。"虞求为徐石麒字，弘光朝起为吏部尚书，王永吉终无所成。这是臧否人物，于谈话时言及，是相处如同家人的表现。三、吴麟徵中进士，榜发之日，梦入神祠见刘宗周作殉难语，梦觉而榜报至。麟徵初不知刘宗周，访而拜之为师。及李自成所部农民军进入北京，麟徵自缢死。事传至南都，刘宗周时任左都御史。"臣之友陆符曰：'吴忠节（麟徵谥）之梦，业已（身）验之矣，御史大夫免乎哉！'臣曰：'请御史大夫志忠节之墓，臣襄之可乎。'于是宗周遂为麟徵墓表。"这是作者为刘宗周建议禳解之方，并为之进行，宗周也接受其意见。三事证明作者和刘宗周亲密的关系，上自国家大计，人事的臧否，下至私人可能遭遇的命运，无不谈及，绝不是一般通家友谊及寻常师生关系所能做到。作者所记是亲身参与其事的见闻，黄宗羲并未入仕，若非身在南都，从事政治活动，交游广而所识者多，不可能洞悉朝中情状，又非与刘宗周有亲密的关系，不能知其家居的谈话。我们从这些方面考虑，《弘光实录钞》的作者舍黄宗羲而外，别无他人，因为黄宗羲最适合于上列的条件，非其弟之所能及。

另一可供参考的事实，黄宗羲博览史籍，对于明史有浓厚的兴趣，著作多而史籍占一重要地位，非下笔速而不能有此成果。《弘光实录钞》序称十日写成四卷,虽不能为黄氏写作的证据,但符合他平日写作的情况。黄氏以编著明史自负,《梨洲先生神道碑文》称其所辑《明史案》二百四十四卷。关于南明史的著作有《隆武纪年》《鲁纪年》《永历纪年》等书。而弘光一朝大事,既有邸报可供参考,又有亲身的见闻,写作条件优于其他时期,独摈而不作一书,为一可疑之事。宗羲撰成《弘光实录钞》,是合情合理的事情,这虽是一解释,但综合书中"臣父黄忠端"等语,作者与刘宗周非常亲密的关系,洞悉朝中情况,及有写作史籍的兴趣和习惯等,《弘光实录钞》的作者,是黄宗羲,可无疑问。

黄宗羲撰成《弘光实录钞》,序有:"后死之责,谁任之乎?"并收藏弘光时邸报为史料,显有保存一朝记载的责任感。书成又请前朝大臣题辞,而书初竟不流传于此。《神道碑文》和《年谱》都未著录,盖造成于政治原因。清统治者入关后,多所忌讳,不愿明清之际的记录传于后世。康熙年间曾以史书兴起文字之狱,牵及无辜人士,诛杀惨重。《弘光实录钞》关涉清政府的记载很多,例如陈洪范奉使北聘而归的报告,中有清方攘夺财物,及违反公布的诺言、剪伐陵旁树木等情。清兵南下,从事于奸淫、屠杀、掠夺人民财物,犯了更重大的罪行。黄宗羲参加抗清的斗争,对于抗清的士大夫,《实录钞》有忠实的记载,并表扬死难的人物,和清政权立于敌对的地位,是它不容许发表的记录。后乾隆帝大规模搜集明清之际的史料,并将它焚毁,在这种政治情况下,《弘光实录钞》不但不能流传,而收藏者也可能招致大祸,故亲友讳而不言,复因宗羲参加反清斗争,初无人为之撰作碑铭。其故庐复遭一水一火之灾,而遗书毁失,[①]其中且有印行而毁板者。全祖望书《明夷待访录》后说:"征君著书兼辆,然散亡者什九。"[②]《弘光实录钞》盖在散亡之列,但有抄本流传,辛亥革命时,商务印书馆才把它印行。

《实录钞》序作于戊戌年冬十月甲子朔,为顺治十五年,即西历一六五八年。序作于书成之后,书成当亦在一六五八年,距弘光帝逃出南都十四年。作者编纂《实录钞》,所根据的资料有二:一、弘光时邸报,即序所言"臣畜之以为史料者也"。邸报之在我国,创办已久。明代发行的

---

① 《黄梨洲先生年谱》卷一。
② 《鲒埼亭集外编》卷三一。

邸报,我们未曾看到,但清代邸报本于明代规范,性质相同,是民间经营的政治报刊。其主要内容:一、公门钞,记录召见、任免及朝中大事,略近于起居注。二、皇帝诏旨。三、臣下奏章。诏、奏皆政府公开发表的文书,属于档案史料,其机要或保密者,邸报不得刊载。若据邸报编纂史籍,显然不够全面,由于重要的诏旨和奏章未公布者,不能编入,是一缺点。但在政府文书散亡或焚毁情况下,而邸报按月日刊载发表的公文,所记大事,年月日正确。文书报告除讳饰者外,史料价值常在一般记载之上。黄宗羲根据邸报编成《弘光实录钞》,保存当时能利用的史料,有助于读者明了弘光时期的政治、军事、财政的情状及其失败的原因。

二、根据旧闻,作者序称其"年来幽忧多病,旧闻日落"。又言其编纂方法,有"证以故所闻见"等语,是书材料一部分为其见闻。人们对于亲身的经历及其见闻,往往有深刻的印象。但历时久而所记忆的情节,常有出入。弘光帝即位,黄氏三十五岁,犹在壮年,事隔十数年,虽旧闻日落,而对于重大事件及亲密师友的谈话,当记忆犹新。作者关心国事,上书阙下,往来于大臣之间,常有内幕消息,非局外人所能获得,感觉兴奋,亦不易遗忘。作者把它写下,史料的价值当在邸报所载有所讳饰的公文之上。南都陷后,邸报不复刊印,而作者仍于书中记载各地起义抗清的斗争,是必本于见闻及其访问而得的材料。作者关于弘光朝的记载,采用邸报和见闻相结合的方法而撰成。据作者序言,其过程是先就邸报所记的事迹,按照月日排比为纲,更于纲下,扼要的叙述公文的内容,或据见闻叙述事的经过,或用见闻补充邸报的不足。作者记述公文内容于书中,无须说明,关于利用见闻成为重要部分,兹引二事说明于下。

(一)湖广巡按御史黄澍召见,面劾大学士马士英于帝前。作者叙述召对情况,及君臣的问答。黄澍忽而攻击士英。士英自行辩护,更反唇相讥,致相骂于朝。澍斥士英挟兵威、胁皇上,有司马懿之心。士英辩称带兵致受人话,并说:"昨吕大器尚云,臣要反。"澍即大声叱责士英,奏说:"反之一字,为臣下(子)者岂敢出之于口?士英今日敢于上前信口直言,其目中何尝知有朝廷,无人臣礼,可谓极矣!臣料士英作反,非不为也,不能为也。"澍愤激免冠,叩头不已,并说:"臣今日誓不与贼臣俱生,皇上杀士英以谢祖宗,即杀臣以谢士英。"朝臣劝澍复冠,帝命澍起。澍言奏事未完,帝说起来再奏。澍起立少顷,又奏士英赃私百万。士英请抄家并说:"果有百万斩臣,否则斩澍。"澍奏:"士英之言,奸贪之口供也。彼以九十九万即不受斩矣。"二人更争论失地之罪,帝言如此大争,非朕所愿。澍更奏士英受贿,滥用私人。守备太监出而作证,秉笔太监称内员不宜在殿上与大臣争论。太监退,而二人仍争论不已。帝令其退下再补疏来。澍疏论士英十可斩罪。士英疏称澍受党人主使,牵引镇将左良玉,要挟皇上,身受内官斥责,辱及朝廷,自请削官发遣。朝中争论的记载长至二千余字,为有声有色的文字。争论至相詈骂,有失尊严,也是弘光朝的丑事。邸报不可能有此记载,当是作者根据所闻而写成的文字。二人补疏,澍论士英十可斩罪,士英自请罢斥。作者略述疏中要点,是利用公文的实例。二者相互补充,记载比较全面。

(二)谢三宾请恤其子于赀。作者于纲下称三宾为子谋求翰林,给予万金入都。子死于赀,丧归,父怨其同行者隐金而不能救,杀之,竟奏报朝廷称子慷慨死节,而为之请恤。作者记其事并说:"其请恤也,不谓之欺君而何?"邸报所载谢氏奏章绝不同于作者所言的情节,乃本于所闻,黄宗羲留在南京,见闻广而有所取舍,所述近于真象。奏章报告关涉功罪得失,掩饰夸大,在所不免。作者以见闻补充内容,提供具体较详的情节,提高《弘光实录钞》的史料价值,成为研究明清之际的重要史料之一。

另一方面,黄尊素为东林党人,黄宗羲参加复社活动。阮大铖以阉党罢斥,居于南京,以文艺自娱,士大夫有奔走其门者,而主持请议的诸名士,作《南都防乱揭》,黄宗羲是主持人之一,并集会声讨阮大铖,致成大恨。马士英拥立福王,以阮大铖为谋主,上疏荐之。大铖奉诏入见,引起朝臣强烈的反对,其人或与东林党有关,或为复社成员,或表示同情,致大铖暂不能进用。于是两派成为水火,互相报复。后大铖进用,杀害仇己的名士。《实录钞》称有人告大铖天下未定,无以报复为事。大铖答称及时报复,不及其他。黄宗羲时未授官,竟亦被参,未及逮问,而弘光帝出亡,始已。马士英以太后至杭州,刘宗周言其罪大,而当事者不能正名讨贼,国人何不立碎其首?"昔贾似道死于郑虎臣之手,今求一虎臣,亦不可得,何怪乎国之倾覆也!"黄宗羲有相同的主张。二派势不并存,黄宗羲恨恶"逆党"的思想情感流露于书中,成为一种偏见。黄澍是一贪污的官吏,依赖左良玉的庇护,其劾马士英固有所恃而不恐。时人且有言其欲使朝中大臣不便治其赃罪,虽是一种推论,要有所本。《南渡录》作者李清叙述此事,并记其密语御史乔可聘说:"以澍纠士英,所谓以燕伐燕也。郑鄤不救旧辅文震孟邪?护君子,攻小人,同一借题耳。"可聘是之。李清态度严肃,所言公正,黄澍后且叛而降清。黄宗羲所述,流露门户之见,并有夸大,借澍大骂马士英。由于拥护潞王,转而不满于士英等所立的弘光帝,更诋毁太后,信伪太子为真太子等记载,皆明显的事例。我们阅读史料,必须认识作者的生世及其思想意识,才能适当的进行分析批判,不为史料所蒙蔽。

《弘光实录钞》初仅有抄本,五十多年前商务印书馆把它排印流通,编为《痛史》第七种。编者对于书的来源及采用的本子,都无说明。南京大学图书馆藏有另一抄本。我们比较二者,商务本多一题辞,南大本有欧阳化所撰《襄阳三义烈传》,及古藏室史臣所撰《弘光大臣月表》,又有半闲子所作眉批三处,皆排印本所无。就内容而论,商务本和南大抄本都有不少的讹缪,由于抄本所本不同,讹缪也不相同。一般的说,南大抄本较好,二者校对可改正不少的错误。校雠是精细的工作,期望恢复原本或最早的抄本,但需要大量不同的抄本校勘,而《弘光实录钞》,我们所用的仅有两种本子,希望国内能发现不同的抄本,进行校勘,改正讹缪,成为较完备的本子。

(《南京大学学报》1963年第3、4期)

书　　评

批评《中国外交史》①

早两年前,我读了曾友豪编的《中国外交史》,想作一篇书评,总是没有时间,也就忘了。近日家居,偶尔无事,再把它看了一遍,不觉大大的失望,并且发现许多错误。我们知道中国外交,在近百年史中要占一个极重要的地位。现在国人所处的环境——国际的地位、政府的制度、经济的状况、权利的丧失,没有不深受外国的影响,或和它们有密切的关系,并且史迹距离现在不远,常能引起读者的兴味。及再读完曾君的《外交史》,就感着中国到了今日,尚无一部比较稍为满意的近百年史,或外交史的著作。我虽没有暇时作文,也应简单的批评一下,指导普通读者研究的方法。脑海中有了这个思想,未将《外交史》的书评做完之先,其他工作,几乎不能做去,只好将它写下。

这本书的目的,据曾君自序上说:"我对于这本书的希望,是帮助国人了解列强在中国所持的政策,及这些政策的应用。""国人"二字,不知专指那一部分,专家呢?学生呢?普通读者呢?作者编书的方法,取材的根据,也未说明。照我们读者的观察,信如曾君自序上说,转录"几篇重要的文字",对于列强所持的政策,和它们的应用,并未详说。例如英国在《南京条约》之先,商船来粤贸易,政府对华,抱何政策?鸦片战争,究何原因?一八四二年后的侵略政策,采行方法,迄于今日,是否改变?作者关于这些要闻,何尝说明?至于美、法、日本,也多如此。此外,作者又抄许多公文条约,自序上说:"是平常条约书不肯登记的,而在中国外交上却有很大的关系。"据我的计算,这所谓重要的文字、公文和条约,至少当占全书三分之二以上为篇幅。对于这点,我要郑重地说,曾

---

① 曾友豪编:《中国外交史》,商务印书馆,1926年初版。

君不懂历史方法了！近百年内之外交史上的材料极多,约法大全,理宜全数登载,实际上尚不能够,那文字公文,无容说了。外交史上那里容了这许多呢？所贵乎史家的原因,就是认着档案条约等为史料,于整理、研究、批评之后,凭着想象创造的才能,编著交相影响,或关系密切的记录,而成历史。试举书中一个例子说明。俄相微德的回想录,记载中东铁路一节,占了二十页的位置(四三—六三),又抄杂志上的文字,占了十页(六四—七四)。一个问题,抄到三十页了,依据这样的计算,一九〇五年前之俄据满洲,岂不要多几倍么？但它的篇幅,反不及中东铁路十分之一。如若作者认做史料,代替抄录,重行整理,自家叙述,不会如此分配不匀！所以作者的病根,错在误认史料为历史了！更进一步说,曾君选取史料,也太大意了。再拿《微德回想录》做个证据。回想录是政治家年老的作品,他们的记忆力已经衰弱,且可利用事后的史迹,辩护他们的短处,或夸耀他们先见。我们知道《中俄密约》酝酿在那俄国抗议日本据辽东半岛的时候,微德未尝说明,便益可信了。

全书共分三卷,专指近代我国列强外交而言。葡萄牙来华贸易,占据澳门的始末,且未提及,中国外交史的名称,理当改正。篇幅的分配,中俄关系占七十八页,中英二十六页(七八—一〇四),中法不足四页(一〇四—七),中德十八页(一〇七—二五),中美十一页(一二五—三六),中日一百八十三页(一三七—三二〇),余皆分属"中国与列强"之下。这样的分配,我们读者不知曾君根据甚么理想的原则。日本中国,因为种族、文化、经济、地理的关系,它的篇幅,虽不算多,但是欧美列强所占的总数,尚不及日本一国,不免太武断了！中英的交涉,在近代史上何等的重要,只有二十六页,法国不足四页,其中遗漏的要点,自然例不胜举了。不是挖苦曾君,外交史的材料,似乎没有标准了。公文条约,多就多抄,少就少抄,有些地方只愿抄的神速,不问读者的困难,一书之中,地名且数变了！例如一二九页上说:"美政府……与武英殿大学士宝、署礼部侍郎李缔结……条约。"普通读者对于宝、李二人,究不能知他们的名字。又如一四五页十四行,《朴斯茅条约》,到了四〇〇页九行,便作波兹马斯,四一二页六行,又作波兹玛斯了！书中叙述的史迹,大半是不相联络的事实,作者并未推求原因,互相解释,自然不能引起读者兴味，却如我常说的流水烂账式的记载了！我再读《外交史》的时候，老实说，耐着性子，始能读完。这是由于作者不知历史方法，它的例子，触目皆是，笔不胜举，读者幸自留意罢。又照我的观察，书中的大事年表，是根据学者摩尔 Morse 的名著《清代外交史》The International Relations of Chinese Empire 中的年表，稍改而作的。曾君分叙列强对华的经过，也是模仿鲍明铃（钤）的《中国外交史》The International Relations of China。曾君皆未指出。我想应当替作者说明，庶几乎不掠"他们的功劳"了！（括弧内是作者自序上说的）

在我耐着性子读《外交史》的时候，发现了许多荒谬绝伦的错误，其中有一部分，或因作者粗心地校对，而弄成的笑话。我且分着两类举出：

甲，属错误的。

（一）"义和团事起，日俄人强占满洲。"（一四页二行）按：日俄战前，俄国认了满洲做它的势力范围，日本要求朝鲜，俄国并且未许。日人此时，何得强占满洲呢？

（二）"中国自一八四二（道光十二）年，与英国缔结《江宁条约》。"（三四页一三行）按：一八四二年，是道光二十二年。"十二"年错了。

（三）"东印度公司……复在广州设立分馆，由两广总督给与特殊的利益。"（七九页七行）按：公司来粤贸易，长官勒索，无微不至，特殊的利益，是无根据的揣想。

（四）"洋船入口，必先以其伴一人，交付行商为质，其余同伴，如有不法行为，当惟该质人是问。"（七九页七、八行）按：各国商人来粤贸易，皆有大班负责。大班或是中国不承认的领事，或是商人的领袖。作者以同伴为质的一段，是无根据的错误。

（五）"行商无不暴富。"（七九页十行）按：行商拖欠外债，而破产的例子极多，作者的措辞，太不根据事实了。

（六）"民间因洋人行动不循规蹈矩，排斥洋人的心理，日见发达。"（八〇页四行）按：外人来粤，不得入城，行于市中。和洋人往来的，只有行商"通事"，并与民众无直接的关系。其轻视洋人的心理，原因极多，曾君说的，不免简单，并且好笑了。

(七)"广州东印度公司,亦因英国小商业家纷纷来华,不受公司监制,顿失其代表在华英人的地位。政府不得已于一八一六年,派安姆斯德爵士来华,帮忙东印度公司。"(八〇页七、八行)按:公司专利权始于一八三三年废止。废止之前,商人不得自由来粤。"纷纷来华"一段,是无根据的捏造!安姆斯德来华,近因,由于澳门英舰捕获美船的争执;远因,就是促进商业,改进待遇。

(八)"西历纪元后四百一十三年,日本遣使至南京政府,请求精于作绸的女士。至纪元后六百〇六年,日本复派行人持书来华,中有'日出皇帝'的话,梁武帝恶其骄傲,置书不答。"(一三七页一一、一二行)按:四一三年,是东晋安帝义熙九年,那时梁武帝未生。六〇六年,是隋炀帝大业二年,那时武帝已死。他在位的年代,是五〇二——五四九年。这段文字,真是笑话书中绝妙的笑林了!

(九)"当西历纪元后三四纪时,华人王仁渡海至日本。"(一三七页一三行)按:王仁是由百济王子阿直岐荐往日本,当是百济的学者。"华人"二字,不知何所根据?

(十)"中日两军在高丽开战,华军水陆皆败,两国缔《马关条约》,承认高丽独立。十年后,日本遂正式灭亡高丽。"(一四二页末行)按:《马关条约》订于一百(八)九五年,十年后,日本才败俄国,订立《朴斯茅条约》。一九一〇年,并灭高丽。"十年后"灭亡高丽,也是笑话!

(十一)"前北京政府日本顾问某氏,于所著《清朝全史》⋯⋯"(一四三页六行)按:《清朝全史》是日本学者稻叶君著的,"顾问某氏"不过译成中文,我请曾君检查检查,免得错误。

(十二)"道光二十九年,与英有鸦片之战争。"(三六一页二行)按正式的战争,始于道光二十年(一八四〇),终于道光二十二年(一八四二)。"二十九年"究竟根据何种重要的书籍?

乙,粗心校对的错误。

(一)《恰克图条约》,订于一七二七年,明年六月,二国换约,四页上的一七二八年错了。

(二)"两国边吏,常互查彼此逃人捕送本,但逃亡在和约缔结以前者勿论。"(四页一一行)"本"字下,脱了国字。

（三）"清廷赔偿银二千一万与英国。"（八一页三行）"一"下漏了百字。

（四）"又与后者（英国）订立英藏协约,其条文在西藏问一段题内。"（八九页五行）"问"下遗了一个题字。

（五）"英国在华政策,除为边疆上的侵,及政治上的鼓弄外。"（八九页六行）"侵"字下,脱了略字。

（六）"民国八年五月四日,北京各校学生,约一万五千,扣曹汝霖的私宅。"（一七四页七行）"扣"字似乎错了！

以上胪列的错误,不过读后所得的,其他错误,自或仍然难免,请读者留心罢！

此外,我要忠告曾君说,书中没有地图,很为不便。例如叙述中俄国界,倘有一幅地图,胜于许多地名了。

末后,尚有一点,我要郑重地说,历史不是宣传的作品,乃是研究人类活动一部分的真确事迹,了解环境、现象的由来！外交史就当参考外国的材料,免得孤陋寡闻。因为孤陋寡闻,是知识的仇敌！史家尤当免去！历史著作并不是普通宣传家,或记者,所能胜任的。

（《时事新报·书报春秋》第四十六期,1928年6月17日第4版）

评《外人在华投资论》[①]

中外交涉事项可别为三：一曰邦交，藩国边疆属之；二曰文化关系，教案属之；三曰商务。近时传教渐已失其重要，邦交详述于中外史籍，关于商业尚少正确兼有统系之著作，盖其范围太广，商人有所顾忌，可信之材料不易搜集也。顾自订约通商以来，外人利用其特殊地位，巩固其经济势力，《马关条约》而后，设置工厂于通商口岸，其经营之事业益多，如承办铁路、强迫借款之类。借款或为赔偿军费，赔款或作借款计算，或借款建筑铁路，或供军政各费。主要通商口岸，多设租界，界内政权归于外人，设立政府，管理公开事业，开拓马路；商人购置地产，开设商店工场，贩运进出口货，通商大邑遂为外资集中之地。外轮行驶于沿海内河，船只亦其投资经营事业之一，他如开矿伐木，亦有外资。其在华资本之总数，言者不一，各国投资多寡，亦不相同，每年所得之纯利，约有若干汇出国外，亦几无从查考。近年海关报告输入货值，远超过于输出，究用何法维持平衡，抑听现金流出无法补救，将致国家益贫、人民益困耶？此类问题之答案，关于民生者至巨，留心国事者莫不予以注意。雷莫 Remer 教授此书之著作，实应现时之需要。作者为著名学者，历久调查，兼得学术团体之赞助，并与学者专家讨论，始著成此书，盖有介绍之价值。

雷莫前为上海约翰大学教授，著有《中国国际贸易史》，现为美国米昔根 Michigan 大学经济学教授。据其自序，一九二八（民十七）年，社会科学研究会开会，建议调查外人在华投资之情状，十月，开始工作。

---

① Foreign Investments in China《外人在华投资论》，C.F. Remer 著，Macmillan Company，一九三三年印行，价值美金五元。

布罗金斯学社 Brookings Institution 委选人员，组织顾问委员会，与之讨论调查之计划与问题。计划既定，雷莫后来中国调查，银行界予以赞助，刘大钧供给其一部分材料，太平洋学会更予以极大之方便与赞助。初一九二九（民十八）年，学会于东京开会，英国皇家国际学会搜集英人在华投资之额数，豫备于东京开会讨论其结果；日本亦派专员调查日人投资之额数，于开会讨论，作者乃以二者为根据，进而研究英、日投资之实状。美国投资之额数，则由作者负责调查，官吏、领事、银行、商人、慈善团体，莫不予以赞助，报告亦于东京开会讨论。作者进而调查俄、法诸国在华投资之额数。中国方面之材料，刘大钧著有外人在华投资之报告，铁路部、财政部关于所借外资额数，亦曾分类编著报告，莫不深予作者便利。其来华也，则在一九三〇至一九三一年，游历商埠大邑，谒见商人官吏专家学者，本其访问调查之所得，分析比较前得之报告。关于俄国，又于天津得俄经济专家 Serebrennikov 之赞助。关于德、法二国，商于其官吏商人，并至其他主要国访问，一九三一年秋，方始完毕，着手编著，文稿又经著名学者 Monlton 等批评，明年，全书完成。

于此可见此书编著之不易，及赞助人员之众多。其所得之报告，根据作者之知识、访问之所得及其他证据，辨明其可信之价值或详说明其性质与内容，然后列之为表，态度至为慎重，其所决定之款额，多属可信。全书分上下二部（上部改称上卷，下部改称下卷），上卷本其调查之所得，作者将其结果详加分析，综合说明，实为此书之杰作，对于读者颇有贡献；下卷则分叙外国在华投资之额数，及经营之事业等。每篇完结，多有结论，颇便于读者。书有地图两幅，图表七幅，数目表一百四十八，或有所证明，或综合所论，见之一目了然，极为便利。兹略分言书之内容如下：

上卷凡十四篇。第一至四篇，首论中国土地、人口之关系，据作者意见，中国人口约世界总数五分之一，面积约十五之一，蒙、藏、新疆除外，则为二十五之一，可耕之地约四分之一，而本部荒地并不甚多。作者更以美国为比较，谓每人耕地，多于中国九倍，苟如中国现状，可养人口十万万。次论矿产，根据最近正确报告，煤矿产额不如前传之丰富，铁则产额无几，石油亦不丰富，水力少于美国、印度，惟锑等较多耳。末述订约通商前之贸易情状,《南京条约》后通商口岸之增加,现约八十,国际贸易之进步,一九三〇年之额数,较之一九〇〇年,增至四倍。第五至八篇,讨论投资之性质。外人在华投资之额数,多于英人在印度所投之资本,亦远超过在日本之外资,其数则美金 3242500000 也。此数尚少于欧战前外人在俄所投之资本,仅等于美人所欠英人铁路借款耳。作者分三期说明,一为一九〇二年,一为一九一四年,一为一九三一年。外资用途,一政治借款,二建筑铁路,三创设工厂,四购置地产,五进出口贸易,其他用途无关重要,不必一一赘言。教产除法国天主堂外,多无利息,作者未并入计算。其分配情状,则约百分之八十为直接商业 direct business 投资,比例高于任何国家;投资之地,以上海、满洲为最多,约占总数五分之三。各国投资数额,及其百分比例,可于下表见之。

	1902		1914		1931	
	美金百万元为单位	百分比例	美金百万元为单位	百分比例	美金百万元为单位	百分比例
英	260.3	33.0	607.5	37.7	1189.2	36.7
日	1.0	0.1	219.6	13.6	1136.9	35.1
俄	246.5	31.3	269.3	16.7	273.2	8.4
美	19.7	2.5	49.3	3.1	196.8	6.1
法	91.1	11.6	171.4	10.7	192.4	5.9
德	164.3	20.9	263.6	16.4	87.0	2.7
比	4.4	0.6	22.9	1.4	89.0	2.7
荷					28.7	0.9
意					46.4	1.4
其他	0.6	0.0	6.7	0.4	2.9	0.1

上表见于上卷七六页,评者除将无关轻重斯堪迭纳维安 Scandinavian 半岛国并入"其他"项外,别无变更。三十年中,英仍维持其第一地位,商人资本多在上海,船业亦其最为发达。日本投资初无重要,乃自日俄战后,得有南满铁路借款经营,不遗余力,资本遂大增加,南满变为日人经济势力之地。近时日商来至上海开设工厂,其投资额数之激增,比例亦过于他国。俄国资本用于建筑铁路,革命之后,苏俄否认在华投资,而视铁路为两国共同经营之事业,他国投资增多,俄资

比例因而减少。美国借款及承办铁路较少,美商近于上海购得电力公司等始大增加。法则未有新事业之创办,款额未有重要之增加,近时百分比例,故见其少。德于山东经营,投资颇多,欧战期内,英、日出兵山东,中国加入战团,于是德资经营之事业大受摧残,战后德商地位迥异于前,商业视十年前已大进步,而比例犹低。其他诸国,殆无简略说明之必要。关于政府所欠之外债,作者认为庚款性质业已改变,未列入于表中,据其分析研究之结论,谓一九三〇年冬,政府所欠外债,共六万九千四百四十万美金。

第九至十四篇,据评者意见,为书中最有价值之文字。作者以为一国金钱,输入流出不失平衡,方有余力购买外货,中国国际贸易输入货值远超过于输出,而国内财力仍能购置外货,必有弥补之法。对此问题,搜集材料,实地调查,作一答案,无论其材料不足,或存有成心,而固极有价值之试验。据其调查,一八九四至一九〇一年,中国进款一万七千万元(国币),欠债五万六千九百万元。一九〇二至一九一三年,华侨汇款入国,年约一万五千万元,而还债及投资利息,年付四千四百七十万元,输入超过等项,年凡一万四千八百六十万元,共一万九千三百三十万元,溢出之款,应为四千三百三十万元,事实上则银进口,平均计算,年约二百四十万元。一九一四至一九三〇年,华侨汇款年约二万万元,而还债入超等项,凡三万九千一百六十万元,输出之款年应一万九千一百六十万元,乃银每年流入者,约六千二百九十万元。其明显之原因,则政府迭借外债,外商投资年有增加也。其他原因,则输出货品有未纳税,海关报告册未有记载,商人报关运输出口,往往少报货值。关于外人方面,海陆军在华,据其估计,一九二八至一九三〇年内,年约一万二千万元,传教及慈善事业,年约三四千万元,旅行或游历来华者,年约三千万元,据所知之数相抵,仍有溢出之款。一九三一年输入之货价大增,现银之输入者骤减,殆其结果欤?

下卷第十五至二十一篇,分言各国在华之外资、经营之事业,及在华人口之数目。作者叙述之方法,分资本为二类,一政府借款,二商业投资,仍分三期,比较说明,一九三一年在华美资共美金 196606400,内有教产四千三百万美金,国会通过之《中国贸易法》*China Trade Act* 免去商人所得税,近年对华贸易,益有进步。英国投资额数有三估计,数目各不相同,作者评论其得失,估计为美金 1189194000。日本于日俄战后,经营南满,其铁路公司半为官股,受关东长官统治,其经营之事业兼有借款筑路、开采矿产。日本投资多在满洲,而南满铁路公司资本占全数百分之六十三,日人于上海创设之纱厂,极有势力。其为他国所无者,则为借款中国公司,其例如汉冶萍公司,南浔铁路公司约欠日款九千万日金,日商指为投资失败。关于政治借款,日款无担保品者,约日金二万万元,西原借款占四分之三,其数则日金一万五千六百万元也。投资总数,一九三〇年,共日金 2273842000,年得利息七千五百万元。俄国建筑中东铁路,含有政治作用,其款多借自法国,拳匪乱平,更向中国索取巨大赔款,不肯撤退驻兵,日俄战争形势一变,俄国革命改变中俄之邦交,二国共同管理铁路。铁路建筑约四万万卢布,欠俄政府十二万万卢布。二国管理,而所有权则未确定,苏俄人员虽否认为投资,固同于投资也。俄人在华资产,约一万二千万卢布,百分之九五,则在满洲。法国投资,近倾向于商业,其总数则美金一万九千二百万元。德受战事影响,在华产业丧失几尽,顾自一九二一年后,商业颇有进步,德资在华者,约美金八千七百万元。比、荷等国于一九一四年前之在华资产,今则缺乏材料难于估计,现时投资额数,已见于上表,无再赘言之必要。

综观以上简略叙述之各点,可以略见此书之内容与价值。其调查所得之数目,作者自于序中谓不完全,天下固无完全可信之报告与调查,盖限于时间、环境、材料,无可如何者也。作者之贡献,则综合分叙各国之投资,估定其额数与用途,讨论其与金钱流动之关系,予吾人以正确观念。留心中国外资者,至少可以视为研究之初步——基本著作。吾人本其所叙各点,外人在华投资多在通商口岸,或租借区域,或特殊势力之地,主权全在其手。国人借款兴创生产事业,而仍不失管理权者,数实无几。中国兴办生产事业,非利用外资不可,其投资条件当如商人之贷款。顾此非中国统一,政治入于常轨,不易成功。外资集中于特区者,恃有领事裁判权之保护,中国无权管理也。领事裁判权之废除,困难误会或得一部分之解决,经济建设,则待国人之努力而已。此为评者读书完毕后之感想。书中可议之点有二：其一关于外人人口之讨论，作者于四五七页，谓在华外人共四十七万余人，日人占总数百分之六十。移居满洲之韩人，数约七八十万，亦归日领管理。韩人资产虽微，而勤俭耐劳同于国内工人，日人利用其经营满洲，为中国严重问题之一。其人是否属于外人？书中从未提及，作者不免太疏忽矣。其二则作者缺乏中国史之知识，叙述不合于史迹者甚多。兹举九例说明如下：

（一）"存款通常至少定为六月，钱店付给极低之利息，或不给予利息。"（见三五页）"The deposits were ordinarily fixed for at least six months and the banks paid very low rates of interest or none at all." 同页又称"当铺月利自二分至五六分"。"Its (pawnship) charges were from 2 to 5 or 6 percent a month."此言中国旧时经济状况。作者先论钱店性质，称其办理换钱、汇款、储蓄三事，而于放款则诿为缺少报告（见同页），实则放款为钱店主要事务之一，作者未有机会与旧式商人接近，固不之知。钱店存款半年或一年结算利息，存户无论何时，均可提款，实无时间之限制。其通常利息，或为一分，或为八厘。所谓"付给极低之利息，或不给予利息"，不知作者何所根据？所可断言者，决非常例。作者误会，或起于错解钱店习惯，钱店多与商店往来，与普通人民常无关系，殷实钱店不愿吸收零星存款也。当铺多在城市，月利先多一分二厘，后乃增至一分八厘，利息五六分，违反禁令，将受官吏处分，商人决不敢为。作者所言之当铺，或指乡村中之小押，主持小押者，类多无赖，决不能以商人目之，作者固未辨清说明。

（二）"此种制度，匠铺主人又为商人，可使其借用钱店之款，为工业之用。"（见三六页）"The system under which the employer was also a merchant enabled some bank funds to be used for industrial purposes."实则全非事实，作者幻想之由来，生于匠铺缺乏资本，既不能于公所借贷，亦不得于钱店借贷，乃有此说也。匠人工作，多自备器械，出外工作，雇主于晚间即付工资，长期工作，雇主亦须酌量先付一部分工资，工作于铺中者，铺主供给其饮食，一月半月方付工资，制造之器物，列于铺中出卖可得现款，于是现状之下，匠铺无需大宗资本。商人自成阶级,钱店仅对商店放款,绝少与匠铺往来,此种情状,内地尚然,惜作者未尝访问,而乃以意为之,欧美现状固不同于中国也。

（三）作者称中国关税协定,自一八四二年迄一九二九年,税则共修改三次,一在一八五八年,一在一九〇二年,一在一九一九年（见四六—四七页）。实则共有四次,第一、二次年代未有错误,第三次则有错误,修改税则达于切实值百抽五,为中国参战条件之一,其年为民国六年,即公元一九一七年,双方代表于上海开会议定税则,故非一九一九年也。第四次修改税则,为华盛顿会议议案之一,会议闭后,即有修正,作者竟不之知,何耶?

（四）"刘（大钧）报告一八六五年,中国借英款一百四十万镑,赔偿俄国军费。据他方面（指 Morse and MacNair, *Far Eastern International Relations*, Shanghai, 1928, P.500）,中国第一次向英银行家借款,在七十（一八七〇）初年,供给剿平西北回乱之军费也。"（见六八页）"Lieu reports, A British loan of about £1,400,000 for the payment of an indemnity to Russia in 1865. According to others, the first loans were in the early, seventies from British bankers and for purpose of providing funds for suppression of the Mohammodan rebellion in northwest China."雷莫不能辨明二说之是非,将其列举,并于附注说明二书页数,实则刘说毫无根据,后说亦为猜度之辞,不合于史迹也。一八六五年,为同治四年,国内尚有太平天国余党、捻匪等之乱,对俄交涉,《北京条约》成立未久,俄兵尚未进据伊犁,二国未有争执,亦无战祸,所谓借款赔偿俄国,不知从何说起? 左宗棠于捻匪平后（一八六八）,方始出兵关陇,一八七三年,甘肃平定,休兵数年,始乃出兵新疆,孤军远征,饷糈困难,迫而奏请借款,实在七十末年也。中国借贷外款,亦不始于此时,李鸿章解散常胜军厚给将校恩饷,款不足用,乃借外款,以关税为担保,其经过见《李文忠公全集》朋僚函中,顾其款额无几,期限又短,不为人所注意耳。

（五）中国第一次允许外人于境内建筑铁路,则一八九六年,始许俄人也（见八八页）。"The first concession（指铁路而言）was to Russians in 1896."译文贯串上下文义,不能直译,主意固未改变。中国第一次允许外人于境内筑路,则始于一八九五年,允许法人自安南建筑铁路,直达广西、广州也。法使要求之理由,则谓干涉还辽,有功于中国,须得酬报。其交涉之详情,见于 Joseph, *Foreign Diplomacy in China 1894—1900*,条约原文载于 MacMurray, *Treaties and Agreements with and concerning China 1894—1919*,后书列于参考书中,作者盖未细读也。

(六)"余信一八七五年左右,中国未向外人借款,外款并未因此流入中国。"(见二四八页)"By 1875 there had been no borrowing I believe on the part of the Chinese government which involved the remitting of funds from abroad."作者根据之书,为 Morse and MacNair 合著之书,对于刘说不肯相信,视前已有进步,其错误之点,论之于上,兹不复赘。

(七)作者根据刘大钧报告,列举通商大邑公用事业之有英人资本者,中称镇江电力公司亦有英资(见三九九页)。实则镇江租界业已收回,公司规模甚小,久已并于华商,此虽无足轻重之点,书成于一九三二年,中国情形之改变,作者固无明显之认识也。

(八)"俄得法、德之赞助,向日严重抗议,反对此约。"(见五五五页)"Russia supported by France and Germany entered a strong protest against this treaty."此约指《马关条约》而言,三国向日忠告归还辽东半岛,异于严重抗议反对《马关条约》,作者并而为一,不免疏忽。中国于干涉之后,商请三国予以援助,修改其他条款,三国固未予以援助,终乃于规定之期内换约矣。此亦足以证明作者措辞之失当。

(九)作者于六一四页,称苏俄曾一次愿意放弃中东铁路主权,并于附注称其大使加拉罕于一九一九年,宣言"苏维埃政府,愿将中国东部铁路及租让之一切矿产、森林、金产及他种产业,……一概无条件归还中国,毫不索偿"。加拉罕时为代理外交总长,一九二三年,始受大使之命来至中国,作者竟于此时,加以大使头衔,加拉罕知之,必称愧不敢当。苏俄第一次宣言,于一九一九年七月公布,明年三月,外交部方始收到,译文与俄公报发表之文主意尚同,独于归还铁路未有只字,论者谓宣言为宣传文字,初由共产党员分散于各大城,不无修改之处,无论如何,苏俄固未承认归还也。作者不知此事之原末,故有此说。

上言之错误，谨就一读书后发现者而言，天下罕完全满意之书籍，决不能以此减少此书之价值。盖中国历史，迄今尚无用科学方法整理编著之书。坊间流行之书，展转抄袭，纰缪百出，所谓学者专家，虽甚熟悉欧美情形，而尝缺乏中国历史常识，吾人于此何能苛责雷莫？评者数年前曾于南京一听作者演讲，今读全书，钦佩之心，辄未稍减，甚愿其于再版时改正错误，并望国内经济学者之努力，早结美果，以补正此书之不足也。

（《国立武汉大学社会科学季刊》1933年第4卷第1号）

评《远东国际关系史》[①]

《远东国际关系史》,初由商务印行,一九二八年(民国十七年)出售。著者一为久在中国海关服务之迈尔士,其著作《大清帝国国际关系史》International Relations of the Chinese Empire 等书,迄今犹为学者称道;一为前约翰大学教授马克莱尔,其关于中国著作,亦颇为人所称。马克莱尔以迈氏《大清帝国国际关系史》终于清亡,而又卷帙浩繁,不适于大学课本之用,商得迈氏同意,初拟用为底本,择要叙述,迄于其编著之时为止,继将范围扩大,叙及暹罗、安南、菲列宾群岛、日本、朝鲜、西伯利亚,改称此名。二氏为英美知名之士,此书为其合著,印行之后,余曾将其一读,即欲草成一文,论其价值,会商务收回原书,停止出售,始从友人访得该书印行,受某律师指摘,党部工会出而干涉,英文辑编部主任因而辞职,书已成为禁书,遂作罢论。及该书于美国印行,吾人从美国购得,读后仍欲作一书评,限于事务,迁延至今,方了夙愿。

现时印行之本,据记忆力所及,业已修正,如关于门户开放之经过,篇幅略为减少,又如所叙史迹,终于一九三一年,皆其明显之例。全书三十篇,共七百八十页,关于中国者占四分之三以上,就土地人口而言,中国为远东大国,其对外思想之不轻改变,教案、商业、土地交涉之迭起,战事失败损失之重大,均有叙述之必要,篇幅之多,理所固然。且日、俄二国,一与中国地理相近,一土壤相接长逾万里,交涉因之繁多,叙述日本或西伯利亚之时,势必兼及中国也。第一至四篇,首论远东各国地理,次言古代中西交通,基督教传入东方之盛衰,及外人在华贸易

[①] 《远东国际关系史》Far Eastern International Relations,Morse and MacNair 著,Houghton Mifflin Co.印行,价值美金六元,一九三一年。

之情状。第五至十五篇,分言律劳卑 Lord Napier 之来粤,平等待遇之争执,禁烟造成之局势,鸦片战争之经过,订约开关后之问题,修约交涉之失败,亚罗事变之严重,英法联军之北上,四国《天津条约》之成立,战祸之再起,北京城下之盟,外人之援助清廷削平内乱,及修约教案等问题,迄于一八七五年同治病亡。第十六、七两篇,则言日本逼而订约通商之经过,幕府之覆亡,外交之新方针,出兵台湾之交涉。第十八至二十六篇,略叙中国藩属之丧失,暹罗、安南、缅甸之屈服,中日之战争,战后中国外交形势之危急,门户开放主义之承认,百日变法之失败,拳匪祸乱之养成,清廷之屈服,善后问题解决之困难,日俄战争,日本势力之澎涨,暹罗之复兴,中国改革与革命,及外蒙、西藏交涉,迄于一九一四年(民三)。第二十七至三十篇则叙欧战对于远东之影响,民族之自决要求,安南、暹罗之近状,列强出兵西伯利亚,中俄邦交之恢复,华盛顿会议之召集与议决案,中国废除不平等条约之运动,及外交上之问题,最后分论列强对华外交之政策。

全书之材料,民国以前关于中国者,多据《大清帝国国际关系史》,关于日本诸国,则据西人著作,作者于书后列参考书甚多,用功颇勤。欧战以来,则多根据普通书籍及杂志等,虽便利于读者,但非深切之著作,待改正者尚多,此固限于时间材料,无可奈何者也。作者所列之参考书,亦有未及细看,或未曾一读者,如七四〇页,称武汉政府清党,由于孙科、汪精卫发现鲍罗廷谋覆政府,另设共产党政府之证据。实则不过时人之传说,宓溪 Fischer 利用俄国秘密公文,并迭与共产党领袖谈话,其所著之《苏俄于世界活动史》*The Soviets in World Affairs*,详记此事,乃由于共产党员印人卢埃 Roy 不知中国情形,冒昧将第三国际密电示知汪精卫也。鲍罗廷则主慎重,迭受其领袖之申责。唐良礼(译名)为左派作家,与汪精卫接近,利用中国方面材料,著有《中国革命秘史》*The Inner History of the Chinese Revolutoin*,其所记尤详,与宓溪所言相合。更据吾人访问之所得,亦与之同。二书均列于参考书中,作者反而根据传说,殆未一读也。

作者根据英、美诸国文字书籍,编著成书,而于东方文字之史料,则限于语言,不能利用。中国为远东最古之国,思想学术迥异于欧美,非精通中国语言文字，久与士大夫接近者，殆不能深知。近时重要史料，如三朝《筹办夷务始末》《光绪朝中日中法外交史料》《清季外交史料》等书次第印行。名人全集如《李文忠公全集》《张文襄公全集》等书，业已印行。其可信之价值毫无辩论，实研究远东国际关系史者，必读之书籍也。迈尔士固不能看中文书籍，然于著书之际，重要史料多未印行，情有可原，吾人今日尚可钦佩其努力。马克莱尔于重要史料发表之后，尚抄袭其错误，虽曰不能利用中国史料，而固不能避免责任，盖著书立说者，非抄袭之谓，对于本书范围内之重要原料，必当认识，决不能率尔操觚也。本书之纰缪甚多，评者为节省篇幅之计，谨略举其主要者说明于下。

第一至四篇叙述远东地理及所受地理之影响，欧人直航东下之经过，贸易居住之情状，迄于鸦片战争，文颇简要，便于读者。其错误如下：页一五第八行曰："将军班超统率中国军队，几至罗马帝国边境。" "General Pan Chao led Chinese armies almost to the edge of the Roman Empire."班超之地位颇低，称之将军殊不相称，其立功西域，初则三十六人，汉未以兵予之，后乃利用属国之兵，目为汉兵，不免含浑不清。页二三末行称一五七四年，李马奔 Li Mabon 进攻菲列宾岛。李马奔原自外语译成中文，其中文名称，经学者考证，定为林凤。著者沿用李马奔之名，殊不可解。页五五中段曰："一八三四——一八六〇之间，朝廷上之实际行政，操于吏户礼兵刑工六部。""The actual administration of imperial affairs was in the period 1834—1860 in the hands of the six boards of civil office, Revenue, Ceremonies, War, Punishments and Work."事实上殊不确实，六部徒管例行公事，由来已久，绝不限于此时也。

第五至九篇分述律劳卑来粤后之争执，禁烟之原委，战争之始末，及善后问题等。著者全据《大清帝国国际关系史》，叙述足称扼要，其可议者则战祸之造成，义律负有重大责任，如说美商离开广州则其明证。其原委见 Dennett, *Americans in Eastern Asia*，而著者于此等大事，则无一字。又如记载林维喜案，著者于页一〇八——〇九称义律于其死后，悬赏缉凶，林则徐必欲其交出罪人，造成严重之局势。但据中国史料,林维喜案,则徐迭次传谕义律,义律概不之收,及后形势严重,始乃悬赏。更就当时情状而言,义律来至澳门,大改常态,存心造成战祸,则徐奏疏关于此点,实属可信。页一二六第八行称镇江对面 Kwachow,英文拼字当作 Yangchow,乃扬州也。页一三四行十,称美使顾盛 Cushing 来粤,耆英在京。实则耆英于《虎门条约》成立之后,即奏请回至南京,复任两江总督。北京之说,乃据《大清帝国国际关系史》之错误也。页一三七称道光下谕废弛教禁,实则此乃耆英奏文。新修之律例,仍禁天主教也。

第一〇至一五篇,分言战后外交之新问题,海盗之猖獗,太平军引起之国际形势,英法联军之始末,太平天国覆亡与外国之关系,及同治末年外交之形势等,内容仍多采用《大清帝国国际关系史》。页一七三末句引用美委员报告,谓太平天国对英开放商埠,并许其航行长江,著者因称一八五三年为中国最危险之一年。实则委员报告全为讹言,不足深信,著者之推论,亦不过附会之辞而已。页二一六称英军攻大沽口之失败,由于清兵发炮之准确,并于附注引学者 Dennett 之信,称俄人参与修筑炮台,Coolidge 教授且于俄文搜得证据等语,实则全出于牵强附会,其病在不知中国史料也。英军之败,由于轻敌,Williams 时为美使译员,见闻事之始末,写成长文,载于《英国皇家亚洲文会杂志》,著者何竟不知? 俄使于《天津条约》之后,表示赠送枪炮,咸丰初则拒绝不收,以为中国大炮尚能敷用也,后则传谕俄人运送于恰克图,不准来至天津,乃以运输困难,不有所得,外人何竟附会至此! 页二二八称圆明园焚后,恭亲王惧而欲逃,俄使止之,亦无根据。火焚圆明园为英使提出和议条件之一,恭亲王收得照会,奏称方欲止之,而英人业已纵火,故园之将被焚,王已知之,何所惧而出逃? 俄使止之,亦为附会之说,从未见于中国可信之史料。又如页二二四称恒祺说王释放巴夏礼,实则巴夏礼之释放,乃咸丰诏命之也。页二三四言一八六〇年,江南大营溃散,镇江失守。镇江时为冯子材所守,独未攻下。页二四一行一称上谕赐华尔军队常胜军名称,实则薛焕所予,朝廷并不之知。页二五七称一八六五年,漳州攻下,太平军余党尽没。漳州实太平军所放弃,逃之广东嘉应州,明年方始消灭,著者可谓创作矣!

第十六至十九篇,首论日本江户幕府时代之闭关政策,开关之经过,浪士攘夷之活动,朝廷强藩计划之失败,王政之复古,修约之拒绝,台湾出兵案之解决。凡此所叙之史迹,多《大清帝国国际关系史》所无,颇能择要,极便利于读者。继言光绪初年中国外交上之大事,其重要者若烟台会议,中俄伊犁交涉,中法安南之战,香港、澳门偷税之解决,均一一说明其经过。缅甸、暹罗、马来半岛亦曾叙及。关于中国对外交涉之史迹,多据《大清帝国国际关系史》。末叙日本内政外交上之大事,尤注意于修约—恢复主权之运动,中日在韩冲突之背景,朝鲜对外政策之改变,中日战争之始末,迄于《马关条约》。凡此诸篇,马克莱尔颇能利用欧美材料,大体上似较努力,惜其未用中国方面之史料,错误仍不能免。页二九一行一六论江户幕府闭关曰:"无论如何,此国学术上、经济上均与外完全断绝关系。""The Country was, however, all but totally cut off from intellectual and economic exchange."按之事实,殊不尽然,汉学、兰学盛极一时,则其明证;幕府虽限制华船等入港,而私运货物者亦不能止,著者此言失之太甚。页三二九称一八七一年《中日商约》成立曰:"日本始不列入中国藩属。""Japan now ceased to be listed as a vassal of China."清代日本从未朝贡中国,此语不知何解?又谓商业条款,同于列强所订之商约。此实大错特错,日商于内地贩货,或运洋货入内地,均须逢卡纳厘,外商固不如此也。页三三二称琉人被难者为台湾生番所杀,副岛种臣来华,李鸿章承认中国之责任,欲得朝旨出兵征番。此言出于附会,副岛未向李鸿章提及,李氏书报总署反称番人强悍,日人无如之何,亦未向副岛论及也。页三三四言中日琉球之争,迄于一八八一年,中国方认属于日本。琉球交涉从未正式解决,何来此语,著者岂得秘本耶?页三四三行二称中俄伊犁交涉,汉人欲战,借以减削满人势力;行一二又称曾纪泽奉命为"特别大使"Special ambassador赴俄交涉。实则朝议主战,以为中兴之时可以一战,固士大夫之陋见。著者深信戈登不正确之报告,故有此言。曾侯赴俄,仅用公使名义,交涉成功,尚以公使交涉难于大使为言。页三八二行十一谓日本丰臣秀吉侵韩,及其病死,日兵撤退,独据釜山。实则日兵一律撤回,未据釜山也。页三九二称朝鲜于一八八四年乱后曰:"李(李鸿章)

又遣其最亲信秘书之一袁世凯赴汉城。""Li also sent to Seoul one of his most trusted secretaries yuan Shih-kai."实则袁同提督吴长庆赴韩,时已留住二年矣。页三九三末段叙金玉均等作乱,华兵入宫应援,见日兵占据王宫,开枪击之。按之事实,袁世凯先请日兵撤退,而日使不许,始生战祸。著者所叙情节,多不合于当时情状。页三九七称韩王分金玉均之尸为八段,示于各道,此乃当时讹言,日本学者现已承认矣!

第二〇至二六篇分叙《马关条约》后远东外交之形势,迄于民国初年,节目已见于上,凡叙述之史迹,马克莱尔补添之材料颇多,亦有全据《大清帝国国际关系史》者,错误自不能免。页四一五称一八九六年,李鸿章赴俄订成《中俄密约》,附注谓俄后经营满洲,中国称《密约》失效。《密约》订于李鸿章,人所共知,至谓中国称其无效,不知见于何种纪录,俄未遵守条款,固为事实,然与宣称无效并无关系。页四五〇称戊戌变法之际,伊藤博文入京曰:"九月二十二日晨,帝召见日本政治家伊藤侯。""On the morning of September 22 the emperor was to give audience to the Japanese statesman Marquis Ito."二十二日之前政变已作,二十二日帝已囚于瀛台,何能召见伊藤?著者日期错矣。页四六五行六谓董福祥部下于六月十一日杀日本使馆之参事。参事并未被杀,所杀者乃日使馆之一书记生耳。关于拳匪在京之活动,朝廷之情状,著者多据《景善日记》。景善时已休退,所得杂有传闻失实之辞,如页四七二称六月二十四日,诏谓遇外人杀之,倘欲逃走,可即杀之,而袁昶、许景澄发电改杀为保,二人因此被杀。实则全不足信,徐桐等后尚奏请诏杀各地洋人(见《光绪朝中日外交史料》),倘已有诏,何能再有此奏?且时电报业已被毁,而页四六九称朝廷尚有电报可通,实无根据。李鸿章等之奏报均由山东等地驿站转递,二人何从擅改电文也?著者本于此种误会,所叙情节既不合于当时情状,又多诬枉之辞,如朝廷得李鸿章等之奏疏,保护公使之举动,尽以恶意解释。又如页四六九称述太后之言曰:"灭此朝食。"恽毓鼎时与朝议,其《传信录》所纪,关于此事全与日记不合。页五四五称新教育,北京、广州有同文馆。实则广东只有广方言馆耳。页五五二称宣统嗣位,监国免袁世凯职,而袁逃至天津租界。其时袁任军机大臣,方在朝门,何能逃出?乃妄信外报之讹言也。页五五四称一九一一年(辛亥)十月十日武昌汉口革命领袖举黎元洪为都督。斯日汉口尚未收复,乃武昌军队举之也。

第二七至三十篇,叙述欧战期内及战后远东各国外交上之大事,著者于结论分言列强之远东政策,颇多警切扼要之语,材料多据报告、杂志、报章,错误自不能免。页五七六称日军进攻胶州湾,自龙口上岸曰: "北京政府知日军于龙口上岸,即正式抗议,而日置之不理。""As soon as the Peking government learned of the landing at Lungkow, it issued a formal protest which was disregarded."此言全非事实,日本宣战之后,即要求黄河以南划作战区,中国向之磋商,结果缩小战区,日本认为满意,中国乃发声明书。其交涉始末见于《六十年来中国与日本》第六卷所录之文电,著者固不之知。页五九五称迄于一九一八(民七)年,南方诸省于孙文指导之下,反抗中央。南方政权操于武人,孙文不能见容,何指导之有?页六六六谓驻库伦大员陈毅,劝蒙古取消独立,失败,徐树铮乃强其归顺。实则二人意见不协,陈毅主张缓进,固未失败也。页六七一称苏俄外交委员宣言交还中东铁路,按之事实,苏俄迄未承认此言,其公报发表之宣言,亦无此语,盖共产党员添入,作为宣传之资料也。页七三○标题称:"蒋介石为孙逸仙之继续人。""Chiang Kai-shek as successor to Sun Yat-sen."国民党之意见必与此不合,蒋氏亦未必承认,著者对于中国政治尚未认清。页七三一称一九二六年北伐军进至湖北曰:"九月六日,汉口攻下,汉阳随之而下,重要之兵工厂在焉。""Hankow was Captured on September 6; Hanyang with its important arsenal quickly followed."事实则为汉阳先下,吴佩孚率兵退出汉口也。

书中错字亦不能免,如页四二三行二三"Noth with standing"宜改作"Not with standing"。页五八五行八"Minister Reinschal"应作"Minister Reinsch"。

文写至此,篇幅已长,评者不愿有所论列。所当知者,中国近百年来,深受列强之侵略,主权权利或丧失殆尽,或与外人共之,求一叙其始末之书,竟不可得。国内通行之外交史,非错纰百出,即展转抄袭,沿其纰谬,或兼有二者,其内容尚不能如此书,吾人更何能苛责著者?评论其错误，目的在督促一般著作家利用可信之原料 Primary sources of materials，不必率尔操觚，外人研究中国外交史者，非能读原文史料，不必著作，顾今外人多不可能，此书尚有存在之理由，吾人倘仍信其错误，则可耻矣。

(《国立武汉大学文哲季刊》1933年第3卷第2期)

评《中国史与文化》[①]

著者莱道内德 Latourette 为美国耶鲁大学研究传教事业及东方史之教授,著作甚多,其一九二九年所著之《基督教在中国传教史》 *A History of Christian Missions in China* 尤负盛名。本年内印行之《中国史与文化》将为外国文中关于中国史重要著作之一。评者于二年前,曾读其大部分文稿,深感著者思想之缜密,说明之切实,选择之精要,近再读全书一遍,仍觉所见与前相同,爱之不忍释手,兹略说明其内容,并评论其价值于下。

全书分上下二册,共二十篇。每篇之后,详列原料、次料书籍,并略说明其内容与价值,所列之书如英、法、德文关于中国者,多经著者参看,评论、介绍足称扼要不繁。关于中国史料,著者虽在中国多年,但限于言语文字,殆不能多看,故所列举者,或不免于错误,或不免于疏陋。如上册八十五六页论及古书真伪,第七行曰:"胡适意见,见于文存《饮冰室文集》。""Hu Shih's views are in his collected works, *Yin Ping shih wên Chi*."《饮冰室文集》为梁启超著作,与胡适何关? 此盖《胡适文存》之错。疏陋之例,如清代史料,著者认《清史稿》为重要,而于近时刊行之《筹办夷务始末》等书,则无一字。《清史稿》虽为禁书,吾人曾读一次,内容实无若何重要,而论者多未之见,反而视为重要史书,殆由禁止发行之故。执此说者,非莱道内德一人,吾人固难以此责之。书末附中英文地名、人名对照表,极便于检查,又有地图一幅,得书店许可,于他书转印,亦便于初学者认识主要城市。

[①] 《中国史与文化》*The Chinese their history and Culture*,K.S. Latourette 著,the Macmillan Co. 发行,一九三四年印行,美金七元五角。

《中国史与文化》著作之目的，据著者自叙，继续为威廉斯 S.W. Williams 所著之《中国》 *The Middle Kingdom*，并纪念其子 F.W. Williams。《中国》一书成于一八八三年，为欧语中关于中国之名著，其子修正父书，后为耶鲁大学教授，研究中国史，讲学引起美人对于中国之注意与兴趣。著者继之为教授，念其功绩，而以此书为纪念。著者教授东方史，以为中国民族为世界混合同化之最大民族，人口约占全球四分之一，其政治社会制度、学术思想、经济生活，多自行发展。文化之高，哲学上之创作，文学美术上之贡献，影响于邻国之大，均有详细研究之价值。近代受外刺激，国内之问题繁夥，将来之解决，均有关于世界。故以为认识中国历史文化，及现时问题，至为重要，著之成书。其材料视《中国》为确实，又较丰富，盖自《中国》印行以来，西方学者宗教师发表之论文书籍益多，清季重要史料，亦多公布。所可惜者，其著作或偏于外交，或研究一特殊问题，而叙述上古史迹，迄于现时，综合政治上、学术上、艺术上等等之发展，成一有统系之著作，据评者所见，实不易得，而此足以供给西方人士之需要。就吾国史籍而言，著作家用科学方法编著此类书籍尚可一读者，尚不甚多。吾人叙述史迹，常或易为古人成见与史论所拘，著者身为外人，论断往往出于比较研究之所得，结论虽或不同于吾人，常有深切考虑之价值。于此情状之下，吾人钦佩著者之勇气，综合近时西方学者研究之所得，著成此书，一方面供吾人之借镜。其一二错误，虽为吾人所应知，固与全书之价值无关。吾人当能谅之，兹略说明其内容。

上册共十二篇，凡五〇六页，叙论中国历史上之大事，自上古迄于一九三三年（民国二十二）。第一篇叙述地理及其影响。首论中国名称、政治区域、黄河、扬子江、珠江流域，各区域之气候、雨量、动植物等。中论清代之属地，西藏、新疆、蒙古、满洲之形势，安南、暹罗、缅甸之朝贡。末言中国所受地理上之影响，中多警切之论。据著者意见，山川形势不宜于统一，而已往之历史，政治上、文化上统一者，多由于人力，其时期长于罗马、西班牙帝国。南北因气候、土壤、植物之不同，生活迥异，人民多以耕种为业，而人口有增无已、可耕之地有限，此为中国穷贫之要因。美国、加拿大等地已禁华侨移居，满洲、内蒙古移民亦有限制，工业则煤铁之丰富不如美国,而又限于市场,不易发展,社会宗教奖励生育,非家庭伦理思想之根本改变,宣传并实行节制生育,则无由免除危险与祸机(见页二十四)。就对外而言,外患多自北方而入,近代海上交通便利,中国乃自海上见迫于外国,形势大为改变。第二篇论中国文化之起始,迄于秦代统一,分叙近时发现之石器、铜器,当时之生活情状,古代历史上之传说——三皇五帝等。自殷而下,叙述较详,盖可信之史料增多也。殷周之大事,春秋战国之战争,政治社会之组织,经济之情状,诸子之学术,文学美术之进步,尤深注意。第三篇分叙秦汉时代之史迹,著者对于秦皇、汉武之功业,叙述颇详,读者一读即可知其影响之伟大,余论两汉事迹,无须赘述。所当注意者,则言汉代中西交通,佛教传入之经过,著者根据法国学者之考证,不信明帝金人之梦与佛教有关,其言实信而有征。末论儒教经典之成立,及文艺之情状,结论尤多警切之语。第四篇略叙政治上之大事,如三国峙立,南北朝相争,迄于隋文帝统一,其三致意者,则为佛教之发展,及各宗派之成立。第五篇首述唐初大帝之事业,中叶、末叶之大事。中论商业情状,儒、佛、道之概状,著者并言高僧求经,佛经之翻译,祆教、景教、回教之传入,末述文学美术之发达及经济状况。

第六篇分叙五代、两宋之兴亡,北方民族之南侵,汉族之南迁,道学之发达,文学之状况,磁器、绘画之演进。王安石之变法亦曾叙入。第七篇略言蒙古之崛兴,忽必烈(元世祖)之功业,覆亡之略史。著者以蒙古疆域广大,便利并促进中西交通,马可勃罗之来华,中国所受外国影响,均一一论及。第八篇所叙史迹之方法,同于以上各篇,先言明太祖、成祖之武功,中叶之外患,满清之兴起与明室覆亡。后述欧人直航来华,耶稣会之传教,西方科学之传入,明代思想文学艺术之情状。第九至十二篇,专叙清代迄于一九三三年之历史,篇幅二百余页,占上册五分之二,鸦片战争之先,只有一篇,分言康熙、雍正、乾隆、嘉庆朝之大事,道光初年之内政,文学艺术之情状,中西之交通,外国所受中国之影响,余则偏重中国国际关系。第十篇则言鸦片战争之始末,战后外人条约上之权利,中外交涉之困难,英法联军之原委,天津、北京《条约》成立之经过,太平天国之兴亡与外国之关系。第十一篇略言慈禧之专政,一八六一至一八九三年间外交上之大事,传教之困难,国际贸易之情状,中国受外影响,及新事业之创办。此篇页数无几,所叙之事迹,仅为大纲而已。下篇则篇幅甚长,先言中日交涉之问题,二国战争之经过,战后中国之危机,门户开放政策之成立,百日变法之失败,拳匪之乱与中国之损失,日俄战后之远东形势。中述清季变法运动,革命党人之活动,清室之覆亡,民国初年外交上之大事,迄于欧战,近时废除不平等条约之运动,收复主权之一部分成功,及日本之野心侵略。末论经济状况之改变,外人势力下之工业,基督教于中国之影响,新文化运动等。

下册八篇,凡三百四十五页,专论人民、政府制度等。第十三篇则言人民,首论中国民族为混合民族,同化已久,无重要之不同。继据学者专家机关之估计,谓现时人口视太平天国末年增加百分之二十,拳匪乱后百分之十,此言全出于猜想,盖著者太信 Willcox 之估计,实则 Willcox 虽为统计专家,而于中国情状全不知悉,结论往往谬妄。此段所论多不足信。末叙近代华人之海外移居,所受之待遇,及与中国关系。第十四篇详述政府之组织,分二部分。一言清初政治,皇帝之威权,内阁、军机处、六部等之组织,外省之官制,考试制度之利弊,村镇之自治,法律与法庭,政府之财政状况,军队之种类,及藩属之政治情状。一述近时受外来影响,制度之改变,惜仅简略言之耳。第十五篇题为经济生活与组织,分言华人对于生活之观念——偏重物质,农业情况,及近受外影响,工业之种类,商业、钱店、运输业之状况,及近时之改革等。第十六篇题为宗教,详论儒教之性质,儒家与政治之关系,祭祖之重要,佛教之现状,寺院之组织,道教之神仙、练(炼)丹、符箓等,大多数民众之迷信如风水等,回教及耶稣教现时所处之地位。著者对于中国宗教,原有相当之研究,此篇叙述足称扼要。第十七篇,分叙家庭之组织,妇女之地位,男女之关系,秘密社会之种类,社会上之阶级,交际之原则,娱乐之一班,一年中之节令,及近时生活之改变。第十八篇,专论中国美术,著者说明其演进之迹,分言建筑之种类,花园之美观,雕刻字画等。据作者意见,雕刻受外来影响,未有显著之进步,画则为世人所欣赏,对于美术上极有贡献,字则论其演进。此外玉、磁器、钟鼎、漆器、珠宝、织锦等,著者一一论及。第十九篇,题为语言、文学、教育。著者先言方言、文字，次论文学、图书馆，末叙私塾式之教育，及近时新教育之情状。第二十篇题为结论，著者综合历代之史迹，比较中外之情状，中国犹在演进之中，虽不能预言将来，但以已往创造之能力，当有新发展也。

上述之内容，不过就书中主要点而言，书仅两册，几于无所不包，自不能免遗漏之处，著者非不之知，吾人读之亦当谅之。盖历史之价值，论者虽多列举，而综合一时各方面之发展，读者明了整个民族之生活情状及其贡献，实为一般人士读史之最大原因。国内刊行之史书，合于此种原则者，尚不甚多，困难可想。著者叙述古今之史迹，分言各时代之特点与贡献，近时国内之问题，困难倍之，吾人固当钦佩其勇气。尤当知者，著书不难于页数之多，而难于以少数篇幅叙述繁杂之史迹，内容充实，解释确当也。成功与否，将视著者之组织能力，材料之选择，见解之远大，认识之亲切，此书固未全合于上言之标准。但就大体而言，著者对于组织殆费心思，取料亦颇慎重，一读之后，当即认识，无待评者赘言。关于遗漏，将视读者所受之教育及个人之经验与兴趣而生，评者实无列举之必要，盖于列举遗漏之先，吾人必当认清书为英、美一般读者而作，篇幅有限，势将顾及各时代之重要，及全书材料之平衡也。上就书之内容与优点而论，错误亦不能免，兹略言之于下。

（一）上册页一八，论满洲地理曰："东蒙古之一部分，尤以热河省，时亦认为属于东三省，许多华人仅称满洲为东省。""A portion of Eastern Inner Mongolia, notably the province of Jehol is sometimes inclued, many Chinese prefer to denominate Manchuria simply as 'the Eastern Provinces'."热河属于东三省，只有日人言之，吾人并无此说。东省不过旧称，现时用者殊不多见，此可商榷者也。

（二）上册页二五，称新疆为外寇侵入中国之地 A Source of invasion，与蒙古并提，实则外寇自新疆侵扰者，历史上未有重要明显之例，何能与蒙古并论？

（三）上册页四〇附注，谓安阳发现之甲骨文，年代犹在辩论之中，一种推猜以为周代遗物。此言不知最近何人议论？所可断言者，先前虽有古文家反对，顾其理由不足一辩，最近大规模之掘发，更足以证明殷代遗物,著者虽指为推猜,固不如不信之也。

（四）上册页九九,称秦始皇大兴工程,征收新税——人丁税等。人丁税原为力役之征,由来已久,殊难认为新税。

（五）上册页一〇三,谓项羽灭秦,不都关中,而都于今河南,近于楚国之中心。按之事实,羽都彭城,彭城固不在今河南省内。同页又称羽弑义帝引起刘、项之战,刘邦久欲东下,此不过其口实之一耳,著者之言,盖囿于成说也。

（六）上册页一〇七末,论汉文帝曰:"文帝时,减轻税役,取消田税。""Taxes were reduced under Wên Ti the land tax was abolished." 减税诚为事实,取消田税,盖生于误解"免除"也,此乃偶尔之惠政,殊难认为取消。

（七）上册页二二一,称唐代小说用土语写成,实则多数小说用文言写成,而著者不之知耳。

（八）上册页三〇九,称清兵入关,进至山西、陕西、四川,遇有强烈之拒战,始乃下之。实则殊不尽然,著者盖以李自成、张献忠分据其地,而有此附会之说也。

（九）上册页三四五,称乾隆时,汉人争至南满洲、东蒙古耕种,尤以热河、察哈尔为多。此言全无根据,光绪时古北口一带,方始开辟,乾隆正维持禁例,何来此说也?

（十）上册页四〇二,称一八七四年,日本出兵台湾之案解决,中国消极否认琉球之宗主权。实则条约上之"日属人民",中国从未认为琉民,日本学者现尚承认此说。著者不知交涉之原委,误信普通书籍之纪载。嗣后中日琉球宗主权之辩论,日本外务省从未引用约文,亦一明证也。

（十一）下册页三四,称清季新疆、东三省设省,改置郡县,但行政机关及管理异于十八省。实则殊不尽确,设省之前,行政管理固异于内地,设省之后,殊无重要之不同也。

（十二）下册页三八,称童试大概两年举行一次,实则三年两考,岁考、科考均试童生也。

（十三）下册页二三一,中称于几处地方,大家庭三四代同居者,数目减少。实则伦理虽奖同居共产,而事实上则兄弟往往析居,帝王奖赐同居者,以其少也。历代人口,每家平均不足五人,则其明证。著者此言,盖不明了中国之社会实状。

（十四）下册页二九七,著者论中国文字,举例说明,而"言"字竟颠倒作"旹","方"字作"屮",岂手民之误耶?

以上列举之错误,或由于误会,或文字不清,或由于手民,不足为该书之病,盖无论何人,均不免于错误,唯当知其错误,或有人告之,而能修正耳。评者尝读其史稿,亦有匆匆读过未能发现者,无论何书免除错误,殆不可能。学术之进步,消极方面,常赖学者之努力,修正前书或前人之弱点,而减少错误耳。此书视《中国》之材料既较丰富,方法又较严密,则其明例。吾人更望他日著者修正书中之错误也。此篇所举之例,不过就再读时所见者而言,至于书中精确之论,触目皆是,例不胜举。所可明言者,此书之价值,将取《中国》之地位而代之,愿读者一读也。

（《国立武汉大学文哲季刊》1933年第3卷第2期）

评《奇异印度》[1]

印度为世界古国之一，人民以宗教社会组织关系，倾向于保守，古代之风俗习惯，因而尚存于现时之社会。英美人士论及印度，或钦佩其文化之高，或诋毁其无人道之陋俗，盖一就学术思想文艺而言，一指社会风俗也。著者此书，全就风俗而言，其材料多取于印人报纸所纪之新闻，著者认为通行于社会，而当改革者也。

全书共分九篇，凡二百六十八页。第一篇论迷信，称印人深信巫觋魔术，遇有疾病灾异，以为人为，常致杀人，民间尝杀长子祭神以求福，愚民以迷信而暴动。著者列举之事实，读之足称奇异。第二篇专论求财，印人深信术者用法，使箱中金钱或纸票增加倍数，或用法咒其亲属，取得其财，或徒耗时间财力，求掘地窖，或用甘地之名诈财，或用咒语使铜变金，或妄信算命者致富之说。凡此致富方法莫不失败，而印人仍欲借以求财。第三篇题为婚姻市场之秘密。著者谓婚姻常不能得当事人之同意，尤以女子为甚，民间重视妆奁，婚姻于欧美为彩票，而于印度兼为拍卖。法令禁止贩卖妇女，而女子被拐出卖者仍多，法令禁十二岁以下之女子成婚，而十岁结婚者，法院不过课以少数罚金，双方仍为夫妇。寡妇严禁再婚，备受虐待，近有认为非人道，主张立法许其再婚者，受高等教育者竟曰："倘许寡妇再婚，吾人将于何地得公私娼妓乎？""If widows are permitted to remarry, where shall we get all our official and non-official prostitutes from?"见页一二九。第四篇论印人重死轻生，神名嘉理 Koli，操人生死之权，最为民众所敬拜。杀人为社会上习闻之事，法禁寡妇焚死，焚者家人有罪，而寡妇用爱情之名，有自焚死

---

[1] 《奇异印度》*Queer India*，H.G. Franks 著，Cassell and Co.印行，一九三二年，美金二元五角。

者,家族视之为荣。生命无足轻重,自杀者甚多。工厂童工未有切实保护,对于生畜亦极虐待。第五篇题曰杀害如技术。内容则称杀人为常事,或为宗教原因,或为家庭问题,或为求财等,甚者杀人全家,其方法种种不同,殆无详言之必要。第六篇论阶级制度之害,称低下无阶级之人 Outcaste,社会上视之如畜类,不得汲饮普通井水,不得遣其子弟入普通学校,不得穿鞋持伞,不得穿清洁衣服,不得用花或宝玉为饰,不得走近寺院,不得停于公共休息室,不得行于大路,家中只用陶器等。甘地虽谋改善无阶级人之地位,而仍为阶级辩护。阶级之弊繁多,无须赘言。无阶级之人,现已自觉,起而反抗矣。第七篇题曰宗教如商业。著者谓祈祷献祭等含商业性质,寺院往往致富,乃因浪费及近时发生之新问题,反感困难,政府立法管理寺产,又为一般人所反对。第八篇专论不良分子,如杀人劫货之匪盗,架人勒赎之团体,专用毒药为职业之匪徒等。印度警察原以办事认真效率昭著见称于世,而竟尝至无法缉捕。最后一篇,题称"其余",不足半页,称未论及之题尚多,如舞女、海盗、赌棍等。

就上所叙之内容而言,全书几尽诋毁之辞,就事论事,著者所叙之故事,或由故事而生之议论,固有根据。然中杂有社会上之新闻,盖其材料取于报纸,报纸所纪者多为奇异之事件,如吾人根据《时报》,叙论中国家庭及男女关系,则所论者自多牵强,不合于实况。其明显之原因,则《时报》所纪之事实,不过千万人以上中之一例,大多数人民,安常生活,报纸决无只字提及。尤有进者,夫妇离异,男女相爱,自欧美习俗而论,则为常事,毫不为怪,报纸无此篇幅纪之。倘据中外报纸,比较研究,结论将如何妄谬耶?忆美迈雅 Mayo 女士著成《母亲印度》*Mother India*,叙述印度迷信,惨无人道之习俗,及政治上之恶劣情状。印度知识界人莫不愤恨,报章杂志均有强激之辩论,书店节取辩论,印之成书,而于女士所叙之事实,多未否认。印人报复,有据美国报纸所纪之新闻,著成《叔父散铭》*Uncle Sam* 者。书名为美国之别名,亦尽诋毁之辞,读后将信美国社会为罪恶之渊源,实则与实状相去不可同日而语,而书竟于印度流行最广。美人至印有访见著者,问其曾否至美游历?所得之印象,是否同于书中所叙之情节?著者答称未尝一至美国,且谓苟有成见，对于一国如无同情，无论如何，均可诋毁。其去事实悬远，非不知也。吾人对于《奇异印度》，亦作同样感想。著者所叙之故事，虽不能否认，要偏于指摘弱点，其目的在引起印人之注意，而能改除积弊。关于社会上、制度上之优点，及文化上之贡献，则无一字，固不能代表整个之印度社会。读者如读此书，必须注意此点，或多参看印人写成之书，始有所得也。

（《国立武汉大学文哲季刊》1933年第3卷第2期）

评景印张德坚总纂的《贼情汇编》①

洪秀全于道光三十年(一八五〇)起兵,其天京(南京)于同治三年(一八六四)为湘军攻陷,后二年,余党于广东消灭,(其在北方加入捻匪者,当作别论。)首尾凡十七年。国中迭遭两军之攻守,直接或间接受其影响因而蔓延持久者,尚有捻、回、苗乱。全国纷扰二十余年,战区之广,死亡之众,财产损失之巨,人民流亡之惨,为中国近代最大悲痛之史迹。其兴亡之经过,当有深切研究之价值。其领袖外受外人影响,内效秘密会社组织,又以应付环境之需要,思想制度迥异于清廷。其制度有因战争之扩大,未及实行者,因其思想之结晶品,非明白认识,不足以知其政治情状、宗教思想、人民生活,舍之不顾,所谓史者,不过战争惨杀耳。清帝于太平天国平定之后,命臣编纂《平定粤匪方略》,建立功勋之大臣,多有遗集或奏疏行世,顾此偏于报告战绩,中多浮夸之辞,不足以明了太平天国之实状。《李秀成供》虽有助于吾人,而材料仍感不足。近时情形迥异,故宫博物院先后发表太平天国方面之一部分史料,更有于外国图书馆抄录太平天国文件,印之成书者。于此类新史料中,《贼情汇编》颇占重要地位,今由国学图书馆影印出售,实有介绍之必要。草成此文,一则说明其内容,一则评论其价值。

余于数年前在南京龙蟠里国学图书馆得读抄本。今据向达君跋,抄本旧为杨度所藏,其友人将其转抄,国学图书馆盖在其友人处抄写者也。影印之本,殆即向之抄写之本,余前读之,认为重要史料之一,亦尝见人在馆中转抄,并有人借出馆外者。影印出售,实为嘉惠士林。《贼情汇编》于长沙编成,未曾梓行,乃为杨度所得,学者或未见全书,书贾

---

① 张德坚:《贼情汇编》,南京国学图学馆影印,民国二十一年出版,共六册,实价三元。

抄袭或割裂原文，书名各地改易，不知者往往认为他书。全书影印成后，一则流传较广，便利于一般读者，一则抄袭割裂之本，皆可废弃。吾人且知此书之根据，进而明了其可信之价值矣。

据总纂官张德坚自序，张氏先充湖北抚辕巡捕官，访问贼情，有得即录，后于役大江南北，随总督吴文镕至堵城侦探敌情，随时记载，并得鞫问俘虏难民供辞，综核所得，成书一册，名曰《贼情集要》，此盖一八五三年（咸丰五年）事也。是年春，太平军自鄂东下，胁从增至数十万人，及得南京，更遣军西上，吴氏新授湖广总督，奉命剿贼，遣兵于鄂东防守，鄂人自太平军中逃归者众，张氏故能访知敌情也。一八五四年，吴文镕败死，曾国藩出兵讨贼，克复武汉，张以刘蓉之介绍，以书上之。曾氏遣兵东下，访闻所得，合于《集要》，乃于冬间饬其赴武穴行营，设采编所，以张为总纂官，佐之者十人。明年春，太平军西上，移所于长沙，编辑人员星散，其终始其事者，唯邵彦烺、程奉璜二人。邵氏久历行伍，洞悉机要。程氏曾在太平军中"与贼周旋"，亲往南京，观察其各军各馆，"所知独详"。"乃以德坚夙著，及诸子记载为嚆矢，集俘件为证据，恃程生为耳目，复广搜博采，多收而严核之，闻自何人，见自何处，更一一详注之，删所诬，存其实，统成书十二卷"（张自序语）。序文作于咸丰五年七月（一八五五年八月），大部分文稿当已写成。

就上年代而言，《贼情汇编》之编著，始于一八五三年，文稿多成于一八五五年，设所编纂，为时不足一年，中经兵乱，辗转迁徙。其根据之材料，可别为三：（一）军中所获文件。湘军于蕲州田家镇大捷，直达九江，俘获文件，汗牛充栋。张德坚等禀请主帅将其发给所中，并许摘录邸抄及有关系文案。曾国藩檄称："所请各件，已饬俘获所悉数移送，其邸抄文案，该员等赴承办吏书处查阅。"据此，则编纂人员可得利用当时所有之文件，顾其所据者，多为太平天国公文，邸抄未尝引入，实无引入之必要也。（二）采访。编者所访人员，可别为四类：（甲）官绅三十六人，书中详列其姓名籍贯，多为鄂人，并有粤人、苏人等。（乙）兵勇十人，多为楚人。（丙）逃难衿民二十二人，全为两湖、两江之人，中有生员、商人及船户。（丁）俘虏十二人，编者注明其在太平军中之职守，并附称"采询鞫供，实不止此数"，有忘其姓名，有未记入姓名，俘贼供辞，则有案牍可考,未书其名。其言实非虚语。(三)编者亲身经历之印象。张德坚尝于鄂东改易服装,出入太平军区域,访探情状。程奉璜亲往南京,访求途中及南京城中各军各馆之实状,其所见者,自较确实,所记自属可信。

《贼情汇编》之材料,或为太平天国文件,或为当事人报告,主编者先或留心察访,或实地调查,或兼二者为之。张氏自序所称"广搜博采,多收而严核之",实属信而有征。编者本其所知,辨定报告之真伪,然后编著成书,其可信之价值,远过于一般史书。至编纂之方法,张氏拟定大纲九条,禀报曾国藩,曾氏饬其即照各条,分类编辑。全书编成,大纲除目次稍有更动外,别无修正。各卷殆由编者分别担任,如《贼粮》一卷,本由方翙元认纂,及成,径呈大帅,于是全书告成,独缺一卷,乃本《贼情举要》及编者采访之所得,补作而成。书中尝或注明出处,亦有未曾说明者,编者虽谓人所共知,而一一详注之语,固未遵守也。全书凡十二卷,总目共九;曰《剧贼姓名》,曰《伪官制》,曰《伪军制》,曰《伪礼制》,曰《伪文告》,曰《贼教》,曰《贼粮》,曰《贼数》,曰《杂载》。分卷目录,曰《纂校官生衔名》,曰《纂书原案》,曰《目录》,曰《凡例》,曰《采访姓名》。卷一《剧贼姓名》上:《首逆事实》。卷二《剧贼姓名》下:《剧贼事略》,附《伪守土官乡官名目》。卷三《伪官制》:《伪官表》,《伪品级铨选》,《伪朝内官》,《伪军中官》,《伪守土官乡官》,《伪女官》,及《伪科目》。卷四《伪军制》上:《伪军目军册》,《阵法》,《营垒》,《土营(附诸匠营)》,《水营》。卷五《伪军制》下:《旗帜器械》,《营规(附号令)》,《诡计(附技艺)》,《侦探》。卷六《伪礼制》:《伪宫室》,《伪印》,《伪时宪》,《伪朝仪》,《伪服饰》,《伪仪卫舆马》,《伪称呼》,《饮食》。卷七《伪文告》上:《伪诏旨》,《伪诰谕(附诫谕、训谕、晦谕、札谕、照会、将凭、批式、封〔简〕式)》,《伪本章(附禀奏、禀报、禀申、敬禀)》,《伪告示》。卷八《伪文告》下:《伪律》,《伪官照(附官凭、暗记、贼馆门牌〔、印据、船票、船牌〕)》,《伪贡单(附乡官门牌、封条)》,《伪文字(附隐语联句)》。卷九《贼教》:《伪书》,《伪天条》,《礼拜》,《刑罚》,《讲道理》。卷十《贼粮》:《贡献》,《掳劫》,《科派》,《关榷交易》,《口粮》,《仓库》。卷十一《贼数》:《伪官伍卒数》,《老贼》,《新贼》,《童子兵》,《掳人》,《逃亡》,《女官女军数》。卷十二《杂载》。综观全书分十二卷,总目九,分目五十八,附目二十九,图七十一,信如张德坚言,"于彼中一举一动,纤悉靡遗,贼情于是〔乎〕大备,诚非囿于偏隅,一知半解及逞才臆造者,所得操觚而记述也"。末附向达君跋。

吾人读上目次,即可明知全书内容。第一、二两卷为太平天国领袖之略传,诸王传九,篇幅较长,剧贼传六十三,每篇约百余字,乡官土官八十四名,则有姓名职守而已。此不过便于读者之检查,别无重要。第三卷为官制,多据所获太平军中文案,编者将其诠释分析,立伪官总表一,分表十六,见之了然,颇便于读者。朝官、军官、土官、女官之职守,均简略说明,考试招贤亦有纪载。第四、五卷为军制,载有军册、兵册、家册,证明军中之组织,入伍者之家庭报告。其阵法、营垒、旗帜、号衣,绘图说明,颇足引起读者好奇之心理,并可证明时人军事知识之幼稚。其军规、号令、侦探,编者均有说明。第六卷为礼制,盖为书中最有价值之一卷,叙述大兴土木,穷极奢侈。其印式大小,详加说明。礼服绘图说明,仪卫舆马,各有规定,朝仪形容如画。其所载之时宪,编者未说明斡旋之年,及每月日数。关于称呼,未及"胞"、"甥"之义。第七、八两卷为文告,编者之意,不过举例证明诏旨、诰谕、告示等格式,然竟保存太平天国公文,其可信之价值,毫无疑问,吾人据之,可以明了天朝之情状,珍贵之史料也。第九卷为贼教,首述天主教,中杂附会之辞。太平天国刊行书籍,书中列有目录,并有说明,独所言之"天条"惜未载入原文。其礼拜礼节,多为中国旧俗,更以严刑威吓愚民,讲道理坚固人心。第十卷为贼粮,亦为最有价值记载之一,太平天国钱米之由来,仓库之贮蓄,进贡之威吓,安民后之科派,军中之口粮等,均举事实详加说明。第十一卷为贼数,对于官卒人数,编者估计为三十万人,《老贼》一篇述其领袖起兵及滋扰长江流域经过,新贼人数多为胁从,估计之数不免稍大,编者认为其中情有可原者众。其对新掳入者,故作施恩之状,仍有乘机逃亡者。军中将校好留童子,女军人数无几,后且不愿掳之为兵矣。末卷为杂载,盖访得之材料,未载入于各卷,而言之于此也。其中虽有附会,然亦有助于读者明了当时情状,如江苏、湖北私人藏书楼之摧残,及太平军营中之生活,颇有参看之价值也。

读者明知《贼情汇编》之目录，及上述之各点，当可略见此书之价值。编者虽受曾国藩之命，设所编纂，本于忠君卫道之思想，对于太平军多所诋毁，然其为文，显而易见，如加以"伪"字，或以"贼"称之之类。编者所叙事实，多属信而有征，盖有史家求真之意，证以《太平天国史料第一集》及《太平天国有趣文件十六种》而益信。二书自英法图书馆所藏之太平天国文件转抄而来，全属可信，毫无疑问者也。书之内容，出于时人手笔，影印之先，学者多未之见，书贾割裂之本，或不为学者所信。全书影印之后，吾人对之，毫无可疑之点，关于太平天国之史迹，颇有新贡献或证明之处。兹举三例，以概其余：

（一）太平天国朝中情状。天王奠都南京之后，大兴土木。杨秀清奏曰："前奉二兄诏旨，命招土工泥工，起盖天朝宫殿。……今蒙天父开恩，殿右四检点张潮爵由安徽解〔回〕各项匠作兄弟。"又据佐天侯陈谕，中称："兹据冬官又正丞相宾福寿禀称，湖北汉阳地方木工广有，今特着协理石映发、柳启传前来招集，一俟招有，即便押解回京，以供我天朝及东王府应用。"二文一见于伪本章，一见于伪诰谕，所录之文，书中未有页数，故不能指明。编者于伪宫殿篇，称建筑天王府，"日驱男妇万人，并力兴筑，半载方成"。命妇女工作，同于《太平天国史料第一集》所录之《天父下凡诏书》，谕诫天王不得苛责女工工作。其宫殿如此征工建筑，华美宏大，实属可信。国中军政由东王办理，如佐天侯陈谕，"军务一切，俱仰遵东王颁行诰谕而行便是"。其内哄之原因，亦可于公文见之，如杨秀清诰谕曰："天父天兄大开天恩，特差我真主天王降凡，宰治天下，兹于九月二十四日，又蒙天父劳心，恩命王四殿下下凡继治天下，佐理万国之事。"佐天侯陈谕，则曰："又命东王下凡佐理天下。""王四殿下"之为东王，毫无疑问，其欲代表天王而王，信而有征矣。十月二十四日，为其"满月之期"，谕令官员人等，"俱要多多备办奇珍异宝，差派属员押解回京"，觊觎帝王之思想，于此毕见。天京谋叛人员，未见于各家记载者，亦可于韦王告示中见之。其言曰："乃有织营总制吴长崧等身受天恩，不知图报，勾结妖魔，欲破天京，蒙天父大显权能，密中指出，将妖魔杀退，并拿获剪发通妖逆犯多名，以正天法。又有妖妇来大妹（一作朱大妹）胆敢谋逆，欲私藏红粉，毒害东王。"吴长崧之谋叛，是否为金和之党,现无史料证明。朱大妹谋害东王之始末,今不可知,要为新史料也。(此段所言各节,仅就本书新证而言,凡涉及其他史迹或原因者,皆置不论,读者察之。)

(二)太平军胜利之原因。太平军自广西出发,经历湖南、湖北、江西、安徽,直达南京,几入无人之境。编者于《贼粮·掳劫》篇曰:"蚩蚩之民,竟为贼卖,甚至贼至争迎之,官军至皆罢市。此等悖惑情形,比比皆然,而以湖北为尤甚。"又于《凡例》曰:"采访诸家或有言官兵畏避不堪记述情形,似未必皆确,即或一二处诚如所言亦概不编入,此讳所当讳也。"官军之不堪战斗,编者虽以袒护之辞出之,而仍毕见于言外。太平军之胜利,一则官兵久不习战,反为害于民;一则太平军纪律较优,勇于战斗,而贫民且甘为之耳目。潮勇于湖南奸淫劫掠,湘绅乃以贼胜于兵为言,固此一证也。

(三)天朝田亩制度是否实行。《田亩制度》一文,见于《太平天国史料第一集》,其思想本于古代井田之说,又牵合于耶稣教义,分田为九等,按口授田。其用意则为有田同耕,有饭同吃,有衣同穿,有钱同使,此处荒则移彼处粟赈之,彼处荒则移此处粟赈之,所谓无人不饱暖也。其领袖多生长于穷苦之家,盖欲以之解决生计问题,意至善也。按口授田之先决条件,则为土地人口之精确调查,如何收私有田产为国有,分给贫民也。时方战争,天京城外尚有清兵,田亩制度之实行殆为不易,而言者仍言其曾实行。《贼情汇编》关于此点,曾有记载曰:"凡贼中伪书,首一章必载诸书名目,末一条即系伪天朝田亩制度,应编入《贼粮》门内。惟各处俘房贼书,皆成捆束,独无此书,即贼中逃出者,亦未见过,其贼尚未梓行耶?"实则书已梓行,不过编者未曾见耳。其重要则流传不广,而知其内容者亦不甚多,实行更不可能,固为新证之一。

上言诸点,证明此书之价值,偏于有利方面。编者采访,限于年代地理,及关系人之报告,其可信之记载,多限于太平军自鄂东下,迄于再陷武汉(一八五三—五五年),为时约三年耳。其前访问之所得,多为当时流行之传说,编者限于环境知识,亦有轻信讹言,或错解事实者,兹举数例证明:

一、编者叙述洪秀全事实,谓为"广西浔州府桂平县大黄江之思旺墟人，……于庚戌年十月，以三百〔余〕人自白沙至金田村倡乱"。按洪氏为广东花县人，有洪仁玕之说及外人记载可证。其至广西时期，言者凿凿，编者虽有广东花县籍之语，要去事实远矣。庚戌为道光三十年，公历一八五〇年，十月为公历十一月，洪氏起兵，固早于十月也。

二、编者诋石达开为"铜臭小儿，毫无知识，每见杨贼诡称天父附体造言时，深信不疑，惶悚流汗，尊奉洪、杨、韦三贼若神明。杨贼喜其诚悫，故屡委以军事"。按石氏出身，视起兵诸王为优，长于文武，知兵善用，为世所称。《太平天国诗文钞》选有石达开之诗文，其中虽有可疑之点，绝不能认为"毫无知识"。杨秀清喜其诚悫，委以军事之说，不攻自破。天父下凡，太平天国领袖初皆信之，盖借以号召愚民者也，何能独责石氏？安知其不为愚民之术耶？

三、编者限于知识，诋毁天主教甚力，盖当时文人之习尚也。引用《浪迹丛谈》所录之仇教文字，谓妇女有病，裸体受治。教士剜死者眼睛，用以炼银，且曰："又能制物为裸妇人，肌肤骸骨，耳目齿舌阴窍，无一不具，初折叠如衣物，以气吹〔之〕则柔软温暖如美人，可拥以交接如人道，其巧而丧心如此。"其言直为痴人说梦，徒供识者一笑而已，而文人言之，津津有味，本于恨恶之心理，缺乏确实之报告，附会而成者也。

四、《杂载》所记事实，杂有附会之辞，不足一辩，试举二例为证：（一）"甲寅（一八五四年）五月二十一日未刻，天暗将降大雨，有贼于汉口镇花楼空地遗矢甫毕，系裤欲行，忽一雷下击毙之，群贼恐惧〔聚〕观，见遗矢处有监本《易经》数页，上多污秽，始知此贼以圣经揩擦，神怒随之，故立殛也"。天将降雨，盖在矢之先，神有先知之明，此遗贼竟能造成天变，可谓神奇，一笑！（二）编者称东王好色，得"血淋症，久医不痊，乃具本章于洪逆，奏请其孀妹为之疗治。其词略曰：当日贵妹丈曾得此疾，乃天女贵妹医调痊愈，不揣冒昧，请贵妹降临弟府，医小弟之疾，一俟医痊，即送回天朝"。洪秀全从之！此段所记，污陋甚于野史之记载，惜编者未得原文，将其录入，为有趣文件之一，而此文则本于附会也。

其他可商榷者尚多。即书中遗漏之点，亦不能免。天下无完全无疵之书，吾人不能求全责备，亦不能以一二错误掩其价值也。书由抄本影印而成，抄本各卷未有页数，影本亦然，颇不便于查检。书中别字甚多，影印之先，殆未厘正，校者或用暗号注明，何不将其改正？改正别字，固异于修改文字也。兹举五例证明：(一)卷一分卷目录，有"卷二剧贼姓名上"。"上"字当作"下"字；(二)《贼教》篇称"妇女亦偶体受治"，"偶"为"倮"字之误；(三)《贼数·童子兵》篇，称"童子至此，舍慈母而救虎狼，眈眈皆是，谁可告诉者"，"救"当作"就"，"诉"当作"诉"；(四)向达君跋，称其目录总分九类，而所列者只有八类，脱去《伪官制》矣；又文中有"《太平天国史料等一集》"，"等"字当作"第"字；(五)册一末附《伪品级铨选》，实为抄本重出之页，当即删去。他例殆无再举之必要，影印者盖未仔细校勘也。

综之，《贼情汇编》为关于太平天国有价值史料之一，留心中国近代史者，绝不可以不读。国学图书馆所藏之史料，关于太平天国者，尚有书坊不易购得之本，将来影印成书，便利于读者多矣，吾人尚望其再有所影印也。

(《图书评论》1933年第2卷第4期)

评杜冰波著《中国最近八十年来的革命与外交》[①]

近百年来，史迹繁颐，中国因受外来影响，已在政治上、社会上与思想上，发生剧烈之变迁。如欲明了现时中国在国际上所处之地位，内乱之迭起，及人民生计之艰难，非读历史，不易知其造成之原因，演进之程序，以及将来建设之途径。近人关于近百年史之著作，固已甚多，但据吾人所知，大率敷衍抄袭，杂凑成篇，实无精采可言。前人因史料缺乏而生之错误，大都悉仍旧贯，其甚者，以意为之，创作史迹，错谬反多于前。例如本书是也。谓余不信，则请先述三点。

（一）无计划——例如第十八章叙说《中俄密约》及满洲问题，本文不及三页，而引《微德回想录》（著者误称为日记）之译文三十页！按，此译文曾见《东方杂志》，不料其在本书中得占如此重要之地位也。

（二）无史学常识——《例言》称"以纯客观之态度从事编辑，故于革命先烈，每多直书名字"。夫直书名氏，不过统一姓名，便于读者。编著历史之纯客观态度，迥异于此，凡读历史方法者，莫不知之，无待赘言于此。

（三）无必备参考书籍——《例言》又称"民国以前年份多用西历，惟月日则仍用旧历记"。按年份改用西历，一见即知其距今若干年，免去计算之不便，吾人实表同情。惟西历年终与旧历相较，多者相差五十余日，少者二十余日，二者决不能相混。检查中西年月日对照表，今有陈垣《中西回史日历》及葛麟瑞《中西年历合考》等书，著者竟不之知。

[①] 杜冰波：《中国最近八十年来的革命与外交》，上海神州国光社发行，中华民国廿二年初版，共二册，一〇三〇页，每册定价洋一元一角。

以上三点，足证著者对于历史方法，尚不之知，且似不善利用参考书籍。则其所著之纰谬百出，盖可想见。兹为避免初学之被误导起见，按章加以评述。

第一章述中国近代政治史之背景。页三称马哥勃罗著《东方旅行记》。按该书实非马哥勃罗自著。彼于狱中口述其东游之经过，而由听者笔之于书。页七谓中国豪商李马奔率兵谋夺菲律滨岛。按李马奔原自西文拼音译出，西人则自闽语拼音而成，辗转移译，乃有此名。日本学者久已考证其原名为林凤，《燕京学报》亦曾载有考证。林凤本一海盗，而著者目之为"豪商"。同页又称福建总督遣兵舰侦之。不知明代直省长官名称，异于清制。总督二字，亦沿译文之误。页十言一八一六年英遣安姆斯德入京，强之叩头，不得，旨许其用本国见王礼入觐。时英使值在病中，朝廷责其无礼，命退出国境。此段所纪，毫无可信之根据，恐不免于创作矣。按英使入京，始终主张二国平等，而嘉庆必欲其叩首。大臣百方晓谕英使，均不可得，乃令其连夜自通州入京，欲乘其困惫之际，入觐叩首。而英使则称困惫，礼服贡物尚未运到，不肯入觐。因此，交涉决裂，英使出京，嘉庆亦怒而严办主持大臣。著者竟不之知，何耶？同页又称一八二一年，粤官因案禁止外国妇女上陆，英商悉携其家眷退澳门。按外国妇女从不准住于广州商馆，何来此事？页十五述科举之弊曰：降及清世，科举制竟变为八股诗赋。夫以八股诗赋为取士之标准，固不自清始！

第二章述鸦片之战。页二四谓清廷采黄爵滋等之奏请，议立禁烟新例。实则此时尚无新例。黄爵滋之奏疏，不过请用严刑禁烟耳。清廷重视其事，交各省将军督抚复议。新例之说，出于附会。林则徐之奏疏，亦仅赞成黄氏主张而已。页二五引林氏奏语谓："烟不禁绝，国日贫，民日弱，数十年后，岂惟无可筹之饷，抑且无可用之兵！"此言固常见于普通书籍，惟吾人于林氏奏疏，从未一见，盖为流行之传说。同页又称林则徐至粤，先捕华商出入英领事馆者数名，杀于馆前示威，限期令英人交出鸦片。英商交出一百十七箱，"则徐知隐藏尚多，欲一次严惩，永绝后忧，遂将领事、教师、医师及与密卖事件有关系者，尽捕之下狱，且禁给英馆食物，又悉夺船舶以窘之"。按此段所纪情节，在《道光朝筹办夷务始末》《林文忠公政书》,及外国史籍上,多未言及,著者何幸而得此重要秘密!且在当时,粤无英领事馆。捕杀华商数名之事,当非事实。至英商之先交一百余箱,亦不合于中外纪录。所谓捕囚领事、教师等下狱,更不足信。其后英人声诉林则徐罪,并未提及。是时外人方居商馆中,虎门外之船舶,断非粤官势力所及,安能悉夺?页二六称九龙之战,水师提督扬靖江负伤而逃。按水师停泊虎门之内,何能至九龙交战?倘在九龙战败,则将逃至何所?实则,水师提督为关天培,非扬靖江。著者盖仍刘彦《中国近时外交史》(此书现名《帝国主义压迫中国史》)中之错误,而不自知。刘书中"扬"本作"杨",此又多一错误。同页又称英政府下令义律,不能保护贩卖鸦片之不德义之商人。此项令文,吾人从未一见。英国著书之学者,似亦未见。不知著者何所根据也。页二七称英患广东防严,别扰他省。按英舰北上,系奉政府命令,与林则徐设防无关。林尝书告其友,称敌炮精利,为中国所无。其中警切之语句曰:"即远调百万貔貅,恐只供临敌之一哄。……今此一物(指炮而言)置之不讲,真令岳、韩束手,奈何奈何!"于此情状之下,所谓防者,不过虚名耳。同页又称"英军既占定海,即自定海窥钱塘江,攻乍浦,围宁波,皆未陷城而退"。此语不知得自何方,恐亦新创作之史料。页二六称领事义律于白河提出和议六条。按义律实非领事。即条款内容,亦多可疑之点。又称琦善撤防媚外,此乃根据谤议,实无史迹证明。页二九至三〇称广州知府余宝纯向英将乌卧古行九叩首礼求和。此种资料,不知见于何书。其所列举之条款,亦多待考,一、四两条,是其明证。又述英兵入城,亦无根据。页三二称乍浦之战,守城将卒"仓皇遁去。卧乌古入城后,忽接印度总督进攻长江以阻南北交通之令"。按乍浦之战,守兵为旗人。据英将报告,此役战最激烈,其言实信而有征。著者所言,则为传说。再英舰北上,系奉政府命令,与印度总督无关。总督节制英军,不知何所根据?又英将名称,前后亦不一致。同页又言吴淞未战,即为英人占领。实则,两江总督牛鉴于此督战,陈化成死于此地,而著者反谓其死于上海,不免颠倒事实。页三三称清廷于兵败后,"乃派耆英、伊里布及两江总督牛鉴为全权大臣,一再向英乞和"。按全权大臣之名目,系由著者追赠。奉旨议和者亦仅耆英一人。耆英无法应付,乃与伊里布协商共同办理。伊里布方再起用,未有尊贵之顶戴,耆英权令其顶戴,冒充大臣议和。其详见于《道光朝筹办夷务始末》,朝旨何曾委为全权大臣?牛鉴则为负责之疆吏,参与和议,亦未奉命也。页三五称《中美通商条约》成立于澳门。实则,一八八四年之《中美商约》,成立于望厦,亦称《望厦条约》。望厦虽近澳门,但为中国领土。倘如著者所言,则葡人将不胜欣慰矣。

第三章述英法联军之役。页三十九称粤人不肯开放广州,徐广缙"利用民气,亲赴英舰,告以绅民顽强不可犯,英人因惧而撤回舰队,且不复言入城事。继广缙以绅民之意,请将严禁入城之语载入约中。时香港总督博恩翰见群情汹汹,恐妨商务,不得已承认之,遂签约"。按徐广缙亲赴英舰交涉之事,并不见于中外可信之记录。据《道光朝筹办夷务始末》,徐氏初尚倾向开放广州,后则坚决拒绝。英国记录则称商议让步解决之办法,为徐氏所拒,亦无用兵解决之意。英兵战斗力较强,无所惧于团练。著者所言情节,均不合于当时之实况。签定严禁入城条约,未见于任何公文档案,条约各书亦未载入片文只字。英国且以中国违反条约,遣使于白河投递严重抗议书。故著者所据,乃不足信之传说也。页四○称亚罗号船"揭英国旗自厦门来广州,其中船员,英人二名,华人十三名"。粤官执十三人返省。关于亚罗之自闽来粤,不知何据。该船据英领报告,只有船长一名为爱尔兰人。船中华人,凡十四名。粤官为便利亚罗行驶计,仅捕十二人,其数见于中外公文档案。页四二称英使额尔金于九月约见叶名琛交涉,法、美领事愿出调停,而为叶氏所拒。十一月,英法联军致最后通牒于叶名琛,"限四十八小时内以广州出降"。此段所叙史迹,全不足信。额尔金初未请见叶氏,因其所奉之使命,实为北上交涉,何来调停之说?最后通牒,并非限以四十八小时,亦无以广州出降之语。其所以进攻广州者,则应外商之请,用以挫折粤人之骄气也。页四三称叶名琛于城破时,"匿市中小商家,卒被英兵发见,卷其辫于手,挟以登舟"。著者若亲见之,一笑!页五一称额尔金指挥英兵焚毁圆明园,"更提议以洪秀全易中国皇统"。俄使调停谓:"百年之旧交政府,不可轻易废弃。"弈诉不敢到会议和,"俄使许以生命担保,始敢出当谈判"。此段所言情节,系根据传说,附加装点,所谓捏造之事实也。额尔金为专使,不能节制兵队,只有商于统兵之主将执行耳,何得指挥？提议洪秀全为皇统,更无根据。俄使劝解之说,亦不足信。著者何从得之？弈诉时无其人,或系奕诉之误。著者称其不敢到会,实则未有会议。（额尔金提出书面要求,奕诉许之而已。）条约签字之日,两方代表方于礼部衙门相见,俄使生命担保之说,不攻自破。所当知者,俄使不过欺骗奕诉,利用时机,多得权利土地而已。《北京条约》之成立,与之无关。外使后且明言,奕诉见欺于俄也。页五二称"英人以僧格林沁为张家湾之谕（？）盟者,请革职"。按此条英使从未提出。

第四章言俄人之侵略北境,文长不足三页,多列条约中之要款,而亦有错误焉。如称奕山与俄订约三条,是为《爱珲条约》。实则《爱珲条约》并非三条,著者未见原文耳！又如称俄借口援英、法例,另订天津专约。实则俄先要求订约,不得,乃与英、法合作,其条约先于二国成立,何来援例之说？

第五章述太平天国之民族革命。页六五称朱九畴倡上帝会于粤城,以恢复明室为宗旨,洪秀全、冯云山师之,朱死,秀全被推为教主,又名其会曰三点会。按朱九畴系朱九涛之误。朱为秘密会之领袖,时传其炼丹成后,铁香炉可以航海,何敢于粤城立会？及太平军起,咸丰诏湖南巡抚查访朱九涛,复奏称之为狗头山炼丹妖人,捕获其徒,搜得咒篆。其人盖白莲教之流耳,称为恢复明室,不知何所根据？洪秀全之创立上帝会,乃受外人影响。盖彼尝至广州访谒教士罗伯尔特（Roberts）。三点会久已成立,何能与之混而为一？页六六称"西一八三七年（清道光十七年）,秀全返广东,就美牧师罗伯尔特受洗礼,欲借教会之力,而便利行动"。按在一八三七年时,中国尚未订约开放沿海商埠,教禁严峻,牧师何敢公然传教？《南京条约》成立,亦未允许外人传教。一八五八年之《天津条约》,始许其至内地传教。则当时之教会,尚无势力,所谓便利行动,不知从何说起！秀全来至广州,亦未受洗而去。页六八称洪秀全困于永安,急不得出,赂向荣左右,说其围城当缺一面,向荣信之,始得出围。实则,围城之缺一面,为中国旧法。赛尚阿时为钦差大臣,军事由其主持。向荣得赂纵寇,著者何所见而云然？洪氏据永安,其兵尚得出入城外,周锡能回归城中谋叛之案（见《天父下凡诏书》),则其明证。所谓急而出略,实不足信。页七〇称洪秀全攻下南京,欲将兵北伐,听舟人之言,乃定都南京,进封诸王。史迹年代,著者混乱颠倒矣。据《李秀成供》,舟人之言,实在湖北,时盖北伐东下,尚未决定也。进封诸王,乃在永安攻下之后,有诏旨年月可凭,史迹先后,固不能以意为之也。页七一引洪秀全语一段,不知何所根据?凡引用之语,决不可捏造,或增减其辞。页七八谓"太平军皆信仰基督教,……所据城镇乡村均设礼拜堂"。按上帝会迥异于基督教。著者称为皆信基督教,一则不知上帝会之性质,一则估计之数太多。又在所据城镇皆设礼拜堂,当战争之际,其何可能?著者又盛称太平天国之改革事业,亦多言过其实,近于宣传文字。如页七九称禁止纳妾,而诸王之姬妾繁多,非一矛盾乎?研究历史者贵明实状,决不可以文字为事实也。

　　第六至第十二章分言太平军之盛衰,及余党之消灭。页八九称"太平二年(清咸丰二年)五月,江北清兵造战船攻扬州"。按二年为一八五二年,太平军尚未东下,何能据有扬州?页九一叙江南大营溃散,且曰:"于是南京之围亘五年之久,至是全解。"按之事实,一八五三年,太平军攻下南京,江南大营始驻于孝陵卫,一八五六年溃散,首尾不过四年。所谓亘五年之久者,不知何据?页九七谓杨秀清奢侈淫乐,妃妾数百,使侍婢裸曳龙车。裸曳龙车之说,不知何所根据?页一〇三称湘军创立水师之原因曰:"曾国藩见洪军南昌之战,水甚师为得力。"按曾氏练勇,始于一八五二年,为时不足二年,即统率水陆湘军出征。练兵之际,未尝出省,著者所言,实为创作。"水甚师为得力",文不可解,应作"水师甚为得力"。页一〇五称徐州失守一段,不知根据何书。据吾人所知,著者所言情节,全为无中生有也。页一一〇及一一一所录之李秀成、洪秀全等之谈话,全不足信。著者盖以历史视小说也。末称天王封秀成为忠王,都督中外诸军,录尚书事,赐上方剑。凡此赏赐,多为著者所造。天国之最高长官,则军师也。页一三四言洪军攻下南京,匕首党首领亦破上海。按中国官书档案,民间记载,从无匕首党名目。著者误据李泰棻之《中国近百年史》,李氏则自英文 Small Sword Society 译成,外人则自中文小刀会译成,辗转移译,竟成新名!页一三五及一三六分叙上海乱时情形曰:"太平四年(西一八五四年)另立地规,'各国公认中国人民,可以自由居住上海',上海因之遂日见繁华。"又称清吏逃散,"上海居留地所有中国之司法权、行政权,几年完全终止"。关务无人管理,三国领事"遂举英人风得(Wade)为总税务司"。所言各节,全为创作。吾人遍阅当时之地产章程,从未发现此等文句。著者对于当时上海之情状,全不明了,而以日后之事实,推论以前之状态。如谓暂失行政权等,则其明例。至于海关雇用外人,实三国领事阻碍华官收税之结果。英人风得,应作威妥玛。时无总税务司名目,其在上海海关较占重要地位者,则英人李泰国(Lay),后任总税务司。页一五一称"天京陷后,秀成母妻皆自裁",又述李秀成语。实则秀成母妻均自南京逃出,有沈葆桢等报告可凭。李秀成与后主樵者问答之语,著者何从得知?又以小说视历史矣!页一五二述曾国藩语,亦不足信。著者盛称《李秀成供》,亦多言过其实。供辞据亲见者言,书于草纸簿中,尚存于曾家也。页一五五称陈玉成临死之语,可信之价值,同于李秀成语。页一六二至一六四录石达开、曾国藩往来之书,不知著者录自何处?可信之价值,亦未说明。据吾人所知,太平天国内哄,咸丰意欲招抚石达开等,旨问曾国藩。曾氏极论不可,何能书此信耶?细读内容,亦颇可疑。页一六八称"西一八五一年(清咸丰元年)洪秀全起于广西"。按洪氏起兵,实在一八五〇年(道光三〇年)。此等重要年份,竟有错误!括号内亦系著者注明,决非无意之错。页一七二述曾国藩创办湘勇之始曰:"曾国藩初为保护家乡,教人民办团练,后清政府即命之办团练,助清军攻洪军。"此言虽为普通传说,实无根据。创办团练,始于罗泽南等,曾氏尚未抵家,朝廷命其办理团练,不过以其官高望重耳。督办团练,不仅湖南一省,惟以之立功者为曾国藩耳。

　　第十三至十九章,都述对外交涉,迄于庚子(一九〇〇)乱前。页一八〇称日本开国经过曰:"明嘉靖、万历间,葡、英、俄三国商人,亦先后至日本要求通商,通商后之日本,亦正与中国相似,所谓内忧外患,几至国不成国。"其时俄国尚未经营远东,商业无足轻重,言其至日要求通商,实无根据。欧人初至日本,颇受日人欢迎,后以宗教等问题,始行闭关。一八五四年,又以美国压迫,订约开港。作者所言,全不明了日史,混而为一。页一八三称一八七五年,琉球以日本之逼,求援中国,左宗棠曰:"宁以伊犁一部让与俄国,不可使倭奴横恣于琉球。"左氏方在甘肃,谋收复新疆,其主张适与此相反,不知著者根据何篇奏议,或其他文稿? 页二〇二称法送《安南条约》,总署不肯承认,法使译员则称:"法、安两国之和约部本,谨收领矣。"译员荒谬至此,著者何所本耶? 实则总署不肯承认条约,对于日后送来之《法越通商章程》,未加驳斥耳。页二〇六称法舰攻基隆,不胜,不知根据何种电文报告。页二一〇称中法天津订约,"消息不灵,谅山之捷,竟不得详闻于天津和议"。此系著者创作。当时已有电报往来,何未尝一读? 至允和之故,则因澎湖已失,台湾危急也。所谓和议,乃在巴黎签约。天津会议,不过订一详细条约,解决一切耳。页二三七称一八八五年,中日《天津条约》三款。其第二款曰:"朝鲜练兵,两国均可派员为教练官。"吾人遍阅条文,只有与之相反之规定,岂作者得一秘本耶? 页二三八称天祐(佑)侠赞助东学党之乱,亦不足信,有《甲午战前日本挑战史》为证。页二七一称《中俄密约》期效五十年,不知何所根据? 实仅十五年耳。又称清廷不敢批准,经俄人多方运动,始乃承认。此言亦不足信。页三〇五称德租借胶澳,"俄国即以他国侵犯满洲为口实",遣舰队入旅顺,并要求租借旅顺、大连。俄以此为口实,不知著者何所根据?

第二〇至二六章,分述清季变法、外交与革命。页三一二称康有为布衣上书,陈说改革,"取法泰西"。我人遍阅其第一次上书,实无"取法泰西"之句。按之当时环境,盖不可能。页三一三谓光绪主张变法曰:"西一八九五年七月(清光绪二十一年六月),密令翁同龢拟敕十二道,将布维新之命,慈禧觉之,逼帝撒同龢毓庆宫行走。"此言不知何据。拟十二道诏,见于何书? 汉书房之撤去,则在一八九六年初也。"撒"当作"撤"。页三一四称杨锐、林旭起自经济特科,殊一怪事。特科章程,方始议订,庚子乱后,始克举行,二人何从得此头衔也? 页三二三称山东义和团之乱,袁世凯代毓贤为巡抚,剿捕之急,遂逃入直隶。此言实不合于史迹。袁氏官于山东,深为外人不满,其政策则刊印文字反对拳民,固不用兵剿捕。页三二五称联元等五人,冒死痛陈拳匪应剿,外衅不可开。著者盖以五人先后被杀,乃有此附会之说也。页三三四称英军由教民启门,不战得最先入城。实则全为讹言。俄军最先入城,美兵首于城上树立国旗,英军得有使馆指示,先自御沟进至使馆。页三四九称赔款问题不能解决,德、奥、荷、比公使被举为确定赔款之调查委员。不知著者本于何书。调查委员只有德、法、英、日公使四人而已。页四一二称资政院议员,"率由皇帝预派,时人称为钦选议员"。实则并非事实。其议员半由谘议局选举,半由皇帝选派。革命军起,临时参议院之议员,多为资政院议员,则其明证。页四三〇称税务司赫德等与英缔结藏印续约。按之条约原文,并无赫德之名。赫德乃总税务司也。赴印会议者,实为其弟赫政。条约中之名称亦为赫政。页四三七称中国丧失澳门经过曰:"西一九〇七年(清光绪三十三年),两国在葡京订约,清廷允许葡萄牙有永远管理澳门全权,是为中国条约上承认葡国占领澳门之始。"是言也,全为著者捏造之事实。实则,一八四九年,葡官驱逐华官,强管澳门,交涉久无进步。鸦片及其他货物自澳门偷运入粤者甚多,漏税甚巨。一八八七年,赫德与葡议订条约,一面承认葡萄牙管理澳门,一面葡官协助华官征收税银。约成,张之洞等以为顾及区区税银,而即丧失主权,表示反对。著者何竟不之知耶?页四六六称孙中山行医,"见嫉于澳门葡医,竟为葡官禁止在澳开业"。此为通常之传说,顾不尽然。澳门之例,非得葡萄牙医校卒业之证书,不得行医。

右述上册错误,仅就主要者言,而其篇幅之长,已非评者意料所及。关于下册之错误,势难一一论列。今除说明一二错误以外,不欲多言,幸读者察焉!

下册起自革命,终于济南惨案,共十九篇。页五八六记温生才刺将军孚琦,有声有色,一若预备已久者然。实则据近邹鲁发表之文,党人以提督李准屡破义兵,为一劲敌,恶之殊甚,谋欲杀之,不幸误杀孚琦也。页七四三称日本提出廿一条要求之一个原因为"袁世凯方潜图帝业,又有李容九第二之曹汝霖、陆宗舆、章宗祥等力为内应"。此说原为政敌之宣传,不足深信,美公使芮恩施久已言之。袁氏应付日方,费尽心思,曹汝霖等亦颇尽力,王芸生君所选辑之史料已将其证明。廿一条交涉,倘或不知事之始末,决不可责人卖国也。页七四七称廿一条交涉严守秘密曰:"袁世凯即相信全权委员曹汝霖、陆宗舆之意见,不将各项要求宣佈。"按中国代表与日商议者,为外交总长陆征祥与次长曹汝霖。

陆宗舆何荣,得此头衔？不幸仅为著者所称耳,一笑。交涉之守秘密,乃日方威吓之要求,而消息之传播外国,实阁员秘密告知外人,芮恩施所纪,则其明证,著者不免诬人太甚。文中之"怖",应改作"布"。页七五〇述政府应付日本最后通牒曰:"当时袁政府接此通牒,以急于帝制之谋,不暇详密应付,卒完全屈服。"此言毫无根据。应付方法,除屈服而外,唯有战耳。战则强弱之势悬殊！外则欧战正亟,无可乞援。袁氏迭召会议,更受外使之劝说,不得已许日要求耳。其与帝制之关系,上已说明。页七六八称张勋复辟之役曰:"经驻京各国公使调停,劝令张勋解除武装,取消复辟,张勋坚执不允。"实则,张勋兵败,商请公使调停,使团开会讨论,美使芮恩施坚持不可,遂作罢论。其原委详载于美使发表之文稿。

  文中列举之例已多,篇幅已长,评者不能再举他例。所可明告读者者,著者之编书,不知历史方法也。如抄录条约中要款,所占之篇幅甚多,但无说明。例如叙述日本归还胶州湾,著者列举之条款,共占十页,而胶济路究用钱若干赎回,则无一字。此不过一例耳。书中遗漏之点,殊无列举之必要。错误之多,已如上述,亦可证明著者不知历史方法,不能辨别真伪也。全书别字之多,例不胜举,就此文所引之文句而言,例已多矣。总之,评者读完此书之后,不知其价值何在,竟能印行,诚出版界之耻也！

(《图书评论》1933 年第 2 卷第 7 期)

评孟世杰编《中国近百年史》[1]

孟君曾编《中国最近世史》,叙述鸦片战争后之内政与外交。此书系改编前书而成,内容及编辑方法均与前同。

全书分上下二册。上册起自鸦片战争,迄于清帝退位,分为两编:一曰"积弱时期",凡十七章,叙述鸦片战争,太平天国及捻回之乱,咸丰、同治时代之外交、庶政与文运,孝钦后之擅政,外藩之丧失,列强之划定势力范围,与门户开放政策之成立;二曰"变政时期",凡十二章,分叙戊戌变法,义和团之乱,日俄战争,立宪运动,列强之侵略,清室之覆亡,光宣时代之文运,清季之政治组织,及社会状况等。下册为第三篇,名"共和时期",凡二十七章,记载民国以来之内政外交,迄于北伐成功及国民政府改组。末后四章则言学术思想之变迁,社会之改造,民国之政治组织,及社会状况。就上三编而论,著者强分近百年为三期,或予读者以不正确之观念。盖历史上之大事,决非成于一朝一夕,往往深受环境之影响,社会之势力,酝酿久而后爆发也。如目道、咸、同三朝为积弱时期,则光绪朝之衰弱益甚。如称近二十年为共和时代,则亦徒有其名。苟未认清确切之特征,而即强将时期划分,何如一贯叙述,以维历史之继续性。且如上册第二编之清季政治组织与社会状况两章,其叙述之范围,亦不限于光宣间事,而皆属于变政时代,更足证明时期之不可强分。今后编著历史教科书,似应于此注意焉。

孟君编著此书之方法,同其《中国最近世史》:先叙内政外交,然后叙述政治组织与社会状况。此种方法,沿用已久,惟对中学学生,似仅有害无利。盖历史之价值,常在研求各方之发展,探寻社会上、政治上

---

[1] 孟世杰编:《中国近百年史》,天津百城书店发行,民国二十二年五版,上下二册,各一元。

之潜伏势力,综合叙述,以使读者明了一时代之情状。决不可勉强分类,分别叙述,而使一般读者,对于整个社会,无由认识也。如述"积弱时期",不言清代官制之弱点,军队之腐败,则必无由认识失败之根本原因,而孟君于开始时多置不论,必待末后追述,实非计之得也。又如第二编第一章记德宗变法,而于制度上之弱点,未有叙述,读者殆难知其伟大之计划及其变法之意义也。更就书中分章而言,亦有不辨先后,位置颠倒者。如第四章曰"黑龙江以北之割让",第五章曰"英法联军之役与乌苏里江以东之割让"。按之事实,则俄闻知英法将出兵中国,遣使来告,朝廷不肯以礼相待,俄使遂至广东,与英法美三国合作,改定新约。及联军进陷天津,黑龙江将军奕山奉诏与俄使议订界约。奕山见迫于俄使,订成《爱珲条约》。简言之,则中俄界约之成立,实受英法联军之影响,而孟君将其置于联军之前,殆不易见联带关系,此可商榷者也。乌苏里江以东之割让,一则解决《爱珲条约》未了之问题,一则俄使谓有调停英法二使之功,索取酬报也。孟君分为二章,首尾不接,亦非计之得也。

关于材料之来源,孟君未有说明。其所根据之《中国最近世史》,亦无说明。据评者读后之观察,盖不出于普通史籍及笔记等。近数年来,公私刊行之公文档案,种类繁夥。公家刊行者如道、咸、同三朝《筹办夷务始末》《史料旬刊》《文献丛编》《掌故丛编》,光绪朝中日及中法《外交史料》,宣统朝《中日外交史料》,皆甚重要,凡编中国近百年史者,实应以此为参考也。至私人选印之史料,如《清季外交史料》《六十年来中国与日本》等书,亦应参看,方能下笔。他如名人或达官之文集、全集、奏议等书,重要者如《李文忠公全集》《曾文正公全集》《左文襄公全集》《张文襄公全集》,亦颇足见当时要人之政见,以及朝廷决定政策之经过,编著近百年史者,实不可不一读也。此书于民国二十年七月发行,当时公私史料,多已公布,孟君竟未利用,而反根据普通书籍中之传说,殊可惜也。

谨案,书中所叙情节,事实上之错误,及解释之误会,均不能免。顾此错误与曲解,皆为一般史籍中所常见之例。评者限于篇幅,实难一一指出。下文所举之例,盖多就其关系重要或常见于其他史籍者而言。

评者所希望者，实不限于孟君一人之应特别审慎，而尤希望一般著书者之再不根据传说也。

（一）上册页六称英贸易监督律劳卑投递公函，不得，"直令军舰二艘，进逼虎门，发炮互击后，退泊黄埔"。律劳卑病死，英以罗频孙代之。"道光十六年，英政府废贸易监督，以甲必丹义律为领事。……斯时清廷禁止鸦片输入之令，一岁常数发，英商……公请清政府解除禁令"。于是两国冲突，终不可避免。此段文字，与史迹多不符合。按律劳卑之令军舰驶入虎门，实因总督卢坤欲其退住澳门，且将封舱也。军舰不顾虎门炮台之轰击，进入黄埔。孟君称为退泊黄埔，殊不可解。律劳卑死后，代之者初为德庇时（Davis，一称大卫），德庇时去职后，罗频孙始代之。义律于道光十九年缴交鸦片，尚用贸易监督名义，晓谕英商。著者称十六年以义律为领事，实与事实不合。关于禁烟，许乃济时请弛禁，粤督复奏赞同其议，终以朝臣反对而罢。著者谓英商公请解除禁令，既未见于中国方面之任何公文档案，亦未见于英人纪录，实不足信。

（二）页七叙述清廷禁烟之经过，称鸿胪寺卿黄爵滋等奏请"严塞漏卮，以培国本"。"清廷乃立十人互保法，家藏鸦片者处以死刑，并令各督抚厉行禁令具奏。湖广总督林则徐厉行禁令，卓著成效，复奏有云：烟不禁，国日贫，民日弱，数十年后，岂惟无可筹之饷，抑且无可用之兵"。宣宗拜为钦差大臣，赴粤禁烟。道光十九年（一八三九）则徐与粤督邓廷桢议捕杀华商烟犯（贩）数人于商馆，并限外商三日内交出鸦片。页八述则徐缴交英商鸦片，"令各国商民退去，断绝英人粮食，阻截船舶去路。义律乃悉出鸦片"。两页所叙情节，颇多错误。黄爵滋之奏疏，请用严刑禁烟，朝廷视为大事，交各省将军督抚复奏。十人互保法，后为林则徐之建议。藏烟者死，当时尚无此种令文。林氏奏议虽常见于普通书籍，实非林氏之语，因吾人遍阅《林文忠公政书》，及《道光朝筹办夷务始末》，并无此语。至于捕杀奸商于商馆，更无根据。道光十八年冬，邓廷桢欲于商馆前杀奸商，因外国人反对而作罢。林氏至粤，并无此举。

（三）页九叙述林维喜案，称英水夫五人醉酒，加暴行于香港居民，杀死林维喜。粤督以义律不肯交出罪犯，禁止供给香港、澳门英船食物以困之,……并恐吓在黄埔之英船,谓如不退去,则以炮火寸断之。英舰要求撤消前令,水师提督杨静(靖)江率船御之,战端遂起。按之事实,林维喜为香港对岸九龙尖沙村之住民,其死实在村中,因被英水手棍击也。义律初置不理,交涉趋于恶化。林则徐饬澳门葡官不许英人居住,英人迫而去澳。香港则在海中,为英船集中之所。黄埔则在虎门以内,为中国内江。英船不肯入港,林氏下令英船或入港贸易,或驶回本国,限以三日,否则纵火烧之。其原委详见《道光朝筹办夷务始末》,异于著者所言。水师提督时为关天培,杨静(靖)江乃本于刘彦《帝国主义压迫中国史》之错误。

(四)页一一记定海陷后之和议,称义律投书于直督琦善,提出和议六款:"(一)偿还货价;(二)开广州、厦门、福州、定海、上海商埠;(三)两国交际,用平等礼;(四)赔偿军费;(五)不得以英船夹带鸦片,累及留居英商;(六)裁经手华商浮费。"琦善奏报,文武大臣又造蜚语毁则徐,清廷因欲加罪则徐以谢英人,乃命两江总督伊里布赴浙与英议休战。琦善奉命至粤,悉反则徐所为,裁撤水师,解散壮丁,尽废一切守具,又拒义律要求。英人为要挟计,乘广东无备,突于十二月十五日攻虎门,琦善大惊,即夜申和议,允如英人所请。按著者所叙情节,一方面因未参看重要可信之公文档案,一方面又根据普通史籍中之传说,错误乃不能免。义律所投书为英外相之公函,原文与译文皆不难得,并未要求六款。即据琦善奏报,亦谓义律所请求者,实以赔偿烟价为主,并无如许要求。至于朝廷之改变政策,一因沿海各省,均须设防,所费不赀;二因误解英人诉冤,以为罢免林则徐,即可无事也。伊里布赴浙,实为防英,有上谕及奏疏可凭。关于琦善之撤防,不过当时之讹言,虽见于普通书籍,要不足信。林则徐时在广州,对于英舰之封锁广州,似亦无可奈何。后书告其友曰:"彼之大炮,远及十里内外,若我炮不能及彼,彼炮先已及我,是器不良也。彼之放炮,如内地之放排枪,连声不断,我放一炮后,须辗转移时,再放一炮,是技不熟也。求其良且熟焉,亦无他深巧耳。不此之务,即远调百万貔貅,恐只供临敌之一哄。……内地将弁兵丁虽不乏久历戎行之人,而皆觌面接仗,似此之相距十里八里,彼此不见面而接仗者,未之前闻。徐尝谓剿夷八字要言,器良、技熟、胆壮、心齐是已。第一要大炮得用，今此一物置之不讲，真令岳、韩束手，奈何奈何！"原文见于商务影印之《道咸同光名人手札第二集》，其为林氏手笔，殆无疑义。可见中英军械，相差太远，清兵实难战胜也。义律将攻虎门炮台，先有哀的美敦书，所谓乘广东无备，亦不足信。琦善迫而议和，先得水师提督关天培之函请，乃因战败出此。

（五）页四〇及四一叙述英法联军之扰广东，称亚罗来粤，"其中船员，英人二名，华人十三名，巡河水师探系奸商，托英籍自护者，登艇大索，拔其旗投甲板上，执华人十三名，械系入省，以获匪报。巴夏礼闻之，大怒，据《南京增补条约》责擅执华佣为不当，侮辱国旗尤非礼，要求遣还所获十三人，并在四十八小时内具状谢罪。名琛大怒，下十三人于狱，不回答，亦不为战备"。明年，英使额尔金率舰队抵香港，"九月，先贻书名琛，请约期会议偿款，重立约章，……否则以兵戎相见，名琛置不复，额尔金再三趣之，皆不答。……额尔金淹留香港月余，不得要领。适法使噶罗，美使利特（Reid），俄使布恬廷（Butiatine）先后至，英法同盟军遂以十一月向广州，以基督诞降节，致名琛最后通牒，限四十八小时内献广东城出降"。按亚罗共有华水手十四人，捕去十二人。其留下二人者，系应船主之请，驾驶亚罗。《咸丰朝筹办夷务始末》及英人报告均谓捕去十二人。孟君盖沿薛福成《庸盦笔记》记载之错误。至谓船有英人二名，实则只有爱尔兰人一名为船主，船主立即报告巴夏礼，巴夏礼亲至河岸交涉，仍不释放，乃向粤督交涉。著者谓据《南京增补条约》，吾人不知此项名目。四十八小时内放出，近于哀的美敦书，亦未见于可信之公文档案。叶氏应付之方法，许放一部分水手，不过为巴夏礼所拒耳。额尔金抵粤，初未致书交涉，孟君谓"再三趣之"，实不足信。美使之名，官书上称列威廉，Reid 当改为 Reed。俄使之名，官书上称为普提雅廷，Butiatine 当改为 Putiatine。至于联军通牒限期，并非四十八小时。献广东城出降之广东二字，亦系广州之误。

以上节录或引用之文字，就见于一页或二页者而言，错误不可谓少。其他类此者，尚不能免。评者非本书校对之人，殆难一一举例证明。其偶尔错误，散见于各页者，例尤繁夥。谨举五例，以概其余。

（一）上册页一一〇叙一八八二年（光绪八年）朝鲜之乱，李鸿章命驻朝鲜公使马建忠等执大院君以归,立意整顿朝鲜,以袁世凯为朝鲜总领事,朝鲜局面为之一变。按李鸿章时以母死告假回籍,直督乃张树声也。中国未有朝鲜公使名目,马建忠亦未得此荣誉。袁世凯为吴长庆幕客,后为营务处官。清廷在韩,亦未设立总领事一职。

(二)上册页一二七录《字林西报》所载之中俄《喀西尼密约》主要条款。页一二九述密约之影响曰:"密约租借胶州湾即后此胶州、威海、广州、旅顺、大连之嚆矢。"页一三〇言德租胶州湾之原委曰:"胶州湾为东方最广大之良港,业于《中俄密约》内许与俄人。"凡此记载,均不足信。中国与俄,由李鸿章、微德订成密约。"喀西尼密约"乃英人之讹言。租借胶州于俄,亦为讹言。

(三)上册页二八三论外债之起始曰:"自同治六年,伊犁天山间回匪乱起,于上海借外债一百万两,为外债之嚆矢。"此为通常书籍中之说法,实则全不足信。孟君谓同治六年,伊犁一带乱起,实则同治六年为公元一八七七年,乱起业已数年。外债实始于一八六四年常胜军之解散,李鸿章以海关收入,向外商借款,见于《李文忠公全集》,惜不为一般人士所注意耳。台湾之役,亦曾借外款。外债始于一八七七年,实无根据。

(四)下册第六章第三节叙述二十一条交涉之经过,页五三谓袁世凯受日本蛊惑,竟以外交秘密搪塞国人,后英美政府问日要求之内容,日本将第五号删去,通知二国,中国仍不敢利用此时机,将二十一条原件宣布,为中国政府应付之错误。页五六论交涉之结果曰:"总核约中条款,除日本二十一条要求原案第五号第三款,中日合办警察一条,由日本取消外,其余二十条,完全如日本政府之意旨解决。"按日本要求之提出,明知欧战期内,中国势不之敌,欧洲列强亦无如之何也。至中国政府所以守秘密者,乃因受其恫吓耳,非被"蛊惑"。实际上,阁员亦将消息泄漏,告知美使等。袁世凯收得要求,即决定应付之大计,吾人殊不能认为错误。至谓中国尽如日本之意旨,解决廿一条中之廿条,不免抹煞外交官之努力,且不知交涉之原委也。如东满地位异于南满,则外交官之成功也。此不过一例耳。

(五)页二一五记民国十六年三月二十四日南京之案,外侨死四五人,英美兵舰即开炮向南京轰击,我国军民死千余人。按宁案之起,共产党负有责任,凡在南京者莫不知之。外舰发炮,幸城北荒凉,未有重大死亡。时传死者千余人,虽见于公牍,实不足信。

上言之错误,乃就书中之常例而言。其他错误误会及曲解之处,例不胜举。根本之困难,则著者未曾参看原料,仍沿一般书籍中之错误也。书为高中课本,将贻误普通学生。校者王桐龄何亦疏忽至此!简单言之,此书非根本修正,决不可采为课本。

(《图书评论》1933年第2卷第12期)

评《中国学术研究》[①]

中国学术未有一定之限说,范围广大,几至无所不包。古人有言,一事不知,儒者之耻,天下事物必欲一一知悉,将强不知以为知,势必牵强附会。凡研究中国学术或国故学者,必须认清所习之范围,决不可随便谈谈,或泛论一切也。江君此书,多为居于外国讲演之稿,或系交给报章杂志发表之短文,上自经学、历史、诗歌、美术,下至农具、医牙、方技及江氏家谱无不有所讨论,关于近时中国民族之觉悟,及中日之关系,亦有意见。江君于其自序,谓题目系人拟定,而请其写成者,其中间有不属于著者研究之范围,其意则为普通外人,非为专门之汉学家也。不幸文未明言孰为著者研究之结论,孰非其本行。且文既为普通外人写成,当为通俗文字,决不宜有不正确之观念,或曲解事实之言论。有一于此,倪为汉学家所指出,则结果希望相反。犹有进者,著者于序中自称根据中国材料,为一中国学者之见解。学者错误太甚,不免有落伍之讥,甚或引起其他误会,故不可不一论之也。

江君幼读儒书,弱冠后即为大学堂教习,自称从未入一学堂读书,英文全系个人学习,民国成立而后,创立民主社会党,不为袁世凯所容,亡命于外,回国后偶有学术讲演,多言社会主义,住于外国又有职务,殆无时间研究中国学术。且在外国时间长久,对于近时国内学者研究所得之结论,多不之知,自言不愿一读外人所著关于中国或中国学术之书籍。外人言及中国,固多空泛,不切实际,其中亦有精深之著作,不可一概抹杀。江氏既不虚心,仍用昔日之方法,讲演学术,错误曲解遂不能

[①] 《中国学术研究》*On Chinese Studies*,江亢虎著,上海商务印书馆发行,民国二十三年七月发行,定价四元。

免。吾人尤当认清者,中国虽为文化古国之一,要不能认为中国学术对于任何学科,皆有贡献,为世界上尚未开发之宝库。江君研究学术之态度,远不及其爱国心之坚强,乃不免以夸大之辞,鼓吹宣传。学者之态度注重求明真像,江君则为宣传,如二一至二五页,讨论美商何以当学汉文。著者列举之理由繁多,页二二中一理由,略曰:"因中国人口最多,需用外货故亦最多,如与华人或善与之交易可得世界上大部分之商业,其数将两三倍,甚至十倍或二十倍于任何国家。"此种推论,去事实太远。于此情状之下,书中错误自不能免,证例不胜枚举,试言其重要者于下。

一、著者称西方世界史起自埃及,终于白人开拓殖民地,研究社会科学者不知尧舜之共和政府,王莽之共产试验,尧在公元前二三五七年,舜在公元前二三一七(页二)。页三又称儒家经典于哥白尼二千年前,已言地圆而动。末后解释外人不知中国情状之原因,中有汉与罗马互有使臣往来。著者所言不免牵强附会,共和政府究作何解?岂以古有禅让之传说,即可认为共和政府耶?尧舜事迹,孟子言之较详,其说何所根据?则不可知,充类至尽而言,不过战国时代儒家之一说,决不能认为可信之史料。尧舜年代,系后人推算而得,推算者各家不同,东周前之确实年代,尚不多得,遑论尧舜乎?儒家称地圆而动,不知究据何书?即有根据,亦非本于观察或试验证明之结论,不过为野语之一。且言地方古亦有之,设想科学家证明地方,吾人将谓此说先在中国发明耶?此种议论,不惟无益,反而有害。至称汉与罗马往来,著者言之,亦不免于太甚。东汉末年,古书称大秦王安敦遣使来之洛阳,罗马则无记载,说者谓系商人冒充使臣,真像今不可知,汉帝并未遣使西往罗马也。

二、著者论及中国语言文字,页四称"一地方言,常非他方人士所能了解"。页一八称中国自有史以来,文字未有改变。页二一则曰:"汉文为唯一文字有五千年不断之历史。"页二八再论中国文字,未有改变,举《易经》为证,谓其于公元前三千年前成立,迄今其文字文法,并无改变。关于中国方语之不同,远不如著者所言之甚。长江流域大部分与北方方言,实无重要之不同,两地人士尚可用以传达意见。山东语言,河北省人亦可明悉,东三省人亦然,皆其例也。著者所言,盖指南方,当不适用于全国。至谓中国文字五千年来，未有改变，不知何所根据？最古文字存于今者，当为殷虚之甲骨文。其文字多为象形，实由初民之图画演进而成，字体尚未固定。周初之金文合于甲骨文者，据学者估算，约十之六七，大籀古谓作于史籀，俗称大篆，小篆作于李斯。今赖学者之研究，业已明了其变迁之迹，史籀、李斯不过加以整理而已。石鼓文、诅楚文，皆为秦文，秦在陕西，为西周之故地，故尚沿用其文字。说者谓李斯作小篆，古文遂废，实不足信。其所谓古文者，殆指许慎《说文》中之字而言。许慎见闻狭隘，其所据而作书者，为齐鲁文字，反而误信为古文。吾人现用之楷书，创于东汉王次仲。据《晋书·卫瓘传》三国时尚未盛行，晋代渐盛，沿用至今。著者谓汉文有五千年史者，不知何解？岂信文字创于仓颉，沿用至今耶？关于《易经》，成立最早之部分，殆在周初，距今约三千年，迟者盖在战国末年，距今三千余年。

三、江君劝美人学习华语，盛称中国自然物产之丰富，尚未开采。其言曰："于矿物之中，陕西之石油，山西之煤，湖南之锑，据称可供全世界用者数百年之久。同时君等运输制造之货物入华，可运出价极低廉之原料，倘用机器制成熟货，再行输入中国则所获之利益，将约百分之四百或五百焉。"（见页二三）江君所言，不知何所根据？中国现有地质调查所，对于矿产较有可信之估计，著者盖不之知，仍据数十年前外人之说。据地质调查所报告，煤矿之产额远不及美国之丰富。石油产额更少，清季开采，归于失败，民国初年，袁世凯准许美商开采，调查后不愿开办，今日国内需用之石油，全自外国输入。锑矿现就世界产量而言，占居重要地位，是否足以供给世界需要若是之久？殆非吾人所知。中国输出原料，其为外国所必需者，种类无几，外人运出制成熟货，再行输入，获利断无若是之厚。果如此说，亦不过为人谋，而甘于自处于次殖民地耳。

四、关于经书，著者于页三九称《中庸》之作者为子思，孔子孙也。于页六三称伏羲于公元前三千年画八（六）十四卦，文王作《彖辞》，周公作《爻辞》，孔子编之成书，并作《十翼》。于页七一称孔子编纂《书经》凡一百篇，今只五十八篇完全。此种说法全为传说及正统派所囿，现存之《中庸》，是否为子思所作，尚不可知，例如文有"今天下，车同轨，书同文,行同伦",乃秦汉时之现象,决非子思所能见者也。又曰"载华岳而不重",亦非鲁人之语,为慎重起见,不如称为相传子思作《中庸》也。伏羲生于何时？今不可知,亦不可考,画作八卦不过据《十翼》之说,亦不足信。甲骨文中未有卦字,殷人并不知筮,唯求神用卜耳。卦《象》《爻》盖周初之产物。《十翼》是否为孔子所作,犹为问题。《书经》为孔子所编与否？学者持论不一,现姑不论,今存各篇,尚有古文、今文真伪之辨,据吾人所知,除殷《盘庚》以下各篇尚多可信,其上实难认为有价值之史料。著者信之不疑,殆不可解,其详见后。

五、著者称二帝三王为盛德之君,《书经》所纪之理想与制度,现尚不能行者,四千五百年前业已实现。著者对于《书经》所纪是否可信之问题,毅然认为可信,列举之理由凡二。一、二帝三王之前,中国文化已甚发达,二帝三王乃古史中之极盛时代。二、文字多系时人记录,后人殆难润饰(见页七四及七五)。著者又于页七八曰:"中国纪年始于黄帝,自帝嗣位之年,每年大事有记录可寻。"更进而解释《书经》始于三百五十年后帝尧嗣位之原因曰:"帝尧为古代共和政府之第一任总统,换言之,尧为人类第一共和国之创始人,孔子盛赞共和与民治也。"《书经》中《尧典》《舜典》诸篇,未有作者之名;其于何时成立,今不可知。所可断言者,绝非尧舜时代史官所作,一则文字反较《殷盘》《周诰》易读,二则文有"期三百有六旬有六日,以闰月定四时成岁"。甲骨文中未有闰字,只有十三月。周初文字亦只有十三月,《左传》尚有"闰三月非礼也",闰月殆始于西周末年,尧时何能有此？一则文有"金作赎刑",古代民族自石器时代,进至铜器时代,然后进至铁器时代。中国最古之铜器存于今者,均在殷周之间,近时学者搜集材料之结果,已知中国亦有石器时代,识者谓商为石器时代,尧舜之世竟有用金赎罪之律,其何可能？由是言之,关于尧舜之经典,实不足信,洪荒野蛮之世,断无黄金时代,充类至尽而言,不过儒家对于古史之一种说法耳。江君所言全为旧说,今已不为学者所信。至于纪年,春秋以前之书,均无确实可算之年月。《史记》纪年始于西周共和元年,周初年代尚难确定,例如武王克殷之年,或谓在公元前一〇六六年,或谓在一一二二年,或谓在一一五〇年,究以何者为可信？实无法解决。识者现时多谓中国信史始于商代,即就殷商年代而言,亦不可知。《竹书纪年》称汤灭夏以至于受二十九王,用岁四百九十六年。《左传》宣公三年王孙满对楚子曰:"桀有昏德,鼎迁于商,载祀六百,商纣暴虐,鼎迁于周。"孟子于《尽心篇》曰:"由尧舜至于汤五百有余岁。……由汤至于文王五百有余岁。"韩非子《显学篇》曰:"殷商(周)七百余岁,虞夏二千余岁。"言者不一,吾人现实无法决定。著者所言年代,乃刘歆用《三统历》推定,可信之价值更低。其解释孔子编书,始于尧舜之原因,实为妙不可思之文字,惜中国上古尚无共和总统及民治等名辞也。

六、著者于页一六三至一九〇详言中国学校及科举制度。页一六三称唐代科举之等级曰秀才,同于近日学士,曰举人,同于硕士,曰明经,同于经学博士,曰进士,同于哲学博士。自此而后,名称沿用迄于清亡。页一七五称考试制度,始于公元前二三五七年之帝尧时代。页一七九称会试于二月五日举行。页一八〇称秀才额数有限,小县每年只有两三人。以上所言均不免于错误,科举谓始于尧时,《尧典》不足凭信,已见于上,此说不攻自破,实则周代尚为世家执政时代,平民跃为公卿,事至不易。汉代选举有贤良方正、孝廉等,二十万人,长官得举一人,其弊之极,长官自举其亲友,乃改订条例,弊终不能改去。地方长官自聘属员名曰辟举。董卓乱后,人民流离,改设九品中正。中正类多视人门阀而定其品之高下,流弊滋多。隋时改用考试,唐代因之,故考试之成立,实在隋唐之世。著者所言之等级,多系明清制度,唐则秀才最为高贵,中选者至难,乃将其作罢,著者所言,多不足信。会试谓于二月举行,亦不可信,江君或指清初而言,清帝后因二月气候尚寒,体念士子,诏改于三月举行,永为定例。关于秀才考试例在岁考,科考之时,学政亲临,一方面考试生员之成绩,一方面则考取新秀才也,例为三年两考,僻远之地,有三年一考者,每年考取两三名秀才之说,并非事实。

七、著者盛称古代帝王之功业,于页一二六谓伏羲(公元前二八五二年)帝后,人民须有一姓,其目的则辨别家族,禁同姓者成婚也。又于页二三四称中国美术始于公元前二千五百年左右黄帝之世。二说均不足信。上古初民尚在野蛮时代,未有今所谓之道德观念,古人谓其"但知其母,不知其父",盖有所见。凡稍读关于社会原始之书籍,莫不知之。中国现无可信之史料可以研究，得知上古婚姻之实况。所可断言者，同姓不婚，实为周制，王国维已将其说明。顾春秋时代诸侯尚不遵守，男子之氏，亦可随时成立也。美术始于黄帝之时，见于后人编著之书，并无可信之证据，年代之不足信，上已论之，兹不复赘。

八、著者关于日本亦有讲演，页三五二称日本民族百分之四十属于汉族，百分之四十为韩人，百分之二十为马来人。韩人百分之九十为汉人，故汉人自血统而言，占日本民族百分之七十五。秦时徐福率三千童男女至日，则其一例。日人血统之分析与报告，不知何所根据？著者傥将其考证明白，实一贡献。徐福至日不为学者所信，熊野之墓，殆后人假托，不足为信史之证。汉人渡日，盖当秦汉乱时，有弓月君者，自称秦始皇之后，率众赴日，又有阿知使主自称东汉灵帝之孙，率众渡日。日皇《雄略纪》称有秦人一万八千，《钦明纪》谓有户七千，人口约十二三万。第八世纪，日本贵族凡一千一百七十七人，汉人竟占三百八十一人，然远不及著者所言之多。论及日本所受中国文化影响，页三五六称在唐代及唐以后，日本学生入中国太学者以百计，僧侣请益及游历者以千数。此言失之夸大，隋唐曾有日本学生留学中国，并无若此之多。唐后并未遣派，僧侣之数亦失之太多。页三五七称奈良历史上之名寺，镰仓之大佛，均系华人做成。镰仓并无大佛，大佛乃在奈良东大寺也。页三五八称自光武赐金印于倭王后，每十年或相当时期，日本遣使入朝。页三五九又称宋代日本两次遣使入朝，宋帝以无表文，不收贡物，拒其入觐。忽必烈于一二六四年及一二六六年两次直接遣使赴日，说其入贡，并于一二六七年及一二六九年，饬高丽遣使往说，一二七〇年，再遣使往。著者所言，多与事实不符。日本遣使入贡，多出于自愿，盖有求于中国也，并无十年一贡之说。日本初未统一，倭王殆指九州一部落酋长而言，日皇正式远使来华，乃在隋唐时代。宋代并未遣使入贡，所谓来朝者，当系商人托辞，不可凭信。元与日本关系，著者所言年代，多属错误。一二六四年，系至元元年，忽必烈始闻赵彝日本可通之言，一二六六年（至元三年）命朝臣黑的为使，会同韩使出发，不至而还。帝责韩王期其必达，一二六八年（至元五年），韩使至日，传递蒙古国书。明年，蒙古使臣黑的等至对马岛，掠日人二名而还，又明年，送之回国。一二七一年(至元八年),蒙古使赵良弼来日,明年返国,又明年,良弼再至日本,仍无结果,此战前使臣往来之记录也。著者又于页三六〇称满人入关,日人初欲援明,后则承认清为上国,但朝贡不常耳。有清一代,日本幕府采取闭关政策,从未遣使朝贡,亦未视清为上国。著者所言,究何根据?

九、书中偶尔错误,例亦不少,或系手民或校者疏忽所致,如页一八一称一八九八年会试,应试者一千二百人,一千二百盖为一万二千之误。页一八七谓一八八八年,康有为等变法。一八八八年,当作一八九八年。页二八三称刘晏为唐太宗时人。刘晏时尚未生,玄宗封泰山,年方八岁,诣行在献颂,授太子正字,于肃宗、代宗、德宗时管理财政,负有能名也。

以上种种,当可证明书中之错误不少,此系一方面而言。另一方面,著者博览旧书,对于中国任何问题,均有讨论、或有意见,虽不甚精,或不知近时学者研究之结论,然而较之通常文人固可钦佩。著者英文系自学习,所写之文,流利通畅,颇便览读。古书中之名辞译成英文,据吾人经验,往往不易,著者所译多可称为适宜。此书多系演讲之稿,著者长于讲演,任何问题,颇能言之有理,持之有故,听者多常深受影响。顾此为通俗讲演,而非研究学术。研究学术,决无速成之路,必须专心为之,此非著者之所能为,亦其失败之一原因也。更当附言者,据著者序称,文系发行人编纂成书,何竟一无选择?十数年前之稿间有今无一读之价值者,何亦不肯删去?著者于此,或亦不能卸去责任,商务印行此书,当可谢绝其请,或自选订,修正旧稿之错误,方为计之得也。

(《国立武汉大学社会科学季刊》1935年第5卷第1期)

评《太平天国杂记》(第一辑)[①]

太平天国为近代中国大乱之一,捻、苗、回乱继之而起,人民于屠杀、焚劫、饥馑、流离之中,死者约当人口三分之一,诚一浩劫。洪秀全于一八五〇年(道光三十年)起兵,后三年定都南京,一八六四年(同治三年)服毒自杀,后二年,余党为左宗棠所平。此乱也,首尾十七年,滋扰十七省。天国领袖之思想、宗教之观念,异于当时之士大夫,其制度亦不同于清廷,而吾人据为研究资料者则多官书。近时关于太平天国之重要史料,次第印行,其主要者当推《贼情汇纂》《太平天国史料第一集》。《贼情汇纂》多据太平军中之文件而成,仍为官书。《太平天国史料第一集》则自法国图书馆抄回,刊印之天国文书皆可凭信,毫无可疑者也。近人更有自英影印携归者。其时中国已与外国订约通商,外人深入内地,故天国文件有保存于外国图书馆者。外人初以天国领袖信奉基督教,军事胜利,创设汉人政府,迥与仇外之清廷不同,对于天国深表同情,有为之宣传者,有记载其起兵经过者,有入其国都发表其见闻者。此类文字,可信之价值各不相同,研究太平天国史者固当视为史料,而加以鉴别也。简又文君编译英文关于太平天国之记载而成此书,当为史料书籍之一。

《太平天国杂记》一书,大部分为翻译文字,而封面称为"撰述者",实与事实不符,撰述云者,非抄袭或翻译文字之谓,乃研究史料,辨别其所记史迹之真伪,分析其内容,然后综合所得可信之结论,叙述其始末或经过也,称译者为撰述者,将引起读者之疑,反或使其不信译文之信实矣。全书内容除序不计外,译文五篇,约二百页,占全书百分之七十。余则多为极短之文字,偏于访问,或所见古物之记载。末后附二附录,一曰《谢

[①] 《太平天国杂记》(第一辑),简又文撰,廿四年九月发行,商务印书馆。

兴尧桂林独秀峰题壁诗杂记》，二曰《与李青崖先生讨论李星沅死事书》。书中插图六幅。此全书之大略也。兹论书中所录史料可信之价值于下：

　　史料之选录当有标准，简君未曾说明其标准。普通标准，一曰信。史料可别为二，一为原料，一为次料。原料则指当事人之纪录，或纪载其所见及亲身经历之事件，如天王诏旨，臣下奏疏，私人日记或追想录等。次料则据他人所言或其记录而作之文字。自史料价值而论，大体上自以前者为高。二曰要。史料繁多，浩如烟海，尤以近代史为甚，决无一一印行之理，倘或细大不捐，读者除专家外，固不愿一读。三曰新。新指所言之史迹不见于普通史籍，而为新知识也。此就专门书而言，苟为学校用书，重要文件，虽常见于他书者，亦当选入，简君选译之文，异于学校之参考书，新之标准自应适用。以上标准今为选辑史料必备之条件。余读《太平天国杂记》一遍，认简君选译之文，尽合于以上条件者无几（其详见下）。简君于自序，声称初欲以"太平天国之基督教"为取得博士之论文题目，后因事不果，返国，又得不少之史料，遂将研究之范围扩大，有所得辄为文记之，并译外籍中搜得之史料，积之十余万言，且曰："近以国内学术界知识界对于太平天国史事颇加注意，而以此役历史作科学的研究者，亦大不乏人，因检出所译著文稿十篇编为一册，名曰《太平天国杂记》，先以付梓，未敢言大贡献，聊供研究此题者之参考，并以增加关心史事之读者之兴趣而已。"（见序页一）据此，简君自信此书有相当之贡献，吾人以三标准论其内容之价值固无不可。

　　第一篇为《太平天国起义记》，据洪仁玕之答语而成，为全书最有价值之文字。首言洪氏之世系，中有错误，译者将其注明。次纪洪秀全之初年时代，壮年应试不售，于广州得《劝世良言》，旋得疾病，梦上帝召之除妖，病愈，行为大变，偶读《劝世良言》以为曾得上帝之默示，信拜上帝，后偕冯云山往广西宣传教义，秀全俄归，冯则独留不去。洪至广州，从罗孝全牧师学习教义，未及受洗而去，再至广西传道，拆毁神象。会冯云山为人所控，递解回籍，而上帝会依然存在，其时广西匪众滋扰，上帝会乘机起兵。末记洪仁玕等于广东起兵响应，失败逃亡。全文约七十页，占全书四分之一。著者原为教士，名曰 Theodore Hamburg，汉名则称韩山文。原序称其所知有限，"而其所得之消息，又多出于答语，言者答著者所问也。"(页五)又曰:"就大略言之,著者颇信其所闻之无误而可据,然事有越时辽远,仅凭记忆追述者,则细小之乖舛,恐或亦不免。述者既与起事之人有亲友之谊,而于其所为之事,有倾向之热心,则其言或稍涉夸美,亦属可能。但就大体而论,述者固袒怀而言彼所知及所信以为真者也,可无疑焉。"(页六)据此,著者叙述之情节,自洪仁玕得来,仁玕为秀全族弟,后封干王,极为天王所信。所言不免浮夸失实,况其所言均应问题而发,难免遗漏之弊,著者将其所得,先后贯串,自不能免间于事实不符之处。尤有进者,一八四九年(道光二十九年),洪秀全即与洪仁玕别离,明年,秀全起兵。起兵经过,决非洪仁玕所知,乃著者根据其他报告叙述其经过也,惜著者未曾说明其史料之来源耳。

上就全篇观察而言,兹举三例证明于下。一、页一二称洪秀全十六岁辍学,十七岁伴友读书,十八岁,"其族人及友人均以其文学长才埋没于粗工之中为大可惜,遂聘其任本村之塾师,由是复得机会静中自行继续研究文学,而且修养其人格"。又页一四叙述秀全应试,因论及考试制度曰:"全省各县所取之秀才,其后复会试于省会,其中七十二人,得被取为举人。十八省中式举人,复诣京师会试,此中复有一百七八十人被取为进士。……凡秀才均须依期赴考,直至六十岁为止,否则即有被革之虞矣。"上言均有附会失检之处。乡人读书者,非为功名,不过识字而已,十六岁前多已辍学,其继续读书者,非求功名,即为塾师,蒙馆待遇至为菲薄,任此职者,只为糊口,所谓继续研究文学及修养人格,皆出于附会之说。关于考试,举人七十二名,或就广东而言,进士一百七八十人,则与事实不合,清自中叶而后,会试录取凡二三百人也。秀才考试,可别为二,一曰岁考,秀才必须应试,其因事不及试者,谓之欠考,下次岁考须先补考。二曰科考,亦称录考,考取一二等者,准许乡试,此可规避不到,著者所言不免含浑不清。二、页一四及一五称洪秀全应试问卜,遇一身着明代服装之外人及一舌人,不待其发言,即云:"汝将得最高的功名,但勿忧悲,因忧悲令汝生病。我为汝有德之父道喜了。"明日,并赠送《劝世良言》一册,此一八三六年(道光十六年)也。说者常疑外人为教士马礼逊,舌人为梁阿发,实则为马礼逊已死,其子为英译官,不足凭信(此与本文无关)。且时当律劳卑来粤之后,管理外人之条例益严,外人从不准传教或进入城内,著者所言,虽为隐约之辞,要为当时绝不可能之事。华人私为外人舌人者,即有杀人之祸,绝不敢于官署前招摇惑众,况卜者预言后事,基督教之教士,绝不肯为。著者所言情节,殆不足信。三、页六五称洪秀全在永安即王位,又于小注称天德即洪秀全,缘客家话中,国与德韵为叠,外人乃误以天国王为天德王也。洪秀全于永安称王,今自英国抄回之文件,已证明其不确,著者乃据当时流行之传说为书者也。天德王是否为洪秀全,抑为洪大全,现时成一问题。俞大纲君谓天德像为洪大全,其重要理由则天国服饰,不袭明制也(见《国立北平图书馆馆刊》八卷四号)。顾此亦非确证,天国起兵之初,与三合会合作,洪秀全为得会党之助,一时服明服装,固无不可,然此亦为推度,确否将待证明。《洪大全供》则称:"尊我为天德王,……我不以王位自居,都叫人不必称我万岁,我自居先生之位。"据此,天德王虽为洪大全之封爵,但不常用。天德原为高贵之尊称,总统译作伯理玺天德,则其明证,时人以为洪秀全,盖在情理之中,著者之解释,则颇牵强,他如辨明洪秀全与三合会无关,更不足信。

上就错误而言,固不能代表全篇。该文之价值则在叙述洪秀全之异梦,及在广西传教之经过,其中情节虽有可疑之点,而上帝会人固以此诱惑愚民乃不常见于他书,其或偶尔记载者,亦不详明。韩山文之叙述,实有助于吾人,信如其原序曰:"自南京革命人物处得来之书籍,……对于其起义之原先则尚未详说,以下若干页即以补此端之不足者也。"(页六)但其所言情节,亦有与《李秀成供》异者,兹举二例。一、页一八称秀全连续卧病四十日,神见异象,而《李秀成供》则称死去七日还魂,自还魂之后都讲天话。二、著者称洪秀全等宣传真道,感化听者,其宣传者究为何道? 未有说明。《李秀成供》则较明白,其言曰:"劝世人敬拜上帝,劝人修善,若世人肯拜上帝者,无灾无难,不拜上帝者蛇虎伤人,敬上帝者不拜别神,拜别神有罪。……天山(王)常在深山内藏,密教世人敬拜上帝。……从者俱是农夫之家,寒苦之家。"二者相较,李氏所供较合于事实,然亦有赖韩山文之叙述,互相证明,此可注意者一也。著者称王秀才陷害上帝会,冯云山因而被解回籍,其言得之传闻,间有附会。《浔州府志》纪载较为翔实,王秀才即生员王作新也。上帝会徒拆毁神像，为王作新等所恶，出而控告，冯云山被捕送县，知县顾元凯、知府王烈讯之，得其宣传文字，劝人敬天地戒淫欲等，府县官以其劝善，未有叛逆之迹，递解冯氏回籍。二书纪载颇可互相参证，笔记有以为捕获洪秀全者，实不足信。更当说明者，著者引洪秀全之诗，谓其久有代清之意，与此亦不符合。据评者意见，诗多三合会文字，确否将须新史料证明，此堪注意者二也。著者于页五八称广西土客纠纷，于贵县境内发生械斗，客民战败，无家可归，迫而加入上帝会。此段记载盖亦得之于传闻，然颇与事实符合。《清史列传》中《周天爵传》云："初粤西地广人稀，客民多寄食其间，莠多良少，莠者结土匪以害土著之良民，良民不胜其愤，聚而与之为敌，黠桀者啸聚其间，千百成群，蔓延于左右江千里之间，而其原因州县不理其曲直，邪教见民冤抑之状，因好鬼之俗，倡为蛊惑之词，盖自道光二十二、三年（一八四二、三年），祸基已兆。"（卷四二页二二至二三）前段所言殆为实情，后段则影射洪秀全上帝会之惑人心，不无附会之处。其尤明白切实者，当推《浔州府志》之纪载。《府志》修于大乱之后，文为邑人所作，叙述其见闻之事，自较可信。其言土客争斗与天国之关系曰："值贵县土客械斗，客民无依，男女约计数千，窜及桂平，……与洪逆合伙。"此类纪载，不常见于史籍，而《太平天国起义记》固可与《府志》相证明，此堪注意者三也。他如记载洪仁玕起兵失败，亦为可信之文字。

简君翻译文稿尚有四篇，一曰《太平军纪事》，系讲演稿文一篇，著者不知中国情状及太平军作战之经过，本于同情之心理，颇多浮夸之辞，乃多失实，如称洪秀全得梦之后，即毁考场之孔子神位，及其攻陷南京，遣东王、北王统军北伐等，均其例也。简君亦附有按语，称其有误。此种纪事，既不足以增长吾人之知识，又不合于信之标准，不如将其删去而翻译其主要部分也。其主要部分，当为纪载上海小刀会扰乱之始末。著者时在上海，本于见闻，作一报告，自较可信。末言太平天国之大事，失之于简，亦无足称。二曰《太平天国天京观察记》，系吴士礼Wolseley所著书中之一篇。著者于一八六一年一月（咸丰十年冬）视察长江，留住南京一星期，本于访问观察之所得，著成此篇。著者自称其所据之材料，多得之于罗孝全Roberts。罗孝全原在广州传教，洪秀全尝从之学，未及受洗而去，一八六〇年，应干王洪仁玕之请，来至南京，未得与洪秀全相见，本于见闻，对于天国深为失望，其尚留而不去者，意欲有所补救，后洪仁玕杀其仆人，乃潜逃出南京。当其在宁之时，书告其友，言及天国情状，不欲其友告之他人，其对吴士礼谈话当亦不免讳饰，如页一一一称天王与之长久谈话似不足信。页一一九谓东王自称圣神风，尝托天父下凡夺友人之妻或妾，此亦得之传闻。页一二三称太平军大队人马出发汉口、九江，亦与事实不符，湘军方围安庆，曾国藩在祁门督师，太平军之西上，乃欲解围，固未扰及汉口也。其可信之记载，则为亲身经历之事件，如称天国官吏抽烟，常向外人求烟。且曰："无论我们走到哪里，处处均有同样的问题：'您们有什么东西出卖，有鸦片烟吗？有军火枪械吗？'有一人走上一只我们停泊在南京江岸的军舰，而问取一百箱鸦片烟，……如谓天王部下严禁鸦片，值得赞许的，真是荒谬之极。"（页一二一）此言并有其他记载证明，殆无引证之必要。三曰《天京游记》，系复来斯德 Forest 所著。著者游历南京，得见赞王蒙得恩、干王洪仁玕，并曾宿于忠王府中，记其见闻，足称一等史料（即原料）。据其所言，人民出入城门，均须领得木牌，王府建筑雄巍，天王进膳，奏乐鸣炮，迄于膳毕，宫内只许女子居住，共约千名。复来斯德又记忠王府中之宴会曰："席上人人尽量畅饮，洋酒固人所共赏，'天酒'亦一再满斟，壶干了又倒新的，抽烟亦也常事，为座中人人所好的。"（页一四七）又记干王之言曰："他告诉我，当天王下诏禁酒时，他恳求特许，谓非有酒，不能吃饭，即蒙允许。"（页一五二）著者所言诸王嗜好，固为事实，其述干王之言，则不足尽信。天国禁酒非始于干王来宁之时，岂故饰辞以对外人耶？又如页一三九称于赞王府中遇一水师提督，问其舰队何在，则答在苏州、在汉口或其他各处，惟不在南京而已。太平军时已于上游战败，湘军方攻安庆，汉口之说，全不足信，岂亦饰辞耶？四曰《太平儿》，记一故事，无新知识可言，无足评论，不知何故选入书中，作为研究太平天国之史料。总观五篇译文，文字颇为流利，第一篇有简君序文及韩山文原序各一篇，吾人读后，即知著者之为人、著作之目的，及与史迹之关系等，而其余四篇，只注明其出处，而于他重要问题，如著者与史迹之关系等，均未提及，对于读者至感不便，此当改进者也。

简君选述之稿尚有五篇，一曰《太平天国金田起义钱记》，钱系李秀成部下李有贵物，盖起义初之纪念品也，后归柴德元，其家视为传家之宝。钱以锡制色黑，并有文字及画。然此不过视为古物，对于太平国并无新史料之贡献。二曰《太平天国文学之鳞爪》，简君称洪秀全喜弄文墨，其所得之诗系香港张声和抄给之者。张谓粤中客民多能背诵，乃洪秀全登位后之口气，但页三〇称一八四三年洪秀全等朗诵此诗。其第七句迥与之不同，简君更加按语，谓为洪氏手笔无疑，并引张氏抄本为证。二者自相矛盾，无一足以证明作于洪氏之证据。张氏又称洪仁玕避难，曾任传教之职，亦尝作诗，其兄作诗和之，二诗均无重要。其他抄入书中之宗教诗，中有指为天王所作，然无实证，即系天王所作，自史料贡献而论，亦无重要。三曰《太平天国福字碑记》，碑系干王洪仁玕所书，流行已久，简君初不之知，原拓本今在英国博物院。四曰《太平天国洪氏遗裔访问记》，简君访问，颇赖张声和父子之力，其先人为洪仁玕亲信，仕至户部尚书，又与记者洪孝充（非天王族人）谈话。据其访问所得，天王族人有逃归广东者，更有冒姓住于湖南者。逃往湖南，得之传闻，可信之价值甚低。关于天王子洪福瑱，简君引用近人剑纫之言，逃往塞外，初尚未敢轻信，及访问干王妇，妇称幼主逃至蒙古，曾有黄绸书来，惟人不识其字，简君乃疑信参半。自吾人观之，则不足信，剑纫之言，不过齐东野人之语，简君以之为问，老妇乃牵强附会，既不识其文字，何能知为幼主之书？简君又谓天王幼子"出逃外国，则至为真确"，其根据乃二人所述，二人所言，又不符合，亦不足信。干王子洪葵元，据简君报告，先至广东，后往美国。综其访问所得，实无若何重要之新知识，盖洪氏族人逃归者无几，且历时太久，记忆失真也。

最后一篇名曰《太平天国战役之史诗》，简君所称之史诗，系独秀峰题壁七律诗三十首，歌咏道光三十年至咸丰二年（一八五〇——一八五二）广西之战事。谢兴尧君引张心泰之《粤游小志》为无名氏题，又引《发逆初记》称为报怨之匿名揭帖，友人录此，前尚有序，谓为在桂林围城中张戟臣所作。简君于柴姓得一不完全之抄本，称为周贻徽所作，柴氏于何处抄得？何所根据称为周贻徽所作？亦不可知。今读诗文，近于时人所谓竹枝词，偏于诋毁他人，或不愿书名招恨也，故言者不同。

自史料价值而言，吾人不能决定诗为何人所作，更不知其与史迹之关系，姑认为张戟臣所作。张除困于围城外，未曾参与战事，周贻徽亦然。诗所歌咏者，不限桂林之役，当亦不过得之传闻，不足以称第一流史料，且史迹复杂，贵有详细纪载，决非律诗之所能为，况题壁诗歌咏之史迹太多，范围太广，含浑自不能免，非用他书解释，读者常不明了诗文，故所谓考证者，不过利用史籍，或现有之知识，以求合于诗文之记载，取舍之间已有成见，决无新知识可得也。简君所见题壁诗全篇，则在《盾鼻随闻录》得之，其所见者为抄本，而《随闻录》久已刊印于《小说月报》。此种笔记，往往得之传闻，于史料之中，可谓下品，可信之价值常低。简君据之，称钦差大臣李星沅"畏罪吞金死"，李青崖君认为有关祖德，致书讨论，简君亦有复书，俱见于附录。李君博引史籍，称李星沅为病死，而简君所据者惟《随闻录》一书，其书作于何人，尚不可知，更无从知其与史迹之关系，且其所言与所录之诗相矛盾。简君之解释则曰："人非大愚，断不至'明知故犯'，自相矛盾，自贬其言之价值一至于此，或者其另有秘闻之源，为时人所未知者乎？"此种解释，是否为原著者之意见，无法明知，据吾人读书之经验，古今史籍前后矛盾者，不知凡几，盖先据一说，后抄他书，往往不知其不相符合，又安知《随闻录》之著者不如此乎？此只一种意见，其价值同于简君之解释。关于当时战状，实与李星沅"畏罪吞金死"无关。钦差大臣督师无功者，后有赛尚阿、徐广缙等，均奉旨申斥，且至解京办罪，亦未畏罪自杀，何能以军事失败而即断李畏罪吞金死耶？予为此言，非袒护何方，吾人研究历史，以求真为目的，非有可信之史料，切实之证据，不能眩奇立异，推翻成案也。

评文草写至此，篇幅之长，远出于评者始料之所及，不欲再有所言。此书为第一辑，虽有一二弱点，但大体上对于读者不无裨益。余为此文，偏于估计各篇之价值，并指明应须改进之点，尚望第二辑早日出版，供给吾人不少之新史料也。

二十四年十月

（《国立武汉大学文哲季刊》1935年第5卷第1期）

评张忠绂著《中华民国外交史》

民国二十余年以来，我国国际上之地位因环境之变迁，及内战祸乱之频仍，有不少之改变，其明显之例，则一九一九年（民国八年）巴黎和会之前，列强无不利用时机，谋得权利，或巩固其利益，中国全处于被动地位，应付之策略，一如清季之外务部，屈曲求全。巴黎和会之时，始改变观念，出席代表提出挽回权利或平等待遇之要求，固可称为我国外交史之大事。其先北京政府以参战之故，取消中德、中奥条约，收回丧失之权利，俄以内乱亦丧失其在我国之地位，此环境变迁，我国收回权利之例也。华盛顿会议我国亦有所得，及革命成功，政府方积极预备取消不平等条约，一部分已告成功，而九一八之事变忽起，政府一再退让，而强邻进逼不已，国势之危险，无以复加。其造成之原因虽多，然民国以来内乱不已，政治军备迄未现代化，则其主因也。苟不明了其经过，事变之影响，及其造成之严重局势，即不能了解现时我国国际上之地位，故中华民国之外交史久为国内知识界需要之书籍，今读张忠绂君所著之《中华民国外交史》，似系比较满意可读之著作，兹略评论之于下。

张君为北京大学政治系主任教授，此书初为其在校讲授之讲义，其中一小部分，已刊载《国立武汉大学社会科学季刊》。据著者自序，书分二册，此其第一册也（下册尚未完成）。上册共分九章，起自辛亥革命（一九一一年），终于华盛顿会议（一九二一年），凡六百零一页。第一、二两章，题为《中华民国诞生初期之外交》。著者略述清代对外缔结之主要条约，领土权利丧失之经过，作为背景。次言革命与列强之关系。日人赞助革命者，唯利是视，其政府政策以未获得列强之同情，又因中国之反对，未能实现，乃于孙文辞去临时总统职后，建议各国对于承认民国应取一致行动,且应要求新政府对于外债及外人权利无论是否有条约之根据均应给予保障,以为承认之先决条件。列强表示同意,俄、英、日更要求权利。其时政府财政困难,迭与银行团磋商借款,而六国银行团多所要求,会美国宣告退出,始乃让步,成立大借款。革命进行之际,外蒙得俄援助,西藏得英援助,均脱离中国宣布自主,政府受俄、英要挟,不得出兵,迫而与之磋商丧失主权之协约。日本亦得满蒙五铁路之建筑权。第三至五章则叙述欧战期内中国之外交。著者首言日本出兵山东夺取权利,更进而提出二十一条要求。政府对于若干条款,不肯让步,而日乃以哀的美敦书为恫吓,中国被迫签定一九一五年之中日条约。日本复强解约章,扩大其在南满洲及东部内蒙古之利益,造成二国间不少之悬案。次言袁世凯谋欲称帝,日本力加阻挠,并援助蒙匪,造成其他纠纷。中美签定仲裁条约,法国要求扩展天津法租界,中俄交涉,均曾言及。末叙中国对德绝交之经过,参战之始末。段祺瑞时握政权,谋借外力之援助,以巩固北洋派之实力,外交上之措置,多先商于日本,参战亦日意也。中国既对德奥宣战,撤销其在华之政治利益。协约国除允许庚子赔款展缓偿还及切实值百抽五而外,未有其他援助,段乃向日借款,不惜饮鸩止渴,断送国权,济顺、高徐铁路之建筑权让与日本,其一例也。日本更以俄国革命,扩张势力于北满,并与中国缔结军事协定,信如张君之言曰:

> 参战之行动,在表面上虽为中国自主外交之表现,但实则在内幕中日本促成之力居多,是以中国自参战之始,即已无形中投入日本之怀抱(页三五二)。

第六章名曰《巴黎会议期中中国之外交》。著者分叙中国代表之要求,中日代表之辩论,中国拒绝签字《凡尔赛和约》之经过,及中德关系之恢复常轨。第七章则言俄国革命后中俄之关系。苏俄政府初未为我国政府所承认,帝俄驻华公使尚继续行使其职权,顾终不能维持,一九二〇年,中国停止其使领待遇,接收俄国租界各地之领事馆,及哈尔滨市之行政权等,并收回中东铁路主权及路界内之军警权与司法权等。俄兵之在我国者皆先后缴械。第八章仍言中俄交涉,唯偏重出兵西伯利亚及外蒙之取消自治。俄自共产党执政,与德媾和,势力将达西伯利亚,日本谋欲伸张其势力,力主出兵干涉。日、美、英、法决定出兵,日本亦乘机派兵至中东铁路区域,且欲夺取护路警备队之指挥权。会日俄军队于尼港发生冲突,日谓中国炮舰助俄,提出要求,北京政府让步解决始已。关于外蒙,政府利用时机,劝说活佛王公取消自治,议将成矣,徐树铮与驻扎库伦办事大员陈籙争功,威逼活佛取消独立,又置蒙事不问,从事于内战,俄国旧党复煽外蒙独立,库伦竟至陷落,政府置而不问。苏俄出兵,直入库伦,成立蒙古人民革命政府,固北京政府谋之不臧也。末章题曰《华盛顿会议与中国》。著者叙述会议召集之原因,会议所讨论者,一为军缩问题,二为太平洋与远东问题。我国代表出席讨论第二问题,提出十项原则,为大会所接受。其具体议决案关于我国者,一缔约国尊重中国之主权与独立,及领土与行政之完整,维持门户开放政策。列强允撤销外邮,限制无线电台,许中国加税以便裁厘,并组织委员会考察中国司法现状,以便取消领事裁判权。英国尚允交还威海卫。山东问题则于会外中日谈判中获得解决。我国所得虽去希望尚远,而国内尚无统一政府,困难繁多,竟能有此结果,实一幸事,固国际形势改变之结果也。

以上说明《中华民国外交史》之内容,全书凡六百零一页,固非数百字所能形容,评者撮要言之,不过欲读者稍知书之内容耳。全书叙述民国初年之外交,其中抄录之文件及附注虽占不少之篇幅,然此系国内叙述外交较为详细之书籍,当可自为重要著作之一。余读全书之后,以之与平日所读外交史比较,感觉此书有三优点。一、著者所据者多为历史原料,其自序亦有说明,吾人读之必能明了自序所言尚属可信。(原料为编著历史最重要之材料,而普通著者常不参看。)二、附册特多,附注大半说明著者叙述史迹所根据之书籍,读者可借此知其出处,颇便于普通读者之检查。(其详将论之于下。)三、著者态度,大体上可称公允,论断亦多切要,如言巴黎和会曰:

> 中国在和会中所提出之具体目的虽多未〔能〕达得,但中国所受之不平等待遇,已因和会之经过而引起全球人士之注意,预伏华盛顿会议关于中国之处置之张本。中国在和会中,虽未能如愿取消协约及参战各国在华之特殊利益,但德、奥等战败国家,在中国

之特殊利益,则均已取消,因参战之原因,中国且获得参与巴黎和会,并签字于对奥、对匈、对保三项和约,并得加入国际联盟为创始会员。是以巴黎和会对于中国之处置,虽多未能使中国满意,但中国已因巴黎会议而获得相当之结果,当无疑义(页三九九)。

著者所言,颇为公允,读者当能知之,他例无庸赘举。

以上指优点而言也。其可商榷或可视为弱点者,亦复不少,兹举三例于下。一抄录之文件太长,编著历史,原当引证原料,但引证异于抄录,故非关重要或非常见之文,殆无庸抄录,而此书抄录部分较多,如言中日交涉,竟将二十一条要求完全抄入,约占五页(二〇〇至二〇四页)其他类此者尚多。抄引文件尚有非当事人记述事之经过,而可怀疑者,如页四〇引《革命之经过》称瑞澂请某领事如约炮攻武昌,但以限于《辛丑和约》,一国不得自由,乃开领事团会议。此事经过之本身,已可怀疑,盖《辛丑和约》无此约束力也。不但如是,而且又无其他文件证明,殆不足信。二附注过多,著者自序谓"为证实本书中之叙述与便于读者作进一步之研究故,是以本书附注特多"。据此而言,此书附注之目的有二,一指明出处,一便利研究。事实上附注仅能说明出处,以余之见,倘为便利读者研究起见,远不如将参考书之内容一一评论,附于书后也。综观全书,附注约占三分之一,其中且有常人熟知之史实,无庸附注说明出处者,如页一《南京条约》及页三《天津条约》之类。三皮相之谈,外交内政交相影响,研究外交者,对于内政固应有相当之认识,即叙述外交上之大事,亦当顾虑实行之程度,而不能全据条约,著者有时少注意及此,如页四言中英《天津条约》多款,其中有更改者,著者则未言及,如登州之开放,即其例也。

书中错字亦不能免,兹列举数例于下。一、页二三二行四云"日本在南满洲及东部内蒙古曾护得种种重要利益","护"系"获"之误。二、页二八八行六"尤感拮掘","掘"当作"据"。三、页三一六行四"复避之消息传出后","避"当作"辟"。四、页三五五行八"原田 Hara 继寺内出而组阁",原田当作原敬,他例不赘举。

综之,《中华民国外交史》虽有商榷之处,然其具有之优点为史籍著作必备之条件,固一比较可读之著作也。所当知者,民国以来之重要外交史料,尚多未刊印,著者自序虽称"作者相信,作者已曾参用之材料,已足以使作者之叙述与论断不至发生重大错误",然有待于新材料之改正者,当亦不少。惟著者固已尽力之所及,利用编著时业已公开发表之史料矣。

(《文艺杂志》1936年第15卷第8期)

评《马嘉理案与〈烟台条约〉》[①]

马嘉理案系光绪初年中英之外交大事,英人经营缅甸,欲自其边境通于云南。一八七四年夏,英国驻华公使威妥玛商于总理衙门,为译员马嘉理等领得游历护照,英国探险队则自缅境入滇。明年,马嘉理往迎,被杀于滇边。威妥玛得有借口,多所要求,并欲得前所不能享受之权利。总理衙门大臣未能辨别轻重利害,而有适当之解决,以致成为严重局势。一八七六年直隶总督李鸿章奉旨与威妥玛会商于烟台,订成条约,因以为名焉。

上为事变之经过。我国方面之史料,旧有《李文忠公全集》等,近时刊行之《清季外交史料》等,亦有助于研究交涉之始末。吾人可利用之史料,仅限于此,当不完全。据余所知,尚未有人据之以作专题研究者。英国方面材料吾人所见者均属次料,即负有盛名之 The International Relations of the Chinese Empire,其著者亦未能利用英国公文档案。其时公文局所已开放之史料,尚未至此时期。近虽开放史料至一八八五年,英人尚未据之研究马嘉理案及烟台会议之真像。盖学者非能利用中英二国之史料,将不能为精深之著作,且不能为学术界所重视,以其标准太低也。王君在英研究马嘉理案及《烟台条约》,利用公文局开放之史料,佐以我国印行之史料,无怪其著作成为有价值之论文也。彼选硕士或博士论文题者,固当如此。

书共七篇,末附所用参考书目,又有地图二幅。第一篇略述一八六一至一八七四年之中英关系,为马嘉理案交涉之背景。其所言者为总

[①] 《马嘉理案与〈烟台条约〉》,王绳祖著,*The Margary Affair and the Chafoo Agreement*,牛津大学出版部印行,一九四〇年,七先令六便士。

理衙门之设置,通商大臣主持地方交涉,及外使驻京等。次言国际贸易情状,英商之希望,领事裁判权造成之问题。英国利用《天津条约》,要求修约,多所要求,然未能如愿以偿。教案迭起,成为严重之问题。外使在京,初未进觐,递呈国书,不得与各部院大臣往来,深为其所不满。末言一八七四年日本出兵台湾,中日几致战争,英使威妥玛调停,朝廷出款给日,日兵退出台湾。威妥玛深以中国让步至此为奇异,遇有机会亦欲多所要挟。其叙述事实殊为简略,然颇扼要,为本书之绪言。

第二篇言缅甸至云南交通之路。一八六八年,英遣第一次探险队自缅甸入滇,未能达其目的。英商重视滇缅陆路商业,仍欲调查路线。会法人经营安南,遣人深入云南调查,西至大理一带。英亦出售军火于叛乱之回酋。及岑毓英平定回乱,英人视朝廷统治云南,将多得通商权利,乃有第二次探险队之组织。本篇叙述之事实,全据英国史料,为他书所未详言,为全书最有价值的一篇。关于英人经营缅甸,总理衙门未有情报,亦不知缅甸之情状。故我国史料不能增加吾人之知识。

第三篇叙述印度政府派遣第二次探险队之经过。一八七四年夏,印度总督通知印度事务大臣,言将于冬季遣三四官员入滇调查。威妥玛奉命至总理衙门领取护照,其措辞为游历。王大臣先无报告,亦不知其真意,允其请求,给与旅行游历护照。第四篇言使馆译员马嘉理奉命西上,往迎探险队入滇,明年春抵于八莫,会得报告称匪将攻击探险队,并夺取其财物。探险队有兵护送,准备入滇。二月,马嘉理被杀,次日探险队被阻于滇边。英人称有中国兵参加作战。此事变之经过也。王君所见之史料,亦多非吾人所能利用,为有价值的叙述,或重要参考之文也。

第五篇讨论责任问题。据著者所言,共有四说。一、滇边野人所为。英人初得报告,固作如此说,云贵总督岑毓英奏报亦以之为言。惟岑迟至四月始有报告,又未言及探险队被阻,后虽奏言,捕得罪人,而实多无罪之人。二、滇边吏所为。探险队阻于边境,边将李珍国负有重大责任。此系英人方面的报告,然无事实证明。三、缅甸政府所为。据探险队所得证据,马嘉理之被杀,探险队之被阻,缅甸政府负有重大责任。其王固不欲英人自上缅甸入滇,而印度政府之意见则与之异。四、中国政府负有责任。威妥玛收得报告，即以为滇官所为，其与总理衙门大臣交涉时，从未提及缅王犯有嫌疑。朝廷派员调查，威妥玛不满意其报告，而要求提审岑毓英等，终为中国所拒绝。据王君意见，现无确证分定责任。探险队携带卫兵入滇，先未商得中国政府同意，当引起地方官吏人等之疑，缅王亦不愿英人夺其商业，岑毓英且反对外人入滇，乃成此惨剧耳。

第六篇叙述惨案发生后威妥玛与总理衙门大臣交涉之经过。威妥玛久在中国，通习华语，其态度骄傲而专横，及得报告，要求赔偿。大臣重视其事，言奏报皇帝，遣大员调查。威妥玛欲先见奏文，并要求英人加入调查及其他权利。其范围太大，且多与马嘉理案无关，大臣拒绝其请。会事为美德诸国公使馆所知，多不直其所为，威妥玛始撤消其一部分要求。恭亲王许英人加入调查，并给三万两银与马嘉理家属。英使不肯接受，其先提出之要求，同于最后通牒，固不愿若此解决，乃称为与本国政府便利通信起见，前往上海，其时北平至上海，尚无电报也。其行动颇令人惊异，及抵天津，与李鸿章相见，李欲与之解决马嘉理案。总理衙门亦有让步，许遣使至英，诏责岑毓英，威妥玛更回北京与王大臣交涉，要求多端，王大臣有许之者。会专使李瀚章入滇调查，其报告谓马案确系野人所为。威妥玛以其与所得报告不合，怒而要求在京复审，更提出补偿损失八条，增加商埠，免除厘金等，列入其中。总税务司赫德以其将为严重事故，出面调解，事将就绪，又以公文措辞之争执，而告决裂。

第七篇言烟台会议。威妥玛采取之行动，颇有造成战祸之可能性。英首相笛士拉列曾请日本调停，若调停失败，日本与英共同作战（页九〇）。惟外交部之态度，较为谨慎耳。其时英有强大之舰队在华，威妥玛固可建议本国政府采取强硬行动也。会欧洲巴尔干半岛乱起，英外部训令威妥玛从速解决滇案。李鸿章又奉旨为全权大臣，乃会商于烟台，订成《烟台条约》，此一八七六年九月事也。条约内容为吾人所熟悉，其叙述之事实亦为吾人所共知，无庸赘述。

上为本书之内容，其增加吾人知识之处，确属不少，以我国史料，尚有为吾人所不能参考利用者，而英国方面之行动，总理衙门既无情报，其大臣亦茫然不知也。王君文字流畅,其引用之公文与书籍,皆经一一注明出处,论断颇为谨慎,亦甚公允。其可商榷之处,自所不免,如页九称清廷每年收入一千五百万镑,而清廷系用两,用镑徒便外国读者而已。王君叙述条约成立,然未详细讨论其条款,亦为不厌人望之处。顾此无关宏旨,未稍减少本书之价值。书末附地图二幅,颇便于吾人检查地名。此为评者阅读全书后之印象。书系牛津大学论文,由大学印刷所发行,牛津教授固视为有价值之著作也。

(《星期评论》1941年第19期)

序 言

《日本全史》自序

中日关系之重要，二国人民无不知之。日人考察吾国情形，刊行书籍，不知凡几。吾人求一较善之日本史，乃不可得，作者斯书，亦欲少补其缺耳。全书共二十四篇。第一篇，详言日本地位。第二至六篇，略叙民族之由来，社会之演进，帝权之扩张，大化之改革，外戚之专横，武人之消长，耶教之盛衰。其中关于中日交涉，蒙古征伐，丰臣侵韩，多详载之，容或能补本国史之缺遗。第七—十一篇，分述江户幕府之制度、文学、通商、武士及其归政之原因。第十二—二十四篇，记载维新后之内政外交：首述归政后之政策，立宪之运动，宪法之内容，内阁议会之冲突，海陆军之扩充，工商业之发达，经济之状况，外交之政策及中日战争；次载战后藩阀政府，内政发达，外交胜利，日俄交涉及其战争；继叙明治末年国势之膨胀，侵略南满，兼并朝鲜，亲善俄国及日美问题；末言最近时期内之内政外交，及其国内之重要问题。

日史上自民族之迁徙，下迄今日，其间事实，至为繁杂。作者不能一一述之，自有删遗。惟念史者所以记民族间各不相同之演进，若述其一切活动，则与社会学无异，事实上殊不能行。历史学者，取其不同之事实而书之，其目的则将人类已往之知解告知读者，使其深明今日之状况困难所由来，而将有所改革，趋于进步。是以历史书籍之价值，首在其材料之丰富可信，及作者有批评指导之能力，将其所得之史料，慎密选择，编纂无关系之事实，而能贯通，推释其故，使读者明知当日之状况：此历史学者公认之标准也。中国史家，知此者鲜。作者无所凭依，轻于一试，自知其不能如标准所定，惟愿他日有识力较强者能为之耳。

著作之先，颇感困难者，厥为免去成见。中日之恶感已深，吾人尝有排日之思想。历史异于宣传书籍,不能为意气所动,成见所拘。惟当按其事实,不作偏论,此历史学者共守之信条也。作者固非历史学者,但认其义之正当,扫除偏见浮辞,殊不知其能否成功也。其或与读者意见不合,希审思之,自判得失,作者毫无强人从己之意。

所用参考书,多为中日英美学者所著。作者较其所载之事实,核其言论之是非,研求学者之才能知识,著书之目的,著于何时何地,受何影响及有无偏见(间有一二不能尽知),然后始敢取材。至于评论,毫不为其所拘。其有相同者,或与作者所见相同,皆由作者负责。兹为便利读者购参考书之计,谨将重要书籍,略加批评,胪列于后。其非历史专书及无重要价值者,皆不附录(杂志除外)。

斯书之成,多由于金陵大学历史系主任贝德士教授之指导勉励,承其借书,蒙其批评及作序文。程善之先生校阅草稿半数。吾弟恭祯及同学章德勇君多有赞助,皆深谢之,谨书于此。

中华民国十四年七月陈恭禄序于金陵大学

《印度通史大纲》自序

亚洲文化发达最古之国凡四：一曰巴比伦，二曰波斯，三曰印度，四曰中国。巴比伦则久灭亡，波斯则渐退化，其能贡献于今日世界之文化者，印度、中国而已。二国自秦汉以来，接触渐繁，交相影响，其经重要之媒介，则往来之僧侣也。我国高僧入印多赍经律论、佛像而归，其影响于思想学艺者，至深且巨。今于我国求一较善之印度通史，而不可得，学者偶尔言及印度者，乃多错误。作者遂有编辑印史之志愿，其目的则所以应今日知识界之需要，供给印史之常识于普通读者，而助其了解印度状况也。

全书共二十七篇，其第一、二篇，叙述印度名称之由来，地理形势之影响，及其史料与民族。第三—十篇，分述古代之文化，宗教之改革，国内之状况，外寇之东侵，阿育王之与佛教，大月氏之深入北部，黄金时代之歌泊那朝，迄于回人劫掠于印度。就其大体而言，则印人之印度时代也。第十一—十九篇，先记回人之据印度，特里回王之大概，未介兰格之盛衰。后纪蒙古儿帝国之成立，阿刻巴之政绩，帝国之渐衰，麻刺赛人之崛兴，与夫欧人之逐鹿，而止于一七六一年，此回人之时代也。第二十一—二十七篇，首述英国东印度公司并取孟加拉，作为兼吞印度根据之地。其野心侵略之长官，猛力进行，而乃战败土邦，扩张领土。中记内政建设之始，禁焚寡妇，铲除得几，改革政府之组织。对外则兼并土邦，其威迫之甚，终乃酿成叛乱，而英王直接统治印度矣。末叙近时之内政外交，印人之觉悟，甘地之运动等，此英人统治印度之时代也。

上述之时代，仅就事实而言，书中并未划定史期。盖历史上之重要史迹，多由于环境促成，而非偶然一朝一夕之故也。是故史期分区，殊极勉强，而作者认此书无分期之必要也。其中各篇之史迹繁杂，往往非篇名之所能包括，而又感于读者检查史迹之不易，乃于各篇之首，举其内容之要纲，以代一篇之篇名。又为便利读者之计，附有印度大事年表。顾其古代之史料，颇多疑阙。其年代可分为二：一、古史载明而可凭信者；二、学者证明推定而大致不差者。作者皆于表中注明。

斯书之编辑，始于十五年春季。其所取之材料，颇主慎重。凡国中关于印度之作品，其可得者，莫不求而读之。顾除《佛国记》《大唐西域记》而外，多无可取。是以本书之材料，惟有根据于英美印度学者之著作，而借之于金大、女大之图书馆，及金大历史系主任贝德士者也。及十六年三月，共草成十九篇，而南京之事变猝起，贝教授之书籍多亡。作者亦于此时返之高资，而其左近之匪势猖獗，闲居无聊，乃不愿前功之尽废，而又草成六篇。其材料则取之于斯密斯 V.A. Smith 之牛津大学《印度通史》也。史家公认其为东方各国史中最善之本，而作者于无可奈何之时，自当根据于此也。其后至宁，而复作成二篇。其堪告慰者，则数历兵祸匪灾，而史稿尚未遗失也。

作者之境遇如彼，而书之史料若是，其不能尽惬读者之意，固深知之。惟颇自信事实上当无荒谬之弊，而愿国内之士，有所批评指正也。书中原拟胪列作者所用之参考书，而略介绍，近者书或佚失，而作者不能一一追记，惟有作罢而已。本书尝蒙贝德士教授之赞助，内附地图五幅，同学陈虞孙君所作，又承友人章诚忘君及吾弟恭祯各校读一次，皆深谢之，并书于此。

民国十七年一月陈恭禄自序于高资

《中国近代史》自序

一国现状之造成，一由于地理之影响，一由于古代之遗传，一由于社会上之势力，一由于领袖之指导。四者之中，就人事而言，历史上之遗传，常占重要之地位，中国古代嬗变之史迹，颇足以资证明。及至近代，实用科学大有进步，世界上之交通日趋便利，国际上之关系，以商业政治之促进，大为密切。外来之影响，乃为造成中国现状基本势力之一。中国以悠久之历史，倾向于保守，领袖之思想，民众之观念，均其极端之表现。政治家不能认识其所处之新环境，而能断然有适当之处置。列强或欲适用西法于中国，或谋商业之利益，或求政治上之势力，或存兼并领土之野心，而中国本于固有之心理与惯例，应付新时代之问题，莫不失败。中西冲突遂为近代中国史上之大事。吾人今欲明了已往之事迹，现时所处之地位，及将来建设之途径，非有信实之历史，叙述近代政治、外交、社会、经济嬗变之经过，则不可能。社会科学失其赞助，将或多无根据。近代史之著作，久为国内知识界之急切需要。

余自识字以来，颇留心于故事，及入中学、大学，深知吾人历史知识之浅陋。关于社会科学之理论，多应外国近世环境而生，或不切合于中国之社会，运用之时，尝或难于辨别轻重缓急，教育之价值与效力，为之减低。不幸迄今近代中国史之著作，仍在失望之中。民国十五年，著者萌有著作之志愿，会以人事环境之变迁，未能积极进行，十七年，于金大担任教职，知其需要之殷，勉力进行，二十一年春，完成十三篇，决定分卷出书，由新月书店印行，初不知其营业失败也。双方议定至迟冬季出书，书店迟至次年五月，上册排校方始完毕，定于六月发行，忽又搁置数月，据称新月并于商务，归其印行，而书仍未出售，并置去函不复，本年二月，始与当事人相见，收回原稿。著者以全书文稿已成，望其迅速印成，最后决定，归商务印行。

全书共十九篇，内容可略见于目录，初拟命名《中国近百年史》，而坊间书用此名者甚多，免相混乱，改称《中国近代史》。近代二字，本无确定界说，（史期区分，原极牵强，不过因其便利而已。）史家划分史期，常不相同。愚意近百年内，中国国际关系根本改变，思想、学术、政治制度、社会经济莫不受外影响，其事迹迥异于前古，作一时期似较便利，且书内容不限于百年内之史迹，故定名曰《中国近代史》。著者著书之目的，深愿赞助读者明了现时中国国际上之地位，政治上之嬗变，外交上之趋势，社会上之不安，经济之状况，人口之问题。认识其交相影响之结果，分析其造成经过之事迹，讨论其成功或失败之原因，辨别事后之得失利弊。吾人处于今日议论古人，原非难事。著者之论断，专欲读者了解当日之背景环境，及其失策与责任，非别有好恶也。综之，近代史范围之广大，事迹之繁赜，制度之剧变，生活情状之改易，开中国旷古以来未有之奇局。其材料之多，浩如烟海，第十九篇略论史料之种类与价值，事迹之繁，固不能一一叙述也。

古今史之性质不同，方法亦各迥异。古史之存于今者，或为编年，或为问答，或为传体，或为纪事本末，或为文献，名目不一，要多因陈抄袭。其材料或不问来自何方，编纂者或不辨其真伪，书中或为谀墓毁墓文字，或为按年列举之政令大事，或不问其是否实行及行后之利弊，杂然抄入。其一部分诚所谓"断烂朝报"，或"流水账目"也。吾人读之，殊难明了整个社会之情状。今日编著历史之方法，简单言之，首先搜集原料，及时人纪录，辨别著作人之目的，有无作用，及其与史迹之关系，比较各种纪录之内容，考证其真伪。其有证明者，始能定为事实，证以时人之议论，辨析其利害。然后综合所有之事实，将其缜密选择，先后贯通，说明史迹造成之背景，促成之各种势力，经过之始末，事后之影响，时人之观察，现时之评论，而以深切美丽之文写成。此史学者不易养成之原因，而固吾人今日之正鹄也。著者编著此书，不过自信未入于歧途，于试验之中，不肯放弃责任而已。

书中论断，著者非诋毁时人，或为之辩护，不过以公平之态度，说明其立场。读者之意见，或同或异于结论，著者固无强人从己之意，且书非宣传作品，读者多为成年之人，当可根据事实，自由表示意见也。更当说明于此者，外交上之事件，尤易引起争论。盖人类之普遍心理，严于责人而宽于责己，对其家庭国家无不如此，诋毁外国，国人固少反对，且有爱国之名。此种畸形褊狭之心理，徒为害于国家。著者之目的，既非为片面之宣传，又非为造成国际间之仇恨，惟愿平心静气，根据事实，叙述外交上之史迹，讨论其问题，研究其经过，对于侵略之罪恶，决不为之稍讳，庶可成为认识列强责任之信史也。

近百年来，内政外交交相影响，中国以不平等条约之束缚，主权减削，内政往往深受外国之影响，外交之篇幅颇难预定，乃听材料自行决定。书中地名以政府之变更，改易旧名，此种习惯，原为专制帝王改制之余毒，对于吾人则颇增加困难。著者叙述过去之史迹，自当仍用前名，但为便利读者起见，常或附注今名。关于地图，著者知其重要，不幸不能绘画，插入书中。事无奈何，唯愿读者自备地图参看。

人名亦有困难，君主避讳不名，徽号字数赘多，庙号繁杂，均不便于记忆，民间用其年号，清帝除太宗而外，未曾改元，举其年号，人皆略知其事业，今仍照用，代替其名。大臣之见于史料者，或称姓名，或称字号，或称官名，或用地名，或称谥号，变化繁杂，著者为便利之计，多用姓名。外人名称，以译音之故，常不一律，作者将其划一，且多附注原名。国名载于旧档者，或先后迥异，或交相杂用，如英或称佛郎机，或称大西洋，或称红毛，非外国书籍证明，殆难辨别。葡萄牙则称大西洋，美称米，法称佛等，书中均改用今名。

年代旧用皇帝年号，或用甲子，近时或以孔子诞辰，或以民国成立之年为纪元。自今观之，多不适用，清帝于嗣位之次年，诏改年号，其先，帝多改元，积时既久，推算困难，如咸丰元年，读者或不能即知其距今若干年也。甲子计算，亦常不便于用。新法纪年如孔子诞辰，尚未通行全国，效仿西法，徒为增加困难，清代史迹，用民国纪元前计算，颇感不便，对于吾人亦无所得。著者为便利读者起见，多注明公元。英人葛麟瑞(Charles Kline)所著之《中西年历合考》，及陈垣之《中西回史日历》等书均极便于检查，更附道光以后之年历对照表于书后。至于年表,说者谓为史书所必备,实则不然,史迹绝非年表所能形容,且表非详细说明,多无益于读者。吾人固不必墨守古代之体例也。

  此书编著之初,颇赖友人章诚忘等之赞助,又蒙亲友抄写,皆深感谢。书中所叙之事实与议论,与任何人无关,著者一人负责而已。书为著者关于中国史有系统之第一作品,深愿读者有所指导,并书于此。

陈恭禄自序于珞珈山
民国二十三年五月

《中国近代史》四版自序

于今书业不景气之时期,《中国近代史》居然于发行后四个月内重版两次,又为读书竞进会选为大学组必读之书。社会上之意外欢迎,出于著者意料之外,心中愉悦,自不待言,一面表示感谢,一面则常自责。心尤不安者,无过于误植之多。其造成之原因虽多,固不能尽诿过于人,著者盖有相当责任。书于三月出售,著者读完一遍,发现不少之误植,即于四月函告出版人谓书再版,望挖正后付印,而出版人复称再版现已印成,唯有附印勘误表之办法。近者更有发现,并知平装本将即付印,当能一一挖正。改正多为误植,亦间有一二叙述之史迹。

书稿于去年夏寄出,一年之后,再读此书,感觉尚有一二应改之处,顾改文稿牵及纸版能否再用,且为时太久,而社会上需要此书甚殷,故暂作罢。今可于此说明者,共有三事。一、袁昶、许景澄奏疏实不足信,不如删去。二、《景善日记》著者初未能得原文,书中译文,当改用原文。三、政府废两,计量改用公担,而书仍用旧制。读者当知关银一两抵一·五五八元,一公担抵一·六五四担。他如论者谓书叙述外交太多,关于学术者太少,则所见不同,著者自有立场也。倘有修正,亦当俟诸将来。

余授武大史学系一年级中国近世史,采用此书为教本。误植亦有学生告知者,深为感谢,并志于此。

陈恭禄序于半山庐
民国二十四年六月

《中国近百年史》自序

余写成《中国近代史》后,友人以为分量太多,决非中学生所能读。该书原非为中学生及一般人士而作,顾今供给其需要之史籍,实应参看发表之新史料著作成书,庶可改正昔日相传之错误,及不正确之观念,而有可读之信史。近百年来,中国受外影响,政治、社会、经济、思想之剧变,开从古未有之局势,非有信史,将不能明了其造成之原因,国内之问题,及国际上所处之地位。此为国民应有之常识,近百年史当足以应此需要。本书之写成,专为中学生及一般人士之用也。

全书凡二十一章,内容见于目录,无庸说明,大体上偏重内政。民国以来之史迹,共占四章(第十八至二十一章),篇幅似已稍多,盖史书异于报章杂志,决不能据之成书。关于此时之重要档案,多未公布,且史迹尚在演进之中,难于论断其是非轻重,或免选择史料偏重之弊。近人编著近百年史,偏重民国以来之史迹,篇幅常占全书之半,殆为旧说所囿,实则历史并无一定分配篇幅之原则,当视史料之质量及著者之目的而定。书之价值,固非决定于篇幅之分配也。凡此四章,不过说明近时之大事,及国内之问题耳。

全书因叙内政较多,年月沿用旧历,但为读者便利之计,附注公历年月。据著者意见,读者不记年月则已,记则宁记公历年月也。

陈恭禄自序于高资寓庐
民国二十四年七月

《中国史》(第一册)自序

历史为研究人类已往经验之学问,其包涵者至为广大,民族之分合,政治制度之改革,社会经济情状之嬗变,宗教之演变,学说思想之进步,文艺之发达等,莫不属之。其遗传于后世者,成为构造今日政治社会情状之主要成分。其他构成现状之因素,尚有天然环境及外来影响。地理为一国人民之天然环境,影响于人生者至为巨大。人类只能予以利用,如土壤气候,而不能减少其势力。所谓征服天然者,亦不过认识较深,而利用之耳。吾人苟知一国利用天然势力之程度,常能明了其文化发达与否。事之成功,固在人为。外来影响,指环境悬殊之国,因其历史上之遗传,及人事之努力,演进成为独立之文化,及与他国接触,发生比较,遂有优劣异同之别。识者有所借镜,取长去短,常易改善其政治社会情状。此亦人为之结果。历史则综合天然环境、人事臧否、社会趋势及外来影响,叙述一国发达或演进之过程。

一国现象之造成,原因虽常纷杂,而人事臧否,实一主要原因。盖政治社会为多数人结合之团体,而改善其状况者,常赖极少数之优秀分子,或所谓治人者之阶级。其思想与活动影响于人民者,至深且巨。人民处于治于人者之地位,常有重大之义务,而少权利,惟知服从而已。此我国有史以来之现象。专制帝王视其统治境内之土地人民为其财产臣妾,有自由处置之大权。国君之贤否,登庸之士大夫,采取之政策,对外战争之胜负,常影响或决定一国民众遭遇之命运。自影响而论,史迹之重要,无过于此,其占重要之篇幅,乃事理之当然。同时,我国为农业社会,人民倾向于保守。儒家思想自汉成为一尊。其元祖孔子自言信而好古,以尧舜之世为理想社会。后世之士大夫,幼受褊狭之教育,偏于守旧，往往不能认识所处之环境，而能因时制宜，有所改革，或对于人民生活有所改善。其人备受社会之优渥待遇，其中优秀分子，亦有从事于文艺者，常促进文化之进步。人民耕种土地，出重代价，惟求免于死亡，时人之伦常观念，家庭思想，皆足以促成早婚之习惯。于是人口增加速度，远过于生产事业之发达，乃酝酿成为祸乱。人民于大杀死亡之后，暂得数十百年之粗安，及人口增加，复成为严重问题，而祸乱又在酝酿中矣。此我国自汉以来，除外患不计而外，实一治一乱循环反复之根本原因。

吾人研究历史，当注重社会势力及政治领袖。社会势力之范围，若地理影响，外来势力，制度之嬗变，文化之演进及政治社会问题等，上已论之。政治领袖，则指其为人及所决定之政策，兹于近代史中举一明例。清帝于中英鸦片战争之后，尚未认识科学发达促进世界交通运输之便利，工商业之发达，闭关之不可能，乃以无足轻重之事故，造成战祸，军败屈服，成为城下之盟。于斯祸重痛深之际，国中苟有强有力之皇帝，将必改变政策。不幸文宗死后，穆宗冲龄嗣位，军国大事概决定于太后。穆宗方始亲政，忽婴病死。德宗年幼嗣立，政事仍由太后处理。直隶总督李鸿章入京，尝向恭亲王奕䜣建议兴筑铁路，奕䜣心以为然，但谓太后亦不能主此大计，意欲俟之穆宗亲政也。德宗于中日战后，锐意变法，设无太后之阻挠，必有相当之成功。太后恨恶外人，任用庸愚之亲王，信其伪造之照会，造成八国联军之祸。设使文宗而后，国有英明之长君，主持大计，变法自强，则十九世纪中叶以后发生之史迹，或将不与今同。此领袖影响之明证也。历史之价值，在综合一切构成史迹之因素，叙述其经过。其目的在使读者明了其所述时代之整个社会，或现时社会之所以造成，而能认识其优点与弱点，庶可保存优点，改革弱点，已往之错误亦可避免。历史中之事实，常为政治学、经济学等之根据。无一信实之历史，则社会科学，将遭遇严重之困难，中国史之整理，实一急切之工作。

余自任教以来，讲授中国史十数年矣。据平日所得之经验，学生对于我国历史上之大事及重要制度，常茫然不知。社会上所谓名流，亦多缺乏历史常识，而不能认识国中困难之症结。此为世界任何先进国所无，而为我国独有之现象。新教育之失败，无可讳言，而吾人研究历史者，亦有相当责任。我国旧史，或为编年，如《春秋》《资治通鉴》；或为纪传书志，如《史记》《汉书》；或列题目，文以事聚，如《通鉴纪事本末》；或言制度，如《文献通考》；或为杂记，如《战国策》之类。名目可谓繁杂，要多因陈抄袭，尤以后人所编者为甚，如《通鉴纪事本末》，其材料则本于《资治通鉴》，而《文献通考》则以类集史料，不过便于检查，或保存一部分史料而已。通常言之，编者对于史料之来源，既多不辨其真伪可信之价值，又不问政令实行之情状，而杂然抄入书中，同于类书，固不足以言著作。其编通史者，常以《资治通鉴》为标准，如《御批通鉴辑览》之类。司马光竭其精力编成此书，为负有盛名之学者，然尚不能认识历代环境之不同及制度之嬗变，而谓三代之君，守其先祖之成法，虽至宋时犹在。《通鉴》按年列举或叙述大事，其性质近于断烂朝报，自不能明了整个社会之情状或其嬗变之陈迹，而致有此错误也。《通鉴》相类之书，旧为吾人所读，固不能作为教本。正史除《史记》而外，皆一朝或数朝之纪志列传等，千百人载于一书，文太简略，又多谀墓之辞，初读之者更不易明了当时之情状。其抄袭成书，若《通志》等，价值甚低，无足论矣。

新教育创办之初，国内无一适当之历史教本，乃翻译日人编著之中国史为教科书。余初讲授中国史，求一比较可用之教本或参考书，实不易得。近时所印之通史，量数稍有增加，而质方面仍少改善，不能满足吾人知识上之要求。教师缺少教本，既不能满意其教授之效果，而习学者所得亦有限制，教育之功效因而降低。大学教本之著作，当为中国之急需。顾此言之易而著作难，司马光编著一千三百六十余年之《资治通鉴》，设局自聘学者属员助之，历十九年始成。今以一人之力，叙述远古迄今之史迹，成一有价值之著作，其难或至倍蓰。且今著者不能墨守旧规，应以科学方法鉴别史料。史料可别为二：一曰原料，一曰次料。原料谓当事人或时人之记录，如公文档案，及私人见闻，或亲身经历之记录等，殷之卜辞，周之《大诰》，彝器款识及春秋战国人记载其与君卿之谈话，皆其例也。然其量数无几，文字简略，而后人所记前代史迹，吾人常不知其所本，乃以史料缺乏之故，而或以原料视之矣。《史记》所记汉以前之史实，则其明证。汉以后之书籍，种类量数均有增加。其为实贵之史料，官书当为谕旨、奏议、外交文件，私人著作，首推名人全集，其中书信奏疏尤为重要。而正史则多属于次料。次料云者，著者参用史料而成之史籍，如《新元史》《中国近代史》之类，其价值在研究可信之记录，分析所得之史实，然后融会贯通，叙述史迹发生之经过，读者可知其时政治、社会、经济之情状。自影响而言，其重要过于原料，而我国所著之史籍，则多未能利用原料也。

上古史之原料缺乏，流传于今之典载，多为战国时代之著作。诸子托古改制，其所据者，最多不过当时之传说。诸子之书，更有后人所伪托者。故吾人视古籍为史料，必须知其成立之年代，作于何人，其人是否史官，抑有经验之观察家，记录是否忠实，其与政治之关系若何。其所记者，何所根据，本诸亲身之经验，访闻而得，抑为流行之传说。其著书之目的，有无宣传辩护或泄愤之意，其书有无后人添入之文。吾人所知者益多，益易于判断书之价值。其不可知者，当访求古人最近之评论，作为参考，更于书之本身求之。书中所记之史实，表现之思想，可为主要标准，文字之难易，术语之运用，亦常有所赞助，《尚书·尧典》则其一例(见本书第二编)。其在他书搜得证据者，谓之副证，亦有助于吾人判定书之真伪。史料之价值既定，凡可信之书，当据最早之刊本或精校之古本，字义之解释，不尚以意为之之猜测，而须重视客观之佐证。史迹之有二种以上典籍证明者，始能确定为事实。然后将其选择，或按年岁先后，或据逻辑，融会贯通，叙述史迹演变之经过，说明其背景及促进之各种势力，当事人之思想及其最后之决定，时人之议论及事后之影响，再据吾人认识其时之知识，评论其是非价值。此为科学方法，而先进国之研究历史者，无不如此，历史之为科学，即以此故。其视历史为文艺者，则以历史家须有伟大之想像力，富于同情之情绪，综合科学方法所得之事实，而以美丽之文字，忠实描写一时期之社会情状，及当事人之情感，而使读者感觉兴趣，同于文学。是故伟大之历史学者，一能运用科学方法，一有文学天才，此数百年或无一人之主因，固吾人今日之正鹄。现时我国文史并重，国文教员常教历史，不独中学为然，大学亦有其例。其人多无训练，不知科学方法，运用之者更少，乃以讲授国文之方法，讲授历史。学生耗废时间，或无所得，历史遂失其应有之地位。教本、人才互为因果,而知识界人致多缺乏历史常识,不能认识本国之社会。其改善之方法有二:一文史分立,二编著教本。前者属于教育行政,非研究历史者所能为力。吾人力所能为,唯编著教本而已。

余自讲授中国史以来,深知缺乏教本之弊,久欲整理旧史,而担任之职务,则为教授功课,暇时及有余力始能为之。民国二十三年春,著成《中国近代史》,将编著《中国史》,会友人陈铨先生谓《近代史》之分量太重,普通读者及中学生皆不能读,建议写一《中国近百年史》。余以为然,于该书成后,仍继续编著《中国史》。预定之计划,将以二十年之精力为之,全书分四册印行。二十五年夏,自国立武汉大学返金陵大学授课,时已草成四编,二十六年秋又写成四编。其时上海战事发生,学校延期开学,而余所授之课程,学生不多,承蒙历史系主任等欲余至皖南屯溪专心研究,中国文化研究所先已迁往也。而余则以种种顾虑,不愿即行,及金山卫不守,学校停课,余迫而于十一月二十二日乘火车前往徽州,及至屯溪,而文化研究所方日研究迁徙,惶惶有不可终日之势。十二月中,同人将取道婺源西上,及抵婺源,有留住者。余毅然偕同事一人,乘船绕道鄱阳湖,直达南昌,更西至长沙,北往汉口,奔走月余,备受辛苦,尚不能得安居之所,遑论研究。亲身经历之经验,常令人灰心,学校又未通知余西上,而家人均在江苏,信息阻隔。言者称前往南京,尚无困难,乃欲转道东归,而事竟大谬不然。二十七年一月十五日,独自汉口乘车南下,十七日下午,车自砰石驶行,英德而南,每至一站,常停车半点钟,若等候日机者然,十八日晨,距广州犹有数十里,而警报作矣,车退至新街。余自安徽启行,衣服书籍多未携带,而写成之文稿,则以数年精力所在,不愿遗失,将誊清之稿放于皮箱中。箱有衣服等物,放置身傍。车停患其为人取去,不欲去车太远,初站立于民屋檐下,而第一批飞机,并未投弹。半小时后,飞机又至,投下数弹,余前隐身之民屋被炸,死伤数人,而余幸避于他处。旅客以为无事矣,多返车站,而日机又至。余卒然不及远避,隐身于货车下,而日机向车站投弹,去余身不远,耳振如聋,炸起之灰尘落于面上,其免于死者,幸也。同车旅客死伤十数人焉。文稿亦安然无恙。旋至香港,自港乘船北上,而船为货船,旅客众多,余病几死。及抵上海,休息十数日,绕道江北,冒险返至镇江。家中房屋焚毁大半,高资书籍几尽为人取去,室无余物。家人避居江北,幸免于难,而祖母竟病死于江北。后以匪乱,不敢再住,复至镇江,更往南京居住四五十日。第九编则于患难中写成,夏间,绕道西上,又携文稿同行。及至成都,而需用之书籍常不易借得,又写成二编。于是《中国史》第一册完成。

第一册内容,见于总目。著者所用之史料,除古籍而外,尚有地质调查所发掘周口店等地之中外专家报告,中央研究发掘安阳等地之报告,近人研究卜辞金文之著作及关于古代制度学术之论文。凡增进吾人历史知识,而为著者力所能得者,无不视为参考之史料,而利用之。学者发表关于卜辞金文之著作,而有重要贡献于史学者,当为王国维、罗振玉、郭沫若诸先生。郭氏好为胆大之推论,然常缺乏证据。数年前,余发表一文,名曰《中国上古史史料之评论》,依据历史常识,评论其所作之《两周金文辞大系考释》据吴器者㽵钟及徐王义楚𬭚之出土地,推论古之吴越地在江西,徐人亦入于江西北部之不当,顷在成都偶见其最近修正之《考释》,已改正其意见,并删去前文。关于吴器之出土地,郭氏亦承认错误,其言曰:"出土地之临江,殆指今安徽和县,南朝刘宋曾置临江郡于此。余向以江西之临江,不确。"推论因而删去。郭氏初未见及余文,余亦未见其修正之稿,今改正余前所非之推论,历史方法之为科学方法,于此可以证明。此仅一例,而余所言者,尚有数端。第一版本,当可视为史料,盖今考释者常强不知以为知,而郭氏所言为一最好之例,可证此类新奇之说,不足尽信,而方法亟应改善也。(详见本书第二编,书引《两周金文辞大系考释》,言页著[者]皆为旧本,言叶者则为修正本。)本书文稿数有修正,故雇人誊清,而抄写者常因疏忽致误,附注且有未抄入者,第四编则其明例。原稿分在数地,且有遗失,校正乃多困难。成都缺乏书籍,《古史新证》《卜辞通纂考释》等书,皆不能借得,成都盖无此书。附注自无法补入,引用之文,且不能得原文校对也。内地书籍之缺乏,更使余感觉有早日印行此书之必要。第十一编则深得力于胡适、范寿康二先生之著作。

十一编于四年内陆续写成,今欲付印,将文校读一遍,发见不少修正之处。十年后再读此书,亦必如此。著者当视时代之需要,而将其修正也。书中所言历史方法与标准，当有未能谨守之处，而著者以之为言者，希望将来学者据之，著成更精确完备之《中国史》也。书中引用文字，除第四编外，多注明出处。学者著书立说，原异于选录史料。著者力欲避免此弊，非因需要合于下列三例之一者则不抄入：一、原文证明重要史实或思想者；二、引用原文借以说明或有所评论者；三、原文扼要胜于著者所能言者。古文有不可通读者，知其大意可也。全书叙述我国远古迄今发达之经过，未有划分史期之必要。史期如上古、中古、近代之区分，皆极武断牵强，不过便于专家断代研究而已。书中年岁，为便利读者起见，多用公元。著者原拟列入插图地图，今则为环境所限，不能办到，深以为歉。

余忆二十余年之前，从先师鲍心增先生读书。师命圈点《御批通鉴辑览》，并讲授历史书籍，为余读史之起始，性颇好之，乐不释卷。今则稍从事于整理旧史，而师先已病没。追思昔日课读之勤，不胜今昔之感，尝在涕下，因以此书第一册纪念先师。余年未及四十，犹在壮年，而已渐呈衰老之状态，加以人事之遭遇，环境之限制，以及不安之心绪，不知能否完成此书。去岁新街之被炸，忽及一年，不幸而死，又将若何？著者饱受人生之辛苦艰难，生无所喜，而死亦无所哀，生存之年，固欲完成大愿也。

本书之成，颇赖王国维诸先生之著作，金大历史系主任贝德士教授亦有所赞助，雇人誊抄文稿，又得历史系一部分经济之补助，均深感谢。而书叙述之事实与评论，与服务之学校及任何人无关，乃著者不敢自逸，自由研究之结果。其纰缪亦唯著者一人负责而已，望国内贤达，有所指教焉。

陈恭禄自叙于成都
民国二十八年一月

《中国史》(第二册)自叙

《中国史》第一册成后,余即撰著秦汉史,历时二年有余,写成四十余万言之第二册。其迅速出于著者意料之外,其原因有二:一、《史记》、前后《汉书》、《三国志》旧称四史,为本书主要史料。四史为吾人常读之书,重读则事易功倍,据之叙述秦汉史迹,当不甚难。二、著者孑身入川,或讥为与六亲隔离。平日除授课而外,所有之时间精力,集中于研究秦汉史。或视为甚苦,而余则习以为常,且视为乐事。苦乐为相对名辞,由比较而生。去家数千里,欲归而不可得,悲忧当所不免。终日工作,则心有所专,读书为文,可以忘忧,所谓苦中求乐也。余于第一册自叙,曾称中国史将为四册。据现所得之经验,该书完成,将在八册以上。自汉以后史料之量数增加,若欲著成有价值之历史,则所有记录、诏旨、奏疏、诗文,皆当用为史料,绝非一人精力之所能为。通史除为学生教本及普通读者有教育上之价值而外,于学术上常不易有贡献。著者著书非专为教本,而欲其为比较有价值之著作,不能率尔为之,将来殆非三五年不能写成一册。能否写至近代,将视年龄精力而定。著者久以完成中国史为大愿,固不敢稍懈也。

第二册共十一编,分叙秦汉史迹,自始皇统一,迄于献帝逊位,凡四百四十一年(公元前二二一至公元后二二〇年)。其内容详于目录,无须著者于此说明。各编以皇帝为名,下注年代,以其代表某一时期,非视皇帝有何重要。每编所列题目,专为便利读者而设。著者不欲其数过多,一题长或写至数千字以上,或不足千字,乃以史料及史迹本身之价值而定,事实上不能勉强划一,善读书者,固不必重视之也。本书为综合之叙述,著者所用之方法,同于第一册,即利用可信之史料,分析大事发生之背景，如政治、社会、经济情状，叙述其经过，评论其得失与影响，庶使读者认识各时代之现象。天时、地理及人事臧否皆与之有关，或促成其改变。制度之嬗变，社会之改造，学艺之进步等，亦非一朝一夕所造成也。

秦汉史料存于今者，量数不多。司马迁于西汉中叶，叙述秦代大事，已感史料之缺乏，惟有《秦记》而已。班固于东汉初年，记载西汉初叶大事，则多抄自《史记》。司马光编著《资治通鉴》关于西汉者，全据《史记》《汉书》。及纸发明，编著之史籍增多，《后汉纪》《后汉书》编著之前，已有不少关于后汉史之著作，袁宏、范晔不过以其文字不能引人入胜，而修改之成书，实不足言著作。《三国志》早于二书，其传世亦以其文。四史纪传自史料而论，多属次料。其征引之诏令书信等，为极重要之原料，而古人常以意改其文句。如七国乱时，景帝下诏严厉处置其长吏，而文见于《史记》《汉书》者，不尽相同。《后汉纪》《后汉书》所载之文件亦然。幸其文有修改，而主意未有变动耳。其所载时人文件，且间有后人所作，《史记·李斯列传》所载其狱中上二世书及其叹语，《汉书·食货志》所录董仲舒说武帝之言，皆其例也。书言斯功及其为丞相之年，皆与可信之记录，或吾人所知之事实，不相符合。叹语推崇先王又与斯思想相悖。仲舒所言秦政多汉中叶之秕政，谓秦税重，"口赋盐铁之利二十倍于古"，口赋盐铁官卖，皆创于汉，而非秦制。时人著作如贾谊之《治安策》亦难尽信。谊请多封诸侯，而所言时事，如诸侯王多在襁抱之中，则非文帝时事，不足信也。鉴别史料之真伪，为吾人研究历史应有之工作。著者于叙述秦、西汉及东汉大事之先，皆略说明其史料之性质与价值，无庸一一论之于此。著者叙述史迹，所据史料，往往注明，亦有前曾读过之书，或现时欲读之书，而于成都无法借得者。于斯环境之中，唯知尽其力之所能为而为之，将来当因需要而有修正也。

著者撰著四百余年之秦汉史，以为大帝国之成立，树立政治文化统一之基础。我国疆域初限于黄河下流肥沃之地，东周以前，固无论已。春秋时代之诸侯，土地褊小，大国乃兼并其邻国之结果，演变而为七雄。附庸之诸小国，姑置不论。七国中之势弱者，地方千里，而强大者，地方数千里，历久战争，始为统一之帝国。儒家大一统之思想，于是实现。

始皇更以兵力北据河南地,南经营陆梁地,为我国伸长势力于西江流域之起始。汉初不及秦地之广大。武帝四征不庭,开拓领土,广大过于秦代。其新得之地未尽开辟,时人称为初郡,治理不与内郡相同。西汉末年,户口繁密之地,仍为黄河流域。据《汉书·地理志》所记,公元后二年,全国凡五千七百六十万人。黄河流域占总数百分之七四·六,长江流域占百分之二三,西江流域占百分之二·四。事实上长江以南之地,多为未开化部落所居,其地雨多湿重,非北方人士之所愿居。刘买封于零陵为舂陵侯,其曾孙于元帝时,以地势下湿,山林毒气,上书乞减邑内徙,则其一例。他例限于篇幅,读者将于本书见之,无须列举。东汉,长江以南,为贵人犯罪者放逐之地,户口则渐增加。据《续汉志》所载,公元后一四〇年,全国凡四千七百八十万人。而黄河流域占总数百分之六一·四,视百余年前减少百分之一三·二。长江流域占百分之三六·三,视前增加百分之一三·三。西江流域则占百分之二·三。长江流域户口增多,土地开辟渐广。汉代疆域东至于海,东北达于辽东及朝鲜一部分。北沿长城,西北达于新疆东部,西南益州,西至雅安一带。南至云南北部,昭通有东汉碑发见,其地原属四川,清雍正时始划入云南也。南至广东及安南北部。此就其最远者而言。其切实统治之地,则为黄河流域、四川盆地、长江北岸,其南尚多未归化之蛮夷。统治之基础已定,唯待后人进一步之经营矣。

  文化方面,始皇统一文字,令民奉吏为师,其基础犹甚薄弱。汉时儒生掌握教育实权,其人胸襟褊狭,常不能容异己之学说。武帝时大臣请罢习申韩诸家之贤良。董仲舒对策,亦请罢斥百家。此为儒生之共同思想,乃其所受之教育使之然也。其主张实现,为学说进步之一阻碍。另一方面,武帝立五经博士,为之置弟子员五十人,并予以优待。其高第者,得入仕途,初僻郡长官有遣吏入京从博士学者。汉自武帝以后,仕宦者儒生常居于优利之地位。受教育者以政治上、社会上之需要而数增加,弟子员达数千人。王莽为学生筑舍万区,增置博士员。东汉太学学生三万余人,学生来自郡国,郡国亦有设立学校者。其人所用之文字同,所读之五经同,伦理思想受儒书影响亦同。于是儒家学说深入人心,成为民众思想之一部分。我国文化统一,始于秦而成功于东汉也。

四百余年之中，人民经历三次大杀，二次小杀。户口增加过于生产事业之发达，为其主因。古人深切认识者，唯韩非一人。其学说不敌传统思想之势力，又违反人类之天性，未发生重要之影响。儒家本于传统思想，注重祭祀，以无后为不孝，结婚所以承先继后，其影响至为强大也。韩非以人口增加，耕地不敷分配，致成祸乱。先秦史料太少，吾人不知其祸乱之真像，致不能用其理论解释史迹，对于秦代亦然。始皇统一中国，未有大规模之屠杀，人口死亡不多，为一事实。秦季祸乱与户口之关系，则不可知。秦亡及刘项之战，人口死亡盖有百分之七十。汉兴，户口少而耕地有余，政府奖民生子，并提倡早婚，户口多而税增加也。历数十年，而户口视前增达数倍。武帝时税役苦重，加以天灾、饥馑、流亡、盗贼，时人言民死者半数，虽不足尽信，而户口耗减，则为事实。后政府休养生息，招徕流民，户口续有增加，至五千八百余万人。贫民生计困难，流亡死于道路，留心时事之士大夫，一再以之为言，大祸已在酝酿之中。新亡及群贼之滋扰，人口死亡之估计，约百分之七八十。光武统一后，民得休养，户口逐渐增加，数十年后复为严重之问题。政府毫不之知，尚有所谓胎养令焉。和帝后，盗贼大起为乱，诛杀众多，户口有相当之减少。东汉中叶，户口不及西汉末年之多，此为其一原因。乱后，政府维持粗安，户口将又增加，乃演成东汉末年之屠杀。其死亡之惨重，过于前二次之大杀。陈群言乱后，人民比文景时，不过一大郡，虽不足信，而惨重则无可疑。一治一乱，循环反复，人口激增，过于耕地之开辟，其耕种技术又无重要之进步，则其主因，而时人迄未留心考察，或加以分析，而能认清事实，为长久治安策也。

士大夫不知所处之环境，多由于所受之教育。其人幼读儒书，或食古不化，或横有成见，乃多是古非今，自不能明了社会现状及问题之核心，而有适当解决之建议。领袖之人才若是，尚复何望！中国为统一之大帝国，其土地人力财力，皆非其邻国所能比拟。而在东汉羌盛时，其骑常不满万人，而汉调大军防御，往往为其所败。任尚为将，数与羌战而败，犹不知其所长，后复督师，深以为忧。有告以步骑不相敌者，请多增骑兵，尚从其言，战事殆有转机，则其一例。时至东汉，中国一时入于衰弱之境。政治腐败，皇帝无能，外戚宦官专政。国为大国，竟无可用之兵，对于作战，或发弛刑之罪人，或调遣归顺之羌胡，从无改革或增强军队作战之计划，欲其长久，自不可能。要之，士大夫苟安于现状，不能认识问题之症结，而谋有所改革与补救，为我国衰弱之最大原因。此著者写成秦汉史后之一二印象。读本书者，当可认识，无庸于序多所引征矣。

余专心学问，深赖先父治理家事，从未以家事分神，入川亦由其督促。二十八年一月，方始撰著本书，而得家信，言父病重，八日病故，悲哀无以复加。数千里外，无法还家，每一念及，心辄不安，唯有秉承其遗旨，而读书为学，不敢稍怠而已。今书适成，因作纪念。书系著者不敢自逸写成，与服务之学校无关，内容全由著者负责。文稿抄费由金陵大学文学院津贴，深为感谢，并志于此。

陈恭禄自叙于成都
民国三十年春

《中国通史》自序

　　一国现状之造成，往往由于人事，历史叙述人事之经验，为认识一国现状必读之书。我国旧史或为纪传，或为编年，或为纪事本末。纪事本末于三者之中最便于读者，但为抄录之文，并无组织与解释，吾人读之常难认识我国政治、经济、社会情状之演变。改造国史久为我国学术界之需要。顾言之易而行之难。著作非抄录史料之谓，乃研究可信之史料，分析其内容，据其所得之史实并将其融会贯通，然后叙述其发生之背景、经过之始末及对于后世之影响，读之庶可明了各时代之情状也。

　　我国旧分史为二类：一曰通史，一曰断代史。学者或称通史，而鄙断代史；或赞美断代史，而轻通史。近人重视通史者进而以为国中尚无可读之通史，为史学不进步之理由。此盖由于深受传统思想之影响。司马迁言其所著之《史记》：究天人之际，通古今之变，成一家之言。后人据之，以通史纲纪天人。此为通史之一解释。《史记》起自五帝，迄于西汉中叶。后人谓其叙述古今之史迹，前后相续而为通史。此为另一说法。吾人知通天人之变为汉人附会之说，近代史料之范围广大，卷帙浩繁，绝非一人之力所能研究；写成有学术价值之通史，亦难于实现。至于抄录典章经制，不当称为著作，更不足论。吾人现以中国通史为叙述数千年来中国民族活动之史书，为成年人读中国史入门之一教本而已。

　　普通教本于学说上无新贡献，不为学者所重视，其价值仅为服务读者。著者讲授中国通史十数年，现以教本缺乏，萌生撰著之意志。后以正值年富力强之时，宜从事于学说研究之著作，不必亟亟于写教本。故写成《中国史》第一册后，即着手撰著秦汉史。民国三十年春完成，名曰《中国史》第二册。文稿分十七包，由航空寄往香港商务，历十七日始完。斯年终，香港陷失，不知文稿尚存在否？四五十万言之书抄写非万元不办。著者既无此助力，书局亦不愿印行，思想为之一变。三十一年秋，余在西北大学任教，而城固书少，不愿自逸，复有撰著《中国通史》之意，乃于课暇为之，三十二年夏写成第一册。

第一册凡十九篇，约十五万言。第一篇述我国地理及所受之影响，为我国民族活动之背景。其余十八篇叙述自远古迄于东汉末年之大事。史前社会今为专门学问，非史学家所愿过问。盖史为文字记录，绝非其范围也。著者略言史前，乃综合专家之报告，而欲读者认识现时学术之发达。信史起于商代，自商迄于汉季，凡重要史籍及近人论文为著者所能得者，无不参看。其所著之通史，注重政治制度之演变、领土之开拓、户口之消长、社会经济情状之嬗变、宗教思想之改进、学说文艺之发达等，并求其交相影响之势力，说明其与政治大事发生之关系。夫一国政策之决定，或推行之制度，多非偶尔之事，乃环境所造成，或长期演变之结果，而当事人不过审其利害得失，作一适当之决定而已。此书系综合叙述，唯欲读者明了各时代之社会，及中国民族演进之过程也。

书写成后，余以现时抽版税之报告不尽可信，欲自印行，苦无款项。去岁夏商于金陵大学景唐校长，承其允借一万元。但以款不敷用及其他事故，迄未付印。十二月通史班学生有力说余付印者，并代访问印价等事，始复有付印之意。印费大部分系学校借款及预约收入，著者自筹其余。本书原有十九万字并加标点，竟以筹款困难删去四五万言，废去标点。书以印行册数不多，成本昂贵，售价不免稍高，著者颇以为憾。但亦无可奈何。斯书之印行，同事陈锡祺先生亦有力焉，皆深感谢。若书能有销路，第二册当可于年内问世也。

陈恭禄自序于成都
一九四四年元旦

《中国近代史资料概述》原序

我在南京大学讲授中国近代史史料介绍一门课程，苦无教本，乃因需要而编写提纲，经过数年来的修改，并充实内容，成为文稿，定名《中国近代史资料概述》。初为七章：第一章为绪论，第二至七章分别评介各种主要的史料。后以研究史料为写作论文或为著书立说准备条件，这门课程原为同学熟习近代史史料，并能利用它进行初步分析批判，为将来独立研究树立基础。现在同学在学习时期，练习写作，写作论文的方法和步骤，是他们极关切的事件，当有简略说明的必要。我添写了一章，怎样运用史料，名叫写作，成为第八章。我们知道历史论文写作，是史观和史料结合的具体成果。历史是党性极强的社会科学，现为无产阶级政治服务。史观统率史料是正确的看法。历史著作价值的高下，史观常为关键性的问题。本书则以介绍史料为主，读者仍当重视史观。书为历史系学生读物，兼供一般爱好历史读者的参考书。

近代史史料，是多种多样的。古语"汗牛充栋"，不能形容它的数量巨大，还有不断的新发见。史料的储藏，虽比较集中于大城市，但也分散于各地，绝不是一人的时间和精力所能尽见，或全行阅读。我们所讨论的范围，仅就史料的类别，胪列其重要有代表性的，作为例证说明。扼要地说，本书注重第一手史料的介绍，即所谓原料，以当事人所作的报告或记载为主。当时人记其见闻而撰著的书籍，次之。更有一书兼有二者的。当事人记述其亲身的遭遇，就其所知事的情节而论，虽不够全面，但是亲身的见闻，同于事物的观察记录，常比较翔实可信。若系传闻，我们当追问材料的来源，如信息闻自何人，来自何时何地，说者和事迹有何关系等。就我们的经验，平日所知的事迹多来自传闻。直接观察而写录下来的记载,于人类社会,仅是知识中一小部分。即就当事人观察而论,人们所受的教育和训练不同,观察事物,常"知者见知,仁者见仁"。观察家记录发生的印象,既有轻重详略的不同,写作距离事件发生时间的迟早,对于记载的真实性,也有关系。如记载早些,则记忆犹新;历时稍迟,可能便有遗忘。人们记忆力的强弱,常因年龄的高下而有不同,这是客观事实,致记载有一定的局限性,甚或至于错误。

从主观方面来说,人们生活在阶级社会里,受到生活习惯、传统势力的影响,和思想意识的熏陶,培养成为是非、好恶的标准,为其代表的阶级服务,所写作的论著和记载及对于事物的看法,是阶级立场观点的表现,流露于字里行间。斗争强烈时期,更情感用事,失去理智,所作记载成为诬蔑、歪曲的文字。故史料是社会的产物,现实的反映,这是肯定的事实,记载杂有偏见,势所必然。同时,当事人也不可能明了事迹的全面,只能记述其所知的情节。我们用为史料,固当运用阶级观点,对它进行分析批判,也应该参考多种记载,求得事的真象,并能相互补充,相互证明,才能了解事迹过程的全面。

审查史料的真伪,所记情节的虚实,属于考证学的范围,也是研究历史常用的技术方法。我们介绍史料,往往论及它的价值。史料价值的高下,不在作者文字表达的技巧、结构组织的能力,而以记载事迹的真实性为主要的标准。历史工作者从史料中肯定事迹的情节,根据他论著的主题,选择所需要的资料,按照时间先后或其他办法,把它组织起来,更用史观贯串其中,叙述事迹的始末,并说明它的因果及内在的联系,成为著作。考证常为历史写作创造条件。要之,我们介绍史料,不但讨论记载的真实性,还须进一步的分析它的内容。每一记载中有作者的亲身见闻,也有闻自他人,甚或为当时的传说,材料可信的价值各不相同,作者可能将其拼凑而成。我们对它进行研究时,必须参考其他记载,辨别其所记情节的出入,追求其造成的原因,绝不能因一段正确,即谓其他各段都是正确,也不能因某节所述错误,而谓其他各节也是错误,而必须本于实事求是的精神,逐一地进行考证,肯定它的是非虚实。本书仅能举例说明,作为示范。读者平日对于史料追问到底,并多所练习,积久便能鉴别史料。

史料介绍的方法有二：一、按照大事，说明它的主要材料，内容同于专题史料，将其逐一介绍，如鸦片战争、太平天国、捻军等等。另一方法，对于每一种类史料，作综合性的说明。如关于外交史料，我们列为一节，分别叙述三朝《筹办夷务始末》、《清季外交史料》，故宫博物院刊印的各种《清代外交史料》及中外条约等书。我们认为第一方法，区别近代史上的大事，往往不够全面。大事标题下所列举的史料，前后或不免于重出。且同一性质的史料，一再言之，常不为人所欢迎，致效率不高。第二方法，把性质相近的史料，聚为一类，作综合性的讨论，使读者知道史料的内容及其所在地，自行搜集所需要的资料，为独立研究创造有利的条件。本书采取后一种介绍的方法，把主要的史料分别叙述于第二至第七章。

中国近代史史料种类既多，数量又大，还有我们所不知道的，诚所谓"浩如烟海"。我限于政治理论水平和业务知识，全面地说明近代史史料显不可能，只能就所知者作简略的介绍，错误在所难免。文稿写成，同事茅家琦先生及儿子良栋皆曾阅读一遍，并提出有价值的意见。旧西北大学同事陆懋德先生所著《史学方法大纲》，对于我更有影响，皆表示谢意。但书中发生的错误和存在的缺点，与任何人无关，概由我负责。读者有所批评教正，我将不胜欢迎，并愿修正。

陈恭禄一九六三年十二月作于南大

杂 论

中日文化上之关系

(陈恭禄演讲　李卓娿笔记)

(甲) 文化之定义

文化者,人民生活之表现,含包一切思想、哲学、政治、社会、美术者也,夫各国之风土人情、气候习惯不同,而思想、哲学、政治、社会、美术亦随之而异,亚洲古国,中国居一,其东邻日本,受我国文化既深且巨。处于今日中日外交复杂、问题叠生之时,对于中日文化上之关系大概,学者应有相当之了解也。

(乙) 日本文化受中国文化之浸礼

(一) 中日文化上之交通及其媒介

中日文化之接触,有两途径:(一)由日本九洲渡对马岛而至朝鲜,然后过辽东而入中国内部。(二)由九洲入扬子江而至上海,再往扬州,遵陆前进,直达京师。其文化上之媒介可略述之如下:

(子) 属国　周初箕子封于朝鲜(今平壤),中国文化得输入朝鲜。朝鲜东邻日本,日本开国后,与朝鲜互通信使,日本因得输入中国文化。

(丑) 留学生　隋炀帝时日本已派留学生至中国,使臣小野妹子所率之学生,其明例也。至唐时留学生更盛,时有阿倍仲麻吕者,留中国四十年,不肯归国,卒身死异乡。曾作长诗以见其志,诗曰:"衔命将归(辞)国,非才忝侍臣。天中恋明主,海外忆慈亲。状(伏)奏违金阙,骖骖去天(玉)津。蓬莱乡路远,若木故园珍。西望怀恩日,东归感义辰。

平生一宝剑,留赠结交人。"又有吉备者,受业于赵玄默七年,回国时,挟中国古书多本,于日本文化上贡献不少。

（寅）高僧　唐宋时日本佛教盛行,高僧来中国采经者众,奝然于宋时来取《孝经》及中国各种佛经回国,以资参考。

（卯）使臣　日本自古聘报中国,唐时两国文化接触影响最深。朝廷称日本为君子国,日本使臣来朝,享以盛典,且有求必允。

（辰）避难者　明末清初间,明廷遗臣多避难于日本,在日本传授中国学术,朱舜水其一也。

（巳）商人　中国《康熙字典》及《玉海》,于清时输入日本,盖日本求之于中国商人也。

（二）学术

（子）文字　日本开国时,未有文字,西元前二世纪,朝鲜人王仁带中国《千字文》及《孝经》往日,是为日本文字之滥觞。当时以中日言语不同,困难遂生,有主用汉字汉音者,有主用汉字而用日音者,论调纷纷。迨七世纪吉备作片假名,取汉字之偏旁,而假日音。后空海又就草书,作平假名,即今之伊吕波也,其字全本于草书,而假日音,故谓之平假名,平者全也。八世纪时有《古事记》之作,后人以其文欠工,乃模仿中国《汉书》而编《日本书纪》。江户幕府末年,赖山阳作《日本外史》,传入德国,德国图书馆长误为汉人所作,列入中国汇书,此可见日本高深学术之文字,全用中国文字也。

（丑）史书　日本史书仿自中国,援例以证,即可了然。《古史(事)记》之"远方夷狄不受正朔",乃中国史书语气,而日史抄录者也。《日本通鉴》亦全仿《资治通鉴》而作。江户幕府末年,德川光国读《伯夷传》,受文献佚亡之激刺,而作《大日本史》。对于褒贬正统之意,发扬尽致。于日本维新大有贡造。

（寅）经学　日本学者羡中国经学之发达,欲研究之,征百济五经博士段杨尔,后又请百济学者汉安茂至日解经,采用汉唐注疏。至西元一千三百十八年,改用程朱之注说。学者研究五经者,朝廷诏其入朝讲经,处士亦常与焉。

（卯）哲学　中国先秦哲学传入日本甚早。其后深受佛教之影响,主静主敬。明代传入日本,分为两派,宗王阳明者主修养,中江藤树深究之。宗程朱者主学问,藤原惺窝乃其代表也。

（辰）尊孔　七世纪时,日本留学生习见中国尊孔之礼,及归,亦祀孔子,文武天皇建太学,敬拜孔子,仪礼隆重。至十七世纪江户幕府时更张尊孔之风,建孔子大成殿,立七十二哲,及王阳明等牌位,更设祭田,将所入以祭孔。

（巳）学校　日本学校始于大化改革以后,仿中国唐制设太学于京城,立学宫于各地。贵族有入学资格,平民无与焉。

（三）科学与工艺

（子）历书　日本古时无年无月,以花开为春,花落为秋。纪元后五五四年,始由百济输入历书,并请历书博士于百济,以推算年月。七世纪时,查百济历书有误,遂采中国《元嘉历》。后中国改用《仪凤历》,日本又改用之,旋中国改用《宣明历》,日本又仿之,垂用千余年。至十七世纪时,采取元之《授时历》,及明之《大统历》,互作参考而新创一书,曰《贞亨历》。

（丑）水车　水车创自中国七世纪时。日本人羡中国水车之便利,仿造之,号为龙骨水车。

（寅）医学　五世纪时,中国医学已由新罗输入日本。至唐太宗时,日本更直接入中国,互市药材。

（卯）工业　日本初时工业不发达,乏工人,至第五世纪始,求工人于吴,从此织布工、缝衣工、酒工、陶工、冶工、造船工,概由中国、百济相继入日,其政府重工,工业遂渐发达。

（辰）制糖法　唐时中国始模印度制糖,糖业大盛,历年输入日本。日本以利权之外溢也,十七世纪时,将军命人考究制糖法,未得其精,糖味不佳,至十八世纪初叶,长门人永凤富效清人制糖于长崎,得法,糖业日趋进步。

（巳）茶叶　唐人好茶,日人效之,列为珍品,贡于天皇,其初煮茶之法则,煎时和盐用姜。

（午）殉轮　日本开国初年,凡天皇死后,其侍仆必自杀殉葬,用侍死者之灵。至西元后一世纪时,禁殉葬,用泥人代之,实受中国俑之影响也。

（四）音乐与美术

（子）乐　中国古时音乐发达,后衰于三世纪。五世纪时,日本得中国乐工、乐器。六世纪时,吴人吴聪斋又携中乐器入日,教授生徒。七世纪初,日本已有《万岁乐》《河水乐》《菩萨破》《想夫怜》《林乐》《王昭君》《折杨柳》《后庭花》等数十种。

（丑）建筑　五世纪前,日本建筑鄙陋,生活低暗。至西元后四百六十八年始,建筑亭台楼阁,高楼大厦,其工人聘于吴。七世纪时建奈良大佛,美丽夺目,游客叹为观止,此亦受中国之影响也。

（寅）雕刻　北魏时,中国雕刻发达,尤善雕佛,盖于纪元前四世纪,希腊亚历山大王入印度,希腊文化一同输入,迨印度佛教传于中国,中国间接受希腊文化之影响。唐时雕刻更为发达,日本圆仁尝入中国研究云。

（卯）字　日本著名字学家有橘逸势,善隶书。空海善草书。嵯峨天皇仿魏夫人字迹,负有盛名。世谓之三迹。

（辰）画　中国画法,以人物山水著名,明前日人模仿甚力。及十七世纪吴兴画家沈南蘋赴日,留住长崎三年,画花草,日人神代绣江受业门下。十八世纪时,日本人池野无名,得中国之名画,效其笔意,其作类近中国画家倪瓒、黄公望之山水,时人称为日本之倪、黄。

（五）政治思想

（子）天皇　日本天皇治理国家之责任,与中国本同。视民如子,痛痒相关,宫内悬中国殷周贤君之名以自励。朝臣尽忠天皇,不事二主。人民按时纳税,罔问政治。

（丑）政府　六世纪以前,日本受治于酋长。文化改革以后,始采中国中央独裁制,分置百官,行采邑、驿马、信匮、井田、赋税等制。

（寅）法律　唐初日本学者大和长冈来中国研究刑名之学,《大宝法令》亦采自唐制,故其刑法与中国略同。

（卯）都城　日本古代天皇死后,嗣君多即迁都。至七世纪时,受中国影响,奠都奈浪（良）。七代后,始迁入平安,其规模一准长安。

（辰）年号与御讳　七世纪时,孝德天皇即位,仿唐制而建国号,曰大化,是为日本年号之始,御讳亦盛于是时。

(巳)朝仪　九世纪时,天皇曾下诏曰,朝会拜跪常服之制,一本于唐。

(午)纸币　日本于大化改革以后,始有钱币。十五世纪时,仿造中国纸币,种类不一,碍于流行。明治以后,始改革之。

(丙)中国文化受日本之影响

(一)古代影响

中国古代文化,未受日本之影响。惟于明时,杨埙往日学其漆法,及归,中国称之为杨埙漆,颇负盛名。

(二)现代学术

(子)佛教　日人研究佛学比华人殊深切,梁任公近著第一辑所言之佛学,曾取材于日本学者。梁漱溟所著之《东西文化及其哲学》,且不知《大乘起信论》之不可信,再版时,读日书始知之。此外《佛教大辞典》,亦日人之著作也。

(丑)历史　中国第一部历史教科书,译自日本。顾康伯之《中国文化史》,亦多取材于日书。

(寅)名词　二十世纪中国学术名词,多取于日本,手续二字,尤其明证。

(卯)政治　清末宪法之内容,仿抄日本。

(辰)军制　现代中国之军人,多为日本士官学校之卒业生,军队之组织,亦取法于日本陆军。

(三)原因

日本虽列强国,然其物质科学文明,究未若欧美之昌盛,而中国留学日本者数约十万,比别国为多,其故安在耶? 无他,以其地位近,文字略同,而日本生活与中国相去不远,及出洋时不须护照故也。

(丁)结　　论

日本文化虽乏创作而尚模仿,然采取西方之物质、东方之文明,合并而陶冶一炉,其进步遂动全世界之注目。由此观之,一国文化之需求,模仿之精神不可或缺,盖取他人之长,补一己之短,成效自有可观。苟以创作之能力,加入模仿之精神,文化之进步,正不可限量也。

(《金陵女子大学校刊》1929 年第 11 期)

教育的功用

(1934年10月22日在总理纪念周上的演讲)

主席、诸位先生、诸位同学：

今天讲演的题目，是《教育的功用》。题目范围广大，问题繁多，和我们现在没有直接关系，或是我们"无从为力"的事暂且不提。所要讲的，就是根据近数十年来，教育上的改革和趋势，说明高等教育失败的原因和救济方法。

教育这个名词，教育家的立场不同，定义很多。早几年前，我读了一本讨论教育的书，发生了深切的印象。它说："人们平素学习的课程，大部分将或忘去。教育就是那未忘去，尚可永久用的部分。"换句话说，教育不是灌输知识，乃是要有判断的能力，对于一个现象或问题，将其分析，辨别轻重利害，有个适当的解决。中国重视教育，士大夫居于领袖的地位，却不能造福国民，主要原因就是没有判断力。例如拳匪之乱，通常以为反对外国而造成的祸乱，事实上端王载漪假造照会，负有极大的责任。慈禧太后收读照会中有外国要求管理财政兵马，并请太后退位，光绪听政。太后悲愤，召集大臣会议，决定宣战，会议场中没有一人怀疑照会的内容，也没有一人主张再和外使协商，不过悲哀而已。大臣遇着非常事变，不能辨别真伪轻重，平素的时候，也是如此，每逢国际交涉，倡言战争雪耻。他们不知敌国的实力，计划等于儿戏，一次战争，损失大于一次，士大夫实有重大的责任，他们居官"奉胥吏为师"，一事没办，对于兴筑铁路和其他新事业的创办，却尽力反对，设法破坏。

士大夫昏庸误国，推本穷源说，由于所受的偏狭教育，不能认识新时代的问题和环境。他们幼时熟读四书，学做八股。八股的题目，多从四书选出，考官常常截断经文，如康有为应童子试，得题"大草"。"大草"两字出于《中庸》，"天地之大，草木生焉"，考官上去三字，下去三字。考生对于任何不通的题目，都要阐明圣贤的微言大义，三代后典故，不得用在文中，思想无法发展，其他的书籍，也无暇看了，举人不知《公羊传》为何书的，进士翰林也有不知唐太宗为何人的。后来因环境的需要政府创办同文馆、广方言馆等，偏重外国语言，内容腐败，没有养成有用的人才。中日战后，创设的学堂，也多有名无实。京师大学堂的学生，尚读八股，八股废了，疆吏奏称科举妨碍学生的出路，政府诏停科举，学生乃视学堂为出身的捷径。最近高等教育比较发达，倾向于造成专家，可说是个好现象。不过造成的专家，往往缺乏常识。他们常或所学非所用，但常居于领袖地位，今天一个主张，明日一个计划，多不切合国内的情状，不可谓非教育的失败。救济的方法，仍然从教育入手，注意的事件，主要的可分四端。

（一）基本知识　知识数量增加，一人的能力有限，只能就性质相近的，学习或研究某一部分。但在选择之前必先具有基本知识，如学历史的，对于经济学、政治学、社会学等，必当学过。学化学的，对于物理学、生物学等，也应当有相当知识。尤当注意的，人为社会动物，对于国家社会负有责任，公民知识，是人人当有的。

（二）利用本国材料　普通说，学术没有国界。实际上却不尽然。一国科学的发达，往往应付特殊环境的需要，倾向于解决本国的问题。轮船发明，美人说是美人，英人说是英人。关于社会科学，外国的书籍，多引本国的事例。国内科学比较有成绩的，应推生物学和地质学，都是利用本国的材料。我们研究社会科学，尤当适用本国事迹，来解释原理。

（三）切实做去　研究任何科学，都无速成的方法，必须切实做去。现在通常的弊病，教员讲演，学生听讲。一般学生除听讲而外，几乎没有其他工作。他们训练不够，将来遇着新的问题，常或无法解决，如同学数学的，熟读定律原理，不肯练习问题，他的数学知识，决不足以运用。我们学习历史，熟读历史方法，从不利用研究的史料，证明原理，终是无用的。其他科学，都当切实做去，方有结果。

（四）虚心与自信心　　近代学术发达，但个人的知识和能力有限，研究学术的人，必当虚心，遇着困难的问题，须请教前辈，遇有错误当即承认。错误是人们不易免去的，护短辩护，是学术进步的大阻碍，如同我们研究中国近百年史，近几年来，公布了不少的新史料，许多重要史迹的叙述必须修正，如有其他重要史料的发现，我们仍当虚心地改正。关于自信心，我要说的，就是利用科学方法，继续研究一个问题，必有相当成绩，无庸怀疑的。

我们现在处的环境，和古人不同。应付新时代的问题，研究学术的方法，必须根本改变。受过高等教育的，都当有判断力，应付或解决社会上的问题和事变。所当注意的，古人教育，偏重明理做个好人，他们读书不倦的精神，我们也不可抹杀的。

（《国立武汉大学周刊》1934年第214期）

土地利用和我国前途

土地是一国的天然环境，衣食住行没有不受他的影响，我们穿的衣服，吃的饮食，建筑房屋的材料，大都是生于土或出于土的，在古代交通不便的时候，人们受他的影响越大，地形、河流、山脉对于交通也有重大的影响，这都是显而易见，无须举例说明的。我国以农立国，据专家估计，农民约占全国人口百分之七十至七十五，比例之高，是任何先进国所没有的现象。农民耕种褊狭的土地，一年收入大都百数十元，穷苦的还不足百元，所以农村破产，和一般经济状况的恶劣，成为国内的严重问题。改进农民生活情状，或提高一般人民生活程度，是不可再缓的要政，但不明了国内土地的利用状况，计划就不切合于用，今天简略的说明我对于这个问题的意见。

我国地积尚未经过精密的丈量，通常估计作为四百二十八万方英里，占世界面积十四分之一，亚洲四分之一。外蒙、西藏已经独立，失去一百余万方英里，近时失去约五十万方英里的东北四省，所余的地方不过二百五十万方英里左右，其中本部十八省尚占一百五十三万方英里。这指现时领土说的。清初极盛时代，领土极广。道光以后，丧失的土地，东北有黑龙江北岸和乌苏里江以东的广大区域，西北有塔城和伊犁以西的领土，西有帕米尔高原，南有野人山和猛乌、乌得，沿海岛屿有香港、台湾和澎湖列岛，租借区域和丧失的藩属国尚不在内。现在疆域并入外蒙、西藏、东三省计算，和前比较，已大削小，但是人民耕种的土地，却比先前广大的多了。明显的原因，是清廷初受传统的思想束缚，禁止人民开垦边地，后来人口增加，无法解决生活问题，造成了大乱，更受外人的压迫，不得不改变政策，开放禁地了。现在说明开放的经过。

元明二代沿海诸省原有海盗常来滋扰，政府防免奸民和他们勾结，严管国际商业，明帝并迁徙沿海住民居于内地，放弃沿海岛屿。清初也是如此，康熙收复台湾，并不愿设官治理，积极的经营，但防海盗占据，乃在台北设了一府三县，去城不足百里，便是生番居住的地方，禁止汉人前往番地，内地人民也不准渡台。清季日本谋占台湾，政府方才改变政策，准许内地人民去住，割台的时候，汉人已增至三百万了。其他岛屿如舟山群岛，也禁人民开垦，建筑的房屋官吏可以放火焚毁的，后来禁令也渐渐的废弛了。东北三省是满清发祥的地方，除去放逐罪人，通常不许汉人出关的。可是满人弃地不耕，汉人为着生计压迫，有从海上去寻工作的，不过总是极少数的人。政府后因俄日的侵略，开放了禁地，东三省的人民，便大大的增加起来。据可信的估计，一八九〇年（光绪十六年），人口六百万人，一九〇〇年（光绪二十六年），增到了一千二百万人，一九二〇年（民国九年），约二千四百万人，现在约有三千万了。东三省人口增加快的原因，就是出关的人数激增，民国十六至十八年，平均计算每年出关约有一百万人。其他属地也多在清季开放的，内蒙古是个好例。内蒙古原是蒙人游牧的地方，不准汉人开垦，但是蒙人不善营生，汉人迫于生计，乃私租地耕种，渐渐的买得了所有权。河北和山西北部添设州县便是他的结果，张家口和独石口的开辟，是个例子。清季朝廷改变政策，奖励汉人徙住外蒙，可惜时间太短，全失败了，但是汉人移居内蒙古，总算成功。对于西康，政府也有同样的努力。本部十八省内，西南苗民居住区域，也有改土归流的，清初用兵在贵州设了六州，和清季广西恩隆县的成立，都是明证。

根据上面引用的例子，国内耕种的土地，比前广大的结论，是无可怀疑的。现今耕地约有多少，实是值得研究的问题。据官书纪载，顺治十六年（一六五九），耕地凡五万四千七百万亩，雍正二年（一七二四），共六万八千三百万亩，乾隆三十一年（一七六六），共七万四千一百万亩，民间当有隐瞒，但是数目断不能大的。光绪末年，海关总税务司赫德建议整顿田税，称中国除新疆、蒙古、东三省外，宽长各有四千里，面积应有十六兆方里，每里按照五百亩计算，十六兆方里，应当有田八千兆亩。八千兆亩就是八十万万亩，而户部计田只有七万万亩，相差十倍以上,无怪张之洞称他毫不可靠。赫德的错误,一不知道古今亩的不同,一认所有的面积都是可耕种的平原。后来美国派遣农业专家巴克(Barker)来华调查,巴克以为耕地占面积百分之二七·四,估计田地约七万万英亩,每一英亩合华亩六亩,照此计算有田四十二万万亩。巴克虽是专家,对于中国地理和内地情状,并不熟悉,耕地占百分之二七·四,实在太高,据地理专家克莱赛(Cressey)的估计,耕地只有面积百分之十五。我们展开丁文江等所编的新地图一看,就知高原和山脉的多了。据民国五年农商部的估计,国内耕地约十二万六千万亩(二万一千万英亩),专家方面,有铁道部顾问贝克(Baker),农业经济专家卜凯(Buck),和统计专家刘大钧的估计。贝克久在中国办理赈灾,留心土地利用的问题,估计耕地约一万八千英亩,合华亩计算,凡十万零八百万亩,卜凯估计耕地约二万六千三百万英亩,合华亩计算共十五万七千八百万亩。刘大钧估计有二万五千三百万英亩,合华亩计算,凡十五万一千八百万亩。综合官书纪载和专家估计,国内耕地大约有十二万万至十六万万亩,和清初比较,增加两三倍了。

耕地增加了两三倍,而人口增加得更快,据官书纪载,康熙五十年(一七一一)直省人口二千四百万,乾隆四十五年(一七八〇)增至二万七千七百万,嘉庆十七年(一八一二)增至三万六千万,道光末年(一八五〇年左右),超过四万万了。人口增加十倍以上,大多数的人民,依然耕种田地,可是田地有限,不够分配,生活困难,遇有水旱的灾难,不肯束手待毙,酝酿成了太平天国和捻匪等的大乱,屠杀了二十四年,人口减少了三分之一,方才安定。乱后耕地有余,人口复行增加,主要的原因是受了传统思想的影响,男女结婚太早,生产力强,所以数十年后,又有人满之患了。一八九四年(光绪二十年),孙中山先生上书李鸿章已经说得明白,问题到了今日,更为严重。国内人口尚无可靠的统计,专家和政府机关的估计,各不相同,大概现在超过四万五千万了。耕地不过十二至十六万万亩,平均计算,每人不过两三亩。更当知道的,新开垦的地方,多在北方,长城以北气候非常的寒冷,到了春天三四月,冰雪方才溶化,一年收成只有一次,不能和长城以南的土地相比的。江苏一带的农民,一家耕种的田地,大半不出十亩,有了十亩就算小康之家了。

北方种植旱谷，一家耕种的土地，或者比较南方多些。但是生产谷类的所值，或不如南方的。人口密度，本部十八省内，平均计算，每方英里约二百五十人，比较英德等国，虽不算高，但是他们的耕地，约占面积三分之一，工商又极发达。我国缺少广大的平原，人口繁密的区域，或在大河经过的地方，或在沿海一带。所以山东密度每方英里至六百余人，外人赈灾委员会报告说有多至六千人的。每年收入不足百数十元，作为全家的衣食费用，生活无法改善，遇着灾荒，虽牛马生活，也不能维持了。

这种穷困悲苦的生活，是我们常见常闻的。古时解决的方法，常为大规模的屠杀，或死于因战事而生的疾疫饥馑和流亡，明末的流寇，和咸丰、同治年间的内乱，都是例子。一治一乱常是人口造成的。吾人决不愿历史上的惨剧，再行表演，现今解决的建议可分三项。一移民——边省荒地尚多，政府可移民开垦，并充实国防。事实上东北移民，并没有解决黄河流域人口过剩的问题。现今失去的四省，不能移民了。察哈尔、绥远等省的荒地，受地形雨量的影响，据地理专家的估计，移民不能超过一千万人。西北也受气候影响，沙漠附近终年无雨，可耕的区域并不甚多。西南荒地可以移民的，也是有限。海外移民更不可能了。二兴工业——我国工价低廉，政府保护实业，实业当然发达，因可解决人口问题。这种希望绝不易实现的。我国缺乏火油，铁的产额并不丰富，铁矿百分之九十尚在日人手中，煤的产地距离工业区太远，资本技术方面都有困难，又和外人竞争，将在何地寻找市场呢？海外市场不易插足，制造货物不过供给国人的需要，安插数百万人，就不易了。三奖励农业——我国以农立国，而农植物每亩的产量，除米而外，比较任何国家为低，肥料的施用，种仔（子）的选择，害虫的除去，荒山的植树，河堤的修筑，塘闸的兴筑，直接和间接都可增加生产量的，但此种种改良，也有限制的。

上面说的办法，虽都有限制，倘能同时进行，对于农民生计，当有相当的改善。我们尤当注意的，我国人口自然增加率，据金大农业经济系的调查，为百分之一·四三，全国人口姑作四万五千万计算，一年增加的人数有六百四十万人，将来公共卫生进步，死亡率降低，农业利用机器,商业合理化,人民失业或无业的问题,必更严重,所以非普遍的节制生育,人口将继续的增加,所有提高生活程度的计划,绝不能成功的。节制生育已在先进国实行,我国如何实行,虽是个重要的问题,但非现在所能讨论的。最后我要再说一句,一国生活程度提高,生产事业的进步,必须在人口增加速度之上。我国一切经济问题,多生于生产事业的落伍,人口的增加无已。我们明了困难症结的所在,节制生育迟早是必实行的。

(《独立评论》1935 年第 181 期)

欧战与石油

自希特勒执政以来，欧战之将再起，久在识者意料之中，而德一再施其恫吓，兼并土地，英法无如之何。其原因虽极繁多，而德战斗力强，尤以陆军、空军为甚。英法政治家不得已而容忍，惟力扩充军备。英立国于岛上，其采取之策略，则维持优越之海军，海上之交通不致为敌国所阻碍，更扩充空军，求与德国平衡或驾而上之。法国陆军原有名于世界，惟太偏重防御，高级军官过于守旧，致机械化之部队设备不如德国。其所恃者为马其诺防线，更将其延长，以为铜墙铁壁，德之非有极重大之牺牲，将不能攻入法境。故自德攻但泽，英法对德宣战以来，军事方面，英法未有积极之行动，而注重军火生产量之增加。经济方面，利用其海军封锁德国，使其军火原料、粮食等不能输入而致崩溃乞和。其国内之舆论颇为不满，张伯伦、达拉第之迫而先后辞职，职由于此。其继之者虽欲以全力作战，而为时太迟，准备不及，致处于被动防御之地位而失败也。

英法作战之计划，初欲避免大规模之进攻，而能稽延岁月，使空军强于德国，军火储藏量增加，陆军之战斗力加强。且信封锁足以制德之死命，实则封锁虽为有效之武器，然非短期内所能见效。盖德豫备战争已久，力谋经济自给。其原料运自外国者，已有大量之储藏也。德国人口九千余万，而英本部四千七百余万，法本部四千二百万。二国合计尚不及德国人口之多，陆军人数因不若其众多。德国壮丁服务兵役，当影响其农业。德原以工业立国，本国生产之粮食，平时不足供给本国之需要。战时所缺少食物之数量将必更多。战争之胜负，武器常为一重要之因素，大规模之生产与使用，尤其明显之事实。军火之基础原料，有钢铁、铜、镍、锡、钨、橡皮等,燃料有煤和石油。

德国钢铁业颇为发达,而本国生产之铁砂,不足供其需要,每年自瑞典运入者有数百万吨之巨。战时民间需用之钢铁,当可节省移作军用。军用之钢铁虽视前增加,需要之铁砂,当有增无减。瑞典输出铁砂之海港以冰冻之故,惟夏季便于运输,他时则自挪威出口。铜之储藏量,德国甚少。镍之产地为加拿大,锡之产地在印度支那半岛,钨矿非欧洲所有。橡皮之主要产地为南洋群岛。燃料方面,德国政府统制甚严。其出产之煤供给本国尚有所余。石油德国之产量无几,而其储藏之多寡与来源之有无,足以决定一国之命运。德国于其所缺之基本原料,皆有大量之储藏,战时耗用甚巨。无新来源,历时二三年,将有用尽之虞,此战时初起英法人士之思想。故二国海军封锁德国,法令益严,违禁物品益多。德国海军远非英法舰队之敌,海上交通为英法所控制,其需要之原料,多无法运入,利在速战速决。英法属地遍布于世界,又得资源极丰富之美国物质上之援助。其需用之军火原料,有取之不尽用之不竭之说,利于持久战。此本年春季之形势,而事之演变,竟出于一般意料之外。

德国击败波兰后,西线未有大规模之进攻。英法人士以为本年春季,将有空前之激战,而德竟先出兵袭取丹麦、挪威。丹麦国小,既无抗战之准备,又事前不知德军之进攻。挪威亦不知外患之将至,国社党于其境内,活动已久。德国渡海进攻之计划严密周到,挪威之主要港口,几同时为其所占。英法遣军赴援,而为时已迟,海军虽有胜利,然终不能断绝其接济或改变不利之形势。德联俄更进攻比、荷,其机械化部队飞机之多,为前此所未有。二国要塞炮台皆于短期内陷失。德军乃得避免马其诺防线正面之战斗,而击破其外延,乘势深入法境。法国形势危急,意大利更加入德国对英法作战。巴黎不守,而法国事不可为,迫而屈服请和矣。

德陆军自去年作战以来,可谓战无不胜,攻无不克。其胜利之收获,颇足以解决一部分粮食原料缺乏之问题。丹麦、挪威农业有相当之发达,今皆为德所统治,余粮运输德国,自无问题。其统治下之丹、挪政府,又得统治粮食,使民节省,而剩余更多也。巴尔干半岛诸国,颇有粮食输出，尤以罗马利亚为甚。罗马利亚初为英国与国，受其保障，现鉴于国际形势之剧变，转而亲德。其剩余之粮食将全部或大部分运往德国。苏俄粮食水陆皆有运德。德国粮食一时自无缺乏之虞。波兰为德所征服，其矿业未及破坏，煤、铁当皆为德所利用。挪威战败，瑞典多所顾忌，夏季铁砂自其海港直接运德，未有困难，他时船沿挪威领海驶行，将受潜水艇之袭，仍有相当之危险。惟自比、法战败后，二国之铁矿，德国可充分利用，钢铁将无缺乏。其他矿物虽为制造军火之原料，然其需要之数量，远不若煤铁数字之多，有可自中立国转运至德者。加以平时大批之储藏，短期内当能供给需要。其将成为严重问题者，则为石油，近时亦有所获。

　　上言之事实，皆有利于德者，意国加入战争，更增强其战斗力。其人口凡四千三百万，政府准备战争已久，对德应有相当之助力。其为德国征服之诸国人民，皆可强迫其为德工作与服役，其所占据之敌国兵工厂，亦可充分利用制造军火。而英一国竟敢断然对德、意抗战到底者，固由于此时议和，势须接受希特勒之和平条件，而德于欧洲将有支配之势力。英处于次要之地位，将来之危险更多，力不能对德作战，而惟屈服忍受而已。故不惜重大牺牲，而以全力作战。其政治家且谓最后胜利，必属于英。其所以具有此信心者，一由于广大之帝国，拥有世界丰富之原料，优越之海军维持海上之运输。二由于美国之援助，美国矿产丰富，工业发达，可为大量军火之制造。三由于德、意缺乏军事需要之原料，尤以石油为甚。英国封锁政策，将收重大之效果于将来。第一、二原因尽人所知，无庸赘言。德、意需要大量石油为一事实。作战缺乏石油，即战争之利器，将多失其效用。石油供给之多寡，足以影响欧战之胜负，决定大部分人类之命运，试□说明于下。

　　石油为极重要之原料，用途益为广大。一九一四年，世界运油船共一百五十万吨，出产之石油凡五千六百万吨。一九三九年运油船增至一千二百四十万吨，产油二万八千万吨。二十五年之中，石油产量增加五倍，运油船增达七·六倍。其明显之原因，世界主要之石油地，集中于七八国，而欧亚工业发达之国需用之石油，皆自其地运往，石油需要多而运输船益多也。据一九三八年《政治家年鉴》记载，列主要产油国之产量于下表。

	一九三五年	一九三六年	一九三七年（以百万吨为单位）
美	一三四•五	一四九•三	一七三•〇
苏俄	二五•二	二七•八	二八•六
凡里苏拉	二二•〇	二二•九	二七•〇
波斯	七•六	八•三	一〇•二
罗马利亚	八•四	八•七	七•二
荷属东印度	六•一	六•四	七•二
墨西哥	五•九	五•九	六•六
伊拉克	三•七	四•一	四•一
其他	一二•八	一三•九	一六•一
合计	二二六•二	二四七•三	二八〇•〇

世界石油产量，以南北美洲为最多，占总数百分之七〇以上，美与墨西哥皆在北美洲，而凡里苏拉 Venezuela 则在南美洲，其石油皆非德、意之能直接运入。波斯、伊拉克亦难。荷兰现与德、意为敌国，政府迁英，其属地石油等物，当供英作战。苏俄石油矿□量，据专家之估计约六十三万七千万吨，逾世界总数之半。而一九三八年，苏俄产□三二•八百万吨。一九三九年，三六•二百万。一九四〇年，最多之估计，盖约四千万吨。罗马利亚之产量，未有重要之增加。二国石油运入德、意，非英海军所能阻挠。此世界石油产量之分布情状。其得直接输入德国或为其所能利用者，惟俄、罗之出产而已。

工业之需用石油者，视前增加。军事方面需用尤多。海军无石油为燃料，则不能作战。德国施用潜水艇袭击英军舰、商船，无石油将不能行动，坦克车、军用卡车、摩托车、炮车无不需用石油。飞机亦然，其需用之油，系提炼而成，以美国之产量为最多。陆军作战，现以机械化步队摧残之力为最强大。据专家估计，每机械化步队一师，每日耗用石油□万加伦，合吨计算，凡一百万吨。大战时耗用石油之量数至巨。承平之时，德国需用石油七百万吨，其政治家准备作战，深以战争起后，石油之来源断绝，奖励本国制油。其科学家设法以煤炼油，已有相当之成功，惟其成本较高。政府为自给自足之计，固不惜重大之代价，而希望其实现。惟飞机等需用之石油，尚无以代替之者。一九三八年，其输入石油约五百万吨，而本国制造之油二百余万吨。大战之前储藏石油之量数，当必增加，然无新来源，终有匮乏之一日，则胜负定矣。

德政府深知其然，统制燃料甚严，战事爆发之前，民间汽车已不能购买其需用之石油。战事发生后，管理当益严密，非与军事有关，则不得使用。石油之耗费当大节省。波兰有不少之石油田，虽其储藏量不甚丰富，然不无重要之补助。乃德与苏俄瓜分波兰领土，苏俄所得之油田，占百分之七五，而德所得者，仅占百分之二五，当无补于实际。英法封锁德国之初，石油自中立国运德者。及限制中立国之贸易，石油之输入，受其限制。顾处于非常时间，与德为邻之中立国，皆可节省其耗废之石油，而以之运德，且战前中立国多有□藏，运德将获重利，转运自所不免，封锁非行之已久，功效殊微也。本年德据丹麦，据英专家计算，得石油三十万吨。其在挪威亦有所得，惟量数不甚多耳。荷兰、比利时战前，每年运入之石油凡二百七十万吨。德据有二国，比之石油为其所有。荷兰于兵败时，焚烧其一部分，德军所获，仍有可观。法国战败乞和，其储藏之石油，当迫而交出供给德国。贝当政府顷下令限制使用石油，一则由于来源断绝，一则为德利益，而以所余给德也。英专家估计，一九四〇年德国尚有储藏之石油六百万吨。其供给本年之耗用，自无不足之虞。

另一方面，储藏要有限制，非有新来源，则将于一二年用尽。英国采取之策略，一为轰炸，凡德之炼油厂及储油池，为其轰炸之主要目标。据八月六日伦敦广播，德机在英投炸弹七千枚，英机在德投弹三万五千枚，曾于二日轰炸一德炼油厂，投弹十四吨。此不过其中之一例。储油也被炸焚烧，火光之强，九千尺□上之航空员尚可看报，此英发表之报告，且谓其不止一次。法国炼油厂，亦为英机所炸，使其不能炼油，供给德国。德方损失现不可知，要亦相当之重大。将来飞机轰炸，损失当更惨重。炼油厂全行炸毁，亦不可知。二为封锁，封锁德国，初尚顾及中立国之利益。近闻英国政府严禁其国人，与德、意邻国及其势力所及之国贸易。军用原料当难自中立国转运德、意。其主要漏洞，一为海参威，一为西班牙。军火原料自海参威运德者，量数颇巨。英国久欲将其封锁，以其将或引起严重之问题，迄今尚未实行。西班牙为转运之地，则为时不久。最近美国禁止石油运往西半球，对于德、意更有相当之重要与影响，封锁视前益有效力矣。

更自意大利参战而言，其执政未有高尚之思想，而唯欲乘机多得领土与利益。其地理位置极便于英国之封锁，直布罗陀、苏彝士运河，为其通大西洋、印度洋之口，皆为英所有也。意国地狭民贫，基本工业原料及军用材料皆不足用。国中无棉花、橡皮、煤与石油。铁砂、钢等之出产亦无重要之可言。其守中立之时，英不能阻挠其运载原料入国，意以剩余接济德国，在所不免，亦为英法所知，乃为封锁之一大漏洞，后欲限制其贸易，而商约未能议成。其加入德国作战，而时法军将为德军所击破，已成明显之事实。德军之胜利，固与之无关，参战之后，为英海军所封锁，本国与非洲属地之交通，且告断绝。其储藏之军用原料，虽有可观，然将不久用罄，则无可疑。其政府将于六月一日，禁止汽车使用石油。据英人估计，一年将节省石油四十五万吨，其全国一年所需，盖已有数百万吨。德国已感石油不足，当不能以其所储藏者给意。意需要其他军用原料，更增加其困难。故意之作战，自现时情状而论，无补于德。自原料耗费及接济而言，反而为德之累，固吾人所当知者也。

于此现状之下，德、意石油之供给，当为最严重之问题。外国石油能为其所得者，惟罗马利亚、苏俄，已如上述，罗国石油矿之经营，系英投资，其工程师多为英人。二国之关系原甚密切，英保障其独立，近时罗为环境所迫，割让土地，转而投入德国怀抱，不受英国保障，拘获英人，或驱逐其出境。其与英国契约关保，每月应给英石油十万余吨，而每月给德者亦十万余吨。英国近不能得罗油，罗油运德者，量数当有增加，惟交通不便，运输不无困难。德必尽其力之所能为，而使罗油运德，且必设法增加其生产，而使运德之油益多也。英自不能忽视其利益，而听德得其一部分需要之石油用之对英作战，曾向罗提出严重抗议，有断绝邦交之可能。第一次大战，罗自炸毁开采石油之工程，今日飞机将其轰炸，亦非难事。故罗政府非满足英国一部分要求，殆不能维持二国之外交关系。夫□，罗出产之石油，仍须给英，则德所得，自不能多。即使罗国一年给德二百万吨，而德缺乏之石油仍多。于现情形之下，二百万吨石油运德，犹多困难也。

德国不足之石油，苏俄能否予以接济，亦为问题。苏俄油产约占世界总数百分之十二。一九三八年，德运入石油约五百万吨，而苏俄油仅占百分之一·六，几无重要可言。其年苏俄产三千万吨，而出口之油，仅一百二十万吨左右，余皆供其本国需要。其先俄欲创设其重工业，以其出产货物出售外国，而以所得之款购买机器。一九三一年，出油二千万吨，而运往外国凡五百余万吨。吾人若以此为例证，苏俄运德石油，增至七百万吨，似非难事。英法曾以之为虞，遣侦察机至苏俄巴库油田观察，驻重兵于小亚细亚，轰炸巴库油田，原为可能之事。今则形势剧变，英方谋改善对俄之关系，实则共产主义之国家，对于民主国及独裁国，皆视为一丘之貉。希特勒执政，一再以反共为言，其所著之《我的奋斗》，公然言欲并夺苏俄土地。现时苏、德虽维持友善之邦交，而疑忌之心反未尝泯除，各欲利用机会扩展势力兼并土地。苏俄外交当局一再宣称对于战争保守中立，斯丹林为其本国利益，是否愿以大量石油供给德国犹为问题。自其国中需要而言，异于一九三一年之情状，其国中现时马匹数字，仅及一九一六年百分之四十六。其先时农家多用马耕，并用之运载农产品，近以机器代之，其燃料则为石油。石油因为苏俄农业必要用物。其工业视前发达，而耗用之石油，亦有增加。若以大宗石油运德，将增加人民之困难，且其交通不便，运输亦有困难。尤有进者，苏俄与芬兰战争，耗用之石油数当不少，更为防其邻国之计，大规模扩张军备，亦必有所储藏，供其本国之用。英人估计苏俄一年或可运石油二百万吨至德，然仍不足供给德国需要。若何满足意国需要？亦将成为问题。石油缺乏，对于军事，自有重大之影响。

英国对德战争，虽初处于不利之地位，而海军统制海上交通，德机械化步队，坦克车队皆无法逾越海峡进攻。据英撤退在比被围军队三十余万之经验，大小船只载运多至千只，历时数日，而重兵器仍无法运回。自法渡英，其路程较短，时间减少，而英于主要海口，必安置水雷。大军渡英，非短期内所能完成，登岸人少，将为防军所歼。多则无法运往,即使侥幸成功,重兵器之运输,军粮之供给,皆有重大之困难。且德之战胜,其拥有较多之飞机,为一原因。近时英国飞机之产量大有增加,而美国制造之新机,多为英所购买。空战之结果,英常处于胜利之地位。英国称其制造之飞机及驾驶之人才优于德国。今日之战争,管理一国领空者,则胜利属之。德之飞机,不能战胜英机,则攻英之计划,将难成功。英德互相轰炸,兵工厂、飞机厂皆为目标,而英属地新设之飞机厂,则不受其影响,而扩充益力。将来英飞机之量数过于德、意,殆无可疑。

英国之粮食及军用原料、军火等物,或自殖民地运入,或购自美国。护航制度行之颇为有效,德国潜水艇袭击之策略,已告失败。德人宣称自开战十一月以来,击沉英船四百万吨,而英人则言一百万吨。真相虽不可知,而德报告多为宣传之辞,言之过甚,当所不免。英船吨数,一九三八年凡一千七百八十万吨,属地船共二百九十万吨,近时制造之新船更多,其所沉者,仅及总数百分之五。另一方面,德据丹麦、挪威,其在外国之船只,皆为英人所用。挪威船业发达,供英运载之船四百五十万吨。荷兰二百五十万吨,亦为英所使用。法国船不足三百万吨,乞和后一部分为英扣留。英运输船只视战前增加约百分之四十。英国海外之接济,时可源源而至。德、意不能击败其海军,固不能阻挠其海上交通也。

英、德空战益为激烈,英并准备应付德军之进攻,储藏及需用之石油益多。其本国未有出产,而皆运自海外。波斯、伊拉克、荷属东印度所出产者,皆可供给英用。美禁石油运至旧大陆,加拿大仍可向美购买。飞机汽油供给,自无缺乏。石油自为重要燃料以来,有专船运载,即前所称之运油船也。挪威有二百六十只,约二百万吨。荷兰一百只,约五十万吨,皆为英所有。英原有三百余万吨,合计凡六百万吨,逾世界总数二分之一。运输英国需要之石油,当有余力,而英国石油自无缺乏之虞。

英国拥有广大之富源——强有力之海军,维持其海上之交通,军用原料之供给,源源而至,当利于持久消耗战。德、意为英封锁,原料缺乏,当利于速战速决。现时二国所处之地位求主力战斗,实不可能。其

□藏之粮食原料,皆有用尽之可能,自处于不利之境遇。现代战争胜负,决定一国之命运,所谓民族生死之奋斗也。双方各以全力应付,求得最后之胜利。德国为其自身利益,对于征服国之粮食原料,当必多方夺取。其人民之能否维持生活,则不之问。波兰人民饿死者迭有报告,而荷兰、比利时亦缺粮食。战争持久,则欧洲大陆上人民们所受之痛苦,将必更甚。此为封锁下不可避免之事实,而对于德、意益不利矣。军用原料及石油之缺乏,将为严重之问题,或进而为决定其命运之因素。

(《世界政治》1940年第5卷第16、17期合刊)

远东之人口问题

亚洲为世界最大之洲，人口亦以其为最多，尤以远东为甚。远东系与近东相对而言，指印度、缅甸、暹罗、安南、马来半岛、南洋群岛、中国、菲列宾群岛、日本等地。印度、中国为文化发达之国，而皆不能取得其应有之地位。日本虽称雄于东亚，然其基础犹不甚巩固。其他各地或为强国之藩属，或为其殖民地。暹罗虽为例外，然亦无若何重要。远东诸国不能居于领袖或指导之地位，原因极为繁杂。欧美人士游历于其地者，常言其人民贫穷。贫穷为远东人民之一症象，为不可否认之事实。其所以造成者，或言为工业不发达，或言为实用科学不进步，或言为人民懒惰，或言为气候不适宜于人生。凡此解释，虽足以使吾人认识现象之一部分，而其最重要者，无过于人口之增加过于生产事业之发达。此为一种假设，若果为事实，远东人民生活程度提高，将极困难。世界第二次大战，评论家常言为经济所造成，《大西洋大宪章》言战后物质公开，所以促进人类之幸福。吾人非知远东困难问题之症结，将不能有所改善，兹将其分析，论之于下。

地球面积共一九七〇〇〇〇〇方里。陆地约四九二五〇〇〇〇方里，占总数五分之一。亚洲面积为一七〇〇〇〇〇〇方里，约占世界陆地三分之一。远东诸国及列强属地不足亚洲土地二分之一，而其人口约十万万。世界人口共二十万万，而远东所占之土地不足世界陆地六分之一，而人口若是之众多。兹为便利之计，列表于下。

国别或地名	土地面量（方里）	人口
中国	四四八〇九九二	四五七八三五四七五
日本帝国	二六〇七七〇	九七六九七五五五

菲列宾群岛	一一四〇〇	一六三五六〇〇〇
荷印	七三五二六七	六〇七二七〇〇〇
安南	二八六〇〇〇	二三八五三五〇〇
泰国（即暹罗）	二〇〇一四八	一四四六四四八九
马来半岛	五二六六九	五四九四〇〇〇
缅甸	二六一六一〇	一四六六七〇〇〇
印度	一八〇八六七九	三五二八三八〇〇〇
英属婆罗洲	七七一〇六	九九六〇〇〇

上表所列数字，系据一九四一年《政治家年鉴》。诸国中以我国土地为最广大，人口亦其最多。其所据者，为我国内政部之报告。户口数字，非据调查，而为一种估计。吾人现无其他可信之资料，唯有据之讨论。《年鉴》分我国为数区域，虽极牵强，然颇便利吾人讨论，兹引之于下：

区域	方　里	人　口
本部	二一九七七〇六	四一八三四七八四八
东北四省	四八二四四〇	二九三二七九二七
蒙古	六二五七八三	二〇七七六六九
新疆	七〇五七六九	四三六〇〇二〇
西藏	四六九二九四	三七二二〇一一

本部不足全国面积之半，而人口竟逾四万万。其肥沃之耕地，则为冲积平原，其所占之地，盖不足百分之二十。其物产供给四万万人之需要，当不足用。农民为生计所迫，至耕种生产贫瘠之山地，而有所谓梯田。自土地生产而论，常得不偿失，农民生活之苦，论者言其同于牛马生活，实非虚语。东北四省，地旷人稀，日人估计其面积与人口，与内政部所发表者颇有出入，称其地五十余万方里，人口三千六百九十余万。其待开辟之荒地，数尚不少。其人口之激增，多由于移民，而徙居于东北者，多为河北、山东、河南诸省之人民。其他人口之密度并未减低。此足以证明移民常不能解决人口过剩之问题，以生产率高，不久即增加也。蒙古、新疆、西藏地虽广大，或为贫瘠之高原，或为沙漠不毛之地，或为雨量不足农植物生长之区域。退一步而言，即能徙民，而数极有限也。

印度人口之多，仅次于中国。二十余年前，其人口约三万万，而今增至三万五千余万。其地气候炎热，物产丰富，故其土地虽一百八十万方里，而竟能养三万五千万人口。虽然，土地生产力实有限制，印人生活之贫苦，亦事理之当然。其印度教徒不食肉食，身体羸弱，疏食能养较多之人口，交构成此种现象之一原因。

日本本部面积凡一四七七〇二方里，人口凡六千九百余万。其地山多，而平原少。可耕之地盖已耕种，论者称其不足全国面积五分之一。据此计算，人口密度实已甚高，而其政府采行之政策，则奖励人口之增加，要不过为战争着想，非为人民之利益与幸福也。其属地与本部相比较并不为小，人口约二千余万。其地旷人稀者，日人并未作大规模之移民，其采行之移民政策，亦未见成功。论者称日本人口过剩，为其侵略之主因，而统治者唯恐其少。及日美战争，日本占据物资丰富之荷印及马来半岛等地，其政府宣称一家须有子女十人，政府将津贴其学费。其通信社一再言统治新得之土地，日本有增加人口生产率之必要。其思想或政策之实行，将置原有人民于何地，殆不过取而代之，此将增加人类之痛苦，亦为国际间严重之问题。

安南、缅甸、泰国面积皆甚广大，而人口密度皆不甚高，然其地气候炎热，不适宜于人生，人民工作不能若他地之勤劳。此限于天时，而常不易有所改善。且其开辟之地，多为森林区域，为野兽或部落社会人民所居，雨季时疾病流行，开辟当非短期内所能成功。菲列宾面积小于上列三地，而人口仅少于安南，多于缅甸、泰国。其地自美国统治，为时不过四十余年，而人口已有重要之增加。其增加之程度，将受其土地生产之限制。其资源饶富，暂不能限制户口增加者，当为荷印。荷印共七十余万方里，而爪哇及其附属岛只有五万方里。其人口四千一百万，约占荷印人口六千万百分之七十。荷政治当局曾称爪哇全部开辟，可容八千万人。据此计算，其荒废之森林区，当可容纳不少之人口。土人现已增加，于寻常状态之下，自不能无限制容纳外人入境也。

就上叙述之事实而论，远东除荷印等地而外，耕种或生产之土地供养约全世界二分之一之人口，其人民生计困难，乃为意料中事。贫穷为远东人士之症象。其耕种之土地太少，当为构成此现象之一重要因素。

中日战前，日人盛大宣传其人口过剩，美人曾有主张中国应许其开采资源者。此全由于不知远东问题之真象，更不知我国人口问题之严重，过于日本。无论若何，此次世界大战，与人口增加及夺取资源，有密切之关系，则为确定之事实。英美政治家欲于战后树立永久和平之基础，《大西洋大宪章》则其积极之表示。其经济建设之主张，则开放世界资源。此所以解决欧洲问题，并欲德人改变观念，而与远东问题之解决，并无重要之建议。盖德为工业极发达之国家，其制造之物品，可易得必需之原料。远东工业发达之国，唯一日本，其制造之货物，价格较为低廉，仅能销行于人民购买力低弱之诸国，自不能与德竞争。工业尚未发达之诸国，惟有以其农产品及其他剩余之物，换易必需物品。承平时，国际贸易无论其采行何种制度，而其实质则同于物物交换。例如我国购买外货，乃系土货所换得，货币不过为其媒介。入超于通常状态之下，绝不维持长久。我国外货入超，历时已久，而能维持者，论者以为华侨汇款入国，为一因素。其款额是否足以维持国际贸易之平衡，实不可知。我国贫穷，人民之购买力低弱，当亦与之有关。换言之，一国生产物品之量数，不足以交换外物，或不为外国所购买，即无法取得世界必需之资源也。

《大西洋大宪章》既不足以解决远东之贫穷问题，吾人以为根本困难，则为人口问题。人口过剩之地，资源与土地生产，常不能维持或供给其生活日用品，劳力所得之酬报，亦仅能免于死亡。故欲改善远东人民之一般生计情状，则为如何解决过剩人口。其在古代，战争、疾疫、饥荒等为减少人口有效方法。然皆残酷，多不适用于现代。且就近代战争之性质而言，亦与古代不同。其明显之事，则为争夺资源，而不以屠杀为目的也。疾疫以医药之进步，除在远东外，死亡已大减少。饥荒以交通及水利之发达，其在承平时期，已不成为严重问题。吾人生于今日，更不愿其复演于远东任何上地。现时解决人口过剩之问题，通常之建议甚多，而重要者，共有三端，兹分别论之。

一提倡工业 欧美列强工业无不发达，其人民从事于农业者，仅约当其人口百分之三十。而远东诸国则以农业为人民之主要职业。日本工业较为进步，而农民犹占其人口百分之五十。中国、印度等地，所占之比例更高，乃致农民耕种褊小之田地，一年收获之所得，不能养其一家，致度马牛生活。若人口过剩之诸国，工业发达，农民数将减少，当能改善一般人民之生计。此固言之成理，而实有极大之限制。工业发达之国，无不需要市场。现时开辟新市场，将为极困难之事，以其制造之物品不能与列强相竞争，在属地更不愿外货无限制输入。于此现状之下，中国、印度工业之发达，最多不过制造货物，供给本国人之需要而已。其能养之人民，数极有限也。

二移民 移民由来已久，或为塞边，或为放逐罪人，多系强迫而往。近代交通进步，始有欲改善其生活，而徙居于远地或他乡者。美洲人口增加，则其明例。我国东三省开放，华北人民北徙者，曾年有百万之多。其中一部分返其故乡，而留居者数仍不少，又其一例。然欧人徙居美洲，而欧洲之人口并未减少，华北亦然。移民常不能解决过剩人口之问题，为一明确之事实。现时远东未开辟之耕地数极有限，我国可耕之地容纳我国人口，尚嫌不足。印度等国亦无荒地可供移民。战后澳洲是否开放其土地，许所谓有色人种入境，实为问题。荷印开放，亦有困难。移民于二十世纪中叶盖将成为过去之事。

三节制生育 节制生育为近代极重要之发明，人口学专家比之于火之发明，既定以减少人类之痛苦，亦易于改善其生活。欧美人士为减轻其担负，业已实行。其政治家现恐其人口减少，不足以维持其国家所处之地位，设法奖励人口增加。而在远东，大多数之人民，尚不知节制生育为何事。其明显之原因，一由于知识不够，一由于贫穷无力购买工具与药品。此当赖于宣传及慈善家或政府赠送其需用之节制器。夫然后其家人减少，担负减轻，生活较为优裕。其所生之子女，亦有余力教养。此为社会之幸福，亦所以提高远东人士之地位。

综之，一国之强弱，不在人口之众多，而将决定于其品质。世界人口以我国为最多，印度次之，而其所占之国际地位，并远不及英美。世界第二次大战后，远东人口问题倘无法解决，则诸国之民生问题，将无法改善，而仍处于恶劣之地位也。

（《世界政治》1942年第7卷第14期）

陈恭禄教授讲汉初政治

教育部主办史地教育讲演周,第四讲已于三月三日举行,由陈恭禄先生讲"汉初政治与道家思想"。陈氏略述:楚汉相争之后,人民死伤过众,多愿安居乐业,故道家思想极为兴盛,道家思想以老庄为代表,老子以为政治文化均系人为,庄子则根本不谈政治。汉初之道家思想与老庄不同,汉初崇尚黄老之术,其中杂有神怪之意味。故汉初政治变为一种"无为而治"的政治,官吏多不学无术。武帝以前,法律、官制均无改革,盖因当时人皆安居乐业,人口减少,土地足够分配之故。陈氏续称:道家思想在汉初虽甚兴盛,但为时不久,即行衰落。其衰落之原因:第一,当时国家之教育权每操于儒家之手;第二,武帝好大喜功,道家思想遂不受欢迎;第三,人口渐增,人民无从安居乐业,而道家"无为而治"之主张,遂不易实行。

(《燕京新闻》1943 年 3 月 30 日)

我对于文化建设之意见

文化之范围，至为广泛。非指学术而言，乃包涵政治制度、经济状态、社会现象、学术思想等。其尤重要者，则为一般人民教育之程度，及其欣赏之能力。民族文化之高低，往往以之为准衡。古代文化发达之国家，今多消灭，其根本原因，文化同于生物，由少而壮，由壮而老。老则失去其创造力，并不能解决其问题矣。其能存在者，则由于接受新刺激，反省而利用，为复兴之因素。

我国远古为部落社会，至殷文化始大进步。然以积弊深重，不能与方兴之周相敌，而至覆亡。周人接受其制度之一部分，并能有所建造，成为文化进步之大国。其制度、礼教、思想、学艺支配后世者，至深且巨。秦汉以后，思想上除受佛教影响，而成新儒家外，鲜有新颖之贡献与创作。儒生所受四书五经之教育，往往是古而非今，不能认识其所处之社会环境，而有所改革。政治社会则受户口激增，过于生产事业发达之支配，致成一治一乱之循环现象。文化已至衰老时代，致不能解决其政治社会上之弱点，增强其国力，巍然大国，数为其邻游牧民族所征服。幸其文化较低，羡慕汉人文化，而渐为其所同化。中国仍为世界文化发达之一国，而其实质并无重要之变更。

及十九世纪，世界交通以科学发达之影响，日趋便易。闭关自守，为不可能之事。西方工业国家，势力东渐，而我国仍以古代方法，应付新时代之问题，至一再战败。此为代价重大之刺激，亦为促成反省，而能有所改革之良好机会。不幸士大夫仍不觉悟，以致一次失败，损失过于一次，成为半殖民地之国家。政治、经济、社会皆不如强国。于是人心剧变，自信心动摇，而以文化亦远不如欧洲之发达。忧时之士乃有保存国粹之说,实则此为我国文化空前之刺激。保存偏于消极,宜有深刻之反省。改正自大、自鄙之心理,而能虚心接受欧美之所长,改革我国政治、经济上之积弊,社会上之弱点。提高一般教育水准,庶能本于我国之地理环境,及文化之遗传,而能积极建设,成为文化复兴之国家。其成功与否,将视吾人之努力而定。

(《文化先锋》1947年第6卷第15期)

我所知道的房荒问题

房荒是现时世界上一个严重问题。第二次世界大战，炮火炸弹飞弹和原子弹武器等毁坏了无数的房屋。战后政治社会之不安，生产之未复原，和建筑材料之缺乏，房荒问题，短期内是不容易解决的。美国建筑物未受战争的破坏，但受战事的影响，材料的限制，新屋的建筑不多，不能与战后的需要配合，房荒也成为严重问题。我国房荒久已成为社会的问题。我记得我读书的时候，有一位美国社会学教授来金大讲学。根据他所得的材料，曾说南京户部街一带的人口，比纽约同一居住区域的密度较高。纽约是世界人口最多的大城，地域小而高楼多。他以纽约为比较，并非夸大失实，美国一个家庭虽是夫妇二人，通常有几个房间。一位大学生也可有两个房间。我国大多数人民，一家五口常常住在一个房间。吃饭会客的堂屋也可在晚间变成卧室。乡村贫农一家七八口，住在一两间茅草屋里，更不用说了。

人口多而住屋少，明显的原因，当然是贫穷了。我国生产事业殊不发达。大多数农民耕种褊狭的土地，生产所得，纳税交租而外，所余的只能维持恶衣恶食的生活状态。可是"不孝有三，无后为大"的伦常观念，深入人心。男女结婚的年龄常早。十数年后，便子女成群了。诸子长大分家，各立门户，耕地益为狭小，住屋人口益多。百余年前学者洪亮吉曾说，一家有屋十间，有田一顷。夫妇二人居屋耕田，宽然有余。一人生子三人，子各娶妇即有八人，合计佣作之助不下十人，居屋十间，食田一顷，只得仅仅够了。子又生孙，孙又娶妇，不下二十余人，居屋食田并无增加，即量腹而食，度足而居，也不够了。洪氏所说的，是我国一治一乱的根本原因。大乱屠杀之后，人口大减，耕地有余，便是治平之世。人口多，而耕地不能比例的增加，自然无财力建筑房居。户口增加，也适用于都市。都市的工商业尚未发达，许多的人民并没有职业，家中人口却有增加，只好住在一二间屋子里。所以都市人口的密度常高。

贫穷为房屋缺少的根本原因。抗战时，吾人自长江下流远至西南诸省，租屋成为困难之事，继受炸轰之影响，城市不少之房屋焚毁，租屋益为不易。及战事结束，吾人东返，江苏之房荒问题，视战前更为严重。就笔者所在地而言，南京城外不少的房屋，受战事影响或自行拆毁，或受轰炸炮火之摧残，新建筑则不甚多。镇江为笔者旧居，城外房屋焚毁者约占全数二分之一，前英租界的建筑物，几尽焚毁。我家原有屋三进，已烧毁了两进，只剩了一进楼房。四邻的房屋也烧了大半。据闻江苏共有三城焚毁最惨，为江阴、丹阳、镇江。日军投降以后，镇江复为省会，军政人员增加，房屋的需要更急。共产党已占了江北大部分，扬州为政府军所扼守，镇江成为军事运输的重镇，过境的军队很多。军官时常敲门，强据民房。他们并非为部下寻找暂住之所，却为安置家眷。我家一部分的房屋，就为小军官所强占。我们回家，只好让他居住。此两年以前镇江房荒的一般情状。

三十七年秋，学校开学，我举家迁到南京居住。镇江房屋因请亲戚暂住。我家在镇所存的房屋，只有楼房一进。兄弟二人，合眷属计算，到有十五人，勉强够一家居住。但在抗战期内，一部分远在四川，一部分住在河南。镇江家人太少，曾将楼下空屋租出，下房为军官强占。吾人住在楼上，即亲戚暂住代管之屋。请人暂住，由于二弟将从河南返镇，可是两年后犹不能动身。我在南京，常得亲友的报告，说军人屡次敲门，欲强行搬入，皆设法加以劝阻而罢。本年初夏，镇地房荒视前益为严重。自日本投降三年以来，镇江除公共建筑物尚有兴工而外，几无民房建筑。即有一二兴工的，却非常简陋。"焚毁的房屋，依然是破瓦颓垣，草木丛生"的地方。远徙避难的人民，相继从西南诸省或其他地方归来。户口增加，房屋当然成为问题，政治军事更造成房荒的严重性。

镇江复为省会，增多以千计的公务员。他们需要房屋是一明显的事实。镇江建筑除造了一两条路而外，没有可说，筑路与拆屋常有连系的关系。京江路路线勘定，已全令路线内的民房自行拆让。逾规定限期，由官方拆屋，材料充作拆屋费用。人民于此非常时期，是否有财力建筑新屋，未曾加以同情的考虑。政府也无津贴拆户造屋的办法。人民财产无法律的保障，姑且不谈，却增加住屋的困难了。这不过属于政治方面的一个例子。从军事方面说，镇江是往来苏北的要道，运河运输极为便利。国共谈判失败以来，国军收复苏北不少的城镇，而乡区有国军势力不能达到的地方。国军据守县城，粮食从江南运去，燃料常取自地方，因遭乡区封锁之故，缺少燃料，迫而用家俱或所拆的建筑材料，当柴来烧。苏北一部分人民，当然无法回去。共军有渡江的企图，曾自山东南下，攻陷城镇，对于未走的人民多加杀害。人民存有畏心，无不事先逃往江南。镇江遂为流亡集中地方。富户需要房屋切急，房荒问题故益严重。军官家眷自江北来镇的数目增加，更增加找屋的困难。

于形势改变之中，镇江亲友迭言军人在各街各巷敲门找屋。如发现一间空屋，即恃强搬入。一家人数不多，即强令主人归并住于一二房间，而让他们眷属居住。如主人不肯听从，衣被等物可能抛掷门外。六月里，吾家楼上房屋一间，军人强行搬入，报告宪兵。宪兵并无办法，更谈不到有效力的处置。家人返镇后，依然不肯让出。交涉一星期以上，军官的母亲以为住在楼上不便，也找到了空屋，才肯让出，临行的时候，借去书架和网篮各一。不借，即不搬出，只好奉送了。所用的自来水、电灯，也不出分文。若长期住下，当然费用由装户代为担负了。遭遇了此事之后，亲戚不愿代为照管。幸而暑假到了，我和太太回镇看守房屋二十多天。这是梦想不到的一件事。我在镇江无事，注意了房荒的问题，听了许多的故事。一天下午，一个军人自小门闯入，称家眷将住在大门堂内。门堂是走路的地方，楼下住的人当然反对。军人态度很凶，毫不让步，幸而来了几位客人，你劝我说，方才出去。我受了刺激，也认清了现实，原欲将楼上房间保留给二弟家人住的，出租了一间，方放心回到南京。

屋荒造成于以上种种的原因，租金也是其中一个有势力的因素。

江苏省政府在复员后，公布了单行法规，规定了房租的倍数，但不及上海的多。上海的房金，住宅照战前七千倍计算，商店九千倍。换句话说，战前十元一月的房金，现在当为七万或九万元，建筑材料涨了五百多万倍，一个工人的工价，一天也要两三百万元。乡区不安，富户避难住于大城，自不能租到如此便宜的房子。有人说官吏或参议员贪得便宜，所以有此规定。我们且不必问他们的动机，可是他们认不清真像和问题的症结，则确为事实，造成社会上无数的纷纠。已租到房屋的人们，对于业主用单行租赁法为护符，不肯轻加租金。若有余屋分租，或以屋转租他人，在上海常用金条计算，在镇江或其他地方，则用米计租金。这也适用于新房客。老房客处在极优利的地位，对于业主辞租，或因他的家人归而收回自住，也不肯让屋，甚者涉讼一二年，也无结果。房产反而为累，尚有谁肯造屋呢？这是极端不幸的事例。业主也因优厚的条件和租金而建筑新屋的，南京就有不少的例子。

地方政府公布了房金倍数的限额，捐税只能据之征收。业主以金条或米为租金的，当然据法规纳税，税收遂微乎其微了。上海市收入不敷支出，本年七月短少一万四千万亿元，向中央政府请得补助金，弥补短少之数。该月三十日，《大美晚报》社论深以为耻，斥为乞丐，并说如此大市竟沦降为乞丐形式的市政府了。它认为财政困难，是由于税轻，曾举一个例子。友人在旧法租界有屋，战前一季纳房捐一百万元，现在仅纳法币一百万元。美金黑市每元六七百万元，据以计算，房税不足往日六百分之一。此种现象，当适用于其他城市。《大美晚报》并说，富人以前当付的税款，购置宝石、金钢钻，或置二三辆汽车，或多添姨太太。此实不堪之事，官吏自私自利，和不合现实的法令，当负造成的大部分责任。地方政府经费不足，转向中央请求补助。中央唯有增加钞票的发行额，受苦最深重的，却是一般人民。

就上面事实来说，我国房荒造成的原因，颇为繁杂。抗战期内物资的损失，战后祸乱的延长，政治经济的失常，和人事管理的不善，增加了问题的严重性。无论如何改革，总非短期内所能成功。即使政府大兴土木，非有企业化的管理，和合理的租金，则不过为极少数人的利益，而增加了一般人民的担负。最后我且提出解决房荒的建议，一消极方面，取消一切单行法规,保障人民的权益。二积极方面,发展生产事业,政府当大规模经营或增加建筑材料的生产。这也非数年内所能完成,不过却走上正常的轨道了。

(《大学评论》1948年第1卷第8期)

论　　辩

陈恭禄：西洋史好教材之不可多得

——评《高级中学教科书　西洋史》[1]

（《时事新报·书报春秋》第十八、十九、二十期，1927年9月11、18、25日第4版）

此篇本是根据上册四版，下册初版作的。近来商务忽在报上，发了广告，说的《西洋史》已经"修正"。我又将新书买来，内容仍是同前一样，错误并未修改。所以我不愿改上册四版为五版，下册初版为再版。请读者注意。

作者识

历史在社会科学中，供给重要的材料与社会、经济学、政治学等学科。倘若它们没有史迹证明，便是无根据的空谈。我们没有历史，就不知道现在的环境——政治、经济、思想、风俗——是从那里来的，也不明白应当如何改革。所以历史是个极重要的社会科学。可惜我国研究历史的学者不多，前辈多不懂方法，故无大结果。我们的希望，只有留学回来的历史专家了。陈衡哲女士留学过美国，专研究历史的。她所编的《西洋史》，自当差强人意了。我便选它做高中西洋史的课本，后来将上下二册，仔细一读，不觉失望。今日高中也没有别的西洋史课本，我就自信批评该书的内容，是我们应当的责任。希望陈女士再加改正为是。

我对于本书批评，总分三点：一、错误。二、不满意的地方。三、讨

---

[1] 陈衡哲：《高级中学教科书　西洋史》，上册四版，二四八页，下册初版，三二六页，商务印书馆出版。

论商榷的余地。

甲,错误。

这是指着陈女士所纪述的,完全和事实不符,而不可稍讳的。共举十个例子,按着该书页数先后写下。

一、"到了第七世纪初年……执政之权(法兰克)差不多都归到一个宫相的身上去了。后来丕平(Pippin of Herstal)做了法兰克东邦的宫相,他的势力就扩张到了法兰克全境之内。……七百十四年,他的儿子查理马特(Charles Martel)继了他的地位。"(上册,页一六八)

窃按:查理马特是大败回教徒的英雄。他的儿子,是丕平,丕平的儿子,是查日理大帝,大帝是一个中古伟大人物,陈女士却认父为子,认子为父了!稍知欧史的人都明白这一点的。陈女士独不明白,可谓诧异。

二、"日耳曼的方言文学,产生较迟。十六世纪时,路丁所译的德文《圣经》,是日耳曼方言文学的第一件产品。"(下册,页二三)

我们读史,诚不知道路丁是何如人。陈女士也未将他原名写出,更不可考。我们所知道的,就是马丁·路德翻译德文《圣经》。陈女士却作路丁。怕不是手民之误罢。

三、"自一四九四年,法王查理第八,侵寇佛罗稜司城起,至十五世纪中叶时,法王勿兰息司第一 Francis Ⅰ 与神圣罗马皇帝查理第五 Charles Ⅴ 拼死力争意大利。……"(下册,页四三)

窃按:勿兰息司第一于一五一五年,始为法王。一五〇〇年,查理第五,才呱呱坠地。他们恶战,是在十六世纪中叶,并不是十五世纪。

四、"这类志在改良教会的人文学者之中,以……日耳曼的伊拉斯莫 Erasmus 为最有名。……他虽是日耳曼人,但他的人格功业的影响,皆不是日耳曼所得专有的。"(下册,页一二二)

窃按:伊拉斯莫是一个国际的天才,是我们公认的。但他并不是日耳曼人,乃是荷兰人 Dutch。他的祖先,或是日耳曼人,却不能这样推本穷源,必要如此,那末,英人摩尔 More,也可算日耳曼人了!

五、"印度在十七世纪时,表面上是一个统一帝国,他的君主,是一个土耳其人,但却自称是蒙古的铁木尔的后人。"(下册,页一四七)

一百四十八页:"英国东印度公司……出了一位多才能的青年领袖,叫做克来武 Clive,在十八世纪的中叶,他竟把那位法国老将度普雷 Dupleix 打败。"

窃按:印度领土,除去在近代而外,未尝统一。蒙古儿帝国,并未征服德干高原表面上,实际上,它不过是北部印度斯坦的帝国。我国许多学者,(?)不明此点,也不能单怪陈女士了。说到他的君主,印度史家,却公认他们是铁木儿的子孙。因为从母系方面说,他们的祖母,是铁木儿的后人。父系、母系在外国的地位相同,自称二字,颇可怀疑。至于法国度普雷是一位总督,并不是老将,战争的时候,法国尝派大将助他,老将的名称,也和事实不符。

六、"一六四〇年,查理(英王)不得已,又召集了一个议会,这个议会共延长了二十年(一六四〇至一六六〇),即是历史上所说的长期议会 The Long Parliament。"(下册,页一八〇)

窃按:长期议会于一六五三年,被清教徒领袖克林威尔解散的,一共延长了十三年(一六四〇至一六五三),并不是二十年。

七、"一七九六年,执政府任命拿破仑为征意总指挥。不到二年,拿破仑横渡了那高峰,插天的阿儿布山,打败了奥萨联军。"(下册,页二二二)

窃按:拿破仑横渡阿尔布山是他从征埃及回来,被举为首席领政之后。年代是在一八〇〇年。作者所叙的战争,在一七九六——一七九七年之间,拿氏为将,不让奥萨军队连合,就把他们打败了。

八、"一八二〇年,西班牙、葡萄牙及那泊尔的革命,但不久他也就浇灭于英法普俄的联军之下了。"(下册,页二四七)

窃按:事实,上面说的,又是极大的错误!西班牙的革命,英国拒绝干涉,却是法国出兵平定的。葡萄牙革命,实在可算成功,人民的目的也算达到。先是葡王不堪拿破仑的残暴,就逃到南美殖民地巴西了。此次革命成功,葡王回国,所谓浇灭于联军之下,不知何解。更进一步说,英国政府,虽然守旧,对于革命,却因种种的关系,并未出兵。作者反而漏脱主动国奥地利了。

九、"……普奥两国在一八六六年的开战,……战争的结果……从前的日耳曼各邦联盟,完全解散,另由普鲁士组织一个北日耳曼联盟 North German Confederation。"(下册,二五九)

窃按:西洋史上的名辞,尚未经过审查,并无一定的标准。陈女士为便利我们读者起见,常把外国文写上,我们是很感谢的。但据事实,普鲁士所主动组织的是 North German Federation,而非 North German Confederation。政制学家说这两个字是大有分别的,陈女士不加辨认,信手写来,所以有此错误。

十、"所以自治案成立之日(一九一二年),就成为爱尔兰内乱开始之时了。但在这个时候,欧洲的大战,忽又开始,于是联合内部以御外侮的心理总算把这个内乱暂时平息。"(下册,二七七、八页)

窃按:一九一二年,下院草了爱尔兰自治法案,一九一四年,才成法令。作者所谓这个时候,明明指着一九一二年,难道欧战也在此时开始吗?欧战发生之后,爱尔兰自治的法令,也未实行。爱尔兰人便大怒起来,一九一六年,起了革命。谋和德国联合,建了共和国家。英国政府立时遣军去了,就在省会柏林发生极凶猛的巷战。结果,爱尔兰共和国虽然失败,但是人民的暴动并未稍止,一直到了一九二一年,当时英国政府感受极大的困难,没有办法,才许它自治。作者所说的联合内部以御外侮的正和事实相反。我万不想到作者,连近时史迹,也忘记了!

其次,论我不满意于《西洋史》的地方,也举十个例子:

一、"本书的范围,以文化的欧洲及纯粹欧洲化的美洲为限,故定名曰西洋史。"(上册,例言)

我们读完了《西洋史》,并未看见欧化的美国占了一页。上册的末尾,有著者的启事说道,内容原拟有美国及南北美洲一章,嗣因篇幅太多,临时减少。此虽不能深怪著者,但是著者既有篇幅夹叙印度诸国,何不稍及美国呢?例如门罗主义是因梅特涅将要干涉美洲而宣布的,不妨作为梅氏政策失败之一。可惜著者终未说到。如此的摒弃美国,既和例言相反,更令人不明白了。我敢说一句,现代的欧史不能认为独立与美国无关的!

二、"大连斯(波斯王)又建设海军疏通苏彝士运河 Suez Canal。"(上册,页五六)

这句"疏通苏彝士运河"不知是陈女士，究作何解！今日苏彝士运河是法国工程师来萨泊 Suckow Ferdinand de Lesseps 开凿的，成于一八六九年。著者自从上册谓大连斯疏通苏彝士运河以后，并未再叙该河。著者的用意，极不可知！现今我手中没有书籍参考，可以证明大连斯曾否疏通苏彝士运河，也不敢武断陈女士说的有无错误，但不能不引为不满意罢了。

三、上册的序言里，陈女士说她自己"悟到战争，是一件反文化的事。历史揭穿武人政客愚弄人民的黑幕，都是避免战争重要方法中的一个"。上册六十六—七页，忽又说道："方波斯的势力，正伸张于东方之时，他同族的希腊人也正由欧洲的东南方，向东发展他的势力了。他们两个：一个向东，一个向西，不久自然就冲突起来。"下册，页五五上又说："历史上的公例，凡有两个权力同时或先前紧随的生长发达，他们就免不了要发生冲突和战争。"

作者前后说得矛盾极了，主张也就宣告死刑了。我不承认冲突和战争，是历史上的公例，自然有的。陈女士如谓不然，那末战争不可避免，也可预言将来的战争了。更进一步说，我也不信历史和自然科学相同，是有一定不可稍移的公例的。

四、"……最初到新大陆的英国人民，……他们最初的目的，是纯粹的为求自由。"（下册，页一三八）

从事实上说，这几句话，说得英人太好了。此可专指乘五月花船到新大陆的人吧！英国最初也是组织公司，谋在殖民地去求利的，并有一班青年专为利去的。作者并未提及，不免令人误会了。

五、"一八四八年，……路易（法王路易腓力布）弃位逃走。巴黎城中便同时有两个地方，起来宣布法国的重为共和国家。这两个地方，一是在西城的劳工聚会，一是在东城的代表中等社会的下院议员。最初这两派尚能合作，但他们终于决裂，终于以武力相见于巴黎通衢了。结果是劳工派的失败，但得胜的中等社会，却也因此觉悟到社会改良的必要。一八四八年，他们重制了一个宪法。"（下册，页二五三）

著作在此所叙述的，颇有些含糊的地方。路易出亡，是巴黎群众暴动的结果，遂由议会工人组了临时政府。工人强迫政府，开办国立工场,专养工人。不久召集了代表全国人民的国会。国会反对工人,下令国立工场关门。工人不服,便在巴黎反抗,结果仍是失败,国会重制宪法。作者未将本末叙明,读者终不明白武力相见于巴黎,并不是从前的下院,乃是新选举的国会。细玩陈女士的语气,国会制宪,由于巴黎反抗的原因。难道没有工人恶斗,就不制宪吗?当然不是这样,新国会产生后的责任,就在制定宪法,建设政府的。作者的笔墨,未免迹及抹杀。

六、凡是引号""以内的字句,必是原文,不可丝毫更改的,这是个普通的常识。但是作者任意的地方很多,且举两个例子。上册一百二十五页:"罗马先对马其顿说:'你是加太基的同盟,我必须得打一下。'罗马又对苏鲁克帝国说道:'你要趁风打劫来抢马其顿的属地吗?'"我不信罗马人真有这样的语气。下册三十七页:"勿来息斯培根所提倡的,是归纳法,便可用了这个方法,回驳教会道:'我们已经靠了实验,证明太阳,是宇宙的中心点的了,所以人类并不是宇宙的中心点。'"这话明明是著者自己说的,但却用为引号"",学生不免误解说是培根的话了。他们的程度,或者太低,但是著者的符号,也要负责的。

七、陈女士所述的各国位置,时常很不精确,且举二个例子:"中古之时荷兰与比利时是同属于一个主权之下的。他们的共同名字,是尼得兰 Netherland,位居日耳曼的北部。"(下册,页一一〇)"法兰西的天然界限,……东至来因河,南至阿儿布山(即阿尔卑斯),西南至庇里尼斯山,西北至大洋。"(下册,页一五六)

我们把地图打开一看,所得的结果,和作者所得多不相同。尼得兰是在日耳曼的西北。法国的东北,是来因河。南方地中海,西面大西洋,西北海峡。陈女士说的,只有"西南至庇里尼斯山"是不错的,其余都不精确。

八、书中的地图,单就量数说,不能算少。如就质说,倒不如爽快将所有的地图,并作一个的好。因为陈女士所作的地图中所注的地名,并不详细,书中所有的,时常且未列入。我举一个例子,下册二百七十七页,著者叙述爱尔兰的自治,并提及厄尔斯德(Ulster),但是我们地图上从未寻着厄尔斯德。

九、书中的表,可算不少,但差强人意的却不算多。据我看来,表是著者随随便便作的。我认为没有多少的利处，不过占了一些篇幅罢了。且说一个例子，上册一百十七页的表八，我们看了，第一个感想，就是罗马文化吸收古代各国的文化，并且远在各国之上了。因为他所占的地位最大。

十、我们读《西洋史》的时候，最不满意的，就是名辞的不一致，倘若我们不懂西文，一个地名，不免为陈女士欺为二个或三个了。恐怕上当的人已经不少。且举三个例子：第一，上册六十九页，小亚细亚的脱洛城Troy，及到九十二页，变成特罗亚了。第二，上册一百二十三页，Alpes译作阿尔卑斯山，下册一百五十页，忽作阿儿布山了。第三，上册二百二十九页，威内萨城Venice，及到下册八页，变为威尼斯，再到十七面，又变做威尼司了。

丙，讨论商榷的余地。

书中我认为可讨论商榷的地方很多。现将五个认为重要的写下。

1. 序一页："我的编辑《西洋史》两个动机：其一是因为近年来读史的结果，深悟到战争是一件反文化的事。……揭穿武人政客的黑幕，揭穿他们愚弄人民的黑幕，却是重要方法中的一个（避免战争）。运用这个方法的工具，当以历史为最有功效了。"三页说："关于战争是反文化的一件事，我又何尝有时去找到充分材料，来给我自己的主张一个满意的办法呢？"换一句话说，陈女士是认历史含有宣传性质的，上面我已指明陈女士自相矛盾的地方，现今不妨讨论这个主张对不对。我们知道，历史是一种极可凭信的纪录，这是指着史家编史的时候，所采取的材料，经过考证比较之后，认为最确实的。倘若专搜反战争的材料，心中不免存有偏见武断，就成一种宣传书籍，不是真确的历史了。我认陈女士的主张是高尚的，但不承认应当用历史来宣传的。说到今日战争的罪恶，若把欧战的结果讲明，不用宣传，就明确有效了。可惜作者没有注重此点。

2. 上册三十一页："第一，文明初启时期，是埃及历史上的最初时代，大约起于西历纪元前四千年前，那时埃及的文明，已经超过一千年后的欧洲了。"四十一页："第一，巴比伦时代，这个时代，约起于纪元前三千前至纪元前二千前。"按照陈女士的意见，埃及文化约早于巴比伦一千年了。但是我们所知道的,却是不然,两国的文化产生的时间,大约没先没后——即是同时。所以威娄斯 H.G. Wells 在他的名著《世界史纲》(Outline of History)上把巴比伦列在埃及之前,就是这个道理。

3. 下册三百十二页:"我们再看一看,列强的资本家,是怎样的牺牲弱国,来达到他们贸利的目的,私运军火以助我国的内乱之类。"这些话儿,是普通人的口头禅,史家也和常人见解一样。弊病是在没有将事实分析清楚。商业发达,是在和平时候,还是战争时候呢?私运军火是外国少数商人的行动,却难概论一切资本家的。我说这话并不是承认帝国主义没有罪恶的,它的罪恶,是在它不重惩私运军火的奸商。陈女士以为何如呢?

4. 我们读《西洋史》的时候,觉得作者不用年代为先后,而用史迹类从的方法的。普通学生,常常就不知道史迹的先后了。因为人的心理,以为篇幅位置的在先,即起了极强的刺激,心目之中,自然认为在先了。书中最可注意的一例,便是把地理上的大发见,放在宗教改革之后。我们知道,编史的人,常感史迹年代两下顾到,很为困难,但是这些地方是可兼顾的。

5. 普通人对于历史的兴趣,最喜欢读的,是近世史。因为时期距离我们不远,常常关系我们的生活,并且帮助我们了解列强的新形势。我们读了陈女士著作之后,不免失望。陈女士的心理,或者认本书的篇幅,已经太长了。照我看来,与其详述那文艺复兴等,倒不如略述一些二十世纪的欧洲现状了。

陈衡哲：奉答陈恭禄君对于《西洋史》的批评

(《时事新报·书报春秋》第二十二期，1927年10月9日第4版)

我对于陈君的批评，谨分三条答复。

其一，是我愿意承认为错误的，则有：（一）下册二十三页上的"路丁"，确应作"路德"，以求全书一律，这是我的不容宽恕的疏忽。（二）勿兰息斯第一，与查理第五争执的时候，确在十六世纪，下册作十五世纪，当然是抄写者的笔误，观本节的上下文自明。（下册四十三页，上下文是："自一四九四年法王生……起，至十五世纪中叶时，……此五十余年中，……"）（三）下册二五九页的（North German Confederation）确应作（North German Federation），陈君说是我"信手写来"的错误，这倒是我应该承认的罪名。

其二，是"稍知欧史的人都明白的一点"，而我"独不明白"，致使陈君非常"诧异"的一两点。（引号中的话，是陈君原文中的。）我现在且说明我所以"独不明白"的缘故。（一）原来查理马特不但有一个儿子，叫做丕平，（在我书中，我把他叫做矮子丕平，正所以求别于他的祖父。）并且还有一个父亲，和一个远祖，也叫做丕平，前者叫做 Pippin of Herstal，后者叫做 Pippin of Landen。所以便很诧异的，次我为"认父为子，认子为父"了。（二）度普雷 Duplex 的是否为老将，我那时不在印度，无从证明，但许多历史家既说他是一位知兵善战的人，所以我也就随便的给他一个"老将"的名字了。（三）关于爱尔兰内乱的一个问题，我的答语如下。在一九十二年，Asquith 曾把爱尔兰第三次的自治案（The Third Home Rule Bill）提出于英国议会，这便是在一九十四年五月通过成为法律的爱尔兰自治案。这虽几乎使爱尔兰发生内乱，(详细不在本文范围之内，恕不述。)然不久欧战便爆发了。那时爱尔兰的重要领袖，如 John Redmond 等，因英国加入战团的缘故，遂向英政府表示忠诚。他们的这个表示，虽不能阻止爱尔兰后来的内乱，但暂时的风云总算是平息了。我的书明明是做到一九一四年为止的，对于一九一六年的史迹不曾提起，大约当可得到陈君的宽恕罢。

其三，是陈君的批评虽然失当，但或由于彼此对于一件史迹见解的不同，我不愿把他归入第二条中去。关于这一类，则有：(一)英国长期议会的时期，有些历史家，是承认他终于一六五三年，克林威尔把他解散的时候的，但也有些历史家，把克氏续行召集的一个议会，作为他的后身的。我所以采取第二说的缘故，是因为一六四八年，Pride 之驱逐议会中异己分子的不合法，正不亚于一六五三年，克氏的以武力解散议会。所以"臀根议会"若可以算是长期议会之续，那么，克氏的议会，又何尝不可以算是长期议会之续？(二)关于伊拉斯英(莫)国籍的一层。我似乎也知道他是生于现在的荷兰国的，但一则因为当时尚没有荷兰国的存在，(伊氏生时，荷兰的地方是属于 Burgundy 的，但伊氏少年的时候，这个地方却又作了他的主母的妆奁，辗转的归入日耳曼帝国的版图中去了。)二则因为伊氏事业的根据地，乃在日耳曼，所以我把他当作日耳曼的改革家看待。(原书作日耳曼人，是指日耳曼不能专有他的人格功业而言，请读者查看原书便明，下册一二二页。)此外陈君的批评中，应属于此一类的，尚有几点，恕我不一一作答了。

以上是我对于陈君的答复，但我对于陈君还有一句忠告。我作这一部《西洋史》的主要目的，乃在以一个鸟瞰的眼光给他的读者，俾他们对于历史，能有一个高瞻远瞩的观念，俾他们对于种种的社会现象，能有一个分析和综合的能力。陈君若曾读过我的序言及例言，当也能知道这一层。所以我对于陈君的这个批评，虽然十分的欢迎与感谢，但我所希望于本书的读者的——尤其是历史学专家如陈君——却实不仅此区区几个小错误的指摘，即使陈君所指出的错误，都在我的方面。陈君以为然吗？

听说陈君还有"(二)不满意的地方"、"(三)讨论商榷的余地"两篇文章，我希望不久即能见到。并希望那两篇文章能给我一点真正有价值的指教，那就不胜荣幸了。

附陈女士来函

记者先生：友人自上海寄到贵报九月十一号的《书报春秋》，得读陈恭禄先生对于拙作《西洋史》的批评，欣幸得很。陈君所批评的，虽然多属琐屑小节——姑无论所指出的错误，又大半是指错了的——但我总觉得是很可感的，所以现在想仍借重贵报，将附去的答复，尽早发表，想贵报自来主张公正，必能准如所请也。（须登在陈君原文同样的地位，并用同号的铅字。）尚有一层，陈君与贵报同在一方，而哲远在北京，故此后如陈君（或他人）对于拙作续有批评，务望先寄与哲一看，俾得将答文作好，与原文同时在贵报发表，此实是一极平允的办法，想亦能得贵记者之赞同也。专此奉颂，即颂撰安。陈衡哲敬白。

陈恭禄:挂账式的本国史课本
——评《高级中学教科书　本国史》①

(《时事新报·书报春秋》第十五期,1927年12月25日第4版)

偌大的中国,无数的书店,高中本国历史教科书,只有吕思勉先生所著的这一册。这个独生子的关系,似乎很重要! 不得不将她研究一下,我常对朋友说:"老辈里的人懂历史方法的很少。"我读完了《本国史》之后,便觉得我这句话没有说错。全书的内容,自三皇五帝起,直到民国十一年止,平铺直叙,似乎无甚独到的见解。我们知道,吕先生以前已经编辑过一二种本国史了,我开口就说他不懂历史方法,不但作书的人心中不服,恐怕读者也要不平。现在且根据书中内容,找一些证据出来。

一、"我这部书,是只叙事实,不参议论的——原因见下,但是意见自然不能没有。"(例言页一)原因在下面说:"研究科学,贵于注重客观的事实,减少主观掺杂的成分。这在自然科学尚然,何况历史——是社会科学! 至于编纂历史教科书,则更甚一层。因为傥将编者的意见参入,不但减少学者研究的精神,而且教者与编者意见不同,便生窒碍。"(例言页七)

一面说,意见自然不能没有,一面又说,不能将编者意见参入,岂不是根本矛盾? 又说自然科学,注重客观,何况历史? 吕先生虽是提高历史,反不明白自然科学和历史地位了! 自然科学,有仪器测量和实验的助力,比较社会科学当然要精确些。但历史的地位也不因此就降低,因为它们地位不同,但是方法却是一样。吕先生不明此点,却说历史不

---

① 吕思勉:《高级中学教科书　本国史》(第三版),商务印书馆出版,定价一元,三一三页。

能稍有议论的。空泛的议论,本属可厌。但若不能参入意见,那末,史家何从说明时代的环境,论断成败呢？更何能推求原因和影响呢？二十世纪的史家,没有不注重解释的。一部干燥无味的史迹,对于读者似乎提不起一毫兴趣。吕先生的错误,由于不懂客观的意义。客观指着根据事实,不用个人的好恶为取材的标准,专求古人本来的面目,然后评论他们的是非,既不诬蔑古人,也不贻误今人。

作者的主见不甚对了,结果自然很难满意的,甚至于把历史变成一本流水烂账了。这本账簿,不过是分门别类的。作者所谓统系,也不外此。书中无论何页,皆可证明我所说的。且举出一两个例子,一〇一页叙述后汉的分裂如下：

于是海内州郡纷纷割据：
袁绍据幽并青冀州。
刘备据徐州。
刘表据荆州。
刘焉据益州。
张鲁据汉中。
袁术据寿春。
马腾、韩遂割据凉州。
公孙度据辽东。

以上所引的,作者或说这是一个表,不能代表全书。我们再看下文："吕布取徐州。刘备奔,曹操与共攻布,杀之。袁术将北走,操又使备邀击,败之,术还走死。备旋与外戚董承谋诛操。操击破之,备奔袁绍。前一七一二年(西元二〇〇),操破绍于官渡,绍愤死。子谭、尚自相攻,操破灭之。前一七〇四年(西元二〇八),操南攻荆州。刘表适卒,幼子琮以州降,时刘备亦在荆州,将奔江陵。操追败之于当阳,备奔表子琦于江夏。"

要是这段文字,不能算为表。那我以为作者所写的,都可当作表看。叙了许多的事实,并无一字提到曹操何以得胜,也未叙及人民和当时的环境,只好当做表看了。

二、作者分中国史为十期。(一)上古史——周以前。(二)中古史上——自秦统一全国起,至东汉分裂以前止。(三)中古史中——自东汉分裂至南北朝。(四)中古史下——从隋朝统一起,到唐朝开元全盛时为止。(五)近古史上——从安史之乱,到宋高宗南渡。(六)近古史下——从蒙古崛兴起,到他灭宋建立一大帝国止。(七)近世史上——从元世祖灭宋起,到明朝灭亡止。(八)近世史下——从清朝崛起,到他的全盛时期为止。(九)最近世史上——从西力东渐起,到日俄战后各国竞画势力范围止。(十)最近世史下——从戊戌变法起,到民国十一年六月为止。(节录例言)

　　作者分了这许多的时期,我们不知道他用甚么标准。我曾仔细分析,却求不出来一个共同的要点。我认史期分区,都是勉强,因为一个时代中的史迹,都是由渐而成的。例如今日四十岁的人,生在清朝,到了民国元年,难道他的思想、行为全在这一年变了么?所以历史上的分期,都是不自然的。吕先生《本国史》的分期,除去犯了以上的弊病,还有两个我认为于理未顺的。第一,认最近世史下,是从戊戌变法到民国十一年六月为止。难道七月以后,就不属于这个时期内,或者又算一个时期呢?第二,中古、近古的分期,是在唐玄宗在位的时候。作者分开元属于中古,天宝属于近古。这样的分期,不知道是何意义?真是太否认历史的继续性了。分期本是武断,但因为便利读者起见,有时不妨分作几个时期。作者这样琐屑的分法,并不能便利读者,反而增加他们的困难了。

　　三、"考据无论如何精确,总只能算考据,不能算事实。这是原则,但是亦有一种例外,如第一编第二(三)章第三节是(指尧舜之禅让)。这不是把考据径当作事实。其实古人此等形式的记载,不能真当作事实,也久成为史学上的公例。这等处不是好翻案,若一模糊,便史学上种种原则,都推翻了,这是断不能随声附和的。"(例言第八页)

　　作者这般苦心维持原则,我们反而不知道甚么原则了!例如说考据不能算是事实,我敢大胆对吕先生说,古史非经过考古家考证后的部分,多可以怀疑。考古家所得的结论,多是史家认为事实而采用的。我们看看二十世纪的通史,没有不叙述先史前的地球、植物、动物和真人等的。所以吕先生所说的原则,不知道根据那位史家的议论,抑是杜撰而冒称原则的。作者既有这类见解,对于尧舜禅让,虽稍怀疑,却于上古三皇和禹治水便说得津津有味。难怪清末的时候,河南发现了许多的殷代骨甲文字,至今许多读史和作史的人不能利用了。

四、政治、经济、思想、风俗都有连带关系,互为因果,不能分开独立的。倘或因为便利的原因,勉强分开,也要时期和篇幅位置相距不远,尤当互相夹叙,来解释原因和环境! 如此,读者方才可以约略明白当时社会的现状了! 可惜我国旧式的史学家,至今还把政治、制度完全分开,吕先生在所不免。例如上古史记载列朝大事,直到二周灭亡,才把古代社会、政治情况、经济组织和文化宗教说出。到了中古史上以后,作者更为自家便利计,到了两三个时期,才将政治制度和社会情况笼统写出。换句话说,作者认列朝兴亡,是和制度、政治、思想、经济没有关系的! 所以我们读完《本国史》之后,并不了解我国扰乱的原因,以及救济方法! 中学学生,对于历史,没有多大兴味,有时连常识都很欠缺,这种编著方法的失当怕也是一个原因了。

五、胡适先生说:"历史不是一件人人能做的事,历史家须要有两种必不可少的能力:一是精密的功夫,一是高远的想象力。没有精密的功夫,不能做搜求和评判史料的工夫;没有高远的想象力,不能构成历史的系统。"胡先生虽不是个史家,他所说的,确是史学上的常识。我们且将想象力不讲,论到精密的功夫,编史的人,是必不可少的。因为史料极多,真伪兼有,倘若不能评判史料,如何有一部确实的历史呢?

我们现将这个标准,来论吕先生的能力。诚恳地说,他不问古书的年代和真伪,且不知古人托古改制的理想,便认做史料,且举几个例子。第一页说:"汉族之始,似自今中央亚细亚高原,迁徙入中国本部。因其入中国后,祭地祇仍有昆仑之神与神州之神之别也。"他所根据的,是《周官·春官·大宗伯》以"黄琮礼地"和小注来的。我们对于汉族来自何地,暂且不提,作者这样不问书的来历,便附会引用,作为证据,是史家决不承认的。第二,讲到古代疆域。作者在二十八页上引用郭注说:"四海最近,四荒次之,四极最远。后儒或谓四极,为中国使命所极,四荒更在其外。"古代交通不便,没有地图,古人说的地名,多在疑信之间,作者引用来作正式的史料,不但不知史学,并且没有常识了! 尤可怪的,莫如引据《王制》和《春秋繁露》,在四十八、九页上来证明上古时代的制度了(读者请参看下文六)。

六、史家评判史料的目的,就是求得古人的本来面目,不诬古人,不欺古人。更进一步说,决不能把今日的学理,来附会古人的成说。因为一种学术,是应时代环境而生产的。作者没有这点常识,便用西方共产学说,来说我国古代社会,真可以说有些荒谬得可笑了。且将五十九页原文一段抄下:

> 吾国社会最初之组织,盖为自给自足之共产社会。孔子曰:"大道之行也,天下为公。……故人不独亲其亲,不独子其子。使老有所终,壮有所用,幼有所长,鳏寡孤独废疾者,皆有所养;男有分,女有归。货恶其弃于地也,不必藏于己;力恶其不出于身也,不必为己。"老子谓"郅治之极,邻国相望,鸡犬之声相闻。民各甘其食,美其服,安其俗,乐其业,至老死不相往来"。所追想者,即此等社会也。此等共产社会事务之分配,必有极严密之组织。

这种议论的弊病,由于作者先有了中国已有共产社会的成见,便武断孔、老的理想社会,作为追想共产社会。且进而推想事务之分配,必有严密之组织等等。其实共产主义,是欧洲十九世纪的产儿。古代初民,虽尝共产,但不能说,古代已有这种学理了! 孔、老的思想一部分,或与共产主义有相似的地方,却不能武断的说,中国也有共产社会了。伯拉图的共和国,不能作为社会主义,或共产主义的始祖,正是此理。

七、作者还有一个很大的错误,就是不知道高中学生的历史程度,和他们的心理! 吕先生把从前在私塾里,死记人名、地名的方法,叙了无数的人名。学生读史的时候,茫无头绪,对于历史,便无兴味。我所说的,并不是空谈,实在是从经验中得来的。书中无论何处,都可以举出例子。

八、史学最大的仇敌,就是对于史实所知不足,却凭着猜想来牵强附会已往的史迹了。试举一例如下:

> 《汉书·地理志》,即载自日南航海。所通诸国,虽其地不可悉考,而其中之黄支国,或云即西印度之建志补罗。……隋尝一用兵

于流求,则今之台湾也。当时倭东北七千余里,有文身国。文身国东五千余里,有大汉国。大汉国东二万余里,有扶桑国,其地或皆在今美洲。扶桑沙门慧深,萧齐时曾来中国,述其国之风俗甚悉。又僧人法显,如印度求佛法,自锡兰东还,行三日而遇大风,十三日到一岛,又九十余日而至耶婆提。……耶婆提或云即南美耶科陀尔。自此东北行百余日,实绕大西洋而归。不特发见西半球,又还绕世界一周矣。

这一段之中,作者接连犯了几个很大的错误了!(一)不当猜想黄支在印度西岸。(二)流求即流球之转音,并非台湾。(三)扶桑是古代神话中的日出国家。有人说就是日本,这也不过猜想,因为古人没有精确的地理知识,何况神话呢?吕先生没有评判的能力,便弄出扶桑在美洲的笑话了!下面的扶桑沙门慧深,大半是指着日本的僧侣。作者必定认为美洲的僧侣,难道在南北朝时,佛教已经传入美洲么?最奇怪不过的,就是说法显环绕世界一周,及指耶婆提为南美地名了!现在二十世纪科学发达的时期,旅行家乘了极快的海轮,尚需十多日的功夫,才到美国。法显船有多大,有多大的速度,不可考知,吕先生何不爽快说,法显乘的是小轮船呢?若非轮船,法显环绕世界一周,就没有可能性了。

九、《本国史》文字上的错误,也是不少。且举几个例子:(一)一九二页说:"前六四八年(公元一二六四),理宗崩,度宗立。……前六三八年(公元一二七四),理宗崩,恭帝立。"南宋那里有两个理宗呢?作者错了!(二)二七四页叙述鸦片战争,有"琦善至广州,尽撤守备。义律见其易与,复求割让香港。琦善不敢许。英遽进兵,陷沙角、下角两炮台"。细玩作者的语气。英军攻取炮台,是由于琦善撤了守备的。这类的错误,我国普通编年史的人,都是有的!因为他们不能博参外国的记载,也不知道世界的科学。当时我国的炮,是十七世纪的,英国是十九世纪的,如何抗拒呢?又吕先生在例言八页上说:"读史,地图、年表、系谱,都是读史者必须备的书!故本书中概不附入。"年表、系谱,认为必须备的书,却是一个武断。至于不将地图附入教科书中,更不是一个妥善的办法了。

吕思勉：答陈君恭禄

(《时事新报·书报春秋》第十七期,1928年1月8日第4版)

十二月二十五日,《时事新报·书报春秋》栏,载陈君恭禄《挂账式的本国史课本》一文,蒙于鄙人所撰《高级中学本国史教科书》,加以批评,至深感佩。惟鄙人之意,尚有与陈君异者,谨略述所见,以就正于陈君。庶几各言尔志之义,非敢饰非文过也。

（一）

陈君评该书例言,"只叙事实,不参议论",及"意见自然不能没有"两语为矛盾,查"意见自然不能没有"之下,尚有"请在这里极简单的说几句"二语。其下又分刊十项,略述鄙人编纂之意见。所谓"意见",指此而言。所谓"只叙事实,不参议论"者,乃指全书体例而言也。

例言云："研究科学,贵于注重客观的事实,减少主观掺杂的成分。这在自然科学尚然,何况历史——是社会科学。至于编纂历史教科书,则更甚一层。因为倪将编者的意见参入,不但减少学者研究的精神,而且教者与编者,意见不同,便生窒碍。"此数语,鄙人迄今思之,尚未自觉其误。陈君谓鄙人"不懂客观的意义。客观指根据事实,不用个人的好恶,为取材标准。专求古人本来的面目,然后评论他的是非"。又谓鄙人："说历史不能稍参议论。若不能参入意见,史家何从说明时代环境,论断成败？更何能推求其原因影响呢？"似于鄙意稍有误会。鄙人所谓"不参议论",但谓不参自己之议论。故下文又云："但是前此学者的议论,实系公允,而且成为史学界的常识的,也宜为相当的输入,仍一一注明其出处。"因高中学生,历史程度有限,所应得之常识,昔人多已言之。与其自行撰述,自不如引用前人成说之为得。至出于此外之议论考证,(一)恐浅学如鄙人,所言未必得当。(二)则前人迄未提及,问题必较特别,或非学生所必需。(三)则新出之说,时人意见,不能无异同。教科书与自行阅读之书不同,诚恐与教者意见有异,发生窒碍也。

陈君或又谓专引前人之说,不免陈旧,惟鄙人所谓前此学者,系指凡著述发布,在此书编纂之前者言之。故书中所引,现时学者之说,实不少也。鄙人所谓"不参议论"者如此,似与陈君所谓"客观",尚无甚异同。

教科书与自行阅读之书,究有不同。(一)则教科书有人讲授。(二)则学生于此之外,尚应自阅参考书。教科书但将事之大纲,提挈清楚,以谋教授之方便,而为参考之指导,似亦未为大失。陈君讥鄙著为"一部烂账","干燥无味","提不起读者之兴味",鄙人亦未之敢承。因教科书之为用,本非使人专读此一书也。即如陈君所举,原书所叙后汉分裂一节,看似干燥无味,然事实似已无可再减,减之则首尾不具矣。至于事之原因结果,如陈君所谓"曹操何以得胜……"者,其浅近者,学生自行参考,教员略加讲授,似亦不难知之。若其精详,则本非高中学生所能及也。再者,探求史事之原因结果,详论其是非得失,必于事之本末,大略明白而后可。今之学生,于史事所知实少。而教者侈言导以探求评论,往往看似有得,而实所得尽属虚浮,甚且不免谬误,此弊亦不可不知。

(二)

陈君讥鄙人分中国史为十期,"不知用甚么标准"?查分期之意,鄙人在例言中,已略有说明。标准或有未当,谓"不知用甚么标准",则似不然。陈君又谓:"最近世史下,到民国十一年六月为止,难道七月以后,就不属于这个时期内?或者又算一个时期呢?"此因此书成于十一年秋冬间,故所叙述,以是年六月以前为断耳。又谓:"分开元属于中古,天宝属于近古。不知是何意义?"此则例言已云:"近古史上,为中国从统一而又入分裂之期",因分裂起于安史之乱,故以是为始也。

(三)

例言云:"考据无论如何精确,总只能算考据,不能算事实,这是原则。但是亦有一种例外,如第一编第三章第三节是。这不是把考据径当作事实,其实古人此等形式的记载,不能当作真事实,也久成为史学上的公例。这等处不是好翻案,若一模糊,便史学上种种原则,都推翻了。这是断不能随声附和的。"陈君驳云:"古史非经过考古家考证后之部分,多可以怀疑。考古家所得的结论,多是史家认为事实而采用的。"此条陈君之意与鄙人同而误驳。鄙人谓"古人形式的记载,不能当作事实"者,即陈君所谓"古史非经过考古家考证后之部分,多可以怀疑"者也。鄙人于尧舜禹禅让之事,所以不采《孟子》《史记》……而采清儒考证之说者,即陈君所谓"考古家所得的结论,认为事实而采用之"者也。陈君又谓"作者这般苦心,维持原则,我们反而不知道甚么原则了,例如说考据不能算是事实",似于原文文义,有所误会。鄙人于上文言"这是原则",下文言"史学上种种原则"。既加种种二字,则下文原则二字之所指,明与上文原则二字所指不同。所谓"种种原则",所包颇广。因难于列举,故作此概括之辞。姑举一端言之。世之美尧舜禅让者,每谓其绝无把持权位、贪恋富贵之私。一若后世之君主,苟不把持权位、贪恋富贵,即皆可行禅让者然。其实问题断不如此简单,今日欲驱除军阀,事极复杂,而一般舆论,亦多责军阀之把持权位、贪恋富贵,其词甚正,而实不得其事之症结。皆此等简单之见,有以误之。治史学者,论一人一事,皆当详考其所处之地位,所值之时势,即断不容作此等简单之论矣。又人为生物,且为最高等之动物,其举动,自不如无生物……之易于测定。然亦有大致可求。社会现象,所以能成为研究之对象者以此。治社会科学者,其视人也,虽承认其智愚贤不肖,相去甚远,而其相去,仍有其不可越之限界,不能一为神而一为禽。若谓后世惟有操备,……而古代能有尧舜禹其人,则人之性质,可以绝对不同,史事无从研究,亦且不必研究矣。鄙人谓将尧舜禅让等形式的记载,认为事实,则"史学上种种原则,为之推翻"者,指此等处言也。

陈君又谓鄙人"对于尧舜禅让,虽稍怀疑,却于上古三皇和禹治水,便说得津津有味"。一似此两课所言,甚不可信者。查原书述三皇事云:"三皇时代社会进化之状况,《白虎通》及《易系辞》述之。(燧人)钻木取火,教民熟食。(伏羲)始作'八卦',作结绳而为网罟,以佃以渔。(神农)制耒耜,教民农作。日中为市,致天下之民,聚天下之货,交易而退,各得其所。"述禹治水事云:"尧时有洪水之患,尧使鲧治之。九年而功不成。及舜摄政,乃殛鲧,而以治水之事命其子禹。《孟子》述水患之情形曰:'草木畅茂,禽兽繁殖。五谷不登,禽兽逼人。兽蹄鸟迹之道,交于中国。'又曰:'民无所定,下者为巢,上者为营窟。'则当时之水患,盖平地尽没于水,人乃避居高处,以致不得安其生也。其述治水之功则曰:'舜使益掌火,益烈山泽而焚之,禽兽逃匿。禹疏九河,瀹济、漯,而注之海;决汝、汉,排淮、泗,而注之江。……后稷教民稼穑,树艺五谷。'与《史记》'禹……与益、后稷奉帝命'之说合。当时治水,盖禹为主而益、稷佐之。而其所专力,则四渎也。"似亦无甚不可信之处也。

(四)

陈君谓"政治、经济、思想、风俗,都有连带关系,互为因果,不能分开独立的。倘或因为便利的原因,勉强分开,也要时期和篇幅,位置相距不远。尤当互相夹叙,来解释原因和环境。如此,读者方才可以约略明白当时社会的现状"。诚哉其然。然此事甚难,必有许多专门家,著成许多专门史,说明此等事之真相,及其相互之关系。编教科书者,方能用其结论,采其英华,斟酌程度,编纂成书,以饷学者。若在今日,此等史迹之真相,尚未明白,何况其连带之关系?与其牵强武断,似尚不如稍事矜慎,分析叙述,以待教者之活用之为得矣。此层非鄙人自文。今日能将此等事项,"互相夹叙,来解释原因和环境"者,恐举国尚无其人。非敢轻量天下士,学问发达之步骤,固如是也。如有此等书出现,鄙人所编暂时承乏之书,自然世人会以覆酱瓿,不劳口诛笔伐矣。鄙人深惭学植浅薄,编书时矜慎稍过,容或有之。陈君谓"作者认列朝兴亡,是和制度、政治、思想、经济没有关系的",则稍嫌深文矣。

(五)

陈君谓鄙人"不问古书之年代和真伪,且不知古人托古改制的理想,便认做史料",此说鄙人亦不服。全书引古书颇多,难于一一剖辨,姑就陈君所举两例言之,陈君因鄙人引用《周官·春官》及郑注,谓"汉族似自今中央亚细亚高原,迁徙入中国本部",谓"这样不问书的来历,便附会引用,作为证据,是史家决不承认的"。鄙人至愚,窃未知《周官》和郑注,何以如此其不可引用?主汉族西来者,近人如丁氏谦、蒋氏观云、章氏绛等,均有著述,所引证据,极为猥多,鄙人只采此一条,自谓尚属雅言也。陈君又以鄙人引《尔雅·释地》及郭注,暨朱绪曾氏《开有益斋经说》,以讲古代疆域,谓"古人说的地名,多在疑似之间,作者引用来作正式的史料,不但不知史学,并且没有常识了",古人所说地名,在疑似之间者,诚哉有之,《尔雅》之四海、四荒、四极,则似非其伦。朱氏之说,以鄙人观之,亦属精确。陈君试取原文读之,能谓其所说地名,皆在疑似之间否?何至一经引用,遂并常识而无之邪?

陈君谓"尤可怪的,莫如引据《王制》和《春秋繁露》,在四十八、九页上来证明上古时代的制度",一查此两页中所引,有《公羊》何注,而无《春秋繁露》,想系陈君一时笔误。《王制》及《公羊》何注,何以不可引据,以证明古代之制度?陈君未尝明言。上文谓鄙人"不知古人托古改制的理想",想系此两书为托古改制之谈。鄙意以为一人之思想,不能全无事实以为根据。儒家所述制度,谓其杂以理想,非纯粹古代之制度则可,谓其中全无事实,纯出理想,则不然也。

(六)

"初民尝共产",陈君亦认之。则鄙人谓孔子大同小康之言,老子"邻国相望……老死不相往来"之语,所追想者,为此等共产社会,似亦未误,至谓"共产主义,是欧洲十九世纪的产儿,古代初民,虽尝共产,但不能说,古代已有这种学理",则鄙人本未谓孔老之说,即欧洲十九世纪之共产主义也。

(七)

陈君谓鄙人"把从前在私塾里,死记人名、地名的方法,叙了无数的人名。学生读史的时候,茫无头绪,对于历史,便无兴味"。鄙意史事不必强记,而不容不求明了。既求明了,则叙述必须清析。一事也,自有其关系之人。若硬将其名删去,则事不完具,了解转难矣。叙述之求清析,既系为求明了起见,则苟能明了,书中所叙人名,原不必尽记也。再鄙人自谓此书所叙,均系重要之事。所举人名,亦均系有关系之人。惟此事极难自信,苟有可删繁就简之处,自无不乐于领教。而陈君于此条,独未举出例子,但云"书中无论何处,均可举出例子"而已。如能举示一二条,最所欣盼。此乃诚恳之言,非敢反唇相稽也。

(八)

陈君引一三二页"唐以前之海上交通"一节,谓鄙人"对于史实,所知不足,凭着猜想,牵强附会"。查此节所云黄支即建志补罗,系据梁任公所撰《佛教之初输入》,法显所至耶婆提,为南美耶科陀尔,及法显环绕地球一周,系据章太炎《法显发见西半球说》,扶桑为今美洲,说亦出于太炎,原书均经注明,即使梁、章之说而误,鄙人亦不过引用误说,并非猜想。况陈君谓"扶桑为古代神话中之日出国家,有人说即是日本",此两说诚有之,然此扶桑,则确非古代神话中之扶桑,亦非日本,《梁书·四裔传》可证也。又谓"现在旅行家,乘极快的海轮,尚需十多日才到美国。法显船有多大,有多大的速度,不可考知。吕先生何不爽快说,法显乘的是小轮船呢? 若非轮船,法显环绕世界一周,就没有可能性了"。据章氏所计:"法显自师子国航行,师子国即今锡兰。自师子国还向广州,据《唐书·地理志》,为期不过四十六日。故当时法显所附商舶,亦赍五十日粮,法显行三日而遭大风,十三日始至一岛,又九十日而至耶婆提,凡一百六日。南洋与师子国间,途次悉有洲岛。当时帆船,皆傍海岸而行,未有直放大洋者,今言海深无底,不可下石,而九十日中,又不见驸海岛屿,明陷入太平洋中,非南洋群岛,逮至耶婆提国,犹不知为西半球地,后向东北取道。途中又行百余日,始折而西。夫自美洲东行,又百许日,则还绕大西洋而归矣。当时海师,不了地体浑圆,惟向东方求径,还绕泰西,进行既久,乃轶过青州海岸而东,始向西北折行,十二日,方达牢山南岸,是显非特发见美洲,又还绕地球一周也。"章氏之说如此,就鄙意论之,似非谬误。法显此行,两次皆系遇风漂播,不能以当时航海之常情论也。章氏之说既不误,则佛教输入南美洲,当时确有其事。法显《佛国记》及《梁书·扶桑传》,均可为证。流求即台湾,见稻叶君山《清朝全史》,《隋书》言流求在建安郡之东,水程仅四五日,稻叶氏说似不误。陈君以为后世无流球,似转不然也。

（九）

一九二页有两"理宗崩",想系鄙人一时笔误,承陈君校正,甚感。至叙鸦片战争处,则原文并无谓"英兵攻取炮台,由琦善撤了守备"之意。惟"义律见其易与"云云,系承上文言之耳。

又原书例言:"读史地图、年表、系谱,都是读史者必须备的书。故本书概不附入。偶然附入地图、系谱数处,都是为普通地图、系谱所不详的。"陈君谓"年表、系谱为必备,是一个武断",此层不甚重要,可不必辩。又谓"不将地图附入教科书中,更不是妥善办法",然普通者亦行附入,似乎简则不足用,繁则不能容也。

陈恭禄：评萧一山《清代通史》下卷第一二册

(民国廿一年十月三日《大公报·文学副刊》)

《清代通史》上卷初由中华印成，后由商务发行，续印中卷，自清初迄于道光朝之鸦片战争，印行既久，新材料次第发见，有根本修改之必要，现无评论之价值。此次印行下卷第一二册，作者萧君一山仍用前法编著成书，吾人读之颇为失望。盖自上中卷印行以来，据余所知，未见公允之评论。夫批评家之目的，非欲炫其所知，乃在讨论书之价值，或力为介绍，或予以指导，或指其重大之缺失，至若吹毛求疵，亦失批评之旨矣。本书下卷先印二册。第一册六百七十余页，全为枢臣、督抚及学者表，起清初，迄清末。第二册叙述太平天国、捻、回、苗乱之起灭，及咸丰、同治两朝之内政外交等，为时二十四年(一八五〇——一八七四)。

先就第一册而言，枢臣疆吏所占之篇幅，凡三百九十余页，余为学者表。表占若许重要地位，殆囿于古人之体例。对普通读者毫无益处。盖表所列举者，多为人名、官名、年代，读者不能记忆，且或不愿一读，其性质近于人名大辞典，辞典固非历史。我国正史以传体或谀墓文字为多，说者谓表可省篇幅，其视史书无异于百科全书，原不足取。二十世纪之史书，当以明了整个社会为目的，何必不辨是非，墨守旧法？此就原则而言，事实上枢臣疆吏表有《熙朝宰辅录》《枢垣纪略》《清史稿》等足供检查，作者稍将其损益抄入，攘为己有，天下著书之易，无过于此。一八六一(咸丰十一)年，朝廷创设总理衙门，其组织同于军机处，职权尝或过之，按照作者体例，必当列之为表，何竟缺乏？或将疑作者无蓝本可抄矣。总之，作者编书之方法，多为一己之便利。书中所列之学者表,学者于学术上之地位,决不能以著作数量为标准,历举书名,究何益于读者?斯乃常人所知,不必于此赘言。作者以表为下卷第一册,更不可解。政治上之演进,莫不有延续性,乃于鸦片战后,咸丰朝前,插表一册,分之为二,岂适宜之地乎?

史书之价值,视作者所用之材料及编纂之方法而定。史料可分为二,(一)曰原料 Primary source of Material,(二)曰次料 Secondary source of Material。近时著书立说者,莫不重视原料。清史之原料,浩如烟海,如大臣之奏疏、皇帝之谕旨、交涉之公文,以及当事人之公私尺牍、日记等。萧君编成此书,于各种史料,多未能利用,或未曾一读,如三朝《筹办夷务始末》,为叙述外交必读之书,而书中关于联军之侵略,交涉之困难,双方之争执,战争之责任,作者全不明悉,其例见后。余如进觐、教案等,亦极肤浅,甚者全不切于事实。作者所根据者,多为普通书籍,如稻叶之《清朝全史》、李泰棻之《近百年史》、薛福成之《庸盦笔记》及稗史等,从不问其所言来自何方,杂然抄袭,毫无主张,并证明其不知当时之情状。尤有进者,史料之利用,非抄袭之谓,乃分析其内容,辨别其真伪,考证其事实,然后引用。否则辗转传抄,仍是未消化未审核之史料,何必多此一举?萧君所抄者,殆为全书十分之一。如《天父下凡诏书》,原为关于太平天国朝中实况之重要史料,将其分析,一二页即可说明,作者乃抄入其大部分,多至八页,犹待读者自行认识。此不过书中百数十例中之一耳。著书果若此之易,究何益于读者乎!

古史中之有问答,原为古代之文体,在今严格论之,殊难作为有价值之史料。盖二人问答之语,何由传出?史官记之者,何从知之?记录有无附会、润饰、夸张之辞?殊难断定,其真伪成分亦难辨别。近时史家除引用节略或可信原文之问答,从无用之入书者。萧君于其书中竟常用之,兹举下列之例为证。第二页,星者与洪秀全曰:"子非于青紫中讨生活者,然贵不可言,愿自爱。"第五页,萧朝贵论战曰:"金田无险可扼,无城可凭,且起兵矣,既不能战,又安能守?"第九页,洪大全解至长沙出舱四望曰"此长沙也,不料汝等能以我至此",又自题诗于扇上。二一七页纪李续宾之败死,先自焚香九叩首,捧廷寄朱批奏折焚之曰:"不可使宸翰落贼手。"二二五页李秀成谋攻江南大营曰:"我瞯大营虚弱,还军急击,踏破大营,则苏杭皆我有也。"二五五页英军将攻广州,法美领事告粤督曰:"英已决意攻城,愿居间排解。"三九九页李秀成劝天王弃城同走,秀全斥之曰:"朕奉天父天兄命下凡,……我铁桶江山,尔不扶助,自有人扶助也。"及事危急,唏嘘执秀成手曰:"朕……能用汝,而不能信汝,以至于此,今无及矣,出亦何益,朕已与天父约,誓殉此城矣。"他例不胜枚举。兹就所举者论之,或为密谋,或为军国大事,或为一二人之私语,作者何以知之?乃根稗史为史料,如述星者之言,洪大全语之类。或囿于夸张之说,如李续宾死,据官之奏报请恤之疏,作为事实。或为作者装点附会之辞,如联军将攻广州,美法领事何能有调停之说。洪大全解京,何能自由行动,作者何不之思!岂以小说视历史乎。

史书迥异于宣传文字,其目的为明了当时政治上、社会上、经济上之情状,及要人之立场等,决不可以好恶为取舍也。作者于同治中兴时代第五十九页曰:"历史上欲求一造时势之英杰,而不为环境所限,特立挺出,洵非易事。若以曾、胡、左、李诸人,与洪、杨、石、李相较,似尤不逮。"又曰:"左宗棠稍异于曾、李,或可比肩翼、忠矣。"优劣之论,不知究以何为标准,岂以左氏尝谒天王献策耶(见二一八页)?此说全无根据,左氏先时逃入山中避难,应巡抚张亮基之请,至长沙助守,何能于围城时见之?英杰多造成于环境,萧君编著史书,何竟不知历史上之背景与势力乎?心中横有成见,于太平天国多所辩护,甚或抹杀事实。如天历以三百六十六日为一年,每四年一加,每月三十三日,及至五年,将有三十四日之差,天历取"真福有加无已"之意,不合于科学,不宜于农时,而作者则谓每四十年有一斡旋,其年每月减至二十八日,可以补足。按此计算,何能补足!又为辩护之计,删去每四年一加之语。其抄引之诏书,又改每四年一加为每四十年一加,何矛盾作伪至此!作者所叙天国之制度,多本于《太平天国野史》,该书则窃自张德坚等所编之《贼情汇编》,作者固不问其是否实行,而即抄入书中,如谓审判公允,废止酷刑,及无威吓等事项之类,均不足信。

作者参看之书太少,书中之错谬繁夥,今以篇幅所限,不能一一指出,聊举十例以概其余。(一)庐州之陷,江忠源死,作者据《庸盦笔记》

指为知府胡元炜所陷,见一〇六页。按庐州自安庆陷后,暂为省会,文武官在焉。及事危急,江忠源官为安徽巡抚,自必救之,何能据薛氏所得之传闻,而归罪于一人?(二)文翰与徐广缙签约,约载严禁入城,徐氏将其奏闻,见二四九页。此言全非事实。道光朝《筹办夷务始末》并无关于订约之只字,英国且以违反条约严重警告。(三)清廷以税则事宜必须视历海口,爰命桂良等南下,见二七〇页。此言全无根据。咸丰派桂良等前往,则欲修约,且以海关免税为交换条件也。(四)咸丰十年,桂良等与英、法、俄、美使臣订立通商税则善后条约,见二七六页。按中俄《天津条约》成立,俄使即回本国,以俄商在华尚无沿海贸易,商约实由英使之参赞与桂良议成,而美、法二使未稍修改。(五)圆明园被焚,作者初称巴夏礼泄忿所致,继称华人先行焚掠,后称英法军下令纵火,见二八七及二八八页。此段所叙各节,均非事实,实则由额尔金主张报复,下令英军单独执行也。(六)英人被囚者释放,已死者十余人,奕䜣(䜣字之误)遣人谢之,不可,再扰海淀,焚昆明湖一带,火三昼夜,声言将犯禁城,赖法、俄二使排解,先给恤金五十万,括京师内外库金予之,见二九〇页。此段多非事实,先后颠倒,有朝廷档案及外人纪录为证。奕䜣始终主杀巴夏礼等,何谢之有?火焚圆明园为英使和议条件之一,其时尚无犯扰禁城之意,与排解何关?库金时逾二百万两,何括之有?要之,作者固未明了当时之实况也。(七)淮军抵沪,以衣服粗陋为外人所轻,以程学启之力战始为外人信重,见三五九页。按淮军至沪实无功绩。李鸿章致书友人明言外兵陷城,淮军守之,外人纪录与之相同。此言其功则冒功浮夸也。(八)南京城陷,李秀成母妻皆自裁,见四〇一页。此据供辞,原不足信。左宗棠获其养子,审得其母妻幼子皆免于难,其子收养于外人,今尚存在。供辞不过求免时人之注意耳。(九)安得海出京在山东被捕,作者称其犹作大言曰:"我奉皇太后命织龙衣广东。"见同治中兴时代八页。此案丁宝桢办理,作者何不参看其奏疏,而竟言其赴粤耶?其时江苏有织造局二所,丁氏奏议言其往苏。(十)清初教士久居中土,遂萌觊觎之渐,见二三页。不知何所根据。二六页又称华人从教者,恃外洋为护符,借以凌虐军民,胁制官吏,而江楚之难遂作。此言亦无根据。同治初年,神父教民之恶尚不至此。作者于教案之原委,全不知悉也。

校对太为疏忽。书中别字繁多,中有不可诿诸手民,而作者应负责任者。余非本书校对之人,聊举数例为证。(一)恭亲王奕䜣为近代外交上之要人,书中改䜣为诉。其名见于书中不下百次,何竟如此粗心。(二)一〇三页称鸦片为雅片。鸦片、雅片均为译名,原无不可,书中固宜一律也。(三)二六〇页,称英人 H.N. Lay 为李国泰,又曰或谓为广东嘉应州人。官书档案则译为李泰国,李国泰实讹称也。作者引或人之言,称为粤人,本于流言,全不足信。(四)英使额尔金原称 Elgin,而二五四页误作 Rlgin。法使噶罗当作 Gros,而二五五页误作 Groo。美使利特原名 Reed 而作者误作 Reid。关于外人之事迹,萧君多不知悉。余疑作者殆未参看外国史书也。

以上均就书中之弱点与错误而言。凡作书者,皆常不免于错误,惟望能改之而已。其不能为萧君恕者,处兹二十世纪,犹用旧法敷衍成书,既不利用本国印行之档案,又未参看外国学者著作之史书,令读者深为失望耳。然则此书下卷二册不足一读乎？曰,此又不然。近时国内所出著作,较之外国不如远甚,吾人不能独责萧君,盖不如萧君者尚多。清史尚少专籍。萧君克成巨著,颇费精力。搜辑之勤,固甚可称。后来续出,遂见懈怠。然在吾国历史作者尚未用科学方法编著佳书之前,此书自可取读。然吾人仍当期望进步,而不可久安于浅陋也。

按本文中所举十例之五及六,关于焚毁圆明园事,除英籍外,法文有考狄氏(Henri Cordier)之《中法外交秘史》一书,出版已近三十年,中载法使噶罗与法将孟达邦来往函牍,知此举全系英使额尔金之意,一以报仇,一以示威,法人始终不赞成,法兵虽先入园,旋即退出,并未毁劫。法将孟达邦(Cousin de Montauban)归国后,以功封"八里沟伯爵"Comte de Palikao,其所为笔记(souvenirs),最近由其孙(袭封八里沟伯爵)编订出版题曰《一八六〇年远征中国记》*L'Expédition de Chine de 1860*,巴黎 Plon 书店印行,定价四十佛郎。附志于此,以供留心此问题者之参考。本刊编者识。

吴宓:《文学副刊》编者案语

(民国廿一年十一月三日《大公报·文学副刊》)

按近世所以异于古昔者,事物纷繁,典籍浩博。人之思想精神,支离矛盾,破碎分裂,统贯为难,精一罕觏。即学术研究之趋势,亦偏于局部专题之详征细考,而缺少全体大势之融会了解。千百治史学者,毕生疲精耗神于一事之考征,一名之确定,一年月日之改正,著为论文,列于专家。而求一具有通观卓识,能畅言民族兴衰之大势,洞察世局升沉之枢机者,则渺不可得。例如近世言史学者多推英国之阿克登爵士 Lord Acton(1834—1902),即以其人学问极渊博而又具通观卓识。然阿克登爵士生平著作甚少,世深惜之,亦可见学问能为人累,如负荷过重者堆积崇高,压抑肩背,至使其人呻吟倒毙,而不能跬步前行也。又近世专门之学盛,而一般文化程度低降。故作史者往往于古学缺乏修养,文章素不经心,其著作虽罗列事实,清疏严密,而文字则晦昧干枯,了无神采。此在中国近今尤为恒见,因中国新学来自西方,材料方法取自异国载籍,工为此者,自更难望其于本国文史沉浸有素。况自文字改革,旧学湮灭,读线装书者,亦只急促翻检,寻取可入吾题或适合吾意之材料,排比堆积,以成吾之著述,谁复精心融会,实行研炼,以撰作有声有色之妙文乎!综上二义,(一)通观卓识今最难得,故通史在今应贵于专史;(二)今之作者,率皆旧学乏修养,文章不精炼,故著作史书,若其事实之精确相等,则文较工美者胜。本此以言,则萧一山君之《清代通史》似为有价值而可赞许之书。缘(一)萧君书,综括一代之政治、经济、学术、典制等,材料丰赡,而(二)萧君国学具有根柢,文字流利畅达,在今皆极不易得者。原书征引,间采说部野谈。识者或非之,然萧君按有闻必录之例，各注明出处，固未可责其无鉴别也。若论其书之缺点，似在革命之意味过重。如(一)谓李自成战胜则亦当称帝王，(二)颂扬太平天国逾分等皆是。又如书中称清诸帝皆不云世祖、圣祖等而曰福临、玄烨等。夫既称唐太宗、明太祖，则于清不当独异，徒令读者觉其生僻迷乱。至清室私事，如(一)太后下嫁摄政王多尔衮，(二)顺治出家等，则张尔田君《清史后妃传稿》等书辨之已详。章炳麟跋王闿运《圆明园词》有曰："余见清季人士喜述宫庭狎亵之情，其言绝秽，心甚恶之。夫衽席幽昧，谁所明睹。"所言极是。吾人已嫌章君平昔民族革命之意太多，有伤其著作，斯言则为公论。尝见西国有名史家，其持论及著书态度异常严正，不以近今政治关系而删易古史，不以国家兴衰动归之女祸或私人品德之污，不多为求全之毁或歇后之论。凡此均可以为法。至陈君与萧君争辩之点，各为有见，且出善意，读者比并而观之可耳。编者识。

萧一山：为《清代通史》下卷讲稿第一二册批评事致《大公报·文副》编者书并答陈恭禄君[①]

（民国廿一年十一月三日《大公报·文学副刊》）

编辑先生：

贵刊第二百四十八期载陈恭禄君评拙著《清代通史》卷下一文，时愚适在庐山，以未能先睹为憾。顷由京返平，承友人告及，始得快读，嘉言匡正，曷胜感佩。陈君大意，谓愚勇于作书而疏于取材，愚何敢辞？惟事实有不尽相符者，请假贵刊约略陈之。

（一）陈君所评之下卷二册，系愚民国十六年以前之讲义初稿，当时随编随印，原以供参考之需及代抄缮之劳。（北大近世史参考讲义系十五年排印，师大系十六年，文史学院系十八年，皆此一稿。）去年因友人索阅，始将文院散叶，装订五十册，分赠求教。不料书局暗中加订数十册，流布市上，借以牟利，此固非正式出版之品，亦且非近来改正之稿也。《北平图书馆馆刊》第六卷第二号，有谢刚主（国桢）先生之介绍文，虽多评骘，语尚公正。愚既识谢君，告以编纂年月，及未出版之实况，彼已允为声明矣，今陈君所评者，仍为此编，故不得不略为解释，以明真象。非愚图脱责任，且亦不愿卸责也。

（二）陈君谓愚于西人著述取材较少，此为知言，愚不讳饰。然如Morse之书，为近人专讲外交史之蓝本者，愚固早读之矣。西人述中国事，其可靠性是否在中国人著述以上，犹属疑问。国人不知为系统的研究，惟窃取一二外籍，得其片辞只义以为宝，其弊与抱残守缺者正等。

[①] 此文原刊于《大公报》时，题为《答陈恭禄君评拙著〈清代通史〉致〈大公报·文学副刊〉编者书》。

如嘉定一役，白齐文与戈登所记者不同，（俞大维君得白齐文所批戈登日记，闻现存时昭瀛君处，不久拟由武汉大学印行。）圆明园之役，英法人所记者更不同，（可参考愚书所引英人 Robert Swinhoe 所著 Narrative of North China Campaign of 1860 及贵刊编者附按所举法人考狄氏之《中法外交秘史》。）抑何从为之定谳耶？顾西人翔实渊博之作，足为上等史料，奚待多言？近时英国之蓝皮书，德国之外交秘档，英法图书馆关于东方史料之庋藏，其价值似皆远过于私人著述，国人尚未有充分注意者。愚久拟赴欧搜集，荏苒十年，刻始如愿。下月七日，即由沪乘意邮 Cante Verde 放洋，将先往伦敦巴黎，次及欧美各国，尽力采访，倘假我数年，不虞资斧，或可以无大过矣。

（三）陈君谓关于外交史料，未参考三朝《筹办夷务始末》。按《始末》印行于民国十八九年，拙著英法联军之役一章，系成于民国十五年，故前后不相及。且不仅《始末》一书，即军机处档案，愚于民国十六年始得披阅，亦未能充分利用。故须加以修正，未敢冒然出版。陈君谓愚或未曾一读，并谓愚所根据者为《清朝全史》《近百年史》《庸盦笔记》等书，又杂举十例，以证明全不知当时之情状。殊不知陈君不但未取各书与愚书对照，即愚书亦未能尽读，甚且文义不懂，妄加指摘，其浅薄可笑，真有出人意料之外者。至于愚书取材何处，更漫不知悉，而惟以稗史贬之。天下批评之易，无过于此！姑举两例，以概其余。

例一　陈君谓："天历〔以〕三百六十六日为一年，每四年一加，每月三十三日，及至五年，将三十四日之差。天历取'真福有加无已'之意，不合于科学，不宜于农时，而作者则谓每四十年有一斡旋，其年每月减至二十八日，可以补足。按此计算，何能补足？又为辩护之计，删去每四年一加之语，其抄引之诏书，又改每四年一加为每四十年一加。何矛盾作伪至此！"兹先录拙书之原文（见讲稿一七一页），以资对照：

太平……于历法，当在永安建号时，即由东阳等奏可，改用阳历。惟以三百六十六日为年，与西历之闰年相当，微有不同耳。每四年则不得不有三日之差，故九年十月，由干王等改奏四十年一斡旋，斡旋每月念八日，则四十年中三十日之差，可以由此补足，周而复始焉。今将前后两诏录左：

（一）东王原奏（从略）

（二）天王诏旨

……朕前业准东王、西王、南王及众臣等：天历每年三百六十〔六〕日，单月三十一日，双月三十日，每四十年一加，每月三十三日，取真福无边有加无已之意。兹据玕胞等朝奏：天历永远高深，固非凡例浅识所能窥，而〔便〕民耕种兴作，亦属天情真道不可少。恳请每四十年一斡旋，斡之年每月二十八日。节气俱十四日平均，令善有便于民。自四十年至八十年，一百二十年，一百六十年，至千年万载万万载，永远如是。每四十年一斡为总。朕业准奏，为此再诏：除却从前每四十年一加之诏外，继自今史官每年遵今诏，每四十年一斡，斡年每月二十八日，节气俱十四日，余俱照前例，每年三百六十六日，双月三十日，单月三十一日。

综观前文，则知太平天国旧历，系杨秀清等所定，九年洪仁玕以不合于农时，奏请改四十年一斡旋，是为新历。诏书所述至明。陈君未能看懂原文及诏书，而强谓斡旋为作者伪撰，愚于天算未入门，实不敢攘窃为功。不合科学，不宜农时，此洪仁玕之意也，何待陈君述之？且每四年一加，每月三十三日，及至五年，将三十四日之差，不知陈君何所根据？（既曰每四年而又曰及至五年究何所谓，照此计算，四年亦只有三十三天之差，五年亦只有三十三天又四分之三，不知陈君如何算法。）四年即有三十四日之差，其历尚堪问乎？阴历五年二闰，已为世所诟病，太平历法，不合阴阳，焉有是理？洪仁玕之斡旋，实最合乎科学。因阳历三百六十五日为一年，每四年闰一日者，地球公转一周，须三百六十五日又四分之一也。太平历每年三百六十六日，每年实多一日之四分之三，故四十年有三十日之差，斡之年，每月二十八日，则适减少三十日，与闰年之增日，其意相同。何以陈君谓按此计算，不能补足耶？（恐怕陈君弄错了，他误以四十年三十日之差之补足而谓四年三十四日之差之补足，那么四十年要差三百四十天，区区三十天何能补足呢？陈君真无历法的常识，不然何以忘了阳历与地球公转的关系。）今陈君既未否认此诏旨，而诏旨所说至明，请其复按。即进一步，陈君否认此诏旨，而作伪者亦当别有人在，并非著《清代通史》之萧一山。故作伪愚不敢承,矛盾则未之有也。

例二 陈君例第五条,谓圆明园被焚,"作者初称巴夏礼泄忿所致,继称华人先行焚掠,后称英法军下令纵火。见二八七及二八八页。此段所叙各节,均非事实,实则由额尔金主张报复,下令英军单独执行也"。

再请看拙书原文(见讲稿二八六页以下):

……越二日(按即八月二十二日,西历十月六日)英法军攻海淀,禁兵不战而溃。奕䜣退居广宁门外之长新店。爰释巴夏礼,命恒祺送归,约以次日议和。巴既出,"英人"益无顾忌,遂纵火焚圆明园以泄忿。"额尔金"曰:"圆明园为清帝爱玩之所,余焚之,所以示薄惩,亦即所以抑其傲慢心也。"其致英政府之函曰:"圆明园乃吾军被掳之所,焚掠是园,正所以报复清政府。与其人民无关也。一因〔是〕园为被掳者手足悬蹄,三日不食,受困之所;二因此园若不焚毁,则不留较永久之痕迹,而英人无以消此愤恨也。"至当时焚掠之情形,则亦有足记者:

……及七日(一八六〇年十月七日,即咸丰十年八月二十三日),联军司令忽下令曰:"入园焚掠弗禁。"于是英法官兵及中国人皆杂遝而入,大肆劫掠,无论何人,皆可进园,全园秩序大乱,各处殿宇,焚毁不堪矣。……(见 Robert Swinhoe, *Narrative of North China Campaign of 1860*. P.289—312)

以上为英军书记官斯文侯《一八六〇年华北战记》所述,而英法人残暴之举,不难想见矣。是园被焚之因,"史书记载""多谓"巴夏礼被禁受虐,事急始释,既出,遂出此以泄忿。"然"王闿运《圆明园词》注谓:"夷人入京,遂至园宫,见陈设巨丽,相戒勿入,云恐以失物索偿也。乃夷人出,而贵族穷者,倡率奸民,假夷为名,遂先纵火,夷人还而大掠矣。"……陈文波《圆明园残毁考》亦据园丁陆某言"当地人先已纵焚掠,于是洋人继之",因置信于缃绮之词。是英法焚掠之前,阉监贵族,或有乘机偷窃之事,当时大局混乱,管园大臣已无法维持,而奸民与洋兵相乘,园遂被毁矣。

圆明园之被毁,系额尔金主张报复,借以示威消愤者,拙著所述至明。并录额尔金语及其致英政府之书以为证。陈君殆未阅二八六页之正文，但取史书记载以下数语，谓作者称巴夏礼泄愤所致。岂不可笑？即以巴夏礼泄忿之言而论，愚固明说系"史书纪载多谓"矣。岂作者之称乎？以下"然"字，转述王闿运、张肇松（崧）、陈文波三人之言，而断为英法焚掠之前，或有乘机偷窃之事。奸民与洋兵相乘，园遂被毁。此亦不过本文下之附考而已，陈君未能看清原文，以愚所述他人之言，谓为愚之主张，而反以愚之正文，谓为彼所发现。岂非怪事？倘世人不尽如陈君之荒唐，则此种批评尚有何价值乎？

（四）综陈君所评者，大抵系专就外交史而言，（即卷下之一章英法联军之役。）太平天国事，不料附述充数而已。近数年来，蒋廷黻先生以专治外交史名家，罗家伦先生言于太平天国史料多所搜集，此外俞大维先生及其弟大纲先生对于洪、杨事亦甚注意研究。所谓新材料者，不外此二类。至史料之来源，似有下列四种：

（1）英法所保存之史料及外人著述。

（2）档案及《夷务始末》。

（3）大臣奏议及专集、日记、尺牍等。

（4）公私搜藏之抄本及手稿。

第二三两种，在搜集上不大成问题。第四种如南方发现之《贼情汇纂》。据余所知，抄本有五：南京国学图书馆一部，杨晢子（度）家一部，谭组安（延闿）家一部，罗志希（家伦）家一部，愚抄一部尚未完全。愚系抄国学本，国学系抄杨本，罗系抄谭本，而杨本与谭本微有不同。闻谭本现在沪，愚已请俞君转借，将来交历史研究所印行。（按国学本现已印行，廿三年添注。）北平方面，闻北平图书馆抄孔德学校者有一本，无张德坚序，已改名《洪杨汇纂》。不知陈君所阅何本？抑或未之阅耶？《太平天国野史》袭此书什七八，以序谓出自天南遁叟，遂以蒙世。然愚闻湖南姚某，曾攘《汇纂》为己有，（即删去张序，纂以己序。）则《野史》实不必责。愚撰《太平制度》一篇，当时仅《野史》可据，故多录之，今新书出现，当必据以更正无疑也。又如北平图书馆十七年所搜得之王韬《东游日记》《遁叟漫录》《蛮氛汇编》皆无重要可言，而《汇编》又杂抄《类纂》以成书。若藏于曾家之李秀成供状，至今尚未公之于世。其他《太平天国战记》《金陵癸甲摭谈》等书，足供参考而已。藏于国学图书馆之咸同名人手迹,已择尤影印矣。惟第一种搜采至难,蒋先生愚未识,不知其已有若干。罗先生业已请其开一书目,俞先生则仅有 Hamburg 之《洪秀全》一书,较可贵。以愚推测,外人记述有裨中史者,国人尚搜求无多,此业正在发轫。而蒋先生先从事于《夷务始末》及档案专集之整理,因辑《近代史资料》一书行世,剪裁有法,具见匠心,此不能以抄录原料等闲视之,章实斋所谓"专门之精,与剽窃之陋,其相去(判也,)盖在几希"者,于此可以见之。故蒋先生实不愧为外交史家也。倘蒋先生以其研究外交史之心得,批评愚书一部分之外交史,则愚膜拜顶礼,当进请教益。今陈君既未寻取原料,又不知通史与专史之义,惟据一二点以批评外交史,又据外交史之一章以批评全书,辄作全称肯定之辞。其误谬无过于此!偶窃他人一二余义,未察原委,辄发狂言,殊不知学问一事,究非道听途说可得也。

（五）陈君谓表毫无益处,殆囿于古人之体例,读者不能记忆,且或不愿一读。此语凡稍习史学者,当可知其无常识。若果如陈君所云,则吴廷燮先生以清代史表名家,陈援庵(垣)先生以历谱著声,皆不过抄胥之事,将无价值可言矣。陈君谓著表最易,愚实不敏,学者表愚费三年之力,尚未完全,而六十万言之书,亦不过费时三年而已。至谓愚攘《熙朝宰辅录》《枢垣纪略》《清史稿》而为枢臣疆吏表,不知陈君曾看过《熙朝宰辅录》《枢垣纪略》《清史稿》否?愚敢必其绝未看过,不过据愚书各表前之例言,而知其书名而已。天下批评之易,真无过于此矣!至愚书七表,本为附录,初与正文无干,因全书未成,续有增刊,此亦无可如何之事。陈君谓插表于咸丰朝前,直可谓无的放矢。

（六）陈君谓问答不能作为有价值之史料,其理由系二人之语,何由传出?史官记之者,何从知之?夫二人之语,不能传出,则二人之事,独可传出乎?史官无从知其问答之语,又何从知其问答之事?此历史的怀疑论者,真可谓无微不至矣。陈君何不思之甚耶?

（七）陈君于愚说中兴人物,谓优劣之论,不当评衡。此不知史学外尚有史识在也。人才之优劣,与社会之关系,不加论断,则史书之义何在?信如此,《春秋》可以目为断烂朝报,评传可以目为谀(或毁)墓之文矣。其所举左宗棠尝谒天王献策之例,系小注中或人之言,何能据以为评？中国近世秘史之说，如作者认为事实，未尝不可以入正文。陈君不察左之性格与事功，而妄谓作者以此为标准，诬枉无过于此！

以上三条，皆颇带有史学理论的意味，历史家固各有其见解，不能强不同以为同。譬如疑古与信古，客观与主观，考据与史学，纯理与功用，主张不一，何能作一概抹杀之论？陈君如偏重史学（如讲原料与次料是），不重识才，未尝不可，特其文既于史学无根底，而才识之义，又全不明了。拾人牙慧，妄加批评，以致错谬百出，一无可取，愚不愿尽摅所怀以答辩，如答辩，则每一问题皆可累万言。今行色匆匆，无此暇晷，恐贵刊亦无如许之篇幅也。

总之，陈君不知愚书为未出版之初稿，偶闻后来所发现之一二史料，而横加批评，原可不必置意。又不审历史之属性，不明史学之范围，根据其一二耳食之偏见，即妄为全称肯定之指摘，夜郎自大，亦可尚原。惟不观前后之文，不明史料之原，捕风捉影，望文生义，强入人罪，漫无常识，此则不能为陈君恕矣。陈君若果就外交史一部分而言，则应就"普通书籍"之外交史次料，如《中西纪事》《防海纪略》《国朝柔远记》《中外大略》《皇朝政典类纂》《皇朝掌故丛编》《续皇朝文献通考》《东华录》《清稗类抄》等加以阅读，再进求原料。即不能，亦尚有再次之史料，如《中国近时外交史》《清史纪事本末》《清史纲要》《清鉴辑览》《清鉴易知录》《清外史》《清史讲义》《国朝史略》及日人《最近三十年外交史》《西力东侵史》《极东近世史》《东洋近时外交史》《中国国际法论》《清史概要》（种类甚多）等。（恕我不便详举，且英法之役以后的次料，如《中俄交涉记》——即《金轺筹笔》，在《抱秀山房丛书》中另有单行本——《东方兵事记略》等，因其无关本文，且太繁夥，故从略。）至少亦应取阅，而后著笔。陈君谓愚取材于普通书籍，但如上所述普通书籍，恐陈君亦未能寓目，而其引《清朝全史》《近百年史》《庸盦笔记》以为例，何其浅薄之甚耶？此三书恐陈君亦未必全读，不然，何以不知与愚书勘比耶？

然则陈君之批评既不当，而拙书殆无可议之处乎？曰不然不然。试问古今中外，宁有丝毫无阙之完书？愚之此编，仅属初稿，其继续获得之新资料尚未补入，待证之参考书尚未搜集，发现之错误尚未更改。（尤其是校对之疏忽，如诉诉之误，不过就实在说，印讲义作者均不校对,一委诸印刷局手民,故别字连篇也。)引述之浮辞尚未删削。凡为愚所知而于义未安者,盖綦夥矣。(上中卷亦然。)最大之病,在组织不精密,未能与前卷一律,此亦因稿尚未齐,不能为轻重权衡之故耳。愚将废此稿而不用,或删改其什七八,尚在未定,俟愚回国,当专心从事于此。呜呼,著作难矣,而史学尤难。中国学术界,尚得谓有人乎?愚于十三年前,因清史译本之刺激,而编著此书,举凡政治、学术、文化、社会、经济、外交、制度,皆无可凭之专史,筚路蓝缕,费力至多。愚固不敢以通史自圆,而亦不愿人举一废百也。倘有史学同志,审其大体,匡其缺失,愚虚怀若谷,敢不拜领。或一字之锡,愚亦师之,即愚已发现,而功亦归之。若陈君者,愚固悯其志而感其勇也,殆愚之诤友乎?

愚本不愿写此函,继思读陈君文而轻视拙书,其事小,因陈君文而颠倒黑白,致使后之作者,惮于从事,则其事大。愚固愿世有佳书出,使愚书早得覆瓿也。学术日进,枣梨之悔,岂有既哉!哓哓不休,烦渎清神,先生能谅而布之,不胜大愿!专此布泐,敬颂著祺,不儩。萧一山敬上。十月二十四日,北平。

陈恭禄：为《清代通史》下卷答萧一山君

（民国廿二年二月二十七日《大公报·文学副刊》）

按陈恭禄君《评萧一山〈清代通史〉下卷第一二册》一文，载登本刊第二百四十八期。萧一山君《答陈恭禄君评拙著〈清代通史〉》一文，载登本刊第二百五十二期。读者可参阅。陈君此文，于去年十一月即作成寄来。惟以稿件拥挤，至今始未登出。此层已于本刊第二百五十九期声明。敬祈陈君谅之。

编者识

历史之价值，常视著者所用之材料；史迹之真伪，必待考证后方能断定，史迹证明之后，方有信史，余读《大公报·文学副刊》第二百五十二期萧君《答陈恭禄君评拙著〈清代通史〉》一文，认为明了史迹之真伪，及编纂历史之方法，尚有答复说明之必要。草成此文，非逞意气，争论高下，不过求明史迹之真象，庶使吾人早有可读之信史。萧君斥余"既于史学无根底，而才识之义又全不明了，拾人牙慧，妄加批评，以致错谬百出，一无可取，愚不愿尽摅所怀以答辩，如答辩，则每一问题皆可累万言"。余愿自承学识疏陋，但于史迹之真伪，始终根据可信之史料，决不放弃讨论辨明之责任。而萧君不免大言不惭，自欺欺人耳，如据官文奏疏，谬称李续宾之死，有不可使宸翰落贼手之语，妄信文翰与徐广缙严禁英人入城章约之类，何不指出错谬之处，而徒以恶言相加耶？原评（《评萧一山〈清代通史〉》简称）分四大段（一）论历史方法与史料，举例十余；（二）论作者应有之态度，举例凡三；（三）指正书中错误，举例凡十；（四）指摘别字，举例凡四。萧君切实答复者只有二例，余或肆口怒骂,或用遁辞卸责,或引用他人之言以自文过。吾人所讨论者,为《清代通史》,不必牵连他人,余更不愿引用书中其他错谬,但就原评所论,及萧君答复,作为讨论之范围。

(一)关于史料,余认萧君参看之书太少。萧君胪列所用之书以自炫,并谓余不之知。其书大都属于次料,余不仅久已读之,今日尚能据记忆力辨别其内容,判定其可信之价值。如《中西纪事》《防海纪略》《国朝柔远记》等书,不过时人之观察,当时之传说,其中所叙史迹,多不足信。《皇朝文献通考》等书,则为关于嘉庆前之史料,未有只字提及咸丰、同治二朝,余所批评者,则为下卷,专就两朝而言,关于两朝,余曾看过《皇朝续文献通考》等书,萧君竟未列入,反足以证吾言参看之书太少。《清鉴易知录》《清史纲要》《清史讲义》等书,浅陋不值吾人一读,固不能作为著书立说之史料。原评谓"作者所根据者,多为普通书籍,如稻叶君山之《清朝全史》,李泰棻之《近百年史》,薛福成之《庸盦笔记》及稗史等",而萧君斥余举三书为例为浅薄,而于"多"及"稗史"等字,全行抹杀,指明三书不过以作者抄用之较多耳,乃谓未与《清代通史》相比,亦未全读,离奇不合逻辑之武断,不足一辩。所可忠告萧君者,今日编著道光以后之清史,外交方面三朝《筹办夷务始末》最可凭信,其他断片叙述如《中西纪事》等书,普通书如《清史讲义》等类,虽须一读,要皆无足轻重。全集如曾文正公、左文襄公、李文忠公等书,均必须参看者也。今编历史,苟舍原料而用近于传说之次料,多无印行一读之价值。萧君自谓十八年讲稿为文史学院讲义,去年为书贾盗印,《筹办夷务始末》时已印行,萧君亦于书中明言此书,既未一读,何必引用欺人妄言耶? 又何不修正前稿? 固不能卸去责任。关于史表,萧君斥余未见《清史稿》《枢垣纪略》等书,《清代通史》并无《枢垣纪略》,作者盖未看过耳,南京尚有此类书籍,何武断至此! 萧君既言表为附录,而印行之讲稿,则称表为卷下之一,史稿为卷下之二,书中亦无说明,岂能谓余"无的放矢"乎? 关于书中问答语体,余于原评论其毫不足信,并举八例说明,萧君不能自圆其说,斥余为"历史的怀疑论者"。余非其人,亦不愿为之,不过平日对于史料,主张严格鉴别,定其真伪可信之价值,决定取舍,从不以小说视历史,而更加以附会也。二十世纪之历史学者,莫不如此,余非以学者自视,不过未入歧途,而惜萧君不知近代之历史方法耳。

(二)关于史家之态度,必须依据事实,平心静气,了解时人之立场及其所处之环境,决不能以今日政治好恶之观念,作为取舍之标准。关于此点,《文学副刊》编者虽有二例说明,然与原评无关。原评举有三例,萧君切实答复者只有天历一条,太平天国颁行诏书总目,中有颁行历书,其书未见于可信之史料。余据刘复《太平天国有趣文件十六种》(以下简称刘书),其文抄自外国图书馆,自极可信,刘书称"每四年一加,每月三十三日,取真福无边有加无已之意"。果如其说,每年三百六十六日,四年相差三日,第四年则有三百九十六日,故五年后相差将有三十余日,此据刘书计算所得之自然结果。其书有无错误,今有三法证明:(1)刘书是否中有脱字,须待刘君说明;(2)比较外国所藏原文;(3)另引可信之史料证明。顾此实非现时争论之点,吾人所欲明知者,天历是否合于科学,或宜于农时也。萧君今言"阴历五年二闰,已为世所诟病,……洪仁玕之斡旋,实最合乎科学"。不知中国所用之历,实非阴历,世界惟有回教徒国用阴历耳,中国年历,合阴阳二历,气节用阳历计算,月日则用阴历,并分算四季,颇称便利。东西年历各有不同,帝俄所用之历,固不同于欧洲列强。五年二闰为阴阳二历兼用之自然结果,萧君竟不之知,见解一如常人,斥为"为世诟病"。尤有进者,东南植稻,农民引水溉田,而潮水之高涨低落,多以月之吸力为转移,每逢月之初三、十八等日,农民往往引水入田,天历废去朔望,固不宜于农时。萧君反称斡旋实合乎科学,未免太无常识,岂果如萧君自谓"天算未入门"耶?地球绕日一周约三百六十五日四分之一,设想刘书果有脱字,杨秀清所订之天历,不适于用,洪仁玕之改订,不过改正其大错,按照改正之天历计算,二十年将差十五日,气节果相符合耶?此之谓"最合乎科学"乎?此颇足以证明洪、杨之无知创作。萧君存有袒护之心,对于曾、李诸公遂多毁辞,如谓曾、胡、左、李远不能及洪、杨、石、李,左或可比肩翼、忠。此说全无一定之标准,不过个人好恶之私见,余于原评以之为问,萧君斥谓"不知尚有史识"。呜呼!所谓史识,岂不知当时环境,本于好恶,不辨是非,妄发议论之谓乎?左文襄性格与事功,余非不知,其一生可议之点尚多,萧君终未切实说明,空泛之论,直为遁辞。对于太平天国制度，萧君业已自认录自《野史》，其袒护之点，不辩自明，乃欲自炫所知，谓余未见《贼情汇编》。余敢明告萧君，余在南京数年前已于龙蟠里国学图书馆中见之。平生重视信诚，未见其人不敢妄引，借以欺世盗名也。

（三）关于书中之错谬，原评举有十例以概其余。萧君切实答复者，只有焚毁圆明园一事。其余九例并无一字。故今双方争论之点，则园(1)是否为巴夏礼泄愤所焚；(2)抑为额尔金下令焚毁；(3)抑由华人先行焚掠，然后英法军下令纵火。简单言，园之被焚，究由何人负责。关于此点，现有三国文字之记载，所谓著书立说之作者，不能辨别说明，尚有所谓信史耶？萧君斥余辨明责任为"荒唐，未能看清原文"，再为萧君论之，并考证纵火之责任。讲稿二八六页曰：

> 奕䜣退居广宁门外之长新店，爰释巴夏礼，命恒祺送归，约以次日议和。巴既出，英人益无顾忌，遂纵火焚圆明园以泄忿。额尔金曰："圆明园为清帝爱玩之所，余焚之，所以示薄惩，亦即所以抑其傲慢心也。"其致英政府之函曰："圆明园乃吾军被掳之所，焚掠是园，正所以报复清政府，与其人民无关也。（一）因是园为被虏者手足悬蹄，三日不食受困之所；（二）因此园若不焚毁，则不留较永久之痕迹，而英人无以消此愤恨也。"

其下引用英人斯文侯《一八六〇年华北战纪》（Robert Swinhoe：*Narrative of North China Campaign of 1860*）二八九至三一二页所述，称十月七日"联军司令〔忽〕下令曰：入园焚掠弗禁。于是英法官兵及中国人皆杂遝而入，大肆劫掠。……十月二十三日（九月初十日）法人入园，火清帝之寝宫，于是可爱可贵可宝之圆明园建筑，皆受残毁矣"。二八七至二八八页，萧君引用王闿运《圆明园词》注，张景斋肇松（崧）《燕京记（纪）游》圆明园诗序，及陈文波《圆明园残毁考》，并作结论曰："英法焚掠前，阉监贵族匪棍或有乘机偷窃之事，当时大局混乱，管园大臣已无法维持，而奸民与洋兵相乘，园遂被毁矣。"又引或人之言，指为龚半伦导之，而并说明曰："及英兵北犯，龚为乡导，将入京，告之曰：清之精华在圆明园。故英法军直趋之，而大内得免于难，说者谓半伦之赐也。……园既破焚，火三日夜不绝。（自二十三日至二十五日，《东华录》记癸未淀园火为二十二日,盖先日已不免有小焚掠,惟二十三日,英法军始下令耳。)"

原文全为正文,见二八六至二八八页,限于篇幅,只能摘要节录。原评就结论而言并无错误。现就讲稿所叙各节而论,圆明园被焚共有四说,何人究当负责?原有二八八页结论可凭,而今萧君忽如余言,谓系额尔金主张报复,以示威泄愤者。但又称:"圆明园之役,英法人所记者,更不同,(可参考愚书所引英人 Robert Swinhoe 所著 *Narrative of North China Campaign of 1860* 及贵刊编者附按所举法人考狄氏之《中法外交秘史》。)抑何从为之定谳耶?"萧君缺乏鉴别史料之学识,游移不定,终不能自圆其说,浅学如余,敢将其说明,以祛读者之疑,并劝萧君不必大言欺人也。

萧君根据中文史料,全为传说之辞,杂有错谬之处,如谓巴夏礼之释放,由于奕䜣,实则全与史迹不符。咸丰朝《筹办夷务始末》所录奕䜣之奏疏,奕䜣始终主张囚留巴夏礼,咸丰谕使释放,仍言不可,圆明园陷时,且称不可再言抚议。巴夏礼等之放归,系联军之要求,而守城之王公大臣,惧而应命者也。王闿运等时未参与和议,又未亲见焚毁宫殿,其说得自传闻,可信之价值原极薄弱。龚半伦向导之说,全为讹言,毫不足信。联军未焚大内者,额尔金谓王大臣开放北京城门,当如哀的美敦书之条件,不再焚毁宫殿,葛罗则称和议决裂,再焚大内,与龚氏何关?而上等史料,如奕䜣奏疏,萧君反不之知,前者诿称书由书贾盗印,图卸责任,而今讨论此点,何不引用证明,此不过证明作者参看之书太少。据恭亲王奏疏,九月初一日(阳历十月十四日)始回西便门外天宁寺,明日(十月十五日)照会二使换约。初四日(十七日)二使始有复文。其奏报咸丰曰:

> 初四日亥刻,接到嘆、唎两夷照会,并嘆夷伪将军克酋照会一件,均借口于前获夷兵二十余名监禁凌虐,嘆夷则称,欲赔恤银三十万两,及拆毁圆明园宫殿。(见咸丰朝《筹办夷务始末》六六卷九页)

及附片奏曰:

臣等于初四日亥刻,接到嘆夷照会,声称被获夷兵凌虐过严,欲拆毁圆明园等处宫殿,当即连夜札调恒祺来寓,令其前往阻止。乃初五日(十八日)辰刻,该卿来后,正在谆嘱商办间,即见西北一带烟焰忽炽,旋接探报夷人带有马步数千名,前赴海淀一带,将圆明园三山等处宫殿焚烧。(见《筹办夷务始末》六六卷十二页)

据此,圆明园之被焚,实由于英使之主张。英兵纵火之日,则在西历十月十八,即阴历九月初五日。

萧君所据之英文纪载,只有斯文侯《一八六〇年华北战纪》一书,该书余虽未曾一读,但据作者所译一段,决不忠实,不足凭信。原文凡二十三页(二八九至三二一页),译文不足七百字,其中必有删节修改之处,萧君未有只字说明。译文第二行曰:"及至一室,见一八五六年之中英条约,犹在书案上也。"一八五六年为咸丰六年,岂有中英条约乎?中英主要条约,一八四二年前有《南京条约》,一八四三年则有《虎门条约》,一八五八年(咸丰八年),始有《天津条约》,傲慢如萧君,竟不之知,何耶?译文第七行,称"联军司令"下令纵兵入园焚掠,英法军队各归本国统将指挥,时生龃龉,岂有所谓"联队(军)司令"耶?第十八行,称十月二十三日,法人入园火清帝寝宫。英军奉令火焚圆明园,系在十月十八,译文先未提及,岂圆明园之被焚,由于法兵耶?以上三点,足以证明译文毫不足信,此书而外,英人纪录关于此事者,尚有四书:

(1) H.B. Loch: *Personal Narrative of Occurrences During Lord Elgin's Second Embassy to China in 1860*.

(2) Lane Poole and Dickins: *Life of Sir Harry Parkes*, 2 Vols.

(3) Leavenworth: *Annow War*.

(4) M'ghe: *How we got to Pekin*.

以上四书,以(1)及(2)为最可凭信。第(1)书作者 Loch 为额尔金秘书,其言火焚圆明园也,由额尔金决定,纵火则在十月十八日。第(2)书为巴夏礼传,共有二册,其作者利用巴夏礼日记及公文等著成,关于此事之要点,全同于第(1)一书,其他纪载莫不尽然。萧君不知此书,岂亦未见麦氏《近代中国史文选》Macnair: *Chinese Modern History, Selected Readings*(商务印书馆出版)耶?文选有节录关于火焚圆明园者。次料名著尚有英人摩尔士 Morse：*International Relations of the Chinese Empire*，3Vols.一书，结论同于上列之书。法文史料又与之同。吾人今日之结论，仍如原评所称，额尔金主张报复，英军奉命单独执行焚毁圆明园也。其他传说，均不足信。

余当于此附带说明者，中外纪录均谓英军于十月十八日（阴历九月初五日）纵火。萧君独据不可凭信之译文，称于十月二十三日（九月初十日）纵火，并引《东华录》所说"癸未"淀园火，为之证明。"癸未"萧君定为十月二十三日，实则全无根据。"癸未"为阴历八月二十二日，即阳历十月六日，今有英人葛麟瑞《中西年历合考》及陈垣《中西回史日历》可供检查，何粗心至是？《东华录》于是日称淀园火者，盖园于斯时失守，而加以附会之辞耳。

（四）关于别字错名，萧君指为手民负责，与之无关。吾人于此不愿再责萧君，惟望以后改正而已。

答复至此，不愿引长篇幅，再有辩论。所可明告萧君者，评《清代通史》一文，非有憾于作者，不过指明普通史书之错误，以此为其代表，意欲督促一般作者，慎选史料，编著成书，庶使吾人早有可读之信史。书评一篇，就书论书，既不足以降落萧君之地位，亦不足以提高评者之地位。此种虚荣心理，余初未思及。盖无论何人均不免于错误，惟期改正而已。肆口恶骂，直为村妇。此言决非求见好于萧君，不过个人平日之思想，以为吾人研究学术，应有客观之态度也。萧君欧洲之行，苟不改变观念，终将难有所得，夫抄录公文纪载，凡读书识字者类多能之，岂待萧君前往哉？

萧一山：为《清代通史》下卷讲稿第一二册批评事再致《大公报·文副》编者吴宓君书并答陈恭禄君

（民国廿三年六月十一日至七月六日《中国日报》第六版，又七月七日、十四日、二十一日、二十八日《大公报·图书副刊》及《国风半月刊》第四卷第十一二期）

萧一山先生《清代通史》上中两卷，在商务书馆出版后，续印者有第三卷讲稿一二两册。（系北平印讲义之印刷所加印流布，非正式出版。）前岁夏陈恭禄君撰《评萧一山〈清代通史〉下卷》登《大公报·文副》二四八期，萧君当有答文辩正，登《文副》二五二期。嗣陈君复有答文登去年二月二十七日《文副》二六九期，萧先生时在英伦考察，复致函《文副》编者详细答辩。函至而《文副》已停刊，未获传布。现为本社访得原稿，虽事隔一岁，然函中所陈，多关史学根本问题，亟为刊布，治史者想以先睹为快也。

编者敬识

雨僧吾兄先生：

弟前为陈恭禄君《评拙著〈清代通史〉卷下》一文，谬误百出，曾上芜函，蒙载贵刊第二百五十二期，谢谢。先生所附引言，以通观卓识论通史应贵于专史，自是不易之论。而以综括一代，材料富赡，国学具有根底，文字流利畅达，赞拙作为有价值之书，自愧不才，何克当此。惟论缺点似在革命之意味过重，此事弟另有解说，将详下卷。盖洪、杨不许以革命，则不惟无以知中山主义之来源，更不能彰清初遗民所藏之深痛，弟今在伦敦博物院中，见有天地会（菁黠岜）之规章纪事甚多，一线相承，踪迹显然，从前所论，似不为过。至改庙号为直书，今西龙序中曾言之，弟以为称谥称名，并无轻侮之念，若为便利计，则纷更不如仍旧，故前之欲改中国历代帝号为名者，今则将仍其谥矣。弟研究清史，对于诸帝，察其行性，备致推美，凡曾听过讲演者，类能言之，书中亦可寻绎，初不以其异族而歧视之也。太后下嫁一事，因无确证，业已删去，恐先生仍据初版为言，弟于商务改版时，修正颇多，不仅此一端也。顺治出家一事，弟因其遗诏不类遗嘱口吻，故将传说采入，标题既曰传说，则性质业已明矣，而本文曰"或谓"，曰"其说虽无确据，至今犹盛传之"，曰"其言不足尽信也"，此不过附举异说之一史例耳，而首段固明据官牍，言崩于养心殿，且录其遗诏矣。先生病支离矛盾之精神，慨统贯精一之难覯，引英之史家柯（阿）克登为言，谓其具有通观卓识，独惜其著作甚少，缘于负荷过重，堆积崇高，压抑肩背，至使其人呻吟倒毙而不能跬步前行，实为今世名言！弟之史义，正复相同。当在青年，即以通史悬鹄，卒以清史试笔，即此三百年之大势，草创未成，已压肩背，虽无卓识，实具通观，岂将有呻吟倒毙之忧乎？然吾国学术不振如此，弟固以破支离分裂之考征，辟饾饤补苴之功力为事者也。焦里堂曰："证之以实而运之于虚，庶几学径之道也。"此言弟奉为圭臬。章实斋所谓学问与功力之辨，弟所谓考据与史学之分，诚以博约专精，各有其范，今之人受所谓整理国故者之影响，以考订破碎为学，而讥博约者为粗疏，此梁任公先生之所以见轻于人，而弟之所为深痛者也。十年教学，坚信此义，编于讲叶，腾之口说，无不以亭林通儒为依归。而于《清代通史》中卷论实斋之学，则大声疾呼曰：汉学足以亡清，国故亦足以亡中国。谁厉之阶，至今为梗？先生同情洞察，以精心融会为难，必不以弟言为过激也。兹承惠教，并赠贵刊及陈君复文之载于二六九期者，且以答辩相属。弟往复三诵，未见其有新义，惟托词佞说，颠倒黑白，益见其妄。使取弟讲稿及前文比而读之，即可以豁然矣。四省告陷，滦平又失，故都堪虞，我心东悲，抑有何暇，作此哓哓无益辩论之文哉？特陈君复文既刊之报端，而劳费读者千万人宝贵之时间矣，弟不为一言，则有负于读者，而陈君或反自鸣得意。然其文绝无驳复之价值，弟费此数日之力，执笔屡辍，无已，故不得不兼及其他与此问题有关系之事，如前所论者。俾吾心安于写有价之文，先生其许我乎？

弟前次所答陈君之书，为旨甚辨，而辞亦卑。一则曰"不愿卸责"；再则曰"可无大过"；三则曰"余所知而于义未安者，盖綦夥矣"；四则曰"不敢以通史自圆"；五则曰"一字之锡，愚亦师之，即愚已发现，而功亦归之"；可谓谦虚备至矣。而陈君谓愚为傲慢，弟之性格，傲则傲矣，而慢则未也。然所傲者，非达官即逆夷，非学阀即文氓，非吃洋教之徒，即一味崇拜外人、抱无洋不好之态度而数典忘祖者，从未以骄色对寒酸之同侪与可怜之学生，陈君究自居于何等乎？以慢而论，弟读陈君文辄三复，惟恐其有余义。陈君评弟书，读弟书乎？答弟文，读弟文乎？如其读之，何不懂耶？弟不空言，请先以三事为证。

（1）陈君答文谓："关于史表，萧君斥余未见《清史稿》《枢垣纪略》等书，《清代通史》并无《枢垣纪略》，作者盖未看过耳，南京尚有此类书籍，何武断至此！"

> 弟所著《清代通史》，于卷下之讲稿中，附有军机大臣表，其例言第二条有云："军机大臣除按年题名外，复记其籍贯出身……此参《清史稿》及《枢垣纪略》之例，惟轻重繁简之间，微有不同。"

军机大臣表系参《清史稿》之军机大臣年表及《枢垣纪略》之军机大臣籍贯出身而成，乃陈君谓"《枢垣纪略》作者盖未看过"。恶，是何说耶！然此事本由于陈君之原评而来，弟前文曰：

> 至谓愚攘窃《熙朝宰辅录》《枢垣纪略》《清史稿》而为枢臣疆吏表，不知陈君曾看过《熙朝宰辅录》《枢垣纪略》《清史稿》否？愚敢必其绝未看过，不过据愚书各表前之例言而知其书名而已。天下批评之易，真无过于此矣。

陈君原评谓弟攘窃《熙朝宰辅录》《枢垣纪略》《清史稿》而为枢臣疆吏表。夫既谓攘窃矣，焉有未看过之理乎？是陈君既谓我看过《枢垣记略》于原评矣，何以又谓未看过于复文乎？微论其自相矛盾如此，既弟前文所问于陈君者，陈君何以不彰言其曾看过此三书耶？是弟之推论，固未可易。而陈君则舍《熙朝宰辅录》与《清史稿》，独言《枢垣纪略》，谓

"南京尚有此类书籍"。夫南京尚有此类书籍,与陈君之读否何干?必谓陈君居南京,而南京所有之书籍,陈君当然读过,此是何种"逻辑",不"武断"乎?若如此例,则南京"引车卖浆"之流,秦淮歌舞之伎,皆可以称书橱而列学府矣。陈君果曾读吾书乎?何其谬误如此哉?弟今敢下一百廿万分之断言曰:陈君决未看过《枢垣纪略》,《熙朝宰辅录》《清史稿》,固无论矣。盖弟书军机大臣表之第一例言,曾述及将原稿第二部分之军机章京删去,而章京之题名,仅《枢垣纪略》有之,弟虽在军机处档案搜寻,而亦无所得也。陈君知此意乎?此为陈君未读弟书之例证一。

(2)陈君答文谓"《皇朝文献通考》等书,则为关于嘉庆前之史料,未有只字提及咸丰、同治二朝,余所批评者,则为下卷,专就两朝而言。关于两朝,余曾看过《皇朝续文献通考》等书,萧君竟未列入,反足以证吾言参看之书太少"。

陈君谓弟举《皇朝文献通考》而彼曾看过《皇朝续文献通考》,弟先不辩,谨附弟前文之载于贵刊者,请影印之以为证。

天幸此一"续"字,未被《大公报》手民排脱,不然,先生即能以弟原稿为之证明,而陈君又可强诬吾等串

> 总之:陈君不知愚书为未出版之初稿,偶闻后来所发见之一二史料,而横加批评,原可不必置意。又不审历史之属性,不明安事之范围,根据其一二耳食之偏见,即安为全称肯定之指摘,夜郎自大,亦倘可原。惟不观前后之文,不明史料之原委,漫无常识,则迳普通书籍於之外交一部分而言,此则不能为陈君恕矣。陈君若果徧览中外交史一部分而言,强人人罪,妄生异议,皇文生义,亦略知中西记事:如海纪略,䎦游杂记,朝鲜文献通考,中外大略,东华录,清稗类抄等,加以阅读。再进求原料。即不能,亦尚有再次之史料

通作弊矣，弟之冤不将沉海底乎？陈君自谓曾看过《续皇朝文献通考》，弟敢下一百廿分之断语曰：彼未曾看过。何故知之？以其所谓《皇朝文献通考》为嘉庆以前之史料，故知之。盖《皇朝文献通考》敕撰于乾隆十二年，而成书较后，凡所纪述，讫乾隆五十年而止。《续皇朝文献通考》，编者为乌程刘锦藻，其书从乾隆五十一年起，讫光绪三十年止。凡三百二十卷，其目加详，学校、邮递均列入焉。用二号字在上海（坚匏盦）排印，装订八十八册。弟于民国十三年在北平隆福寺购得此书，费大洋三十五元，系连史纸。直隶书局亦有此书，系有光纸，而索价则同，弟颇以价昂为贵。去年至宁，缪凤林先生于沪战之际，以十四元在中正街附近一小书铺中购得此书。弟因其价廉，曾托此书铺物色二部，欲以赠友人。此弟所以数举此书与学生作参考也。而陈君谓《皇朝通考》为关于嘉庆以前之史料，弟故敢必其两书皆未读过，不过仅知书名而已。其大言如此。夫陈君之所以出此者，谓其果无意乎？而弟前文所列举所答述者，均未出陈君原评之范围（文内并有声明），何至忽以乾隆以前不相干之书插入。即不幸手民脱一续字，苟有常识者，亦当能推知。陈君既高谈鉴别，何以粗心如此？谓其果有意乎？其意究安在哉？弟百思而不得其解。若以意想推之，弟方登轮，海外数万里，复笺稽时，而读者决无人取弟前文及陈复比而观之者，则陈君证弟参看之书太少之计售矣。其心尚堪问乎？夫读书之偶遗一字，亦常情，无足责，惟陈君之批评弟书，几尽是此种义例，故弟不能不为之一言也。此为陈君未读弟文之例证二。

（3）陈君答文谓："萧君根据中文史料，全为传说之辞，杂有错谬之处。如谓巴夏礼之释放，由于奕䜣，实则全与史迹不符。咸丰朝《筹办夷务始末》（一山按此宁非中文史料乎）所录奕䜣之奏疏，奕䜣始终主张囚留巴夏礼，咸丰谕使释放，仍言不可。圆明园陷时，且称不可言抚议。巴夏礼等之放归，系联军之要求，而守城王公大臣惧而应命者也。"

弟请先录拙著讲稿第二八五页至二八六页之原文以对证之：

　　京师戒严，周祖培等筹议团防章程，得旨允许。……时奕䜣、桂良皆在城外，城中无主。英人声言攻城，且索巴夏礼甚急，恒祺请释之，胜保不可，黄宗汉请杀之，诸王大臣皆不敢决……奕䜣既奉全权之命，英人给照会，限三日内交还巴夏礼，否则以十五日攻城。奕䜣初次照复，令其退至天津，再行议和，不许。又令退至通州，俟换约后，即将巴夏礼送还。又不答。然英人终以巴夏礼之故，攻城稍缓。遂移兵绕过德胜门，谋窥伺海淀矣。二十日英法声言进攻，僧格林沁自朝阳门移师海淀，奕䜣、桂良皆在圆明园中。时有京师商人备牛羊千头，赴英法犒师，且请和议。英人答曰：此国中大事，非尔商人所得闻也，必欲以和议请者，须恭王自来。于是恒祺再请释巴夏礼，奕䜣不决。越二日，英法军攻海淀，禁兵不战而溃。奕䜣退居广宁门外之长新店，瑞麟及步军统领文祥从。爰释巴夏礼，命恒祺送归，约以次日议和。巴既出，英人益无顾忌，遂纵火焚圆明园以泄忿。

此段所叙巴夏礼释放之事实，至为明了。主释者为恒祺，主留者为胜保，主杀者为黄宗汉，英人要求交还，诸王大臣皆不敢决。及奕䜣奉全权之命，主持和议，恒祺再请，仍不能决。至英人攻海淀，禁兵不战而溃，奕䜣由圆明园退居长新店。于斯时也，遂不得不释巴夏礼以约和。盖和议早有成说，惟英人以先交还巴夏礼为条件，而奕䜣则以联军退至通州为条件。及海淀失守，禁兵自溃，清廷无恃，忍辱谋和，而恒祺始得贯彻其主张，送巴夏礼以归。英人仍不消恨，乃有焚毁圆明园之举。此一"爰"字，作何解乎？弟书何处曾言巴夏礼之释放由于奕䜣耶？叙另一事实于奕䜣退居之后，实为两句。如陈君以前句之主辞冠于后句，而改"爰"字之字义为主张或主持，亦未尝不可，但于前文主杀、主留、主释之人，及诸王大臣不决之义，将何以贯之乎？又奕䜣不决及通州议和之条件，将何以释之乎？盖自禁园兵溃，城下订盟，不特前此之主留者，不敢再置喙，即主杀之黄宗汉，恐亦噤若寒蝉矣。奕䜣之条例议和，本欲借巴夏礼以为质，其意至明，何曾主释？而巴夏礼之囚禁，在于刑部，城内由诸王大臣会议维持，奕䜣有全权之命，其身居于城外。观仓皇避匿之状，与夫"惧而应命"之情，不知陈君能揣及否？以前主张之奏疏，与此时释放之事实，固不能发生联带之关系也。如以此句为省略主辞，则可为主辞者，不仅一奕䜣。盖诸王大臣之不决，至此皆不得不决，奕䜣之不决，至此更不能不决，即主杀、主留之人，亦不得不放弃其主张矣。陈君如不能证明巴夏礼之释放，在海淀兵溃，奕䜣退居以前，则弟稿便无可议。况《夷务始末》所录奕䜣之奏疏全与讲稿事实相符，并无如陈君所言之意乎（补答详证之）？此为陈君不懂弟书之例证三。

凡此之例，不胜枚举，而陈君反谓"原评分四大段：（一）论历史方法与史料，举例十余；（二）论作者应有之态度，举例凡三；（三）指正书中错误，举例凡十；（四）指摘别字，举例凡四。萧君切实答复者只有二例，余则肆口怒骂，或用遁辞卸责，或引用他人之言以自文过。"弟何处怒骂？何处遁辞？何处卸责？何处文过？陈君能明指乎？此非肆口而何？若其原评，弟早置纸篓，从无检复，然自信前文系就陈评段落分驳，业已毫无遗义。陈君不能舍质而言数，借以骗人。盖史料方法、作者态度理论既误谬矣，（如陈谓问答不能作为史料，及人物优劣不当评衡是。）例何足言？惟指正错误者，无理论，仅事实，故弟择其尤者批驳之，其余则不足辩。若别字系手民之责，又为讲叶，与弟何尤？陈君既不愿再责，而犹举以充数，于此足见陈君之用心矣。弟故不得不就其答文逐条逐句再驳之，然天下宁有此种文字乎？惟不如此，则不足以醒其迷梦耳。孟子曰："予岂好辩哉？予不得已也。"

（一）陈君答文第一段关于史料，认弟参看之书太少，谓弟胪列所用之书以自炫。弟前文系反答陈君，谓应就"普通书籍"之次料（如某书等）先阅读，再进求原料，即不能，亦尚有再次之史料，如某书等，至少亦应取阅而后着笔。盖因陈君曾提及原料与次料，而彼并不知原料与次料之为何，故以教之，乃劝其先应具有常识之意也。岂弟列书自炫乎？用书岂仅此耶？陈君又谓《中西纪事》《防海纪略》《国朝柔远记》等书皆不过时人之观察，当时之传说，其中所叙史迹，多不足信，而最可凭信者，为三朝《筹办夷务始末》，是陈君重官牍而轻私家之言矣。岂亦知史学发展之通例乎？盖官牍最重于古代，而口碑渐兴于近日。弟书导言有云："夫史实既准乎现象，而历史复防于纪述，则天地之变迁，事物之源委，政教大纲，里巷琐谈，无论巨细，有纪述而昭示者，皆可为史，故官书、传记、稗史、口碑皆史也。至其虚饰增华，妄意捏造，托辞讽喻，或不足传信来叶者，辨而正之，亦史家之职志耳。"此义弟于十二年八月《学汇·史学之研究》一文中，曾详言之，并为图表一幅，以明史学发展之例。今不累赘。不知陈君曾读弟书否？但就陈君之见而论，以《夷务始末》为惟一可据之书,而私家之纪载,毫不足凭。则野史之意安在？何为历来史家多反对官修诸史耶？试问著史者仅据一官牍而可成书否？（谨按蔡子民先生序《明清史料》言官牍稗史相得益彰之义甚详,可参看。）陈君如云,仅言多不足信,然则少足信者,弟宁不可以取材乎？即退一步言,官据可信以据矣,则似《夷务始末》者,若《平定罗刹方略》《平定粤匪方略》等等,清代所修者至多,而《东华录》亦此类,陈君何不主张并取为唯一之原料,而独厚于《始末》一书？即再退一步言,《始末》多奏疏及往来公文,然仍系编纂之书,非原料可比,若原料者,军机处档案之价值,远过于《始末》百倍,陈君亦知之乎？即再退一百步言,《始末》为最可凭信之上等史料,然其所举之事实,有以异于弟之稗史否？此可于第三段证之,今守逐句驳复之义,免陈君谓我有遗珠也。若《中西纪事》等书,为中国外交史之椎轮,皆自有其价值,非陈君可任意上下者。陈君因有憾于《清代通史》,而将《清代通史》所引据之书,一笔"抹杀",宁不"武断"？

陈君谓"《清鉴易知录》《清史纲要》《清史讲义》等书浅陋不值吾人一读",又云"其他断片叙述如《中西纪事》等书,普通书如《清史讲义》等书,虽须一读,要皆无足轻重"。半幅之内,遽相牴牾,有如此者。既曰"多不足信"与"不值一读"矣,何以又说"虽须一读"乎？宁不"离奇"？若谓"无足轻重",是似可读可不读者,天下宁有此种讲史料者乎？此为陈君无史料常识,而又"离奇武断"之确证一。

名人全集,必须参看,即弟之所谓传记也。何止全集？尚有日记。然亲笔所记其个人之事,亦有未足凭信者,如《翁文恭公日记》所记诋毁康有为事。陈君能知此意否？述古人之事而常为古人所欺,不但陈君不懂考据,未能言此,即所谓考据大家亦往往入其彀中而不觉,故历史只能近真,不能全真,势使然也。陈君知此义乎？此历史之所以重才识,而三要列其二,不知陈君曾读过《史通》《文史通义》否？史学方法,焉能外此。弟早年即读过美人之《新史学》,近又与英之史家讨论史学方法,其意完全相同,不知陈君所谓二十世纪之历史方法者,何法耶？若鉴别真伪,定其取舍,即弟导言所云"不足传信者,辨而正之"之意也。陈君必云：弟能腾口说而不能见于事实。请试问之,弟以此说著《清代通史》，已成上中两卷，约一百二三十万言。陈君谓精鉴别，主考证，何以一文反不能通，而自相矛盾者比比耶？今陈君取近代方法鉴别史料之堂皇名辞以相压，弟或服于他人，而不能服于陈君，以陈君假借一堂皇名辞，而此名辞固与陈君丝毫不相干也。若果滥取一名辞，即可以批评一部著作，天下批评之易，真无过于此矣！此为陈君无史学常识而又"大言不惭"之确证二。

陈君又谓"原评谓'作者所根据者多为普通书籍，如《清朝全史》《近百年史》《庸盦笔记》及稗史等'，而萧君斥余举三书为例为浅薄，而于'多'及'稗史'等字，全行抹杀。指明三书，不过以作者抄用之较多耳。乃谓未与《清代通史》相比，亦未全读。离奇不合选（逻）辑之武断不足〔一〕辩。"

弟请先将前文答此者抄呈于下：

> 陈君谓愚所根据者为《清朝全史》《近百年史》《庸盦笔记》等书……殊不知陈君不但未取各书与愚书对照，即愚书亦未能尽读。甚且文义不懂，妄加指摘，其浅薄可笑，真有出人意料之外者。至于愚书取材何处，更漫不知悉，而惟以稗史贱之。天下批评之易，无过于此！……陈君若果就外交史一部分而言，则应就"普通书籍"之外交史次料如《中西纪事》……《"续"皇朝文献通考》……等加以阅读，再进求原料。即不能，亦尚有再次之史料，如《中国近代外交史》……等，至少亦应取阅而后着笔。陈君谓愚取材于"普通书籍"，但如上所述普通书籍，（按即以上所举之书籍二十三种，可参看前节例证二所附之原文照片。）恐陈君亦未能寓目。而其引《清朝全史》《近百年史》《庸盦笔记》以为例，何其浅薄之甚耶？此三书恐陈君亦未必全读，不然，何以不知与愚书勘比耶？

就两文比观，陈君谓弟于其"多"、"稗史"等字，全行抹杀。而弟上段所谓"惟以稗史贱之"者何谓耶？下段曰"引三书以为例"者又何谓耶？既引为例，宁非取材较多乎？弟谓陈君未读过"普通书籍"，因如其读过，决不至引此三书以以为例。拙稿引用此三书最少，偶有小注或附注，皆属比证之辞，而本文固别有其出处。或者此三书之出处，偶有一二与拙稿相同，（《庸盦笔记》稍异于是。）陈君未能比勘。且此三书之论及同一事实者，而其材料之总和，似尚不及拙稿十分之一二，其余来自何处？陈君亦未能估计，即妄为称断。是其所谓"普通书籍"及《清朝全史》等，尚不能全读，谓非浅薄而何？此段未乖于论理，何谓"离奇"？何谓"武断"？是陈君所谓"不合逻辑"者，乃时人惯用之口头禅耳，其实彼并不懂逻辑也。如其懂之，何至以一二事而包括外交史，以外交史之一章而包括全书，特称即为肯定，尚不能包括全称，况又陷于实质之错误乎？若陈君之不周衍的理论，不知在逻辑上为何法？弟幼年所习，自因明小取以及亚里士多德、培根、罗素以来，古今中外未尝有也。此为陈君无论理常识而又"恶言相加"之确证三。

陈君又谓"舍原料而用近于传说之次料，多无印行一读之价值"，是明指弟书而言也。然弟记其原评中曾有是语曰："此书不可一读乎？是又不然。"（原文不复能记忆，大意当如此）其矛盾如此。弟书是否舍原料而纯用近于传说之次料，陈君唯混言以欺人。弟用档案，非原料乎？若以《始末》官书，始为原料，弟用官书亦夥矣，陈君知之乎？至若私家之记载，陈君谓皆传说之次料，皆小说也，然则吾人何必著书？何必编史？欲读史者不可以看原料看官书乎？是陈君固未懂何谓官书，何谓稗史已。弟敢告陈君曰：原料、次料乃相对的而非绝对的，非以官书、稗史而分，实以事实之来源而分，故官书有时亦可为次料，而稗史有时亦可作原料。若以《始末》一书而论，总署文件有档案为其原料，大臣奏疏有专集为其原料，外国照会有西文公牍为其原料，此书选汇，便观览耳。陈君既言《始末》为惟一可凭之上等原料，是信本国官书之纪载矣，何为又迷信西人之说，谓弟于西人著述取材较少乎？此能自圆其说者耶？（陈君勿误会我不主中西兼容，惟君所说者，乃两个绝对的，而非相对的耳。）依弟之见，中国之著作官牍，与西人之著作官牍，只可当编述时参考之用。而必须先为系统之研究，不能据其一鳞半爪以为断，如前文所论，固未可谓某书为绝对的可信而他书则否。盖一书有一书之用处，非比而观之，不能定其取舍，此最浅近之史学常识，恐陈君亦未之能懂也。又如近人之盲目的迷信外人，袭取浮毛，吐弃故籍，不知外人著述，殊为滥易，其事亦多得自传闻，而又杂以成见，最著者则传教之士，与远征之夫。英之汉学家翟斯理 Giles 年八十七矣，屡与弟言其一生深恨外国教士著书言中国事，英人且如此，中国人不可以憬然乎？弟谓陈君主西人之说，似曾受浅闻浮慕者之影响；主《始末》之说，似曾受整理官档者之影响，惟其史既毫无根底，而学又无常识，以致谬误百出，终未能得一当也。弟书并非无误，夫谁能免灾梨之悔哉？数年前成都刘藜仙君、厦门大学教授某君（恕忘其名）皆叠函相与讨论书中一二事，弟复论史料之原及致误之由，辄万言，而两君终能以其所闻见者，补我之阙，弟未尝不深感其意也。若两君如陈君者，何尝不可以写大文，致攻讦？而两君学者，知匡人一失，不能掩人全体，倘陈君能偶中而匡弟一失，岂不坐令此子（美称也）成名哉？弟卷下虽为讲义初稿，而仍不愿卸责，有能匡我者弟师事之，即弟已知者功亦归之，既明言矣，何得谓为"诿称卸责"？而书局加订，乃系事实，故无发行，无定价，何得谓为"欺人妄言"？至若未读《始末》，弟前文仅言作英法之役一章时，《始末》尚未出世，而讲稿第十章用《始末》者颇多，陈君知之否？弟因陈君原评，仅言英法之役一章事，故不涉及他章，真诚如此。陈君乃以"未出世"作"未一读"解，而强谓十五年未见《始末》，即为十八年以后未读《始末》之证，有是理乎？弟敢断言：陈君以《始末》一书为批评弟稿之法宝，然其所读仅一二片段，而尚不能懂，弟自信所看比陈君为多，且能善用之。故前言"不仅《始末》，即军机处档案，亦未能充分利用"。盖时短不及仅少取耳。陈君能明此文义否？此为陈君无问学常识而又"不辨是非"之确证四。

史表一事，陈君原评谓"毫无益处"，弟前文故反问之。今陈君既不能证明其无益，而反以《枢垣纪略》之见否为答，何其谬耶！《枢垣纪略》事前已说过，恕不再及。弟敢告陈君：如其反对史表，可读《史通》，未尝不可于子玄之说，假一例证。惜陈君之学太浅，《史通》固未之读也。弟敢再告陈君：《史通》既不曾读，亦尚有此"可以一读"之《清代通史》在。弟上卷例言第二条曾引刘氏之说，并郑浃漈、万季野二人之言矣。陈君评弟书，读弟书乎？表之附否，书成始知，偶列册号，不过为装订取用之便，此与正文何干？且中卷亦尝插一外交约章表矣，能谓某表独有意置于某朝前否？宁非"无的放矢"耶！此为陈君无史表常识而又"妄发议论"之确证五。

书中问答之体，陈君原评谓："二人之语，何由传出？史官记之者，何从知之？"弟前文问其："于语而不能知，于事而何能知？"今陈君既未能更列理由,以明问答话体之不当,而犹以举例为言,何其谬耶? 姑不论问答语体之见于史册者,若二十四史,若两《通鉴》,若九种《纪事本末》等比比皆是,但如陈君所云,令弟证书中问答之语,则非起死骨于地下不可。弟固无此还生术也。弟前此颇为谓历史的怀疑论者,今以陈君之造诣证之,似尚不及。陈君既自承,且谓非学者,虽谦辞,实近真。弟研究清史垂十五年,而教书亦已十年,即令业尚未成,颇以学者自视。若近代历史方法,不仅知之,且能试之。(弟曾撰《〈清代通史〉的体例及取材》一文,叙所用方法甚详,惜此文已佚。)固未尝不深惜陈君之误入歧途也。何以言之?因陈君惟袭所谓新文化以来之好名词,若科学方法,若客观态度,若鉴别史料,若方为信史,实则不惟陈君不能懂,即倡之者亦未必能懂也。陈君如能"改变态度",而欲知何谓史学方法与客观态度,何谓鉴别史料与方为信史,则拙作有《中国通史讲义大纲》之自序及第一章(清华、北大、师大讲义),缪凤林先生《中国通史纲要》自序,及梁任公先生之《中国历史研究法》,皆可读也。然陈君又必以其为"普通书籍"而谓"浅陋不值吾人一读"矣。夫基础不立,大厦何成? 二十世纪之历史学者,决未有无常识者也。此为陈君无历史基础常识,而又"大言欺人"之确证五。

以上答陈君之第一段毕。

先生得勿太觉累赘乎? 但弟曾声明于先,非此不足以醒其迷梦,"识迷途其未远",陈君勉之哉。

(二)陈君答文第二段,谓关于史家之态度,必须依据事实,平心静气,了解时人之立场及其所处之环境,决不能以今日政治好恶之观念,作为取舍之标准。此言尚是,然亦他人之言,非陈君之创见也。至其引太平天历一条,则荒唐悖谬,莫可究诘。太平历法,弟讲稿及前文解释至明,业已毫无疑义。而陈君既不知历法系就地球公转一周三百六十五日又四分之一而来,根据刘氏文件(即刘复君《太平天国有趣文件十六种》),脱遗一字,妄为推断。其原评曰:

天历〔以〕三百六十〔六〕日为一年,每四年一加,每月三十三日。及至五年,将有三十四日之差。天历取"真福有加无已"之意,不合于科学,不宜于农时,而作者则谓每四十年有一斡旋,其年每月减至二十八日，可以补足。按此计算，何能补足？又为辩护之计，删去每四年一加之语，其抄引之诏书，又改每四年一加，为每四十年一加，何矛盾作伪至此！

是陈君原评谓：（一）斡旋为弟所假造；（即"作者则谓"三句，"作者"是指著《清代通史》之萧一山也。）（二）四十年之差，斡旋不能补足；（即"按此计算"二句，"按"当为陈君之按也。）（三）又"四十年一加"之语，其诏书为弟所窜改。（即其抄引之诏书三句，其当指弟也。）于是"矛盾"、"作伪"之罪名成矣。弟前文答之，谓依据历法最浅近的常识，地球公转一周为三百六十五日又四分之一，太平历法一年三百六十六日，每年实多一日之四分之三，故四十年相差三十日，每月二十八日之斡旋，其年三百三十六日，则适减少三十日，与阳历闰年增日之意正同，何为不能补足？陈君既未知历法与地球绕日之关系，而强解四十年闰余之补足为"每四年一加"之补足。今其答文，舍此不谈，似已自承为误，而弟矛盾之罪名，或可以昭雪矣。此为陈君无历法常识，而又"妄加指摘"之确证七。

又陈君原评曰："每四年一加，每月三十三日，及至五年，将有三十四日之差。"弟前文谓："即令四年一加，亦只有三十三日，五年亦只有三十三日又四分之三，何得有三十四日之差？"今陈君答文，舍此不谈，乃又改其辞曰："五年后相差将有三十余日，此据刘书计算所得之自然结果。"夫所谓后者，五年耶？六年耶？七年耶？所谓余者，三日耶？四日耶？或三日又四分之三耶？陈君自知其误，而犹饰词强解，诿为刘书之脱字。不知即据陈君所云，刘氏文件有脱字，则四年所加，亦只有三十日，益以历闰，多不过三十三日，何得有三十四日之差？陈君如再强解后字之字义为五至七年，而谓余为不定之数，讲天算者，能如是之游移乎？是陈君之故弄狡狯，已昭然若揭。此为陈君无算法常识，而又"诿称文过"之确证八。

按陈君原评，并未说明系根据刘氏文件而来，今自知误谬，欲将脱字之责，归之刘君，谓须待刘君说明。试问刘君能负此责任否？刘氏文件，仅十六种，皆零星小品，标曰有趣，足见刘君之微旨矣。是书初出版于北平翠花胡同内之北新书局，用浅绿宣纸作封皮，定价二角，弟今手边无此书，然尚能记忆其所录有新历封面，有杨氏请颁新历奏，有天王诏旨二通。杨奏系初改之历,为简述年月及删去禁忌者,"以后历书,皆首载之"。诏旨一为干王奏改新历时所颁,即四十年一斡旋之事。弟讲稿所录诏疏是也。刘氏文件,系抄自伦敦博物院太平天国辛酉十一年之新历书,弟之诏疏,与伦敦博物院所藏太平天国辛酉十一年之新历书,无一字之差,是刘氏文件,与弟之讲稿,必完全相同。即令刘氏文件于每四十年一加之处,脱一"十"字,而此诏开首,为一七言八句之韵文(请参阅以下所附历书之照片),第四句为"四十年加诏在前"七字。前字与第一、二句之天、年两字,与第六、八句之旋、全两字叶韵。此一"十"字,亦脱去乎?如亦脱去,则"苟读书识字"者,必能推知之。盖七言八句韵文,绝不能忽插一六字之句也。况此诏后段,更有"除却从前每四十年一加之诏外"一句,是"四十年一加"之语,诏中凡三见焉。而谓能皆脱一"十"字乎?陈君似未读此诏旨,即读亦仅数句,而尚不能懂,反以此指摘讲稿,异想天开。此为陈君无读书常识,而又"望文生义"之确证九。

刘氏文件既与弟讲稿所录之诏旨相同,则"兹据玗胞恳裁定,诏每四十年斡旋"之皇皇谕旨,所载必无二致。何以"多根据中文史料"之讲稿之斡旋。与"抄自外国图书馆"之文件之斡旋,同一诏旨,同一事实,同一文字,一则谓为"作伪矛盾",一则谓为"自极可信"耶?此种理由,弟实万思而不得其解。岂非"出人意料之外"乎?此又不特漫无常识,且为陈君盲目的迷信外人,吐弃故籍之确证矣。

又刘氏文件,似尚有第二诏旨。弟查第二诏旨,全系七言韵语,解释节日者,中有"四十年斡可认踪,……每四十年一核对,立春迟早斡年定,……四十年对斡加减"诸句。陈君苟能读此"抄自外国馆自极可信"之最多不过二三十页之小书,则何至厚诬"斡旋"为弟所伪造耶?此为陈君无考证常识,而又"迷信外国"之确证十。

陈君心知其误,反以三法证明炫人,据陈君云:"其书有无错误,今有三法证明:一、刘书中是否有错误,须待刘君说明;二、比较外国所藏原文;三、另引可信之史料证明。"弟按(一)刘君之文件,即脱一字,亦无说明之必要,盖其文凡数见者,读者当能自知之,不知而自盲,于录者何尤?于手民又何尤?(三)另引可信之史料证明,则陈君已谓"中文史料"及"稗史"全为传说,更何得有可信之史料?即有之,陈君亦必以其非"抄自外国图书馆","自极"不"可信"也。无已,则惟有(二)比较外国所藏原文乎?原文为太平天国辛酉十一年之新历书,在英国伦敦博物院东方部皮藏。其书列于道哥拉斯之补充中文书籍及写本目录中(Supplementary Catalogue of Chinese Books and Manuscripts in the British Museum By Robert K. Douglas. 1903),编号为15297d33;凡一本。弟似无须将此书全摄影,以求见信于陈君,谨附照片一页,上半页为杨秀清等原奏之尾,下半页为天王诏旨之首,俾读者可以证明弟"多据稗史"之讲稿所录,与此"外国图书"、"自极可信"之原本,固丝毫不差也。(照片附印于此。)

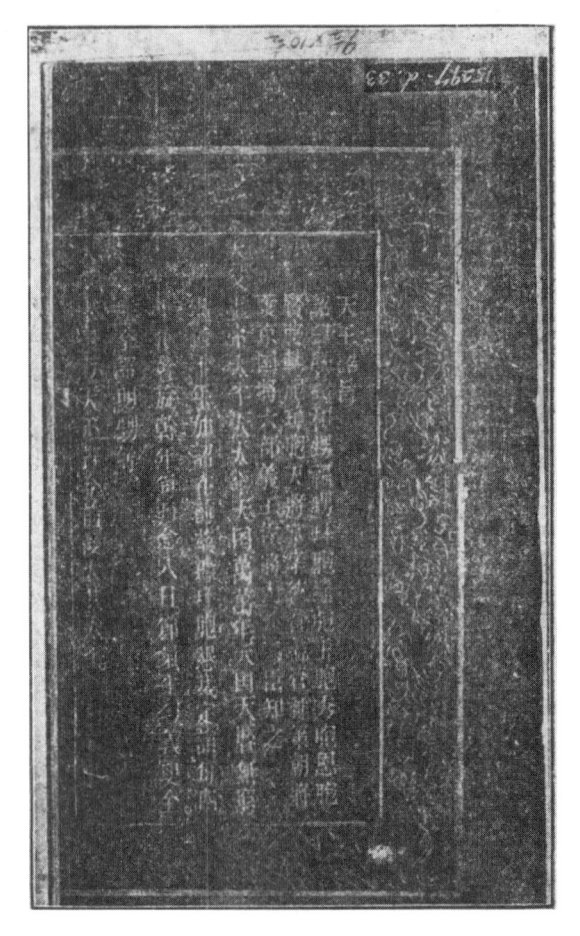

天假弟以英伦之行,否则弟不能举原书为证,则一个"十"字之官司,陈君固可强诬我以"矛盾作伪"之罪也。即不然,陈君亦可狡辩,而使此谳百年不能决,则弟终身将有圜户琅珰之忧,而后之人亦视为疑狱矣。今作伪之罪,庶可以昭雪乎?此为陈君无辨别真伪常识,而又"强入人罪"之确证十一。

(真有出人意料之外者:弟顷检查刘氏文件,于"每四十年一加"之处,并未脱一"十"字,陈君目盲,伪造事实,不特诬弟,且诬刘君,而一篇大文,率由此发,又何怪其将"续皇朝文献通考"看掉一"续"耶?此种诋评,如出无心,则荒唐莫可究诘;如出有心,则其人尚堪问乎?呜呼批评!!!呜呼士林!!!此函所辨,皆假设脱一

"十"字,亦以证明陈君无常识者,故无妨于行文也,廿三年六月附注。)

夫律有反坐之文,报有更正之例,陈君即不反坐,不更正,而辩论亦当有主题,陈君之原评何谓?弟之前文何谓?陈君尚能"据记忆力"知之否?何以其答文反将前事——彼诬陷罪名,我举证辩护——一笔勾销,而谓"此实非现时争论之点"耶?此非遁辞乎?此为陈君无辩论常识,而又"遁辞卸责"之确证十二。

陈君原评,自述天历四年一加,而断之曰:"不合于科学,不宜于农时。"弟前文曰:"不合于科学,不宜于农时,此洪仁玕之意也,何待陈君述之?"盖洪仁玕之奏改斡旋,有"天历永远高深,固非凡例浅识所能窥,而便民耕种兴作,亦属天情真道不可少"之语,所谓天情真道者,非天文乎?非科学乎?所谓便民耕种兴作者,非农时乎?其意至明,陈君知之否?何为攘窃以为己有耶?又弟前文言:

且(假如)"每四年一加,每月三十三日,及至五年将有三十四日之差",不知陈君何所根据?(现已知之矣。)四年即有三十四日之差,其历尚堪问乎?阴历五年二闰,已为世所诟病,(如用批文笔法,则此处可写衬一笔。)太平历法,不合阴阳,焉有是理?洪仁玕之斡旋,实最合乎科学。(言斡旋也。)因阳历三百六十五日为一年,每四年闰一日者,地球公转一周,须三百六十五日又四分之一也。太平历法,每年三百六十六日,每年实多一日四分之三,故四十年有三十日之差,斡之年,每月二十八日,则实减少三十日,与闰年之增日,其意相同。何以陈君谓按此计算,不能补足耶?

陈君能懂此文义乎?所谓阴历五年二闰已为世所诟病者,不过假一事实之衬托,以见"四年即有三十四日之差"之不可能。所谓最合乎科学者,谓其能据地球公转一周而补足之,以见能合乎"天情真道"。此岂是"争论之点"?而陈君必欲令"吾人明知天历是否合于科学,或宜于农时"耶?弟之讲稿,曾有是乎?评今人之史,转而为古人之历,历为杨秀清、洪仁玕等所定,陈君可往寻之,与作史者固丝毫不相干也。此为陈君无读文常识,而又"放弃讨论辨明之责任"之确证十三。

吾国之旧历,通常皆称阴历,以其合于朔望故也。按公转之日度,而有五年二闰,每多一月,人事会计,计算维艰,故民国政府,首即采用阳历,并叠次禁止人民过年,若非诟病,何至出此?弟并无所谓反对旧历,不过借喻事实,以衬天历耳。何尝"斥"耶?弟之"见解,一如常人",故尚有常识,陈君之见,不"一如常人",此其所以无常识欤?陈君谓东南植稻引水溉田事,弟非南人,无从知之。(吾不如老农,此陈君谓我太无常识之理由也。)然历为公物,陈君亦知中国之大尚有不植稻者否?朔望可视月之圆缺而知,既不废去节气,与农时何干?且陈君亦知"抄自外国图书馆自极可信"之刘氏文件,尚有"萌芽月令"一件乎?天历四十年,仅差三十日,(陈君谓二十年将差十五日,自为礖说。)气节即不相符合,而谓五年差两月之旧历,即能相符合,有是理乎?陈君真未免太无常识矣。此为陈君无普通常识,而又"肆口怒骂"之确证十四。

以上两节,本陈君题外之言,弟无辩论必要,弟所以不惮辞费者,正欲明陈君之无常识耳。此陈君欲借此以遁藏其诬陷之罪者,而置辞乃如此!可怜亦复可笑!乃又谓为"洪、杨之无知创作"弟"存有袒护之心"。洪、杨之有知无知,此为另一问题,天历斡旋,实由"天情真道","便民耕种兴作"而来,何能证其无知?此非"本于好恶,不辨是非,妄发议论之谓乎"?弟仅述其历,即谓"存有袒护之心",然则太平天国一章,当置于《清代通史》外矣,可乎?而陈君又以此种无端的前提,谓弟"对于曾、李诸公,遂多毁辞,如谓曾、胡、左、李不能及洪、杨、石、李,左或可比肩翼、忠"。弟请先抄录讲稿原文如下(见第十章同治中兴时代,页五八至六○):

(一)宋代理学最盛,而理学家固无裨于宋之危亡也。林和靖祭程伊川谓"不背其师有之,有益于世则未",此颜习斋所以有"愧无半策匡时难"之叹也。清代考据训诂之学极盛,理学薪传,衰微不彰。然自咸同军兴以来,太平军掩有天下之半,益以捻回之乱,英法之役,清室命运,不绝如线。其后卒使扰攘而归于平治者,多有赖于曾、胡、左、李诸贤及罗山(及其)弟子,诸人又皆理学家也,岂不异哉?夫学之(目)的在于(实)用,孔子有托空不如行事之言,儒家有躬行实践之教,是以学无论汉宋,道无论经理,均应以实际为归,所谓明体达用是也。学者如不悟此旨,惟骛败于词章训诂,襞绩破碎之中,或高谈而无根,或剿说而无当,是潘力田所谓俗儒之学(陈君如读此文至此,弟不妨告之曰可读《日知录》之序文,方知力田何人,俗儒何学),宋清诸儒足为前车矣。清代衰亡之因,即原于俊生巨才,日事纂述,而无裨实际。……盖考据学家惟率人钻研于故纸堆中,而鸿通瑰异之才遂湮。理学家本其知行之精神,扶济一时之危难,遭逢际会,乘时而兴,初非所料。故曾、左、李诸人能平发、捻、回之乱,而不能救中国之厄运,因应外患,捉襟见肘,是又仅达用而未能明体,知古学而不通今变者也。即有所窥,终为所蔽,此数百年来理学家之积业(佛家所谓业力),岂尽曾、左、李诸公之过哉?

(二)清代人才与政治之关系,既如上述。特其造因非一端,历运非一时,理学家固不足深责,即汉学家又何可厚非?各食其古人之报而已。故历史上欲求一造时势之英雄,而不为环境所限,(陈君注意。)特立挺出,洵非易事。若以曾、胡、左、李,与洪、杨、石、李相较,似犹不逮。(小注曰:左宗棠稍异于曾、李,或可比肩翼、忠矣。)虽然同治以来,人才蔚起,皆有其一得之表现,而卒奏复兴之功。继继绳绳,亦不可谓不盛矣。

上文为陈君谓弟"对于曾、李诸公遂多毁辞"之证据,其理由曰"全无一定之标绳"。弟相信此种文字,陈君绝看不懂,仅抄呈于先生及读者,以明弟经世致用之思,国难当前,不无小补。陈君谓弟遂多毁辞,弟相信讲稿中不特无多毁辞,即少亦未有。且不特无毁辞,即如陈引一般人之言谓"史家之态度,必须依据事实,平心静气,了解时人之立场及其所处之环境"者,此文庶几近之。苟通文义者,当能察及之。弟谓曾、左、胡、李诸贤,本其知行之精神,扶济一时之危难,又适当理学薪传,衰微不彰,俗儒之学,无裨实际之清代,推尊可谓至矣!又言因应外患,捉襟见肘,不能救中国之厄运,乃数百年来理学家之积业,非尽曾、左、李之责,故人才与政治之关系,造因非一端,历运非一时,各食其古人之报,不可独责汉宋。原情推史,岂仅"了解时人之立场及其所处之环境"?直将历史公案,追溯数百年前(非一时也),普及各种关系(非一端也),而其微意,则谓西洋潮流之来,为历史上最大之变局,中国尚未曾培养能审察世界大势之人,曾、左、李之捉襟见肘,乃势使之然也,此历史社会之责,非曾、左、李诸人之过。倘非平心静气之言,能若是乎?(至于后人之不及曾、李,此乃后人之过,言之话长不赘。)弟因感于国事之日非,而环境限人,遂有英雄难得之慨。谓能特立挺出,不为环境所限者,乃为造时势之英雄,此取舍之标准也。文义甚明,陈君懂乎?何言"全无一定"耶?若以此为标准,则曾、李之与洪、杨、石、李相较,似犹不逮,其理甚明。盖太平之难不作,则曾、李之功难成,不可谓洪、杨较逾于曾、李诸人之能造时势乎?似犹之意,宁为"远不能及"耶?陈君懂乎?至小注谓左宗棠稍异于曾、李者,盖左之性格,刚峻奇特,圭角毕张,所以"其一生可议之点尚多",而特点即在此。才高行峻,斯为健者,此所以异于曾、李也。西陲之业,超越恒流,不愧为少负奇气,欲建非常之功,此所以近于能造时势者。不然,新疆早为满洲之先矣。不知陈君曾读弟讲稿中所述曾、左、李诸人之传记否?左之诗,曾之文,可比观之,恐陈君之智不及此也。然评人书者,不观其前后之文,不明其用字之义,偶摘一二句以附会强解之,天下宁有此种评书者哉?弟之好恶何在?私见又何在?自信是非甚辨,而议论不空,所贵于史识者此也。至于太平制度,多取《野史》,《野史》袭于《贼情汇纂》,正以见史料来源之有自,与袒护何干?何能"不辨自明"?此为陈君无史论常识而又"本于好恶不辨是非妄发议论"之确证十五。

《贼情汇纂》一书,系陈君原评所举,谓弟未见者,弟故述其所藏之本,以反质陈君。今陈君谓于数年前在南京龙蟠里见之,此本即弟前文所谓国学抄扬本也。陈君如见之,何以不知《野史》尚有可据,而历书不为弟所伪造耶?重信诚者,固若是乎?此为陈君无道义常识而又"妄言欺人"之确证十六。

至"未见其人不敢妄引"一语,弟殊未解。其人也,何人耶?编《贼情汇纂》之张德坚乎?抑程奉璜乎?若是张、程,则死骨早已朽矣。读其书必欲见其人而始能称引,则弟固与陈君无一面之雅,而《始末》之编者,有数十人,陈君岂曾见之乎?若不敢妄引,则陈君原评,似曾及之,已妄引矣,岂非"欺世盗名"哉?(按"人"字似为"书"字之误,但陈君妙文及其常识,弟不敢悬揣,而又不能不答之,因有此段缀语。先生勿以开玩笑责我,幸甚,弟心亦良苦矣。)

以上答陈君之第二段毕。

(三)陈君答文第三段谓"关于书中之错谬,原评举有十例,以概其余,萧君切实答复者,只有焚毁圆明园一事,其余九例,并无一字"。陈君十例,弟不复能记忆。然当时只知圆明园一事为最重要。盖陈君画龙点睛之笔,其余皆借以充数而已。故弟之前文,择要立言,自信于陈君之意,已无余蕴,例之不复势也,如一一答之,弟固无此暇晷,恐贵刊亦无如此篇幅,作文者亦无如此笔法。陈君能"举例以概其余",弟独不能"举例以概其余"乎?况其所举之例,若斡旋之作伪,若巴夏礼之释放,若《枢垣纪略》《续皇朝通考》之未见,若曾、胡、左、李远不及洪、杨之引证,已足见陈君毫无常识,而又不懂文义,妄加指摘。例若此者,陈君不特可举十个,一部《清代通史》,举例亿万,亦未尝不可。作书者能一一为之(陈君一人)解释,而再写一部非数千万言不可之《清代通史》浅释乎?今陈君既言"双方争论之点,则(圆明)园,一、是否为巴夏礼泄愤所焚;二、抑为额尔金下令焚毁;三、抑由华人先行焚掠,然后英法军下令纵火。简单言,园之被焚究由何人负责。关于此点,现有三国文字之记载"。夫所谓三国者,中文以外,有何三耶?陈君既未举证,仅大言三国文字以欺人,若其解《始末》之引文,及英书之开目为二国,则先生前所举考狄氏之《中法外交秘史》,恐亦无形中被算及矣。此事姑置不论。特陈君欲考纵火之责任,弟讲稿业已"辨别认明",请其不必远求可也。兹谨附拙稿之照片三页,借以明其真相。

以上讲稿所叙事实,层次显然,至为明晰。首段自"巴既出"至"英人无以消此愤恨也",凡十六句,一百三十六字,言英人纵火焚园之原因,系由于巴夏礼等被禁受虐,英人借以示威报复者。又引额尔金语及其致英政府之函以为证。额尔金曰:"圆明园为清帝爱玩之所,余焚之,所以示薄惩,亦即所以抑其傲慢心也。"其致英政府之函曰:"……焚掠是园,正所以报复清政府,……一因是园为被虏者……受困之所,二因此园若不焚毁,则不留较永久之痕迹,而英人无以消此愤恨也。"夫额尔金之自称曰:"余焚之。"非额尔金之主张而何?示威报复泄愤,文中皆五日攻城,奕訢初次照復,令其退至天津再行議和,不許,又令退至通州俟換約後即將巴夏禮送還,又不答。然英人終以巴夏禮之故,改城稍緩,途移兵禮過朝門,謀襲伺海淀矣。二十日,英洪聲言進攻。僧格林沁自朝陽門移師海淀,奕訢桂良皆在圓明園中,時有京師商人備牛羊千頭赴英法軍犒師,且請和議,英人答曰:此國中大事,非爾商人所得聞也,必欲以和議請者,恭王自來于是恆祺再請釋巴夏禮,英人諾不決。越二日,英法軍攻海淀,禁兵不戰而潰,奕訢退房廳門外之長新店,瑞麟及步軍統領文祥從爰釋巴夏禮,命恆祺送歸,約以次日講和,巴既出,英人益無顧忌,遂縱火焚圓明園以洩念。額爾金曰:「圓明園乃清帝愛玩之所,焚之所以報復清政府與其人民無關也,一因是園為被虜者手足懸蹄,三日不食,受困之所,二因此園若不焚燬,則不留較永久之跟跡,而英人無以消此憤恨也。」其致英政府之函曰:「圓明園乃吾軍被虜之所,焚掠是圓正所以示薄懲,亦即所以抑其傲慢心也。」

至當時焚掠之情形,則亦有足紀者:

「當夕陰西下之時,有聯軍進園為門監多人所阻,乃格鬭,殺門監於是一閧而進,散至各處,見設之華麗器皿之珍貴儼若一博物院及一室見一八五六年之中英條約猶在書案上也。同時法兵之肆意搶奪過無數金錢,好之以手攫之,石好者則亂擲之,繼作戲以為竟舉。時聯軍司令以為躡掠殊不當,適有一中國人竊華履出,為聯軍所獲,於是示眾敬戒,禁止房掠,但物多人雜,雖禁無效。有法兵掠貫珠大如石子,則後至香港出售銀三千兩,又有人探一筆盒其蓋豎鑽石鑲成也。法兵規掠甚多,英軍官某頗不値其為人,一日至法營法人曰:『雖禁勿掠,其奈珍寶滿吾前何!』英人曰:『」

珍寶滿吾前吾則不敢爲盜也」及七日（一八六〇年十月七日即咸豐十年八月二十三日）聯軍司令貌下令曰：「入園笑掠弗禁！」於是英法官兵及中國人皆雜遝而入，手持木棍，遇珍貴可攜者，皆可進圓。全園秩序大亂，各處殿宇已燬不堪矣。時法人營即存圓前，法人手持木棍，遇珍貴可攜者則搜，而爭奪之遇珍貴之大件不可攜者，如銅器瓷器楠木等，則棒擊之，必至體粉而後快。有英法人入一室羣聚揭」實箱案奪清帝藏衣櫥內之衣服，一時紛雜爭奪，無官長階級。大掠之後，中國人亦雜入搶掠，終日不息。英軍既掠而回，有人組織將有價值之古物珍器收羅而保存之，及焚掠之末日，英軍因焚掠事起內閧，最初得軍令焚燬，而未嘗有所搶掠也。及後得入掠勿禁者，則滿載而歸。軍令不一，人各不平，於是有掠者以九金之享頂贖隊長以爲賄光，也有一軍官所掠最多，恐有損於已，爲獨跨馬馳安定門而宿焉。英軍長官欲彌縫其變，乃於十一日（九月二十七日）拍賣所掠之物。來購者人途爭相買也。一卷古書，可值數金者則賤價一元，古瓷器亦一二元或數十元不等，結果得三萬二千兩，並園中康藏六萬一千兩，共九萬三千兩，乃以三分之二償搶奪者三分之一償軍官。同時又有英人將所掠之物陳設於古刹者一展覽會。然是後十月二十三日（九月十日）法人入圓火清帝之寢宮於是可愛、可貴、可寶之圓明。圓建築皆受殘燬矣。法人既出，乃移營於安定門外」（Robert Swinhoe, Narrative of North Campaign of 1860, P.289-312.）

以上爲英軍書記官斯文侯一八六〇年華北戰記所述，而英法人殘暴之蹟，不難想見矣，是園被燬之因，史書記載必謂巴夏禮被禁受虐事急，始釋俘旣出，遂出此以洩忿。然王闓運圓明園詞註謂：「夷人入園建築，皆受殘燬矣。法人旣出，乃

清代通史 卷下 第二節 太平天國之鹽海冀訕第二中興 二八七 北平文史政治學院藏板

清代通史 卷下 第五章 英法聯軍之役及其影響

京，遂至園宮見陳設互麗相戒勿入云恐以失物柰體也方夷人出而貴族裔者倡率軒民假夷賜名跡先縱火夷人遠而大掠矣。〔張祟嘉隆松織京記並園明園諸序護園丁禮某言〕英法兵遝至海定，以紙票向店換銀商人惟相遂至門畢繼送園內時恭王奕訢留守未及調你遴被洋兵來或禁正遠避土匪乘機搶掠園稍被燬。〔王公狩遊園監紛紛，積容散臨匪衆重器分作證藏〕陳文波圓明園殘毀洶赤攬園丁陸某言「當地人先已縱焚掠於是洋人繼之」因謂「淸之精華在圓明園」故英法軍直遁之而焚掠之前闍監貴族匪棍或有乘機儀爲之非當時大局混亂管園大臣已無法維持而妩民與洋兵相海爲英領事記室及英兵北犯震爲嚮導將入京告之曰「滑之精華在圓明園」故英法軍直遁之而園遂被燬矣又或曰此豈牛倫導之也牛倫名橙自珍子爲人好大言放蕩不覊寄於京師屢輙王上大內得免於難設者謂牛倫之賜也當英法軍之入園也管園大臣都統文豐拒不納英法兵不得已暫退文豐回呼守兵則已盡散遂還入福海投水而死圍園既破焚火三日夜不絕（自二十三日至二十五日東華錄記癸未逛園火爲二十二日蓋此日已不免有小焚掠惟二十三日英性軍始下令耳）於是名蹟苓殘精華殆靈而今蔓章叢綠荒焗斷椰固吾人絕大之國恥紀念非僅足爲恐中之養也

〔附記〕圓明園本明武淸侯徐瓊祠廢址展開修之改名暢春園後殆於圓中闢廨蕭爲暴慶惟頭爲圓明歷匡三年乃大啟闢剏署之規以避酱政乾陽中又大串修飾增貫離宮別館繁拇撓造圓史珍玩光朝其中九帝竟竭所洞暈兩湖虛陵園陵重嘉昂昌海淀之安闢圓江淬之瞻園餕塘之小有天園吳興之鄉子林蕎勝悉仿其朝點鹋园中醴爲多紙鹋曾名所書遺爨中圓鹋園後平珊鹋面淪高一無所釵行步易民面園之寶多屋小舅閉相達脂粉之痕存繪然影園中到彖四才（畢見旦平衄冬年劑園

有明言，何以陈君反谓："萧君忽如余（陈君也）言谓系额尔金主张报复，借以示威泄愤者。"岂非怪事！夫昔之攘善者，尚为剽窃之谋，今之掠美者，直欲白昼行劫，盗亦无道，尚何言哉？此为陈君无剽窃常识，而又"自欺欺人"之确证十七。

次段自"至当时焚掠之情形，则亦有足纪者"以下至"英法人残暴之举，不难想见矣"，共若干句，系言当时焚掠之情形。盖原因与事实既明，不能不进一步言被毁之情状，故首用一个"至"字，又用"亦有"两字，文法文义，显然可寻。盖当时之情形，不能确知，故引附原文，而注明其出处，此是谨慎必然之笔。凡通史写法，不注明出处者，皆作者融会贯通之言。反之，则凡注明出处者，皆引证他人之语，而借以参考，非作者所愿负责。此种写法，于古有征，于今亦有征，中西史书，比比皆是，不仅一部《清代通史》也。若就此段而言，"则亦有足纪者"与"不难想见矣"不过五句，是弟之笔，其意甚明，何待缕说。此为陈君无述史常识而又"横加批评"之确证十八。

复次一段自"是园被焚之因"以下，至"园遂被毁"矣，共若干句，系列举三种异说，以证明阉监、贵族、匪棍或有乘机偷窃之事，其文如改为"（至于）是园被焚之因，史书记载多谓巴夏礼被禁受虐，事急始释，既出，遂出此以泄忿。然（不仅此也，尚有他种之异说焉，如）王闿运《圆明园词》注……张肇松（崧）《燕京纪游》……陈文波《圆明园残毁考》……云云"，则比较明白矣，作书者能如此之累赘其辞乎？"至"字已见上段，推转之辞，当可省略。史书记载多谓，乃泛指一般人之言，而重在述因，故仅取巴夏礼被禁受虐事，此乃省文，不过作一垫笔。然字转述他人之言，非附考而何？盖辞省则意吝，毕载则言妨，为斯变体，不得不然，陈君固未之能懂也。若附笔三说，王细绮为当时之人，其言似非无据，故陈文波君考之，证以园丁之言而置信焉。文波为清华同事，曾与弟同住古月堂，并曾同往圆明园考其遗迹。其文颇费时，而可以补史之阙文者，即英法焚掠前，"当地人先已纵焚掠"。亦王氏所谓贵族穷者，倡率奸民，张氏所谓乘机抢掠，园稍被烧者也。夫两君皆据园丁之言，而有趁火打劫之断。(《补答十例》一文复据《夷务始末》证之，请参看。)弟因宝器散于海外，牺牲用以将食，暴力焚夺，奸民趁劫，威纪荡然，实深痛之。然仍恐先纵焚掠，园稍被烧，或易与英军纵火泄忿之正文相淆，故断之曰"阉监贵族匪棍，或有乘机偷窃之事"，而又曰"奸民与洋兵相乘"。轻重之间，颇有分际，此不过补充正文，重在劫掠，与焚园之责任何干？若龚半伦之事，不过录或人之言，备此一说而已。此岂正文耶？陈君原评既先取异说，而遗正文于不顾，答文又强释异闻，列为并举之四说。然乎？否乎？陈君固不知巴夏礼泄愤之语，已包括于额尔金下令之中，以其为造因之主也。奸民乘机之事，可附及于英法军焚毁之后，以其为劫掠之从也。陈君列为三点，似不并立，不知将置"泄忿"于何解？额尔金下令焚毁，即不容有奸民劫掠之事，不知将置"信史"于何地？弟讲稿正文，首言"巴既出，英人益无顾忌，遂纵火焚圆明园以泄忿"，下即紧接额尔金函语。明是借巴被禁之由，而为示威泄忿之举。命之者，额尔金也，故录"余焚"、"示惩"之言；缘之者，巴夏礼也，故有受虐泄忿之说；而行之者，则英将克兰特也 General Hope Grant。故先举"英人"纵火之文，责任甚明，何曾"游移"？且即令（假设也）并举四说，不加断语，则于史亦有先例矣。《史记·殷本纪》于伊尹干汤，则有或曰，《老子列传》于其人其年，更有多说，明言莫知其然否。陈君知之乎？此为陈君无文义常识，而又"捕风捉影"之确证十九。

又陈君原评谓弟不知额尔金为焚园之人，而答文又多引证明，欲以坐实其狱者。乃其引恭王奏报及附片，只有"接到咦夷照会，声称被获夷兵，凌虐过严，欲拆毁圆明园等处宫殿"等语。夫照会者，乃两国间往来之公文，系代表一方面之意见，不能强指为个人。虽"咦夷"可解为额尔金，"欲"可解为曾作是想，或主张，然政府命令及外交公文之签署者，其内容有时为他人所决议。李斯上焚书之谋，而始皇有曰可之制，本庄作侵辽之举，而币原为抗议之文，陈君知之否？若此奏疏，可为意证，实非确证。若确证者，则"英人纪录之书"尚矣。弟记摩尔士之书，于焚园事，曾有两节明言额尔金欲焚圆明园以惩清帝之傲慢及报复虐囚者。陈君知之否？此"次料名著"可为确证，犹非直证。且其结论有辩白之意，（现因博物院修理整顿，停止阅览一周，不能借抄原文，然大意实如此。）故弟不取，而直引英书所录额尔金之语及其报告之函，是出于当事人之口笔者，更何得有他种"最可凭信"之史料乎？陈君谓当事人之口笔，不如其本国文之纪载，其本国文之纪载，又不如对方（吾国也）形式展转之公文，此是何种考证学？读者不惟不能祛疑，且恐更坠入五里雾中矣。此为陈君无鉴别史料常识，而又"大言欺人"之确证二十。

"民亦劳止，汔可小休"，我文欲止于此矣，然陈君尚列英文书四种，且其结论亦有可议者。先生能许我索兴言之乎？陈君既未见斯文侯之书，而谓译文不足凭信，仅以页数为证，是不知译意节取之义也，何待说明？一八五六年之中英条约，明系五八排印之误，陈君责此，谓弟不知，请其看弟书之外交约章表可也。如是挑剔，成何批评？无怪其于一个"十"，作一篇大文也。联军司令，出于与役者之笔，陈君断为无有，是不知有一八六〇年二月二十二日英法在巴黎签署之联盟条约也。其所举英文书，弟八年前在清华即见之，似尚不止此。关于斯役之书，弟所有除此四种外，尚有《额尔金出使中国及日本记》（By L. Oliphant）二卷，《一八六〇年中国战记》（By G.J. Wolseley），《一八六〇年中国战争事件》（By H. Knollys）及泰晤士报记者之通信（By. G.W. Cooke）等，现存平宅及上海。弟不愿多说，因讲稿引斯文侯书，业已足用，何必更开目录，有类骗人。（弟之不敢多引异籍，以其抵牾甚多，在未为系统的研究前，则宁取中籍而误，尚易改正，且立场不讹。如取异籍而误，则将有惑世之罪矣。故斯文侯书之引文，实出于不得已，因中文无纪载焚掠情形者，且重在英法军，故取其言以为供耳。）而陈君所列，彼并未看，殊为滑稽。（以后补看，恕不作算。）何以知之？以陈君未引其文，并摩尔士书所述者亦不知，一也。老曲Loch之书，大题为 *Narrative of Events in China*，陈君所开，仅Personal以下之小题。（此书尚存国内，弟仅据所存书目知之。）而其后文所释，亦颇与摩氏书后所列参考书之注同，二也。Arrow war with China误为Annow，三也。（此或出于手民之误，但亦陈君之矛也。）因此弟疑陈君从某处参考书目抄来，即不然，亦仅见其书面，而未阅其内容。至其所阅知者，或仅麦氏《近代中国史文选》乎？此书为中学生（最高大学生）习英文而作，弟何有看之必要？陈君问此，可谓"自露马脚"矣。陈君如果欲研究英法之役一事，弟可以为彼开一参考书目，盖美国爱塞可斯研究所关于中国之书目，英法之役一节，有书二三十种，伦敦博物院虽无专题，弟估计亦当有数十种，而英国官书合报告之文,亦有一二十种,但恐陈君不能虚心以求教耳。北平图书馆亦有外国文关于中国事之联合书目,不知陈君知之否？弟书至此,颇有一种感想,因中国时髦学生及不通之留学生,常以几个外国文字夹杂在国文中,无论有无必要,即借此以炫人,而人亦以其懂外文、知洋务重视之,实则彼并不懂外文,不悉洋务也。此为一般不悉外情者,盲目迷信外人之由来也。又近年以来,纯用国学,不能骗人矣,纯用西学,亦不易骗人矣,则假西人言中国事者以骗之,因懂国学者,不谙西文,懂西学者,不谙国故,介乎两者,术斯巧矣。此为一般不悉国情者,盲目吐弃故籍之由来也。此种风气,如不打破,则中国学术,永难得真实发展之望,不知先生以为然否？陈君固不足责也。

以上答陈君第三段毕。

于此有应附带声明者:(一)以上文字,近似释义,亦类评文,弟于髫年读书小学时,每听教员讲国文辄分段批评曰,此一段叙某某事,又一段叙某某事,心甚厌之云:文中叙事甚明,何必多此一举？故每读《古文观止》及析义或唐宋八家文,常窃笑评者如何义门之流有头巾气也。今不料廿余年后,竟能用之,而又论史,读者能不厌笑而却走乎？弟实抱万分歉仄之忱者也。(二)陈君答文引言有李续宾死时不可使宸翰落贼手一语,及文翰、徐广缙严禁英人入城约章一事,谓弟未指出,弟今手边无参考书,但陈谓李语据官文奏疏,弟记《中兴将帅别传》曾载之,古人忠直,岂不可能！文、徐之约,似由河上钓叟《英夷广州入城始末》而来,他书均载之,未必绝无。不知陈君何据？(附函考证此事,请参看。)(三)陈君言不焚宫殿,系葛罗之主张,而英书多谓为克酉语,故不能定谳。弟之不敢多引述者即在此。(四)陈君谓弟肆口怒骂,弟前文实未肆口,更未怒骂,(结论当释之。)此文所用之语,力戒新设,而于评陈君之谬处,则仍用陈君之原文,若"大言不惭"、"自欺欺人"、"恶言相加"、"肆口怒骂"、"遁辞卸责"、"自以文过"、"离奇武断"、"不合逻辑"、"欺人妄言"、"武断至此"、"太无常识"、"好恶私见"、"不辨是非"、"妄发议论"、"直为遁辞"、"欺世盗名"、"缺乏鉴别学识"、"不能自圆其说"、"游移不定"、"杂有错谬"、"诿称卸责"、"决不忠实"、"傲慢如萧君"、"粗心至是"、"肆口恶骂"、"直为村妇",此皆陈君答文所用者,其原评弟不能记忆,仅"矛盾"、"作伪"等当可知耳。弟前文谓陈君"捕风捉影"、"望文生义"、"强人人罪"、"妄加指摘"、"漫无常识"、"拾人牙慧"、"学无根底"、"耳食偏见",皆为有据之言,而尚有分寸。今陈君谓弟,不特无据,且肆口矣,孰为怒骂?请先生一比较之。弟此文皆"璧还"其辞,非弟之心裁。诸请谅鉴为幸!

陈君附带声明,言纵火日月之误,弟因无日历表可查,不知确否。但弟曩读《吴柳堂文集·罔极篇》,亦颇疑之,惟尚未检查耳。倘陈君检查无误,则弟实由其提示而促成,当特别感谢之,以为一得之报。是又不禁馨香祝祷矣。(不料祷祝无灵,一得难报,陈君竟自造日期,谓为愚误,真可哂矣,补答证之请参看。)

陈君结论谓评书非有憾于作者,此是当然之事。惟"虚荣心理,初未思及"两语,弟颇有可言者,请先为其述一故事。当《清史稿》之禁止发行也,有忌我者,弟未之识,则散布流言曰:"萧君之书,已被政府查禁矣。"家父兄闻之而未敢信。久之,其言益广,则致书词问,此其一。又友人某君与弟同来英,尝言读《清代通史》可忘倦焉。又曾与弟书云:"近读海氏书(即 Hayes《近世政治社会史》)明晰畅达,则亦西方之《清代通史》也。"其见信如此。而其初读陈君之文,则遽责弟曰:"君何不用英书,以至致误如此?"弟请其先读弟前文,再读弟讲稿,然后取陈君文比观之,则又为之解释。乃大呼曰:"余几误矣,世上乃有如此之荒唐批评者?君非教之不可!"弟之此文,某君怂恿亦有力焉。否则当此国难,弟终不愿费时为无益之事也。夫曾参杀人,其母投杼,评者妄言,兄友致疑,读者之信弟,能逾于父兄及至友乎?弟何得一一为之解释?弟本无所谓地位,奚虑降落?但求全之毁,世所恒有,陈君此举,不将为忌我者所快而减杀一般读者之兴趣乎?人之论者,亦将以陈君能评《清代通史》,必有独到之长,此无形中之影响綦大。(陈君谓书评一篇,不足以提高评者地位,颇闻现在事实,已足证弟此言之不误矣!可叹可叹!二十三年六月附注。)弟谨忠告陈君,以后评书,当以慎重出之,不能视同儿戏也。盖批评之难,难于著作,必其人先有著作之能,而后始有批评之识。外国之批评成家,吾国之论文戒滥,如无灼见,实伤私德,古人之批评,不泯其善,恒为公允之论,今人之批评,专寻其阙,辄作抹杀之辞,小智逞能，大类攻讦，此为一般人而言，非专指陈君也。若夫存门户之见，抱殊途之思，则人各异辞，理有一端，弟前文所谓"疑古与信古，客观与主观，考据与史学，纯理与功用，主张不一，各有其见，不能强不同以为同"者是也，弟之所谓"不愿尽摅所怀以答辩"者在此，惜陈君未之能懂耳。弟前文所论，全系善意，虽有反攻之势，仍存原情之心，故路有数条，语无一网。谓其无常识者，因史学范围甚广，得其一要，皆足名家，似尚可以有特识，惟不宜于论通史耳。谓其荒唐者，则以其未看清原文，未懂原意，或出一时之忽略，不泯论学之偏重，故感其勇气，许为诤友。乃陈君不明用心，重作遁辞，变本加厉，令人齿冷。陈君亦言"无论何人，均不免于错误"，何以不自改正耶？陈君期弟，如其有当，弟不仅改正而已，更终身感之。至于弟书之可议者，弟知之甚多，故前文曾声明将废此稿而不用，或删改其什七八，初不以陈君之批评不当，而自弇其短也，惜陈君未搔着耳。弟此文多用质语，颇类激烈，稍乖忠厚，实出于无可奈何，其责当由陈君负之，弟不能不抱万分之遗憾也。若读者费时，无获新知，（因此文多解文义，颇类于为小学生作国文函授讲义，读者固不需此也。）弟更抱万分之不安。先生当然亦更烦渎矣。无已，弟再略述工作之计划，以补其愆，想亦先生及读者之所乐闻乎？弟来英已四阅月，前两月住伦敦，几尽全力在博物院及书肆中。应搜集之史料，已调查明白，大约如下：

（一）英法人著作之关系中国者，约有一千六百种。

（二）英国蓝皮书之关系中国者，约有六百件。

（三）中国写本之藏于东方部者，约有五百余件。（敦煌写经大约有七千件，尚无全目，且系古史，须待其他专家，故未列入。）

（四）太平天国旨准颁行诏书总目有二十九部，博物院存藏已有二十七部。另有两种，不在总目内。

（五）太平诏谕及信函之类有数十件，其他如秘密结社之文据等，多包括在写本中。

以上第一种数目虽多，其不关历史者，可剔去一半，又毫无价值者，亦可剔去三分之一，故重要之书，多不过五百余种。北平图书馆及各大学藏书究有若干，弟甚愿知之，可免重复。但弟已搜得者，已有二百余种，百年以内之书，尚不甚难。（亦有例外耳。）以前者英人亦视为古董而居奇矣，如荷兰使者哥页等（Goyer、Keyzer，请可参看拙著上卷第五篇。）初使中国之书，二册索价至十五镑。弟于此种采访选择之事，颇多费力。有暂时不及者，则先将其一千余种之总目录出，（就图书馆及书店目录汇编。）将来虽在国内，亦可按目函托书店征求，国内有研究他种问题需要参考书者，亦可利用。弟想北平图书馆当有博物院书目，如有，则两目更可对照。第二种系官书，自一八〇六年以后继续刊行，今官书局不但于早年之书，已无存者，即问其有无关于中国事件之目录，则亦懵然莫对。故此事最费时，弟已托大书店（专卖东方书者）先就博物院官书及书局书目摘出件数如上述，闻北平图书馆亦颇有若干，恐系近二三十年者，以前则颇难购，将择要征求之。第三种东方部仅有英文目录掺杂在东方十余国之写本中，不惟检寻不易，即其内容，如仅看英文音释，亦莫明其妙。已托其馆员，将全目摘录，将尽数月之力，全阅过之，择要抄摄，不关重要者，亦注明其内容，俾国人知写本之流落海外者，究有何物，至少亦可为国人之欲寻检者，省若干精力也。第四种已着手抄摄，不成问题。第五种已抄摄，合计已得照片二百余幅，文字约二十万言。此两月前之工作所得也。后两月居剑桥，与史料无关，上周回伦敦，将暂住以完成第三种工作。明知其中多有无价值者，但以其为写本可贵，又不全看过，则不能检出耳。至于法、德、美诸国，当续往，意大利、荷兰、葡萄牙等亦有可以搜求者，如时允许，亦并及之。总之，弟承认此行除观察问学外，于史料多为抄胥之业，即陈君所谓"凡读书识字者，类多能之"者也。惟弟甚不解者，从前留学之人，居此有多至十年者，其所学何事？何以并抄胥而不能耶？即令其别有所注，不能为整个的介绍，则又何必窃取一二摘片断，欺骗国人，炫以为宝？陈君责弟谓"苟不改变观念，终将难有所得"。此观念何观念耶？弟于其观念非者，得人一言，弃如敝屣，观念是者，则终身守之，不逐"时髦"。陈君进言，弟欲改而无从耳。若抄录之业，不足为贵，弟甚佩之。曾记陈援庵君有言曰："余所致力（指历谱等事），常人皆能，但不为耳，故专业之笨工，与己无补，不过为他人省无限精力而已。"（此语似在师大史学会讲，不能确记矣，大意实如此。）此言深可玩味。惜国人知此者尚鲜，好出风头，故为剿说,徒耗人力,无补世用,此亦国家将亡之兆也。弟感触国势,时时惊心,总期不至"虚糜公帑"。此行除自学外,颇欲将英人所有关于中国之书尽介国人,俾将来研究国学者,不可劳此数万里之行矣。引长至此,多占贵刊篇幅,无任惶悚,但陈君之见,弟已尽答,以后更无讨论之必要。无论陈君如何感想,或老羞成怒,或从善如流,弟决不再置一辞矣。先生能结束此案乎?倘陈君更欲有言,弟请仍以前文或此文答之,深望陈君能不再哓哓耳。如陈君果有意于清史,未尝不可埋头致力,十余年后,使弟书早得覆瓿,固所愿也。尘渎至此,不胜主臣,即颂撰祺!

弟萧一山敬上于伦敦逆旅中
廿二年四月二十八日

萧一山：附函论徐广缙与文翰禁英人入城事

(1934年7月10日)

雨生吾兄先生大鉴：弟于五月六日奉上挂号一函，凡五十余页，多答陈君复文，计此笺未到，北平已在恐慌中，清华且有迁湘之议，虽城下之盟，旋复安定，不知仓皇离乱之际，竟得投呈清览否？弟并无全稿，甚为念念，倘仍能刊登贵报，至祈赐赠一二份为盼。弟答陈君复文，系逐条逐句批驳，惟附白于陈谓妄信文翰与徐广缙严禁英人入城章约，仅答以系根据河上钓叟之《广州入城始末》，陈君原评，似未举证，无从知其所据。然即武断为并无其事，谓弟妄信，弟前日在博物院见有英人伟烈亚力于咸丰七年，在上海刊行之新闻杂志曰《六合丛谈》者，中有《粤省近事述略》一篇，足为此事参考之确证，兹特节录如下：

……十月朔叶督（按即叶名琛）遣雷州府蒋守至巴署（按即巴夏礼领事公署），见西军门（按即英驻香港之海军统将）而与之言，军门告之曰：吾国官弁当进城面商事宜，后援为例。叶不答。西军门见其藐己，不得已举炮攻城，城破，西军门、巴领事等至叶署，即约兵退，于民无犯。二日西军门致书叶督曰："蒋守来署问何以启衅？敝国所请者，惟欲至城商办事宜，已言之再三矣。攻城之举，由尔所激，势非得已，若再坚执前言，不仅此而止也。"三日叶督复书云："……入城之说，于道光二十九年文公使（按即指文翰）已有明谕，商办之事，则蒋守现在，可与之言。"四日西军门致书叶督云："……进城以二年为期，而尔届期背约，果孰是孰非乎？"是日巴领事出示谕民，仅将事之始终，详告粤人，谓斯衅之起，叶督实为戎首。八日粤民群上书于公使包（按即包冷）云："我侪一心不愿英商入城……"叶督出示谕民云："英夷启衅，志在入城，今特借端滋事，本大臣援道光丁未年旧例，反复开导，英终不听，本大臣必坚执向例，不能曲从其请也。尔等勿复惊惶，宜一心堵守，同仇敌忾。"十日包公使谕粤民曰："举兵攻城，惟叶督是问，言及进城之事，乃循和约旧章。而叶督云：我许之，恐粤民不许，不能保卫。我之欲进城者，盖以免后日传言误事之弊，如不能保卫，则我自能相保，我命已行，不能暂止。如尔等欲干戈克靖，宜劝叶督勿坚持前说乃可……"二十日叶督复书论进城一事，"言道光丁未戊申间，徐大臣已与文公使（按徐即徐广缙，文即文翰也）要约，文已出示禁英商入城，载在新闻纸中，徐以英人进城罢议之说，疏奏京师，诏西商勿得入城，著之令甲"。二十二日叶督寄书于包公使，进城之说，仍执前言，并以众怒不可犯恫愒（喝）之。（见该书第一卷第一期十三页）

就当时新闻所记，出于英人之笔，其事实乃如此。是徐、文入城之禁，必有成约，不然叶名琛不能屡执以为券，而英人亦无以为难也。（除军事举动外。）惟文之所许，在于告禁，乃系屈于事实；徐之所奏，在于夸功，乃竟著之令甲，两方存心，微有不同耳。英人启衅之口实，即由于进城之说，故或辩白于后日，吾人绝不能信其一面之辞也。若不详考比参，迷信外人，则数十年后，陈君著中日外交史，可以谓吾国为沈阳事变之戎首矣。前函未详者，特补白于此。业已尽陈君之蕴，庶可脱笔墨之累乎？弟不久赴大陆诸国一行。匆匆奉上，即颂教祺！

弟萧一山敬白
七月十日

萧一山：补答陈恭禄君论错误十例

（1934年7月补作，未登报纸）

陈恭禄君《为〈清代通史〉下卷答萧君》一文谓："关于书中之错谬，原评举有十例，以概其余，萧君切实答复者，只有焚毁圆明园一事，其余九例，并无一字。"愚再撰"为下卷批评事再致吴宓君书"，于陈君答文，系逐条逐句驳复，其中有云：

> 例之不复势也。如一一答之，弟固无此暇晷，恐贵刊亦无如许篇幅，作文者亦无如此笔法。陈君能"举例以概其余"，弟独不能"举例以概其余"乎？况其所举之例，若斡旋之作伪，若巴夏礼之释放，若《枢垣纪略》《续皇朝通考》之未见，若曾、胡、左、李远不及洪、杨之引证，已足见陈君毫无常识，而又不懂文义，妄加指摘。例若此者，不特可举十个，一部《清代通史》，举例亿万，亦未尝不可。作书者能一一为之（陈君一人）解释，而再写一部非数千万言不可之《清代通史》浅释乎？

此函多至三万余言，且六倍于陈君之答文，故其例已无补答之必要。但陈君既不许我"举例以概其余"，则亦未必能平心静气，接受愚之意见。兹为彻底明了史实真象，遂不惜再将陈君十例，逐一详复之，以见其荒谬皆"斡旋"、"作伪"之类也。

（一）原评谓"庐州之陷，江忠源死，作者据《庸盦笔记》指为知府胡元炜所陷。见一〇六页。按庐州自安庆陷后，暂为省会，文武官在焉。及事危急，江忠源官为安徽巡抚，自必救之。何能据薛氏所得之传闻，而归罪一人"。

按陈君谓庐州为省会，及事危急，江忠源官为安徽巡抚，自必救之。

是以不能据薛氏说而归罪于胡元炜。此仅就拙著讲稿一〇六页附录《庸盫笔记》而言,讲稿之所以附录此段事实者,以本节正文言太平军布置间谍事,意有未尽,故附言太平军布谍之法极神妙,有纳资为清官以行间者,清廷竟无从查察也。遂引《庸盫笔记》及《盾鼻随闻录》以为例。至于江忠源之战死庐州,讲稿第一章中,专有一节,题为"庐州之破及江忠源之战死",其本事曰:

> 自安庆再陷,清安徽文武大吏,皆侨寄庐州,以为省治。……秀全因命胡以晃直趋庐州。时江忠源回军汉阳,清廷授为安徽巡抚。诏以楚皖一体,当审缓急为去留,不必拘于成命。忠源以庐州危急,上疏请行。遂率所部千人冒雨进,至六安,将帅多病,忠源亦惫甚。六安吏氏遮留,忠源不可,惟分所部大半使总兵音德布守之,而自将余兵,力疾至庐州。庐州民闻忠源入城,人人自壮,登陴助守者近万人。而以晃率步骑十余万踵至,围之数匝。……十二月十六日火发城崩,……忠源……脱身投古塘死。(见四二页)

此庐州战事之正文也,作者何曾道及知府胡元炜之只字乎?庐州为省治,忠源授巡抚时,方为援鄂之行,清廷恐其拘于成命,诏以楚皖一体,当审缓急为去留,是明令其不必援皖也。而忠源以庐州之危,上疏请行,此"自必救之"之义,较陈君所言为彰著,何劳其作此"按"语之妄评乎?且即以此为前题,更何能证忠源之死,与胡元炜无关?盖胡之陷江,乃在伪言城中军实,不在赴庐与不赴庐也。其事在讲稿正文无之,惟"力疾至庐州"句下,有小注引李元度《江忠烈公事略》曰:

> 行省新改庐州,为南北枢纽。救稍迟,贼且北窜,遂以二千人先发。而湖北巡抚强留公所遣援军,公于是益孤矣。至六安则舒、桐告陷,士民遮道留公,公病入城,缮守备,人心稍定。庐州警报日夕至,知府胡元炜具言城中军实裕,团丁万余人,请速往。公乃留千人守六安,自率数百人入城,知府来谒,公询守具,以方筹画对,糗粮军火,一无所有。公审其有异志,拟诛之,未果。越二日,贼大至。

薛氏时代稍后,即令得至传闻,而李元度系从楚军与江、曾共事之人,又为江公作事略,其言宁不可信?忠源志在援庐,如军实不备,未必自陷危城中。且忠源未实任,不能责以守土之义,而胡之有异志,江亦谕之,岂有不因此失事者?陈君宁能为之超脱耶?愚不以其事入正文,以胡不值叙,而事又繁,小注曰:或谓元炜诡辞具禀,盖太平军之间谍,设计以陷忠源也。故《庸盦笔记》一段,即附录于太平军制掠城行间以后。陈君未阅正文,即妄加批评,真可谓尽荒唐之极致矣。

(二)原评谓"文翰与徐广缙签约,约载严禁入城,徐氏将其奏闻,见二四九页。此言全非事实。道光朝《筹办夷务始末》,并无关于订约之只字,英国且以违反条约严重警告"。

按此例已于附函中论及之,以附函写于英伦,当时无陈君原评,不记其曾提及《夷务始末》,且谓英国以违反条约严重警告也。愚引《六合丛谈》之所记,已足证此事颠末。兹再就《始末》证之:徐广缙给英公使照会有"接据来文,以后再不复辩论进城之事,各国共见共闻",及"前次具奏,业经明奉谕旨,中外皆知"(道光朝《筹办夷务始末》卷八十第三十三页)之语,总理衙门复两江总督咨文,亦有"嘆国订约进城一节,已于上年定议中止,其时曾据嘆国公使照复,有现经议定,以后再不辩论进城之事等语"。因请其饬属转告英使:"迅回粤东,毋忘成约。"(见咸丰朝《筹办夷务始末》卷一第十五六页)何以陈君言全非事实耶?愚附函所谓"文之所许,在于告禁,乃系屈于事实,徐之所奏,在于夸功,乃竟著之令甲"。此盖当时实情也。又《夷务始末》于徐奏有"嘆酋两月有余,并无只字再述该国王前询进城之事"(见道光朝卷八十第三十五页)。绝未提严重警告事。警告之结果如何?陈君未言及,警告而严重,则中国万不能以敷衍了之。而上谕则有"年余以来,颇觉安静"(见咸丰朝卷一第十四页)等语。咸丰元年四月,英使赴上海、天津投递公文,谓系奉大英内阁军机大臣监办外务事宜巴(按即英总理兼外相巴马斯统 Palmerston)公文令转投京师者,大吏以人臣无外交拒之,亦不得不"起椗南旋"。巴之照会,系致清内阁者"因徐大臣(广缙)有失礼仪之公文,拟将此等秦越情景指出,情愿派员入都面议"。而结果则"嘆酋回港,照常安静"。据徐奏言:新闻纸载"嘆国女王有书到港,传知嘆嚩,前往上海、天津,察听中国新政,探访各省情形如何。……尤须和合中国百姓,见机行事,亦不可勉强"(见咸丰朝《夷务始末》卷二第二十一页)。此即陈君所谓严重警告乎？意者陈君或据英人书,而不知比较参证之,故遂有此抵牾之说也。

(三)原评谓"清廷以税则事宜,必须亲历海口,爰命桂良等南下,见二七〇页。此言全无根据。咸丰派桂良等前往,则欲修约,且以海关免税为交换条件"。

陈君谓清廷命桂良等南下议税则为全无根据,真可谓怪诞极矣！兹就陈君所最相信之《筹办夷务始末》以证之。《始末》咸丰朝卷二十九第八页有云：

> 己酉谕内阁：著派桂良、花沙纳、基溥、明善携带钦差关防,驰驿前往江苏,会同何桂清妥议通商税则事宜。

> 又谕：现在各夷通商条约已定,夷船均已启碇,出天津海口。据桂良等奏,嘆夷条约内开,立约之后,请钦派户部大员,赴上海会同嘆夷,商定税则。后该夷复遣哱嗦唎,来求商定税则。

此皇皇谕旨,及桂良等疏奏条约之文,岂陈君全未阅及耶？何以言"全无根据"？至于咸丰帝之欲借此条约,乃系当时密谕。故言"此次商定税则,系夷务一大转关"。但"止能五口通商,一切干求,悉归罢议"(见《始末》卷三十第四十六页)。"为一劳永逸之计,全括于免税之中"(见同卷第四十三页)。实系咸丰帝之梦想。是以两江总督何桂清有"未可顿改前约"之奏,恐"借口失信,另起波澜"(见同书卷三十第四十五页)。"而欲罢其议,为一劳永逸之谋,断非口舌能争,亦非微利能动,必得用兵方可"(见同书卷三十二第六页)。故桂良亦有"纵能免税,亦难罢弃条约"之言(见同卷第二十三页),遂"未敢遽行宣露,恐更觉失算"。咸丰帝后虽将罢约改为"派员驻京,内江通商,及内地游行,赔偿兵费四项消弭"(见同书卷三十一第三十八页),而桂良等亦"终日焦思,迄无善策"。结果则条约进呈,以另立专条,含糊了事。咸丰帝虽愤闷痛恨亦无如之何也。倘谓拙稿于修约事应补叙则可,而谓议税则为全无根据,是陈君未能明了当时事实,辄欲抹杀事实也。

(四)原评谓"咸丰十年,桂良等与英、法、俄、美使臣订立通商税则善后条约,见二七六页。按中俄《天津条约》成立,俄使即回本国,以俄商在华尚无沿海贸易。商约实由英使之参赞与桂良议成,而美、法二使未稍修改"。

按英法联军之役,我国旧称"四国合从",以美俄虽未交战,其兵船则随英法之后,出入各港。《天津条约》亦各得相同之利益。桂良为主持和议之人,其赴上海,并将中俄条约带去。何桂清奏陈英、法、美三使在上海候桂良之情形,并言"俄酋至今未到"。原约进呈时为四份,并英、法、美税则条款。虽"此次商议税则,并无俄啰斯一人在沪",而"将来如何分别办理,圣心自有权衡"(见《始末》桂良疏)。意者俄约既有七口通商之条,即令尚未在沿海贸易,将来亦必照例引用,故四国最易混言。刘彦之《中国近时外交史》专著亦言"同时俄美大使亦在上海与我国缔结最惠国条约"(见该书三八页),拙稿之误以此。然拙稿中有一节专讲通商章程及善后条约者,则固未列俄国也。当时俄国实有使者在北京议换约事,而英使额尔金专候桂良莅沪,法、美两使虽暂离亦旋返,哗哒(嗉)咽等周旋其间,仅为参赞,岂能作议约代表?英法章程,亦微有不同。陈君所言,并非可信。

(五)例已于前两函中详细答覆,兹再就《筹办夷务始末》一证之,以见其所载与拙著讲稿所记之事实,固亦丝毫不差也。按讲稿于焚掠之情形后,曾引王闿运等三人之说,以见阉监贵族匪棍,或有乘机偷窃之事,而奸民与洋兵相乘,园遂被毁。咸丰朝《筹办夷务始末》卷六十四恭亲王等奏疏云:

> 据探报回称:至宫门内见廷宇间被毁坏,惟不能确指地名。陈设等物,抢掠一空。并王大臣园寓暨宫门外东首各衙门朝房,及海淀居民铺户,大半焚烧,嗣因夷兵退出,旋有匪徒乘势聚众抢掠,似此情形,令人切齿痛恨,无从措手。现已飞咨绵勋派兵一千名,屯扎圆明园,剿办土匪。

又卷六十五户部右侍郎宝鋆奏云:

> 清漪园郎中文明禀称:八月二十三日夷人二百余名,并土匪不计其数,闯入清漪园东宫门将各殿陈设抢掠,大件多有伤损,小件尽行抢去。二十四日夷人陆续闯入静明园宫门,将各殿陈设抢掠,

其静宜园夷人并未前往。此三园大概情形。

又卷六十六户部左侍郎文祥奏云：

> 查夷人自退至黑寺后，海淀土匪，历次拿获多名，即行正法。贝子绵勋，带兵一千名赴圆明园弹压，往者不过二百余名。土匪闻知，即勾结夷人，带队来扑，绵勋众寡不敌，几为所获。嗣后夷人时有往来窥伺，土匪因之肆扰。

观以上各疏，则当时奸民趁火打劫，与洋兵相乘，情状至为明了。故大臣奏疏及咸丰谕旨，均以"夷匪"为言，而书中防夷防匪之文，亦累见不一。陈君最相信之书为《夷务始末》，而其于《夷务始末》亦竟未能阅读，诚属憾事。至于附记抢掠之情形，与英人焚园之责任，截为两事，讲稿所述甚明。陈君并列三说，前函已详辩之，恕不再赘。

关于焚园日期一事，前函书于英伦，因手边无日历表可查，故暂作悬案，并私祷其检查无误，当特别感谢之，盖亦"谦让"、"阙如"之意也。兹就陈垣氏《中西回史日历》一查，则讲稿所述日期，完全不误，而陈君之妄评，真有出人意料之外者。按讲稿第二八六页记（八月）二十日（即西历十月四日）英法声言进攻，越二日，英法军攻海淀，遂纵火焚圆明园，明是八月二十二日即西历十月六日也。第二八八页引《东华录》记癸未淀园火为二十二日，谓先日已不免有小焚掠，惟二十三日英法军始下令耳（引斯文侯书为十月七日），亦明是八月二十二日也。而陈君妄谓"癸未萧君定为十月二十二日"，不知讲稿中何处言癸未为十月二十二日耶？作史者于记年月日处皆前后一贯，本节之八月初一日乃远在第二八二页，陈君竟未知此义，误以讲稿引英人斯文侯书中所记之十月二十三日而附会之，（此西历也，焉能附会为中历乎？请陈君注意。）不知斯文侯所记为西历，且为引文，与正文绝不相联也。据当时恭王等奏报，二十二日占踞园庭，焚烧殿宇，抢掠一空（见《筹办夷务始末》卷六十四第二十六七页及卷六十五第二十页恭王奏疏）。宝鋆奏报亦言："八月二十二日夜间遥见西北火光烛天，奴才不胜惊骇。至二十二日酉刻，夷匪闯入圆明园，旋于二十五日夷匪由园退出（回）。园内殿座，焚烧数处。"（见卷六十五第四及五页）此与讲稿所录斯文侯书先日入掠情形，及二十三日(即西历十月七日)下令"入园焚掠弗禁"之言,可相印证。是讲稿所断,完全不错。至陈君谓"中外纪录均谓英军于十月十八日(阴历九月初五日)纵火",此是第二次焚园之日期,其事实将于下文说明之。今陈君只知有第二次之焚园,而不知有第一次之焚园,又强将第一、二次之日期,及中外阴阳历不同之纪述,错综妄断,谓愚据不可信之译文,称于十月廿三日。然则讲稿于两次焚园日期之明文(中国历),岂陈君皆熟视无睹乎?自造日期,谓为愚说,荒唐悖谬,莫可究诘,其所批评,大率类此,使此辈而言学术,吾真为士林羞之!

(六)原评谓"英人被囚者释放,已死者十余人,奕䜣遣人谢之,不可,再扰海淀,焚昆明湖一带,火三昼夜,声言将犯禁城,赖法、俄二使排解,先给恤金五十万,括京师内外库金予之,见二九〇页。此段多非事实,先后颠倒有朝廷档案及外人纪录为证。奕䜣始终主杀巴夏礼,何谢之有?火焚圆明园为英使议和条件之一,其时当无犯扰禁城之意,与排解何关?库金时逾二百万两,何括之有?要之,作者固未明了当时实况也"。

按陈君谓此段多非事实,愚敢断言,此段多系事实,而陈君所评者妄也。陈君不知焚园有两次:第一次为咸丰十年八月二十二日至二十五日,即巴夏礼释放之时;第二次为九月初五日至九日,即送回被囚之人,有监毙者,于是英法兵始再扰海淀。陈君未能明了两次释囚与焚园之情形,而以前此与巴夏礼同执之人,误为巴夏礼,谓讲稿所记先后颠倒,已足见其不懂文义。而《筹办夷务始末》所有奕䜣之奏疏,绝未有主张杀巴夏礼者,其意明欲借巴为质以议和。如云:"该夷意欲索还巴夏礼等,而巴夏礼亦希冀放还,从此着手,或有转机。"(《始末》六十三卷二十六页)奕䜣初言巴事之奏,亦仅有"未可遽令生还"一语,其意为不便即刻释放,留以为质也,而朱批"甚是,总应设法办理"(见《始末》六三卷六页)。故奕䜣照会英使,令将兵队退出海口,始允送还。又令"巴夏礼致信嘶酋,暂息兵戈,以图转圜"(见同卷七页)。"并设法将巴夏礼提出,于高庙暂住,以礼相待。并令恒祺透彻开导,令其写汉字信函,劝令退兵后,即将伊放回"(见《始末》六十三卷三十三页)。咸丰帝曾两次谕令相机处死(《始末》六十三卷七页朱批:看此光景,不如早为处死。又

十五页上谕:万一势不可支,即将吧夏礼提出正法)。而奕䜣始终不肯,欲借以为缓兵之计。故奏云:

> 大约夷人用意,总以先得吧夏礼然后定地画押,再行退兵。臣等则令其先行退兵,然后再与画押,俟画押后,始将吧酋放还。缘目下情形,战守均不足恃。若先行放还,或即处死,恐堕其术中,进兵益急。是以仍给照复,以和议未定,难以草草送还。……以示羁縻而资箝制。(《夷务始末》六十四卷八页)

奕䜣给英法照会,亦言:"被获之人,以礼相待,俟退兵立约之后,即派人送还,本爵为人,决不食言失信。"(《始末》卷六十四第十八页)最后时机紧迫,不得不照会"令其止兵,于二十三日内准将吧夏礼放还"(见同卷三十三页)。所以恒祺与留京王大臣公议将巴夏礼送还,奕䜣亦言"势已无可如何"(见同卷三十五页)。而僧格林沁奏且称:"恭亲王等于二十四日已与恒祺将吧夏礼放回。"(见《始末》六四卷三三页)至"不能轻为纵释"一语,乃系事后推诿之词。愚遍翻《筹办夷务始末》之奏疏,绝无奕䜣主杀巴夏礼之一字,不知陈君所谓《筹办夷务始末》者,是否为故宫博物院所影印之书,抑或陈君另有密造之本耶?且即令(假设也)以前主杀,亦与被迫释囚遣人谢之无关,因其为议和大臣,此亦当然之事也。奕䜣"办理抚局,委曲求全"之情形,陈君全未能明了,即奏疏文字,亦看不懂。如圆明园焚后,奕䜣奏:

> 臣等拟在此稍留一二日,等候恒祺与该酋所议信息,如其稍知悔悟,将圆庭速行退出,并留兵驻京各情删去,尚可委曲求全,以安大局。倘竟冥顽不移,则切齿痛心,断难再言抚事。(《夷务始末》六十四卷三十五页)

陈君解此为"圆明园陷时,且称不可再言抚议"。不知于"倘竟冥顽不移"作何解? 及英法军进城以后,奕䜣仍有"倘骤与之决裂,该夷势必立刻攻城,则城内不待攻而自散……且现仍议和,未便轻动"之语。至疏中"决裂至此,本难与之议抚"诸句,犹言:"日本夺我四省,本难与之交涉,惟有一战,以雪国耻,但军实不充,不得不忍辱谋和。""本难"二字,陈君恐未能懂也。昔人病断章取义为未可,今陈君所有议论,全是断半句以取义,恐古今中外均无如此之论学者也。陈君不可以已乎?

第二次焚圆明园,即系英使主张报复泄忿者,额尔金及克兰特仅有照会通知,并非条件。犯禁城乃系声言,故奕䜣恐"扰及宫庭",恒祺亦有"如派兵拦阻,必于城内宫殿拆毁,以逞其毒"等语(《夷务始末》六十六卷十二页)。俄使调停,明见奏疏,奕䜣所谓"令其前赴劝阻"者也(同卷十一页)。法将军孟达邦 Montauban 且有不愿与英人同处之言,以其狂悖过甚(见同上)。而英人书则谓法使主张,如议和不成,宁焚大内。英将克兰特反对。又谓圆明园第一次被毁,系邻近华人抢劫所为,园中陈设则全为法兵掠去(见 Morse: *International Relations of Chinese Empire*, P.611—12)。此可与讲稿附记参考,虽不免有诿过之意,但各方比较,可得大略。故于此役绝不能偏信一方之辞,即《始末》所录奏疏,亦不全备。而讲稿置额尔金之言于第一次焚园之后者,正所以重英人焚园之罪耳。此种义例,陈君恐未能知。英伦博物院藏有奕䜣致克兰特之照会及送礼单(or.6597)言送回俘虏生故共二十九名,及恤银事,皆《始末》所未载。括之谊为搜求,非尽内外库之所有也。其时户部除已发五十万两,仅有三十余万两,内库一百十余万两,宗人府五十万两,而尚有一百万现银之赔款未付,故奕䜣有"库藏本极支绌","自应早为筹拨"之奏也。

(七)原评谓"淮军抵沪,以衣服粗陋为外人所轻,以程学启之力战始为外人信重,见三五九页。按淮军至沪,实无功绩,李鸿章致书友人明言外兵陷城,淮军守之。外人纪录与之相同。此言其功则冒功浮夸也"。

陈君谓淮军至沪,以程学启力战始为外人信重一节为不可信,是其于淮军之兵力与常胜军之关系全不明了。按华尔初将之常胜军仅千余人,英提督何伯及法提督卜罗德共二千余人,会合攻击,始有嘉定、青浦之捷。而卜罗德且以南桥一役中枪死。未几李秀成率大队掩至,英法提督以众寡不敌,退回上海。是以左宗棠《复曾国藩函》云:

> 青浦、嘉定二处,发贼麇至,夷兵遽遁,夷人之畏长毛,亦与我同。委而去之,真情毕露。(见《夷务始末》同治朝卷八第四十二页)

而上海洋商众议，因嘉、青败退，颇损外国兵威，私相诟怨（见同治朝《夷务始末》七卷四八页）。幸经李鸿章督军击退援"贼"（同卷四十七页），而程学启遂有虹桥之捷。外人之不敢轻视淮军，实起于此。李鸿章《复曾国藩书》云：

> 官军自二十一日虹桥大捷之后，洋兵待我兵敬礼有加。提督何伯来营会晤，词意和顺。然窥其中若有不足者，青浦、嘉定之退，不免羞恚。（见《夷务始末》八卷四十六页。按此书具载《文忠全书·朋僚函稿》第三十六页并有"市商新闻纸，津津乐道"二语。）

又同治元年五月二十二日《上曾相书》云：

> 鸿章思到沪两月，未曾痛打一仗，恐为外人所轻，是日（即二十一日）亲督各营，……齐出夹剿，杀死实有一千余人，伪听王阵殁，纳王负伤而遁。……此极痛快之事，为上海数年军务一吐气也。……有此胜仗，我军可以自立，洋人可以慑威。吾师可稍放心。鸿章亦敢于学战。（《李文忠公全书·朋僚函稿》一第三十一、二页）

又六月初三日书云：

> 洋兵自嘉、青退出，畏缩太甚，薛公（按即薛焕）已密复总理衙门，鸿章亦止有直说，俾可参证。当五月廿一军情危急时，鸿章跃马独出，不作生还之想。而洋人拥兵数千，坐守洋泾滨（浜），令人莫测其意指。幸我军战胜，洋人悦服，我军战挫，无处立足矣。彼未出一兵助剿，我则何从让功？（同上第三十三页）

愚举陈君最相信之"上等史料"以证之。他书不敢备引，恐陈君强谓为"多不足信"耳。此可见拙著讲稿所述，毫无足议，而陈君以常胜军之助剿有功，即"想"为"淮军至沪，实无功绩"，真妄极矣。夫以"纪律精严，军威壮盛"（见《始末》五卷四四页薛焕奏疏，请陈君勿误会此与衣服粗陋牴牾，实则精神与物质不同也，薛即最初督练常胜军者。）之"劲旅"，又当"一鼓作气，非独贼匪畏我军威，即英法之兵，亦当为之震慑，所谓先声夺人"之谕后（见同卷五十二页），宁能无一战之劳？而陈君不知"兵家胜负，乃是常情"之义，崇拜外人助剿，遂谓淮军冒功，犹之以英人焚圆明园,即不容奸民趁火,以奕䜣主杀巴夏礼(实未主杀,姑依陈君之言也),即不容胁和谢罪,有是理乎？李鸿章致书友人,言外兵陷城,淮军守之者,乃是"以内地城池,竟全委于外国,无论流弊滋多,即使并无他意,亦太觉中国无人,实为外国轻视"(《始末》六卷十六页恭王奏疏语)之意,故每议城守,"总期中国之兵多于外国"(见同卷十九页)。今陈君所言鸿章致书友人,究系何书？愚遍翻《文忠全集》,无如陈君所言"冒功浮夸"者,不知陈君根据何本？或竟不懂书翰文字耶？曾、李之对待外兵,"言必忠信,行必笃敬,临阵则胜必相让,败必相救"。恐其"包藏祸心,片言不合,戎事立兴"也(见《夷务始末》八卷四十三页国藩奏疏,李鸿章与国藩书言与洋人交际以吾师忠信笃敬四字为把握,见《函稿》一)。故鸿章云:"常胜军终无结局,外人不知者以为好帮手,其知者以为磨难星也。"(《朋僚函稿》四《复曾沅帅书》)盖资其器械之用,不能不羁縻备至。当时"上海虽隶版图,官民久已归心洋人,若不知中国之人尚能办事,中国之兵尚能打仗者"(见《朋僚函稿》一《复左季高中丞书》),虽欲浮夸,岂谁信之？使非虹桥之捷,何以"沪人洋人知有能打仗之官兵"(见《函稿》一《复李黼堂方伯书》)？况外兵皆隐受英法公使之指挥,其胜败功赏,均由公使直接与总署交涉,淮军虽欲冒功,岂可得哉！陈君绝未深思,虽属"久已归心洋人",未知洋人"骄盈"、"黠矫"(均见《始末》中),但即谓常胜军有功淞沪,抑何妨淮军虹桥之一战耶？

（八）原评谓"南京城陷,李秀成母妻皆自裁,见四〇一页。此据供辞,原不足信。左宗棠获其养子,审得其母妻幼子皆免于难,其子收养于外人,今尚存在。供辞不过求免时人之注意耳"。

按金陵破时,李秀成传令将天王府及王府同时举火烧毁,三日夜火光不息,曾国藩奏言"十万余贼无一降者,至聚众自焚而不悔"。妇女最易殉难,何为不可取信？即据左宗棠奏疏,谓据总兵刘明灯搜获秀成养子李士贵之供辞,亦仅言秀成之母及两岁之子,逃至广德,至歙南已不知下落,何尝言其妻耶？陈君谓"其子收养外人",愚记某笔记中曾有是言。又谓"今尚存在",何不指出名字里居,就之一询其母若祖母之下落耶？

（九）原评谓"安得海出京在山东被捕,作者称其犹作大言曰'我奉皇太后令织龙衣广东',见同治中兴时代八页,此案丁宝桢办理,作者何不参看其奏疏,而竟言其赴粤耶。其时江苏有织造局二所,丁氏奏议,言其往苏"。

按《丁文诚公奏稿》卷七《太监出京招摇饬拿审办折》（同治八年七月二十九日）及《拿获私逃出京太监遵旨正法折》（八月初七日）,均只言安姓太监自称奉旨差遣采办龙袍,绝未有往苏之言。其船上所插大旗,亦只有"奉旨差遣采办龙袍"字样。惟《办理私逃太监随从人等折》（八月二十八日）有提讯陈玉祥等六十八名。据供七月初三日,已获正法之太监安得海声言：奉旨出京,赴苏州采办龙袍,令陈玉祥等跟从同行等语。往苏系从人之供,安知非得海欺骗之语？及事已将败,复作大言,又安知非故为托辞？宝桢处理得海两疏,余全阅过,以未提往何处。而薛福成为丁氏幕宾,又参与密谋,其所记当可信,故采之。且此事重在诛阉监,不重在织龙衣,往粤往苏,抑何关大体乎？

（十）原评谓"清初教士久居中土,遂萌觊觎之渐,见二三页。不知何所根据。二六页又称华人从教者,恃外洋为护符,借以凌虐军民,胁制官吏,而江楚之难遂作。此言亦无根据。同治初年,神父教民之恶尚不至此。作者于教案之原委,全不知悉也"。

按此例或为陈君批评拙著讲稿最要之目的乎？其肺腑见矣！但陈君欲为教士教民回护,岂奈事实之不可尽掩何！陈君谓愚不知教案原委,诚然,愚所不知者,仅为"神父教民"之所谓原委,若中国人（除陈君及教民外）之所谓原委,则乡里间愚夫愚妇皆知之,作史者之智,宁不及此？陈君谓愚言全无根据,愚不敢引述他书,仅就陈君所最相信之《筹办夷务始末》以证之。咸丰八年十月辛酉桂良疏旁朱批云：

> 始则传教,继则叵测存心。（见《筹办夷务始末》三十二卷十七页）

此君临中国者之言,宁能谓之毫无根据？如非"存心叵测",不萌"觊觎之渐",何以清初无教案,而末叶则厉？英国汉学家翟理斯（Giles）曾在中国任领事数十年,何以最恨教士？英国蓝皮官书（Government Papers,俗称 Blue Books）关于中国者,何以多教士之报告？至于恃外

洋为护符,凌虐军民,胁制官吏,其例不胜枚举,仅先引一端为证:

同治元年十二月沈葆桢附呈《密访问答》云:

问:你们纷纷议论,都说要与法国传教士拼命,何故?

答云:他要夺我们本地公建的育婴堂,又要我们赔他许多银子,且叫"从教的"来占我们铺面田地,又说有兵船来挟制我们。我们让他一步,他总是进一步,以后总不能安生,如何不与他拼命?

问:譬如真有兵船来,难道你们真与他打仗么?

答云:目下受"从教的"欺凌也是死,将来他"从教的"党羽多了,夺了城池也是死……(见《夷务始末》卷十二第三十三四页)

陈君或谓此为无知愚民之言,"全不足信",则再引奏疏一则:

同治四年十月署贵州巡抚张亮基奏云:

伏思臣抵黔以来,有鉴于田兴恕前车之覆,每于胡缚理(法国主教)等,酬酢往来,事事致敬尽礼,凡其请托之件,臣未尝不降心以从。不但兴义抚回之事,臣并未独持异议,即如署兴义府知府孙清彦,本系能吏,为回所忌。胡缚理受回之愚,屡次怂恿督臣与臣撤换,臣俱委曲迁就。嗣胡缚理出示谕令各属办团,仅于示尾添注督臣与臣同阅字样。臣亦不与之较。惟署普安厅同知钱壎,督率绅团,数年苦战,收复厅境,并将全境夷匪、教匪悉数剪除,士民甚为爱戴。胡缚理因该厅百姓不肯入教,指为钱壎所使,坚欲撤换。臣因钱壎之去留,关系厅属之安危,总未允其所请。由此结怨。……上年镇宁州狆夷句匪滋扰,经补用知府毕大钧(锡)带练剿办。胡缚理因此种狆夷,亦有入教者,遂为此影响之词。其偏袒教民,颠倒是非,类此者指不胜屈。如上年冬间,贵定县民黄丙扬,偕妻庭氏,搭死李老大婴孩。旋即投入天主教内。李老大邀约同寨十余人赴黄丙扬家理论,黄丙扬声称:"身已入教,告官亦不怕。"李老大不依。正在吵闹,黄丙扬之妻庭氏手执铁锄,向李老大乱打,黄丙扬亦上前助殴。同去之十余人,各抱不平,将黄丙扬夫妇杀毙。黄姓尸亲,自知理屈,恐犯众怒,并未告发。胡缚理出头代诉,置凶犯李老大等于不问,而专归罪于李老大房主不肯入教之罗国华,屡属督臣严饬拿解……比年以来,胡缚理趾高气扬,官绅望而生畏,每遇牵涉教务,有转喉触讳之嫌。因而不肖之徒,无不恃入教为护符,以遂其任性妄为之计,故怨毒入人者深。而教士教民之被抢被杀,层见叠出。(《夷务始末》三十七卷三十六至三十九页)

"身已入教,官亦不怕","因而不肖之徒,无不恃入教为护符,以遂其任性妄为之计,故怨毒入人者深"。而教案遂作矣。陈君如能读此同治初年封疆大吏之奏疏,尚可谓"神父教民之恶不至此",而讲稿为无据之言否?陈君不但"于教案之原委全不知悉",即传教之历史,与法国公使之关系,亦全不知悉。当时外国教士挟战胜之余威,胁制地方官吏,稍不如意,即致函公使,向总理衙门交涉,地方官辄得罪以去。故"鉴于前车之覆","降心以从","委曲迁就"者,不仅一张亮基为然也。若教民之"狐假虎威",仿佛似清初之在旗,"而一为教民,遂若非中国之民也者"。"词讼之无理者,教民则抗不遵断,赋役之应出者,教民每抗不奉公……凡教中犯案,教士不问是非,曲庇教民,领事亦不问是非,曲庇教士,遇有民教争斗,平民恒屈,教民恒胜"。"庸懦之吏,既皆莫敢谁何,贤能之吏,一治教民,则往往获咎以去……谁敢与教民较量"?(同治九年八月曾国藩奏疏语,见拙著讲稿同治中兴时代二五页及《夷务始末》七六卷四十至四十一页。)"其奉教者因此依恃教众,欺侮良民,……地方官以和甫约定(甫定和约),惟恐滋生事端,遂一切以迁就了事,则奉教事者之计愈得,而不奉教者之心,愈不能甘"。(咸丰十一年总理各国事务衙门恭亲王等奏疏语,见讲稿第十章廿四页及《夷务始末》二卷四十六页。此为拙书引用《夷务始末》之两例,陈君固谓我未见《始末》也。)"郁极必发,则聚众而群思一逞"(亦曾国藩疏语)。可惜当时政府未能"与各公使商订,预杜后来衅端";而教士亦未能知"传教与用兵不同",应"以心服人"(沈葆桢疏语,见《政书》卷一);教民则"汉儿尽作胡儿语,却向城头骂汉人"。是以愈演愈烈,而结果则有义和团之变。我国所受之创痛巨深,凡为中国人者,未尝不痛心疾首于斯役也。然拳变不作,则教士之态度不能改,而吾国瓜分之祸亦不能免。柏林大学教授哈尔同格(Hartung)之讲演曰:"欧美人之所以不瓜分中国者,实以受拳变及日俄战争之二大教训故也。盖知其民族尚有自觉自卫之能力,而东亚亦有不可侮之国家。"(柏林大学法学博士王绍成君告余言)斯言最为深切。吾国朝野上下,懵然莫知其消极反面之效力,惟叹惜痛恨于愚民无知,不谓"十人杀一"、"都拼着死"(见沈葆桢呈《密访问答》)之聚众一逞,竟与外人一严重之打击也。而教士宁不畏死?其态度亦渐变矣。夫愚民无知,孰为驱迫之者?陈君宁能"不辨是非","以今日好恶之观念,作为取舍之标准"乎?此本由于教案而言,溯其因果,以明事实,非所论于拳变也,恐陈君又以为教士、教民之恶,"实非现时争论之点,吾人所欲明知者",拳变是否为欧美人瓜分中国之一教训,则亦惑矣。

总之,陈君之所批评,完全系捏造事实,(如谓圆明园被焚之日期,奕䜣主杀巴夏礼,淮军至沪无功,秀成养子之供,及教士教民之恶不至此等等。)妄发议论,(如谓江忠源之死不当归罪胡元炜,文翰与徐广缙无禁英人入城之约,桂良南下非议税则,圆明园无华人趁火等等。)其原因则由于不读书,(如拙著讲稿及所举诸书,全未读。)不明理,(如谓英人焚园,即不信奸民趁火;谓洋兵有功,即不许淮军得胜;谓奕䜣主囚,即不知遣人谢罪;谓现在教士守法,即抹杀以前教士之酿成教案。)不识字,(如奕䜣言倪竟冥顽不移,则断难再言抚事,又本难与之议抚,即解为不可议抚。以上系就本文所论。至前文所述,例更繁夥。)最可笑者:即陈君所谓"最可凭信"之新材料,如《筹办夷务始末》,及曾、李全书等,为彼批评拙稿之惟一法宝者,彼亦未读。即读亦仅《始末》中之一二片段而尚不能懂,故此文皆就《夷务始末》及曾、李全集等以证其谬,他书不敢备引,恐陈君尚可狡诬为"浅陋不值一读"或"稗史多不足信"也。陈君所作两文,无一语精到,无一事确实(已尽驳之矣),天下宁有此种批评者?且即令(假设)其批评一二事有当,或举其排印之误,亦只可作为校勘正误之用,焉能以一二事以概括全书?是其批评之态度已失,今之蹈此弊者,比比皆是,愚所以不惮烦而置辨,亦不仅为愚一书,针砭陈君一人也。然正当之批评,与精确之指正,实为著书者所乐于承受,一人之智力有限,他山之石,可以攻玉,宁有不膺服者?至浮滥之作,有害社会,则虽禁之可也。若历史者,当审其体例、组织、史学、史识,并为公允之论,不能以兰台《汉书》之袭《史记》,而遂谓班孟坚为剽窃,更不能以《史记》之有"纠缪"、"志疑",而遂谓司马迁毫无价值也。最后愚以至诚劝告陈君:以后如能多读书,多慎思,少妄言,少作文,虚心研究,埋头用功,或将有成。至于"快恩仇,矜名誉",韩琦以为可薄,而铭之昼锦之堂者,固愚平生之信条也。

陈恭禄：为《清代通史》下卷再答萧一山君（附萧一山批注）

（民国廿三年八月十一日《大公报·图书副刊》）

  辩论之文，易如陈君所谓流于"支节"，"为读者所厌"。此后萧君及陈君，如更有所商榷，务盼通函讨论（或由本刊转寄）。本刊恕不登载。

编者识

  评《清代通史》一文，前于《大公报·文学副刊》发表，原就书中之重要错误及编者未参看之原料而言，（一山按：陈君所举全系捏造事实，并非讲稿错误，遑言重要，所谓原料，即《夷务始末》，编者固熟读之，不料陈君并未读，即少读亦不能懂也。）目的则指示一般作家将来努力之途径。（一山按：以毫无常识而又昏瞆病狂之人，欲指示一般作家，真愚而好自用者矣！）原文列举之例繁夥，（仅有少例。）萧君答辩就太平天国之天历及圆明园被焚之责任而言。余读其文，认为颠倒是非，（一山按：孰为颠倒是非？请读者细心评之！）即草一文答复。去年五六月间，《文学副刊》编者声称收得萧君答辩，余见报后，立时去函，商于编者可否将辩文寄交评者，由其作一简单答复，庶可结束争论。编者未有复书，萧君辩文历七八月之久，亦未刊出。本年《副刊》结束，六月间友人某君寄来萧君抄印之答辩一份，（一山按：愚《再致吴宓君书》原稿索登者，除《中国日报》《大公报》及《国风》外，尚有编译馆馆长辛树帜先生，抄稿即由中国日报社及编译馆书记用复写纸所抄，共四份。其一为辛君取去，谓将登《图书评论》。陈君之友，或即由编译馆偷出转寄者也。）内有编者附识,亦萧君草成,托为编者之言。(一山按:编者附识系《国风》杂志编者缪凤林先生所作。陈君强指为愚草成,诬枉甚矣!)余读文后,以为萧君意气用事,不于争论之史迹立言,置之不理。(一山按:陈君完全颠倒是非,愚所答辩,均系就史实而言。陈君黔驴技穷,乃谓置之不理,真令人齿冷。)兹文见于《国风》,又见于《中国日报》及《大公报·图书副刊》,萧君附识自言文之重要,又以萧君之力,迭载于报章杂志。(一山按:附识本《国风》编者之言,陈君复强诬为愚言。又以迭载于报章为有力,不值识者一笑。)识者苟读双方文字,当能辨别是非,(一山按:诚然诚然,识者苟读双方文字,当能辨别是非也。)而一般读者或未明悉原委,故乃改变原意,作一简略答辩,幸读者察焉。萧君此次辩文甚长,内容却抛去史迹真像之争论,而文支离琐屑,不可究诘,其咬文嚼字之甚,直类走江湖之拆字,(一山按:愚《再致吴宓君书》系就陈文逐条逐句答辩,多至三万余言:内凡论史料、史学、论理、问学、史表、历史基本常识、历法、算法、读书、考证、辨伪、辩论、读文、通俗、史论、道义、述史、字义、史料鉴别及陈君未读书文,举例二十三条,附照片六页,以证陈君之谬。陈君理屈词穷,无一字答复,乃谓为咬文嚼字,试问天下有能咬文至三万余字者乎?江湖拆字之言,岂是辩论文字?空言诋毁,令人发指!)聊举三例证明。一《皇朝续文献通考》,萧君第一次辩文,未有"续"字,(一山按:陈君犹谓第一次辩文"未有续字",请读者翻阅二十一年十一月三日《大公报·文学副刊》。愚《再致吴宓君书》曾将此《副刊》摄影载于文中,以证明有"续"字。陈君如非目盲智昏,何至丧心病狂如此!)今谓手民脱去,(一山按:陈君真无赖之尤者!愚所举明为《续皇朝文献通考》,陈君强指为《皇朝文献通考》,愚前函特将《副刊》摄影证明。并谓:"天幸此一续字,未被《大公报》手民排脱,不然先生即能以弟原稿为之证明,而陈君又可强诬吾等串通作弊矣,弟之冤不将沉海底乎?"又推论陈君有心出此,其人已不堪问,共一大段,约五百余字,岂陈君全未阅及乎?愚何处曾言被"手民脱去"耶?今陈君既公然作伪,当面扯谎,其为有心出此,业已毫无疑义。夫既能假造对方之言语,则尚有何事不可为?身为国立大学[已非教会学校矣]教师,而欺诈无赖至此,吾真为学术界痛哭也!)原已结束,乃言购自何地,书系何人所作,长近千字。《皇朝续文献通考》为吾人常见之书,(一山按:愚前述《续皇朝通考》作者及版本事,共一百八十六字,陈君谓长近千字,其居心可知。此书陈君并未看过,仅知书名,何大言欺人如此!)且非争论之点,评文答辩均无详论之必要。(一山按:陈君原举以证愚参看之书太少者,何以无答辩之必要耶?)余评《清代通史》下卷,而萧君答辩只有《皇朝文献通考》。(一山按:愚举《续皇朝文献通考》,陈君又强谓为《皇朝文献通考》,务请读者不惮烦一翻《文学副刊》原文,或愚前函所附照片,陈君三次托赖,实属昧心,悍贼犯案,当堂狡展,绝不是过,尚得谓之人乎?真狂犬矣!)该书纪载乾隆中叶以前之政治制度,与所评之书无关,故以简略之辞,称《皇朝续文献通考》,成于嘉庆以后,(一山按:《皇朝文献通考》迄乾隆五十年,何得谓之中叶以前?《续皇朝文献通考》成于光绪三十一年,何得谓之嘉庆以后?陈君真愦愦矣。)为萧君所未参看。萧君今作长文论之,并谓余未之见,何武断支离至此!(一山按:不知其书内容者,当然为未见其书,何得谓之支离?反之,能举其书内容者,当然为曾经看过,何得谓为未参看?陈君真武断矣。)二关于《贼情汇编》一书,萧君谓余未曾一读,余于南京久已读之,故有"未见其书",决不妄言欺人之语。一则表示平日读书之态度,一则讽劝萧君于未读之书,不可妄言欺人,如列《筹办夷务始末》之名,而所叙之情节,与之迥异也。不幸《大公报》排印,将"书"字误作"人"字,手民之误,识者当能知之,萧君竟于此点大发议论,殊不值得。(一山按:愚前函曾说明"人"字系"书"字之误,但以陈君无文义常识,又不能不答之,因缀言数句,并请编者勿以开玩笑责我。岂陈君全未阅及乎?又陈君原评谓愚未见《筹办夷务始末》,今谓列《始末》之名,而所叙情节,与之迥异。愚敢断言:讲稿所叙情节,完全与《始末》同,而陈君所述,往往与原意迥不同也。)三关于圆明园被焚之责任,余谓有三国可信之史料为凭。所谓三国者,指中、英、法而言,乃萧君将中国除外,谓无三国,可谓奇矣。咬文嚼字之技可谓神矣。(一山按:愚前函谓:"陈君既未举证,仅大言三国文字以欺人,若其解《始末》之引文,及英书之开目为二国[此中英也,陈君注意],则先生[指吴君]前所举考狄氏之《中法外交秘史》,恐亦无形中被算及矣[法]。此事姑置不论。"业已明白指出陈君系就中英法三国而言。但讥其以本国文字与外国并列。又抄袭英文书目四种,并取他人所引之法文书以为己有,真可谓不知人世间有羞耻事者!然愚以为小事无关史迹,故置不论,乃陈君举为要例,谓愚言无三国,可谓奇矣。)诸凡此例,不胜枚举,果如此支节辩论则问题益多,时间愈长,既为读者所厌,余亦无此时间也。(一山按:陈君所言全系支节,易为读者所厌。愚就天历斡旋作伪与否,及圆明园被焚之责任二事立论,问题甚简,举证颇多,若留心史学,或研究近代史者,当不惜细读,以辨明是非也。)萧君上次答辩,重视二事,一天历,二圆明园之被焚,余之答复亦说明二事之真像。今萧君另行提出徐广缙与英人订约之案,禁英人不入广州。(一山按:徐广缙与文翰禁英人入城事,系陈君原评所举之例,答文又谓:"妄信文翰与徐广缙严禁英人入城章约,何不指出错误之处?"愚附函即答此。今陈君谓愚另行提出此案,真怪极矣!)天历真像及圆明园被焚之责任,前已考证明白,(一山按:陈君既不明白,何有考证?请读者细阅双方文字,则知"考证明白"四字,固不属陈君也。陈君特妄言以欺人耳。)兹再就萧君辩文论之,作一结束。徐广缙与英人订约不入广州之真伪,则于后节说明。天历四年一加之说,系据刘复之《太平天国有趣文件》十六种,(一山按:《太平天国有趣文件》于天历每四十年一加之语,凡数处,均未脱字。陈君强谓为脱一"十"字,是诬良栽赃也。刘复氏顷已作古,但请读者一翻《有趣文件》,则可知陈君之谬,迥出意外。本书另附刘书照片一页,请参看为要。)萧君现称未见此书,(一山按:愚举刘书内容甚详,何处"称未见此书"耶?陈君又当面欺人,假造对方言语,真令人发指!此种毫无辩论人格之狂犬,竟强舌硬赖,犹能滥厕士林,真吾国学术界之羞也!)退一步而论,《有趣文件》果有错误,(一山按:陈君目盲,将四十年一加看作四年一加,又强谓《有趣文件》有错误,余敢代刘复声明:《有趣文件》并无错误,另附照片一页,可资证明。陈君实诬刘氏也。)亦未解决双方之争论,今之问题则为天历是否合于科学也。(一山按:陈君原评,谓天历斡旋系愚作伪矛盾,何尝言天历是否合于科学乎?评今人之史,转而为古人之历,陈君真可谓善于诡辩矣!请读者翻阅陈君原评,及愚两次答文,则知问题何在。)天历每年共三百六十六日,其四十年一加,每月三十三日,取真福有加无已之意,是否有科学之根据?太平军领袖后知其不适于用,改为每四十年为一斡旋,斡旋之年,每月二十八日。其诏书称系天父作主所定,此岂科学研究之结果乎?（一山按:陈君原评,谓斡旋为愚所伪造,今又谓太平军领袖所改,是已自知为误,而犹不肯认错。又谓其诏书称系天父作主所定,不知陈君所谓诏书者,何诏书耶?愚曾见太平原刻历书,[此书在愚编《太平天国丛书》第一集中,不久即影印行世。]首载两诏,均言斡旋为洪仁玕所奏定,绝无"天父作主所定"之只字,[《有趣文件》所抄诏书亦然。]陈君既能假造愚言,当然更能假造古人之言,使此种人讲历史,吾真为历史二字痛哭矣!至其厚诬古人,则尤令人愤懑不平也。）依据三百六十六日为一年计算,气候节令,将年不同,四年将差三日,二十年则有十五日之差,此岂合于科学乎?（一山按:陈君谓四年差三日即不合乎科学,而前文谓阴历五年差两月,即合乎科学。此陈君之科学也,非世之所谓科学。）其无朔望,不便于江南农民车水栽秧,不适于用,（一山按:朔望可视月之圆缺而知,何必明定于历,而农民始知之乎?且阳历亦无朔望,宁能谓之不适于用?陈君真悖谬极矣。）萧君则称其非南人,不能知之,要未掩盖其错误。（一山按:陈君所引江南车水栽秧事,本与辩论之正题无丝毫关系,愚言非南人,不能知,即知之,亦与问题不相干,故不答,盖讥其只知有江南而不知尚有江北、河朔也。然历为公物,岂能专为南人而设?天历有萌芽月令,节气简明,与农时甚宜,陈君强谓不宜农时,又不懂愚言非南人之意,以此为柄,真狡猾极矣!）旧历计算月日,系据月球绕地球一周而言,推算气候节令则用阳历,常人目为阴历,实非科学之言。萧君仍望字生义,护短徒见其愚陋固执耳。（一山按:旧历通称阴历,以其合于朔望故,何得谓非科学之言?人皆如此称,何得谓余望字生义?若愚陋固执,陈君仅凭空言诋毁,而其狡诈无赖之可恶,实千万倍于愚陋固执也。）现时之结论如下:

（一）天历无科学之根据。

（二）天历不适于用,推算气候节令不如旧历。

（三）中国非全用阴历,称为阴历,乃常人说法,非科学之言。（一山按:以上三点,全非争论之问题,陈君原评,谓天历为愚作伪矛盾,答文又将目标转移,谓天历是否合乎科学。愚再函痛驳之,共有八段,请读者参看双方文字,当知其为遁辞,庶螭(魑)魅魍魉之形,虽欲逃藏而无从也。)

关于圆明园被焚之责任,萧君于英谓抄有图书目录,(一山按:陈君又捏造愚言矣。愚前函谓:"陈君欲考纵火之责任,弟讲稿业已辨别认明,请其不必远求可也。"因附拙书照片三页,以明其真相。下有四大段文字辩释此事,今陈君以抄目录为明责任,真可恶极矣!令人发指!)抄写目录,实非难事,吾人所注意者,惟其是否有新知识贡献而已。萧君答辩,抛去辩论史迹之真像,(一山按:愚再函有四大段,约数千言,并照片三页,辩论史迹之真像,岂陈君全未阅读乎?谁抛去耶?此所谓空言诋毁。)一则眩其抄有目录,(一山按:愚再函附文所言,如陈君欲研究英法之役一事,愚可为彼开一参考书目以教之,岂自眩抄有书目乎?陈君全未能懂文义也。)二则错解三国文字可凭之语(说已见上)。(按:愚非错解,特陈君不解耳。说已见前,不赘。)三则武断 Macnair 所编之《近代中国史文选》为中学生所读之书。(一山按:愚前文言麦氏《文选》为中学生最高大学生习英文而作,此是商务印书馆之广告所云,何能谓余武断?)四则护短,谓余考证《清代通史》关于圆明园被焚月日之错误,无书可供检查。(一山按:愚再函所言,手边无日历表,全系论学真诚之态度,陈君谓之护短。《补答错误十例》一文中已详论之,请读者参看。)第一、二项无庸详论。至称 Macnair 所选之书为中学之用,殊与事实不符,余不欲节外生枝,为其辩护。顾书为选辑之史料,无论若何,终须一读,萧君诿为学生所读,以护未读之短。(一山按:麦氏《文选》为教授学生之用,何以编史者终须一读?愚殊不解。读原书不胜于读《文选》乎?陈君仅读是书,即以是书为人人必读,真妄极矣!)苟用萧君辩论之文例,萧君尚不足为中学生矣,一笑!(一山按:坊肆间为学生教课参考用书甚多,又源源而来,毕生亦不能读尽,如有一未读,即不得为中学生或大学生,此是何种论理学?陈君自知不通,谓用愚辩论之文例,愚何处有此文例?陈君又捏造事实矣!)行文至是,惟望萧君不必咬文嚼字,武断一切也。第四项诿称月日无可检查,亦不足信。近时发表之文,系萧君回国后修正之稿,明证有二。(一山按:愚《再致吴君书》完全系去年原稿,刊登时,仅添小注数条,并注明年月,今陈君强谓为修正稿。)(一)

编者附识系萧君草成。(一山按:附识系《国风》编者所撰,陈君竟指为修正稿之一证,既诬且妄。)(二)萧君于答辩文中,称余因书评一文,竟能他就,去年七八月间,余尚未能决定去宁,萧君于五月即能知之,可谓神奇!(一山按:愚前函在评书影响句下,加小注曰:"颇闻现在事实,已足证弟前言之不谬矣。二十三年六月附注。"明明白白写出系今年六月之增注,陈君竟指为去年五月,可谓神奇!)余佩萧君不惟善于拆字,且能预言。(一山按:陈君本为目瞆神昏、荒谬绝伦之辈,固不知年月之先后,但以此诬人能预言,真捏词诋毁也!)脱离金大,不知与评文何关,尚望萧君明述事实。(一山按:此何用愚述?陈君扪心自问可也,但恐陈君天良已丧尽耳。)凡此种种,均与辩论之史迹无关,不过证明萧君之牵强附会,(一山按:陈君亦知此均与辩论之史迹无关耶?则全篇皆支节废辞,而又妄言,适足以自暴其丑而已。)一段长文,唯有一点关于本题,萧君据法文一字称英法联军实有统帅,然未说明何人。(一山按:愚前文言联军司令出于与役者之笔,是明指斯文侯书而言也。又言陈君不知有一八六○年二月二十二日英法在巴黎签署之联盟条约。盖该条约曾于是年由英国官书局印行,名曰 Convention Between Her Majesty And The Emperor of The French relative to joint captures in China,内用英、法两种文字,中有数条,言两联军政府得任命一个或多数官员以解决两国间之争议,并言在巴黎组织一混合委员会,选其中之一人以为公正人,是两军虽暗斗甚烈,而表面上总应有一联合指挥之机关或代表,此即所谓联军司令也,斯文侯为当时英军之书记官,其所记必有指。拙著中何尝有此记载?陈君谓愚据"法文一字",不知"法文一字"作何讲?殊为不通。愚从未言法文一字也。又谓愚称联军实有"统帅",不知愚何处称联军实有"统帅"?陈君又捏造愚言矣!)英法军队直归君主管辖,决不能交他国大将指挥,其时二国以欧洲问题,将士暗斗甚烈。摩尔士 Morse《大清帝国国际关系史》*The International Relations of the Chinese Empire* 详纪事之始末,尚望萧君一读,再发议论。(一山按:摩尔士之书,愚十四年前即读之,拙著并不违于事实,何必更借"洋大人"之言,以欺压全中国民众也。不料陈君仍执此以为说,可怜亦复可笑!然愚闻颇有以此名家者,陈君固不足责也。)综合先后讨论各点,

（一山按：先后讨论各点，愚前函有四大段，陈君此文，未题一字，何能综合？真善于骗人者矣！）关于圆明园被焚之责任，余之立论，（一山按：陈君抢掠愚言，谓为彼之立论，请读者参看拙书及以前辩论文字，自能认明，此种白昼行劫之狂贼，尚靦不以为耻也。）毫无改变，其主意如下。

一、圆明园系英使额尔金决定焚毁，英军奉命执行，（一山按：此何用陈君述之？拙书固明举其责任，并录额尔金之语及其致英政府之报告矣。读者请参看讲稿。）他说毫不足信。（一山按：他说为劫掠之宾，不能与焚园之责任并列，请读者参看愚《再致吴君函》及《补答十例》，即可知。陈君所谓毫不足信者，实则皆可信也。）

二、英法军队各归本国大将指挥。（一山按：此条本不在陈君原评以内，陈君如尚有"记忆力"，亦知此本由于斯文侯书之译文而来者耶？今忽以为结论，真可怪矣！辩已见前，不赘。）

萧君在英留学，搜得报纸记载，认为可信之史料，据而断为徐广缙与英人订约，英人不得进入广州城中。报纸杂有附会之传说流言，不足为历史之主要材料，稍有史学常识者，莫不知之。（一山按：愚附函所引《六合丛谈》，系咸丰七年英人主办之杂志。报纸之言，固有绝不可信者，但当就事实之辨明，绝不能凭空瞎说也。陈君既未看过此书，即揣想为"杂有附会之传说流言"，是不知用材料须有考据判断及披沙拣金之义，彼以为某书可信者，内容则全是，彼以为某书不可信者，内容即全非，陈君之论尽如此，固毫无史学常识者也。）萧君引用之文，究非全文，编者此文，岂据中国当时之传说，抑讥讽华人未有真实之报告耶？（一山按：引用之文，能见大意足矣，何必全文？陈君又揣想《六合丛谈》编者或讥讽华人未有真实之报告，真可谓尽杜撰之能事矣！陈君既言华人无真实报告，洋人则必有之，此种记载，固明系英人之言也，陈君知之乎？）此类记载见于中国次料书籍者不知凡几，实与中、英二国公文档案相反。（一山按：陈君并未看过中国次料书籍及中英二国公文档案，何以知其相反？真梦臆矣！）一八六〇年前英国蓝皮书久已公开，萧君不于公文搜集新知识，可谓奇矣。（一山按：英国蓝皮书印行已二百余年，官称政府文书，在三十余年前尚系白皮，原以供国会议员之参考，同时亦定价出售，何有公开秘密之可言？陈君根本上不懂得蓝皮书之性质，遂妄言一八六〇年前已公开,真可笑矣!此种文书专以中国标题者,自一八〇六年迄今共六百余件,中国外交部及驻英公使馆均无保存,北平图书馆虽有若干,亦系近二三十年者,在二三十年以前者,愚所搜约二百余种,恐系国内存藏最多之家。愚《再致吴宓函》曾略述及,陈君全未阅读,即妄发议论,真可谓奇矣!)即未读公文,重要次料如《大清帝国国际关系史》,亦未参看耶?(一山按:陈君又提摩尔士之书矣,其实陈君以前并未看过,愚再函曾证之,并谓"以后补看,恕不作算",请读者查阅前案,则知其大言欺人之罪。)该书叙述多据英国可信之史料,其所叙关于徐广缙之交涉始末,亦迥异于萧君所言。(一山按:摩尔士书所纪徐广缙交涉始末,与愚附函所述并无二致,陈君又混言欺人矣。)至于中国公文,萧君可得诿称远在伦敦,无书可查。余不欲再责萧君,惟说明徐广缙交涉之真像而已。(一山按:交涉之真像,拙书及附函均已叙明,何劳陈君再说?更令读者迷离徜徨矣。)

《南京条约》开放五口,上海、宁波均许外人进城,福州、厦门曾有争执,闽官后亦让步解决,独广州人民力欲维持旧例,不许外人入城。(一山按:拙著讲稿言粤人固执乾隆朝旧例,谓夷人向不准入城,为天朝二百年来例禁,况五口通商?粤东但有澳门,不闻广州也。因合词诉大府,请申禁洋人入城。)就条约而言,称商埠为港口,开放港口,固无准许入城之根据。(一山按:陈君又捕风捉影矣,条约既无准许入城之根据,何以耆英不能按约拒绝?徐广缙亦只言众怒难犯,而不言条约无据?《南京条约》之准许五处港口通商者,系泛指英国人民而言,所谓入城者,系指"居住五处城邑与各该地方官往来"之领事、管事等官,当然夷官能入城,则商人亦可跟踪矣。陈君未能分别清楚,妄谓就条约云云,恐陈君并未看过《南京条约》全文,更不知条约"居住五处城邑与地方官往来"作何解也。至于中英在鸦片战前之外交关系与此条订立之历史,则陈君更懵然不知,真可怪矣。)顾英人谓他口准许入城,粤人独持异议,含有轻视之意,要求不已。钦差大臣兼两广总督耆英曾布告开放广州,几致大变,乃将其取消。英国人士亦谓坚持入城之议,终不能进城居住,无补于商业,一八四六年(道光二十六),与耆英议订条约,缓期入城。条约未曾载入时期,盖无期延长也。会粤人之态度益横,英国内阁改易，采取积极之政策，香港总督借端遣军舰驶入省河，将用兵力解决，耆英屈服，许英要求。二年内开放广州，为和议条件之一，此一八四七年事也。耆英经此变后，深为失望，而又无法应付困难，密请内调。及耆英入京，朝旨授徐广缙为总督兼钦差大臣，一八四九年，则届广州开放之期。此广州入城交涉之由来也。（一山按：广东入城交涉之由来，拙稿及附函所引已详，请读者参看，则知陈君实多此赘文，不过借充篇幅而已。）

一八四八年，香港总督文翰先期照会徐广缙，预备明年开放广州，徐氏奏报朝廷，言其交涉经过曰：

> 五月十二及二十等日，先后接据嘆酋咬嚼来询，二十九年二月进城一事，当经剀切驳斥，晓以广东百姓，不许该夷进城，通国皆知。……若含糊答应，临时别生枝节，不但有乖守土之义，抑且大非柔远之经。（见道光朝《筹办夷务始末》卷七九页二三）

俄又奏英添兵要挟曰："特因明年二月之期将届，借此大张其势，希图要挟。"一八四九年，徐氏与文翰相见，磋商问题，文翰多所让步。（一山按：徐广缙奏接嘆酋面议情形一折，谓该酋所请各条，如鸦片开禁，照例纳税，前定税则，希冀更张，长洲建造栈房，请地方官勒令民人租地，及华人雇嘆船装货，意欲腾越各关，偷漏走私，逐层驳斥，该酋均一一听从。是陈君所谓磋商问题者，乃进城以外之事，中国拒绝请求，何得谓"文翰多所让步"？陈君真不通文义也。）关于进城之交涉，徐氏奏曰：

> 惟进城一事，则哓哓不已，据称福州、江宁、上海皆准进城，前督臣耆英于二十七年二月二十一日约定一过两年，即为嘆民进城之日，案牍俱在，中外皆知。……倘不能如约，不但难见伊主，并无颜以对各国。如百姓不欲其进城，情愿助兵弹压，……继则请官为出示晓谕军民，……敦请代表（奏），遍贴䞇黄，以践前约。（见同书卷七九页三七——三八）

文翰为中国代筹办法，据徐氏奏疏，均为其所驳斥。其自言交涉困难曰："一载以来，往返文件，当面辩论，实已知尽能索。"（见同书）言下露有开放广州之意。奏上，道光许其择日令其入城瞻仰，（一山按：徐广缙原奏,谓"智尽能索",实系"依从排解,两有所难",不得不据实奏请皇上指授机宜。盖虑一方拒之过严,难免激成事端,一方物议沸腾,更难再向开导。故谕旨亦谓徐奏于进城究竟可行于(与)否,未能缕晰陈明,何尝露有开放广州之意?陈君又揣揣古人之意矣!道光许择日暂令入城瞻仰,不过入城一游,仍禁其任意出入,习以为常,傥欲如福州等处故事,断断有所不可,谕旨甚明,陈君于朝廷大吏调停两难之苦心,全不明了,故误会古人之意,倘徐氏真有"开放广州"之魄力,则问题不至若是为难矣。)会徐氏以为粤人万众一心,团练十万,足抗英人,仍拒文翰之请。文翰另提让步条件,亦为其所拒绝,其奏报英人罢议入城之经过曰:

> 哎酋本定于十三日驶入省河,查探消息,并有十五日定欲进城之议,嗣因探明省城官民齐心保卫,防御森严,加以众绅士公启劝导,深知众怒难犯,遂尔思(畏)葸中止,十四日即有夷示张贴公司行,布告各国夷商,现已罢议进城。(见同书卷八〇页三)

徐氏奏报文翰罢议入城之原因曰:

> 二十七年二月,德酋(德庇时与耆英订约之长官)无故驶入省河,遂致生意冷淡,累月经旬,其商人怨之甚深,公诉国王,将其撤回,代以哎嘲。……今哎酋复议进城,以至华商停贸,夷商怨咨,深恐其商人复为故辙之循,则德酋即其前车之鉴。(见同书卷八〇页一二)

此段文字杂有附会之辞,余引用之者,凡与罢论入城有关之可信史料,(一山按:既曰杂有附会之辞,何以又谓可信之史料?陈君心中横亘《夷务始末》可信及迷信外人[因此段与英人记载不同,故曰附会。]之观念,故有此牴牾之说也。)皆节录之,独无徐广缙与英人订约禁其入城之任何文字。萧君谓其于道光丁未、戊申年间,与文翰订约。丁未为道光二十七年,即公元一八四七年。戊申为道光二十八年,即公元一八四八年。(一山按:陈君又捏造愚言矣,愚何处言道光丁未、戊申间与文翰订约?拙著讲稿明言是道光二十九年事,即一八四九年也。至附函引《六合丛谈》文中,有叶督[即叶名琛]复书论进城一事,言道光丁未、戊申间,此系伟烈亚力之记载,外国人对于中国年月,或不免有错误,愚引他人文字,何能为之改易?陈君又捏为愚言,其用心之险毒,可以想见。)一八四七年,耆英尚未去粤,新订二年后开放广州条约,何来此说?一八四八年,文翰迭请如约进城,徐广缙不许,傥已订约,何不严辞诘问?(一山按:何必陈君致疑?稍有常识者,即知此为伟烈亚力氏之笔误,请其问伟烈亚力可也。)萧君不知利用中国可信之史料,轻信讹言,著书立说之作者,竟无此等常识辨别是非乎?可不悲哉!(一山按:愚何尝不知利用中国可信之史料?特陈君心目中横有成见,于他人之史料,则谓为讹言,于自己之胡说,则谓为可信,天下是非黑白,已为陈君所淆乱,复何从而辨别乎?可不悲哉!)道光得报,诏赏徐广缙等,中云:

> 昨因暎夷复申粤东入城之请,督臣徐广缙等迭次奏报,办理悉合机宜。本日又由驿驰奏,该处商民深明大义,捐资御侮,绅士实力助勤,入城之议已寝。该夷照旧通商,中外绥靖。

诏旨叙述原委,亦无订约之说。此中国方面可信史料之纪载也。数年前《筹办夷务始末》尚未影印出售,吾人无可奈何,唯有依据当时人之纪载,今则情形迥异,萧君竟不之知。(一山按:诏旨虽无订约之说,而上谕则有已见明文之言,当时寝议入城,以为殊勋,懋赏骤膺,夸饰斯见,奏牍之语,颇难尽信,陈君不知辨别核实,尚谓愚不之知乎?数年前《夷务始末》未印行,陈君亦知之耶?拙著讲稿成于民国十五年,其时《夷务始末》已出售乎?何以此责人耶?)余尝遍查中外条约书籍,从未一见徐广缙与英人所订条约之只字,萧君果于英搜得条约全文,证明其系徐氏所订,吾人将不胜钦佩矣!一笑!(一山按:讲稿从未言徐广缙与英人因入城事另立条约,陈君何从寻条约全文?真妄极矣!书言以禁入城之语载入约中者,似为通商章程或备忘录之类,当时吾国人无国际法知识,故统为之耳。然亦因他事附及者,何尝有专约耶?)更就英国方面史料而言,摩尔士利用英国史料,所著之书,颇有参看之价值。英人初以阻其入城,系粤人行动,官长无如之何,强迫入城,引起粤人之反感,终亦不能住于城中,故初主持如约进城,继则另提让步之条件,终则放弃入城之要求。(一山按:英人要求进城,本为公使领事与地方官往来之方便,未必遂为商人所要求,故罢议进城之原因,徐广缙奏云:英商以文翰坚欲进城，伊等必致大受扰害，均将存货开单，交领事收存，如有损失，责以赔偿，文翰大为窘促。又华商停止贸易一月有余，亦见徐奏，而众怒难犯，畏葸中止，均为英使罢议之原因，岂仅如陈君所述引起反感一语所能解释？此英人含糊之说，以掩其被逼屈服之丑，陈君固不之知，而其解说颇似英人口吻也！利用外人材料竟若是乎？摩尔士书之可供参考，何待陈君述之？请读者翻阅拙著，则知早已利用，且不似陈君之迷信盲从也。）会道光诏奖粤官之事传至伦敦，外相巴麦尊大怒，致抗议书于中国，措辞至为严厉。有谓英人不入广州，非其力弱，乃其力强，傥欲进攻广州，可毁灭全城，不留一屋，中国不能自欺等语。鲍明铃于其所著之《中国外交史》The Foreign Relations of China 曾引用原文。英国患徐广缙不肯入奏，特遣使往北河投递，值道光病死，咸丰嗣位，对外政策视前强硬，及得其书，称为虚声恫喝，咸丰《筹办夷务始末》亦有记载，惜萧君不知耳。（一山按：陈君谓英人严厉抗议，并有力强毁城之言，咸丰政策强硬，亦有虚声恫喝之称，但无下文，不知结果如何？若似陈君所言，则两方业已剑拔弩张，大有一触即发之势，何以两国无交涉问题者数年，而上谕且有"年余以来，颇觉安静"之语耶？请读者参看愚《补答陈君十例》，即可知陈君之谬。）简单言之，徐广缙与英人订约，禁其入城，毫不足信，其理由如下：

一、萧君根据之史料，不可凭信。

二、中英二国公文均与萧君所言完全相反。（一山按：愚所据之史料，与中英公文均非相反，更何论完全？陈君特妄言欺人耳。《附函》所断："文之所许，在于告禁，仍系屈于事实；徐之所奏，在于夸功，乃竟著之令甲，两方存心，微有不同耳。"此殆当时实情也，惜陈君不能详考比参，一味迷信外人及奏牍，故其说遂不可通。）

答辩至是，篇幅之长，远出于预料，不欲再有所言。（一山按：陈君于愚前作两文，均无可答辩，惟饰词佹说，或颠倒黑白，此文均系支节，矛盾牴牾，变本加厉，而尤有丧心病狂之处，即捏造愚言及古人之文义是也。徐广缙与文翰禁入城事，非前两文讨论之主题，陈君所答，竟占此文之强半，实有故意引申篇幅之嫌，何言远出预料耶？不欲再言，愚实馨祷，使其再言，皆狂吠也，白耗读者之光阴而已！）萧君之错误，在其不能辨别史料,遂有不可思议之妙议,咬文嚼字,终无益也。(一山按:愚书错误,愚知者夥,惟陈君不能指出耳,愚所答辩,均系辨明史实,陈君之"不可思议",竟有出于任何人意料之外者,如伪撰书文,捏造人意是。乃以"咬文嚼字"之空言诋毁,岂能遮羞护短耶?)余之事务冗杂,萧君苟再答辩,不以事实为根据,而徒意气用事,空言诋毁,恕余不再作复。(一山按:谁为诋毁?读者自知!若盛气则但对狂且无赖之徒而发,实非意气,请读者原谅为幸。愚之事务,较陈君更繁,陈君即欲有言,愚亦决不再置答矣。)更当附言于此者,萧君将辩文抄印寄往多处,余则无此金钱时间,只能寄交一处发表,愿读者察焉。(一山按:愚《再致吴宓书》抄稿四份,系《国风》日报社及编译馆书记所抄,彼等愿登愚文,愚实不费一钱,不耗一时,陈君反复讥此,可谓无聊!此亦不过忌妒一念之表露而已!)

萧一山：致《大公报·图书副刊》编者函

（民国廿三年九月一日《大公报·图书副刊》）

编辑先生：按贵刊声明，此函本不应再奉渎，但陈恭禄君答愚之文，全系捏造事实。又以题外"支节"，冒充正文。谨依报馆更正之例，即请将辨白数条，刊入"来函照登"栏内，此非"商榷"、"讨论"，务请原谅为幸。

一、《为〈清代通史〉下卷讲稿致吴宓君书》，初交《国风》登载，编者附识，即系该杂志编者缪凤林先生所撰，陈君强谓为一山草成。

二、函长二三万言，均系就史实及陈文逐句驳复，陈君不辨事实，强谓为咬文嚼字。愚原举《续皇朝文献通考》，陈君强谓为《皇朝文献通考》。答函取《文副》所登原文，制版影印，并谓"天幸此一'续'字，'未'被《大公报》手民排脱"。今陈君熟视无睹，犹称"第一次辩文未有续字"，又谓愚谓手民脱去。天乎天乎，尚何言哉！

三、"未见其人"系"其书"之误，前函曾有明言，并声述不得不答之苦衷，今陈君全未阅及，反谓愚大发议论，全不值得。

四、圆明园被焚之责任，陈君谓有三国文字之证明，愚谓："若其（陈君也）解《始末》（即《筹办夷务始末》）之引文（陈君曾引两条），及英书之开目（陈君曾开书目四种），为二国（中英也），则先生（指吴宓君）前所举考狄氏之《中法外交秘史》（系吴君附识所述），恐亦无形中被算及矣。此事始置不论。"业已明白说出陈君系指中英法三国而言。然以陈君并未看过英法文，故讥其将吴君书算入而"大言三国文字以欺人"。今陈君谓愚将中国除外，谓无三国，真"神""奇"矣！

五、刘复《太平天国有趣文件》，前函曾明举其内容，并证其全与拙稿相同。今陈君强谓余称未见此书。刘书并未脱字,陈君强谓"错误",实诬刘君。

六、天历斡旋,陈君原评,谓愚矛盾作伪,今陈君既知谬误,犹强谓"问题为天历是否合于科学"。斡旋为洪仁玕所奏定,明见历书,陈君强谓为"天父作主所定",厚诬古人。

七、圆明园被焚之责任,愚谓:"讲稿业已辨别认明,请其不必远求可也。"并附原文照片三叶,今陈君"抛去辩论史迹之真象",强以愚答其所开书目事为说。麦氏《近代史文选》,愚前谓为中学生(最高大学生)习英文而作,乃商务印书馆之广告所云,不然何以名为《文选》?陈君强谓愚武断!作史者不取原料,而取《文选》,犹谓"终须一读",此非武断?日月系陈君自造,拙著讲稿,毫无错误,当时因在英无日历表可查,故暂作悬案。现已于《补答陈君论错误十例》一文中述之。陈君不知自愧,反以愚之坦诚态度为护短。

八、地位影响一层,注明系二十三年六月附记,陈君强谓为去年五月,并谓愚能预言。陈君高就,南京多有能道之者,请其扪心自问可也。陈君"空言诋毁",实已触犯刑章。

九、徐广缙与文翰禁英人入城之约,愚举英人杂志,陈君谓为传说,陈引《夷务始末》,愚《补答陈君论错误十例》,即就《始末》证之。此文因恐报纸麻烦,故未投登,稿尚在平。俟回平,即交书局附单行本印行。愚明知陈君之技已穷,但不料其指鹿为马,将无作有,(引他人之书亦如此。)又全篇均系"支节"冒充正题,故不得不辩,万恳读者能取愚文及陈文比观之,不胜馨香祝祷之至!再陈君文中所谓愚言,全系捏造,特此声明。即颂撰安!

萧一山敬白
八月十五日

萧一山:《〈清代通史〉下卷讲稿辩论集》序

民国三四年间,海上有译日人稻叶君山氏之《清朝全史》者,颇风行一时。余方读书中学,以国人不自著书,而假手外人,真吾国学术界之耻也!稍长,乃埋头致力,发奋著《清代通史》。民国十二年,上卷出版;越年余,中卷亦出版;自后教授国立各大学,既十年,而下卷犹未能卒业。国家既无暇以奖励学术,士林尤多存门户方隅之见,稿费报酬,不足抄工,遑言资生与参考书乎?讲课劳人,光阴虚度,非余疏懒,势使之也。顾常端居私念:以为国史之大业,岂学殖谫浅者,或一手一足之烈所能胜任?使余努力以成草稿,借开近代史研究之先路,则外人视之,或不至目中国学术为无人,斯余之素愿矣。十余年来,持己待人,虚心渴望,虽研究者稍稍有所闻,而成一家言以相攻错者则仍鲜。史学不振,至于如此!前岁秋,陈恭禄君以一文揭于报端,余闻而色喜,读既竟,始知其所评为余未出版之下卷讲稿,即讲稿中一篇,亦即一篇中之两章也(太平天国与英法联军之役)。余固不以未出版而放弃其讨论之责任,但事实不可不辩,乃竭诚答之,冀史实愈辩而愈明,抛砖或可以引玉也。初不料陈君既乏文义之常识,又无论学之道德,强诬狡赖,捏辞诋毁,无所不用其极。去年余以考察之命,寄居英伦,痛心国难,疾首士风,遂不惜浪费笔墨,详函申辩。乃陈君仍不觉悟,反变本而加厉焉。呜呼!陈君诬余,余尚有口,陈君之伪撰文书,厚诬古人,古人之死骨难起,复何从而白其冤乎?余故不得不有是集之辑,以辨别事实者,兼鸣古人之冤。《楞严经》曰:"菩萨见柱,如遭霹雳。"菩萨且如此,而况人乎?然世之能辩冤平枉,悉心判别者有几人?或不免疑评书者不能无一得之长,而被评者亦当有空穴来风之毁,殊不知竟有出乎世人意料之外者，万万不能以常情论陈君也。其中辩论之主题有二：一曰天历斡旋之作伪与否，一曰圆明园被焚之责任谁属。前者讲稿所录诏旨，同于太平历书，陈君不特不明历法，且致疑历书，而相信照历书抄录之《文件》，然历书与《文件》，《文件》与讲稿，并无二致也。一则怀疑，一则极信，一则谓为作伪矛盾。此其常情之所能意料者乎？此已奇矣，然犹非至奇也。最可怪者：陈君相信《文件》，《文件》并无脱字，而强谓之错误；诏书明述"玕胞朝奏"，而陈君强谓之天父作主。将谁欺，欺天乎？古人复起，必手掴之，此固读其文者所万万不及料也！后者余书明述英人纵火焚园以泄忿，且录额尔金之函语，以明其示威报复者。陈君强谓余不知额尔金为焚园之人，及余举文明证，则陈君又谓余忽如其言，余因有白昼行劫之喻。此又常情之所万万不及料者也。他如《续皇朝文献通考》一书，余前文曾举之，陈君强谓为《皇朝文献通考》。余颇疑其偶读遗字，则摄照前文以证之，乃陈君尚答称：前文无续字，并谓余言为手民脱去。呜呼，是何说耶！是何说耶！岂非无赖狡展，丧心病狂而何！翻尽念四史，读破世界书，古今中外恐无人能举一个荒谬绝伦之读书人，如陈君者，而犹身居上庠，觍然为国学生之师表也。岂非空前绝后之奇人奇事乎？至于陈君放弃主题，苛求支节，反复矛盾，不胜枚举，综其三次论文，长逾万言，无一是处。夫讲稿岂能无误？余知者甚夥，特陈君不能知耳。若好用大言以欺人，则人亦易为其所欺。譬如利用科学名辞与所谓辨别史料，表面上固甚冠冕堂皇，实则陈君根本不懂何为科学，与何为史料。又如某书云云，某书未读，实则陈君并未读某书，或不如是云云，谓人未读者，则皆妄也。呜呼！如此盗欺论学，学术界之是非黑白，竟为陈君一人所颠倒淆乱乎？尤可怪者：即陈君狂妄之言，牴迕之说，全系出于有心，观其文字自明。盗一时之虚名，泊天赋之良知。吴芝瑛《帆影楼纪事》叙云："以膺然一立直动物，倘并此天而泊之，即谚所谓没良心。夫没良心者，而亦觍然于立直动物之丛乎？"余之好计较是非，虽不免有稍激之言，然陈君污蔑诋毁之辞，实更甚于余，宜余有"如遭霹雳"之枉也！今陈君既无辩论之人格，此后余绝不再读其文字。是集所论范围虽小，而所关于士风者则大，请读者仔细辨明，庶可见谅于天下后世之君子。

中华民国二十三年九月十五日萧一山识于北平

陈恭禄：评邢鹏举《中国近百年史》①

（民国廿二年六月五日《大公报·文学副刊》）

中国近百年史为中学历史课程之一，课本为学生必需之书，编者知其需要殷切，书贾贪图厚利，争先出书，大都不足一读。其原因：（一）由于编者未曾参看史料，敷衍抄袭。（二）由于无人指导说明其错误，迄无改革。邢君此书新出，可作此种课本之代表。凡兹评论，非为一人言也。

全书共分三册，现已印行者只有上册，起自中西初期之交通，迄于清末民族之革新。邢君编书之方法，分史为二：（一）普遍史之部，（二）专门史之部。前者叙述门户之开放，内乱之频仍，边境之侵削，民族之革新，国体之更迭，内外之交通，军阀之割据，党治之成功。后者分言中国近百年来之内政、外交、社会、法制、财政、教育、交通、思想、学术、文学、艺术、科学。普遍史之部应有二册，第一册叙述前四题，第二册叙后四题，第三册始为专门史，全书虽未印成，吾人固可略见邢君之方法。所不可知者，门户之开放，边境之侵削等，是否属于外交？内乱之频仍，民族之革新等，是否属于内政？近百年来之法制、财政、教育、交通等，是否为内政之一部分？稍有常识之读者，莫不知之，岂门户开放等等而外，别有外交乎？内乱之频仍等等而外，别有内政乎？法制、财政等等，岂不属于内政乎？作者自言分别叙述之原因曰："因为所谓内政的变迁和外交的失败，当然有文化方面的各种背景。脱离了文化，去谈历史，始终不会明了事实的真相。所以普遍史的记载外，还得要有专门史的叙述。"（六页）此段所言多不可解。专门史之类，中有内政外交，当为文化之一部分，究与普遍史有何区分？尤有进者，文化原为一国情状之一部

---

① 《中国近百年史》上卷，邢鹏举编，民国二十年七月出版，世界书局印行，定价银一圆二角五分。

分,历史之叙述整个之民族,"脱离文化""去谈历史"直为笑话。总之,今日之历史,叙述一国或一时代,必须说明其政治、社会等等交互之影响,庶使读者明了一国当时之情状。倘或分为二部,事实上既极勉强武断,又多困难误会,故非巨帙之著作,少见分言内政、外交、财政等等者,况截为二部乎?此书不过中学课本,读者又为学生,此种分截,实不可解。

邢君参看之史料,除数本笔记而外,别无档案或名人全集。导言一二页乃曰:"普通人常有一种误解,以为时代愈远,史料散失愈多,可以征信愈少,时代较近,史料搜集较易,可以依据的较真。不知近代史料似多而实少,似真而实假,最难令人满意。"编者看书太少,故有此种缺乏常识之谬论。三朝《筹办夷务始末》,清廷诏编之《方略》,清臣编成之《东华录》,名人之全集等等,孰非史料?多者每种尝至数百卷,邢君竟不之知。其所知者,不过《庸盦笔记》一类之史料,及平日常见之书,如《清朝全史》之类,无奇其有"近代史料似多而实少,似真而实假"之语。平心而论,上古史料果多于近代史乎?中古史料亦岂多于近代史乎?就史料真假而言,原料可信之价值,不如次料乎?邢君全不知悉,妄发此言。其所举之例,一为洪秀全之子名称不一,一为中日战争"绝对找不到一段翔实透辟的叙述"。秀全之子究为福或福瑱,无关政治之得失,民生之痛苦,邢君指为近百年史"中间的大事",实非吾人所知。关于中日战争,史料极为繁夥,无一段翔实透辟的叙述,乃国内未有利用史料著书之学者耳。今在中国,非独历史为然,其他社会科学亦多如此。编者根据之史料太少,无怪其所叙之情节常有出于吾人意料以外之错误,兹按书中各编略举要例说明。

第一编叙述鸦片战争及英法联军,名曰门户之开放。关于鸦片战争,邢君称道光十八年正月,林则徐到广东禁烟,"杀了几个奸商,在英国商馆前面示威,……二月四日,下令在广州的各国商民完全退去,只留英人困守商馆,断绝饮食",英领义律便劝英商缴烟(见三九页)。按之事实,林则徐来至广东,系在道光十九年(一八三九),邢君作为十八年,下页所叙林维喜案等事,亦在十九年,书中此节年月,全是错误。杀奸商先由粤督邓廷桢办理,林氏尚未来粤,与之毫无关系。令各国商人退出商馆等语,全无根据。四一页称"英政府严谕义律勿以军舰驶入广东河口,以召中国政府之猜忌。……义律……在中国停止英人贸易以前,他曾经两次带领舰队,进攻广东"。英国此项训令,不知见于何书?义律偕同英商自动退出广州,下令停止贸易,其时尚无英舰在华,义律于停止贸易之先,两次进攻,全无根据。四三及四四页称林则徐大修军备,添办西洋炮二百多位,英人封锁广东海口,完全失败,转而北上。西洋炮究于何时订购?何时运来?何国出售?吾人皆不之知,事实上决不可能。琦善来粤奏言前称设防,不过虚声,并无实用。《林文忠公政书》中之奏疏,对于英舰封锁海口,扣留船只,奏言愤恨,别无办法。英于何时失败耶?其兵舰北上者,奉有政府训令,固与林氏设防无关。四八页称张喜与英人莫礼逊议和,并有二人问答。张喜为琦善私人,久已办罪,何得再至南京?竟有问答之语,可谓天下怪事。实则往返议和于下关者,黄恩彤等也。五七页称徐广缙与文翰"订了几条《广东通商专约》,把入城这一件事声明暂缓置议,载入约中",宣宗因而大加赞赏。关于此约,徐氏奏疏,道光朝《筹办夷务始末》《道光条约》等书,均无只字。英国又向中国抗议违约不许入城,邢君竟不之知,反信传说,可谓奇矣。五八页称华兵于亚罗船上捕去华人十三,巴夏礼大怒,立刻和包冷商议,推翻通商专约,要求入城。十三人系据《庸盦笔记》之错数,有二国公文为证。巴夏礼、包冷,一在广州,一在香港,当时岂有电话或电报立时相商乎?商约并未成立,何推翻之有?五九页称咸丰八年,直督傅恒与四国代表开议。傅恒为咸丰时人,好笑之至!六二页曰"弈沂胆小如鼠"。主办交涉者,并无弈沂其人,当改作奕訢。

第二编为内乱之频仍,分述太平天国、捻匪、回乱。七二至七四页,邢君根据嘉庆诛和珅之上谕,称朝臣专政,疆吏肆权,至道光朝而益甚,朝臣要挟宣宗罢免林则徐,琦善撤防媚外,叶名琛不奉朝廷法令等语。邢君全不明了嘉庆下诏之用意,故有此言。事实上军机大臣不过皇帝之顾问,对于咨问事件,陈述意见而已。政策之决定,朝臣之进用,疆吏之黜陟,莫不定于皇帝。至谓道光朝而益甚,所举之例全与事实不符,要挟有何证明?琦善撤防亦为讹言,不奉朝旨更不足信。七八页称洪秀全从朱九涛为徒,朱九涛为炼丹妖人,湖南巡抚奉旨查访,称其于狗头山修道,其徒身有符箓。洪氏岂果能与之相见于广州耶?美教士

Roberts 尝请洪氏至其教堂，洪氏之上帝会实受外人之影响而成。八三页称太平天国有"约法十条，大旨是禁止人民纳妾、缠足、卖娼、蓄婢，和摩西十诫大略仿佛，叫做天条"。天条内容，并无此种规定。邢君未曾一见。此乃创造天条矣！可怪可叹！八九页称李秀成议定攻陷江南大营之谋，太平军连下镇江、常州等地。关于进攻大营，邢君引用李秀成语，不知何所根据？大营虽败，镇江有冯子才（材）力守，固未失守。九一页称英国将军弋登（按系戈登之误）效力，英国所得的权利优厚。九二页称太平军将逼上海，海关官吏全逃，由外国领事协议派英人华特 Woade 专司其事。实则戈登并非将军，所得利益亦无根据。上海海关改组，始于咸丰四年（一八五四）。咸丰十年，太平军再破大营，逼近上海，与之何关？外员并无华特 Woade，邢君又创作矣！九五页称"苗沛霖给部下杀死"。苗氏之死，由于僧格林沁之围攻寿州，僧王岂其部将耶？一零一页称阿古柏并有天山南北二路。天山北路于何时为阿古柏所并？究根据何种史料耶？

第三编为边境之侵削，分言英、俄、法、日、德之活动，中国属国之丧失，军港之租借等。一一九页称一八七四年，《法越新约》明向中国挑战，"可惜清廷当时外交家完全没有注意"，中国代越平乱，越王按期朝贡，法以违约兴师问罪。此段所叙全无根据。《新约》成立，法使通知总署，总署复称其为中国属国，不能坐视等语，何能谓之全未注意？平乱朝贡，亦非战争之原因，其症结乃在开放红河及平匪盗也，（按本页法将孤拔 G. Courbet 之名误作 Counde。）一二一页曰"曾纪泽立刻电告清廷，力主一战，可惜当时廷议不决，竟没有向法国正式宣战"。曾纪泽向法交涉，虽不让步，固未尝奏请宣战，战起，上谕宣战，尚电请不可声称宣战。其与友书，又言其主张同于李鸿章之主和，廷议时持战议，曾氏固未妄言败坏国事。一二二至一二五页，叙述战和之经过，多不切于史迹，结论（二四页）乃曰："这次中法战争，可谓外交史上千古未有的怪剧。两国为了安南问题，争斗起来，结果中国完全胜利，却把安南拱手送给了法国。这真不能不怪清廷的因循偾事，李鸿章的昏庸误国。"台湾炮台之失守，澎湖之陷失，滇军淮军之败退，岂完全胜利之证乎？清廷大臣对于战事，固有责任，邢君所言并不足为李氏之罪，反见编者知识浅陋,知识不足耳。一三二页曰:"广西之梧州府,广东之三水县、城江、根墟,开为通商口岸。"城江、根墟究在何地,约中亦无此名,邢君诚善于杜撰矣!一三八页,称副岛种臣向总署询问琉民被害事件,大臣诿称无关,副岛毫不再辩。邢君所叙问答之辞,全非事实,副岛仅派随员口头询问,何来此段文字也!一四三页称朝鲜内乱"刺客刺死了守旧党重要分子闵泳翊"。闵泳翊后尚掌握重权,与袁世凯相争,岂复活耶?一笑。一四五页,叙一八八五年中日条约成立曰:"中日两国对于韩国的势力,完全归于平等,韩国的宗主权也一变而为中日两国所共有的了。"此段解释,不合事实。实则此不过就军事而言。条约成后,李鸿章任用袁世凯监督韩政,多方干涉,日本亦谋妥协,承认中国之宗权,而为李鸿章所拒耳。一四八页,称天祐(佑)侠团扶助东学党之乱。此不过当时之讹言,东学党实未得其援助也。一六七页,称王子春游说法国,干涉割让台湾,"李鸿章恐怕和约破坏,连忙电促伊藤博文赶快换约"。法国先已不肯与闻割台,换约之先,李鸿章迭电伊藤暂缓互换,伊藤后亦许之。邢君轻信浮言传说,枉诬至矣!又称日本索赎辽东费一万万两,亦无根据。一七二页,称"德国……等到中俄《喀西尼密约》告成,德、俄也订结了一个秘密交换条约,规定德国先占胶州湾,以便俄国借口占领旅顺、大连"。《喀西尼密约》原为英人主办之报纸所造之讹言,毫不足信。德、俄新订之秘密条约,更非吾人之所知。邢君岂得秘本乎?一叹!邢君又称俄国借口履行《中俄密约》,租借旅、大,密约岂有此规定耶?俄国交涉,实未提及密约也。

第四编为民族之革新,分言戊戌政变,拳匪之乱,边境之危机,及革命运动。一七九及一八零页,称李鸿章于中日战后,完全失势,连合留学生及外国人士于上海组织广学会。此据《清朝全史》,实则殊不尽然。广学会为教会传教机关之一,久已成立,时由教士李提摩太主持,与李鸿章等毫无关系也,邢君抄袭固当负责。一八六页曰:"德宗召见康有为的时候,曾经说过,我不忍为亡国之君,若不与我以大权,我宁逊位。"德宗召见康有为,只有一次,时尚未积极变法,何得即有此言。邢君根据传说,竟作此语,岂以小说视历史乎!一九五页称拳匪乱前七国水兵入京保卫使馆,共计五百余人。实则只有四百余人耳。一九六页称拳乱将起，"十四日，总理衙门温和派庆亲王奕劻等一律退职"。奕劻等退职之诏，未曾见于谕旨，作者根据何种档案？岂以载漪奉旨在总署行走耶？此实不足证明奕劻免职，盖前恭王、庆王皆同在总署，而此亦然也。一九七页曰："二十一日上午七时，大沽炮台陷落。清廷得了警信，连忙召开御前会议。"其时铁路电线皆毁于匪，奏报由驿站传递，何能若此之速？御前会议之召集，全为应付外兵入城之策略。邢君尝言恽毓鼎之《崇陵传信录》，岂亦未曾细看乎？（按本页英将西摩 Seymour 之名误作 Semour。）一九八页称朝廷下诏宣战，训令各省"烧教堂，杀教民"。宣战谕文信而有征。烧教堂，杀教民，则何根据？邢君曾见训令乎？（按本页李秉衡之名误作李乘衡。）二零一页称联军陷北京后大掠"太不像样，各国协商，派德军都督瓦尔德西 Wolders 做联军统帅"。按之事实，瓦德西实于北京陷前奉命来华，邢君称为城陷后会商之结果，毫无根据，而 Wolders 字又拼错。二零四页称李鸿章奉旨议和，"乘着俄国军舰，从广东直达北京"。李氏先已北上，停驻上海，托辞不肯入京，邢君竟谓从广东直达北京，不知何所根据？军舰能达北京乎？诚一异事。二一一页曰："最近英、日等国，也有退还赔款的表示。"邢君此书尚未印行之先，英、日等国业已议订退还赔款之条件，岂特表示而已哉！二四九及二五零页称美以日俄封锁满洲，排斥列国商务，大为愤恨，一时日美战争的呼声很高，英美仲裁条约成立，"对于日本是一个莫大的打击，从此对于满洲的侵略，不免多所顾忌，一时满洲边患顿告粗安"。此段所叙情节，去事实太远。日美战争，不过神经过敏之谈。美国建议国际共管满洲铁路，反面促进日俄之邦交。英美仲裁条约减少英国之责任，竟有如此重大之影响，不免言之过甚。

  以上所举之例，为节省篇幅起见，未曾全录原文，评者亦不过简略指正错谬而已。评文各例，仅就一读后认为比较重要者而言，余读此书，实力行忍耐始能读完。义书为高中课本，一册十数万字，三册将逾三十万字，高中本国史之页数字数，尚无若此之多，其堪为课本乎？实一问题。中学课本，当有地图，书中竟无一幅。总之，现今中学无一可读之近百年史课本，吾人何能深责此书作者，惟有感叹悲伤！吾人今日别无他求，惟望早有叙述史迹无错谬之课本而已！

王芸生、陈恭禄：关于评邢鹏举《中国近百年史》之讨论

（民国廿二年六月二十六日《大公报·文学副刊》）

（一）王芸生致陈恭禄书

恭禄先生雅鉴：屡读阁下评史大作，深服淹通。每欲驰书求教，辄惧冒昧而止。今读《文副》（二百八十三期）阁下评邢书之文，钦佩之余，潜忱复炽，因泐数行，幸大雅之不我责焉。我国出版物之浮滥，诚如阁下之所感叹。纠正、督责、清厘、爬梳之庄严工作，需要至切。评论界之权威不张，著述界之进步难速，相需至殷，相成亦大。阁下能于此致意，乃仆所最为心折者。仆于阁下评邢书一文中有二点，窃愿加以商榷。

（1）天佑侠团与朝鲜东学党之关系，阁下谓此不过当时之讹言，东学党实未得其援助。仆之初见亦然。当撰《六十年来中国与日本》甲午之战一章时，即以此事缺乏有力文证，未敢述入。宁冒疏漏之讥，不敢撷拾浮词以自欺。近读日本黑龙会出版之《日韩合邦秘史》，乃知此事之不诬。该书第一卷附录之《黑龙会三十年事》，历述甲午战前，该会组织天佑侠团，深入朝鲜内地，并与东学党首领全琫准把臂血盟。黑龙会为日本之有力秘密社团之一，其活动一以侵略中韩及西伯利亚为目的，至今煊赫一时之日本法西斯运动，黑龙会其主流也。此书不啻该会之自传，所述当为信谳。仆因于拙辑第五卷朝鲜之灭亡一章之末，补述此事，以赎前此疏漏之咎。

（2）邢书言，德国占领胶州湾之先，德俄曾订一秘密条约。阁下谓更非所知，秘密条约固非事实，然德俄之间，当时确有一秘密谅解。一

八九七年八月,德皇威廉二世有访俄之行,与俄皇尼古拉斯二世对胶州湾成立一种默契。时胶州湾方由俄国借泊,俄皇允于俄国海军撤后,由德国取得该湾,以免英国下手。此项谅解一经成立,德国即于十月将胶州占领,相距仅两月也。此事见驻俄德使 Blow 致柏林外交部之电报。此电载 Die grosse Politik der Europäischen Kabinette,14. Band,I,S.58,并译载于拙辑第三卷二零四至二零五页。

以上两点,皆仆一时浅见所及,拉杂述之,以就正于大雅。倘承辱教,尤所欣盼。专此祗颂文祺。王芸生顿首。(六月五日,天津大公报馆。)

(二)陈恭禄复王芸生书

芸生先生惠鉴:今晨奉到惠书,诵悉一切。承蒙过奖,愧不敢当。久读阁下选辑之中日史料,钦佩莫名。吾人以研究学术为终身事业,得一知己良友常相赞助,幸何如之。所示两端,尚有说明之必要。愿垂察焉。

(1)天佑侠团与东学党之关系,阁下初持态度原极公允,今据《日韩合邦秘史》认为二者有深切之关系。该书系黑龙会出版,盛称其党功业,不无夸张附会之处。其中杂有浪人所言经过,盖难贸然认为信史。就其纪载而言,多为含浑之辞。据友人王仲廉先生言,全书未举事实证明。王君现正翻译该书。愚意《秘史》此段殆难凭信。可信之史籍,当为王君所译《甲午战前日本挑战史》。该书原名"《天津条约》以后,中日开战以前,近代日华鲜关系之研究"。作者为朝驻京城帝国大学法文学部教授,名曰田保桥洁。其取材之慎重,态度之公允,方法之缜密,读其书者无不知之。据王君译本五四至五五页所记,一八九四年,日本玄洋社员十五人自称天佑侠徒。于六月末,自釜山出发。及与全臻(琫)准相见,而东学党业已失去全州,无能为力矣。且曰:"天佑侠中具传侠徒与全臻(琫)准相议,分东徒全军为六军,逆袭讨伐军,获大胜云云。令人似读《水浒传》《三国志演义》。但此种 narrative 之不可凭信,已为天佑侠徒中之一人内田良平翁所指摘之矣。"作者引用之书,为(一)《鳌海钩玄》,(二)《隆熙改元秘事》,(三)《立于死线》,(四)《玄洋社史》。全书对于日本挑战之责任引用秘电证明,毫无所讳。且书并非卖品,实为学者研究史料之结论。其可信之价值,远在《日韩合邦秘史》之上。不知阁下之意见若何?

(2)俄、德二皇谅解租借胶州湾一事,愚意全与阁下相同。顾其性质近于私人谈话,决不能如邢书之秘密条约。按之事实,《马关条约》议订后,三国干涉还辽,法、俄各得权利。德使绅珂迭向总署商租海港,不得。海靖奉命代为公使,翁同龢深以为患,日记详纪其始末。李鸿章游聘列强,及至柏林,德皇以之为言,亦不可得。其租借何港,尚未决定。后始探知《中俄密约》中国未曾承认租借胶澳于俄,因而决定租借。其求俄皇谅解者,盖欲避免反对。及德兵强占胶澳,俄皇闻报亦未反对。但其外相则言不可,俄皇忽而改变态度。其政府始终反对德租胶澳,不过无效耳。其原委详叙于 Joseph: *Foreign Diplomacy in China: 1894—1900* 一书。作者利用德国外交公文,极有价值之著作也。就一电而言,固为可信之史料。就整个史迹而言,谅解似无若何之重要。不知以为然否?

总之,学问之境无穷,一人之知识有限。愚常以为研究任何问题,必须虚心,不可自满。今得切磋之益,何幸如之。嗣后尚望时赐教言,以匡不逮。愚近数年来编著《近代中国史》一书。上册去年即交新月书店排印,该店一再愆期,本月内或可印行一册。出书时,当即赠送,想阁下愿一读也。借此定交,不知以为如何。此复即颂著安。陈恭禄谨复。(六月十二晚,南京金陵大学历史系。)

邢鹏举：为《中国近百年史》答陈恭禄君

(民国廿二年七月二十四日《大公报·文学副刊》)

　　近来学术界上每逢什么新书出版，总有人替他写下一些批评，这当然是一种很好的现象。因为学问是无穷的，人力是有限的，著书的人虽然竭尽心力，终究免不了有些疏忽的地方。这点就靠批评的人能够站在公正的立场，运用客观的目光，给予充分的指导和鼓励，然后新书可以日渐改进，学术可以更形发达。不过也有许多自命为批评家的人，对于学术根本没有深切的研究，却利用了尖刻的笔调，吹毛求疵地妄肆讥评。这是出版界的不幸，这是学术界的厄运。

　　自从拙著《中国近百年史》在世界书局出版以后，各方师友曾经下过不少严正的批评，我在这里表示十二分的感谢。不过最近老友曹君从北方寄来《大公报·文学副刊》第二百八十三期，中间有一篇陈君恭禄批评拙著的文字，我看了以后，心头涌起无数的思潮，不能不在这里公开发表。

　　陈君在那篇文章的开端，声明："凡兹评论，非为一人言也。"陈君认为"现今中学无一可读之近百年史课本"，就把拙著作为代表，向坊间出版的近百年史课本下总攻击。这种大无畏的批评精神，真是值得钦佩。我对于坊间的近百年史课本，虽然大体看过，可是因为立点不同，未敢代为答辩。单就拙著而论，一切编制和取材，大都取于国内外历史学者的著作，因此体例都有所本，材料都有所据。此番陈君直接批评拙著，间接就是批评国内外学者一切有关系的书籍。陈君说我是"知识浅陋"，"知识不足"，我当然可以忍受。可是要说国内外历史专家都是"敷衍抄袭"、"缺乏常识"，陈君未免大言不惭。事实最雄辩，现在让我来提出充分的证明。

第一是编制方面。拙制把近百年史分成普遍史和专门史两部,是根据梁启超的说法(见《中国历史研究法》六二页)。普遍史叙述近百年来中国内政外交的变迁,专门史叙述近百年来中国文化制度的推移,为研究便利起见,所以划成两部。我也知道"历史叙述整个之民族,必须说明其政治、社会等等交互之影响"。我也知道"文化原为一国情状之一部分","近百年来之法制、财政、教育、交通等"根本"属于内政"。所以我在普遍史中间叙述事实的时候,也曾联带地记载着政治、社会等等交互的影响。同时我在专门史中间分析制度的时候,也曾概括地讨论着内政、外交等等关联的史迹。像中国近百年那种复杂的史实,我认为这是唯一的整理方法。陈君却不以为然。他说这种方法,"既极勉强武断,又多困难误会"。我不知道陈君除了"参看史料"以外,对于历史研究法有没有下过探索工夫?我不知道陈君除了翻阅旧时的史籍以外,对于当代的著作有没有看过一二种?要是依照陈君的意思,把内政外交文化制度,整个儿混在一起记载,这种方法,站在科学的立点观察,算不算"勉强"和"武断"?把两种方法比较一下,那一种发生更多的"困难"和"误会"?若说普遍史中间既然全部记载内政和外交的经过情形,专门史中间便不应该再列有内政和外交两个纲目。殊不知普遍史记载的是内政和外交的事实,专门史记载的是内政和外交的理论。陈君一方面承认"历史叙述整个之民族","文化原为一国情状之一部分",一方面却要把内政和外交排斥于专门史之外,根本有些自相矛盾。我想陈君未免太嫌性急了一点,否则拙著下卷出版以后,那种批评的错误,或者不会得发生。

第二是取材方面。陈君说拙著的取材,不过是几本笔记。以几本笔记的材料,而能产生一部几千万言的《中国近百年史》,已经是"武断"的可笑。最荒谬的,拙著导言中间说过:"普通人常有一种误解,以为时代愈远,史料散失愈多,可以征信的愈少;时代较近,史料搜集较易,可以依据的较真。不知近代史料,似多而实少,似真而实假,最难令人满意。"这一段话全部根据梁著《中国历史研究法》第六七页,凡是对于近代历史稍有常识的人,都该承认这段议论。陈君是一个专门研究历史的人,同时自己也在动笔做历史书籍,可是连这一点最低限度的历史智识都没有,真不能不说陈君是"看书太少,故有此种缺乏常识之谬论"。陈君所认为近代史料的唯一来源,便是"三朝《筹办夷务始末》,清廷诏编之《方略》,清臣编成之《东华录》,名人之全集"。诚然,这些书籍,"多者每种尝至数百卷"。但是我们要问,史料多少的问题,是否就是字数多少的问题?并且除了史料多少的问题以外,是否还要顾到事实真假的问题?假定一部《中国近百年史》的材料,完全取材于"档案和名人全集",结果一定开口"夷人",闭口"发匪",甚至于一般奸臣和卖国贼,都变成了忠臣和外交家。我并非故意提出这类绝对的例证,实在因为那些"档案和名人全集",都是历史家所认为最不可靠的主观记载,只能供给相当参考,不能作为全部根据。严格地说起来,与其相信清廷"档案"等一类"原料",不如相信《清朝全史》等一类的"次料";与其相信"名人全集"的说话,不如相信私人笔记的记载。陈君根本不明白史料取舍的原则,看见拙著取材"档案"和"名人全集"的地方很少,便说我没有见到这些书籍,真是自视太高,"可怪可叹"。至于说:"秀全之子究为福或福祯(瑱),无关政治之得失,民生之苦痛。"似乎不必详细讨论,这句话绝对违反历史求真的态度。既然如此,陈君那篇批评,何以大部集中于校正错字?这些错字,是否有关"政始之得失"和"民众之痛苦"?又说"关于中日战争,史料极为繁夥",陈君究竟何所指而云然?梁启超说过:"中日甲午战役,去今三十年也,然吾侪欲求一满意之史料,求诸记载而不可得,求诸贡献而不可得。"陈君说话尽可目空一世,我却始终相信梁氏的说法。

第三是事实方面。陈君琐琐碎碎提出了几十件事实,说是拙著的"错误"。其实除了指出许多抄写和排印方面的错字:像"道光十九年"误作"道光十八年";"恒福"误作"傅恒";"奕䜣"误作"奕泝(弈沂)";"戈登"误作"弋登";"Courbet"误作"Counde";"三水城,江根墟"误作"三水县,城江,根墟";"刺伤……闵泳翔"误作"刺死……闵永(泳)翔";"Seymour"误作"Semour";"Waldersee"误作"Wolders",此外都是陈君自己的错误。陈君错误的来源,大约不外乎两点:(一)"看书太少",(二)"知识不足"。

怎样说是"看书太少"呢?陈君除却看了一些"档案"和"名人全集"

以外，其他可以参考的史籍，大都没有见过。例如鸦片战争前广东杀奸商，陈君以为"先由粤督邓廷桢办理，林氏尚未来粤，与之毫无关系"。其实此说完全错误，萧一山《清代通史》中卷第八六五页载有"则徐知为鸦片密卖关系，与邓廷桢谋，先捕斩出入英商馆之华商数名，于馆前示威"。可见杀奸商是林、邓相商的结果。又如英政府严谕义律："勿以军舰驶入广东河口，以召中国政府之猜忌。"原文见 H.B. Morse：*The International Relations of The Chinese Empire*，P.242，陈君是否知道？至于中国停止英人贸易以前，义律进攻广东一节，亦见《清代通史》中卷八七二页，原文是："先是义律以中国禁烟情状，报告本国政府，屡要求派遣军舰为备战之计。道光十八年，印度总督曾派军舰数艘至澳门，义律大喜。至是遂以兵舰二艘，武装货船三艘，进迫九龙，假索食为名，突发炮攻击。水师参将赖恩爵挥兵御敌，击翻英双桅船一，杉板船二。而英人所雇西班牙虿船必尔别号逗留潭仔售烟者，亦于八月初为我水师攻毁，人船并获。"事实如此，何以说是"全无根据"。林则徐添办西洋炮二百多位，凡是有关系的史籍，多是同一记载。陈君何以不知？所谓"事实上决不可能"未免近于揣测。张喜为伊里布家人，与英人莫礼逊谈判《南京条约》，此事详见武堉干《鸦片战争史》一零五页。陈君所谓张喜久已办罪，不知出于何书？徐广缙与文翰订《广东通商专约》，声明暂缓入城，此事详见吕思勉《白话本国史》第四册一九页及刘彦《中国近时外交史》三三页。是否"传说"？不辩自明。亚罗船上虽有十五人，但二人系英人，《庸盦笔记》的数目，并无错误。洪秀全、冯云山师事朱九涛，尽人当知，王锺麒《太平天国革命史》三页记载颇详，可见一斑。陈君因为"朱九涛为炼丹妖人，湖南巡抚奉旨查访，称其于狗头山修道"，便说洪秀全、冯云山与朱九涛毫无关系。陈君所说的事实是否可信？已经是一个疑问。就是假定事实如此，也不能作为充分的反证。若说上帝教是美教士 I. Roberts 的影响，我并不反对，拙著七九页也曾详细说过。不过洪秀全到广州跟 Roberts 学习基督教义的时候，所谓上帝教徒，早已在广西有相当的组织。事实先后，陈君似乎未能分清。李秀成议定攻陷江南大营的计谋，原文见王锺麒《太平天国革命史》六五页，镇江失守，亦见同书六七页，陈君全不知悉，"可谓奇矣"。太平军将逼上海,海关官吏逃避一空,外人协议派英人华特 Thomas wade(拙著误印作 Woade)等专司其事,详见金兆梓《现代中国外交史》二八页。海关改组,虽然始于咸丰初年,然而外人公然越俎代谋,确在太平军到上海前后,金著原文说道:"咸丰元年,清廷与各国交涉,得改领事代理征税之制,而为国家直接征收。然当时官吏类无办理海关之经验,且有从事舞弊者,于是外商又啧有烦言。会太平军陷上海,清官吏皆避走,惟上海租界以洋兵保护得全,其间贸易照常。上海英、法、美三国领事,遂以条约上未纳税之外国商船出口,须责负成为词,各派委员一人代征收江海关税,转交上海道,是为领事越俎之始。乱定后,仍由上海道派人征收。惟时因办事人舞弊,以致外商复有所借口,而清廷亦自知缺乏相当人才,且苦于外人之烦聒,因循上海各领事之请,仍沿太平军时临时办法,由上海道任用洋人监督征收,由英、法、美领事于三国侨商中各指定一人,协理税务,均任之为税务司。此三人即 Captain Thomas Wade(英), L. Carr(美), Arthur Smith(法)也。"这样说来,海关变更制度,是否与太平军陷上海有关?苗沛霖给部下杀死,薛福成《庸盦笔记》记载最详。苗沛霖被部下杀死以后,僧格林沁部下总兵王万青劲(到)首献功,因此僧格林沁的奏章上只叙王万青杀苗沛霖。陈君所说,真是知其一不知其二。阿古柏并吞天山北路,在同治四年,亦见薛著。陈君以为不对,有无证据?日使副岛种臣和总理衙门夫(大)臣关于琉球事件的问答,各书均有记载,就是最近本报王芸生编的《六十年来中国与日本》第一卷五九页,也曾全部引证。陈君独持异议,有无"秘本"?若说口头询问,不能见诸文字,简直"天下怪事","好笑之至"。日本索赎辽东费一万万两,见王彦威《清季外交史料》卷一一八页五,是否可以作为根据?《喀西尼密约》是真是假,现在还是一个问题,我也并没确定说他是真的,只说他是当时宣传世界的一个《中俄密约》。就是假定这个《密约》是《字林西报》的造谣,我们也得承认这是德租胶州湾的一个原动力。原书具在,不难按。德宗召见康有为的时候,虽然还没有积极变法,然而因为孝钦事事掣肘,德宗要表示变法的决心,所以说:"若不与我以大权,我宁逊位。"观察事实,很是可信。陈君所谓"根据传说","以小说视历史",不知从何说起?管理总理衙门奕劻免职,虽未见于谕旨,然而以载漪管理总理衙门的命令,却见于光绪二十六年五月十四日谕旨。总理衙门的制度,只有一个管理。奕劻既然没有退职,载漪何能充任管理? 大沽陷落以前,京城早已传遍警信,正不必驿站传递的奏报到达以后,方才知道。况且御前会议,既然全为应付外兵入城的策略。要是大沽没有失守,何必讨论应付外兵入京城? 清廷下诏对各国宣战,同时训令各省"烧教堂,杀教民",此说见罗惇融(曧)《庚子国变记》。要是没有这个训令,李鸿章所谓"此乱命也,粤不奉诏"究竟作何解释? 我虽然没有见到训令,陈君却根本不知道这段史实,"一叹"。瓦德西以德军都督来华,虽然在北京陷落以前,可是被派联军统帅,确是各国协商的结果。我并没有说他是北京陷落以后方才派来中国。陈君看书,未免太不仔细。

怎样说是"知识不足"呢? 陈君除了"档案和名人全集"所给他的一点历史知识以外,绝对没有什么鉴别是非的能力,来分析事实,例如道光时代的朝臣专政和疆吏肆权,各书放着许多事实做证明,陈君却不相信。《南京条约》奏请批准的时候,宣宗本想驳斥,军机大臣穆彰阿奏道:"兵兴三载,靡饷劳师,曾无尺寸之效,剿之与抚,功费止(正)等,而劳逸已殊,靖难息民,于计为便。"(见拙著四八页转载)《清室外记(纪)》载着宣宗批准条约的苦状,说道:"条约既定,帝阅之,徘徊于廊下,直至夜分,从者时闻帝叹息之声,或自语曰:不可! 不可! 夜三钟,忽顿足携约款入殿,以朱笔批准,收入封筒,令太监送至军机处。太监言此时宫门尚闭,军机均未入朝。帝命其在军机处等候,俟穆彰阿入即授之,勿令人尽见。帝虽批准条约,乃茹苦含恨,不得已而为之。"此种情形,是否朝臣要挟? 又如英军进迫天津,琦善听信英人,奏称:"此次英夷之变,掠沿岸地方,中华人民失生命于炮火之下,国家财力为之疲弊,皆由林则徐所致。察则徐之为人,不可委任以国家大事,盖其处事,仅以果断勇决为主,绝无宽厚仁慈之意。其所为事,未得宽猛兼用之道。是以激怒英夷,致沧海扬尘,人人不能高枕,不得不归罪于则徐也。若则徐依然在职,恐干戈无停止之时,务请罢免。"宣宗逼不得已,这才罢免林则徐。此种情形,是否朝臣要挟? 鸦片战争的误于琦善,琦善在广东的撤防媚外,无书不见,无人不知。陈君因为琦善奏疏有"前称设防,不过虚声，并无实用"，所以指撤防为"讹言"。试问林则徐设防既是虚声，英人何以未能攻入广东？琦善既然没有撤防，何以连失广东要隘？陈君要在琦善奏疏里面去找出撤防的说话，未免过分相信琦善。此种情形，是否疆吏肆权？叶名琛不奉朝旨，误国殃民，详见江上蹇叟《中西纪事》及李凤翎《洋务续记》，按照事实，确然可靠。陈君所谓"更不足信"，是否又有叶名琛的奏章作证？叶名琛在广州的不战不和不守，是否出于朝旨？此种情形，是否疆吏肆权？中法安南之役，最初误于《法越新约》，拙著所谓"可惜清廷当时外交家完全没有注意"，分明是指李鸿章而言。陈君以为"新约成立，法使通知总署，总署复称其为中国属国，不能坐视"，因此不能说是全未注意。试问当时外交重心，究竟在总署还是在李鸿章？所谓注意，是否就是一纸空言？光绪元年、五年，中国两次代平越乱，越王按期朝贡，法以违约兴师问罪，此事详见柳诒徵《安南史》，陈君指为"全无根据"，是否有本？陈君又说："平乱朝贡，亦非战争之原因，其症结乃在开放红河，及平匪盗。""平乱"是否就是"平匪盗"？红河航行交涉是原因，平乱朝贡是导火线，拙著分别言明，陈君竟未领悟？曾纪泽对法主战，见其致李鸿章书（原文载胡传钊《盾墨留芬》，拙著一二四页转载）。陈君所谓"其主张同于李鸿章之主和"，是否"杜撰"？此次战争，中国先败后胜，结果断送安南，全是昏庸的李鸿章和法人缔约割让。陈君指出"台湾炮台失守，澎湖之陷失，滇军淮军之败退"，以为华军并未胜利，不知陈君是否知道刘铭传的胜于台南，冯子材的胜于凉山，岑毓英的胜于临洮？两国交战，最初难免互有胜负，结果须看最后决定。拙著所谓胜利，系就大体而言。陈君不以为然，是否以为胜利属于法军？说到李鸿章关于此事的罪案，第一曾纪泽与法政府交涉决裂，外交方面，已经到了山穷水尽的地步，应当从速主战，不该缔结中法媾和草约，贸然断送安南。第二台南、凉山、临洮诸役既然完全胜利，正是打开难局的绝好机会，应当严责法人，放弃安南，不该为了顾全草约的小小信义，欺蒙朝廷，下令诸军退兵，再订中法媾和条约，把安南拱手送与法人。情节如此，陈君却说"不足为李氏之罪"，倘非别有用心，有意庇护，定是"知识浅陋"，"知识不足"。甲午战后，王之春便道游说法国，干涉割让台湾，李鸿章恐怕和约破坏，连忙电促伊藤赶快换约，此事详见《张文襄公电稿》《清季外交史料》及《李文忠公电稿》,《六十年来中国与日本》第三卷搜集尤详。陈君谓"法国先已不肯与闻割台",不知法国最初原是有意干涉,后来因为王之春和龚照瑷互相倾轧,不顾大局,因此不愿多事。陈君又说:"换约之先,李鸿章迭电伊藤暂缓互换,伊藤后亦许之。"不知李鸿章自从缔结《马关条约》返国,直至《马关条约》在烟台换约,中间并未正式电致伊藤,也没有要求暂缓互换,我们只要看李鸿章在光绪二十一年四月初六日的奏章,说道:"到津后尚未与伊藤复电,因原议只有批准可电知也,若令鸿为改约电议,适速其决裂兴兵,为大局计,未敢孟浪。"陈君所谓"迭电",所谓"暂缓互换",所谓"伊藤后亦许之",全是陈君"创作",根本与事实不符。至于拙著说"电促伊藤换约",根据罗惇曧《中日兵事本末》证以李氏奏章,完全符合。是否"浮言"?是否"枉诬"?陈君屡次替李鸿章辩护,不知何故?日俄战争以后,美国提议国际共管满洲铁道,造成日俄妥协。美国因为日本封锁满洲,大为愤恨,一时日美战争的呼声很高,接着英美仲裁条约成立,日本侵略满洲受一打击。这段记载,全部就事论事,丝毫没有假借。陈君揭日美战争是"神经过敏之谈"已经足以证明他是不明大势。又说英美仲裁条约影响日本侵满是"言之过甚",更见他是完全臆断。

总之,陈君全部批评的错误,就在只知有"档案"和"名人全集",不知有其他史籍。所以有许多极关重要的事实,陈君竟是完全不知,反而说是我的"创作"和"杜撰",真是令人慨叹。同时因为主观色彩太嫌浓厚,所以不惜颠倒是非,自圆其说,反而说是我的"知识浅陋,知识不足",真是令人失笑。观察陈君批评的初意,原想借此攻击旁人的"错谬",却不料就此暴露自己的缺点,真非陈君始料所及。而且陈君的那篇批评,态度傲慢,措辞尖刻,根本有失批评家的风度,我看了以后,惟有"感叹悲伤"。我劝陈君以后还是多看书籍,少肆讥评,一方面不至诬蔑旁人,一方面可以善自藏拙。

附带有一个声明:拙著排印的时候,原稿并没有经过我的校订,所以错字很多,这点在四版出书的时候可以完全改正。至于有关系的图表和参考书等等,另详附录,准备和下卷同时出版。

末了我谨以十二分的诚意,欢迎读者对于拙著下一种严正的批评。

陈恭禄：为《中国近百年史》答邢鹏举君

（民国廿二年八月二十一日《大公报·文学副刊》）

　　编著历史之先，必须搜集一切能得之史料，辨别其可信之价值，考证史迹之真伪，参看当时人之议论，然后综合叙述，决非短促期内，根据次料，即可率尔操觚。中国近百年史事迹繁杂，外交常深影响内政，而清廷对于交涉公文电报，往往严守秘密，外间无从明知其真像，作者依据传说，原非得已，吾人尚可钦佩其努力。今则情形大异，重要公文次第公布，真像始渐明白，编者不知利用可信之原料，而仍根据旧日之传说，抄袭其错误，则为怠懒无耻。书经引用之后，编者即当负责，不能诿过于人。余读《文副》二百九十期邢君《答陈恭禄君》一文，竟不之知，原无答辩之必要，顾其错误常见于普通史书，始乃决定，作一答复。原文所举各点，一一考证说明，篇幅太长，且为时间事务所不许，谨作简单答复如下。

　　关于编制，邢君用遁辞卸责，如斥余"有些自相矛盾"，原未自同其说。又称余性太急，未见下卷，下卷尚未印行，自可推诿。关于史料，一面深信梁启超言，近代史料似多实少，一面又如余言，三朝《筹办夷务始末》等书卷帙浩繁，根本上实已矛盾。先秦史料无几，固不必论，汉代史料多于近百年史料乎！可信之价值高于近代史料乎？何不思之甚！又信梁启超言，甲午战役，史料太少，并向余询问。《清光绪朝中日交涉史料》《清季外交史料》，李鸿章、刘坤一、张之洞全集，《翁同龢日记》等书，均为史料，梁氏限于时代，未见《清光绪朝中日交涉史料》等书而死，邢君生于今日，尚信此言，不能为之恕矣！邢君少见原料，武断其不如次料，诚为奇异之妙论。参看史料不过辨明史迹，岂为"发匪"等名辞所囿？此类常识，不足深论，读者当能知之。

关于书中错误，邢君说明出处以自辩护，引用之书，全为次料，斥余"看了一些档案和名人全集以外"，"大都没有见过"，余不仅读之，且能辨别其可信价值，邢君盲然据以自辩，而于史迹真伪，固未辨明，兹再略加说明。鸦片战前，广州之杀奸商，谓据《清代通史》中卷。该书写成，《道光朝筹办夷务始末》尚未印行，作者亦未参看外人记载，故有此言。邢君参看邓廷桢、林则徐奏疏，即可明了真像。英国谕义律命令，余信邢君之言，遍觅 Morse：*International Relations of the Chinese Empire* 上中下三册二四二页，竟无此语，邢君果得秘本矣。义律进攻广东，邢君仍据《清代通史》，其非事实，原有林则徐奏疏可凭，《筹办夷务始末》《林文忠公政书》，邢君固未参看，Morse 所叙各节，岂亦未细读耶？购洋炮二百多位，全为讹言，未见于任何档案，当时欧亚往返常在六月以上，决不可能。张喜办罪详见《筹办夷务始末》。徐广缙所订条约，从未见于任何约章书籍，英国以未入城严重警告朝廷，遣人至白河投书，档案亦无订约之只字，二书所述关于此事，均不足信。亚罗水手十四人，有中外报告可凭，邢君指为英人二名，岂亦未见 MacNair《中国近代史文选》所录之英国蓝皮书耶？原文见于二四二页。洪秀全深受耶稣教影响，邢君现已承认，忽而谓余不能分辨先后，洪秀全先受马礼逊之徒梁阿发之影响，邢君固不之知，朱九涛为秘密会党领袖，何敢公然于广州开堂？何竟不思之甚！镇江于一八六零年失守得免于难，有《镇江县志》及《清史稿·冯子材传》可凭，余家居镇江，邑以为得有神助，迄今称赞不已。李秀成所言，决非后人所知，故不足信。海关改组，谓据金兆梓书，实则上海县城从未为太平军所陷，海关改组，乃由于小刀会之乱，道台吴健彰迫而与领事订成章程，朝廷斥为诒外，所谓自知缺乏人才，全无根据。邢君信以为真，何必推诿卸责！苗沛霖之死，仍信《庸盦笔记》，而更加以附会，岂无其他材料证明耶？阿古柏未得天山北路，内有将军奏疏，外有俄人报告，何信薛福成笔记之深？邢君参看《同治朝筹办夷务始末》，当自明了错误。副岛与总署大臣问答，邢君信之不疑，并举《六十年来中国与日本》第一卷五九页证明，该页只有属员柳原与大臣问答，并无副岛一语。六零页，总署照会日本，有"五月间副岛大臣特遣随员柳原、翻译官郑来本衙门面询三事",问答之辞亦不相同,此岂秘本乎？同在一书,邢君何不一读,诚一怪事！归还辽东,日本索款一万万两,谓据《清季外交史料》,实则卷一一八页五之李鸿章奏折,仅有"闻其国中妄议须得偿款一万万两"。妄议发自何人,未曾说明,亦未提出,何得指为要求？邢君附会,可谓神乎其技。《中俄密约》未有新证,无足一辩,德宗召见康有为语,亦未说明根据,毫不足信。奕劻时未免职,原评业已举例说明,邢君徒就管理二字辩护,制度订于何时,亦未说明,外使交涉仍与二王相谈,其详见 Morse 第三册拳匪之乱。大沽未陷以前,朝廷已得警信,诚一怪事,空论直为遁辞,李鸿章所称之乱命,系指宣战诏书而言,有原文可证杀教民之说,仍无根据。罗惇曧之言,乃据外人之传说耳。瓦德西来华辩护一节,全为无的放矢,与原评无关,不值一答。

  邢君斥余知识不足,列举下列之例证明,仍照原文次第一一作复。穆彰何(阿)奏语,原文见于何书？邢君未曾说明,和议时为宣宗之意,今有密谕证明,耆英议和亦得上谕批准,英使提出条件,均曾奏报朝廷,宣宗亦曾表示意见,其详见于《道光朝筹办夷务始末》,邢君毫不明了,根据外人推度之辞妄造奏语,深信《清室外纪》所言情节,诚一异事。该书原无重要之价值,何足为凭。琦善奏语同一性质,不足深辩,何乃认为朝臣要挟？琦善误国,叶名琛辱国,邢君指为疆吏肆权之证,对于事之原委,全不知悉,余劝邢君细读道光、咸丰两朝《筹办夷务始末》及 Morse 等书,再发议论,幸勿责余傲慢也。中法安南之役,邢君辩护之点甚多,首谓李鸿章当负责任,其时主持外交机关则为总署,李氏非奉谕旨,或总署函托,固不得表示意见,或有所交涉,认为外交中心,殆非事实。总署向法抗议,边省出兵代平越乱,非注意乎？中外解决争执之方法,一用外交,一用武力,抗议为外交上之正当方法,何可厚非？平乱一在光绪一年,一在五年,而中法交涉之严重,则在九年,战争则在十年,平乱之后,越王仍照旧例朝贡,何能独据《安南史》作为战争之原因？开放红河,平定匪乱,为法要求,匪指黑旗军而言,邢君混而与前平乱为一,认识不清,余谓全无根据者此也。曾纪泽对法主张之改易,详见于《曾惠敏公遗书》,《盾墨留芬》所录者,仅一部分,《遗书》谓其主张同于李鸿章,且悔先时主战之非,邢君全不知悉,斥余杜撰,一笑。战事胜负,邢君现已改变前言,无须再辩,所当知者,刘铭传胜于台南,亦无根据耳。和议之成,全由赫德属员金登幹与法交涉,李鸿章尚不之知,乃竟严词责之,实非事理之平。邢君果肯细读《清季外交史料》,决无此种谬论,知识浅陋,吾二人中谁足当之?一笑。中日战后,法国不愿与闻割台,乃因德国反对之故,旧说全不足信,"先"字对上事实先后而言,邢君不免望文生义。李鸿章于换约之先,迭电伊藤请商暂缓换约,邢君依据一电,谓余"创作"。引邢君用之电,依于《李文忠公全集》电稿卷二十页四二。但自四月初八以后,即向伊藤电商,往返电文多见于该卷四三至五四页。十四日,伊藤复电,中云"停战展限五日,限内互换,愈速愈妙",同在一书,何未一读?创作之名,仍请邢君当之,不知尚有异议乎?日美战争一段,自吹自唱,未有证据,无须答辩。

总之,错误人所不免,幸赖有人说明,而普通编者能改正耳!邢君答辩仍据普通书籍,毫未平心静气辨别真伪,徒逞义气,支离琐碎,颠倒是非。余与邢君素不相识,指正错误原为读者利益设想,生平恨恶率尔著书,抄袭成文,不免言之稍重,承邢君忠告,措辞后当慎重。所当明告者,学术以切磋而进步,吾人不必患人批评,对于不堪一读之史书,余决不愿放弃说明责任也。

末后附带说明,七月下旬,余因事返里,乡居未见报纸,返宁始知邢君之文业已刊登,最后决定答复,信手写来,半日完毕,篇幅之长出于原意,室中书籍无多,天热事繁,无暇至图书馆一一检查,指明出处页数,尚望读者谅之。

刘藜仙：陈著《中国近代史》纠谬
（民国廿五年四月十六日《大公报·图书副刊》）

陈恭禄先生《中国近代史》一书，自去岁出版以来，颇能应社会之需要，风靡一时。余于本月始得四版一本，可见成都远僻西陲，购书之不易。披阅十数页，即发现三大误点，遂废然止而未读，不知其后尚有错误否。初拟径函陈君，私相商榷，奈邮书无处投递。既而思之，亦无妨公之于世，以为世之读其书者，知其误而有所取择焉。此书四版自序云："读书竞进会选为大学组必读之书。"尤恐其自身之错误小，贻误于来学者大，故不惮千里飞书，略指其谬，世之君子，倘能更进而评骘其全书之得失，是岂区区所企望者哉。

（一）本书自序第四页第四行云："国名载于旧档者，或先后迥异，或交相杂用，如英或称佛郎机，或称大西洋，或称红毛，非外国书籍证明，殆难辨别。葡萄牙则称大西洋，美称米，法称佛等，书中均改用今名。"

查《职方外纪》："欧罗巴西海迤北一带至冰海，海岛大者曰谙厄利，曰意尔（而）兰大岛。"《瀛环志略》："英吉利（英机黎，英圭黎，谙厄利，膺咭黎，英伦的，及列的不列巅），欧罗巴强大之国也，地本三岛。"《文献通考》："英吉利，亦名英圭黎，国居西方海中，南近荷兰，红毛番种也。"《海国图志》："英吉利一名谙厄利，一名英机黎，一名英圭黎。……自古未通中国，明天启时始有闻。"《文献通考》："佛朗机，一名荷兰西，亦红毛番种也。东与荷兰接，其国都名巴离云云。"《海国图志》："佛兰西国总记（即佛郎机，一作佛朗西，一作佛兰祭，一作法兰西，一作和兰西，一作勃兰西），佛兰西古曰俄尔，北与英吉利对峙。"

愚按：据上举诸书，英吉利即英国，共有不同之名七。佛郎机即法国，（《明史》中有称西洋枪炮为佛郎机者，盖以专名而为通名也。）共有不同之名六。然其译音大略相同，从未有以佛郎机三字称英国者。且各书明言英吉利与佛郎机各为一国，况下文紧接又云"法称佛"，则此何以又言英或称佛郎机？则著者常识之缺乏既如彼，而粗心草率，自相矛盾又如此，史家宜若是乎？至葡萄牙方有大西洋国之称，亦从未有以大西洋名英国者。红毛之称，乃统指明清之际英、法、荷诸国人而言，非专指英国也。不知陈君何所见而云然！且各旧书记载虽略，名称可得而详，又何必待外国书籍方能证明乎？未免自欺欺人。

（二）本书上卷第一篇第二页第一行云"古代航海术未精，船舶浅小，水手无犯风涛远渡海洋之勇气，沿海七省，除海盗而外，别无侵扰之国，居民安居乐业"云云。

查《文献通考》记波斯国云："乾元（唐肃中年号）初，从大食袭广州，焚仓库庐舍，浮海走。"

《广东通志·海防篇》云："乾元初，广州奏大食、波斯围州城，掠仓库，焚庐舍，浮海走。"《文献通考》又记交趾国云："至道（宋太宗年号）元年春，唐（广）西路转运使张观、钦州如洪镇兵马监押卫昭美皆上言，有交趾战船百余艘，寇如洪镇，掠居民，劫廪实而去。"《明史稿》记日本国云："明兴，乘中国用兵，屡寇滨海州县，洪武二年三月，遣行人杨载赍诏书以即位告，且诘其入寇之故，谓宜朝则来庭，不则修兵自固，倘必为寇盗，即命将徂征耳，王其图之。日本王良怀不奉命，侵掠如故。"

《日本国志》云："倭寇之乱（患），与明相终始，而自嘉靖二十六年至万历十六年四十年间，沿海州县，被祸尤酷，闾巷小民，至指倭相骂詈，甚以噤其小儿。"又本篇第二十九页云"及明中叶，倭寇之患大作，时人深信海上贸易为其祸根"云云，岂非与前说自相矛盾？或陈君以倭寇乃日本人民轨外行动，与其国家无关，然取《明史》与关于此项之各记载合而观之，则知倭寇之侵略沿海各省者，非尽与其政府无关也。

愚按：据上举诸书，则唐宋元明各时代，滨海各地已屡遭他国之侵害，陈君言"沿海七省，除海盗而外，别无侵扰之国"云云，岂非明明抹煞史实之言？

（三）本书上卷第一篇第四页十一行云"一六四三年流寇首领李自成进攻北京，怀宗自缢而死。明年山海关守将吴三桂因其爱妾之愤，乞师于清，时皇太极新死，其弟多尔衮拥立皇子福临嗣位，亲自辅政，改元顺治"云云。

愚按：怀宗自缢乃崇祯十七年甲申三月十九日之事，吴三桂乞师于清乃四月十五日之事，相隔不足一月，即照西历算，亦应为同年之事，查陈氏《中西回史日历》，甲申三月十九日，为西历一六四四年四月二十五日，甲申四月十五日，为西历一六四四年五月二十日，今陈君既不知甲申之变为何年，又强分吴三桂乞师于翌岁，是以不知为知也。再皇太极之死，在前一年之八月初九日，为时已八阅月，福临即位之次年始改元顺治，何得谓新死而即改元乎？

以上三点仅偶尔披览所及，自觉非吹毛求疵，喜摘人过者，要皆关乎史事之荦荦大节，昭昭在人心目者也。

二十五年三月寄于成都

陈恭禄：为《中国近代史》答刘藜仙君

（民国廿五年五月七日《大公报·图书副刊》）

顷读《大公报·图书副刊》第一二六期《陈著〈中国近代史〉纠谬》一文，评者刘君纠言之谬误，共有三点。夫以偶尔披览所得之三点，推论六十万言之全书，即属尽为事实，亦为牵强武断之论。况刘君尚未读完全书，曰称"世之君子，倘能更进而评骘其全书之得失，是岂区区所企望者哉"。刘君明以学识有限为言，而所言者限于三点，当非谦辞，原无答复之必要。而余所以答复者，一以刘君重视之甚，谓将贻误学者，不惮千里飞书，一则借此说明著者之立场，然限于时间不能多所引证，兹略言之于下。

一、刘君据《职方外纪》等书，谓《中国近代史》自叙称英国为佛郎机为误，其考证所得有佛郎机即法国之语。按刘君所据者，非地理书，即展转抄袭之文，其言各国地理位置，自必统一，不能混乱。余敢忠告刘君批评余言之得失，当从古人文字本身求之，不必根据此类书籍也。兹就记忆所及，征引一证。夏燮于《中西纪事》卷一曰："自佛郎机屡犯边境，朝廷加意防守，于是诸番之至者，悉为佛郎机假托。"其言自有根据。更就《明史·佛郎机列传》而言，修史者所言之佛郎机，实指葡萄牙，传末又称"其时大西洋人来中国，亦居此澳"。信如其说，当为两国，事实上则为一国，盖古人限于语言，错误尝不能免。清季中葡订约，均称葡萄牙为大西洋。佛郎机是否为法国，须视书文年代及内容而定。旧籍名称之不统一，不如外人叙述其经过之可信，当如《中国近代史》自叙所言，刘君竟不之知，亦不知其错谬之甚，反以恶言相加，思之一笑。

二、刘君称"古代航海术未精，船舶浅小，水手无犯风涛远渡海洋之勇气,沿海七省,除海盗而外别无侵扰之国,居民安居乐业"为"大误",其征引之例为大食焚掠,倭寇滋扰。余非不知此类事迹,顾其人为海盗,目的全在劫掠货财,非有兼并土地或夺取政权之野心。古代商船远航海外,常有御盗之兵器,水手非良善之人,遇有机会常掠货财,稍读世界史者当能知之。著者知大食商船之性质,故未以国目之。关于倭寇,著者曾于书中提及,如页三二九称"日本自败蒙古兵后,……倭寇为害于沿海诸省"。不以侵扰之国视之者,亦以其性质同于海盗也。刘君不能辨别,竟误解至此,且其根据之书,亦非重要著作,故不知倭寇非始于明,元代业已有之。此非吹毛求疵,不过适用刘君之推论而已,一笑!至于安居乐业则与边境比较而言,亦为事实。

三、怀宗自缢实在一六四"四"年,"明年"系"斯年"之错误,由抄者或校对者之疏忽所致,顾余不愿卸责于人,自有相当责任。刘君称余不知斯年,并强不知以为知,岂余不知检查《中西〔回〕史日历》乎!实一新奇之推论,殆可视为二十世纪知识界之逻辑,一笑!关于年代,书中排误者甚多,如第一版第二七七页第一行称雍正于一"八"三三年遣使赴俄。一八三三年为道光十三年,岂余不知雍正在十八世纪乎?又如第一版第六三九页第二行称一九〇六年为光绪"二"十二年,岂可据此推论,谓余不知其为三十二年耶?第四版均一一修正矣。校对实一难事,如现时出售之第五版,反称第三版,著者固难一一负责。

一人之知识有限,校对疏忽之处常难避免,凡以善意或恶意指正《中国近代史》之错误者,果为事实上之错误,余皆欣然接受,惜刘君尚不足以语此,然其指正之错字,余虽知之,亦表示谢意。更当声明者,第五版之错字亦尚不少,近时迭有发见,非第六版时不能修正。读者尽如刘君执一二错字,并强不知以为知,以"不错"为"大误",将答不胜答,余实无此时间,一笑置之而已,若刘君者,不读《中国近代史》,余心固无所憾。

朱文长：关于《中国近代史》

（民国廿五年五月二十一日《大公报·图书副刊》）

编者按：关于陈恭禄先生《中国近代史》，本刊第一二六期有刘蘩仙先生的《纠谬》一文，后又接到陈先生的答复，今又接到朱文长先生来函，本刊本"持之有故，言之成理"之旨，对于这些稿件，都有登载的义务，惟因篇幅狭小，希望于所论诸点以外，不必更引起别的是非，并且希望这个小小的讨论，就此告一结束。

今天读到本刊第一二九期陈恭禄先生的《为〈中国近代史〉答刘蘩仙君》，觉得有几点要说：

一、刘蘩仙先生指出《中国近代史》自序"国名载于旧档者，或先后迥异，或交相杂用，如英或称佛郎机，或称大西洋，或称红毛，非外国书籍证明，殆难辨别"的错误，说是"从未有以佛郎机三字称英国者"，"亦从未有以大西洋名英国者"。

据我想，陈恭禄先生只要将他所见，称英作佛郎机、大西洋的"旧档"拿出来给大家一看，就足以答复刘先生了。谁知他并不这样。他说了半天，却只告诉我们："佛郎机是否为法国，须视书文年代及内容而定。"这似乎可说是答非所问。

二、刘先生指出同书上卷第一篇第二页第一行"古代航海术未精，船舶浅小，水手无犯风涛远渡海洋之勇气，沿海七省，除海盗而外，别无侵扰之国，居民常能安居乐业"的错误，说是乾元（唐肃宗年号）初广州有大食的浮海来袭，明时有倭寇从海上来掠海边各省。

陈先生承认了这些事实，却不承认错误，似乎忘了他自己曾说过：

"航海术未精，船舶浅小，水手无犯风涛远渡海洋之勇气。"请问：既然没有"犯风涛远渡海洋"的勇敢水手，那这些"海盗"又是从哪儿来的？这可以说是自相矛盾。

三、刘先生指出同书上卷第一篇第四页十一行"一六四三年流寇首领李自成进攻北京，怀宗自缢而死。明年山海关守将吴三桂因其爱妾之愤，乞师于清"的错误，说是怀宗自缢在一六四四，非一六四三。吴乞师在同一年，非明年。

陈先生说这些是校对人的错误。那没有话说，我们只好怪商务书馆的排字工友和校对先生太差劲，竟在短短一段里将两个极重要的字排错，并且还错得"铜山西崩，洛钟东应"的若合符节！责备"贤者"，也仍得说：此之谓疏于检点。

四、陈先生批评刘先生的第二点，说是："刘君……根据之书，亦非重要著作，故不知倭寇非始于明，元代业已有之。"

"史料"和"史实"不同。史实有所谓重要不重要，史料却只有"真"和"假"的区别，无所谓"重要"、"不重要"。历史学本不是件容易干的学问，正因为竹头木屑都是材料，不能随便抹杀。我们对于人家引的书但当问其"真不真"，不当问其是否"重要著作"。因为不是"重要著作"的破烂账簿，每每就正是历史家寤寐思之的一等史料。要是都像陈先生的非"重要著作"不引，那我们学历史的倒省事了！

即使退十步说，史料有所谓重要不重要，请问又拿什么作标准？难道刘先生引的《文献通考》《广东通志》《明史稿》都不重要，陈先生引的《中西纪事》却就重要了吗？这可以说是妄作解人。

其他的我不愿多说了。总之，一个做学问的人只要将"真实"拿出来，是不怕人不低头的。如果避开真实不说，只会目空一切的漫骂，即使骂得人不屑回答了，但是非之间，岂能尽掩天下人之耳目？

张延举:《中国近代史》商榷

(民国廿五年六月二十五日《大公报·图书副刊》)

四月十六日,刘藜仙先生《陈著〈中国近代史〉纠谬》一文,指出该书前十数页中有三个错误,并云"不知其后尚有错误否"?不佞近读该书《变法运动》一篇,觉着其中亦颇多可以商榷的地方,兹写出敬以求教于陈先生。

原书第十篇,四五九页,末行云:"翁〔同龢〕氏主张变法,与之(按:指康有为)常有往来。及保国会被劾,康氏欲回籍养母,翁氏留之。"

陈先生以为翁同龢与康有为一样,是一个主张彻底变法的。但光绪二十四年四月七日翁同龢的日记内却这样写着:"上命索康有为所进书,臣对与康不往来。上问何也?对以此人居心叵测。曰前此何以不说,对近〔见〕其《孔子改制考》知之。次日又问康书,发怒诘责,臣对传总署令进。上不允,必欲臣诣张荫桓传知。"从这段日记内看,翁同龢与康有为之意见一致不一致?陈先生书内并言:"其日记所言,殆为免祸之计,不无可疑之点,不足尽信。"或陈先生所怀疑的日记,就是我所举的这一段吧?那末我们对于翁同龢是否有意作伪,就得检讨一下。

第一,先从这段日记本身看,可不可作伪。这段日记,是记翁氏与光绪所谈的话,如为"免祸计"而伪造事实,那他就不怕光绪帝之怪罪么?他写日记的那个时候,绝对还不会知道光绪将有遭囚的事啊!

第二,我们再从翁氏的思想看,这段日记能不能是假的。翁同龢的思想,本极守旧,曾以"去就阻修铁路",后来赞成行新政,不过是因为受了战败的刺激,把守旧思想略为改变,彻底变法,他是不会赞成。他之所以举荐康有为不是为了变法,而是为了党争。当时大臣中分"南北二党",各想扩张自己的党势,翁举有为,是看到有为有才,想援为自己的助手。后见康与自己的主张不合,遂而疏远。关于这一点《慈禧外纪》内说得很明白:

> 翁同龢遂荐康有为于帝,言康才胜彼十倍,意康得帝信任,助南派以制满人,而抵抗其仇敌刚毅、徐桐二人,翁之意实止于此,不意康既得志,乃设谋以图太后,亦翁所未料也。盖翁不过欲巩固其权位,而扩张其党势耳。(陈冷汰译本第十二章第三段)

这些话我想绝不会是无稽之谈。如以为这些话是外国人说的,不足尽信,那末我还可以从中国人的记载中找出证明。胡思敬是戊戌政变过来人,他的《党人列传》将翁列入新党,而不列之于康党,足证翁与康意见并不一致。其序中并云:

> 予恐后世操史笔者,不知逆案始末,凡牵率得祸诸臣,概以康党目之,使被陷者忍而与此终古,因采摭诸臣行事,分为两党而著之篇,俾当时知所劝戒,而俟后人之论定焉。

拿这些议论与翁氏日记相对照,翁氏日记内所说的话,绝对不会是假的。陈先生说他作伪,请举出一点证据。

> 原书第十篇,四六二页,七行内说:"朝臣之赞助变法者,有李端棻,徐致靖,张荫桓,孙家鼐等。"

陈先生以为孙家鼐是赞助变法的,我觉着不大妥当,因为他明明在那里阻挠变法。陈先生以为他赞助变法,大概是对于他的言行没有仔细考察的缘故。光绪二十四年六月甲辰孙家鼐复奏筹办大学堂折内说:

> 谨案先圣先贤著书垂教,精粗大小,无所不包,学者各随其天资之高下,以为造诣之深浅,万难强而同之。若以一人之私见,任意删节,割裂经文,士论必多不服,盖学问乃天下万世之公理,必不可以一家之学,而范围天下。昔宋王安石变法,创为三经新义,颁行学官,卒以祸宋,南渡后旋即废斥,至今学者犹诟病其书。可为殷鉴。(《东华续录》光绪一四六)

这种话是赞助变法,还是阻挠变法呢？我想看懂了这一段话的人都会知道。如嫌这说的不明显,我们可再抄一段来看看。同年五月辛巳奏折：

> 方今圣人在上,奋发有为。康有为必欲以衰周之事,行之今时,窃恐以此为教,人人存改制之心,人人谓素王可作,是学堂之设,本以教育人才,而转以蛊惑民志,是导天下于乱也。履霜坚冰,臣窃惧之,一旦犯上作乱之人起于学堂之中,臣何能当此重咎。(《东华续录》光绪一四五)

请问这些话是赞助变法,是阻挠变法？我想陈先生不但没有细读原史料,恐怕连当时人论断孙家鼐的书也没有用心看。胡思敬《戊戌履霜录》内说：

> 宋伯鲁请改《时务报》为官报,仍令梁启超主其事,事下孙家鼐议,家鼐以启超既任编译,不遑兼顾报馆,力荐康有为主上海官报,欲因是挤而出之。诏如所请。……新法初起,鼐虽依违其间,心实不怿。(《履霜录》卷一页十二)

这是说他赞助变法,还是说他阻挠变法？岂孙家鼐自己的话与当时人说的话不如陈先生之话可靠么？

原书第十篇,四七四页,第一行："张之洞原倾向于变法,资助强学书局,著作《劝学篇》。"

这段话的意思,我想读者都会明白,是说《劝学篇》是张之洞主张变法的代表作品。但沃丘仲子作《近代名人小传》却说它是张之洞自文其变法主张的著作。如他说：

> 戊戌初,(张)偕陈宝箴主变法甚力,屡有论列,政变,乃著《劝学篇》以自文,君子讥之。

他说政变,张著《劝学篇》以自文,稍微与事实有点不符,因为《劝学篇》实作于政变以前。但他说张作《劝学篇》是自文,却可以见出《劝学篇》之内容与性质。如我们对沃丘仲子的话不相信,可以再翻一翻《清史稿》的列传,那上面说张之洞"先著《劝学篇》以见意",故得免于罪祸。

《劝学篇》是怎样的一本书,不是很明显的么？如果对《清史稿》也不相信的话,那我可以再举两个更有力的证据。《翼教丛编》是搜集戊戌政变前反对变法议论的一本专书,那里面也将张之洞的《劝学篇》列入,如果《劝学篇》是张之洞主张变法的代表作品,守旧派将它列入《翼教丛编》,用意何在呢？《张文襄公全集》卷二二八《弟子记》内说：

> 戊戌春,金壬伺隙,邪说遂张,乃著《劝学篇》上下卷以辟之。

这些话也不可靠么？如果认为此亦不足为凭,那我们只好把《劝学篇》之内容抄一二段来看一看了。《劝学篇》序：

> 旧者不知通,新者不知本,不知通则无应敌制变之术,不知本则有菲薄名教之心。

这里所说的新者,即是指的康梁。《劝学内篇》：

> 方今中华,诚非雄强,然凡百尚能自安其业者,由有朝廷之法以维系之也。使民权之说一倡,愚民必喜,乱民必作,纪纲不行,大乱四起,倡此议者岂得独安独活？

请问这种议论是有害于变法,还是有利于变法？张之洞是一个两面人,说他曾倾向变法,固无不可,但举《劝学篇》为例,却是绝不相宜。陈先生仅看到了《劝学篇》中有"知变"的字句,遂认为它是张的主张变法的代表作,那知它正是张的反对变法的代表作呢？

> 原书第十篇,四八〇页,第九行："乃袁世凯无勇敢之精神,犹预不决,更念荣禄之厚谊,遂叛新党,而置国事不顾,二十日请训回津,即往督署,以内情告于荣禄。"

这一段批评袁世凯的话,与事实一点不符合,且正相反。凡是留意近代史的人,我想大多数都会知道袁世凯是一个胆大而决断力很强的人,说他无勇敢精神,犹预不决,未免太冤枉人。他与荣禄固有厚谊,然谭嗣同待他亦不薄。《戊戌履霜录》说：

> 世凯以臬司内擢侍郎,嗣同所密荐也,恃推毂恩,自以为缓急可恃。(卷二页八至十)

荣禄之厚谊可念,谭嗣同之厚谊,就不可念么?以厚谊来解释袁世凯叛变的原因,未免有点浅之乎测袁世凯了。我们知道袁世凯是一主张立宪的人,赞助变法,不会不是出自他的本心,那末他为什么又叛变了呢?这当然不能随便乱说,而需要史料来给我们证明。《戊戌履霜录》:

> 世凯许诺,请回天津,简军实,戒将士,先诱诛总督荣禄,疾驱入都,听命阙下。嗣同领之,戒勿泄,世凯至天津,适聂士成以军事上谒制府。士成淮北骁将,统武毅军五千人,驻芦台,非有急,不轻离营。世凯疑荣禄已觉其谋,北洋兵权尽萃督署,士成外,尚有董、宋两军,势不敌,遂叛有为。(卷二页八至十)

袁世凯之叛变,原来就是这末一回事。因为他太会随机应变,太会当机立断,太会不顾私谊,所以他背叛了谭嗣同、康有为,而把密谋告诉了荣禄。陈先生说他"犹预不决",何所据而云然?能审度轻重,不妄举,就是不勇敢么?

> 原书第十篇,四八〇页,十一行:荣禄"及闻其谋,电告慈禧"。

陈先生这个"电告慈禧"的说法,不知是根据何书,不过我总觉着这个说法不大妥当。胡思敬说:

> 荣禄大惧,遣人变服赍蜡书,驰告奕劻,奕劻言于太后。(《戊戌履霜录》卷二页十)

我以为这个说法比较可靠。因为胡思敬是清末守旧诸臣中的一个,对于守旧派的秘密,总会比别人知道的清楚。《慈禧外纪》内说:

> 袁到津,荣禄即乘专车,于下午五点钟后抵京,直入西苑。

这或须是传闻之误,但也可以间接证明天津曾派有人来而不是打的电报。

一篇里便有这些可訾议的地方,虽然是"六十万言的巨著",然而,未免有点太不精细。这篇文字写的匆忙,说话或须有太不客气的地方,请陈先生原谅吧。

二十五,五,廿五日清华园

陈恭禄：《〈中国近代史〉商榷》之商榷

（民国廿五年七月二十三日《大公报·图书副刊》）

信史之成立，必须专家鉴别史料可信之价值，及辨明史迹之真伪。近代史之材料，种类繁多，而可信之价值不同，研究历史者，当能知之。余著《中国近代史》，限于时间材料，原应一时之需要，现时虽受国内知识界之欢迎，固不敢自以为重要著作，其待修正或研究之问题尚多，故常言凡指正《中国近代史》之错误，果为事实上之错误，无论其为善意恶意，皆愿接受。六月末，余乘轮船东下，船中读张延举君之《〈中国近代史〉商榷》一文，因其关于史迹之真伪，即欲答复，奈以事务羁身，无暇执笔，今始根据记忆之所及，作一简略答复。

张君所言，限于《中国近代史》十九篇中之一篇，名曰"变法运动"是也。张君谓余称翁同龢与康有为常有往来为不足信，其根据则为翁氏日记，及《慈禧外纪》。二书余非不知，乃关于此点，不之信耳。翁氏日记，关于与康有为往来之记载，余久疑之，其理由详言于下。《慈禧外纪》系英人濮兰德 Bland 等所作，其人轻信谣言，常不能辨别真伪，美使芮恩思于其所著之 A Diplomat in China 以之为言。Lautrette 于其所著之 China, Its History and Culture 批评濮兰德之书，濮氏竟以诉讼为恫吓。实则濮兰德编著之书常无若何价值，现时已为定论。关于翁氏是否与康氏常有往来，今有下列诸书可以为证。

一、《南海康先生传》。

二、《戊戌六君子遗集》。

三、《戊戌政变记》。

《南海康先生传》系其亲信弟子张伯桢所著，其言翁、康之关系尤详，决非伪造。盖康氏之地位甚高，无须依附翁氏，且书作于近时，无庸讳忌，以求免祸，故可信之价值甚高。兹就书中所言，举数例于下：

一、时公卿中吴县潘文勤祖荫、常熟翁师傅同龢有时名，以书陈大计而责之，京师哗然。（第八叶）

二、惟国子监祭酒盛昱、翰林院编修黄绍箕、刑部主事沈曾植深服其议，翁同龢亦题先师议，然恐以此获罪，迟疑不敢代递。其时粤人李文田、许应骙皆官侍郎，深疾先师。一日，翁与许、李同祀天坛，在翁前大诋先师，同龢默然意沮。（第一四叶）

三、先师殿试朝考，皆直言时事，读卷大臣李文田与先师有宿怨，排之，……先师谒翁同龢。同龢具以始末告之。（第一八叶）

四、时翁同龢以师傅当国，颇思振作，访先师不遇，先师趋谒之，相与讲变法事，反复讲求。……时同龢锐意变法，先师说以宜先变科举，同龢决欲行，令陈炽草定十二道新政旨意，将次第行之。（第十九至二十叶）

五、先师知所志不行，决归粤，临发，翁同龢来留行。翌日给事中高燮曾奏荐先师于朝，请召见。并加卿衔出洋。翁同龢在德宗前力称之。（第二十二叶）

一、二系指康初入京及第一次上书而言，康以诗文谒见公卿，上书不得递呈，均为事实。三述一八九五年康氏未得入翰林院之原因，朝考似有错误而翁与康氏之关系则极可信。四系中日战后之事。五则叙述康氏组织保国会失败后之欲归粤，而翁氏阻之。此事经过且见于《戊戌六君子遗集》。《遗集》系张元济所编辑，乃六君子死前之文字。张因变法获罪，其所辑者，均极可信之文字。其中有康广仁致友人书，称其兄欲归，而翁称述上意，劝其留京。《中国近代史》曾引用该书，惜张君不知，或未详读耳。《戊戌政变记》系梁启超于政变后逃日所作。梁初在京，参与变法，其所作之《政变记》，对于旧党备极诋毁，而于翁氏则称其力荐康氏，并有其才胜臣百倍（？）之语。其言当有根据。

凡此种种，皆可证明翁与康氏关系之密切，而翁氏日记所言，则为免祸之计，盖政变之后修正或改抄日记，均属可能，现时虽无事实可证，而其所言与可信之史迹不合，则为事实。尤有进者，英人李提摩太赞助变法,翁氏曾亲谒之,并赠礼物,而日记亦未提及,翁氏殆多忌讳。文悌先与康氏往来,后力诋毁之,其奏疏亦称康氏,于保国会被劾后将回籍养母,康广仁、张伯桢均言其为翁氏所留,当为事实。故余认日记不足信,而信翁、康常有往来,此《中国近代史》之根据也。常有往来,固不能认为意见一致,盖意见一致与常有来往,原为二事,而张君以此责论著者,实为诬枉。

孙家鼐、张之洞与康有为之见解不尽符合,人所共知,《中国近代史》亦曾叙及,有书可考,而著者称其赞成或倾向变法者,则就其立场而言。孙奉旨办理强学书局,后督办京师大学堂,其所办之事业,在当时为新事业,尝亲访李提摩太,劝其出任总教习,并厚赠礼物。其与康有为亦有相当接近。后李提摩太应康有为之电召入京,其时康将出京,谓德宗召见之谕旨,将由孙家鼐或谭嗣同传达,其经过详见英人某氏所著之《李提摩太传》。其著者利用其日记及书信等材料而成,可信之价值甚高。余谓其赞成变法者此也。张之洞初主建筑芦汉铁路,中日战后,对于变法事宜,多所建议。庚子乱后,更主张积极变法,称其倾向赞成变法,当为事实。盖人对于现状之见解,统常别之为四,一、极端保守派,二、保守派,三、改进派,四、极端维新派。一派之中,意见固不尽合,然吾人决不以其意见不同而谓其不属于某派也。张之洞与康党之关系,尚不止此。惜吾人现时可信之原料太少,忆前读《张文襄公全集》电稿中有一电致其亲信弟子,颇有线索可寻,此为一种建议,想张君之所愿知也。

关于袁世凯之变节,张君殆未细读余述事变之经过,如称原书谓袁氏因荣禄之厚谊而叛康,实际上此仅一小原因,其他主要原因,张君反而抹杀,如直隶驻兵太多,而袁氏所部无几,直接行动将有极大之危险,非有勇气者,绝不敢为。袁氏权衡轻重,终乃变节,余谓其无勇气者此也。张君不察,以袁为果决之人,非无勇气。实则此为一事,果决又为一事,决不能存有成见武断一切也。盖人遇有非常之变,往往徬徨有失常态。例如武昌革命军起,袁氏奉命督师,吾人果谓袁氏已有取而代之决心,则去事实远矣。张君解释袁之变节,谓其主张立宪,亦属于幻想,未有确证,立宪思想之发达,乃在日俄战后也。

总而言之,张君虽"研究"戊戌政变,而所读之书犹少,对于史料之鉴别亦少经验。顾其所言,关于翁同龢、康有为之关系,足以代表现时强有力之一种说明,故余借此将其辨明。关于其他诸点,或出于误会,或由于牵强,余亦不敢接受其意见。所可异者,评文专就一篇而言,竟称《〈中国近代史〉商榷》也。答复至此,余当附带说明,顷自武昌东下,以事留于镇江城中,身边未有一书,虽《中国近代史》亦不可得。今借得《南海康先生传》,始乃草成此文,故所引之书不能抄录原文,或注明页数,甚者虽外籍著者姓名,亦无法检出,尚望读者谅之。更当说明者,《中国近代史》原为大学教本之用,故未一一注明出处,以致时常引起误会。余之事务杂冗,所有误会,一一答复,事实上决不可能,友人常劝余置之不理,而余所以答复者,为求辨明史迹经过之真像,现时亦感觉为时间所限,嗣后评文支节附会,而非关系重要者,将不答复矣。

陈恭禄：致张希鲁书

(1940年)

希鲁先生台鉴：

顷孙君云畴转来大札及赠送之文，展读之下，不胜钦佩。袁屏山先生之为人，及其学问文章，非亲受其教如先生者，不能言之亲切，亦不能动人若此之深。文将传行于世，殆无可疑。昭通发现之古物甚多，对于吾人研究历史者，实有重大之贡献。其传于世者，初仅碑文，而遗址之记载，或语焉不详，或无片言只字。致宝贵之史料，徒为古董家之清玩，其考释亦常以意为之，不为历史学者所重视。与碑同时发现之物，复多散失，殊为可惜。

先生家居昭通，将数十年发现之物，一一说明其遗址，摹印其文字，并有所考释。若更将《滇东金石记》之范围扩大，印为专书，将为极重要之史料，且为考古者辟一新途径，不知以为若何？弟意昭通为东汉时之永昌郡，其开辟亦在东汉，不知以为然否？尚乞多所教正。弟前研究近代史，写成《中国近代史》。后以故宫未发表之史料，不得利用，转而研究古代史。现欲自上古写至近代。明知其非一人之力所能成，聊尽个人之力而已。二年前写成《中国史》第一册，自远古迄于始皇统一。现正写汉史为第二册，每册约四十余万字。关于东汉疆域，先生著作，当为参考之资料，弟原拟赠送《中国近代史》及《中国史》第一册，而二书由商务印书馆印行，现以交通困难，无法购得，惟有前著之《中国近百年史》一册。该书太为简略，无甚价值，将其寄赠，不过表示谢忱之一二，非敢作为交换也。兹特另邮挂号寄上，乞查收为荷。手此，顺颂教祺。弟陈恭禄谨启。

十二月二十日

陈恭禄:为《中国史》(第一册)答辩

余去岁患穷,多方谋补救之术,后以数年前所著之《中国史》(第一册),应教育部奖励著作之征。其意全为济贫,未以得失为荣辱,及学术评议会发表其通过得奖之著作,关于历史者,吾人尚未见得原著,不能有所评议,唯愿其为精深之著作。会教育部将应征之稿件寄还,评审者对于余所著之书,有不少之批评,或用笔划一直杠与双杠,或画一"×",或写"误"字,或写"大误",间或于书眉上写出其理由。余阅读之后,不惟不更变观念,反而自信心益强,此乃余读书中评论之处而发生之印象。其意见无足轻重,余初亦未有时间作一答辩,顷来至城固,所需用之书无法借得,暇时展阅《中国史》(第一册),又见得评审者之批评,乃以其人学识虽不足论责,然犹居于所谓学术界之领导地位,实有公布其意见之需要。盖有虚名而无实学之文人,吾人以其徒足以自误。自误与人无涉,原可不问,然其所居重要地位之故,有足以误人者,当有一辩之价值。惜余未有充分时间,将其一一胪列,惟将其评论自叙及第一篇所有各点全数引抄,并论之于下。

自叙系著者叙述其著《中国史》之经验,所立之标准,及其对于历史之观念,为一家之言。评审者支节画杠,已为不当,其所画杠与"×"者共有三处。

一、"汉以后之书籍种类量数均有增加。其为宝贵之史料,官书当为谕旨、奏议、外交文件"(页四)。按著者评论史料,初不限于古今,以其所著之《中国史》,范围不限于一代也。汉以前史料不多,汉以后之史料渐而增加,及至近代,其多可谓浩如烟海。此稍读史籍者所知之事实。外交文件,为史料种类及量数增加之一例,《筹办夷务始末》及《清季外交史料》等,皆其明证。此为普通常识,何评审者竟不能知,而妄将文画杠。其见解奇异,令人百思而不得其解者也。

二、"是故伟大之历史学者,一能运用科学方法,一有文学天才,此数百年或无一人之主因,固吾人今日之正鹄"(页五)。此系综合上文而得之结论,文长不能抄引。著者之主张,以为史家分析史料,为科学方法,综合叙述,成为美丽之文,须有文学天才。兼有二者,其写成之史书,将为伟大著作。数百年中或无一人。英国葛朋 Gibbon 所著之《罗马衰亡史》,则其一例。英国史学界至今犹认为伟大之史家,而无人能出其右。此吾人读史者所知之事,亦近代伟大史著之标准。换言之,运用科学方法,考定史实,然后以美丽文字写成,为现时不朽著作之标准,亦吾人写史之正鹄。评审者何竟全不知晓,其人盖为考据家,或为咬文嚼字之文人。文人不足以语史,为近时学者之主张。其实考据,亦非历史,王绳祖先生于《世界学生》,称考据家非历史家,则一明证。

三、"书中所言历史方法与标准,当有未能谨守之处,而著者以之为言者,希望将来学者据之,著成更精确完备之《中国史》也"(页八)。余著书之标准,既不合于评审者之意见,乃其标准太高,而非评审者所知。余不敢自大,谓有不能谨守标准之处,而说明以标准为言之原因。其文句竟遭评审者之重杠,可谓奇特之现象,若诿为文句有可议之处,而此并非国文,评审历史著作至推敲文句,则不惟无识,且为无聊,余恐其不能至此也。

上列三例,皆见于自叙。《中国史》(第一册)第一篇名曰"地理及其影响"。著者所叙述者,首为地理之重要,研究古代地理之困难,及其解决之建议,然后叙述古代之疆域,领土扩展之经过,及近时我国之疆域。中言我国山川、土壤、气候、动植物、矿物等,其目的在说明其为我国民族活动之根据地,及历史之背景,而使读者明了其与人文之关系。末论地理影响,我国现时受其影响所造成之问题,及建设之途径等。评审者于一篇之中,指摘五处。著者自将其一一抄引,其意见只有三端,乃为便利之计。将其归并论之于下。

一、"好事者……著作地理书籍,托为古人遗书,尤以战国时代时风气为甚。书可表现时人之知识,定其著作之年代,即可明了其时之地理知识,固有价值之记载,视为上古已有之疆域,则不足信"(页三)。评审者于其旁画双杠,并于书眉上画"✕",盖认为极不妥当。实则著者之议论,乃运用历史方法而得。彼懵懵然不知何为历史方法,无怪其有此非议。此非刻薄附会之辞,评审者不知历史方法,上已言之,而此又为一证。兹先就吾人所知之事实喻之。《列子》为一伪书,系晋人所作,吾人绝不能以为伪书而弃之,以其代表晋人思想,而为其时思意(想)史之史料也。古人伪托地理著作,亦同于此,《禹贡》则其一例。其为战国时代之著作,则无可疑。《禹贡》所言诸州,不限于黄河流域,乃由于列国领土向外发展及交通较为便利之结果。时人地理知识因而增加。此伪书表现时人知识之明证,亦吾人所以认为有价值之记载也。他例无庸再引,更无补充说明之必要矣。

二、(甲)"上古疆域,自有史以来,迄于周初,不出黄河流域"(页一三)。

(乙)"清代疆域视汉唐为广大,与元相较亦无愧色。元自世祖嗣位,四汗国其独立者,统治之区域,仍限于中国也"(页一四)。

上文为评审者所画杠,且有为所"✕"者——"清代疆域视汉唐为广大",则其例也。评审者于画(书)眉说其理由曰:"清不及唐。"著者对于其批评,认为其通史知识,尚嫌不够,兹明白告之。有文字记录以前名曰史前时代,关于其时之传说,多后人所造,地下材料亦不能有所证明,姑置之不论。有史以后,殷周疆域皆不出黄河流域,则为可信之史实。罗振玉于《殷虚书契考释》称卜辞所见之古地名凡二百三十,多不能定为后世何地,虽周季列国地名颇有与之同者,然文不足征,不敢臆断。其态度可谓谨严。王国维于《殷虚卜辞中所见地名考》称其考定八地,可见商王行幸之地,皆在黄河南北千里之内。其北境达于易水左右。沈曾植尝疑商人于古营州有根据地,及见易州所出之三句兵铭文,以为《北史》《隋书》高丽传之大兄,或犹殷之遗语。其说同于猜想,傅斯年竟受其影响,其所作之《夷夏东西说》,全为附会之辞,所搜之证据,亦非实证。其解释《商颂》"海外"二字,称商地至朝鲜,为不可思议之妙论,"海"作何解,实不可知。广州人称渡江为过海,则其明例。古代地名不尽合于近代之区域,汉时朝鲜大部分则在我国境内。古墓非有确证者,常不可信,城固有萧何、樊哙诸人墓,则其例证。即退一步而言,箕子封于朝鲜,为一事实,而周王政治势力,未达于朝鲜,仍为事实也。至于清地,其在乾隆、嘉庆时极为广大,东北达黑龙江北岸,库页岛列入版图,内外蒙古、青海、康藏及沿海岛屿,皆为其所有,广大非唐所及。"唐大于清",不知为何年之事。余在西北大学图书馆见学生于余所著之《中国近百年史》所言清地大于汉唐之句,画有一杠。评审者之历史知识,无异于学生,元世祖统治之地,亦小于清。余言其限于中国,谓其在中国疆域之内。将其画杠,不过表现其缺乏正确之历史知识而已。

三、(甲)"人口过剩,为我国现时最严重之问题,一切经济困难及一般人民生活情状之恶劣,莫不与之有关。人口增加至无可增加之时,则大规模之屠杀,常为解决之方法。……历史上之大乱,常为人口问题所造成"(页四九)。

(乙)"将来公共卫生进步,婴儿死亡率降低,农业利用机器,商业趋于合理化,人民无业或失业之问题必更严重。故非普遍节制生育,或法许堕胎,人口将继续增加,所有提高生活程度之办法,将必归于失败。法许堕胎,苏俄业已实行,而法律禁止之国,固有私自堕胎者。堕胎除第一次生育外对于女子身体,尚无损。此指医师实施手术而言,非如我国接生婆之堕胎也。节制生育,先进国人民实行已久,其在我国之困难,则一般人民之伦常观念迄未改变,且其经济能力,不能购置必备之药品或用具也"(页五〇及五一)。

上文间有未画杠者,著者为便利读者明了真像之计,而抄引之。(甲)为其所杠,且有双杠者,又于书眉上批一"误"字。(乙)文多为其所杠,并于眉上批云"任何史籍中皆不许有此议论"。余读之后,发生三种印象。一、评审者缺乏古史常识。二、认识现代之知识不够。三、不知著作之真谛。兹略言之。韩非于战国时,曾谓户口增加为祸乱之主因,惜今缺乏史料,不能证实其说。亡秦之乱,死亡约占人民百分之七十,乃有汉初治平之世。景帝许民移居宽乡,已有人口过剩之现象,至武帝时而益严重,遂有无数盗贼之叛乱,屠杀为维持治安之一法。宣帝招抚流亡,户口又有增加,汉末问题更为严,王莽虽欲有所挽救,而大规模之屠杀终不能避免。东汉初叶之治平,亦由于人少而耕地多。及至中叶,户口激增,而祸乱复起,屠杀迄于汉亡。此其例证之一。余敢断言评审者之无学识,由于未曾精深研究秦后一二朝之历史,而增加其常识也。现时我国人口约四万万五千万,而大多数则为农民。长江流域植稻之区,一家耕种数亩之地,每亩约出稻三石。设想地为其所有,而收入仍难维持其家人之生活,况其多为佃户邪?生活乃同于马牛。余住于城固乡间,其地产稻,为陕南沃土,而农民贫穷至日食二餐。四川农民亦多贫困不堪。全国类于此者,数实不少,其主因则耕地少而人口众。自地理影响而言,当为最严重之问题。农民财力不能救其死亡,欲其购置节制生育器,自非易事。徙民于边及提倡工业所能补救者,功效至微。吾人研究历史或著书立说者,全为求得历史真理。其目的在求认识现象之所以造成,庶可知困难问题之症结,而能改善人民之生活,提高国家地位。故著者不惮烦劳,而一再论及人口,乃竟有"任何史籍中皆不许有此种议论"之批语。此若出于帝王或独裁者之手笔,原无足异,而出诸所谓研究学术之专家,则为学术界之耻辱。尤有进者,历史未有一定之写法,余认为重要者,皆可言之,绝不为其谬见所拘束也。

答辩至此,文长出于初料之外,当不能再有所论。其在他篇所批之"误"与"大误",亦不过评审者以意为之之辞。余敢向其忠告,凡研究学术之人士,贵能虚心,绝不可强不知以为知,或先具有成见;更不可依据近人一二猜想之说,而即以为定论。与其意见不合者,皆为谬误也。人孰无疏忽之处,其偶尔错误,亦不致影响全书之价值。评审者之所指摘,余实无法接受其意见。忆前余评论不少之新书,皆指正其误处,今日思之,常至发笑。盖评论史书,须就其所用之史料,著者之立场,及叙述之事实,论其价值。若指正错处,即为书评,则书评实无学术上之价值,不意十年前余所为之事,而所谓学术专家今犹为之。其所乱画或妄批之《中国史》一册,余将妥为保存,以为研究我国近时学术史之史料焉。至于其指出之误植,余未校对印行之书,无法负责,然亦表示谢意,附书于此。

图书在版编目(CIP)数据

陈恭禄史学论文集/陈恭禄撰；裘陈江编校. ——上海：上海古籍出版社，2020.9
（中国近代史学文献丛刊）
ISBN 978-7-5325-9733-8

Ⅰ.①陈… Ⅱ.①陈…②裘… Ⅲ.①史学-中国-文集 Ⅳ.①K207-53

中国版本图书馆 CIP 数据核字(2020)第159970号

中国近代史学文献丛刊

陈恭禄史学论文集

陈恭禄 撰
裘陈江 编校

上海古籍出版社出版发行

(上海瑞金二路272号 邮政编码200020)

(1) 网址：www.guji.com.cn
(2) E-mail：guji1@guji.com.cn
(3) 易文网网址：www.ewen.co

浙江新华数码印务有限公司印刷

开本635×965 1/16 印张36.25 插页6 字数522,000

2020年9月第1版 2020年9月第1次印刷

ISBN 978-7-5325-9733-8

K·2894 定价：158.00元

如有质量问题，请与承印公司联系